中国陆生野生动物保护管理法律法规文件汇编

（2020年版）

中国野生动物保护协会　编

中国农业出版社

北京

编写委员会

主　任：李青文

副主任：王晓婷

主　编：梦　梦　梁晓东　王　震

副主编：纪建伟　陈文汇　王　宁

委　员：(以姓氏笔画排序)：

马联平　王　伦　王　纯　王　睿　王　薇
卢琳琳　田恒玖　兰家宇　邢思捷　任雨萌
刘　燕　闫文静　杨国祥　杨春欣　李　莎
宋　泽　张学东　张　研　陈　鹤　周学红
宗　诚　宗晓桐　孟繁锡　侯方晖　程　鲲

党的十八大以来，党中央高度重视野生动植物保护事业的发展，将野生动植物保护纳入生态文明体制建设内容，全面加强野生动植物保护事业的发展。特别是党的十九大提出了"坚持人与自然的和谐共生""像对待生命一样对待生态环境，统筹山水林田湖草系统治理""加大生态系统保护力度。实施重要生态系统保护和修复重大工程，优化生态安全屏障体系，构建生态廊道和生物多样性保护网络，提升生态系统质量和稳定性""建立以国家公园为主体的自然保护地体系"等一系列与野生动植物资源保护相关的具体战略性论述。在中共中央、国务院印发《生态文明体制改革总体方案》中明确提出，中央政府对于珍稀野生动植物直接行使所有权。这些重要论述都表明，党中央非常重视野生动植物资源保护与管理工作，在很大程度上将野生动植物资源上升到与土地、矿产、森林、草原、海洋等同等重要的一类自然资源进行保护与管理。

法律法规是推进野生动物保护事业的根本保障，制度和政策是具体落实野生动物保护管理措施的核心与关键。为了更好地推动我国野生动物保护事业的发展，促进野生动物管理的科学性和规范性，我国先后制定实施了《中华人民共和国野生动物保护法》《中华人民共和国森林法》《中华人民共和国自然保护区条例》《中华人民共和国濒危野生动植物进出口管理条例》《国家重点保护野生动物名录》等法律法规与文件，建立起野生动植物保护法律法规体系，形成了较为完善的保护管理体系。

在实际工作中，由于法律法规及相关政策文件较多，缺乏系统性，而且还存在法律法规修正调整、政策文件废止等问题，使得查阅相关法律法规及制度的时候面临着诸多困难，也可能带来引用不准确的问题。这就需要及时对野生动物保护及相关的法律法规及政策文件进行整理，汇编成册，用于指导各级野生动物保护管理人员、基层工作人员开展工作，同时也是对社会大众的法律法规及管理政策的普法教育。

2016年以来，《中华人民共和国野生动物保护法》进行了较大规模的修订，在立法宗旨、原则、方针及具体管理制度上都进行了较大幅度的调整，随后陆续出台了一系列的配套规章、制度及规范性文件。2020年在全国抗击"新型冠状病毒肺炎"期间，全国人民代表大会常务委员会根据抗疫形势的需要，适时发布了《关于全面禁止非法野生动物交易、革除滥食野生动物陋习、切实保障人民群

众生命健康安全的决定》，随后国家林业和草原局、农业农村部等相关部门结合
法律法规和各自工作实际，制定了一系列配套的规范性文件和政策制度。这些法
律法规、规章、制度及规范性文件等对于野生动物保护部门及社会大众都非常重
要，特别是各级野生动物保护工作人员、基层工作人员，急需对于这些具体内容
有一个全面系统的了解与认识。

正是在这一背景和现实需求下，在国家林业和草原局野生动植物保护司的支
持下，中国野生动物保护协会邀请相关领域专家和长期奋斗在野生动物保护一线
的实践工作者一起编写本书，系统全面地整理了野生动物保护相关法律法规及政
策文件。旨在服务于野生动物保护法律法规的普法教育和宣传，服务于各级野生
动物保护主管部门工作人员及基层工作人员，使其能够科学有效、准确把握法律
法规及政策文件的内容。正是本着两个服务的目标，在编写过程中，国家林业和
草原局野生动植物保护司、中国野生动物保护协会的领导多次给予指导，提出了
许多建设性意见，甚至直接参与到整个汇编目录的编制中。为了做好这一工作，
中国野生动物保护协会成立了编写委员会，2019年下半年编写组成员先后3次
召开讨论会，最终形成了编写目录。下面就编写组在组织设计本汇编过程中对相
关法律法规及政策文件的选择原则、框架结构以及组成布局等进行如下说明。

本次编写过程中对于相关法律法规、规章及规范性文件的选择上，坚持如下
原则：

第一，关联原则。在进行筛选构成中，以《中华人民共和国野生动物保护
法》为核心，将法律条文中涉及的相关法规、规章、制度以及相关条文的解释等
都纳入汇编中；将国家林业和草原局、农业农村部、公安部等出台的涉及野生动
物保护的相关规章及规范性文件都纳入本书。

第二，分类分层原则。在本次编写过程中，为了便于读者查询和使用，根据
法律地位进行逐层分类编写。在本次编写中顺序为法律、行政法规及国务院文
件、法律法规解释、部门规章及规范性文件、野生动物保护名录、地方性法规及
规章六个部分。在每个部分下面再根据重要性、来源出处等进一步分层。比如，
在法律法规解释下一级又分为全国人民代表大会常务委员会、最高人民法院、国
务院法制局、国家林业和草原局四个方面的解释。在部门规章和规范性文件中进
一步分为部门规章和规范性文件两个类别。在规范性文件中再根据野生动物的实
际情况分类为综合管理、重点物种专项规定、人工繁育与经营利用、疫源疫病监
测预警等四个方面。这些分类分层能够较好地反映整个野生动物保护法律法规的
构成体系，也有助于读者迅速找到相应法律法规内容，理解法律法规的地位和
作用。

第三，实用性原则。野生动物保护的法律法规在法律体系中属于环境法，因
此其法律法规中很多时候涉及其他环境法律法规的内容，同时，由于野生动物人

工繁育及利用涉及诸多产业门类，因此，其法律条款也涉及诸如《中华人民共和国畜牧法》《中华人民共和国渔业法》等经济产业类法律法规。本书作为一本野生动物保护方面的法律法规汇编，既要考虑到延伸性，也必须考虑到避免过于庞杂而难以有效发挥其作用。因此在向环境法、经济产业类法律的延伸方面就必须考虑一个度。在本次编写过程中，从汇编的实用性角度吸收了众多一线实践工作者的意见。具体而言，在法律法规中只选择了直接相关的法律，对于部分或者少量运用的法律采取摘录部分章节条款的方式纳入汇编。在规章制度方面，对于只有间接约束或者只有抽象性、原则性约束效力的规章制度不纳入本汇编，以保证整本汇编重点突出、实用有效。

在上述三条基本原则的指引下，具体形成了本汇编的整体框架结构。本次编写过程中，以野生动物保护为主线，以管理部门实用和法律法规普及为目标，采取分类分层方法编写形成一套反映我国野生动物保护管理水平的综合性法律法规及规范性文件资料集合。现将具体内容构成介绍如下：

第一部分是野生动物保护相关的法律。具体包括5部法律、1项全国人民代表大会常务委员会的决定。具体有《中华人民共和国野生动物保护法》、《中华人民共和国刑法》（节选）、《中华人民共和国渔业法》、《中华人民共和国进出境动植物检疫法》、《中华人民共和国动物防疫法》以及全国人民代表大会常务委员会发布的《关于全面禁止非法野生动物交易、革除滥食野生动物陋习、切实保障人民群众生命健康安全的决定》。这些内容是整个野生动物保护法律的核心，构成了我国野生动物保护法律的根本制度和管理体系。

第二部分是野生动物保护相关的行政法规及国务院文件。这部分共包括6个行政法规，3个国务院文件，共9项。6个行政法规分别为《中华人民共和国陆生野生动物保护实施条例》《中华人民共和国水生野生动物保护实施条例》《中华人民共和国濒危野生动植物进出口管理条例》《重大动物疫情应急条例》《实验动物管理条例》《森林和野生动物类型自然保护区管理办法》。这些法规主要涉及野生动物综合保护管理、野生动物进出口管理、疫源疫病管理、实验动物管理以及野生动物栖息地管理等5个方面的内容。3个国务院文件分别是《国务院办公厅关于有序停止商业性加工销售象牙及制品活动的通知》《国务院办公厅关于加强生物物种资源保护和管理的通知》《国务院办公厅关于陆生野生动物行政主管部门依法行使处罚权有关问题的函》。这3个国务院文件都是基于某些特殊目的针对特有动物或者特定事务发布的具体规定，是在特殊时期、特殊情况下对野生动物保护法律法规的有效补充，以满足整体野生动物保护的需要。

第三部分是野生动物保护的常用法律法规解释。这部分主要包括4类18项内容。具体包括全国人民代表大会常务委员会、最高人民法院、国务院法制局和国家林业和草原局4个方面关于法律法规具体条文和内容的解释。其中全国人民代表大会常务委员会法律解释1项，涉及野生动物保护适用刑法的问题。最高人民法院的解释3项，主要针对涉及野生动物刑事案件的解释。国务院法制局的解释2项，主要针对国务院的2个条例的个别内容进行解释。国家林业和草原局解释12项，主要针对野生动物重点物种核准、一些特殊野生动物适用法律和管理规章以及一些具体的野生动物管理规范等内容。

　　第四部分是部门规章及规范性文件。具体包括部门规章12项，规范性文件50项。部门规章12项，主要针对野生动物人工繁育、外来物种管理、大熊猫借展管理、进出口证书管理、价值评估方法、收容救护管理、动物检疫管理、城市动物园管理、特许利用、检验检疫等依据法律法规制定的规章制度。规范性文件主要包括4类50项，具体涉及综合管理类、重点物种专项规定、人工繁育与经营利用、疫源疫病监测预警等。

　　第五部分是野生动物保护名录。主要包括国家重点保护野生动物名录，国家保护的有益的或者有重要经济、科学研究价值的陆生野生动物名录，濒危野生动植物种国际贸易公约附录Ⅰ、附录Ⅱ和附录Ⅲ，农业农村部国家重点保护水生动植物资源名录等共12项。

　　第六部分是部分省份最新颁布的地方性法规及规章。《中华人民共和国野生动物保护法》2016年修订实施以来，各地对野生动物保护的省级法规及规章进行了修订。在本次汇编中考虑到基层制定相关规章制度的综合借鉴价值，因此将已经修订的省级法规及规章收集到汇编中，有助于各地借鉴与使用。

　　以上就是本次法律汇编的主要内容框架结构。为了更好地服务于读者，有利于使用者更好地理解整个野生动物保护的法律法规框架体系结构，特作此说明。

编写委员会

2020年6月于北京

目录 CONTENTS

五、野生动物保护名录

六、地方性法规、规章

中国陆生野生动物保护管理
法律法规文件汇编（2020年版）

一

法律

中华人民共和国野生动物保护法

（1988年11月8日第七届全国人民代表大会常务委员会第四次会议
通过 根据2004年8月28日第十届全国人民代表大会常务委员会第十
一次会议《关于修改〈中华人民共和国野生动物保护法〉的决定》第一
次修正 根据2009年8月27日第十一届全国人民代表大会常务委员会
第十次会议《关于修改部分法律的决定》第二次修正 2016年7月2日
第十二届全国人民代表大会常务委员会第二十一次会议修订 根据2018
年10月26日第十三届全国人民代表大会常务委员会第六次会议《关于
修改〈中华人民共和国野生动物保护法〉等十五部法律的决定》第三次
修正）

第一章 总 则

第一条 为了保护野生动物，拯救珍贵、濒危野生动物，维护生物多样性和生态平衡，
推进生态文明建设，制定本法。

第二条 在中华人民共和国领域及管辖的其他海域，从事野生动物保护及相关活动，适
用本法。

本法规定保护的野生动物，是指珍贵、濒危的陆生、水生野生动物和有重要生态、科
学、社会价值的陆生野生动物。

本法规定的野生动物及其制品，是指野生动物的整体（含卵、蛋）、部分及其衍生物。

珍贵、濒危的水生野生动物以外的其他水生野生动物的保护，适用《中华人民共和国渔
业法》等有关法律的规定。

第三条 野生动物资源属于国家所有。

国家保障依法从事野生动物科学研究、人工繁育等保护及相关活动的组织和个人的合法
权益。

第四条 国家对野生动物实行保护优先、规范利用、严格监管的原则，鼓励开展野生动
物科学研究，培育公民保护野生动物的意识，促进人与自然和谐发展。

第五条 国家保护野生动物及其栖息地。县级以上人民政府应当制定野生动物及其栖息
地相关保护规划和措施，并将野生动物保护经费纳入预算。

国家鼓励公民、法人和其他组织依法通过捐赠、资助、志愿服务等方式参与野生动物保
护活动，支持野生动物保护公益事业。

本法规定的野生动物栖息地，是指野生动物野外种群生息繁衍的重要区域。

第六条 任何组织和个人都有保护野生动物及其栖息地的义务。禁止违法猎捕野生动
物、破坏野生动物栖息地。

任何组织和个人都有权向有关部门和机关举报或者控告违反本法的行为。野生动物保护主管部门和其他有关部门、机关对举报或者控告，应当及时依法处理。

第七条 国务院林业草原、渔业主管部门分别主管全国陆生、水生野生动物保护工作。

县级以上地方人民政府林业草原、渔业主管部门分别主管本行政区域内陆生、水生野生动物保护工作。

第八条 各级人民政府应当加强野生动物保护的宣传教育和科学知识普及工作，鼓励和支持基层群众性自治组织、社会组织、企业事业单位、志愿者开展野生动物保护法律法规和保护知识的宣传活动。

教育行政部门、学校应当对学生进行野生动物保护知识教育。

新闻媒体应当开展野生动物保护法律法规和保护知识的宣传，对违法行为进行舆论监督。

第九条 在野生动物保护和科学研究方面成绩显著的组织和个人，由县级以上人民政府给予奖励。

第二章　野生动物及其栖息地保护

第十条 国家对野生动物实行分类分级保护。

国家对珍贵、濒危的野生动物实行重点保护。国家重点保护的野生动物分为一级保护野生动物和二级保护野生动物。国家重点保护野生动物名录，由国务院野生动物保护主管部门组织科学评估后制定，并每五年根据评估情况确定对名录进行调整。国家重点保护野生动物名录报国务院批准公布。

地方重点保护野生动物，是指国家重点保护野生动物以外，由省、自治区、直辖市重点保护的野生动物。地方重点保护野生动物名录，由省、自治区、直辖市人民政府组织科学评估后制定、调整并公布。

有重要生态、科学、社会价值的陆生野生动物名录，由国务院野生动物保护主管部门组织科学评估后制定、调整并公布。

第十一条 县级以上人民政府野生动物保护主管部门，应当定期组织或者委托有关科学研究机构对野生动物及其栖息地状况进行调查、监测和评估，建立健全野生动物及其栖息地档案。

对野生动物及其栖息地状况的调查、监测和评估应当包括下列内容：

（一）野生动物野外分布区域、种群数量及结构；

（二）野生动物栖息地的面积、生态状况；

（三）野生动物及其栖息地的主要威胁因素；

（四）野生动物人工繁育情况等其他需要调查、监测和评估的内容。

第十二条 国务院野生动物保护主管部门应当会同国务院有关部门，根据野生动物及其栖息地状况的调查、监测和评估结果，确定并发布野生动物重要栖息地名录。

省级以上人民政府依法划定相关自然保护区域，保护野生动物及其重要栖息地，保护、恢复和改善野生动物生存环境。对不具备划定相关自然保护区域条件的，县级以上人民政府可以采取划定禁猎（渔）区、规定禁猎（渔）期等其他形式予以保护。

禁止或者限制在相关自然保护区域内引入外来物种、营造单一纯林、过量施洒农药等人为干扰、威胁野生动物生息繁衍的行为。

相关自然保护区域，依照有关法律法规的规定划定和管理。

第十三条　县级以上人民政府及其有关部门在编制有关开发利用规划时，应当充分考虑野生动物及其栖息地保护的需要，分析、预测和评估规划实施可能对野生动物及其栖息地保护产生的整体影响，避免或者减少规划实施可能造成的不利后果。

禁止在相关自然保护区域建设法律法规规定不得建设的项目。机场、铁路、公路、水利水电、围堰、围填海等建设项目的选址选线，应当避让相关自然保护区域、野生动物迁徙洄游通道；无法避让的，应当采取修建野生动物通道、过鱼设施等措施，消除或者减少对野生动物的不利影响。

建设项目可能对相关自然保护区域、野生动物迁徙洄游通道产生影响的，环境影响评价文件的审批部门在审批环境影响评价文件时，涉及国家重点保护野生动物的，应当征求国务院野生动物保护主管部门意见；涉及地方重点保护野生动物的，应当征求省、自治区、直辖市人民政府野生动物保护主管部门意见。

第十四条　各级野生动物保护主管部门应当监视、监测环境对野生动物的影响。由于环境影响对野生动物造成危害时，野生动物保护主管部门应当会同有关部门进行调查处理。

第十五条　国家或者地方重点保护野生动物受到自然灾害、重大环境污染事故等突发事件威胁时，当地人民政府应当及时采取应急救助措施。

县级以上人民政府野生动物保护主管部门应当按照国家有关规定组织开展野生动物收容救护工作。

禁止以野生动物收容救护为名买卖野生动物及其制品。

第十六条　县级以上人民政府野生动物保护主管部门、兽医主管部门，应当按照职责分工对野生动物疫源疫病进行监测，组织开展预测、预报等工作，并按照规定制定野生动物疫情应急预案，报同级人民政府批准或者备案。

县级以上人民政府野生动物保护主管部门、兽医主管部门、卫生主管部门，应当按照职责分工负责与人畜共患传染病有关的动物传染病的防治管理工作。

第十七条　国家加强对野生动物遗传资源的保护，对濒危野生动物实施抢救性保护。

国务院野生动物保护主管部门应当会同国务院有关部门制定有关野生动物遗传资源保护和利用规划，建立国家野生动物遗传资源基因库，对原产我国的珍贵、濒危野生动物遗传资源实行重点保护。

第十八条　有关地方人民政府应当采取措施，预防、控制野生动物可能造成的危害，保障人畜安全和农业、林业生产。

第十九条　因保护本法规定保护的野生动物，造成人员伤亡、农作物或者其他财产损失的，由当地人民政府给予补偿。具体办法由省、自治区、直辖市人民政府制定。有关地方人民政府可以推动保险机构开展野生动物致害赔偿保险业务。

有关地方人民政府采取预防、控制国家重点保护野生动物造成危害的措施以及实行补偿所需经费，由中央财政按照国家有关规定予以补助。

第三章　野生动物管理

第二十条　在相关自然保护区域和禁猎（渔）区、禁猎（渔）期内，禁止猎捕以及其他妨碍野生动物生息繁衍的活动，但法律法规另有规定的除外。

野生动物迁徙洄游期间，在前款规定区域外的迁徙洄游通道内，禁止猎捕并严格限制其他妨碍野生动物生息繁衍的活动。迁徙洄游通道的范围以及妨碍野生动物生息繁衍活动的内容，由县级以上人民政府或者其野生动物保护主管部门规定并公布。

第二十一条　禁止猎捕、杀害国家重点保护野生动物。

因科学研究、种群调控、疫源疫病监测或者其他特殊情况，需要猎捕国家一级保护野生动物的，应当向国务院野生动物保护主管部门申请特许猎捕证；需要猎捕国家二级保护野生动物的，应当向省、自治区、直辖市人民政府野生动物保护主管部门申请特许猎捕证。

第二十二条　猎捕非国家重点保护野生动物的，应当依法取得县级以上地方人民政府野生动物保护主管部门核发的狩猎证，并且服从猎捕量限额管理。

第二十三条　猎捕者应当按照特许猎捕证、狩猎证规定的种类、数量、地点、工具、方法和期限进行猎捕。

持枪猎捕的，应当依法取得公安机关核发的持枪证。

第二十四条　禁止使用毒药、爆炸物、电击或者电子诱捕装置以及猎套、猎夹、地枪、排铳等工具进行猎捕，禁止使用夜间照明行猎、歼灭性围猎、捣毁巢穴、火攻、烟熏、网捕等方法进行猎捕，但因科学研究确需网捕、电子诱捕的除外。

前款规定以外的禁止使用的猎捕工具和方法，由县级以上地方人民政府规定并公布。

第二十五条　国家支持有关科学研究机构因物种保护目的人工繁育国家重点保护野生动物。

前款规定以外的人工繁育国家重点保护野生动物实行许可制度。人工繁育国家重点保护野生动物的，应当经省、自治区、直辖市人民政府野生动物保护主管部门批准，取得人工繁育许可证，但国务院对批准机关另有规定的除外。

人工繁育国家重点保护野生动物应当使用人工繁育子代种源，建立物种系谱、繁育档案和个体数据。因物种保护目的确需采用野外种源的，适用本法第二十一条和第二十三条的规定。

本法所称人工繁育子代，是指人工控制条件下繁殖出生的子代个体且其亲本也在人工控制条件下出生。

第二十六条　人工繁育国家重点保护野生动物应当有利于物种保护及其科学研究，不得破坏野外种群资源，并根据野生动物习性确保其具有必要的活动空间和生息繁衍、卫生健康条件，具备与其繁育目的、种类、发展规模相适应的场所、设施、技术，符合有关技术标准和防疫要求，不得虐待野生动物。

省级以上人民政府野生动物保护主管部门可以根据保护国家重点保护野生动物的需要，组织开展国家重点保护野生动物放归野外环境工作。

第二十七条　禁止出售、购买、利用国家重点保护野生动物及其制品。

因科学研究、人工繁育、公众展示展演、文物保护或者其他特殊情况，需要出售、购买、利用国家重点保护野生动物及其制品的，应当经省、自治区、直辖市人民政府野生动物保护主管部门批准，并按照规定取得和使用专用标识，保证可追溯，但国务院对批准机关另有规定的除外。

实行国家重点保护野生动物及其制品专用标识的范围和管理办法，由国务院野生动物保护主管部门规定。

出售、利用非国家重点保护野生动物的，应当提供狩猎、进出口等合法来源证明。

出售本条第二款、第四款规定的野生动物的，还应当依法附有检疫证明。

第二十八条　对人工繁育技术成熟稳定的国家重点保护野生动物，经科学论证，纳入国务院野生动物保护主管部门制定的人工繁育国家重点保护野生动物名录。对列入名录的野生动物及其制品，可以凭人工繁育许可证，按照省、自治区、直辖市人民政府野生动物保护主管部门核验的年度生产数量直接取得专用标识，凭专用标识出售和利用，保证可追溯。

对本法第十条规定的国家重点保护野生动物名录进行调整时，根据有关野外种群保护情况，可以对前款规定的有关人工繁育技术成熟稳定野生动物的人工种群，不再列入国家重点保护野生动物名录，实行与野外种群不同的管理措施，但应当依照本法第二十五条第二款和本条第一款的规定取得人工繁育许可证和专用标识。

第二十九条　利用野生动物及其制品的，应当以人工繁育种群为主，有利于野外种群养护，符合生态文明建设的要求，尊重社会公德，遵守法律法规和国家有关规定。

野生动物及其制品作为药品经营和利用的，还应当遵守有关药品管理的法律法规。

第三十条　禁止生产、经营使用国家重点保护野生动物及其制品制作的食品，或者使用没有合法来源证明的非国家重点保护野生动物及其制品制作的食品。

禁止为食用非法购买国家重点保护的野生动物及其制品。

第三十一条　禁止为出售、购买、利用野生动物或者禁止使用的猎捕工具发布广告。禁止为违法出售、购买、利用野生动物制品发布广告。

第三十二条　禁止网络交易平台、商品交易市场等交易场所，为违法出售、购买、利用野生动物及其制品或者禁止使用的猎捕工具提供交易服务。

第三十三条　运输、携带、寄递国家重点保护野生动物及其制品、本法第二十八条第二款规定的野生动物及其制品出县境的，应当持有或者附有本法第二十一条、第二十五条、第二十七条或者第二十八条规定的许可证、批准文件的副本或者专用标识，以及检疫证明。

运输非国家重点保护野生动物出县境的，应当持有狩猎、进出口等合法来源证明，以及检疫证明。

第三十四条　县级以上人民政府野生动物保护主管部门应当对科学研究、人工繁育、公众展示展演等利用野生动物及其制品的活动进行监督管理。

县级以上人民政府其他有关部门，应当按照职责分工对野生动物及其制品出售、购买、利用、运输、寄递等活动进行监督检查。

第三十五条　中华人民共和国缔结或者参加的国际公约禁止或者限制贸易的野生动物或者其制品名录，由国家濒危物种进出口管理机构制定、调整并公布。

进出口列入前款名录的野生动物或者其制品的，出口国家重点保护野生动物或者其制品的，应当经国务院野生动物保护主管部门或者国务院批准，并取得国家濒危物种进出口管理机构核发的允许进出口证明书。海关依法实施进出境检疫，凭允许进出口证明书、检疫证明按照规定办理通关手续。

涉及科学技术保密的野生动物物种的出口，按照国务院有关规定办理。

列入本条第一款名录的野生动物，经国务院野生动物保护主管部门核准，在本法适用范围内可以按照国家重点保护的野生动物管理。

第三十六条　国家组织开展野生动物保护及相关执法活动的国际合作与交流；建立防范、打击野生动物及其制品的走私和非法贸易的部门协调机制，开展防范、打击走私和非法贸易行动。

第三十七条　从境外引进野生动物物种的，应当经国务院野生动物保护主管部门批准。从境外引进列入本法第三十五条第一款名录的野生动物，还应当依法取得允许进出口证明书。海关依法实施进境检疫，凭进口批准文件或者允许进出口证明书以及检疫证明按照规定办理通关手续。

从境外引进野生动物物种的，应当采取安全可靠的防范措施，防止其进入野外环境，避免对生态系统造成危害。确需将其放归野外的，按照国家有关规定执行。

第三十八条　任何组织和个人将野生动物放生至野外环境，应当选择适合放生地野外生存的当地物种，不得干扰当地居民的正常生活、生产，避免对生态系统造成危害。随意放生野生动物，造成他人人身、财产损害或者危害生态系统的，依法承担法律责任。

第三十九条　禁止伪造、变造、买卖、转让、租借特许猎捕证、狩猎证、人工繁育许可证及专用标识，出售、购买、利用国家重点保护野生动物及其制品的批准文件，或者允许进出口证明书、进出口等批准文件。

前款规定的有关许可证书、专用标识、批准文件的发放情况，应当依法公开。

第四十条　外国人在我国对国家重点保护野生动物进行野外考察或者在野外拍摄电影、录像，应当经省、自治区、直辖市人民政府野生动物保护主管部门或者其授权的单位批准，并遵守有关法律法规规定。

第四十一条　地方重点保护野生动物和其他非国家重点保护野生动物的管理办法，由省、自治区、直辖市人民代表大会或者其常务委员会制定。

第四章　法律责任

第四十二条　野生动物保护主管部门或者其他有关部门、机关不依法作出行政许可决定，发现违法行为或者接到对违法行为的举报不予查处或者不依法查处，或者有滥用职权等其他不依法履行职责的行为的，由本级人民政府或者上级人民政府有关部门、机关责令改正，对负有责任的主管人员和其他直接责任人员依法给予记过、记大过或者降级处分；造成严重后果的，给予撤职或者开除处分，其主要负责人应当引咎辞职；构成犯罪的，依法追究刑事责任。

第四十三条　违反本法第十二条第三款、第十三条第二款规定的，依照有关法律法规的规定处罚。

第四十四条　违反本法第十五条第三款规定，以收容救护为名买卖野生动物及其制品的，由县级以上人民政府野生动物保护主管部门没收野生动物及其制品、违法所得，并处野生动物及其制品价值二倍以上十倍以下的罚款，将有关违法信息记入社会诚信档案，向社会公布；构成犯罪的，依法追究刑事责任。

第四十五条　违反本法第二十条、第二十一条、第二十三条第一款、第二十四条第一款规定，在相关自然保护区域、禁猎（渔）区、禁猎（渔）期猎捕国家重点保护野生动物，未取得特许猎捕证、未按照特许猎捕证规定猎捕、杀害国家重点保护野生动物，或者使用禁用的工具、方法猎捕国家重点保护野生动物的，由县级以上人民政府野生动物保护主管部门、海洋执法部门或者有关保护区域管理机构按照职责分工没收猎获物、猎捕工具和违法所得，吊销特许猎捕证，并处猎获物价值二倍以上十倍以下的罚款；没有猎获物的，并处一万元以上五万元以下的罚款；构成犯罪的，依法追究刑事责任。

第四十六条　违反本法第二十条、第二十二条、第二十三条第一款、第二十四条第一款规定，在相关自然保护区域、禁猎（渔）区、禁猎（渔）期猎捕非国家重点保护野生动物，未取得狩猎证、未按照狩猎证规定猎捕非国家重点保护野生动物，或者使用禁用的工具、方法猎捕非国家重点保护野生动物的，由县级以上地方人民政府野生动物保护主管部门或者有关保护区域管理机构按照职责分工没收猎获物、猎捕工具和违法所得，吊销狩猎证，并处猎获物价值一倍以上五倍以下的罚款；没有猎获物的，并处二千元以上一万元以下的罚款；构成犯罪的，依法追究刑事责任。

违反本法第二十三条第二款规定，未取得持枪证持枪猎捕野生动物，构成违反治安管理行为的，由公安机关依法给予治安管理处罚；构成犯罪的，依法追究刑事责任。

第四十七条　违反本法第二十五条第二款规定，未取得人工繁育许可证繁育国家重点保护野生动物或者本法第二十八条第二款规定的野生动物的，由县级以上人民政府野生动物保护主管部门没收野生动物及其制品，并处野生动物及其制品价值一倍以上五倍以下的罚款。

第四十八条　违反本法第二十七条第一款和第二款、第二十八条第一款、第三十三条第一款规定，未经批准、未取得或者未按照规定使用专用标识，或者未持有、未附有人工繁育许可证、批准文件的副本或者专用标识出售、购买、利用、运输、携带、寄递国家重点保护野生动物及其制品或者本法第二十八条第二款规定的野生动物及其制品的，由县级以上人民政府野生动物保护主管部门或者市场监督管理部门按照职责分工没收野生动物及其制品和违法所得，并处野生动物及其制品价值二倍以上十倍以下的罚款；情节严重的，吊销人工繁育许可证、撤销批准文件、收回专用标识；构成犯罪的，依法追究刑事责任。

违反本法第二十七条第四款、第三十三条第二款规定，未持有合法来源证明出售、利用、运输非国家重点保护野生动物的，由县级以上地方人民政府野生动物保护主管部门或者市场监督管理部门按照职责分工没收野生动物，并处野生动物价值一倍以上五倍以下的罚款。

违反本法第二十七条第五款、第三十三条规定，出售、运输、携带、寄递有关野生动物及其制品未持有或者未附有检疫证明的，依照《中华人民共和国动物防疫法》的规定处罚。

第四十九条　违反本法第三十条规定，生产、经营使用国家重点保护野生动物及其制品或者没有合法来源证明的非国家重点保护野生动物及其制品制作食品，或者为食用非法购买国家重点保护的野生动物及其制品的，由县级以上人民政府野生动物保护主管部门或者市场监督管理部门按照职责分工责令停止违法行为，没收野生动物及其制品和违法所得，并处野生动物及其制品价值二倍以上十倍以下的罚款；构成犯罪的，依法追究刑事责任。

第五十条　违反本法第三十一条规定，为出售、购买、利用野生动物及其制品或者禁止使用的猎捕工具发布广告的，依照《中华人民共和国广告法》的规定处罚。

第五十一条　违反本法第三十二条规定，为违法出售、购买、利用野生动物及其制品或者禁止使用的猎捕工具提供交易服务的，由县级以上人民政府市场监督管理部门责令停止违法行为，限期改正，没收违法所得，并处违法所得二倍以上五倍以下的罚款；没有违法所得的，处一万元以上五万元以下的罚款；构成犯罪的，依法追究刑事责任。

第五十二条　违反本法第三十五条规定，进出口野生动物或者其制品的，由海关、公安机关、海洋执法部门依照法律、行政法规和国家有关规定处罚；构成犯罪的，依法追究刑事责任。

第五十三条　违反本法第三十七条第一款规定，从境外引进野生动物物种的，由县级以上人民政府野生动物保护主管部门没收所引进的野生动物，并处五万元以上二十五万元以下的罚款；未依法实施进境检疫的，依照《中华人民共和国进出境动植物检疫法》的规定处罚；构成犯罪的，依法追究刑事责任。

第五十四条　违反本法第三十七条第二款规定，将从境外引进的野生动物放归野外环境的，由县级以上人民政府野生动物保护主管部门责令限期捕回，处一万元以上五万元以下的罚款；逾期不捕回的，由有关野生动物保护主管部门代为捕回或者采取降低影响的措施，所需费用由被责令限期捕回者承担。

第五十五条　违反本法第三十九条第一款规定，伪造、变造、买卖、转让、租借有关证件、专用标识或者有关批准文件的，由县级以上人民政府野生动物保护主管部门没收违法证件、专用标识、有关批准文件和违法所得，并处五万元以上二十五万元以下的罚款；构成违反治安管理行为的，由公安机关依法给予治安管理处罚；构成犯罪的，依法追究刑事责任。

第五十六条　依照本法规定没收的实物，由县级以上人民政府野生动物保护主管部门或者其授权的单位按照规定处理。

第五十七条　本法规定的猎获物价值、野生动物及其制品价值的评估标准和方法，由国务院野生动物保护主管部门制定。

第五章　附　　则

第五十八条　本法自 2017 年 1 月 1 日起施行。

中华人民共和国刑法（节选）

（1979 年 7 月 1 日第五届全国人民代表大会第二次会议通过，1997 年 3 月 14 日第八届全国人民代表大会第五次会议修订　根据 1999 年 12 月 25 日《中华人民共和国刑法修正案》、2001 年 8 月 31 日《中华人民共和国刑法修正案（二）》、2001 年 12 月 29 日《中华人民共和国刑法修正案（三）》、2002 年 12 月 28 日《中华人民共和国刑法修正案（四）》、2005 年 2 月 28 日《中华人民共和国刑法修正案（五）》、2006 年 6 月 29 日《中华人民共和国刑法修正案（六）》、2009 年 2 月 28 日《中华人民共和国刑法修正案（七）》、2011 年 2 月 25 日《中华人民共和国刑法修正案（八）》、2015 年 8 月 29 日《中华人民共和国刑法修正案（九）》修正）

第二编　分　　则

第三章　破坏社会主义市场经济秩序罪

第二节　走私罪

第一百五十一条　走私武器、弹药、核材料或者伪造的货币的，处七年以上有期徒刑，并处罚金或者没收财产；情节特别严重的，处无期徒刑或者死刑，并处没收财产；情节较轻的，处三年以上七年以下有期徒刑，并处罚金。

走私国家禁止出口的文物、黄金、白银和其他贵重金属或者国家禁止进出口的珍贵动物及其制品的，处五年以上十年以下有期徒刑，并处罚金；情节特别严重的，处十年以上有期徒刑或者无期徒刑，并处没收财产；情节较轻的，处五年以下有期徒刑，并处罚金。

走私珍稀植物及其制品等国家禁止进出口的其他货物、物品的，处五年以下有期徒刑或者拘役，并处或者单处罚金；情节严重的，处五年以上有期徒刑，并处罚金。

单位犯本条规定之罪的，对单位判处罚金，并对其直接负责的主管人员和其他直接责任人员，依照本条各款的规定处罚。

……

第五节　危害公共卫生罪

第三百三十七条　违反有关动植物防疫、检疫的国家规定，引起重大动植物疫情的，或者有引起重大动植物疫情危险，情节严重的，处三年以下有期徒刑或者拘役，并处或者单处罚金。

第六节　破坏环境资源保护罪

第三百四十条　违反保护水产资源法规，在禁渔区、禁渔期或者使用禁用的工具、方法捕捞水产品，情节严重的，处三年以下有期徒刑、拘役、管制或者罚金。

第三百四十一条　非法猎捕、杀害国家重点保护的珍贵、濒危野生动物的，或者非法收购、运输、出售国家重点保护的珍贵、濒危野生动物及其制品的，处五年以下有期徒刑或者拘役，并处罚金；情节严重的，处五年以上十年以下有期徒刑，并处罚金；情节特别严重的，处十年以上有期徒刑，并处罚金或者没收财产。

违反狩猎法规，在禁猎区、禁猎期或者使用禁用的工具、方法进行狩猎，破坏野生动物资源，情节严重的，处三年以下有期徒刑、拘役、管制或者罚金。

第三百四十四条　违反国家规定，非法采伐、毁坏珍贵树木或者国家重点保护的其他植物的，或者非法收购、运输、加工、出售珍贵树木或者国家重点保护的其他植物及其制品的，处三年以下有期徒刑、拘役或者管制，并处罚金；情节严重的，处三年以上七年以下有期徒刑，并处罚金。

第三百四十五条　盗伐森林或者其他林木，数量较大的，处三年以下有期徒刑、拘役或者管制，并处或者单处罚金；数量巨大的，处三年以上七年以下有期徒刑，并处罚金；数量特别巨大的，处七年以上有期徒刑，并处罚金。

违反森林法的规定，滥伐森林或者其他林木，数量较大的，处三年以下有期徒刑、拘役或者管制，并处或者单处罚金；数量巨大的，处三年以上七年以下有期徒刑，并处罚金。

非法收购、运输明知是盗伐、滥伐的林木，情节严重的，处三年以下有期徒刑、拘役或者管制，并处或者单处罚金；情节特别严重的，处三年以上七年以下有期徒刑，并处罚金。

盗伐、滥伐国家级自然保护区内的森林或者其他林木的，从重处罚。

第三百四十六条　单位犯本节第三百三十八条至第三百四十五条规定之罪的，对单位判处罚金，并对其直接负责的主管人员和其他直接责任人员，依照本节各该条的规定处罚。

中华人民共和国渔业法

（1986 年 1 月 20 日第六届全国人民代表大会常务委员会第十四次会议通过　根据 2000 年 10 月 31 日第九届全国人民代表大会常务委员会第十八次会议《关于修改〈中华人民共和国渔业法〉的决定》第一次修正　根据 2004 年 8 月 28 日第十届全国人民代表大会常务委员会第十一次会议《关于修改〈中华人民共和国渔业法〉的决定》第二次修正　根据 2009 年 8 月 27 日第十一届全国人民代表大会常务委员会第十次会议《关于修改部分法律的决定》第三次修正　根据 2013 年 12 月 28 日第十二届全国人民代表大会常务委员会第六次会议《关于修改〈中华人民共和国海洋环境保护法〉等七部法律的决定》第四次修正）

第一章　总　　则

第一条　为了加强渔业资源的保护、增殖、开发和合理利用，发展人工养殖，保障渔业生产者的合法权益，促进渔业生产的发展，适应社会主义建设和人民生活的需要，特制定本法。

第二条　在中华人民共和国的内水、滩涂、领海、专属经济区以及中华人民共和国管辖的一切其他海域从事养殖和捕捞水生动物、水生植物等渔业生产活动，都必须遵守本法。

第三条　国家对渔业生产实行以养殖为主，养殖、捕捞、加工并举，因地制宜，各有侧重的方针。

各级人民政府应当把渔业生产纳入国民经济发展计划，采取措施，加强水域的统一规划和综合利用。

第四条　国家鼓励渔业科学技术研究，推广先进技术，提高渔业科学技术水平。

第五条　在增殖和保护渔业资源、发展渔业生产、进行渔业科学技术研究等方面成绩显著的单位和个人，由各级人民政府给予精神的或者物质的奖励。

第六条　国务院渔业行政主管部门主管全国的渔业工作。县级以上地方人民政府渔业行政主管部门主管本行政区域内的渔业工作。县级以上人民政府渔业行政主管部门可以在重要渔业水域、渔港设渔政监督管理机构。

县级以上人民政府渔业行政主管部门及其所属的渔政监督管理机构可以设渔政检查人员。渔政检查人员执行渔业行政主管部门及其所属的渔政监督管理机构交付的任务。

第七条　国家对渔业的监督管理，实行统一领导、分级管理。

海洋渔业，除国务院划定由国务院渔业行政主管部门及其所属的渔政监督管理机构监督管理的海域和特定渔业资源渔场外，由毗邻海域的省、自治区、直辖市人民政府渔业行政主管部门监督管理。

江河、湖泊等水域的渔业，按照行政区划由有关县级以上人民政府渔业行政主管部门监督管理；跨行政区域的，由有关县级以上地方人民政府协商制定管理办法，或者由上一级人民政府渔业行政主管部门及其所属的渔政监督管理机构监督管理。

第八条 外国人、外国渔业船舶进入中华人民共和国管辖水域，从事渔业生产或者渔业资源调查活动，必须经国务院有关主管部门批准，并遵守本法和中华人民共和国其他有关法律、法规的规定；同中华人民共和国订有条约、协定的，按照条约、协定办理。

国家渔政渔港监督管理机构对外行使渔政渔港监督管理权。

第九条 渔业行政主管部门和其所属的渔政监督管理机构及其工作人员不得参与和从事渔业生产经营活动。

第二章 养 殖 业

第十条 国家鼓励全民所有制单位、集体所有制单位和个人充分利用适于养殖的水域、滩涂，发展养殖业。

第十一条 国家对水域利用进行统一规划，确定可以用于养殖业的水域和滩涂。单位和个人使用国家规划确定用于养殖业的全民所有的水域、滩涂的，使用者应当向县级以上地方人民政府渔业行政主管部门提出申请，由本级人民政府核发养殖证，许可其使用该水域、滩涂从事养殖生产。核发养殖证的具体办法由国务院规定。

集体所有的或者全民所有由农业集体经济组织使用的水域、滩涂，可以由个人或者集体承包，从事养殖生产。

第十二条 县级以上地方人民政府在核发养殖证时，应当优先安排当地的渔业生产者。

第十三条 当事人因使用国家规划确定用于养殖业的水域、滩涂从事养殖生产发生争议的，按照有关法律规定的程序处理。在争议解决以前，任何一方不得破坏养殖生产。

第十四条 国家建设征收集体所有的水域、滩涂，按照《中华人民共和国土地管理法》有关征地的规定办理。

第十五条 县级以上地方人民政府应当采取措施，加强对商品鱼生产基地和城市郊区重要养殖水域的保护。

第十六条 国家鼓励和支持水产优良品种的选育、培育和推广。水产新品种必须经全国水产原种和良种审定委员会审定，由国务院渔业行政主管部门公告后推广。

水产苗种的进口、出口由国务院渔业行政主管部门或者省、自治区、直辖市人民政府渔业行政主管部门审批。

水产苗种的生产由县级以上地方人民政府渔业行政主管部门审批。但是，渔业生产者自育、自用水产苗种的除外。

第十七条 水产苗种的进口、出口必须实施检疫，防止病害传入境内和传出境外，具体检疫工作按照有关动植物进出境检疫法律、行政法规的规定执行。

引进转基因水产苗种必须进行安全性评价，具体管理工作按照国务院有关规定执行。

第十八条 县级以上人民政府渔业行政主管部门应当加强对养殖生产的技术指导和病害防治工作。

第十九条 从事养殖生产不得使用含有毒有害物质的饵料、饲料。

第二十条 从事养殖生产应当保护水域生态环境，科学确定养殖密度，合理投饵、施肥、使用药物，不得造成水域的环境污染。

第三章 捕 捞 业

第二十一条 国家在财政、信贷和税收等方面采取措施，鼓励、扶持远洋捕捞业的发展，并根据渔业资源的可捕捞量，安排内水和近海捕捞力量。

第二十二条 国家根据捕捞量低于渔业资源增长量的原则，确定渔业资源的总可捕捞量，实行捕捞限额制度。国务院渔业行政主管部门负责组织渔业资源的调查和评估，为实行捕捞限额制度提供科学依据。中华人民共和国内海、领海、专属经济区和其他管辖海域的捕捞限额总量由国务院渔业行政主管部门确定，报国务院批准后逐级分解下达；国家确定的重要江河、湖泊的捕捞限额总量由有关省、自治区、直辖市人民政府确定或者协商确定，逐级分解下达。捕捞限额总量的分配应当体现公平、公正的原则，分配办法和分配结果必须向社会公开，并接受监督。

国务院渔业行政主管部门和省、自治区、直辖市人民政府渔业行政主管部门应当加强对捕捞限额制度实施情况的监督检查，对超过上级下达的捕捞限额指标的，应当在其次年捕捞限额指标中予以核减。

第二十三条 国家对捕捞业实行捕捞许可证制度。

到中华人民共和国与有关国家缔结的协定确定的共同管理的渔区或者公海从事捕捞作业的捕捞许可证，由国务院渔业行政主管部门批准发放。海洋大型拖网、围网作业的捕捞许可证，由省、自治区、直辖市人民政府渔业行政主管部门批准发放。其他作业的捕捞许可证，由县级以上地方人民政府渔业行政主管部门批准发放；但是，批准发放海洋作业的捕捞许可证不得超过国家下达的船网工具控制指标，具体办法由省、自治区、直辖市人民政府规定。

捕捞许可证不得买卖、出租和以其他形式转让，不得涂改、伪造、变造。

到他国管辖海域从事捕捞作业的，应当经国务院渔业行政主管部门批准，并遵守中华人民共和国缔结的或者参加的有关条约、协定和有关国家的法律。

第二十四条 具备下列条件的，方可发给捕捞许可证：

（一）有渔业船舶检验证书；

（二）有渔业船舶登记证书；

（三）符合国务院渔业行政主管部门规定的其他条件。

县级以上地方人民政府渔业行政主管部门批准发放的捕捞许可证，应当与上级人民政府渔业行政主管部门下达的捕捞限额指标相适应。

第二十五条 从事捕捞作业的单位和个人，必须按照捕捞许可证关于作业类型、场所、时限、渔具数量和捕捞限额的规定进行作业，并遵守国家有关保护渔业资源的规定，大中型渔船应当填写渔捞日志。

第二十六条 制造、更新改造、购置、进口的从事捕捞作业的船舶必须经渔业船舶检验部门检验合格后，方可下水作业。具体管理办法由国务院规定。

第二十七条 渔港建设应当遵守国家的统一规划，实行谁投资谁受益的原则。县级以上地方人民政府应当对位于本行政区域内的渔港加强监督管理，维护渔港的正常秩序。

第四章 渔业资源的增殖和保护

第二十八条 县级以上人民政府渔业行政主管部门应当对其管理的渔业水域统一规划，

采取措施，增殖渔业资源。县级以上人民政府渔业行政主管部门可以向受益的单位和个人征收渔业资源增殖保护费，专门用于增殖和保护渔业资源。渔业资源增殖保护费的征收办法由国务院渔业行政主管部门会同财政部门制定，报国务院批准后施行。

第二十九条　国家保护水产种质资源及其生存环境，并在具有较高经济价值和遗传育种价值的水产种质资源的主要生长繁育区域建立水产种质资源保护区。未经国务院渔业行政主管部门批准，任何单位或者个人不得在水产种质资源保护区内从事捕捞活动。

第三十条　禁止使用炸鱼、毒鱼、电鱼等破坏渔业资源的方法进行捕捞。禁止制造、销售、使用禁用的渔具。禁止在禁渔区、禁渔期进行捕捞。禁止使用小于最小网目尺寸的网具进行捕捞。捕捞的渔获物中幼鱼不得超过规定的比例。在禁渔区或者禁渔期内禁止销售非法捕捞的渔获物。

重点保护的渔业资源品种及其可捕捞标准，禁渔区和禁渔期，禁止使用或者限制使用的渔具和捕捞方法，最小网目尺寸以及其他保护渔业资源的措施，由国务院渔业行政主管部门或者省、自治区、直辖市人民政府渔业行政主管部门规定。

第三十一条　禁止捕捞有重要经济价值的水生动物苗种。因养殖或者其他特殊需要，捕捞有重要经济价值的苗种或者禁捕的怀卵亲体的，必须经国务院渔业行政主管部门或者省、自治区、直辖市人民政府渔业行政主管部门批准，在指定的区域和时间内，按照限额捕捞。

在水生动物苗种重点产区引水用水时，应当采取措施，保护苗种。

第三十二条　在鱼、虾、蟹洄游通道建闸、筑坝，对渔业资源有严重影响的，建设单位应当建造过鱼设施或者采取其他补救措施。

第三十三条　用于渔业并兼有调蓄、灌溉等功能的水体，有关主管部门应当确定渔业生产所需的最低水位线。

第三十四条　禁止围湖造田。沿海滩涂未经县级以上人民政府批准，不得围垦；重要的苗种基地和养殖场所不得围垦。

第三十五条　进行水下爆破、勘探、施工作业，对渔业资源有严重影响的，作业单位应当事先同有关县级以上人民政府渔业行政主管部门协商，采取措施，防止或者减少对渔业资源的损害；造成渔业资源损失的，由有关县级以上人民政府责令赔偿。

第三十六条　各级人民政府应当采取措施，保护和改善渔业水域的生态环境，防治污染。

渔业水域生态环境的监督管理和渔业污染事故的调查处理，依照《中华人民共和国海洋环境保护法》和《中华人民共和国水污染防治法》的有关规定执行。

第三十七条　国家对白鳍豚等珍贵、濒危水生野生动物实行重点保护，防止其灭绝。禁止捕杀、伤害国家重点保护的水生野生动物。因科学研究、驯养繁殖、展览或者其他特殊情况，需要捕捞国家重点保护的水生野生动物的，依照《中华人民共和国野生动物保护法》的规定执行。

第五章　法律责任

第三十八条　使用炸鱼、毒鱼、电鱼等破坏渔业资源方法进行捕捞的，违反关于禁渔区、禁渔期的规定进行捕捞的，或者使用禁用的渔具、捕捞方法和小于最小网目尺寸的网具进行捕捞或者渔获物中幼鱼超过规定比例的，没收渔获物和违法所得，处五万元以下的罚款；情节严重的，没收渔具，吊销捕捞许可证；情节特别严重的，可以没收渔船；构成犯罪的，依法追究刑事责任。

在禁渔区或者禁渔期内销售非法捕捞的渔获物的，县级以上地方人民政府渔业行政主管部门应当及时进行调查处理。

制造、销售禁用的渔具的，没收非法制造、销售的渔具和违法所得，并处一万元以下的罚款。

第三十九条　偷捕、抢夺他人养殖的水产品的，或者破坏他人养殖水体、养殖设施的，责令改正，可以处二万元以下的罚款；造成他人损失的，依法承担赔偿责任；构成犯罪的，依法追究刑事责任。

第四十条　使用全民所有的水域、滩涂从事养殖生产，无正当理由使水域、滩涂荒芜满一年的，由发放养殖证的机关责令限期开发利用；逾期未开发利用的，吊销养殖证，可以并处一万元以下的罚款。

未依法取得养殖证擅自在全民所有的水域从事养殖生产的，责令改正，补办养殖证或者限期拆除养殖设施。

未依法取得养殖证或者超越养殖证许可范围在全民所有的水域从事养殖生产，妨碍航运、行洪的，责令限期拆除养殖设施，可以并处一万元以下的罚款。

第四十一条　未依法取得捕捞许可证擅自进行捕捞的，没收渔获物和违法所得，并处十万元以下的罚款；情节严重的，并可以没收渔具和渔船。

第四十二条　违反捕捞许可证关于作业类型、场所、时限和渔具数量的规定进行捕捞的，没收渔获物和违法所得，可以并处五万元以下的罚款；情节严重的，并可以没收渔具，吊销捕捞许可证。

第四十三条　涂改、买卖、出租或者以其他形式转让捕捞许可证的，没收违法所得，吊销捕捞许可证，可以并处一万元以下的罚款；伪造、变造、买卖捕捞许可证，构成犯罪的，依法追究刑事责任。

第四十四条　非法生产、进口、出口水产苗种的，没收苗种和违法所得，并处五万元以下的罚款。

经营未经审定的水产苗种的，责令立即停止经营，没收违法所得，可以并处五万元以下的罚款。

第四十五条　未经批准在水产种质资源保护区内从事捕捞活动的，责令立即停止捕捞，没收渔获物和渔具，可以并处一万元以下的罚款。

第四十六条　外国人、外国渔船违反本法规定，擅自进入中华人民共和国管辖水域从事渔业生产和渔业资源调查活动的，责令其离开或者将其驱逐，可以没收渔获物、渔具，并处五十万元以下的罚款；情节严重的，可以没收渔船；构成犯罪的，依法追究刑事责任。

第四十七条　造成渔业水域生态环境破坏或者渔业污染事故的，依照《中华人民共和国海洋环境保护法》和《中华人民共和国水污染防治法》的规定追究法律责任。

第四十八条　本法规定的行政处罚，由县级以上人民政府渔业行政主管部门或者其所属的渔政监督管理机构决定。但是，本法已对处罚机关作出规定的除外。

在海上执法时，对违反禁渔区、禁渔期的规定或者使用禁用的渔具、捕捞方法进行捕捞，以及未取得捕捞许可证进行捕捞的，事实清楚、证据充分，但是当场不能按照法定程序作出和执行行政处罚决定的，可以先暂时扣押捕捞许可证、渔具或者渔船，回港后依法作出和执行行政处罚决定。

第四十九条 渔业行政主管部门和其所属的渔政监督管理机构及其工作人员违反本法规定核发许可证、分配捕捞限额或者从事渔业生产经营活动的，或者有其他玩忽职守不履行法定义务、滥用职权、徇私舞弊的行为的，依法给予行政处分；构成犯罪的，依法追究刑事责任。

第六章　附　　则

第五十条 本法自 1986 年 7 月 1 日起施行。

中华人民共和国进出境动植物检疫法

（1991 年 10 月 30 日第七届全国人民代表大会常务委员会第二十二次
会议通过　1991 年 10 月 30 日中华人民共和国主席令第五十三号公布
根据 2009 年 8 月 27 日中华人民共和国主席令第十八号第十一届全国人
民代表大会常务委员会第十次会议《关于修改部分法律的决定》修正）

第一章　总　　则

第一条　为防止动物传染病、寄生虫病和植物危险性病、虫、杂草以及其他有害生物
（以下简称病虫害）传入、传出国境，保护农、林、牧、渔业生产和人体健康，促进对外经
济贸易的发展，制定本法。

第二条　进出境的动植物、动植物产品和其他检疫物，装载动植物、动植物产品和其他
检疫物的装载容器、包装物，以及来自动植物疫区的运输工具，依照本法规定实施检疫。

第三条　国务院设立动植物检疫机关（以下简称国家动植物检疫机关），统一管理全国
进出境动植物检疫工作。国家动植物检疫机关在对外开放的口岸和进出境动植物检疫业务集
中的地点设立的口岸动植物检疫机关，依照本法规定实施进出境动植物检疫。

贸易性动物产品出境的检疫机关，由国务院根据情况规定。

国务院农业行政主管部门主管全国进出境动植物检疫工作。

第四条　口岸动植物检疫机关在实施检疫时可以行使下列职权：

（一）依照本法规定登船、登车、登机实施检疫；

（二）进入港口、机场、车站、邮局以及检疫物的存放、加工、养殖、种植场所实施检
疫，并依照规定采样；

（三）根据检疫需要，进入有关生产、仓库等场所，进行疫情监测、调查和检疫监督
管理；

（四）查阅、复制、摘录与检疫物有关的运行日志、货运单、合同、发票及其他单证。

第五条　国家禁止下列各物进境：

（一）动植物病原体（包括菌种、毒种等）、害虫及其他有害生物；

（二）动植物疫情流行的国家和地区的有关动植物、动植物产品和其他检疫物；

（三）动物尸体；

（四）土壤。

口岸动植物检疫机关发现有前款规定的禁止进境物的，作退回或者销毁处理。

因科学研究等特殊需要引进本条第一款规定的禁止进境物的，必须事先提出申请，经国
家动植物检疫机关批准。

本条第一款第二项规定的禁止进境物的名录，由国务院农业行政主管部门制定并公布。

第六条 国外发生重大动植物疫情并可能传入中国时，国务院应当采取紧急预防措施，必要时可以下令禁止来自动植物疫区的运输工具进境或者封锁有关口岸；受动植物疫情威胁地区的地方人民政府和有关口岸动植物检疫机关，应当立即采取紧急措施，同时向上级人民政府和国家动植物检疫机关报告。

邮电、运输部门对重大动植物疫情报告和送检材料应当优先传送。

第七条 国家动植物检疫机关和口岸动植物检疫机关对进出境动植物、动植物产品的生产、加工、存放过程，实行检疫监督制度。

第八条 口岸动植物检疫机关在港口、机场、车站、邮局执行检疫任务时，海关、交通、民航、铁路、邮电等有关部门应当配合。

第九条 动植物检疫机关检疫人员必须忠于职守，秉公执法。动植物检疫机关检疫人员依法执行公务，任何单位和个人不得阻挠。

第二章 进境检疫

第十条 输入动物、动物产品、植物种子、种苗及其他繁殖材料的，必须事先提出申请，办理检疫审批手续。

第十一条 通过贸易、科技合作、交换、赠送、援助等方式输入动植物、动植物产品和其他检疫物的，应当在合同或者协议中订明中国法定的检疫要求，并订明必须附有输出国家或者地区政府动植物检疫机关出具的检疫证书。

第十二条 货主或者其代理人应当在动植物、动植物产品和其他检疫物进境前或者进境时持输出国家或者地区的检疫证书、贸易合同等单证，向进境口岸动植物检疫机关报检。

第十三条 装载动物的运输工具抵达口岸时，口岸动植物检疫机关应当采取现场预防措施，对上下运输工具或者接近动物的人员、装载动物的运输工具和被污染的场地作防疫消毒处理。

第十四条 输入动植物、动植物产品和其他检疫物，应当在进境口岸实施检疫。未经口岸动植物检疫机关同意，不得卸离运输工具。

输入动植物，需隔离检疫的，在口岸动植物检疫机关指定的隔离场所检疫。

因口岸条件限制等原因，可以由国家动植物检疫机关决定将动植物、动植物产品和其他检疫物运往指定地点检疫。在运输、装卸过程中，货主或者其代理人应当采取防疫措施。指定的存放、加工和隔离饲养或者隔离种植的场所，应当符合动植物检疫和防疫的规定。

第十五条 输入动植物、动植物产品和其他检疫物，经检疫合格的，准予进境；海关凭口岸动植物检疫机关签发的检疫单证或者在报关单上加盖的印章验放。

输入动植物、动植物产品和其他检疫物，需调离海关监管区检疫的，海关凭口岸动植物检疫机关签发的《检疫调离通知单》验放。

第十六条 输入动物，经检疫不合格的，由口岸动植物检疫机关签发《检疫处理通知单》，通知货主或者其代理人作如下处理：

（一）检出一类传染病、寄生虫病的动物，连同其同群动物全群退回或者全群扑杀并销毁尸体；

（二）检出二类传染病、寄生虫病的动物，退回或者扑杀，同群其他动物在隔离场或者其他指定地点隔离观察。

输入动物产品和其他检疫物经检疫不合格的，由口岸动植物检疫机关签发《检疫处理通知单》，通知货主或者其代理人作除害、退回或者销毁处理。经除害处理合格的，准予进境。

第十七条　输入植物、植物产品和其他检疫物，经检疫发现有植物危险性病、虫、杂草的，由口岸动植物检疫机关签发《检疫处理通知单》，通知货主或者其代理人作除害、退回或者销毁处理。经除害处理合格的，准予进境。

第十八条　本法第十六条第一款第一项、第二项所称一类、二类动物传染病、寄生虫病的名录和本法第十七条所称植物危险性病、虫、杂草的名录，由国务院农业行政主管部门制定并公布。

第十九条　输入动植物、动植物产品和其他检疫物，经检疫发现有本法第十八条规定的名录之外，对农、林、牧、渔业有严重危害的其他病虫害的，由口岸动植物检疫机关依照国务院农业行政主管部门的规定，通知货主或者其代理人作除害、退回或者销毁处理。经除害处理合格的，准予进境。

第三章　出境检疫

第二十条　货主或者其代理人在动植物、动植物产品和其他检疫物出境前，向口岸动植物检疫机关报检。

出境前需经隔离检疫的动物，在口岸动植物检疫机关指定的隔离场所检疫。

第二十一条　输出动植物、动植物产品和其他检疫物，由口岸动植物检疫机关实施检疫，经检疫合格或者经除害处理合格的，准予出境；海关凭口岸动植物检疫机关签发的检疫证书或者在报关单上加盖的印章验放。检疫不合格又无有效方法作除害处理的，不准出境。

第二十二条　经检疫合格的动植物、动植物产品和其他检疫物，有下列情形之一的，货主或者其代理人应当重新报检：

（一）更改输入国家或者地区，更改后的输入国家或者地区又有不同检疫要求的；

（二）改换包装或者原未拼装后来拼装的；

（三）超过检疫规定有效期限的。

第四章　过境检疫

第二十三条　要求运输动物过境的，必须事先商得中国国家动植物检疫机关同意，并按照指定的口岸和路线过境。装载过境动物的运输工具、装载容器、饲料和铺垫材料，必须符合中国动植物检疫的规定。

第二十四条　运输动植物、动植物产品和其他检疫物过境的，由承运人或者押运人持货运单和输出国家或者地区政府动植物检疫机关出具的检疫证书，在进境时向口岸动植物检疫机关报检，出境口岸不再检疫。

第二十五条　过境的动物经检疫合格的，准予过境；发现有本法第十八条规定的名录所列的动物传染病、寄生虫病的，全群动物不准过境。

过境动物的饲料受病虫害污染的，作除害、不准过境或者销毁处理。

过境的动物的尸体、排泄物、铺垫材料及其他废弃物，必须按照动植物检疫机关的规定处理，不得擅自抛弃。

第二十六条　对过境植物、动植物产品和其他检疫物，口岸动植物检疫机关检查运输工具或者包装，经检疫合格的，准予过境；发现有本法第十八条规定的名录所列的病虫害的，作除害处理或者不准过境。

第二十七条　动植物、动植物产品和其他检疫物过境期间，未经动植物检疫机关批准，不得开拆包装或者卸离运输工具。

第五章　携带、邮寄物检疫

第二十八条　携带、邮寄植物种子、种苗及其他繁殖材料进境的，必须事先提出申请，办理检疫审批手续。

第二十九条　禁止携带、邮寄进境的动植物、动植物产品和其他检疫物的名录，由国务院农业行政主管部门制定并公布。

携带、邮寄前款规定的名录所列的动植物、动植物产品和其他检疫物进境的，作退回或者销毁处理。

第三十条　携带本法第二十九条规定的名录以外的动植物、动植物产品和其他检疫物进境的，在进境时向海关申报并接受口岸动植物检疫机关检疫。

携带动物进境的，必须持有输出国家或者地区的检疫证书等证件。

第三十一条　邮寄本法第二十九条规定的名录以外的动植物、动植物产品和其他检疫物进境的，由口岸动植物检疫机关在国际邮件互换局实施检疫，必要时可以取回口岸动植物检疫机关检疫；未经检疫不得运递。

第三十二条　邮寄进境的动植物、动植物产品和其他检疫物，经检疫或者除害处理合格后放行；经检疫不合格又无有效方法作除害处理的，作退回或者销毁处理，并签发《检疫处理通知单》。

第三十三条　携带、邮寄出境的动植物、动植物产品和其他检疫物，物主有检疫要求的，由口岸动植物检疫机关实施检疫。

第六章　运输工具检疫

第三十四条　来自动植物疫区的船舶、飞机、火车抵达口岸时，由口岸动植物检疫机关实施检疫。发现有本法第十八条规定的名录所列的病虫害的，作不准带离运输工具、除害、封存或者销毁处理。

第三十五条　进境的车辆，由口岸动植物检疫机关作防疫消毒处理。

第三十六条　进出境运输工具上的泔水、动植物性废弃物，依照口岸动植物检疫机关的规定处理，不得擅自抛弃。

第三十七条　装载出境的动植物、动植物产品和其他检疫物的运输工具，应当符合动植物检疫和防疫的规定。

第三十八条　进境供拆船用的废旧船舶，由口岸动植物检疫机关实施检疫，发现有本法第十八条规定的名录所列的病虫害的，作除害处理。

第七章　法律责任

第三十九条　违反本法规定，有下列行为之一的，由口岸动植物检疫机关处以罚款：

（一）未报检或者未依法办理检疫审批手续的；

（二）未经口岸动植物检疫机关许可擅自将进境动植物、动植物产品或者其他检疫物卸离运输工具或者运递的；

（三）擅自调离或者处理在口岸动植物检疫机关指定的隔离场所中隔离检疫的动植物的。

第四十条　报检的动植物、动植物产品或者其他检疫物与实际不符的，由口岸动植物检疫机关处以罚款；已取得检疫单证的，予以吊销。

第四十一条　违反本法规定，擅自开拆过境动植物、动植物产品或者其他检疫物的包装的，擅自将过境动植物、动植物产品或者其他检疫物卸离运输工具的，擅自抛弃过境动物的尸体、排泄物、铺垫材料或者其他废弃物的，由动植物检疫机关处以罚款。

第四十二条　违反本法规定，引起重大动植物疫情的，依照刑法有关规定追究刑事责任。

第四十三条　伪造、变造检疫单证、印章、标志、封识，依照刑法有关规定追究刑事责任。

第四十四条　当事人对动植物检疫机关的处罚决定不服的，可以在接到处罚通知之日起十五日内向作出处罚决定的机关的上一级机关申请复议；当事人也可以在接到处罚通知之日起十五日内直接向人民法院起诉。

复议机关应当在接到复议申请之日起六十日内作出复议决定。当事人对复议决定不服的，可以在接到复议决定之日起十五日内向人民法院起诉。复议机关逾期不作出复议决定的，当事人可以在复议期满之日起十五日内向人民法院起诉。

当事人逾期不申请复议也不向人民法院起诉、又不履行处罚决定的，作出处罚决定的机关可以申请人民法院强制执行。

第四十五条　动植物检疫机关检疫人员滥用职权，徇私舞弊，伪造检疫结果，或者玩忽职守，延误检疫出证，构成犯罪的，依法追究刑事责任；不构成犯罪的，给予行政处分。

第八章　附　　则

第四十六条　本法下列用语的含义是：

（一）"动物"是指饲养、野生的活动物，如畜、禽、兽、蛇、龟、鱼、虾、蟹、贝、蚕、蜂等；

（二）"动物产品"是指来源于动物未经加工或者虽经加工但仍有可能传播疫病的产品，如生皮张、毛类、肉类、脏器、油脂、动物水产品、奶制品、蛋类、血液、精液、胚胎、骨、蹄、角等；

（三）"植物"是指栽培植物、野生植物及其种子、种苗及其他繁殖材料等；

（四）"植物产品"是指来源于植物未经加工或者虽经加工但仍有可能传播病虫害的产品，如粮食、豆、棉花、油、麻、烟草、籽仁、干果、鲜果、蔬菜、生药材、木材、饲料等；

（五）"其他检疫物"是指动物疫苗、血清、诊断液、动植物性废弃物等。

第四十七条　中华人民共和国缔结或者参加的有关动植物检疫的国际条约与本法有不同规定的，适用该国际条约的规定。但是，中华人民共和国声明保留的条款除外。

第四十八条　口岸动植物检疫机关实施检疫依照规定收费。收费办法由国务院农业行政主管部门会同国务院物价等有关主管部门制定。

第四十九条　国务院根据本法制定实施条例。

第五十条　本法自 1992 年 4 月 1 日起施行。1982 年 6 月 4 日国务院发布的《中华人民共和国进出口动植物检疫条例》同时废止。

中华人民共和国动物防疫法

（1997年7月3日第八届全国人民代表大会常务委员会第二十六次会议通过　2007年8月30日第十届全国人民代表大会常务委员会第二十九次会议修订　根据2013年6月29日第十二届全国人民代表大会常务委员会第三次会议《关于修改〈中华人民共和国文物保护法〉等十二部法律的决定》第一次修正　根据2015年4月24日第十二届全国人民代表大会常务委员会第十四次会议《关于修改〈中华人民共和国电力法〉等六部法律的决定》第二次修正）

第一章　总　　则

第一条　为了加强对动物防疫活动的管理，预防、控制和扑灭动物疫病，促进养殖业发展，保护人体健康，维护公共卫生安全，制定本法。

第二条　本法适用于在中华人民共和国领域内的动物防疫及其监督管理活动。

进出境动物、动物产品的检疫，适用《中华人民共和国进出境动植物检疫法》。

第三条　本法所称动物，是指家畜家禽和人工饲养、合法捕获的其他动物。

本法所称动物产品，是指动物的肉、生皮、原毛、绒、脏器、脂、血液、精液、卵、胚胎、骨、蹄、头、角、筋以及可能传播动物疫病的奶、蛋等。

本法所称动物疫病，是指动物传染病、寄生虫病。

本法所称动物防疫，是指动物疫病的预防、控制、扑灭和动物、动物产品的检疫。

第四条　根据动物疫病对养殖业生产和人体健康的危害程度，本法规定管理的动物疫病分为下列三类：

（一）一类疫病，是指对人与动物危害严重，需要采取紧急、严厉的强制预防、控制、扑灭等措施的；

（二）二类疫病，是指可能造成重大经济损失，需要采取严格控制、扑灭等措施，防止扩散的；

（三）三类疫病，是指常见多发、可能造成重大经济损失，需要控制和净化的。

前款一、二、三类动物疫病具体病种名录由国务院兽医主管部门制定并公布。

第五条　国家对动物疫病实行预防为主的方针。

第六条　县级以上人民政府应当加强对动物防疫工作的统一领导，加强基层动物防疫队伍建设，建立健全动物防疫体系，制定并组织实施动物疫病防治规划。

乡级人民政府、城市街道办事处应当组织群众协助做好本管辖区域内的动物疫病预防与控制工作。

第七条　国务院兽医主管部门主管全国的动物防疫工作。

县级以上地方人民政府兽医主管部门主管本行政区域内的动物防疫工作。

县级以上人民政府其他部门在各自的职责范围内做好动物防疫工作。

军队和武装警察部队动物卫生监督职能部门分别负责军队和武装警察部队现役动物及饲养自用动物的防疫工作。

第八条　县级以上地方人民政府设立的动物卫生监督机构依照本法规定，负责动物、动物产品的检疫工作和其他有关动物防疫的监督管理执法工作。

第九条　县级以上人民政府按照国务院的规定，根据统筹规划、合理布局、综合设置的原则建立动物疫病预防控制机构，承担动物疫病的监测、检测、诊断、流行病学调查、疫情报告以及其他预防、控制等技术工作。

第十条　国家支持和鼓励开展动物疫病的科学研究以及国际合作与交流，推广先进适用的科学研究成果，普及动物防疫科学知识，提高动物疫病防治的科学技术水平。

第十一条　对在动物防疫工作、动物防疫科学研究中做出成绩和贡献的单位和个人，各级人民政府及有关部门给予奖励。

第二章　动物疫病的预防

第十二条　国务院兽医主管部门对动物疫病状况进行风险评估，根据评估结果制定相应的动物疫病预防、控制措施。

国务院兽医主管部门根据国内外动物疫情和保护养殖业生产及人体健康的需要，及时制定并公布动物疫病预防、控制技术规范。

第十三条　国家对严重危害养殖业生产和人体健康的动物疫病实施强制免疫。国务院兽医主管部门确定强制免疫的动物疫病病种和区域，并会同国务院有关部门制定国家动物疫病强制免疫计划。

省、自治区、直辖市人民政府兽医主管部门根据国家动物疫病强制免疫计划，制订本行政区域的强制免疫计划；并可以根据本行政区域内动物疫病流行情况增加实施强制免疫的动物疫病病种和区域，报本级人民政府批准后执行，并报国务院兽医主管部门备案。

第十四条　县级以上地方人民政府兽医主管部门组织实施动物疫病强制免疫计划。乡级人民政府、城市街道办事处应当组织本管辖区域内饲养动物的单位和个人做好强制免疫工作。

饲养动物的单位和个人应当依法履行动物疫病强制免疫义务，按照兽医主管部门的要求做好强制免疫工作。

经强制免疫的动物，应当按照国务院兽医主管部门的规定建立免疫档案，加施畜禽标识，实施可追溯管理。

第十五条　县级以上人民政府应当建立健全动物疫情监测网络，加强动物疫情监测。

国务院兽医主管部门应当制定国家动物疫病监测计划。省、自治区、直辖市人民政府兽医主管部门应当根据国家动物疫病监测计划，制定本行政区域的动物疫病监测计划。

动物疫病预防控制机构应当按照国务院兽医主管部门的规定，对动物疫病的发生、流行等情况进行监测；从事动物饲养、屠宰、经营、隔离、运输以及动物产品生产、经营、加工、贮藏等活动的单位和个人不得拒绝或者阻碍。

第十六条　国务院兽医主管部门和省、自治区、直辖市人民政府兽医主管部门应当根据对动物疫病发生、流行趋势的预测，及时发出动物疫情预警。地方各级人民政府接到动物疫情预警后，应当采取相应的预防、控制措施。

第十七条　从事动物饲养、屠宰、经营、隔离、运输以及动物产品生产、经营、加工、贮藏等活动的单位和个人，应当依照本法和国务院兽医主管部门的规定，做好免疫、消毒等动物疫病预防工作。

第十八条　种用、乳用动物和宠物应当符合国务院兽医主管部门规定的健康标准。

种用、乳用动物应当接受动物疫病预防控制机构的定期检测；检测不合格的，应当按照国务院兽医主管部门的规定予以处理。

第十九条　动物饲养场（养殖小区）和隔离场所，动物屠宰加工场所，以及动物和动物产品无害化处理场所，应当符合下列动物防疫条件：

（一）场所的位置与居民生活区、生活饮用水源地、学校、医院等公共场所的距离符合国务院兽医主管部门规定的标准；

（二）生产区封闭隔离，工程设计和工艺流程符合动物防疫要求；

（三）有相应的污水、污物、病死动物、染疫动物产品的无害化处理设施设备和清洗消毒设施设备；

（四）有为其服务的动物防疫技术人员；

（五）有完善的动物防疫制度；

（六）具备国务院兽医主管部门规定的其他动物防疫条件。

第二十条　兴办动物饲养场（养殖小区）和隔离场所，动物屠宰加工场所，以及动物和动物产品无害化处理场所，应当向县级以上地方人民政府兽医主管部门提出申请，并附具相关材料。受理申请的兽医主管部门应当依照本法和《中华人民共和国行政许可法》的规定进行审查。经审查合格的，发给动物防疫条件合格证；不合格的，应当通知申请人并说明理由。

动物防疫条件合格证应当载明申请人的名称、场（厂）址等事项。

经营动物、动物产品的集贸市场应当具备国务院兽医主管部门规定的动物防疫条件，并接受动物卫生监督机构的监督检查。

第二十一条　动物、动物产品的运载工具、垫料、包装物、容器等应当符合国务院兽医主管部门规定的动物防疫要求。

染疫动物及其排泄物、染疫动物产品，病死或者死因不明的动物尸体，运载工具中的动物排泄物以及垫料、包装物、容器等污染物，应当按照国务院兽医主管部门的规定处理，不得随意处置。

第二十二条　采集、保存、运输动物病料或者病原微生物以及从事病原微生物研究、教学、检测、诊断等活动，应当遵守国家有关病原微生物实验室管理的规定。

第二十三条　患有人畜共患传染病的人员不得直接从事动物诊疗以及易感染动物的饲养、屠宰、经营、隔离、运输等活动。

人畜共患传染病名录由国务院兽医主管部门会同国务院卫生主管部门制定并公布。

第二十四条　国家对动物疫病实行区域化管理，逐步建立无规定动物疫病区。无规定动物疫病区应当符合国务院兽医主管部门规定的标准，经国务院兽医主管部门验收合格予以公布。

本法所称无规定动物疫病区，是指具有天然屏障或者采取人工措施，在一定期限内没有发生规定的一种或者几种动物疫病，并经验收合格的区域。

第二十五条 禁止屠宰、经营、运输下列动物和生产、经营、加工、贮藏、运输下列动物产品：

（一）封锁疫区内与所发生动物疫病有关的；

（二）疫区内易感染的；

（三）依法应当检疫而未经检疫或者检疫不合格的；

（四）染疫或者疑似染疫的；

（五）病死或者死因不明的；

（六）其他不符合国务院兽医主管部门有关动物防疫规定的。

第三章　动物疫情的报告、通报和公布

第二十六条 从事动物疫情监测、检验检疫、疫病研究与诊疗以及动物饲养、屠宰、经营、隔离、运输等活动的单位和个人，发现动物染疫或者疑似染疫的，应当立即向当地兽医主管部门、动物卫生监督机构或者动物疫病预防控制机构报告，并采取隔离等控制措施，防止动物疫情扩散。其他单位和个人发现动物染疫或者疑似染疫的，应当及时报告。

接到动物疫情报告的单位，应当及时采取必要的控制处理措施，并按照国家规定的程序上报。

第二十七条 动物疫情由县级以上人民政府兽医主管部门认定；其中重大动物疫情由省、自治区、直辖市人民政府兽医主管部门认定，必要时报国务院兽医主管部门认定。

第二十八条 国务院兽医主管部门应当及时向国务院有关部门和军队有关部门以及省、自治区、直辖市人民政府兽医主管部门通报重大动物疫情的发生和处理情况；发生人畜共患传染病的，县级以上人民政府兽医主管部门与同级卫生主管部门应当及时相互通报。

国务院兽医主管部门应当依照我国缔结或者参加的条约、协定，及时向有关国际组织或者贸易方通报重大动物疫情的发生和处理情况。

第二十九条 国务院兽医主管部门负责向社会及时公布全国动物疫情，也可以根据需要授权省、自治区、直辖市人民政府兽医主管部门公布本行政区域内的动物疫情。其他单位和个人不得发布动物疫情。

第三十条 任何单位和个人不得瞒报、谎报、迟报、漏报动物疫情，不得授意他人瞒报、谎报、迟报动物疫情，不得阻碍他人报告动物疫情。

第四章　动物疫病的控制和扑灭

第三十一条 发生一类动物疫病时，应当采取下列控制和扑灭措施：

（一）当地县级以上地方人民政府兽医主管部门应当立即派人到现场，划定疫点、疫区、受威胁区，调查疫源，及时报请本级人民政府对疫区实行封锁。疫区范围涉及两个以上行政区域的，由有关行政区域共同的上一级人民政府对疫区实行封锁，或者由各有关行政区域的上一级人民政府共同对疫区实行封锁。必要时，上级人民政府可以责成下级人民政府对疫区实行封锁。

（二）县级以上地方人民政府应当立即组织有关部门和单位采取封锁、隔离、扑杀、销

毁、消毒、无害化处理、紧急免疫接种等强制性措施，迅速扑灭疫病。

（三）在封锁期间，禁止染疫、疑似染疫和易感染的动物、动物产品流出疫区，禁止非疫区的易感染动物进入疫区，并根据扑灭动物疫病的需要对出入疫区的人员、运输工具及有关物品采取消毒和其他限制性措施。

第三十二条　发生二类动物疫病时，应当采取下列控制和扑灭措施：

（一）当地县级以上地方人民政府兽医主管部门应当划定疫点、疫区、受威胁区。

（二）县级以上地方人民政府根据需要组织有关部门和单位采取隔离、扑杀、销毁、消毒、无害化处理、紧急免疫接种、限制易感染的动物和动物产品及有关物品出入等控制、扑灭措施。

第三十三条　疫点、疫区、受威胁区的撤销和疫区封锁的解除，按照国务院兽医主管部门规定的标准和程序评估后，由原决定机关决定并宣布。

第三十四条　发生三类动物疫病时，当地县级、乡级人民政府应当按照国务院兽医主管部门的规定组织防治和净化。

第三十五条　二、三类动物疫病呈暴发性流行时，按照一类动物疫病处理。

第三十六条　为控制、扑灭动物疫病，动物卫生监督机构应当派人在当地依法设立的现有检查站执行监督检查任务；必要时，经省、自治区、直辖市人民政府批准，可以设立临时性的动物卫生监督检查站，执行监督检查任务。

第三十七条　发生人畜共患传染病时，卫生主管部门应当组织对疫区易感染的人群进行监测，并采取相应的预防、控制措施。

第三十八条　疫区内有关单位和个人，应当遵守县级以上人民政府及其兽医主管部门依法作出的有关控制、扑灭动物疫病的规定。

任何单位和个人不得藏匿、转移、盗掘已被依法隔离、封存、处理的动物和动物产品。

第三十九条　发生动物疫情时，航空、铁路、公路、水路等运输部门应当优先组织运送控制、扑灭疫病的人员和有关物资。

第四十条　一、二、三类动物疫病突然发生，迅速传播，给养殖业生产安全造成严重威胁、危害，以及可能对公众身体健康与生命安全造成危害，构成重大动物疫情的，依照法律和国务院的规定采取应急处理措施。

第五章　动物和动物产品的检疫

第四十一条　动物卫生监督机构依照本法和国务院兽医主管部门的规定对动物、动物产品实施检疫。

动物卫生监督机构的官方兽医具体实施动物、动物产品检疫。官方兽医应当具备规定的资格条件，取得国务院兽医主管部门颁发的资格证书，具体办法由国务院兽医主管部门会同国务院人事行政部门制定。

本法所称官方兽医，是指具备规定的资格条件并经兽医主管部门任命的，负责出具检疫等证明的国家兽医工作人员。

第四十二条　屠宰、出售或者运输动物以及出售或者运输动物产品前，货主应当按照国务院兽医主管部门的规定向当地动物卫生监督机构申报检疫。

动物卫生监督机构接到检疫申报后，应当及时指派官方兽医对动物、动物产品实施现场检疫；检疫合格的，出具检疫证明、加施检疫标志。实施现场检疫的官方兽医应当在检疫证明、检疫标志上签字或者盖章，并对检疫结论负责。

第四十三条　屠宰、经营、运输以及参加展览、演出和比赛的动物，应当附有检疫证明；经营和运输的动物产品，应当附有检疫证明、检疫标志。

对前款规定的动物、动物产品，动物卫生监督机构可以查验检疫证明、检疫标志，进行监督抽查，但不得重复检疫收费。

第四十四条　经铁路、公路、水路、航空运输动物和动物产品的，托运人托运时应当提供检疫证明；没有检疫证明的，承运人不得承运。

运载工具在装载前和卸载后应当及时清洗、消毒。

第四十五条　输入到无规定动物疫病区的动物、动物产品，货主应当按照国务院兽医主管部门的规定向无规定动物疫病区所在地动物卫生监督机构申报检疫，经检疫合格的，方可进入；检疫所需费用纳入无规定动物疫病区所在地地方人民政府财政预算。

第四十六条　跨省、自治区、直辖市引进乳用动物、种用动物及其精液、胚胎、种蛋的，应当向输入地省、自治区、直辖市动物卫生监督机构申请办理审批手续，并依照本法第四十二条的规定取得检疫证明。

跨省、自治区、直辖市引进的乳用动物、种用动物到达输入地后，货主应当按照国务院兽医主管部门的规定对引进的乳用动物、种用动物进行隔离观察。

第四十七条　人工捕获的可能传播动物疫病的野生动物，应当报经捕获地动物卫生监督机构检疫，经检疫合格的，方可饲养、经营和运输。

第四十八条　经检疫不合格的动物、动物产品，货主应当在动物卫生监督机构监督下按照国务院兽医主管部门的规定处理，处理费用由货主承担。

第四十九条　依法进行检疫需要收取费用的，其项目和标准由国务院财政部门、物价主管部门规定。

第六章　动物诊疗

第五十条　从事动物诊疗活动的机构，应当具备下列条件：

（一）有与动物诊疗活动相适应并符合动物防疫条件的场所；

（二）有与动物诊疗活动相适应的执业兽医；

（三）有与动物诊疗活动相适应的兽医器械和设备；

（四）有完善的管理制度。

第五十一条　设立从事动物诊疗活动的机构，应当向县级以上地方人民政府兽医主管部门申请动物诊疗许可证。受理申请的兽医主管部门应当依照本法和《中华人民共和国行政许可法》的规定进行审查。经审查合格的，发给动物诊疗许可证；不合格的，应当通知申请人并说明理由。

第五十二条　动物诊疗许可证应当载明诊疗机构名称、诊疗活动范围、从业地点和法定代表人（负责人）等事项。

动物诊疗许可证载明事项变更的，应当申请变更或者换发动物诊疗许可证。

第五十三条　动物诊疗机构应当按照国务院兽医主管部门的规定，做好诊疗活动中的卫生安全防护、消毒、隔离和诊疗废弃物处置等工作。

第五十四条　国家实行执业兽医资格考试制度。具有兽医相关专业大学专科以上学历的，可以申请参加执业兽医资格考试；考试合格的，由省、自治区、直辖市人民政府兽医主管部门颁发执业兽医资格证书；从事动物诊疗的，还应当向当地县级人民政府兽医主管部门申请注册。执业兽医资格考试和注册办法由国务院兽医主管部门商国务院人事行政部门制定。

本法所称执业兽医，是指从事动物诊疗和动物保健等经营活动的兽医。

第五十五条　经注册的执业兽医，方可从事动物诊疗、开具兽药处方等活动。但是，本法第五十七条对乡村兽医服务人员另有规定的，从其规定。

执业兽医、乡村兽医服务人员应当按照当地人民政府或者兽医主管部门的要求，参加预防、控制和扑灭动物疫病的活动。

第五十六条　从事动物诊疗活动，应当遵守有关动物诊疗的操作技术规范，使用符合国家规定的兽药和兽医器械。

第五十七条　乡村兽医服务人员可以在乡村从事动物诊疗服务活动，具体管理办法由国务院兽医主管部门制定。

第七章　监督管理

第五十八条　动物卫生监督机构依照本法规定，对动物饲养、屠宰、经营、隔离、运输以及动物产品生产、经营、加工、贮藏、运输等活动中的动物防疫实施监督管理。

第五十九条　动物卫生监督机构执行监督检查任务，可以采取下列措施，有关单位和个人不得拒绝或者阻碍：

（一）对动物、动物产品按照规定采样、留验、抽检；

（二）对染疫或者疑似染疫的动物、动物产品及相关物品进行隔离、查封、扣押和处理；

（三）对依法应当检疫而未经检疫的动物实施补检；

（四）对依法应当检疫而未经检疫的动物产品，具备补检条件的实施补检，不具备补检条件的予以没收销毁；

（五）查验检疫证明、检疫标志和畜禽标识；

（六）进入有关场所调查取证，查阅、复制与动物防疫有关的资料。

动物卫生监督机构根据动物疫病预防、控制需要，经当地县级以上地方人民政府批准，可以在车站、港口、机场等相关场所派驻官方兽医。

第六十条　官方兽医执行动物防疫监督检查任务，应当出示行政执法证件，佩带统一标志。

动物卫生监督机构及其工作人员不得从事与动物防疫有关的经营性活动，进行监督检查不得收取任何费用。

第六十一条　禁止转让、伪造或者变造检疫证明、检疫标志或者畜禽标识。

检疫证明、检疫标志的管理办法，由国务院兽医主管部门制定。

第八章　保障措施

第六十二条　县级以上人民政府应当将动物防疫纳入本级国民经济和社会发展规划及年度计划。

第六十三条　县级人民政府和乡级人民政府应当采取有效措施，加强村级防疫员队伍建设。

县级人民政府兽医主管部门可以根据动物防疫工作需要，向乡、镇或者特定区域派驻兽医机构。

第六十四条　县级以上人民政府按照本级政府职责，将动物疫病预防、控制、扑灭、检疫和监督管理所需经费纳入本级财政预算。

第六十五条　县级以上人民政府应当储备动物疫情应急处理工作所需的防疫物资。

第六十六条　对在动物疫病预防和控制、扑灭过程中强制扑杀的动物、销毁的动物产品和相关物品，县级以上人民政府应当给予补偿。具体补偿标准和办法由国务院财政部门会同有关部门制定。

因依法实施强制免疫造成动物应激死亡的，给予补偿。具体补偿标准和办法由国务院财政部门会同有关部门制定。

第六十七条　对从事动物疫病预防、检疫、监督检查、现场处理疫情以及在工作中接触动物疫病病原体的人员，有关单位应当按照国家规定采取有效的卫生防护措施和医疗保健措施。

第九章　法律责任

第六十八条　地方各级人民政府及其工作人员未依照本法规定履行职责的，对直接负责的主管人员和其他直接责任人员依法给予处分。

第六十九条　县级以上人民政府兽医主管部门及其工作人员违反本法规定，有下列行为之一的，由本级人民政府责令改正，通报批评；对直接负责的主管人员和其他直接责任人员依法给予处分：

（一）未及时采取预防、控制、扑灭等措施的；

（二）对不符合条件的颁发动物防疫条件合格证、动物诊疗许可证，或者对符合条件的拒不颁发动物防疫条件合格证、动物诊疗许可证的；

（三）其他未依照本法规定履行职责的行为。

第七十条　动物卫生监督机构及其工作人员违反本法规定，有下列行为之一的，由本级人民政府或者兽医主管部门责令改正，通报批评；对直接负责的主管人员和其他直接责任人员依法给予处分：

（一）对未经现场检疫或者检疫不合格的动物、动物产品出具检疫证明、加施检疫标志，或者对检疫合格的动物、动物产品拒不出具检疫证明、加施检疫标志的；

（二）对附有检疫证明、检疫标志的动物、动物产品重复检疫的；

（三）从事与动物防疫有关的经营性活动，或者在国务院财政部门、物价主管部门规定外加收费用、重复收费的；

（四）其他未依照本法规定履行职责的行为。

第七十一条　动物疫病预防控制机构及其工作人员违反本法规定，有下列行为之一的，由本级人民政府或者兽医主管部门责令改正，通报批评；对直接负责的主管人员和其他直接责任人员依法给予处分：

（一）未履行动物疫病监测、检测职责或者伪造监测、检测结果的；

（二）发生动物疫情时未及时进行诊断、调查的；

（三）其他未依照本法规定履行职责的行为。

第七十二条 地方各级人民政府、有关部门及其工作人员瞒报、谎报、迟报、漏报或者授意他人瞒报、谎报、迟报动物疫情，或者阻碍他人报告动物疫情的，由上级人民政府或者有关部门责令改正，通报批评；对直接负责的主管人员和其他直接责任人员依法给予处分。

第七十三条 违反本法规定，有下列行为之一的，由动物卫生监督机构责令改正，给予警告；拒不改正的，由动物卫生监督机构代作处理，所需处理费用由违法行为人承担，可以处一千元以下罚款：

（一）对饲养的动物不按照动物疫病强制免疫计划进行免疫接种的；

（二）种用、乳用动物未经检测或者经检测不合格而不按照规定处理的；

（三）动物、动物产品的运载工具在装载前和卸载后没有及时清洗、消毒的。

第七十四条 违反本法规定，对经强制免疫的动物未按照国务院兽医主管部门规定建立免疫档案、加施畜禽标识的，依照《中华人民共和国畜牧法》的有关规定处罚。

第七十五条 违反本法规定，不按照国务院兽医主管部门规定处置染疫动物及其排泄物，染疫动物产品，病死或者死因不明的动物尸体，运载工具中的动物排泄物以及垫料、包装物、容器等污染物以及其他经检疫不合格的动物、动物产品的，由动物卫生监督机构责令无害化处理，所需处理费用由违法行为人承担，可以处三千元以下罚款。

第七十六条 违反本法第二十五条规定，屠宰、经营、运输动物或者生产、经营、加工、贮藏、运输动物产品的，由动物卫生监督机构责令改正、采取补救措施，没收违法所得和动物、动物产品，并处同类检疫合格动物、动物产品货值金额一倍以上五倍以下罚款；其中依法应当检疫而未检疫的，依照本法第七十八条的规定处罚。

第七十七条 违反本法规定，有下列行为之一的，由动物卫生监督机构责令改正，处一千元以上一万元以下罚款；情节严重的，处一万元以上十万元以下罚款：

（一）兴办动物饲养场（养殖小区）和隔离场所，动物屠宰加工场所，以及动物和动物产品无害化处理场所，未取得动物防疫条件合格证的；

（二）未办理审批手续，跨省、自治区、直辖市引进乳用动物、种用动物及其精液、胚胎、种蛋的；

（三）未经检疫，向无规定动物疫病区输入动物、动物产品的。

第七十八条 违反本法规定，屠宰、经营、运输的动物未附有检疫证明，经营和运输的动物产品未附有检疫证明、检疫标志的，由动物卫生监督机构责令改正，处同类检疫合格动物、动物产品货值金额百分之十以上百分之五十以下罚款；对货主以外的承运人处运输费用一倍以上三倍以下罚款。

违反本法规定，参加展览、演出和比赛的动物未附有检疫证明的，由动物卫生监督机构责令改正，处一千元以上三千元以下罚款。

第七十九条 违反本法规定，转让、伪造或者变造检疫证明、检疫标志或者畜禽标识的，由动物卫生监督机构没收违法所得，收缴检疫证明、检疫标志或者畜禽标识，并处三千元以上三万元以下罚款。

第八十条 违反本法规定，有下列行为之一的，由动物卫生监督机构责令改正，处一千元以上一万元以下罚款：

（一）不遵守县级以上人民政府及其兽医主管部门依法作出的有关控制、扑灭动物疫病规定的；

（二）藏匿、转移、盗掘已被依法隔离、封存、处理的动物和动物产品的；

（三）发布动物疫情的。

第八十一条　违反本法规定，未取得动物诊疗许可证从事动物诊疗活动的，由动物卫生监督机构责令停止诊疗活动，没收违法所得；违法所得在三万元以上的，并处违法所得一倍以上三倍以下罚款；没有违法所得或者违法所得不足三万元的，并处三千元以上三万元以下罚款。

动物诊疗机构违反本法规定，造成动物疫病扩散的，由动物卫生监督机构责令改正，处一万元以上五万元以下罚款；情节严重的，由发证机关吊销动物诊疗许可证。

第八十二条　违反本法规定，未经兽医执业注册从事动物诊疗活动的，由动物卫生监督机构责令停止动物诊疗活动，没收违法所得，并处一千元以上一万元以下罚款。

执业兽医有下列行为之一的，由动物卫生监督机构给予警告，责令暂停六个月以上一年以下动物诊疗活动；情节严重的，由发证机关吊销注册证书：

（一）违反有关动物诊疗的操作技术规范，造成或者可能造成动物疫病传播、流行的；

（二）使用不符合国家规定的兽药和兽医器械的；

（三）不按照当地人民政府或者兽医主管部门要求参加动物疫病预防、控制和扑灭活动的。

第八十三条　违反本法规定，从事动物疫病研究与诊疗和动物饲养、屠宰、经营、隔离、运输，以及动物产品生产、经营、加工、贮藏等活动的单位和个人，有下列行为之一的，由动物卫生监督机构责令改正；拒不改正的，对违法行为单位处一千元以上一万元以下罚款，对违法行为个人可以处五百元以下罚款：

（一）不履行动物疫情报告义务的；

（二）不如实提供与动物防疫活动有关资料的；

（三）拒绝动物卫生监督机构进行监督检查的；

（四）拒绝动物疫病预防控制机构进行动物疫病监测、检测的。

第八十四条　违反本法规定，构成犯罪的，依法追究刑事责任。

违反本法规定，导致动物疫病传播、流行等，给他人人身、财产造成损害的，依法承担民事责任。

第十章　附　　则

第八十五条　本法自 2008 年 1 月 1 日起施行。

全国人民代表大会常务委员会关于全面禁止
非法野生动物交易、革除滥食野生动物陋习、
切实保障人民群众生命健康安全的决定

（2020 年 2 月 24 日第十三届全国人民代表大会常务委员会第十六次会议通过）

为了全面禁止和惩治非法野生动物交易行为，革除滥食野生动物的陋习，维护生物安全和生态安全，有效防范重大公共卫生风险，切实保障人民群众生命健康安全，加强生态文明建设，促进人与自然和谐共生，全国人民代表大会常务委员会作出如下决定：

一、凡《中华人民共和国野生动物保护法》和其他有关法律禁止猎捕、交易、运输、食用野生动物的，必须严格禁止。

对违反前款规定的行为，在现行法律规定基础上加重处罚。

二、全面禁止食用国家保护的"有重要生态、科学、社会价值的陆生野生动物"以及其他陆生野生动物，包括人工繁育、人工饲养的陆生野生动物。

全面禁止以食用为目的的猎捕、交易、运输在野外环境自然生长繁殖的陆生野生动物。

对违反前两款规定的行为，参照适用现行法律有关规定处罚。

三、列入畜禽遗传资源目录的动物，属于家畜家禽，适用《中华人民共和国畜牧法》的规定。

国务院畜牧兽医行政主管部门依法制定并公布畜禽遗传资源目录。

四、因科研、药用、展示等特殊情况，需要对野生动物进行非食用性利用的，应当按照国家有关规定实行严格审批和检疫检验。

国务院及其有关主管部门应当及时制定、完善野生动物非食用性利用的审批和检疫检验等规定，并严格执行。

五、各级人民政府和人民团体、社会组织、学校、新闻媒体等社会各方面，都应当积极开展生态环境保护和公共卫生安全的宣传教育和引导，全社会成员要自觉增强生态保护和公共卫生安全意识，移风易俗，革除滥食野生动物陋习，养成科学健康文明的生活方式。

六、各级人民政府及其有关部门应当健全执法管理体制，明确执法责任主体，落实执法管理责任，加强协调配合，加大监督检查和责任追究力度，严格查处违反本决定和有关法律法规的行为；对违法经营场所和违法经营者，依法予以取缔或者查封、关闭。

七、国务院及其有关部门和省、自治区、直辖市应当依据本决定和有关法律，制定、调整相关名录和配套规定。

国务院和地方人民政府应当采取必要措施，为本决定的实施提供相应保障。有关地方人民政府应当支持、指导、帮助受影响的农户调整、转变生产经营活动，根据实际情况给予一定补偿。

八、本决定自公布之日起施行。

中国陆生野生动物保护管理

法律法规文件汇编（2020年版）

二

行政法规、国务院文件

中华人民共和国陆生野生动物保护实施条例

（1992年2月12日国务院批准 1992年3月1日林业部发布 根据2011年1月8日《国务院关于废止和修改部分行政法规的决定》第一次修订 根据2016年2月6日《国务院关于修改部分行政法规的决定》第二次修订）

第一章 总 则

第一条 根据《中华人民共和国野生动物保护法》（以下简称《野生动物保护法》）的规定，制定本条例。

第二条 本条例所称陆生野生动物，是指依法受保护的珍贵、濒危、有益的和有重要经济、科学研究价值的陆生野生动物（以下简称野生动物）；所称野生动物产品，是指陆生野生动物的任何部分及其衍生物。

第三条 国务院林业行政主管部门主管全国陆生野生动物管理工作。

省、自治区、直辖市人民政府林业行政主管部门主管本行政区域内陆生野生动物管理工作。自治州、县和市人民政府陆生野生动物管理工作的行政主管部门，由省、自治区、直辖市人民政府确定。

第四条 县级以上各级人民政府有关主管部门应当鼓励、支持有关科研、教学单位开展野生动物科学研究工作。

第五条 野生动物行政主管部门有权对《野生动物保护法》和本条例的实施情况进行监督检查，被检查的单位和个人应当给予配合。

第二章 野生动物保护

第六条 县级以上地方各级人民政府应当开展保护野生动物的宣传教育，可以确定适当时间为保护野生动物宣传月、爱鸟周等，提高公民保护野生动物的意识。

第七条 国务院林业行政主管部门和省、自治区、直辖市人民政府林业行政主管部门，应当定期组织野生动物资源调查，建立资源档案，为制定野生动物资源保护发展方案、制定和调整国家和地方重点保护野生动物名录提供依据。

野生动物资源普查每十年进行一次。

第八条 县级以上各级人民政府野生动物行政主管部门，应当组织社会各方面力量，采取生物技术措施和工程技术措施，维护和改善野生动物生存环境，保护和发展野生动物资源。

禁止任何单位和个人破坏国家和地方重点保护野生动物的生息繁衍场所和生存条件。

第九条 任何单位和个人发现受伤、病弱、饥饿、受困、迷途的国家和地方重点保护野生动物时，应当及时报告当地野生动物行政主管部门，由其采取救护措施；也可以就近送具备救护条件的单位救护。救护单位应当立即报告野生动物行政主管部门，并按照国务院林业行政主管部门的规定办理。

第十条　有关单位和个人对国家和地方重点保护野生动物可能造成的危害，应当采取防范措施。因保护国家和地方重点保护野生动物受到损失的，可以向当地人民政府野生动物行政主管部门提出补偿要求。经调查属实并确实需要补偿的，由当地人民政府按照省、自治区、直辖市人民政府的有关规定给予补偿。

第三章　野生动物猎捕管理

第十一条　禁止猎捕、杀害国家重点保护野生动物。

有下列情形之一，需要猎捕国家重点保护野生动物的，必须申请特许猎捕证：

（一）为进行野生动物科学考察、资源调查，必须猎捕的；

（二）为驯养繁殖国家重点保护野生动物，必须从野外获取种源的；

（三）为承担省级以上科学研究项目或者国家医药生产任务，必须从野外获取国家重点保护野生动物的；

（四）为宣传、普及野生动物知识或者教学、展览的需要，必须从野外获取国家重点保护野生动物的；

（五）因国事活动的需要，必须从野外获取国家重点保护野生动物的；

（六）为调控国家重点保护野生动物种群数量和结构，经科学论证必须猎捕的；

（七）因其他特殊情况，必须捕捉、猎捕国家重点保护野生动物的。

第十二条　申请特许猎捕证的程序如下：

（一）需要捕捉国家一级保护野生动物的，必须附具申请人所在地和捕捉地的省、自治区、直辖市人民政府林业行政主管部门签署的意见，向国务院林业行政主管部门申请特许猎捕证；

（二）需要在本省、自治区、直辖市猎捕国家二级保护野生动物的，必须附具申请人所在地的县级人民政府野生动物行政主管部门签署的意见，向省、自治区、直辖市人民政府林业行政主管部门申请特许猎捕证；

（三）需要跨省、自治区、直辖市猎捕国家二级保护野生动物的，必须附具申请人所在地的省、自治区、直辖市人民政府林业行政主管部门签署的意见，向猎捕地的省、自治区、直辖市人民政府林业行政主管部门申请特许猎捕证。

动物园需要申请捕捉国家一级保护野生动物的，在向国务院林业行政主管部门申请特许猎捕证前，须经国务院建设行政主管部门审核同意；需要申请捕捉国家二级保护野生动物的，在向申请人所在地的省、自治区、直辖市人民政府林业行政主管部门申请特许猎捕证前，须经同级政府建设行政主管部门审核同意。

负责核发特许猎捕证的部门接到申请后，应当在 3 个月内作出批准或者不批准的决定。

第十三条　有下列情形之一的，不予发放特许猎捕证：

（一）申请猎捕者有条件以合法的非猎捕方式获得国家重点保护野生动物的种源、产品或者达到所需目的的；

（二）猎捕申请不符合国家有关规定或者申请使用的猎捕工具、方法以及猎捕时间、地点不当的；

（三）根据野生动物资源现状不宜捕捉、猎捕的。

第十四条　取得特许猎捕证的单位和个人，必须按照特许猎捕证规定的种类、数量、地点、期限、工具和方法进行猎捕，防止误伤野生动物或者破坏其生存环境。猎捕作业完成后，应当在 10 日内向猎捕地的县级人民政府野生动物行政主管部门申请查验。

县级人民政府野生动物行政主管部门对在本行政区域内猎捕国家重点保护野生动物的活动，应当进行监督检查，并及时向批准猎捕的机关报告监督检查结果。

第十五条　猎捕非国家重点保护野生动物的，必须持有狩猎证，并按照狩猎证规定的种类、数量、地点、期限、工具和方法进行猎捕。

狩猎证由省、自治区、直辖市人民政府林业行政主管部门按照国务院林业行政主管部门的规定印制，县级人民政府野生动物行政主管部门或者其授权的单位核发。

狩猎证每年验证 1 次。

第十六条　省、自治区、直辖市人民政府林业行政主管部门，应当根据本行政区域内非国家重点保护野生动物的资源现状，确定狩猎动物种类，并实行年度猎捕量限额管理。狩猎动物种类和年度猎捕量限额，由县级人民政府野生动物行政主管部门按照保护资源、永续利用的原则提出，经省、自治区、直辖市人民政府林业行政主管部门批准，报国务院林业行政主管部门备案。

第十七条　县级以上地方各级人民政府野生动物行政主管部门应当组织狩猎者有计划地开展狩猎活动。

在适合狩猎的区域建立固定狩猎场所的，必须经省、自治区、直辖市人民政府林业行政主管部门批准。

第十八条　禁止使用军用武器、汽枪、毒药、炸药、地枪、排铳、非人为直接操作并危害人畜安全的狩猎装置、夜间照明行猎、歼灭性围猎、火攻、烟熏以及县级以上各级人民政府或者其野生动物行政主管部门规定禁止使用的其他狩猎工具和方法狩猎。

第十九条　外国人在中国境内对国家重点保护野生动物进行野外考察、标本采集或者在野外拍摄电影、录像的，必须向国家重点保护野生动物所在地的省、自治区、直辖市人民政府林业行政主管部门提出申请，经其审核后，报国务院林业行政主管部门或者其授权的单位批准。

第二十条　外国人在中国境内狩猎，必须在国务院林业行政主管部门批准的对外国人开放的狩猎场所内进行，并遵守中国有关法律、法规的规定。

第四章　野生动物驯养繁殖管理

第二十一条　驯养繁殖国家重点保护野生动物的，应当持有驯养繁殖许可证。

国务院林业行政主管部门和省、自治区、直辖市人民政府林业行政主管部门可以根据实际情况和工作需要，委托同级有关部门审批或者核发国家重点保护野生动物驯养繁殖许可证。动物园驯养繁殖国家重点保护野生动物的，林业行政主管部门可以委托同级建设行政主管部门核发驯养繁殖许可证。

驯养繁殖许可证由国务院林业行政主管部门印制。

第二十二条　从国外或者外省、自治区、直辖市引进野生动物进行驯养繁殖的，应当采取适当措施，防止其逃至野外；需要将其放生于野外的，放生单位应当向所在省、自治区、直辖市人民政府林业行政主管部门提出申请，经省级以上人民政府林业行政主管部门指定的科研机构进行科学论证后，报国务院林业行政主管部门或者其授权的单位批准。

擅自将引进的野生动物放生于野外或者因管理不当使其逃至野外的，由野生动物行政主管部门责令限期捕回或者采取其他补救措施。

第二十三条　从国外引进的珍贵、濒危野生动物，经国务院林业行政主管部门核准，可以视为国家重点保护野生动物；从国外引进的其他野生动物，经省、自治区、直辖市人民政府林业行政主管部门核准，可以视为地方重点保护野生动物。

第五章　野生动物经营利用管理

第二十四条　收购驯养繁殖的国家重点保护野生动物或者其产品的单位，由省、自治区、直辖市人民政府林业行政主管部门商有关部门提出，经同级人民政府或者其授权的单位批准，凭批准文件向工商行政管理部门申请登记注册。

依照前款规定经核准登记的单位，不得收购未经批准出售的国家重点保护野生动物或者其产品。

第二十五条　经营利用非国家重点保护野生动物或者其产品的，应当向工商行政管理部门申请登记注册。

第二十六条　禁止在集贸市场出售、收购国家重点保护野生动物或者其产品。

持有狩猎证的单位和个人需要出售依法获得的非国家重点保护野生动物或者其产品的，应当按照狩猎证规定的种类、数量向经核准登记的单位出售，或者在当地人民政府有关部门指定的集贸市场出售。

第二十七条　县级以上各级人民政府野生动物行政主管部门和工商行政管理部门，应当对野生动物或者其产品的经营利用建立监督检查制度，加强对经营利用野生动物或者其产品的监督管理。

对进入集贸市场的野生动物或者其产品，由工商行政管理部门进行监督管理；在集贸市场以外经营野生动物或者其产品，由野生动物行政主管部门、工商行政管理部门或者其授权的单位进行监督管理。

第二十八条　运输、携带国家重点保护野生动物或者其产品出县境的，应当凭特许猎捕证、驯养繁殖许可证，向县级人民政府野生动物行政主管部门提出申请，报省、自治区、直辖市人民政府林业行政主管部门或者其授权的单位批准。动物园之间因繁殖动物，需要运输国家重点保护野生动物的，可以由省、自治区、直辖市人民政府林业行政主管部门授权同级建设行政主管部门审批。

第二十九条　出口国家重点保护野生动物或者其产品的，以及进出口中国参加的国际公约所限制进出口的野生动物或者其产品的，必须经进出口单位或者个人所在地的省、自治区、直辖市人民政府林业行政主管部门审核，报国务院林业行政主管部门或者国务院批准；属于贸易性进出口活动的，必须由具有有关商品进出口权的单位承担。

动物园因交换动物需要进出口前款所称野生动物的，国务院林业行政主管部门批准前或者国务院林业行政主管部门报请国务院批准前，应当经国务院建设行政主管部门审核同意。

第三十条　利用野生动物或者其产品举办出国展览等活动的经济收益，主要用于野生动物保护事业。

第六章　奖励和惩罚

第三十一条　有下列事迹之一的单位和个人，由县级以上人民政府或者其野生动物行政主管部门给予奖励：

（一）在野生动物资源调查、保护管理、宣传教育、开发利用方面有突出贡献的；

（二）严格执行野生动物保护法规，成绩显著的；

（三）拯救、保护和驯养繁殖珍贵、濒危野生动物取得显著成效的；

（四）发现违反野生动物保护法规行为，及时制止或者检举有功的；

（五）在查处破坏野生动物资源案件中有重要贡献的；

（六）在野生动物科学研究中取得重大成果或者在应用推广科研成果中取得显著效益的；

（七）在基层从事野生动物保护管理工作五年以上并取得显著成绩的；

（八）在野生动物保护管理工作中有其他特殊贡献的。

第三十二条　非法捕杀国家重点保护野生动物的，依照刑法有关规定追究刑事责任；情节显著轻微危害不大的，或者犯罪情节轻微不需要判处刑罚的，由野生动物行政主管部门没收猎获物、猎捕工具和违法所得，吊销特许猎捕证，并处以相当于猎获物价值10倍以下的罚款，没有猎获物的处1万元以下罚款。

第三十三条　违反野生动物保护法规，在禁猎区、禁猎期或者使用禁用的工具、方法猎捕非国家重点保护野生动物，依照《野生动物保护法》第三十二条的规定处以罚款的，按照下列规定执行：

（一）有猎获物的，处以相当于猎获物价值8倍以下的罚款；

（二）没有猎获物的，处2 000元以下罚款。

第三十四条　违反野生动物保护法规，未取得狩猎证或者未按照狩猎证规定猎捕非国家重点保护野生动物，依照《野生动物保护法》第三十三条的规定处以罚款的，按照下列规定执行：

（一）有猎获物的，处以相当于猎获物价值5倍以下的罚款；

（二）没有猎获物的，处1 000元以下罚款。

第三十五条　违反野生动物保护法规，在自然保护区、禁猎区破坏国家或者地方重点保护野生动物主要生息繁衍场所，依照《野生动物保护法》第三十四条的规定处以罚款的，按照相当于恢复原状所需费用3倍以下的标准执行。

在自然保护区、禁猎区破坏非国家或者地方重点保护野生动物主要生息繁衍场所的，由野生动物行政主管部门责令停止破坏行为，限期恢复原状，并处以恢复原状所需费用2倍以下的罚款。

第三十六条　违反野生动物保护法规，出售、收购、运输、携带国家或者地方重点保护野生动物或者其产品的，由工商行政管理部门或者其授权的野生动物行政主管部门没收实物和违法所得，可以并处相当于实物价值10倍以下的罚款。

第三十七条　伪造、倒卖、转让狩猎证或者驯养繁殖许可证，依照《野生动物保护法》第三十七条的规定处以罚款的，按照5 000元以下的标准执行。伪造、倒卖、转让特许猎捕证或者允许进出口证明书，依照《野生动物保护法》第三十七条的规定处以罚款的，按照5

万元以下的标准执行。

第三十八条　违反野生动物保护法规，未取得驯养繁殖许可证或者超越驯养繁殖许可证规定范围驯养繁殖国家重点保护野生动物的，由野生动物行政主管部门没收违法所得，处3 000元以下罚款，可以并处没收野生动物、吊销驯养繁殖许可证。

第三十九条　外国人未经批准在中国境内对国家重点保护野生动物进行野外考察、标本采集或者在野外拍摄电影、录像的，由野生动物行政主管部门没收考察、拍摄的资料以及所获标本，可以并处5万元以下罚款。

第四十条　有下列行为之一，尚不构成犯罪，应当给予治安管理处罚的，由公安机关依照《中华人民共和国治安管理处罚法》的规定予以处罚：

（一）拒绝、阻碍野生动物行政管理人员依法执行职务的；

（二）偷窃、哄抢或者故意损坏野生动物保护仪器设备或者设施的；

（三）偷窃、哄抢、抢夺非国家重点保护野生动物或者其产品的；

（四）未经批准猎捕少量非国家重点保护野生动物的。

第四十一条　违反野生动物保护法规，被责令限期捕回而不捕的，被责令限期恢复原状而不恢复的，野生动物行政主管部门或者其授权的单位可以代为捕回或者恢复原状，由被责令限期捕回者或者被责令限期恢复原状者承担全部捕回或者恢复原状所需的费用。

第四十二条　违反野生动物保护法规，构成犯罪的，依法追究刑事责任。

第四十三条　依照野生动物保护法规没收的实物，按照国务院林业行政主管部门的规定处理。

第七章　附　　则

第四十四条　本条例由国务院林业行政主管部门负责解释。

第四十五条　本条例自发布之日起施行。

中华人民共和国水生野生动物保护实施条例

（1993 年 9 月 17 日国务院批准　1993 年 10 月 5 日农业部令第 1 号发布　根据 2011 年 1 月 8 日《国务院关于废止和修改部分行政法规的决定》第一次修订　根据 2013 年 12 月 7 日《国务院关于修改部分行政法规的决定》第二次修订）

第一章　总　　则

第一条　根据《中华人民共和国野生动物保护法》（以下简称《野生动物保护法》）的规定，制定本条例。

第二条　本条例所称水生野生动物，是指珍贵、濒危的水生野生动物；所称水生野生动物产品，是指珍贵、濒危的水生野生动物的任何部分及其衍生物。

第三条　国务院渔业行政主管部门主管全国水生野生动物管理工作。

县级以上地方人民政府渔业行政主管部门主管本行政区域内水生野生动物管理工作。

《野生动物保护法》和本条例规定的渔业行政主管部门的行政处罚权，可以由其所属的渔政监督管理机构行使。

第四条　县级以上各级人民政府及其有关主管部门应当鼓励、支持有关科研单位、教学单位开展水生野生动物科学研究工作。

第五条　渔业行政主管部门及其所属的渔政监督管理机构，有权对《野生动物保护法》和本条例的实施情况进行监督检查，被检查的单位和个人应当给予配合。

第二章　水生野生动物保护

第六条　国务院渔业行政主管部门和省、自治区、直辖市人民政府渔业行政主管部门，应当定期组织水生野生动物资源调查，建立资源档案，为制定水生野生动物资源保护发展规划、制定和调整国家和地方重点保护水生野生动物名录提供依据。

第七条　渔业行政主管部门应当组织社会各方面力量，采取有效措施，维护和改善水生野生动物的生存环境，保护和增殖水生野生动物资源。

禁止任何单位和个人破坏国家重点保护的和地方重点保护的水生野生动物生息繁衍的水域、场所和生存条件。

第八条　任何单位和个人对侵占或者破坏水生野生动物资源的行为，有权向当地渔业行政主管部门或者其所属的渔政监督管理机构检举和控告。

第九条　任何单位和个人发现受伤、搁浅和因误入港湾、河汊而被困的水生野生动物时，应当及时报告当地渔业行政主管部门或者其所属的渔政监督管理机构，由其采取紧急救护措施；也可以要求附近具备救护条件的单位采取紧急救护措施，并报告渔业行政主管部门。已经死亡的水生野生动物，由渔业行政主管部门妥善处理。

捕捞作业时误捕水生野生动物的，应当立即无条件放生。

第十条　因保护国家重点保护的和地方重点保护的水生野生动物受到损失的，可以向当地人民政府渔业行政主管部门提出补偿要求。经调查属实并确实需要补偿的，由当地人民政府按照省、自治区、直辖市人民政府有关规定给予补偿。

第十一条　国务院渔业行政主管部门和省、自治区、直辖市人民政府，应当在国家重点保护的和地方重点保护的水生野生动物的主要生息繁衍的地区和水域，划定水生野生动物自然保护区，加强对国家和地方重点保护水生野生动物及其生存环境的保护管理，具体办法由国务院另行规定。

第三章　水生野生动物管理

第十二条　禁止捕捉、杀害国家重点保护的水生野生动物。

有下列情形之一，确需捕捉国家重点保护的水生野生动物的，必须申请特许捕捉证：

（一）为进行水生野生动物科学考察、资源调查，必须捕捉的；

（二）为驯养繁殖国家重点保护的水生野生动物，必须从自然水域或者场所获取种源的；

（三）为承担省级以上科学研究项目或者国家医药生产任务，必须从自然水域或者场所获取国家重点保护的水生野生动物的；

（四）为宣传、普及水生野生动物知识或者教学、展览的需要，必须从自然水域或者场所获取国家重点保护的水生野生动物的；

（五）因其他特殊情况，必须捕捉的。

第十三条　申请特许捕捉证的程序：

（一）需要捕捉国家一级保护水生野生动物的，必须附具申请人所在地和捕捉地的省、自治区、直辖市人民政府渔业行政主管部门签署的意见，向国务院渔业行政主管部门申请特许捕捉证；

（二）需要在本省、自治区、直辖市捕捉国家二级保护水生野生动物的，必须附具申请人所在地的县级人民政府渔业行政主管部门签署的意见，向省、自治区、直辖市人民政府渔业行政主管部门申请特许捕捉证；

（三）需要跨省、自治区、直辖市捕捉国家二级保护水生野生动物的，必须附具申请人所在地的省、自治区、直辖市人民政府渔业行政主管部门签署的意见，向捕捉地的省、自治区、直辖市人民政府渔业行政主管部门申请特许捕捉证。

动物园申请捕捉国家一级保护水生野生动物的，在向国务院渔业行政主管部门申请特许捕捉证前，须经国务院建设行政主管部门审核同意；申请捕捉国家二级保护水生野生动物的，在向申请人所在地的省、自治区、直辖市人民政府渔业行政主管部门申请特许捕捉证前，须经同级人民政府建设行政主管部门审核同意。

负责核发特许捕捉证的部门接到申请后，应当自接到申请之日起3个月内作出批准或者不批准的决定。

第十四条　有下列情形之一的，不予发放特许捕捉证：

（一）申请人有条件以合法的非捕捉方式获得国家重点保护的水生野生动物的种源、产品或者达到其目的的；

（二）捕捉申请不符合国家有关规定，或者申请使用的捕捉工具、方法以及捕捉时间、地点不当的；

（三）根据水生野生动物资源现状不宜捕捉的。

第十五条 取得特许捕捉证的单位和个人，必须按照特许捕捉证规定的种类、数量、地点、期限、工具和方法进行捕捉，防止误伤水生野生动物或者破坏其生存环境。捕捉作业完成后，应当及时向捕捉地的县级人民政府渔业行政主管部门或者其所属的渔政监督管理机构申请查验。

县级人民政府渔业行政主管部门或者其所属的渔政监督管理机构对在本行政区域内捕捉国家重点保护的水生野生动物的活动，应当进行监督检查，并及时向批准捕捉的部门报告监督检查结果。

第十六条 外国人在中国境内进行有关水生野生动物科学考察、标本采集、拍摄电影、录像等活动的，必须经国家重点保护的水生野生动物所在地的省、自治区、直辖市人民政府渔业行政主管部门批准。

第十七条 驯养繁殖国家一级保护水生野生动物的，应当持有国务院渔业行政主管部门核发的驯养繁殖许可证；驯养繁殖国家二级保护水生野生动物的，应当持有省、自治区、直辖市人民政府渔业行政主管部门核发的驯养繁殖许可证。

动物园驯养繁殖国家重点保护的水生野生动物的，渔业行政主管部门可以委托同级建设行政主管部门核发驯养繁殖许可证。

第十八条 禁止出售、收购国家重点保护的水生野生动物或者其产品。因科学研究、驯养繁殖、展览等特殊情况，需要出售、收购、利用国家一级保护水生野生动物或者其产品的，必须向省、自治区、直辖市人民政府渔业行政主管部门提出申请，经其签署意见后，报国务院渔业行政主管部门批准；需要出售、收购、利用国家二级保护水生野生动物或者其产品的，必须向省、自治区、直辖市人民政府渔业行政主管部门提出申请，并经其批准。

第十九条 县级以上各级人民政府渔业行政主管部门和工商行政管理部门，应当对水生野生动物或者其产品的经营利用建立监督检查制度，加强对经营利用水生野生动物或者其产品的监督管理。

对进入集贸市场的水生野生动物或者其产品，由工商行政管理部门进行监督管理，渔业行政主管部门给予协助；在集贸市场以外经营水生野生动物或者其产品，由渔业行政主管部门、工商行政管理部门或者其授权的单位进行监督管理。

第二十条 运输、携带国家重点保护的水生野生动物或者其产品出县境的，应当凭特许捕捉证或者驯养繁殖许可证，向县级人民政府渔业行政主管部门提出申请，报省、自治区、直辖市人民政府渔业行政主管部门或者其授权的单位批准。动物园之间因繁殖动物，需要运输国家重点保护的水生野生动物的，可以由省、自治区、直辖市人民政府渔业行政主管部门授权同级建设行政主管部门审批。

第二十一条 交通、铁路、民航和邮政企业对没有合法运输证明的水生野生动物或者其产品，应当及时通知有关主管部门处理，不得承运、收寄。

第二十二条 从国外引进水生野生动物的，应当向省、自治区、直辖市人民政府渔业行政主管部门提出申请，经省级以上人民政府渔业行政主管部门指定的科研机构进行科学论证后，报国务院渔业行政主管部门批准。

第二十三条　出口国家重点保护的水生野生动物或者其产品的，进出口中国参加的国际公约所限制进出口的水生野生动物或者其产品的，必须经进出口单位或者个人所在地的省、自治区、直辖市人民政府渔业行政主管部门审核，报国务院渔业行政主管部门批准；属于贸易性进出口活动的，必须由具有有关商品进出口权的单位承担。

动物园因交换动物需要进出口前款所称水生野生动物的，在国务院渔业行政主管部门批准前，应当经国务院建设行政主管部门审核同意。

第二十四条　利用水生野生动物或者其产品举办展览等活动的经济收益，主要用于水生野生动物保护事业。

第四章　奖励和惩罚

第二十五条　有下列事迹之一的单位和个人，由县级以上人民政府或者其渔业行政主管部门给予奖励：

（一）在水生野生动物资源调查、保护管理、宣传教育、开发利用方面有突出贡献的；

（二）严格执行野生动物保护法规，成绩显著的；

（三）拯救、保护和驯养繁殖水生野生动物取得显著成效的；

（四）发现违反水生野生动物保护法律、法规的行为，及时制止或者检举有功的；

（五）在查处破坏水生野生动物资源案件中作出重要贡献的；

（六）在水生野生动物科学研究中取得重大成果或者在应用推广有关的科研成果中取得显著效益的；

（七）在基层从事水生野生动物保护管理工作 5 年以上并取得显著成绩的；

（八）在水生野生动物保护管理工作中有其他特殊贡献的。

第二十六条　非法捕杀国家重点保护的水生野生动物的，依照刑法有关规定追究刑事责任；情节显著轻微危害不大的，或者犯罪情节轻微不需要判处刑罚的，由渔业行政主管部门没收捕获物、捕捉工具和违法所得，吊销特许捕捉证，并处以相当于捕获物价值 10 倍以下的罚款，没有捕获物的处以 1 万元以下的罚款。

第二十七条　违反野生动物保护法律、法规，在水生野生动物自然保护区破坏国家重点保护的或者地方重点保护的水生野生动物主要生息繁衍场所，依照《野生动物保护法》第三十四条的规定处以罚款的，罚款幅度为恢复原状所需费用的 3 倍以下。

第二十八条　违反野生动物保护法律、法规，出售、收购、运输、携带国家重点保护的或者地方重点保护的水生野生动物或者其产品的，由工商行政管理部门或者其授权的渔业行政主管部门没收实物和违法所得，可以并处相当于实物价值 10 倍以下的罚款。

第二十九条　伪造、倒卖、转让驯养繁殖许可证，依照《野生动物保护法》第三十七条的规定处以罚款的，罚款幅度为 5 000 元以下。伪造、倒卖、转让特许捕捉证或者允许进出口证明书，依照《野生动物保护法》第三十七条的规定处以罚款的，罚款幅度为 5 万元以下。

第三十条　违反野生动物保护法规，未取得驯养繁殖许可证或者超越驯养繁殖许可证规定范围，驯养繁殖国家重点保护的水生野生动物的，由渔业行政主管部门没收违法所得，处 3 000 元以下的罚款，可以并处没收水生野生动物、吊销驯养繁殖许可证。

第三十一条　外国人未经批准在中国境内对国家重点保护的水生野生动物进行科学考

察、标本采集、拍摄电影、录像的，由渔业行政主管部门没收考察、拍摄的资料以及所获标本，可以并处 5 万元以下的罚款。

第三十二条 有下列行为之一，尚不构成犯罪，应当给予治安管理处罚的，由公安机关依照《中华人民共和国治安管理处罚法》的规定予以处罚：

（一）拒绝、阻碍渔政检查人员依法执行职务的；

（二）偷窃、哄抢或者故意损坏野生动物保护仪器设备或者设施的。

第三十三条 依照野生动物保护法规的规定没收的实物，按照国务院渔业行政主管部门的有关规定处理。

第五章　附　　则

第三十四条 本条例由国务院渔业行政主管部门负责解释。

第三十五条 本条例自发布之日起施行。

中华人民共和国濒危野生动植物进出口管理条例

（2006 年 4 月 12 日国务院第 131 次常务会议通过　2006 年 4 月 29 日
国务院令第 465 号公布　自 2006 年 9 月 1 日起施行）

第一条　为了加强对濒危野生动植物及其产品的进出口管理，保护和合理利用野生动植物资源，履行《濒危野生动植物种国际贸易公约》（以下简称公约），制定本条例。

第二条　进口或者出口公约限制进出口的濒危野生动植物及其产品，应当遵守本条例。

出口国家重点保护的野生动植物及其产品，依照本条例有关出口濒危野生动植物及其产品的规定办理。

第三条　国务院林业、农业（渔业）主管部门（以下称国务院野生动植物主管部门），按照职责分工主管全国濒危野生动植物及其产品的进出口管理工作，并做好与履行公约有关的工作。

国务院其他有关部门依照有关法律、行政法规的规定，在各自的职责范围内负责做好相关工作。

第四条　国家濒危物种进出口管理机构代表中国政府履行公约，依照本条例的规定对经国务院野生动植物主管部门批准出口的国家重点保护的野生动植物及其产品、批准进口或者出口的公约限制进出口的濒危野生动植物及其产品，核发允许进出口证明书。

第五条　国家濒危物种进出口科学机构依照本条例，组织陆生野生动物、水生野生动物和野生植物等方面的专家，从事有关濒危野生动植物及其产品进出口的科学咨询工作。

第六条　禁止进口或者出口公约禁止以商业贸易为目的进出口的濒危野生动植物及其产品，因科学研究、驯养繁殖、人工培育、文化交流等特殊情况，需要进口或者出口的，应当经国务院野生动植物主管部门批准；按照有关规定由国务院批准的，应当报经国务院批准。

禁止出口未定名的或者新发现并有重要价值的野生动植物及其产品以及国务院或者国务院野生动植物主管部门禁止出口的濒危野生动植物及其产品。

第七条　进口或者出口公约限制进出口的濒危野生动植物及其产品，出口国务院或者国务院野生动植物主管部门限制出口的野生动植物及其产品，应当经国务院野生动植物主管部门批准。

第八条　进口濒危野生动植物及其产品的，必须具备下列条件：

（一）对濒危野生动植物及其产品的使用符合国家有关规定；

（二）具有有效控制措施并符合生态安全要求；

（三）申请人提供的材料真实有效；

（四）国务院野生动植物主管部门公示的其他条件。

第九条　出口濒危野生动植物及其产品的，必须具备下列条件：

（一）符合生态安全要求和公共利益；

（二）来源合法；

（三）申请人提供的材料真实有效；

（四）不属于国务院或者国务院野生动植物主管部门禁止出口的；

（五）国务院野生动植物主管部门公示的其他条件。

第十条　进口或者出口濒危野生动植物及其产品的，申请人应当向其所在地的省、自治区、直辖市人民政府野生动植物主管部门提出申请，并提交下列材料：

（一）进口或者出口合同；

（二）濒危野生动植物及其产品的名称、种类、数量和用途；

（三）活体濒危野生动物装运设施的说明资料；

（四）国务院野生动植物主管部门公示的其他应当提交的材料。

省、自治区、直辖市人民政府野生动植物主管部门应当自收到申请之日起 10 个工作日内签署意见，并将全部申请材料转报国务院野生动植物主管部门。

第十一条　国务院野生动植物主管部门应当自收到申请之日起 20 个工作日内，作出批准或者不予批准的决定，并书面通知申请人。在 20 个工作日内不能作出决定的，经本行政机关负责人批准，可以延长 10 个工作日，延长的期限和理由应当通知申请人。

第十二条　申请人取得国务院野生动植物主管部门的进出口批准文件后，应当在批准文件规定的有效期内，向国家濒危物种进出口管理机构申请核发允许进出口证明书。

申请核发允许进出口证明书时应当提交下列材料：

（一）允许进出口证明书申请表；

（二）进出口批准文件；

（三）进口或者出口合同。

进口公约限制进出口的濒危野生动植物及其产品的，申请人还应当提交出口国（地区）濒危物种进出口管理机构核发的允许出口证明材料；出口公约禁止以商业贸易为目的进出口的濒危野生动植物及其产品的，申请人还应当提交进口国（地区）濒危物种进出口管理机构核发的允许进口证明材料；进口的濒危野生动植物及其产品再出口时，申请人还应当提交海关进口货物报关单和海关签注的允许进口证明书。

第十三条　国家濒危物种进出口管理机构应当自收到申请之日起 20 个工作日内，作出审核决定。对申请材料齐全、符合本条例规定和公约要求的，应当核发允许进出口证明书；对不予核发允许进出口证明书的，应当书面通知申请人和国务院野生动植物主管部门并说明理由。在 20 个工作日内不能作出决定的，经本机构负责人批准，可以延长 10 个工作日，延长的期限和理由应当通知申请人。

国家濒危物种进出口管理机构在审核时，对申请材料不符合要求的，应当在 5 个工作日内一次性通知申请人需要补正的全部内容。

第十四条　国家濒危物种进出口管理机构在核发允许进出口证明书时，需要咨询国家濒危物种进出口科学机构的意见，或者需要向境外相关机构　核实允许进出口证明材料等有关内容的，应当自收到申请之日起 5 个工作日内，将有关材料送国家濒危物种进出口科学机构咨询意见或者向境外相关机构核实有关内容。咨询意见、核实内容所需时间不计入核发允许进出口证明书工作日之内。

　　第十五条　国务院野生植物主管部门和省、自治区、直辖市人民政府野生植物主管部门以及国家濒危物种进出口管理机构，在审批濒危野生动植物及其产品进出口时，除收取国家规定的费用外，不得收取其他费用。

　　第十六条　因进口或者出口濒危野生动植物及其产品对野生动植物资源、生态安全造成或者可能造成严重危害和影响的，由国务院野生植物主管部门提出临时禁止或者限制濒危野生动植物及其产品进出口的措施，报国务院批准后执行。

　　第十七条　从不属于任何国家管辖的海域获得的濒危野生动植物及其产品，进入中国领域的，参照本条例有关进口的规定管理。

　　第十八条　进口濒危野生动植物及其产品涉及外来物种管理的，出口濒危野生动植物及其产品涉及种质资源管理的，应当遵守国家有关规定。

　　第十九条　进口或者出口濒危野生动植物及其产品的，应当在国务院野生植物主管部门会同海关总署、国家质量监督检验检疫总局指定并经国务院批准的口岸进行。

　　第二十条　进口或者出口濒危野生动植物及其产品的，应当按照允许进出口证明书规定的种类、数量、口岸、期限完成进出口活动。

　　第二十一条　进口或者出口濒危野生动植物及其产品的，应当向海关提交允许进出口证明书，接受海关监管，并自海关放行之日起 30 日内，将海关验讫的允许进出口证明书副本交国家濒危物种进出口管理机构备案。

　　过境、转运和通运的濒危野生动植物及其产品，自入境起至出境前由海关监管。

　　进出保税区、出口加工区等海关特定监管区域和保税场所的濒危野生动植物及其产品，应当接受海关监管，并按照海关总署和国家濒危物种进出口管理机构的规定办理进出口手续。进口或者出口濒危野生动植物及其产品的，应当凭允许进出口证明书向出入境检验检疫机构报检，并接受检验检疫。

　　第二十二条　国家濒危物种进出口管理机构应当将核发允许进出口证明书的有关资料和濒危野生动植物及其产品年度进出口情况，及时抄送国务院野生植物主管部门及其他有关主管部门。

　　第二十三条　进出口批准文件由国务院野生植物主管部门组织统一印制；允许进出口证明书及申请表由国家濒危物种进出口管理机构组织统一印制。

　　第二十四条　野生植物主管部门、国家濒危物种进出口管理机构的工作人员，利用职务上的便利收取他人财物或者谋取其他利益，不依照本条例的规定批准进出口、核发允许进出口证明书，情节严重，构成犯罪的，依法追究刑事责任；尚不构成犯罪的，依法给予处分。

　　第二十五条　国家濒危物种进出口科学机构的工作人员，利用职务上的便利收取他人财物或者谋取其他利益，出具虚假意见，情节严重，构成犯罪的，依法追究刑事责任；尚不构成犯罪的，依法给予处分。

　　第二十六条　非法进口、出口或者以其他方式走私濒危野生动植物及其产品的，由海关依照海关法的有关规定予以处罚；情节严重，构成犯罪的，依法追究刑事责任。

　　罚没的实物移交野生植物主管部门依法处理；罚没的实物依法需要实施检疫的，经检疫合格后，予以处理。罚没的实物需要返还原出口国（地区）的，应当由野生植物主管部门移交国家濒危物种进出口管理机构依照公约规定处理。

　　第二十七条　伪造、倒卖或者转让进出口批准文件或者允许进出口证明书的，由野生动植物主管部门或者工商行政管理部门按照职责分工依法予以处罚；情节严重，构成犯罪的，依法追究刑事责任。

　　第二十八条　本条例自 2006 年 9 月 1 日起施行。

重大动物疫情应急条例

（2005 年 11 月 18 日国务院令第 450 号发布　根据 2017 年 10 月 7 日
国务院令第 687 号《国务院关于修改部分行政法规的决定》修正）

第一章　总　　则

第一条　为了迅速控制、扑灭重大动物疫情，保障养殖业生产安全，保护公众身体健康与生命安全，维护正常的社会秩序，根据《中华人民共和国动物防疫法》，制定本条例。

第二条　本条例所称重大动物疫情，是指高致病性禽流感等发病率或者死亡率高的动物疫病突然发生，迅速传播，给养殖业生产安全造成严重威胁、危害，以及可能对公众身体健康与生命安全造成危害的情形，包括特别重大动物疫情。

第三条　重大动物疫情应急工作应当坚持加强领导、密切配合，依靠科学、依法防治，群防群控、果断处置的方针，及时发现，快速反应，严格处理，减少损失。

第四条　重大动物疫情应急工作按照属地管理的原则，实行政府统一领导、部门分工负责，逐级建立责任制。

县级以上人民政府兽医主管部门具体负责组织重大动物疫情的监测、调查、控制、扑灭等应急工作。

县级以上人民政府林业主管部门、兽医主管部门按照职责分工，加强对陆生野生动物疫源疫病的监测。

县级以上人民政府其他有关部门在各自的职责范围内，做好重大动物疫情的应急工作。

第五条　出入境检验检疫机关应当及时收集境外重大动物疫情信息，加强进出境动物及其产品的检验检疫工作，防止动物疫病传入和传出。兽医主管部门要及时向出入境检验检疫机关通报国内重大动物疫情。

第六条　国家鼓励、支持开展重大动物疫情监测、预防、应急处理等有关技术的科学研究和国际交流与合作。

第七条　县级以上人民政府应当对参加重大动物疫情应急处理的人员给予适当补助，对作出贡献的人员给予表彰和奖励。

第八条　对不履行或者不按照规定履行重大动物疫情应急处理职责的行为，任何单位和个人有权检举控告。

第二章　应急准备

第九条　国务院兽医主管部门应当制定全国重大动物疫情应急预案，报国务院批准，并按照不同动物疫病病种及其流行特点和危害程度，分别制定实施方案，报国务院备案。

县级以上地方人民政府根据本地区的实际情况，制定本行政区域的重大动物疫情应急预案，报上一级人民政府兽医主管部门备案。县级以上地方人民政府兽医主管部门，应当按照不同动物疫病病种及其流行特点和危害程度，分别制定实施方案。

重大动物疫情应急预案及其实施方案应当根据疫情的发展变化和实施情况，及时修改、完善。

第十条 重大动物疫情应急预案主要包括下列内容：

（一）应急指挥部的职责、组成以及成员单位的分工；

（二）重大动物疫情的监测、信息收集、报告和通报；

（三）动物疫病的确认、重大动物疫情的分级和相应的应急处理工作方案；

（四）重大动物疫情疫源的追踪和流行病学调查分析；

（五）预防、控制、扑灭重大动物疫情所需资金的来源、物资和技术的储备与调度；

（六）重大动物疫情应急处理设施和专业队伍建设。

第十一条 国务院有关部门和县级以上地方人民政府及其有关部门，应当根据重大动物疫情应急预案的要求，确保应急处理所需的疫苗、药品、设施设备和防护用品等物资的储备。

第十二条 县级以上人民政府应当建立和完善重大动物疫情监测网络和预防控制体系，加强动物防疫基础设施和乡镇动物防疫组织建设，并保证其正常运行，提高对重大动物疫情的应急处理能力。

第十三条 县级以上地方人民政府根据重大动物疫情应急需要，可以成立应急预备队，在重大动物疫情应急指挥部的指挥下，具体承担疫情的控制和扑灭任务。

应急预备队由当地兽医行政管理人员、动物防疫工作人员、有关专家、执业兽医等组成；必要时，可以组织动员社会上有一定专业知识的人员参加。公安机关、中国人民武装警察部队应当依法协助其执行任务。

应急预备队应当定期进行技术培训和应急演练。

第十四条 县级以上人民政府及其兽医主管部门应当加强对重大动物疫情应急知识和重大动物疫病科普知识的宣传，增强全社会的重大动物疫情防范意识。

第三章 监测、报告和公布

第十五条 动物防疫监督机构负责重大动物疫情的监测，饲养、经营动物和生产、经营动物产品的单位和个人应当配合，不得拒绝和阻碍。

第十六条 从事动物隔离、疫情监测、疫病研究与诊疗、检验检疫以及动物饲养、屠宰加工、运输、经营等活动的有关单位和个人，发现动物出现群体发病或者死亡的，应当立即向所在地的县（市）动物防疫监督机构报告。

第十七条 县（市）动物防疫监督机构接到报告后，应当立即赶赴现场调查核实。初步认为属于重大动物疫情的，应当在 2 小时内将情况逐级报省、自治区、直辖市动物防疫监督机构，并同时报所在地人民政府兽医主管部门；兽医主管部门应当及时通报同级卫生主管部门。

省、自治区、直辖市动物防疫监督机构应当在接到报告后 1 小时内，向省、自治区、直辖市人民政府兽医主管部门和国务院兽医主管部门所属的动物防疫监督机构报告。

省、自治区、直辖市人民政府兽医主管部门应当在接到报告后 1 小时内报本级人民政府和国务院兽医主管部门。

重大动物疫情发生后，省、自治区、直辖市人民政府和国务院兽医主管部门应当在 4 小时内向国务院报告。

第十八条　重大动物疫情报告包括下列内容：

（一）疫情发生的时间、地点；

（二）染疫、疑似染疫动物种类和数量、同群动物数量、免疫情况、死亡数量、临床症状、病理变化、诊断情况；

（三）流行病学和疫源追踪情况；

（四）已采取的控制措施；

（五）疫情报告的单位、负责人、报告人及联系方式。

第十九条　重大动物疫情由省、自治区、直辖市人民政府兽医主管部门认定；必要时，由国务院兽医主管部门认定。

第二十条　重大动物疫情由国务院兽医主管部门按照国家规定的程序，及时准确公布；其他任何单位和个人不得公布重大动物疫情。

第二十一条　重大动物疫病应当由动物防疫监督机构采集病料。其他单位和个人采集病料的，应当具备以下条件：

（一）重大动物疫病病料采集目的、病原微生物的用途应当符合国务院兽医主管部门的规定；

（二）具有与采集病料相适应的动物病原微生物实验室条件；

（三）具有与采集病料所需要的生物安全防护水平相适应的设备，以及防止病原感染和扩散的有效措施。

从事重大动物疫病病原分离的，应当遵守国家有关生物安全管理规定，防止病原扩散。

第二十二条　国务院兽医主管部门应当及时向国务院有关部门和军队有关部门以及各省、自治区、直辖市人民政府兽医主管部门通报重大动物疫情的发生和处理情况。

第二十三条　发生重大动物疫情可能感染人群时，卫生主管部门应当对疫区内易受感染的人群进行监测，并采取相应的预防、控制措施。卫生主管部门和兽医主管部门应当及时相互通报情况。

第二十四条　有关单位和个人对重大动物疫情不得瞒报、谎报、迟报，不得授意他人瞒报、谎报、迟报，不得阻碍他人报告。

第二十五条　在重大动物疫情报告期间，有关动物防疫监督机构应当立即采取临时隔离控制措施；必要时，当地县级以上地方人民政府可以作出封锁决定并采取扑杀、销毁等措施。有关单位和个人应当执行。

第四章　应急处理

第二十六条　重大动物疫情发生后，国务院和有关地方人民政府设立的重大动物疫情应急指挥部统一领导、指挥重大动物疫情应急工作。

第二十七条　重大动物疫情发生后，县级以上地方人民政府兽医主管部门应当立即划定疫点、疫区和受威胁区，调查疫源，向本级人民政府提出启动重大动物疫情应急指挥系统、应急预案和对疫区实行封锁的建议，有关人民政府应当立即作出决定。

疫点、疫区和受威胁区的范围应当按照不同动物疫病病种及其流行特点和危害程度划定，具体划定标准由国务院兽医主管部门制定。

第二十八条 国家对重大动物疫情应急处理实行分级管理，按照应急预案确定的疫情等级，由有关人民政府采取相应的应急控制措施。

第二十九条 对疫点应当采取下列措施：

（一）扑杀并销毁染疫动物和易感染的动物及其产品；

（二）对病死的动物、动物排泄物、被污染饲料、垫料、污水进行无害化处理；

（三）对被污染的物品、用具、动物圈舍、场地进行严格消毒。

第三十条 对疫区应当采取下列措施：

（一）在疫区周围设置警示标志，在出入疫区的交通路口设置临时动物检疫消毒站，对出入的人员和车辆进行消毒；

（二）扑杀并销毁染疫和疑似染疫动物及其同群动物，销毁染疫和疑似染疫的动物产品，对其他易感染的动物实行圈养或者在指定地点放养，役用动物限制在疫区内使役；

（三）对易感染的动物进行监测，并按照国务院兽医主管部门的规定实施紧急免疫接种，必要时对易感染的动物进行扑杀；

（四）关闭动物及动物产品交易市场，禁止动物进出疫区和动物产品运出疫区；

（五）对动物圈舍、动物排泄物、垫料、污水和其他可能受污染的物品、场地，进行消毒或者无害化处理。

第三十一条 对受威胁区应当采取下列措施：

（一）对易感染的动物进行监测；

（二）对易感染的动物根据需要实施紧急免疫接种。

第三十二条 重大动物疫情应急处理中设置临时动物检疫消毒站以及采取隔离、扑杀、销毁、消毒、紧急免疫接种等控制、扑灭措施的，由有关重大动物疫情应急指挥部决定，有关单位和个人必须服从；拒不服从的，由公安机关协助执行。

第三十三条 国家对疫区、受威胁区内易感染的动物免费实施紧急免疫接种；对因采取扑杀、销毁等措施给当事人造成的已经证实的损失，给予合理补偿。紧急免疫接种和补偿所需费用，由中央财政和地方财政分担。

第三十四条 重大动物疫情应急指挥部根据应急处理需要，有权紧急调集人员、物资、运输工具以及相关设施、设备。

单位和个人的物资、运输工具以及相关设施、设备被征集使用的，有关人民政府应当及时归还并给予合理补偿。

第三十五条 重大动物疫情发生后，县级以上人民政府兽医主管部门应当及时提出疫点、疫区、受威胁区的处理方案，加强疫情监测、流行病学调查、疫源追踪工作，对染疫和疑似染疫动物及其同群动物和其他易感染动物的扑杀、销毁进行技术指导，并组织实施检验检疫、消毒、无害化处理和紧急免疫接种。

第三十六条 重大动物疫情应急处理中，县级以上人民政府有关部门应当在各自的职责范围内，做好重大动物疫情应急所需的物资紧急调度和运输、应急经费安排、疫区群众救济、人的疫病防治、肉食品供应、动物及其产品市场监管、出入境检验检疫和社会治安维护等工作。

中国人民解放军、中国人民武装警察部队应当支持配合驻地人民政府做好重大动物疫情的应急工作。

第三十七条　重大动物疫情应急处理中，乡镇人民政府、村民委员会、居民委员会应当组织力量，向村民、居民宣传动物疫病防治的相关知识，协助做好疫情信息的收集、报告和各项应急处理措施的落实工作。

第三十八条　重大动物疫情发生地的人民政府和毗邻地区的人民政府应当通力合作，相互配合，做好重大动物疫情的控制、扑灭工作。

第三十九条　有关人民政府及其有关部门对参加重大动物疫情应急处理的人员，应当采取必要的卫生防护和技术指导等措施。

第四十条　自疫区内最后一头（只）发病动物及其同群动物处理完毕起，经过一个潜伏期以上的监测，未出现新的病例的，彻底消毒后，经上一级动物防疫监督机构验收合格，由原发布封锁令的人民政府宣布解除封锁，撤销疫区；由原批准机关撤销在该疫区设立的临时动物检疫消毒站。

第四十一条　县级以上人民政府应当将重大动物疫情确认、疫区封锁、扑杀及其补偿、消毒、无害化处理、疫源追踪、疫情监测以及应急物资储备等应急经费列入本级财政预算。

第五章　法律责任

第四十二条　违反本条例规定，兽医主管部门及其所属的动物防疫监督机构有下列行为之一的，由本级人民政府或者上级人民政府有关部门责令立即改正、通报批评、给予警告；对主要负责人、负有责任的主管人员和其他责任人员，依法给予记大过、降级、撤职直至开除的行政处分；构成犯罪的，依法追究刑事责任：

（一）不履行疫情报告职责，瞒报、谎报、迟报或者授意他人瞒报、谎报、迟报，阻碍他人报告重大动物疫情的；

（二）在重大动物疫情报告期间，不采取临时隔离控制措施，导致动物疫情扩散的；

（三）不及时划定疫点、疫区和受威胁区，不及时向本级人民政府提出应急处理建议，或者不按照规定对疫点、疫区和受威胁区采取预防、控制、扑灭措施的；

（四）不向本级人民政府提出启动应急指挥系统、应急预案和对疫区的封锁建议的；

（五）对动物扑杀、销毁不进行技术指导或者指导不力，或者不组织实施检验检疫、消毒、无害化处理和紧急免疫接种的；

（六）其他不履行本条例规定的职责，导致动物疫病传播、流行，或者对养殖业生产安全和公众身体健康与生命安全造成严重危害的。

第四十三条　违反本条例规定，县级以上人民政府有关部门不履行应急处理职责，不执行对疫点、疫区和受威胁区采取的措施，或者对上级人民政府有关部门的疫情调查不予配合或者阻碍、拒绝的，由本级人民政府或者上级人民政府有关部门责令立即改正、通报批评、给予警告；对主要负责人、负有责任的主管人员和其他责任人员，依法给予记大过、降级、撤职直至开除的行政处分；构成犯罪的，依法追究刑事责任。

第四十四条　违反本条例规定，有关地方人民政府阻碍报告重大动物疫情，不履行应急处理职责，不按照规定对疫点、疫区和受威胁区采取预防、控制、扑灭措施，或者对上级人民政府有关部门的疫情调查不予配合或者阻碍、拒绝的，由上级人民政府责令立即改正、通报批评、给予警告；对政府主要领导人依法给予记大过、降级、撤职直至开除的行政处分；

构成犯罪的，依法追究刑事责任。

第四十五条 截留、挪用重大动物疫情应急经费，或者侵占、挪用应急储备物资的，按照《财政违法行为处罚处分条例》的规定处理；构成犯罪的，依法追究刑事责任。

第四十六条 违反本条例规定，拒绝、阻碍动物防疫监督机构进行重大动物疫情监测，或者发现动物出现群体发病或者死亡，不向当地动物防疫监督机构报告的，由动物防疫监督机构给予警告，并处 2 000 元以上 5 000 元以下的罚款；构成犯罪的，依法追究刑事责任。

第四十七条 违反本条例规定，不符合相应条件采集重大动物疫病病料，或者在重大动物疫病病原分离时不遵守国家有关生物安全管理规定的，由动物防疫监督机构给予警告，并处 5 000 元以下的罚款；构成犯罪的，依法追究刑事责任。

第四十八条 在重大动物疫情发生期间，哄抬物价、欺骗消费者，散布谣言、扰乱社会秩序和市场秩序的，由价格主管部门、工商行政管理部门或者公安机关依法给予行政处罚；构成犯罪的，依法追究刑事责任。

第六章　附　　则

第四十九条 本条例自公布之日起施行。

实验动物管理条例

（1988 年 10 月 31 日国务院批准　1988 年 11 月 14 日国家科学技术
委员会令第 2 号发布　根据 2011 年 1 月 8 日《国务院关于废止和修改部
分行政法规的决定》第一次修订　根据 2013 年 7 月 18 日《国务院关于
废止和修改部分行政法规的决定》第二次修订　根据 2017 年 3 月 1 日
《国务院关于修改和废止部分行政法规的决定》第三次修订）

第一章　总　　则

第一条　为了加强实验动物的管理工作，保证实验动物质量，适应科学研究、经济建设和社会发展的需要，制定本条例。

第二条　本条例所称实验动物，是指经人工饲育，对其携带的微生物实行控制，遗传背景明确或者来源清楚的，用于科学研究、教学、生产、检定以及其他科学实验的动物。

第三条　本条例适用于从事实验动物的研究、保种、饲育、供应、应用、管理和监督的单位和个人。

第四条　实验动物的管理，应当遵循统一规划、合理分工，有利于促进实验动物科学研究和应用的原则。

第五条　国家科学技术委员会主管全国实验动物工作。

省、自治区、直辖市科学技术委员会主管本地区的实验动物工作。

国务院各有关部门负责管理本部门的实验动物工作。

第六条　国家实行实验动物的质量监督和质量合格认证制度。具体办法由国家科学技术委员会另行制定。

第七条　实验动物遗传学、微生物学、营养学和饲育环境等方面的国家标准由国家技术监督局制定。

第二章　实验动物的饲育管理

第八条　从事实验动物饲育工作的单位，必须根据遗传学、微生物学、营养学和饲育环境方面的标准，定期对实验动物进行质量监测。各项作业过程和监测数据应有完整、准确的记录，并建立统计报告制度。

第九条　实验动物的饲育室、实验室应设在不同区域，并进行严格隔离。

实验动物饲育室、实验室要有科学的管理制度和操作规程。

第十条　实验动物的保种、饲育应采用国内或国外认可的品种、品系，并持有效的合格证书。

第十一条　实验动物必须按照不同来源，不同品种、品系和不同的实验目的，分开饲养。

第十二条 实验动物分为四级：一级，普通动物；二级，清洁动物；三级，无特定病原体动物；四级，无菌动物。

对不同等级的实验动物，应当按照相应的微生物控制标准进行管理。

第十三条 实验动物必须饲喂质量合格的全价饲料。霉烂、变质、虫蛀、污染的饲料，不得用于饲喂实验动物。直接用作饲料的蔬菜、水果等，要经过清洗消毒，并保持新鲜。

第十四条 一级实验动物的饮水，应当符合城市生活饮水的卫生标准。二、三、四级实验动物的饮水，应当符合城市生活饮水的卫生标准并经灭菌处理。

第十五条 实验动物的垫料应当按照不同等级实验动物的需要，进行相应处理，达到清洁、干燥、吸水、无毒、无虫、无感染源、无污染。

第三章　实验动物的检疫和传染病控制

第十六条 对引入的实验动物，必须进行隔离检疫。

为补充种源或开发新品种而捕捉的野生动物，必须在当地进行隔离检疫，并取得动物检疫部门出具的证明。野生动物运抵实验动物处所，需经再次检疫，方可进入实验动物饲育室。

第十七条 对必须进行预防接种的实验动物，应当根据实验要求或者按照《中华人民共和国动物防疫法》的有关规定，进行预防接种，但用作生物制品原料的实验动物除外。

第十八条 实验动物患病死亡的，应当及时查明原因，妥善处理，并记录在案。

实验动物患有传染性疾病的，必须立即视情况分别予以销毁或者隔离治疗。对可能被传染的实验动物，进行紧急预防接种，对饲育室内外可能被污染的区域采取严格消毒措施，并报告上级实验动物管理部门和当地动物检疫、卫生防疫单位，采取紧急预防措施，防止疫病蔓延。

第四章　实验动物的应用

第十九条 应用实验动物应当根据不同的实验目的，选用相应的合格实验动物。申报科研课题和鉴定科研成果，应当把应用合格实验动物作为基本条件。应用不合格实验动物取得的检定或者安全评价结果无效，所生产的制品不得使用。

第二十条 供应用的实验动物应当具备下列完整的资料：

（一）品种、品系及亚系的确切名称；

（二）遗传背景或其来源；

（三）微生物检测状况；

（四）合格证书；

（五）饲育单位负责人签名。

无上述资料的实验动物不得应用。

第二十一条 实验动物的运输工作应当有专人负责。实验动物的装运工具应当安全、可靠。不得将不同品种、品系或者不同等级的实验动物混合装运。

第五章　实验动物的进口与出口管理

第二十二条　从国外进口作为原种的实验动物，应附有饲育单位负责人签发的品系和亚系名称以及遗传和微生物状况等资料。

无上述资料的实验动物不得进口和应用。

第二十三条　出口应用国家重点保护的野生动物物种开发的实验动物，必须按照国家的有关规定，取得出口许可证后，方可办理出口手续。

第二十四条　进口、出口实验动物的检疫工作，按照《中华人民共和国进出境动植物检疫法》的规定办理。

第六章　从事实验动物工作的人员

第二十五条　实验动物工作单位应当根据需要，配备科技人员和经过专业培训的饲育人员。各类人员都要遵守实验动物饲育管理的各项制度，熟悉、掌握操作规程。

第二十六条　实验动物工作单位对直接接触实验动物的工作人员，必须定期组织体格检查。对患有传染性疾病，不宜承担所做工作的人员，应当及时调换工作。

第二十七条　从事实验动物工作的人员对实验动物必须爱护，不得戏弄或虐待。

第七章　奖励与处罚

第二十八条　对长期从事实验动物饲育管理，取得显著成绩的单位或者个人，由管理实验动物工作的部门给予表彰或奖励。

第二十九条　对违反本条例规定的单位，由管理实验动物工作的部门视情节轻重，分别给予警告、限期改进、责令关闭的行政处罚。

第三十条　对违反本条例规定的有关工作人员，由其所在单位视情节轻重，根据国家有关规定，给予行政处分。

第八章　附　　则

第三十一条　省、自治区、直辖市人民政府和国务院有关部门，可以根据本条例，结合具体情况，制定实施办法。

军队系统的实验动物管理工作参照本条例执行。

第三十二条　本条例由国家科学技术委员会负责解释。

第三十三条　本条例自发布之日起施行。

森林和野生动物类型自然保护区管理办法

（1985 年 6 月 21 日国务院批准　1985 年 7 月 6 日林业部公布施行）

第一条　自然保护区是保护自然环境和自然资源、拯救濒于灭绝的生物物种、进行科学研究的重要基地；对促进科学技术、生产建设、文化教育、卫生保健等事业的发展，具有重要意义。根据《中华人民共和国森林法》和有关规定，制定本办法。

第二条　森林和野生动物类型自然保护区（以下简称自然保护区），按照本办法进行管理。

第三条　自然保护区管理机构的主要任务：贯彻执行国家有关自然保护区的方针、政策和规定，加强管理，开展宣传教育，保护和发展珍贵稀有野生动植物资源，进行科学研究，探索自然演变规律和合理利用森林和动植物资源的途径，为社会主义建设服务。

第四条　自然保护区分为国家自然保护区和地方自然保护区。国家自然保护区，由林业部或所在省、自治区、直辖市林业主管部门管理；地方自然保护区，由县级以上林业主管部门管理。

第五条　具有下列条件之一者，可以建立自然保护区：

（一）不同自然地带的典型森林生态系统的地区。

（二）珍贵稀有或者有特殊保护价值的动植物种的主要生存繁殖地区，包括：

国家重点保护动物的主要栖息、繁殖地区；

候鸟的主要繁殖地、越冬地和停歇地；

珍贵树种和有特殊价值的植物原生地；

野生生物模式标本的集中产地。

（三）其他有特殊保护价值的林区。

第六条　根据本办法第五条规定建立自然保护区，在科研上有重要价值，或者在国际上有一定影响的，报国务院批准，列为国家自然保护区；其他自然保护区，报省、自治区、直辖市人民政府批准，列为地方自然保护区。

第七条　建立自然保护区要注意保护对象的完整性和最适宜的范围，考虑当地经济建设和群众生产生活的需要，尽可能避开群众的土地、山林；确实不能避开的，应当严格控制范围，并根据国家有关规定，合理解决群众的生产生活问题。

第八条　自然保护区的解除和范围的调整，必须经原审批机关批准；未经批准不得改变自然保护区的性质和范围。

第九条　自然保护区的管理机构属于事业单位。机构的设置和人员的配备，要注意精干。国家或地方自然保护区管理机构的人员编制、基建投资、事业经费等，经主管部门批准后，分别纳入国家和省、自治区、直辖市的计划，由林业部门统一安排。

第十条　自然保护区管理机构，可以根据自然资源情况，将自然保护区分为核心区、实验区。核心区只供进行观测研究。实验区可以进行科学实验、教学实习、参观考察和驯化培育珍稀动植物等活动。

第十一条　自然保护区的自然环境和自然资源，由自然保护区管理机构统一管理。未经林业部或省、自治区、直辖市林业主管部门批准，任何单位和个人不得进入自然保护区建立机构和修筑设施。

第十二条　有条件的自然保护区，经林业部或省、自治区、直辖市林业主管部门批准，可以在指定的范围内开展旅游活动。

在自然保护区开展旅游必须遵守以下规定：

（一）旅游业务由自然保护区管理机构统一管理，所得收入用于自然保护区的建设和保护事业；

（二）有关部门投资或与自然保护区联合兴办的旅游建筑和设施，产权归自然保护区，所得收益在一定时期内按比例分成，但不得改变自然保护区隶属关系；

（三）对旅游区必须进行规划设计，确定合适的旅游点和旅游路线；

（四）旅游点的建筑和设施要体现民族风格，同自然景观和谐一致；

（五）根据旅游需要和接待条件制订年度接待计划，按隶属关系报林业主管部门批准，有组织地开展旅游；

（六）设置防火、卫生等设施，实行严格的巡护检查，防止造成环境污染和自然资源的破坏。

第十三条　进入自然保护区从事科学研究、教学、实习、参观考察、拍摄影片、登山等活动的单位和个人，必须经省、自治区、直辖市以上林业主管部门的同意。

任何部门、团体、单位与国外签署涉及国家自然保护区的协议，接待外国人到国家自然保护区从事有关活动，必须征得林业部的同意；涉及地方自然保护区的，必须征得省、自治区、直辖市林业主管部门的同意。

经批准进入自然保护区从事上述活动的，必须遵守本办法和有关规定，并交纳保护管理费。

第十四条　自然保护区内的居民，应当遵守自然保护区的有关规定，固定生产生活活动范围，在不破坏自然资源的前提下，从事种植、养殖业，也可以承包自然保护区组织的劳务或保护管理任务，以增加经济收入。

第十五条　自然保护区管理机构会同所在和毗邻的县、乡人民政府及有关单位，组成自然保护区联合保护委员会，制定保护公约，共同做好保护管理工作。

第十六条　根据国家有关规定和需要，可以在自然保护区设立公安机构或者配备公安特派员，行政上受自然保护区管理机构领导，业务上受上级公安机关领导。

自然保护区公安机构的主要任务：保护自然保护区的自然资源和国家财产，维护当地社会治安，依法查处破坏自然保护区的案件。

第十七条　本办法自公布之日起施行。

国务院办公厅关于陆生野生动物行政主管部门
依法行使处罚权有关问题的函

（国办函〔1994〕35 号　1994 年 4 月 8 日）

林业部、国家工商局：

关于对违法出售、收购、运输、携带等经营国家或地方重点保护陆生野生动物及其产品的行为进行处罚的问题，经国务院批准，现将有关事项通知如下：

一、由国家工商局依照有关法规，授予全国县级以上（含县级）陆生野生动物行政主管部门对集贸市场以外违法经营国家或地方重点保护陆生野生动物及其产品行为的依法处罚权。

二、工商行政管理部门和各级陆生野生动物行政主管部门对查处违法经营陆生野生动物及其产品的行为都负有责任，要密切配合，共同做好打击违法犯罪的行为。对集贸市场以内违法经营国家或地方重点保护陆生野生动物及其产品的行为，工商行政管理部门要坚决查处，必要时可请陆生野生动物行政主管部门参与；各级陆生野生动物行政主管部门发现集贸市场以内违法经营国家或地方重点保护陆生野生动物及其产品的情况时，要及时向工商行政管理部门反映，工商行政管理部门要迅速查处。处罚案件部门之间发生争议，要报当地人民政府协调解决。对集贸市场以内的管理，地方法规另有规定的，按地方规定办。

三、其他有关具体事项，请你们依照有关法规协商处理。

国务院办公厅关于加强生物物种
资源保护和管理的通知

（国办发〔2004〕25 号　2004 年 3 月 31 日）

各省、自治区、直辖市人民政府，国务院各部委、各直属机构：

近几年来，我国生物物种资源保护和管理工作取得了一定成效，一批具有重要经济、科研和生态价值的生物物种资源得到了保护。但由于多种原因，我国生物物种资源丧失和流失的问题还很突出。为全面加强生物物种资源保护和管理，经国务院同意，现就有关问题通知如下：

（一）充分认识生物物种资源保护和管理的重要性。生物物种资源（包括生物遗传资源，下同）是维持人类生存、维护国家生态安全的物质基础，是实现可持续发展战略的重要资源。各地区、各有关部门要充分认识生物物种资源保护和管理的重要性和紧迫性，站在国家和民族长远利益的高度，以对子孙后代高度负责的态度，将生物物种资源保护和管理工作列入重要议事日程，确定工作重点，采取有力措施，切实抓紧抓好。

要通过广播、电视、报刊、杂志等新闻媒体，开展生物物种资源保护和管理宣传教育，广泛普及科学知识，树立生物物种资源保护意识。要针对突出问题，抓住典型案例，深入开展警示教育，不断提高全社会生物物种资源保护和管理的责任感。

（二）开展生物物种资源调查。我国生物物种资源种类多、数量大、分布广，是世界生物物种资源最丰富的国家之一。为全面掌握我国生物物种资源状况，要迅速开展一次全国生物物种资源调查，争取用二到三年的时间，基本查清我国栽培植物、家畜家禽种质资源和水生生物、观赏植物、药用植物等物种资源的状况。

（三）做好生物物种资源编目工作。开展动植物特有种、我国起源的栽培植物、家畜家禽及其野生亲缘种、变种、品种和品系，以及具有重要经济、科研价值或潜在用途的野生药用、观赏动植物和微生物等物种资源的整理和编目。要研究制定生物物种资源评价指标和等级标准，完善重点保护生物物种目录，建立国家生物物种资源协调交流机制、全国统一的数据库系统，实现信息网络联通和信息资源共享。

全国生物物种资源调查和编目工作，由环保总局会同国务院有关行政主管部门负责组织落实，各地区、各部门要积极支持和配合。

（四）制定生物物种资源保护利用规划。在开展生物物种资源调查的基础上，环保总局要会同发展改革委、科技部、财政部、农业部、林业局、中科院、中医药局等部门制定全国生物物种资源保护利用规划。各地区、各有关部门要分别编制本行政区和相关领域的保护利用规划。各级保护利用规划要纳入国家和地方国民经济和社会发展计划并认真组织实施。

（五）加强生物物种资源保护基础能力建设。加强野生动植物物种资源及其原生境、栽培植物野生近缘种、家畜家禽近缘种的就地保护和生物物种资源收集保存库（圃）、植物园、动物园、野生动物园、种源繁育中心（基地）建设，做好生物物种资源迁地保护和保存；建设一批离体保护设施和生物物种资源基因核心库，加强动物基因、细胞、组织及器官的保存和特异优质基因的保护。

（六）健全生物物种资源对外输出审批制度。进一步建立审批责任制和责任追究制，强化生物物种资源对外输出的管理和监督。建立国家生物物种资源联络机制，对外提供及国外机构和个人在我国境内获取生物物种资源，必须按程序报经国务院有关行政主管部门同意，并将有关进出口资料信息抄报国务院环境保护部门。

（七）建立生物物种资源出入境查验制度。建立生物物种资源出入境查验制度，加强对生物物种资源出入境的监管。携带、邮寄、运输生物物种资源出境的，必须提供有关部门签发的批准证明，并向出入境检验检疫机构申报。海关凭出入境检验检疫机构签发的《出境货物通关单》验放。涉及濒危物种进出口和国家保护的野生动植物及其产品出口的，须取得国家濒危物种进出口管理机构签发的允许进出口证明书。出入境检验检疫机构、海关要按各自职责对出入境的生物物种资源严格检验、查验，对非法出入境的生物物种资源，要依法予以没收。

（八）加强生物物种资源对外合作管理。对外提供生物物种资源，涉及生物物种资源的对外合作项目，要签订有关协议书，明确双方的权利、责任和义务，确保知识产权等研发利用的成果和利益共享，切实维护国家利益。对外合作项目必须严格遵守我国有关规定，应有我国研究人员的充分参与，所涉及的研发活动主要在我国境内进行。对于申请有关知识产权保护的生物物种资源研究开发成果，知识产权主管部门要按照有关规定加强审查，对符合条件的要予以保护。

（九）加强科学研究和技术开发。要制定专项科研计划，加强生物物种资源基础理论、保护技术和开发利用研究，开展生物物种资源遗传分析和综合鉴定，为科学保护和利用生物物种资源提供技术支撑。

（十）加强人才培养。要针对当前生物物种资源保护人才流失和业务骨干缺乏的实际，积极采取措施，创造必要条件，吸引和稳定专业技术人才，积极引进科技骨干人才，开展技术培训，切实加强专业和管理队伍建设。

（十一）加大资金投入。要建立稳定的投入机制，将所需经费列入中央和地方财政预算，不断加大投入力度，切实加强和完善生物物种资源保护基础设施建设，完善技术手段，提高生物物种资源保护和管理水平。

（十二）强化预警监督。建立生物物种资源监测预警体系，及时掌握重要生物物种资源的动态变化，科学预测近期、中期和长期发展趋势，为科学决策提供依据。开发建设项目要严格进行环境影响评价，对生物物种资源及其生长环境产生不利影响的，应制定和落实补救措施。

（十三）完善立法工作。抓紧起草生物物种资源保护法律法规，规范生物物种资源的保护、采集、收集、研究、开发、贸易、交换、进出口、出入境等活动。严格控制直接商品化利用野生资源，鼓励优先使用人工培育的生物物种资源。

（十四）加大执法力度。要明确职责，强化责任，严格执法，认真查找存在的问题并采取有力措施加以解决。当前要重点检查现有有关法律法规的执行情况，加强对有关部门和单位持有、对外交换和提供生物物种资源情况的监督检查。

（十五）加强领导和协调。生物物种资源的保护和管理涉及多部门和多领域，为避免工作重复和疏漏，国务院决定建立生物物种资源保护部际联席会议制度，统一组织、协调国家生物物种资源的保护和管理工作，部际联席会议由环保总局牵头，国务院有关部门参加。环保总局负责生物物种资源保护和管理的组织协调，会同监察部加强监督检查。教育、建设、农业、卫生、林业和中医药等部门负责本行业生物物种资源的保护和管理工作；工商、商务、海关、质检等部门负责市场和出入境管理；科技、知识产权等部门负责科研开发和知识产权管理；发展改革、财政等部门负责制订经济政策并落实所需资金。各有关部门要加强协调，密切配合，通力合作，共同做好我国生物物种资源保护和管理工作。

国务院办公厅关于有序停止商业性加工销售
象牙及制品活动的通知

（国办发〔2016〕103 号　2016 年 12 月 29 日）

各省、自治区、直辖市人民政府，国务院各部委、各直属机构：

为加强对象的保护，打击象牙非法贸易，经国务院同意，现就有序停止商业性加工销售象牙及制品活动的有关事项通知如下：

一、分期分批停止商业性加工销售象牙及制品活动。2017 年 3 月 31 日前先行停止一批象牙定点加工单位和定点销售场所的加工销售象牙及制品活动，2017 年 12 月 31 日前全面停止。国家林业局要确定具体单位名录并及时发布公告。相关单位应在规定期限内停止加工销售象牙及制品活动，并到工商行政管理部门申请办理变更、注销登记手续。工商行政管理部门不再受理经营范围涉及商业性加工销售象牙及制品的企业设立或变更登记。

二、积极引导象牙雕刻技艺转型。停止商业性加工销售象牙及制品活动后，文化部门要引导象牙雕刻技艺传承人和相关从业者转型。对象牙雕刻国家级、省级非物质文化遗产项目代表性传承人开展抢救性记录，留下其完整的工艺流程和核心技艺等详细资料；对象牙雕刻技艺名师，鼓励其到博物馆等机构从事相关艺术品修复工作；对象牙雕刻技艺传承人，引导其用替代材料发展其他牙雕、骨雕等技艺。非营利性社会文化团体、行业协会可整合现有资源组建象牙雕刻工作室，从事象牙雕刻技艺研究及传承工作，但不得开展相关商业性活动。

三、严格管理合法收藏的象牙及制品。禁止在市场摆卖或通过网络等渠道交易象牙及制品。对来源合法的象牙及制品，可依法加载专用标识后在博物馆、美术馆等非销售性场所开展陈列、展览等活动，也可依法运输、赠与或继承；对来源合法、经专业鉴定机构确认的象牙文物，依法定程序获得行政许可后，可在严格监管下拍卖，发挥其文化价值。

四、加强执法监管和宣传教育。公安、海关、工商、林业等部门要按照职责分工，加强执法监管，继续加大对违法加工销售、运输、走私象牙及制品等行为的打击力度，重点查缉、摧毁非法加工窝点，阻断市场、网络等非法交易渠道。要广泛开展保护宣传和公众教育，大力倡导生态文明理念，引导公众自觉抵制象牙及制品非法交易行为，营造有利于保护象等野生动植物的良好社会环境。

各省、自治区、直辖市人民政府和有关部门要高度重视，加强组织领导，明确责任分工，确保停止商业性加工销售象牙及制品活动顺利进行，并妥善做好相关单位和人员安置、转产转型等工作，切实维护好社会和谐稳定。

中国陆生野生动物保护管理
法律法规文件汇编（2020年版）

三

常用法律
法规解释

（一）全国人民代表大会常务委员会解释

全国人民代表大会常务委员会关于《中华人民共和国刑法》第三百四十一条、第三百一十二条的解释

（2014 年 4 月 24 日第十二届全国人民代表大会常务委员会第八次会议通过）

全国人民代表大会常务委员会根据司法实践中遇到的情况，讨论了刑法第三百四十一条第一款规定的非法收购国家重点保护的珍贵、濒危野生动物及其制品的含义和收购刑法第三百四十一条第二款规定的非法狩猎的野生动物如何适用刑法有关规定的问题，解释如下：

知道或者应当知道是国家重点保护的珍贵、濒危野生动物及其制品，为食用或者其他目的而非法购买的，属于刑法第三百四十一条第一款规定的非法收购国家重点保护的珍贵、濒危野生动物及其制品的行为。

知道或者应当知道是刑法第三百四十一条第二款规定的非法狩猎的野生动物而购买的，属于刑法第三百一十二条第一款规定的明知是犯罪所得而收购的行为。

现予公告。

（二）最高人民法院解释

最高人民法院关于审理走私刑事案件
具体应用法律若干问题的解释

（法释〔2000〕30 号　2000 年 9 月 20 日
最高人民法院审判委员会第 1131 次会议通过）

为严惩走私犯罪活动，根据刑法分则第三章第二节的规定，现就审理走私刑事案件具体应用法律的若干问题解释如下：

第一条　根据刑法第一百五十一条第一款的规定，具有下列情节之一的，属于走私武器、弹药罪"情节较轻"，处三年以上七年以下有期徒刑，并处罚金：

（一）走私军用子弹十发以上不满五十发的；

（二）走私非军用枪支二支以上不满五支或者非军用子弹一百发以上不满五百发的；

（三）走私武器、弹药虽未达到上述数量标准，但具有走私的武器、弹药被用于实施其他犯罪等恶劣情节的。

走私武器、弹药，具有下列情节之一的，处七年以上有期徒刑，并处罚金或者没收财产：

（一）走私军用枪支一支或者军用子弹五十发以上不满一百发的；

（二）走私非军用枪支五支以上不满十支或者非军用子弹五百发以上不满一千发的；

（三）走私武器、弹药达到本条第一款规定的数量标准，并具有其他恶劣情节的。

具有下列情节之一的，属于走私武器、弹药罪"情节特别严重"，处无期徒刑或者死刑，并处没收财产：

（一）走私军用枪支二支以上或者军用子弹一百发以上的；

（二）走私非军用枪支十支以上或者非军用子弹一千发以上的；

（三）犯罪集团的首要分子或者使用特种车，走私武器、弹药达到本条第二款规定的数量标准的；

（四）走私武器、弹药达到本条第二款规定的数量标准，并具有其他恶劣情节的。

走私其他武器、弹药的，参照本条各款规定的量刑标准处罚。

走私成套枪支散件的，以走私相应数量的枪支计；走私非成套枪支散件的，以每三十件为一套枪支散件计。

走私管制刀具、仿真枪支构成犯罪的，依照刑法第一百五十三条的规定定罪处罚。

刑法第一百五十一条第一款规定的"武器、弹药"的种类，参照《中华人民共和国海关进口税则》及《中华人民共和国禁止进出境物品表》的有关规定确定。

第二条　刑法第一百五十一条第一款规定的"货币"，是指可在国内市场流通或者兑换的人民币、境外货币。

走私伪造的货币，总面额二千元以上不足二万元或者币量二百张（枚）以上不足二千张（枚）的，属于走私假币罪"情节较轻"，处三年以上七年以下有期徒刑，并处罚金。

走私伪造的货币，具有下列情节之一的，处七年以上有期徒刑，并处罚金或者没收财产：

（一）走私伪造的货币，总面额二万元以上不足二十万元或者币量二千张（枚）以上不足二万张（枚）的；

（二）走私伪造的货币并流入市场，面额达到本条第二款规定的数量标准的。

具有下列情节之一的，属于走私假币罪"情节特别严重"，处无期徒刑或者死刑，并处没收财产：

（一）走私伪造的货币，总面额二十万元以上或者币量二万张（枚）以上的；

（二）走私伪造的货币并流入市场，面额达到本条第三款第（一）项规定的数量标准的；

（三）走私伪造的货币达到本条第三款规定的数量标准，并具有是犯罪集团的首要分子或者使用特种车进行走私等严重情节的。

货币面额以人民币计。走私伪造的境外货币的，其面额以案发时国家外汇管理机关公布的外汇牌价折合人民币计算。

第三条　走私国家禁止出口的三级文物二件以下的，属于走私文物罪"情节较轻"，处五年以下有期徒刑，并处罚金。

走私文物，具有下列情节之一的，处五年以上有期徒刑，并处罚金：

（一）走私国家禁止出口的二级文物二件以下或者三级文物三件以上八件以下的；

（二）走私国家禁止出口的文物达到本条第一款规定的数量标准，并具有造成该文物严重毁损或者无法追回等恶劣情节的。

具有下列情节之一的，属于走私文物罪"情节特别严重"，处无期徒刑或者死刑，并处没收财产：

（一）走私国家禁止出口的一级文物一件以上或者二级文物三件以上或者三级文物九件以上的；

（二）走私国家禁止出口的文物达到本条第二款规定的数量标准，并造成该文物严重毁损或者无法追回的；

（三）走私国家禁止出口的文物达到本条第二款规定的数量标准，并具有是犯罪集团的首要分子或者使用特种车进行走私等严重情节的。

第四条　刑法第一百五十一条第二款规定的"珍贵动物"，是指列入《国家重点保护野生动物名录》中的国家一、二级保护野生动物和列入《濒危野生动植物种国际贸易公约》附录一、附录二中的野生动物以及驯养繁殖的上述物种。

走私国家二级保护动物未达到本解释附表中（一）规定的数量标准或者走私珍贵动物制品价值十万元以下的，属于走私珍贵动物、珍贵动物制品罪"情节较轻"，处五年以下有期徒刑，并处罚金。

走私珍贵动物及其制品，具有下列情节之一的，处五年以上有期徒刑，并处罚金：

（一）走私国家一、二级保护动物达到本解释附表中（一）规定的数量标准的；

（二）走私珍贵动物制品价值十万元以上不满二十万元的；

（三）走私国家一、二级保护动物虽未达到本款规定的数量标准，但具有造成该珍贵动物死亡或者无法追回等恶劣情节的。

具有下列情形之一的，属于走私珍贵动物、珍贵动物制品罪"情节特别严重"，处无期徒刑或者死刑，并处没收财产：

（一）走私国家一、二级保护动物达到本解释附表中（二）规定的数量标准的；

（二）走私珍贵动物制品价值二十万元以上的；

（三）走私国家一、二级保护动物达到本解释附表中（一）规定的数量标准，并造成该珍贵动物死亡或者无法追回的；

（四）走私国家一、二级保护动物达到本解释附表中（一）规定的数量标准，并具有是犯罪集团的首要分子或者使用特种车进行走私等严重情节的。

走私《濒危动植物种国际贸易公约》附录一、附录二中的动物及其制品的，参照本解释附表中规定的同属或者同科动物的定罪量刑标准执行。

第五条　刑法第一百五十二条规定的"其他淫秽物品"，是指除淫秽的影片、录像带、录音带、图片、书刊以外的，通过文字、声音、形象等形式表现淫秽内容的影碟、音碟、电子出版物等物品。

走私淫秽物品达到下列数量之一的，属于走私淫秽物品罪"情节较轻"，处三年以下有期徒刑、拘役或者管制，并处罚金：

（一）走私淫秽录像带、影碟五十盘（张）以上至一百盘（张）的；

（二）走私淫秽录音带、音碟一百盘（张）以上至二百盘（张）的；

（三）走私淫秽扑克、书刊、画册一百副（册）以上至二百副（册）的；

（四）走私淫秽照片、画片五百张以上至一千张的；

（五）走私其他淫秽物品相当于上述数量的。

走私淫秽物品在本条第二款规定的最高数量以上不满最高数量五倍的，处三年以上十年以下有期徒刑，并处罚金。

走私淫秽物品在本条第二款规定的最高数量五倍以上，或者虽不满最高数量五倍，但具有是犯罪集团的首要分子或者使用特种车进行走私等严重情节的，属于走私淫秽物品罪"情节严重"，处十年以上有期徒刑或者无期徒刑，并处罚金或者没收财产。

走私非淫秽的影片、影碟、录像带、录音带、音碟、图片、书刊、电子出版物等物品的，依照刑法第一百五十三条的规定定罪处罚。

第六条　刑法第一百五十三条规定的"应缴税额"，是指进出口货物、物品应当缴纳的进出口关税和进口环节海关代征税的税额。

走私货物、物品所偷逃的应缴税额，应当以走私行为案发时所适用的税则、税率、汇率和海关审定的完税价格计算，并以海关出具的证明为准。

刑法第一百五十三条第三款规定的"对多次走私未经处理的"，是指对多次走私未经行政处罚处理的。

第七条　刑法第一百五十四条规定的"保税货物"，是指经海关批准，未办理纳税手续进境，在境内储存、加工、装配后应予复运出境的货物。保税货物包括通过加工贸易、补偿贸易等方式进口的货物，以及在保税仓库、保税工厂、保税区或者免税商店内等储存、加工、寄售的货物。

第八条　刑法第一百五十五条规定的"直接向走私人非法收购走私进口的其他货物、物品，数额较大的"，是指明知是走私行为人而向其非法收购走私进口的其他货物、物品，应缴税额为五万元以上的。

直接向走私人非法收购国家禁止进口物品的，或者在内海、领海运输、收购、贩卖国家禁止进出口物品的，应当按照走私物品的种类，分别适用刑法第一百五十一条、第一百五十二条、第三百四十七条的规定定罪处罚。

直接向走私人非法收购走私进口的国家非禁止进口货物、物品，数额较大的，或者在内海、领海运输、收购、贩卖国家限制进出口货物、物品，数额较大，没有合法证明的，应当适用刑法第一百五十三条的规定定罪处罚。

刑法第一百五十五条第二项规定的"内海"，包括内河的入海口水域。

第九条　刑法第一百五十五条第（三）项规定的"固体废物"，是指国家禁止进口的固体废物和国家限制进口的可用作原料的固体废物。国家限制进口的可用作原料的固体废物的具体种类，按照《国家限制进口的可用作原料的固体废物目录》执行。

走私国家禁止进口的固体废物不满十吨，或者走私国家限制进口的可用作原料的固体废物偷逃应缴税额在五万元以上不满十五万元的，依照刑法第一百五十三条第一款第（三）项规定处罚。

走私国家禁止进口的固体废物十吨以上不满一百吨，或者走私国家限制进口的可用作原料的固体废物偷逃应缴税额十五万元以上不满五十万元的，依照刑法第一百五十三条第一款第（二）项规定处罚。

走私国家禁止进口的固体废物一百吨以上，或者走私国家限制进口的可用作原料的固体废物偷逃应缴税额五十万元以上的，依照刑法第一百五十三条第一款第（一）项规定处罚。

第十条　单位犯刑法第一百五十一条、第一百五十二条规定的各罪以及走私国家禁止进口的固体废物的，对单位判处罚金，并对其直接负责的主管人员和其他直接责任人员，分别依照本解释的有关规定处罚。

单位犯走私普通货物、物品罪以及走私国家限制进口的可用作原料的固体废物的，偷逃应缴税额在二十五万元以上不满七十五万元的，对单位判处罚金，并对其直接负责的主管人员和其他直接责任人员，处三年以下有期徒刑或者拘役；偷逃应缴税额在七十五万元以上不满二百五十万元的，属于情节严重，处三年以上十年以下有期徒刑；偷逃应缴税额在二百五十万元以上的，属于情节特别严重，处十年以上有期徒刑。

最高人民法院关于审理破坏野生动物资源
刑事案件具体应用法律若干问题的解释

（法释〔2000〕37 号　2000 年 11 月 17 日
最高人民法院审判委员会第 1141 次会议通过）

为依法惩处破坏野生动物资源的犯罪活动，根据刑法的有关规定，现就审理这类案件具体应用法律的若干问题解释如下：

第一条　刑法第三百四十一条第一款规定的"珍贵、濒危野生动物"，包括列入国家重点保护野生动物名录的国家一、二级保护野生动物、列入《濒危野生动植物种国际贸易公约》附录一、附录二的野生动物以及驯养繁殖的上述物种。

第二条　刑法第三百四十一条第一款规定的"收购"，包括以营利、自用等为目的的购买行为；"运输"，包括采用携带、邮寄、利用他人、使用交通工具等方法进行运送的行为；"出售"，包括出卖和以营利为目的的加工利用行为。

第三条　非法猎捕、杀害、收购、运输、出售珍贵、濒危野生动物具有下列情形之一的，属于"情节严重"：

（一）达到本解释附表所列相应数量标准的；

（二）非法猎捕、杀害、收购、运输、出售不同种类的珍贵、濒危野生动物，其中两种以上分别达到附表所列"情节严重"数量标准一半以上的。

非法猎捕、杀害、收购、运输、出售珍贵、濒危野生动物具有下列情形之一的，属于"情节特别严重"：

（一）达到本解释附表所列相应数量标准的；

（二）非法猎捕、杀害、收购、运输、出售不同种类的珍贵、濒危野生动物，其中两种以上分别达到附表所列"情节特别严重"数量标准一半以上的。

第四条　非法猎捕、杀害、收购、运输、出售珍贵、濒危野生动物构成犯罪，具有下列情形之一的，可以认定为"情节严重"；非法猎捕、杀害、收购、运输、出售珍贵、濒危野生动物符合本解释第三条第一款的规定，并具有下列情形之一的，可以认定为"情节特别严重"：

（一）犯罪集团的首要分子；

（二）严重影响对野生动物的科研、养殖等工作顺利进行的；

（三）以武装掩护方法实施犯罪的；

（四）使用特种车、军用车等交通工具实施犯罪的；

（五）造成其他重大损失的。

第五条　非法收购、运输、出售珍贵、濒危野生动物制品具有下列情形之一的，属于"情节严重"：

（一）价值在十万元以上的；

（二）非法获利五万元以上的；

（三）具有其他严重情节的。

非法收购、运输、出售珍贵、濒危野生动物制品具有下列情形之一的，属于"情节特别严重"：

（一）价值在二十万元以上的；

（二）非法获利十万元以上的；

（三）具有其他特别严重情节的。

第六条 违反狩猎法规，在禁猎区、禁猎期或者使用禁用的工具、方法狩猎，具有下列情形之一的，属于非法狩猎"情节严重"：

（一）非法狩猎野生动物二十只以上的；

（二）违反狩猎法规，在禁猎区或者禁猎期使用禁用的工具、方法狩猎的；

（三）具有其他严重情节的。

第七条 使用爆炸、投毒、设置电网等危险方法破坏野生动物资源，构成非法猎捕、杀害珍贵、濒危野生动物罪或者非法狩猎罪，同时构成刑法第一百一十四条或者第一百一十五条规定之罪的，依照处罚较重的规定定罪处罚。

第八条 实施刑法第三百四十一条规定的犯罪，又以暴力、威胁方法抗拒查处，构成其他犯罪的，依照数罪并罚的规定处罚。

第九条 伪造、变造、买卖国家机关颁发的野生动物允许进出口证明书、特许猎捕证、狩猎证、驯养繁殖许可证等公文、证件构成犯罪的，依照刑法第二百八十条第一款的规定以伪造、变造、买卖国家机关公文、证件罪定罪处罚。

实施上述行为构成犯罪，同时构成刑法第二百二十五条第二项规定的非法经营罪的，依照处罚较重的规定定罪处罚。

第十条 非法猎捕、杀害、收购、运输、出售《濒危野生动植物种国际贸易公约》附录一、附录二所列的非原产于我国的野生动物"情节严重"、"情节特别严重"的认定标准，参照本解释第三条、第四条以及附表所列与其同属的国家一、二级保护野生动物的认定标准执行；没有与其同属的国家一、二级保护野生动物的，参照与其同科的国家一、二级保护野生动物的认定标准执行。

第十一条 珍贵、濒危野生动物制品的价值，依照国家野生动物保护主管部门的规定核定；核定价值低于实际交易价格的，以实际交易价格认定。

第十二条 单位犯刑法第三百四十一条规定之罪，定罪量刑标准依照本解释的有关规定执行。

附表：

非法猎捕、杀害、收购、运输、出售珍贵、濒危野生动物
刑事案件"情节严重"、"情节特别严重"数量认定标准

中文名	拉丁文名	级别	（一）	（二）
蜂猴	*Nycticebus* spp.	I	3	4
熊猴	*Macaca assamensis*	I	2	3
台湾猴	*Macaca cyclopis*	I	1	2
豚尾猴	*Macaca nemestrina*	I	2	3
叶猴（所有种）	*Presbytis* spp.	I	1	2
金丝猴（所有种）	*Rhinopithecus* spp.	I	1	
长臂猿（所有种）	*Hylobates* spp.	I	1	2
马来熊	*Helarctos malayanus*	I	2	3
大熊猫	*Ailuropoda melanoleuca*	I	1	
紫貂	*Martes zibellina*	I	3	4
貂熊	*Gulo gulo*	I	2	3
熊狸	*Arctictis binturong*	I	1	2
云豹	*Neofelis nebulosa*	I	1	
豹	*Panthera pardus*	I	1	
雪豹	*Panthera uncia*	I	1	
虎	*Panthera tigris*	I	1	
亚洲象	*Elephas maximus*	I	1	
蒙古野驴	*Equus hemionus*	I	2	3
西藏野驴	*Equus kiang*	I	3	5
野马	*Equus przewalskii*	I	1	
野骆驼	*Camelus ferus*（＝*bactrianus*）	I	1	2
鼷鹿	*Tragulus javanicus*	I	2	3
黑麂	*Muntiacus crinifrons*	I	1	2
白唇鹿	*Cervus albirostris*	I	1	2
坡鹿	*Cervus eldi*	I	1	2
梅花鹿	*Cervus nippon*	I	2	3
豚鹿	*Cervus porcinus*	I	2	3
麋鹿	*Elaphurus davidianus*	I	1	2
野牛	*Bos gaurus*	I	1	2
野牦牛	*Bos mutus*（＝*grunniens*）	I	2	3
普氏原羚	*Procapra przewalskii*	I	1	2
藏羚	*Pantholops hodgsoni*	I	2	3

（续）

中文名	拉丁文名	级别	（一）	（二）
高鼻羚羊	*Saiga tatarica*	I	1	
扭角羚	*Budorcas taxicolor*	I	1	2
台湾鬣羚	*Capricornis crispus*	I	2	3
赤斑羚	*Naemorhedus cranbrooki*	I	2	4
塔尔羊	*Hemitragus jemlahicus*	I	2	4
北山羊	*Capra ibex*	I	2	4
河狸	*Castor fiber*	I	1	2
短尾信天翁	*Diomedea albatrus*	I	2	4
白腹军舰鸟	*Fregata andrewsi*	I	2	4
白鹳	*Ciconia ciconia*	I	2	4
黑鹳	*Ciconia nigra*	I	2	4
朱鹮	*Nipponia nippon*	I	1	
中华沙秋鸭	*Mergus squamatus*	I	2	3
金雕	*Aquila chrysaetos*	I	2	4
白肩雕	*Aquila heliaca*	I	2	4
玉带海雕	*Haliaeetus leucoryphus*	I	2	4
白尾海雕	*Haliaeetus albcilla*	I	2	3
虎头海雕	*Haliaeetus pelagicus*	I	2	4
拟兀鹫	*Pseudogyps bengalensis*	I	2	4
胡兀鹫	*Gypaetus barbatus*	I	2	4
细嘴松鸡	*Tetrao parvirostris*	I	3	5
斑尾榛鸡	*Tetrastes sewerzowi*	I	3	5
雉鹑	*Tetraophasis obscurus*	I	3	5
四川山鹧鸪	*Arborophila rufipectus*	I	3	5
海南山鹧鸪	*Arborophila ardens*	I	3	5
黑头角雉	*Tragopan melanocephalus*	I	2	3
红胸角雉	*Tragopan satyra*	I	2	4
灰腹角雉	*Tragopan blythii*	I	2	3
黄腹角雉	*Tragopan caboti*	I	2	3
虹雉（所有种）	*Lophophorus* spp.	I	2	4
褐马鸡	*Crossoptilon mantchuricum*	I	2	3
蓝鹇	*Lophura swinhoii*	I	2	3
黑颈长尾雉	*Syrmaticus humiae*	I	2	4
白颈长尾雉	*Syrmaticus ewllioti*	I	2	4

（续）

中文名	拉丁文名	级别	（一）	（二）
黑长尾雉	*Syrmaticus mikado*	I	2	4
孔雀雉	*Polyplectron bicalcaratum*	I	2	3
绿孔雀	*Pavo muticus*	I	2	3
黑颈鹤	*Grus nigricollis*	I	2	3
白头鹤	*Grus monacha*	I	2	3
丹顶鹤	*Grus japonensis*	I	2	3
白鹤	*Grus leucogeranus*	I	2	3
赤颈鹤	*Grus antigone*	I	1	2
鸨（所有种）	*Otis* spp.	I	4	6
遗鸥	*Larus relictus*	I	2	4
四爪陆龟	*Testudo horsfieldi*	I	4	8
鳄蜥	*Shinisaurus crocodilurus*	I	2	4
巨蜥	*Varanus salvator*	I	2	4
蟒	*Python molurus*	I	2	4
扬子鳄	*Alligator sinensis*	I	1	2
中华蚤蟆	*Galloisiana sinensis*	I	3	6
金斑喙凤蝶	*Teinopalpus aureus*	I	3	6
短尾猴	*Macaca arctoides*	II	6	10
猕猴	*Macaca mulatta*	II	6	10
藏酋猴	*Macaca thibetana*	II	6	10
穿山甲	*Manis pentadactyla*	II	8	16
豺	*Cuon alpinus*	II	4	6
黑熊	*Selenarctos thibetanus*	II	3	5
棕熊（包括马熊）	*Ursus arctos*（*U. a. pruinosus*）	II	3	5
小熊猫	*Ailurus fulgens*	II	3	5
石貂	*Martes foina*	II	4	10
黄喉貂	*Martes flavigula*	II	4	10
斑林狸	*Pronodon pardicolor*	II	4	8
大灵猫	*Viverra zibetha*	II	3	5
小灵猫	*Viverricula indica*	II	4	8
草原斑猫	*Felis lybica*（＝*silvestris*）	II	4	8
荒漠猫	*Felis bieti*	II	4	10
丛林猫	*Felis chaus*	II	4	8
猞猁	*Felis lynx*	II	2	3

（续）

中文名	拉丁文名	级别	（一）	（二）
兔狲	*Felis manul*	Ⅱ	3	5
金猫	*Felis temmincki*	Ⅱ	4	8
渔猫	*Felis viverrinus*	Ⅱ	4	8
麝（所有种）	*Moschus* spp.	Ⅱ	3	5
河麂	*Hydropotes inermis*	Ⅱ	4	8
马鹿（含白臀鹿）	*Cervus elaphus*（*C. e. macneilli*）	Ⅱ	4	6
水鹿	*Cervus unicolor*	Ⅱ	3	5
驼鹿	*Alces alces*	Ⅱ	3	5
黄羊	*Procapra gutturosa*	Ⅱ	8	15
藏原羚	*Procapra picticaudata*	Ⅱ	4	8
鹅喉羚	*Gazella subgutturosa*	Ⅱ	4	8
鬣羚	*Capricornis sumatraensis*	Ⅱ	3	4
斑羚	*Naemorhedus goral*	Ⅱ	4	8
岩羊	*Pseudois nayaur*	Ⅱ	4	8
盘羊	*Ovis ammon*	Ⅱ	3	5
海南兔	*Lepus peguensis hainanus*	Ⅱ	6	10
雪兔	*Lepus timidus*	Ⅱ	6	10
塔里木兔	*Lepus yarkandensis*	Ⅱ	20	40
巨松鼠	*Ratufa bicolor*	Ⅱ	6	10
角鸊鷉	*Podiceps auritus*	Ⅱ	6	10
赤颈鸊鷉	*Podiceps grisegena*	Ⅱ	6	8
鹈鹕（所有种）	*Pelecanus* spp.	Ⅱ	4	8
鲣鸟（所有种）	*Sula* spp.	Ⅱ	6	10
海鸬鹚	*Phalacrocorax pelagicus*	Ⅱ	4	8
黑颈鸬鹚	*Phalacrocorax niger*	Ⅱ	4	8
黄嘴白鹭	*Egretta eulophotes*	Ⅱ	6	10
岩鹭	*Egretta sacra*	Ⅱ	6	20
海南虎斑鳽	*Gorsachius magnificus*	Ⅱ	6	10
小苇鳽	*Ixbrychus minutus*	Ⅱ	6	10
彩鹳	*Ibis leucocephalus*	Ⅱ	3	4
白鹮	*Threskiornis aethiopicus*	Ⅱ	4	8
黑鹮	*Pseudibis papillosa*	Ⅱ	4	8
彩鹮	*Plegadis falcinellus*	Ⅱ	4	8
白琵鹭	*Platalea leucorodia*	Ⅱ	4	8

（续）

中文名	拉丁文名	级别	（一）	（二）
黑脸琵鹭	*Platalea ninor*	II	4	8
红胸黑雁	*Branta ruficollis*	II	4	8
白额雁	*Anser albifrons*	II	6	10
天鹅（所有种）	*Cygnus* spp.	II	6	10
鸳鸯	*Aix galericulata*	II	6	10
其它鹰类	(*Accipitridae*)	II	4	8
隼科（所有种）	Falconidae	II	6	10
黑琴鸡	*Lyrurus tetrix*	II	4	8
柳雷鸟	*Lagopus lagopus*	II	4	8
岩雷鸟	*Lagopus mutus*	II	6	10
镰翅鸡	*Falcipennis falcipennis*	II	3	4
花尾榛鸡	*Tetrastes bonasia*	II	10	20
雪鸡（所有种）	*Tetraogallus* spp.	II	10	20
血雉	*Ithaginis cruentus*	II	4	6
红腹角雉	*Tragopan temminckii*	II	4	6
藏马鸡	*Crossoptilon crossoptilon*	II	4	6
蓝马鸡	*Crossoptilon aurtum*	II	4	10
黑鹇	*Lophura leucomelana*	II	6	8
白鹇	*Lophura nycthemera*	II	6	10
原鸡	*Gallus gallus*	II	6	8
勺鸡	*Pucrasia macrolopha*	II	6	8
白冠长尾雉	*Syrmaticus reevesii*	II	4	6
锦鸡（所有种）	*Chrysolophus* spp.	II	4	8
灰鹤	*Grus grus*	II	4	8
沙丘鹤	*Grus canadensis*	II	4	8
白枕鹤	*Grus vipio*	II	4	8
蓑羽鹤	*Anthropoides virgo*	II	6	10
长脚秧鸡	*Crex crex*	II	6	10
姬田鸡	*Porzana parva*	II	6	10
棕背田鸡	*Porzana bicolor*	II	6	10
花田鸡	*Coturnicops noveboracensis*	II	6	10
铜翅水雉	*Metopidius indicus*	II	6	10
小杓鹬	*Numenius borealis*	II	8	15
小青脚鹬	*Tringa guttifer*	II	6	10

（续）

中文名	拉丁文名	级别	（一）	（二）
灰燕鸻	*Glareola lactea*	Ⅱ	6	10
小鸥	*Larus minutus*	Ⅱ	6	10
黑浮鸥	*Chlidonias niger*	Ⅱ	6	10
黄嘴河燕鸥	*Sterna aurantia*	Ⅱ	6	10
黑嘴端凤头燕鸥	*Thalasseus zimmermanni*	Ⅱ	4	8
黑腹沙鸡	*Pterocles orientalis*	Ⅱ	4	8
绿鸠（所有种）	*Treron* spp.	Ⅱ	6	8
黑颏果鸠	*Ptilinopus leclancheri*	Ⅱ	6	10
皇鸠（所有种）	*Ducula* spp.	Ⅱ	6	10
斑尾林鸽	*Columba palumbus*	Ⅱ	6	10
鹃鸠（所有种）	*Macropygia* spp.	Ⅱ	6	10
鹦鹉科（所有种）	Psittacidae.	Ⅱ	6	10
鸦鹃（所有种）	*Centropus* spp.	Ⅱ	6	10
鸮形目（所有种）	Strigiformes	Ⅱ	6	10
灰喉针尾雨燕	*Hirundapus cochinchinensis*	Ⅱ	6	10
凤头雨燕	*Hemiprocne longipennis*	Ⅱ	6	10
橙胸咬鹃	*Harpactes oreskios*	Ⅱ	6	10
蓝耳翠鸟	*Alcedo meninting*	Ⅱ	6	10
鹳嘴翠鸟	*Pelargopsis capensis*	Ⅱ	6	10
黑胸蜂虎	*Merops leschenaulti*	Ⅱ	6	10
绿喉蜂虎	*Merops orientalis*	Ⅱ	6	10
犀鸟科（所有种）	Bucertidae	Ⅱ	4	8
白腹黑啄木鸟	*Dryocopus javensis*	Ⅱ	6	10
阔嘴鸟科（所有种）	Eurylaimidae	Ⅱ	6	10
八色鸫科（所有种）	Pittidae	Ⅱ	6	10
凹甲陆龟	*Manouria impressa*	Ⅱ	6	10
大壁虎	*Gekko gecko*	Ⅱ	10	20
虎纹蛙	*Rana tigrina*	Ⅱ	100	200
伟铗虬	*Atlasjapyx atlas*	Ⅱ	6	10
尖板曦箭蜓	*Heliogomphus retroflexus*	Ⅱ	6	10
宽纹北箭蜓	*Ophiogomphus spinicorne*	Ⅱ	6	10
中华缺翅虫	*Zorotypus sinensis*	Ⅱ	6	10
墨脱缺翅虫	*Zorotypus medoensis*	Ⅱ	6	10
拉步甲	*Carabus (Coptolabrus) lafossei*	Ⅱ	6	10

（续）

中文名	拉丁文名	级别	（一）	（二）
硕步甲	*Carabus（Apotopterus）davidi*	Ⅱ	6	10
彩臂金龟（所有种）	*Cheirotonus* spp.	Ⅱ	6	10
叉犀金龟	*Allomyrina davidis*	Ⅱ	6	10
双尾褐凤蝶	*Bhutanitis mansfieldi*	Ⅱ	6	10
三尾褐凤蝶	*Bhutanitis thaidina dongchuanensis*	Ⅱ	6	10
中华虎凤蝶	*Luehdorfia chinensis huashanensis*	Ⅱ	6	10
阿波罗绢蝶	*Parnassius apollo*	Ⅱ	6	10

最高人民法院关于审理掩饰、隐瞒犯罪所得、犯罪所得收益刑事案件适用法律若干问题的解释

（2015 年 5 月 11 日由最高人民法院审判委员会
第 1651 次会议通过 2015 年 5 月 29 日）

《最高人民法院关于审理掩饰、隐瞒犯罪所得、犯罪所得收益刑事案件适用法律若干问题的解释》已于 2015 年 5 月 11 日由最高人民法院审判委员会第 1651 次会议通过，现予公布，自 2015 年 6 月 1 日起施行。

为依法惩治掩饰、隐瞒犯罪所得、犯罪所得收益犯罪活动，根据刑法有关规定，结合人民法院刑事审判工作实际，现就审理此类案件具体适用法律的若干问题解释如下：

第一条　明知是犯罪所得及其产生的收益而予以窝藏、转移、收购、代为销售或者以其他方法掩饰、隐瞒，具有下列情形之一的，应当依照刑法第三百一十二条第一款的规定，以掩饰、隐瞒犯罪所得、犯罪所得收益罪定罪处罚：

（一）掩饰、隐瞒犯罪所得及其产生的收益价值三千元至一万元以上的；

（二）一年内曾因掩饰、隐瞒犯罪所得及其产生的收益行为受过行政处罚，又实施掩饰、隐瞒犯罪所得及其产生的收益行为的；

（三）掩饰、隐瞒的犯罪所得系电力设备、交通设施、广播电视设施、公用电信设施、军事设施或者救灾、抢险、防汛、优抚、扶贫、移民、救济款物的；

（四）掩饰、隐瞒行为致使上游犯罪无法及时查处，并造成公私财物损失无法挽回的；

（五）实施其他掩饰、隐瞒犯罪所得及其产生的收益行为，妨害司法机关对上游犯罪进行追究的。

各省、自治区、直辖市高级人民法院可以根据本地区经济社会发展状况，并考虑社会治安状况，在本条第一款第（一）项规定的数额幅度内，确定本地执行的具体数额标准，报最高人民法院备案。

司法解释对掩饰、隐瞒涉及计算机信息系统数据、计算机信息系统控制权的犯罪所得及其产生的收益行为构成犯罪已有规定的，审理此类案件依照该规定。

依照全国人民代表大会常务委员会《关于〈中华人民共和国刑法〉第三百四十一条、第三百一十二条的解释》，明知是非法狩猎的野生动物而收购，数量达到五十只以上的，以掩饰、隐瞒犯罪所得罪定罪处罚。

第二条　掩饰、隐瞒犯罪所得及其产生的收益行为符合本解释第一条的规定，认罪、悔罪并退赃、退赔，且具有下列情形之一的，可以认定为犯罪情节轻微，免予刑事处罚：

（一）具有法定从宽处罚情节的；

（二）为近亲属掩饰、隐瞒犯罪所得及其产生的收益，且系初犯、偶犯的；

（三）有其他情节轻微情形的。

行为人为自用而掩饰、隐瞒犯罪所得，财物价值刚达到本解释第一条第一款第（一）项规定的标准，认罪、悔罪并退赃、退赔的，一般可不认为是犯罪；依法追究刑事责任的，应当酌情从宽。

第三条　掩饰、隐瞒犯罪所得及其产生的收益，具有下列情形之一的，应当认定为刑法第三百一十二条第一款规定的"情节严重"：

（一）掩饰、隐瞒犯罪所得及其产生的收益价值总额达到十万元以上的；

（二）掩饰、隐瞒犯罪所得及其产生的收益十次以上，或者三次以上且价值总额达到五万元以上的；

（三）掩饰、隐瞒的犯罪所得系电力设备、交通设施、广播电视设施、公用电信设施、军事设施或者救灾、抢险、防汛、优抚、扶贫、移民、救济款物，价值总额达到五万元以上的；

（四）掩饰、隐瞒行为致使上游犯罪无法及时查处，并造成公私财物重大损失无法挽回或其他严重后果的；

（五）实施其他掩饰、隐瞒犯罪所得及其产生的收益行为，严重妨害司法机关对上游犯罪予以追究的。

司法解释对掩饰、隐瞒涉及机动车、计算机信息系统数据、计算机信息系统控制权的犯罪所得及其产生的收益行为认定"情节严重"已有规定的，审理此类案件依照该规定。

第四条　掩饰、隐瞒犯罪所得及其产生的收益的数额，应当以实施掩饰、隐瞒行为时为准。收购或者代为销售财物的价格高于其实际价值的，以收购或者代为销售的价格计算。

多次实施掩饰、隐瞒犯罪所得及其产生的收益行为，未经行政处罚，依法应当追诉的，犯罪所得、犯罪所得收益的数额应当累计计算。

第五条　事前与盗窃、抢劫、诈骗、抢夺等犯罪分子通谋，掩饰、隐瞒犯罪所得及其产生的收益的，以盗窃、抢劫、诈骗、抢夺等犯罪的共犯论处。

第六条　对犯罪所得及其产生的收益实施盗窃、抢劫、诈骗、抢夺等行为，构成犯罪的，分别以盗窃罪、抢劫罪、诈骗罪、抢夺罪等定罪处罚。

第七条　明知是犯罪所得及其产生的收益而予以掩饰、隐瞒，构成刑法第三百一十二条规定的犯罪，同时构成其他犯罪的，依照处罚较重的规定定罪处罚。

第八条　认定掩饰、隐瞒犯罪所得、犯罪所得收益罪，以上游犯罪事实成立为前提。上游犯罪尚未依法裁判，但查证属实的，不影响掩饰、隐瞒犯罪所得、犯罪所得收益罪的认定。

上游犯罪事实经查证属实，但因行为人未达到刑事责任年龄等原因依法不予追究刑事责任的，不影响掩饰、隐瞒犯罪所得、犯罪所得收益罪的认定。

第九条　盗用单位名义实施掩饰、隐瞒犯罪所得及其产生的收益行为，违法所得由行为人私分的，依照刑法和司法解释有关自然人犯罪的规定定罪处罚。

第十条　通过犯罪直接得到的赃款、赃物，应当认定为刑法第三百一十二条规定的"犯罪所得"。上游犯罪的行为人对犯罪所得进行处理后得到的孳息、租金等，应当认定为刑法第三百一十二条规定的"犯罪所得产生的收益"。

明知是犯罪所得及其产生的收益而采取窝藏、转移、收购、代为销售以外的方法，如居间介绍买卖，收受，持有，使用，加工，提供资金账户，协助将财物转换为现金、金融票据、有价证券，协助将资金转移、汇往境外等，应当认定为刑法第三百一十二条规定的"其他方法"。

第十一条 掩饰、隐瞒犯罪所得、犯罪所得收益罪是选择性罪名，审理此类案件，应当根据具体犯罪行为及其指向的对象，确定适用的罪名。

（三）国务院法制局解释及复函

国务院法制局对《关于解释〈中华人民共和国陆生野生动物保护实施条例〉第三十七条授权性质的请示》的复函

（国法函字〔1992〕74 号　1992 年 11 月 5 日）

林业部：

你部《关于解释〈中华人民共和国陆生野生动物保护实施条例〉》第三十七条授权性质的请示》（林护字〔1992〕49 号）收悉，经国务院领导同意，现函复如下：

《行政诉讼法》第二十五条第四款规定："由法律、法规授权的组织所作的具体行政行为，该组织是被告。由行政机关委托的组织所作的具体行政行为，委托的行政机关是被告。"根据上述规定，野生动物行政主管部门依照《陆生野生动物保护实施条例》第三十七条的规定，经工商行政管理部门授权而作出的行政处罚，属于法规授权的组织所作的具体行政行为；发生行政诉讼时，该野生动物行政主管部门为被告。

国务院法制局《对林业部关于解释
〈森林和野生动物类型自然保护区管理办法〉
法律效力的请示》的意见

（国法函〔1995〕5 号　1995 年 2 月 9 日）

林业部：

你部 1994 年 11 月 15 日报请国务院审批的《林业部关于解释〈森林和野生动物自然保护区管理办法〉法律效力的请示》（林策字〔1994〕86 号）业经国务院办公厅转请我局办理。经研究，现答复如下：

《森林和野生动物类型自然保护区管理办法》和《中华人民共和国自然保护区条例》都是国务院制定的行政法规，具有相同的法律效力；它们之间在内容上没有矛盾和冲突，都应当执行。

附件：森林和野生动物类型自然保护区管理办法（略）

（四）国家林业和草原局解释及复函

林业部对《关于查处违反野生动物保护法律法规的行为有关问题的请示》的答复

（林函策〔1993〕109号　1993年5月20日）

广东省林业厅：

你省粤林〔1993〕064号《关于查处违反野生动物保护法律法规的行为有关问题的请示》收悉。经研究，现答复如下：

根据《野生动物保护法》第七条、《陆生野生动物保护实施条例》第三条、第四十五条的规定，林业行政主管部门主管陆生野生动物保护管理工作，渔业行政主管部门主管水生野生动物保护管理工作。依法查处陆生野生动物案件是林业行政主管部门的职责，其他法规不能另行规定水产部门享有查处陆生野生动物的职责，否则会造成两个行政主管部门职责不清，管理混乱，影响行政执法的统一性。如在实际工作中，确需水产部门配合林业行政主管部门查处涉及陆生野生动物的违法案件的，可通过联合执法或者林业行政主管部门授权、委托的方式解决。

此复。

林业部关于非法收购死虎、倒卖虎皮案
适用法律问题的复函

（林函策字〔1993〕289 号　1993 年 11 月 20 日）

陕西省林业厅：

你厅陕林办发〔1993〕323 号《关于查处非法收购死虎、倒卖虎皮案适用法律问题的请示报告》收悉。经研究，答复如下：

《中华人民共和国陆生野生动物保护实施条例》第二条规定："本条例所称陆生野生动物，是指依法受保护的珍贵、濒危、有益的和有重要经济、科学研究价值的陆生野生动物；所称野生动物产品，是指陆生野生动物的任何部分及其衍生物"；《中华人民共和国野生动物保护法》第二十二条第一款规定："禁止出售、收购国家重点保护野生动物或者其产品。因科学研究、驯养繁殖、展览等特殊情况，需要出售、收购、利用国家一级保护野生动物或者其产品的，必须经国务院野生动物行政主管部门或者其授权的单位批准；……"。虎是国家一级保护野生动物，法规中所述重点保护野生动物及产品，理应包括非活体。因此，收购、出售死虎、虎皮等活动，必须依照野生动物保护法规的规定报国务院野生动物行政主管部门批准，否则就是违法行为，应依法进行查处。

另外，经与国家濒危物种进出口管理办公室联系，该办从未应允国家中医药管理局可以不按国家野生动物保护法规的规定收购死虎或其产品。有关法律适用问题，应严格按照《野生动物保护法》的规定办理。

林业部关于野生动物行政主管部门能否再授权的答复

（林函策〔1995〕264 号　1995 年 12 月 13 日）

广东省林业厅：

你厅《关于授权林业行政处罚问题的请示》（粤林函〔1995〕105 号）收悉。经研究，答复如下：

根据《野生动物保护法》第 35 条、《陆生野生动物保护实施条例》第 37 条的规定，国家工商行政管理局已授权给全国县级以上野生动物行政主管部门对集贸市场以外的违法出售、收购、运输、携带国家或者地方重点保护野生动物或者其产品的行为，进行野生动物行政处罚。这种授权，国务院法制局已明确答复属于《行政诉讼法》中的"法律、法规授权"。即县级以上野生动物行政主管部门可以以自己的名义作出行政处罚决定。根据目前国家法律规定和有关司法解释，野生动物行政主管部门要将集贸市场以外的违反野生动物法规行政处罚权再授权给木材检查站或林业工作站等单位，则只能认定为委托性质的授权，即作出行政处罚决定只能以授权委托机关的名义作出，而不能以被授权委托的单位作出。

国家林业局关于黄羊冻体为野生动物产品的复函

（林函策字〔2000〕295 号　2000 年 12 月 4 日）

内蒙古大兴安岭林业管理局：

你局《关于查处特大非法收购、运输、出售国家重点保护珍贵、濒危野生动物案有关问题的请示》收悉。经研究，根据全国人大常委会《关于加强法律解释工作的决议》和《国务院办公厅关于行政法规解释权限和程序问题的通知》的有关规定，现答复如下：

根据《中华人民共和国野生动物保护法》、《中华人民共和国陆生野生动物保护实施条例》和《国家重点保护野生动物名录》的有关规定，黄羊冻体不论保存多长时间，均属《中华人民共和国野生动物保护法》规定的野生动物产品；凡违反规定收购、运输、出售的，应依法查处。

此复。

国家林业局关于缅甸陆龟有关问题的复函

（林策发〔2009〕149 号　2009 年 6 月 24 日）

云南省林业厅：

《云南省林业厅关于如何确定缅甸陆龟保护级别的请示》（云林法策〔2009〕4 号）收悉。经研究，现函复如下：

一、缅甸陆龟属于列入《濒危野生动植物种国际贸易公约》附录二的野生动物。根据《最高人民法院关于审理破坏野生动物资源刑事案件具体应用法律若干问题的解释》的规定，缅甸陆龟以及驯养繁殖的该物种应当属于刑法第三百四十一条第一款规定的"珍贵、濒危野生动物"。

二、根据现行有关野生动物保护管理规定，在行政管理和行政执法过程中，除进出口环节按照《濒危野生动植物种国际贸易公约》管理外，对于非原产于我国的缅甸陆龟应当按照《林业部关于核准部分濒危野生动物为国家重点保护野生动物的通知》（林护通〔1993〕48 号）规定管理；对于原产于我国的缅甸陆龟应当按照《国家保护的有益的或者有重要经济、科学研究价值的陆生野生动物名录》（2000 年 8 月 1 日国家林业局令第 7 号）的规定管理。

特此复函。

国家林业局办公室关于国家重点保护
野生动物行政许可相关问题的复函

（办护字〔2017〕80号　2017年5月18日）

北京市公安局森林公安分局：

你局《关于确认办理野生动物行政许可的函》（京公林刑确字〔2017〕14号）收悉。现就有关问题函复如下：

一、关于"其他鹰类"的范围。《最高人民法院关于审理破坏野生动物资源刑事案件具体应用法律若干问题的解释》（法释〔2000〕37号）附表所列"其他鹰类（Accipitridae）"与《国家重点保护野生动物名录》所列"其他鹰类（Accipitridae）"是一致的。同时，列入《濒危野生动植物种国际贸易公约》附录I、II非原产我国的鹰科所有种已经我局核准，按照国家一、二级重点保护野生动物予以管理。审理这类案件，应当按照法释〔2000〕37号文执行。

二、关于运输凭证。按照新修订的《野生动物保护法》第三十三条有关规定和《国家林业局关于贯彻实施〈野生动物保护法〉的通知》（林护发〔2016〕181号）要求，在2017年1月1日新法实施后，运输、携带、寄递国家重点保护野生动物及其制品出县境的，不再办理运输许可审批手续，根据不同情形，依法凭已经取得的相应批准文件、特许猎捕证、人工繁育许可证、专用标识等相关证明运输。对发现运输凭证与下列要求不相符的，应当依法进行调查处理。

（一）运输、携带、寄递依法猎捕的国家重点保护野生动物或其产品的，凭特许猎捕证；

（二）运输、携带、寄递经批准出售、购买、利用的国家重点保护野生动物或其制品且属于专用标识管理范围的，凭专用标识；不属于专用标识管理范围的，凭省级以上野生动物保护主管部门批准相应活动的行政许可决定文书；

（三）经批准进出口野生动物及其制品需要将野生动物及其制品运往出口口岸或进口目的地的，凭允许进出口证明书；

（四）人工繁育场所搬迁的，凭国家重点保护野生动物人工繁育许可证运往搬迁地点；

（五）救护和执法查没的国家重点保护野生动物的运输等特殊情况的，凭县级以上野生动物保护主管部门出具的救护、查扣证明或者公安、海关、工商、质检等执法部门出具的查扣证明。

三、关于人工繁育野生动物的管理。按照新修订的《野生动物保护法》第二十八条、第三十三条规定，野外来源和人工繁育所获国家重点保护野生动物均须按本文第二条所列情形凭相应的凭证运输。

特此复函。

国家林业局关于明确天然麝香、赛加羚羊角和
穿山甲片相关行政许可审批机关的复函

（林护发〔2018〕24 号　2018 年 2 月 24 日）

云南省林业厅：

《云南省林业厅关于明确野生动物审批权限的请示》（云林法策〔2017〕5 号）收悉。经研究，现函复如下：

国务院对出售、购买、利用天然麝香、赛加羚羊角、穿山甲片的行政许可事项没有另行规定审批机关，依据《中华人民共和国野生动物保护法》第二十七条，上述行政许可事项审批机关为省、自治区、直辖市人民政府野生动物保护主管部门，其程序由审批机关依法制定实施。

特此复函。

国家林业和草原局关于确认若干破坏野生动物资源
刑事案件犯罪对象有关问题的复函

（林护发〔2018〕85号　2018年8月24日）

海南省林业厅：

《海南省林业厅关于进一步确认若干破坏野生动物资源刑事案件犯罪对象的请示》（琼林〔2017〕249号）收悉。经研究，现就有关问题函复如下：

一、关于梅花鹿等人工繁育技术成熟陆生野生动物有关问题

《最高人民法院关于审理破坏野生动物资源刑事案件具体应用法律若干问题的解释》（法释〔2000〕37号）第一条规定，珍贵、濒危野生动物，包括列入国家重点保护野生动物名录的国家一、二级保护野生动物、列入《濒危野生动植物种国际贸易公约》（以下简称《公约》）附录一、二的野生动物以及驯养繁殖的上述物种。我局认为，对列入《国家重点保护野生动物名录》（以下简称《重点名录》）的梅花鹿应属于《刑法》第三百四十一条第一款规定的"珍贵、濒危野生动物"。

此外，《国家林业局发布商业性经营利用驯养繁殖技术成熟的梅花鹿等54种陆生野生动物名单的通知》（林护发〔2003〕121号）已于2012年废止。

二、关于非原产我国野生动物管理有关问题

依照《野生动物保护法》《陆生野生动物保护实施条例》和《林业部关于核准部分濒危野生动物为国家重点保护野生动物的通知》（林护通字〔1993〕48号，以下简称《核准通知》）等有关法律法规规定，对来源于境外的野生动物，在国内行政管理和行政执法过程中，我国有自然分布（即原产我国，下同）的，其管理应当适用国内相关法律法规，但不适用《核准通知》；我国无自然分布（即非原产我国，下同）的，其管理适用《核准通知》和《公约》规定。具体情形如下：

（一）对我国有自然分布、列入《重点名录》的来源于境外野生动物，在行政管理和行政执法过程中，适用《野生动物保护法》有关国家重点保护野生动物的管理规定，应当属于《刑法》第三百四十一条第一款规定的"珍贵、濒危野生动物"。

（二）对我国有自然分布、未列入《重点名录》的来源于境外的野生动物，在行政管理和行政执法过程中，不作为国家重点保护管理，也不应属于《刑法》第三百四十一条第一款规定的"珍贵、濒危野生动物"。

（三）对我国无自然分布的野生动物，列入《公约》附录并依法核准国家重点野生动物的，在行政管理和行政执法过程中，作为国家重点保护野生动物管理，应当属于《刑法》第三百四十一条第一款的"珍贵、濒危野生动物"；未经核准为国家重点野生动物的，不作为国家重点保护野生动物管理，也不应属于《刑法》第三百四十一条第一款的"珍贵、濒危野生生动物"。

此外，对所有从境外引进的野生动物物种活体的，在进口环节按照《野生动物保护法》第三十七条规定管理。对进出口列入《公约》附录的野生动物或者其制品的，出口国家重点保护野生动物及其制品的，按照《野生动物保护法》第三十五条规定办理。其中对列入《公约》附录的，在进出口环节按照《公约》附录级别管理；对未列入《公约》附录的国家重点保护野生动物及其制品，在出口环节按国家重点保护野生动物及其制品管理。

特此复函。

国家林业和草原局关于破坏野生动物资源
刑事案件犯罪对象有关问题的复函

（林护发〔2019〕2 号　2019 年 1 月 2 日）

辽宁省林业和草原局：

《辽宁省林业和草原局关于破坏野生动物资源刑事案件犯罪对象有关问题的请示》（辽林草请字〔2018〕2 号，以下简称《请示》）收悉。经研究，现函复如下：

一、对《请示》所提涉案马鹿、梅花鹿，其无论来源于我国境内或者境外，如确认与现行《国家重点保护野生动物名录》所列马鹿、梅花鹿为同一物种，在国内行政管理和行政执法过程中，应当适用《刑法》第三百四十一条第一款规定的"珍贵、濒危野生动物"。有关具体解释见《国家林业和草原局关于确认若干破坏野生动物资源刑事案件犯罪对象有关问题的复函》（林护发〔2018〕85 号）。

二、对已列入《人工繁育国家重点保护陆生野生动物名录》的马鹿、梅花鹿人工种群，根据《野生动物保护法》第二十八条第二款的规定，其不再列入《国家重点保护野生动物名录》时，才能实行与野外种群不同的管理措施。

特此复函。

国家林业和草原局办公室关于
《国家重点保护野生动物名录》
中鹦鹉科（所有种）具体范围的复函

（便函护〔2019〕20号　2019年2月2日）

河南省三门峡市湖滨区人民法院：

《河南省三门峡市湖滨区人民法院关于请求明确（国家重点保护野生动物名录）中"鹦鹉科（所有种）"具体范围的函》收悉。经研究，现函复如下：

《国家重点保护野生动物名录》列入的是在我国境内自然分布或有自然分布记录的珍稀、濒危野生动物，其中鹦鹉科（Psittacidae）（所有种）系指在我国境内自然分布的鹦鹉科所有种。虎皮鹦鹉（*Melopsittacus undulatus*）在我国无自然分布，因此《国家重点保护野生动物名录》中鹦鹉科（所有种）不包含虎皮鹦鹉。

特此复函。

国家林业和草原局关于跨省出售、购买、利用
国家重点保护野生动物及其制品审批权限的复函

（林护发〔2019〕25 号　2019 年 3 月 15 日）

河北省林业和草原局：

《河北省林业和草原局关于明确跨省展演野生动物活动审批权限的请示》（冀林草呈〔2019〕5 号）收悉。经研究，现函复如下：

根据《野生动物保护法》第二十七条规定，对由省级人民政府野生动物保护主管部门（以下简称"省级野生动物保护主管部门"）实施的跨省出售、购买、利用国家重点保护野生动物及其制品的审批，来源地、购买地或利用地省级野生动物保护主管部门均可作为审批主体实施。具体情形包括：

一、对跨省展演活体的，如由来源地省级野生动物保护主管部门实施审批，来源地省级野生动物保护主管部门应当书面征求展示展演地省级野生动物保护主管部门意见后，依法作出相关行政许可决定。

二、对出售、购买、利用制品或者以其他目的跨省出售、购买、利用活体的，如由购买地或利用地省级野生动物保护主管部门实施审批，购买地或利用地省级野生动物保护主管部门应当书面征求来源地省级野生动物保护主管部门意见后，依法作出相关行政许可决定。

三、无论来源地还是购买地、利用地县级以上野生动物保护主管部门对上述经批准活动履行监督管理职责，均符合《野生动物保护法》第三十四条规定。

特此复函。

国家林业局森林公安局关于转发公安部法制局
《关于对非法收购出售非国家重点保护野生动物
行为如何定性问题的意见的函》的通知

（林公刑〔2008〕63 号 2008 年 11 月 12 日）

各省（区、市）森林公安局（处），内蒙古大兴安岭、龙江森工、大兴安岭、新疆生产建设
兵团森林公安局，南京森林公安高等专科学校、长春林业公安培训中心：

现将公安部法制局《关于对非法收购出售非国家重点保护野生动物行为如何定性问题的
意见的函》（公法〔2008〕655 号）转发你们，立案标准按照最高人民检察院、公安部《关
于经济犯罪案件追诉标准的规定》第 70 条的规定执行。

特此通知。

附件：

公安部法制局关于对非法收购出售非国家重点
保护野生动物行为如何定性问题的意见的函

国家林业局森林公安局：

你局《关于非法收购出售非国家重点保护野生动物情节严重的可否构成非法经营罪的请
示》（林公刑便字〔2008〕42 号）收悉。经研究，我局认为，根据《陆生野生动物保护实施
条例》的有关规定，经营利用非国家重点保护野生动物，需要向工商行政管理部门申请登记
注册，并取得省级林业行政主管部门或者授权单位核定的年度经营利用限额指标。对于违反
规定，私自收购、出售非国家重点保护野生动物，情节严重，构成犯罪的，属于未经许可经
营行政法规规定的限制买卖的物品，应以非法经营罪追究刑事责任。因此，原则同意你局意
见，同时建议你局指导办案部门与当地检法部门进行沟通，就此类案件的定性问题达成一致
认识。

四
部门规章、
规范性文件

（一）部门规章

国家重点保护野生动物驯养繁殖许可管理办法

（1991 年 1 月 9 日林业部公布　根据 2011 年 1 月 25 日国家林业局令第 26 号修改　根据 2015 年 4 月 30 日国家林业局令第 37 号修改）

第一条　为保护、发展和合理利用野生动物资源，加强野生动物驯养繁殖管理工作，维护野生动物驯养繁殖单位和个人的合法权益，根据《中华人民共和国野生动物保护法》第十七条规定，制定本办法。

第二条　从事驯养繁殖野生动物的单位和个人，必须取得《国家重点保护野生动物驯养繁殖许可证》（以下简称《驯养繁殖许可证》）。没有取得《驯养繁殖许可证》的单位和个人，不得从事野生动物驯养繁殖活动。

本办法所称野生动物，是指国家重点保护的陆生野生动物；所称驯养繁殖，是指在人为控制条件下，为保护、研究、科学实验、展览及其他经济目的而进行的野生动物驯养繁殖活动。

第三条　具备下列条件的单位和个人，可以申请《驯养繁殖许可证》：

（一）有适宜驯养繁殖野生动物的固定场所和必需的设施；

（二）具备与驯养繁殖野生动物种类、数量相适应的人员和技术；

（三）驯养繁殖野生动物的饲料来源有保证。

第四条　有下列情况之一的，可以不批准发放《驯养繁殖许可证》：

（一）野生动物资源不清；

（二）驯养繁殖尚未成功或技术尚未过关；

（三）野生动物资源极少，不能满足驯养繁殖种源要求。

第五条　驯养繁殖野生动物的单位和个人，必须向所在地县级政府野生动物行政主管部门提出书面申请，并填写《国家重点保护野生动物驯养繁殖许可证申请表》。

凡驯养繁殖国家一级保护野生动物的，由省、自治区、直辖市政府林业行政主管部门报林业部审批；凡驯养繁殖国家二级保护野生动物的，由省、自治区、直辖市政府林业行政主管部门审批。

批准驯养繁殖野生动物的，作出行政许可决定的林业行政主管部门应当核发《驯养繁殖许可证》。

《驯养繁殖许可证》和《国家重点保护野生动物驯养繁殖许可证申请表》由林业部统一印制。

第六条　驯养繁殖野生动物的单位和个人，应当遵守以下规定：

（一）遵守国家和地方有关野生动物保护管理政策和法规，关心和支持野生动物保护事业；

（二）用于驯养繁殖的野生动物来源符合国家规定；

（三）接受野生动物的行政主管部门的监督检查和指导；

（四）建立野生动物驯养繁殖档案和统计制度；

（五）按有关规定出售、利用其驯养繁殖野生动物及其产品。

第七条　驯养繁殖野生动物的单位和个人，必须按照《驯养繁殖许可证》规定的种类进行驯养繁殖活动。需要变更驯养繁殖野生动物种类的，应当比照本办法第五条的规定，在 2 个月内向原批准机关申请办理变更手续；需要终止驯养繁殖野生动物活动的，应当在 2 个月内向原批准机关办理终止手续，并交回原《驯养繁殖许可证》。

第八条　因驯养繁殖野生动物需要从野外获得种源的，必须按照《中华人民共和国野生动物保护法》第十六条及有关规定办理。

第九条　取得《驯养繁殖许可证》的单位和个人，需要出售、利用其驯养繁殖的国家一级保护野生动物及其产品的，必须经林业部或其授权的单位批准；需要出售、利用其驯养繁殖的国家二级保护野生动物及其产品的，必须经省、自治区、直辖市政府林业行政主管部门或其授权的单位批准。

取得《驯养繁殖许可证》的单位和个人未经批准不得出售、利用其驯养繁殖的野生动物及其产品。

第十条　县级以上政府野生动物行政主管部门或其授权的单位应当定期查验《驯养繁殖许可证》。对未取得《驯养繁殖许可证》的单位和个人进行野生动物驯养繁殖活动的，由县级以上政府野生动物行政主管部门没收其驯养繁殖的野生动物。

第十一条　取得《驯养繁殖许可证》的单位和个人，有下列情况之一的，除按野生动物保护法律、法规的有关规定处理外，批准驯养繁殖野生动物或核发《驯养繁殖许可证》的机关可以注销其《驯养繁殖许可证》，并可建议工商行政管理部门吊销其《企业法人营业执照》或《营业执照》：

（一）超出《驯养繁殖许可证》的规定驯养繁殖野生动物种类的；

（二）隐瞒、虚报或以其他非法手段取得《驯养繁殖许可证》的；

（三）伪造、涂改、转让或倒卖《驯养繁殖许可证》的；

（四）非法出售、利用其驯养繁殖的野生动物及其产品的；

（五）取得《驯养繁殖许可证》以后在 1 年内未从事驯养繁殖活动的。

被注销《驯养繁殖许可证》的单位和个人，应立即停止驯养繁殖野生动物活动，其驯养繁殖的野生动物由县级以上政府野生动物行政主管部门或其授权单位按有关规定处理。

第十二条　省、自治区、直辖市政府林业行政主管部门要建立《驯养繁殖许可证》审批、核发制度，配备专人管理，使用野生动物管理专用章。

第十三条　本办法由林业部负责解释。

第十四条　本办法自 1991 年 4 月 1 日起施行。

引进陆生野生动物外来物种种类及数量审批管理办法

（2005年9月27日国家林业局令第19号 2015年4月30日国家林业局令
第37号修改 2016年9月22日国家林业局令第42号修改）

第一条 为了加强陆生野生动物外来物种管理，防止陆生野生动物外来物种入侵，保护生物多样性，维护国土生态安全，根据《中华人民共和国行政许可法》、《国务院对确需保留的行政审批项目设定行政许可的决定》（国务院令第412号）和国家有关规定，制定本办法。

第二条 实施引进陆生野生动物外来物种种类及数量审批的行政许可事项，应当遵守本办法。

第三条 本办法所称陆生野生动物外来物种，是指自然分布在境外的陆生野生动物活体及繁殖材料。

第四条 引进陆生野生动物外来物种的，应当采取安全可靠的防范措施，防止其逃逸、扩散，避免对自然生态造成危害。

第五条 需要从境外引进陆生野生动物外来物种的，申请人应当提交下列材料：

（一）申请报告、进出口申请表及进口目的的说明；

（二）当事人签订的合同或者协议，属于委托引进的，还应当提供委托代理合同或者协议；

（三）证明具备与引进陆生野生动物外来物种种类及数量相适应的人员和技术的有效文件或者材料，以及安全措施的说明。

申请首次引进境外陆生野生动物外来物种的，申请人还应当提交证明申请人身份的有效文件和拟进行隔离引种试验的实施方案。

第六条 申请材料齐全且符合下列条件的，国家林业局应当作出准予行政许可的决定：

（一）具备与引进陆生野生动物外来物种种类及数量相适应的人员和技术；

（二）具备适宜商业性经营利用和科学研究外来物种的固定场所和必要设施；

（三）有安全可靠的防逃逸管理措施；

（四）具有相应的紧急事件处置措施。

第七条 国家林业局在收到引进陆生野生动物外来物种种类及数量审批的申请后，对申请材料齐全、符合法定形式的，即时出具《国家林业局行政许可受理通知书》；对不予受理的，应当即时告知申请人并说明理由，出具《国家林业局行政许可不予受理通知书》；对申请材料不齐或者不符合法定形式的，应当在5日内出具《国家林业局行政许可补正材料通知书》，并一次性告知申请人需要补正的全部内容。

第八条 国家林业局作出行政许可决定，需要举行听证或者组织专家评审的，应当自受理之日起10日内，出具《国家林业局行政许可需要听证、招标、拍卖、检验、检测、检疫、鉴定和专家评审通知书》，并将听证或者专家评审所需时间告知申请人。

听证和专家评审所需时间不计算在作出行政许可决定的期限内。

第九条　国家林业局应当自受理之日起 20 日内作出是否准予行政许可的决定，出具《国家林业局准予行政许可决定书》或者《国家林业局不予行政许可决定书》，并告知申请人。

在法定期限内不能作出行政许可决定的，经国家林业局主管负责人批准，国家林业局应当在法定期限届满前 5 日办理《国家林业局行政许可延期通知书》，并告知申请人。

第十条　准予首次引进境外陆生野生动物外来物种进行驯养繁殖的，应当进行隔离引种试验。

隔离引种试验由省、自治区、直辖市林业主管部门指定的科研机构或者专家进行评估，评估通过后方可继续引进和推广。

隔离引种试验应当包含中间试验。中间试验未获成功的，评估不得通过。

在自然保护区、自然保护小区、森林公园、风景名胜区以及自然生态环境特殊或者脆弱的区域，不得开展隔离引种试验。

第十一条　禁止开展陆生野生动物外来物种的野外放生活动。

因科学研究、生物防治、野生动物种群结构调节等特殊情况，需要放生陆生野生动物外来物种的，应当按照《中华人民共和国陆生野生动物保护实施条例》的相关规定执行。

第十二条　经批准从境外引进的陆生野生动物外来物种及其繁殖后代、产品应当依照国家有关规定进行标记。

第十三条　陆生野生动物外来物种发生逃逸的，被许可人应当立即向当地林业主管部门报告，由当地林业主管部门责令其限期捕回或者采取其他补救措施。被责令限期捕回或者采取其他补救措施而拒绝执行的，当地林业主管部门或者其委托的单位可以代为捕回或者采取其他补救措施，并由被许可人承担全部捕回或者采取其他补救措施所需的经费；造成损害的，依照有关法律法规承担法律责任。

第十四条　依法查没的陆生野生动物外来物种，应当由当地县级以上林业主管部门按照国家有关规定处理。

第十五条　国家林业局成立陆生野生动物外来物种咨询科学委员会，负责陆生野生动物外来物种管理的科学论证、评估和咨询。

第十六条　各级林业主管部门应当建立防范陆生野生动物外来物种入侵的预警和应急防范机制。

在野外发现陆生野生动物外来物种的，当地林业主管部门应当立即向同级人民政府和上级林业主管部门报告，并会同有关部门采取监测和防治措施。

第十七条　省、自治区、直辖市之间引进本行政区域内没有天然分布的陆生野生动物外来物种的，按照国家和省、自治区、直辖市的相关规定办理。

第十八条　引进的陆生野生动物属于中国参加的国际公约限制进出口的濒危物种的，必须向国家濒危物种进出口管理机构申请办理允许进出口证明书。

第十九条　本办法自 2005 年 11 月 1 日起施行。

大熊猫国内借展管理规定

（2011 年 7 月 25 日国家林业局令第 28 号发布　自 2011 年 9 月 1 日
起施行　根据 2015 年 11 月 24 日国家林业局令第 38 号修改
根据 2016 年 9 月 22 日国家林业局令第 42 号修改）

第一条　为了加强林业工作站的建设与管理，发挥林业工作站在发展林业中的作用，根据《中华人民共和国森林法》、《中华人民共和国农业技术推广法》和国家有关规定，制定本办法。

第一条　为了加强大熊猫保护，规范大熊猫国内借展管理，保障大熊猫圈养种群健康发展，提高公众保护野生动物意识，促进生态文明建设，根据《中华人民共和国野生动物保护法》等有关法律法规，制定本规定。

第二条　本规定所称借展是指以文化交流、科普宣传或者公众教育等为目的，借出或者借入大熊猫进行展览的行为。

第三条　借展大熊猫应当遵循科学、适度的原则，不得危及大熊猫圈养种群的发展，不得以单纯营利为目的。

第四条　借展大熊猫的借入方应当具备与驯养繁殖大熊猫相适应的资金、设施和人员等条件，取得具有大熊猫物种的国家重点保护野生动物驯养繁殖许可证。

第五条　用于借展的大熊猫应当是人工繁殖的健康个体，年龄在 2 岁以上 25 岁以下。

禁止将非人工繁殖或者野外救护的大熊猫用于借展；禁止将 2 岁以下和 25 岁以上的大熊猫用于借展。

第六条　借展双方应当签订书面协议，对大熊猫生活条件、医疗条件、应急保障条件及应急预案、借展期限、费用、借展结束后大熊猫送返以及违约责任等进行约定。

借展大熊猫的期限不得少于 1 年，但因不可抗力等特殊情况除外。

第七条　申请借展大熊猫，应当提交下列书面材料：

（一）野生动物保护管理行政许可事项申请表；

（二）借展双方的单位证明材料；

（三）借展双方具有大熊猫物种的国家重点保护野生动物驯养繁殖许可证；

（四）借展双方签订的借展协议；

（五）借出方大熊猫圈养种群状况说明材料；

（六）借展大熊猫个体谱系号、标记等身份证明材料；

（七）借入方借展活动及大熊猫饲养管理、科普教育方案。

第八条　申请借展大熊猫按照下列程序办理：

（一）由借出方向国家林业局提出申请。

（二）国家林业局依法受理后，应当对申请材料进行审查。经过审查，符合本规定条件的，国家林业局应当在 20 个工作日内作出准予行政许可的决定。必要时，国家林业局可以组织专家在 30 日内对借入方借展活动、大熊猫饲养管理方案以及场馆设施进行论证或者实地检验。

（三）国家林业局作出行政许可决定后，借出、借入方所在地省级人民政府林业行政主管部门分别在借展开始前和结束后依据国家林业局行政许可文书核发大熊猫离开借出方、借入方的运输证件。

第九条　借展期间，借入方应当提供满足大熊猫生活、生理健康的饲养和医疗条件。

借展期间，借入方应当建立大熊猫病例档案和饲养日志，载明大熊猫饲养管理、医疗健康情况等内容。

借展期间，禁止采集借展大熊猫的血液、精液等样品，但是对大熊猫进行健康检查的除外。法律法规另有规定的，从其规定。

借展期间，借入方不得将借展大熊猫转借第三方。

第十条　借展期间，借出方应当对借入方的借展大熊猫的饲养管理和疫病防治等进行指导，并应当每年对借展大熊猫进行一次以上健康检查。

第十一条　国家林业局和借展双方所在地人民政府野生动物行政主管部门应当对大熊猫借展活动的情况进行监督检查，督促借展双方完善应急处置机制。

借展双方应当配合监督检查，如实提供有关材料。

第十二条　借展期间，借展大熊猫发生受伤、患病等突发事件的，借入方应当通知借出方，及时采取救护措施，并报告所在地县级以上地方人民政府野生动物行政主管部门；借展大熊猫发生致残、死亡等重大突发事件的，借入方应当立即通知借出方并报告所在地省级人民政府林业行政主管部门和国家林业局。

有关人民政府野生动物行政主管部门应当监督借展双方在发生突发事件时按照应急预案进行妥善处理。

第十三条　在借展期间，借出方或者借入方违反本规定的，由县级以上人民政府野生动物行政主管部门依照野生动物保护法律法规给予处罚；野生动物保护法律法规没有规定的，可以根据情节轻重作出如下处理：

（一）给予警告、责令限期改正；

（二）有违法所得的，处以违法所得一倍以上三倍以下且不超过三万元的罚款；没有违法所得的，处以一万元以下的罚款。

经责令改正仍拒不改正的，国家林业局可以责令终止借展活动，限期将大熊猫送返借出方。借展期间，借出方或者借入方有违法行为、构成犯罪的，依法追究刑事责任。

第十四条　借出方或者借入方存在下列情形之一的，国家林业局 1 年内不予批准开展大熊猫借展活动：

（一）申请行政许可过程中隐瞒有关情况或者提供虚假材料的；

（二）擅自借出或者转借大熊猫的；

（三）重大过失造成大熊猫死亡的；

（四）拒不配合各级人民政府野生动物行政主管部门监督检查或者拒不执行野生动物行政主管部门处罚决定的。

借出方或者借入方以欺骗、贿赂等不正当手段取得行政许可的，国家林业局 3 年内不予批准开展大熊猫借展活动。

第十五条 各级人民政府野生动物行政主管部门有关工作人员在大熊猫借展管理过程中，滥用职权、徇私舞弊的，依法给予处分；情节严重、构成犯罪的，依法追究刑事责任。

第十六条 本规定所称"以上"包括本数，"以下"不包括本数。

第十七条 本规定自 2011 年 9 月 1 日起施行。

国家林业局委托实施野生动植物
行政许可事项管理办法

（2013年1月22日国家林业局令第30号发布　自2013年4月1日起施行）

第一条　为了规范委托实施野生动植物行政许可事项行为，根据《中华人民共和国行政许可法》等法律法规的规定，制定本办法。

第二条　国家林业局委托实施野生动植物行政许可事项，适用本办法。

委托实施野生动植物行政许可事项，应当遵循合法、公开、公平、公正、便民、高效的原则。

第三条　法律、行政法规规定由国家林业局实施的野生动植物行政许可事项，国家林业局可以委托省、自治区、直辖市人民政府林业主管部门或者符合法律规定的其他机关实施。

第四条　国家林业局委托实施野生动植物行政许可事项，应当以国家林业局公告的形式向社会公布以下内容：

（一）受委托机关的名称、地址、联系方式；

（二）委托实施行政许可的具体事项、委托期限等；

（三）国家林业局的地址、联系方式。

第五条　国家林业局委托实施野生动植物行政许可事项，应当与受委托机关签订委托实施行政许可事项的协议。

国家林业局对受委托机关实施行政许可行为的后果承担法律责任。

第六条　受委托机关应当以国家林业局的名义，实施受委托的野生动植物行政许可事项。受委托机关不得将国家林业局委托的野生动植物行政许可事项再委托其他组织或者个人实施。

第七条　受委托机关应当在受委托的权限范围内，按照国家林业局规定的条件和程序，依法受理、审查行政许可申请并作出行政许可决定。

受委托机关应当按照国家林业局规定的格式制作行政许可文书，颁发的行政许可决定书和其他行政许可文书应当加盖国家林业局行政许可专用印章；颁发的行政许可证书应当加盖国家林业局印章。

第八条　野生动植物行政许可事项委托实施后，申请人应当按照国家林业局公告的要求向受委托机关提交申请材料。申请人仍向国家林业局提交申请材料的，国家林业局应当告知其具体的受委托机关。

第九条　国家林业局应当依法对受委托机关实施野生动植物行政许可事项的行为进行监督检查，及时纠正行政许可实施中的违法行为。

国家林业局和受委托机关应当依法对被许可人从事的野生动植物行政许可活动进行监督

检查，将监督检查的情况和处理结果予以记录归档。公众有权依法查阅监督检查记录。

第十条 受委托机关应当建立健全受委托野生动植物行政许可决定文件的档案管理制度。

受委托机关依法作出的不予受理、准予或者不准予行政许可决定书以及受委托实施行政许可的汇总情况，应当于每年 7 月 15 日前和次年 1 月 15 日前报国家林业局。

第十一条 国家林业局在野生动植物行政许可事项委托的期限内需要变更、中止或者终止委托的，应当及时向社会公告。

第十二条 国家林业局和受委托机关及其工作人员在实施受委托野生动植物行政许可和监督检查中存在违法行为的，应当依法承担法律责任。

第十三条 本办法自 2013 年 4 月 1 日起施行。

野生动植物进出口证书管理办法

（2014年2月9日国家林业局、海关总署令
第34号发布　自2014年5月1日起施行）

第一章　总　　则

第一条　为了规范野生动植物进出口证书管理，根据《中华人民共和国濒危野生动植物进出口管理条例》、《国务院对确需保留的行政审批项目设定行政许可的决定》及《濒危野生动植物种国际贸易公约》（以下简称公约）等规定，制定本办法。

第二条　通过货运、邮递、快件和旅客携带等方式进出口野生动植物及其产品的，适用本办法的规定。

第三条　依法进出口野生动植物及其产品的，实行野生动植物进出口证书管理。野生动植物进出口证书包括允许进出口证明书和物种证明。

进出口列入《进出口野生动植物种商品目录》（以下简称商品目录）中公约限制进出口的濒危野生动植物及其产品、出口列入商品目录中国家重点保护的野生动植物及其产品的，实行允许进出口证明书管理。

进出口列入前款商品目录中的其他野生动植物及其产品的，实行物种证明管理。

商品目录由中华人民共和国濒危物种进出口管理办公室（以下简称国家濒管办）和海关总署共同制定、调整并公布。

第四条　允许进出口证明书和物种证明由国家濒管办核发；国家濒管办办事处代表国家濒管办核发允许进出口证明书和物种证明。

国家濒管办办事处核发允许进出口证明书和物种证明的管辖区域由国家濒管办确定并予以公布。

允许进出口证明书和物种证明由国家濒管办组织统一印制。

第五条　国家濒管办及其办事处依法对被许可人使用允许进出口证明书和物种证明进出口野生动植物及其产品的情况进行监督检查。

第六条　禁止进出口列入国家《禁止进出口货物目录》的野生动植物及其产品。

第二章　允许进出口证明书核发

第一节　申　请

第七条　申请核发允许进出口证明书的，申请人应当根据申请的内容和国家濒管办公布的管辖区域向国家濒管办或者其办事处提出申请。

第八条　申请核发允许进出口证明书的，申请人应当提交下列材料：

（一）允许进出口证明书申请表。申请人为单位的，应当加盖本单位印章；申请人为个

人的，应当有本人签字或者印章。

（二）国务院野生动植物主管部门的进出口批准文件。

（三）进出口合同。但是以非商业贸易为目的个人所有的野生动植物及其产品进出口的除外。

（四）身份证明材料。申请人为单位的，应当提交营业执照复印件或者其他身份证明；申请人为个人的，应当提交身份证件复印件。

（五）进出口含野生动植物成份的药品、食品等产品的，应当提交物种成份含量表和产品说明书。

（六）出口野生动植物及其产品的，应当提交证明野外或者人工繁育等来源类型的材料。

（七）国家濒管办公示的其他应当提交的材料。

第九条　申请进出口公约附录所列的野生动植物及其产品的，申请人还应当提交下列材料：

（一）进口公约附录所列野生动植物及其产品的，应当提交境外公约管理机构核发的允许出口证明材料。公约规定由进口国先出具允许进口证明材料的除外。

（二）进出口活体野生动物的，应当提交证明符合公约规定的装运条件的材料。其中，进口公约附录Ⅰ所列活体野生动物的，还应当提交接受者在笼舍安置、照管等方面的文字和图片材料。

（三）出口公约附录Ⅰ所列野生动植物及其产品，或者进口后再出口公约附录Ⅰ所列活体野生动植物的，应当提交境外公约管理机构核发的允许进口证明材料。公约规定由出口国先出具允许出口证明材料的除外。

与非公约缔约国之间进行野生动植物及其产品进出口的，申请人提交的证明材料应当是在公约秘书处注册的机构核发的允许进出口证明材料。

第十条　进口后再出口野生动植物及其产品的，应当提交经海关签注的允许进出口证明书复印件和海关进口货物报关单复印件。进口野生动植物原料加工后再出口的，还应当提交相关生产加工的转换计划及说明；以加工贸易方式进口后再出口野生动植物及其产品的，提交海关核发的加工贸易手册复印件或者电子化手册、电子账册相关内容（表头及相关表体部分）打印件。

以加工贸易方式进口野生动植物及其产品的，应当提交海关核发的加工贸易手册复印件或者电子化手册、电子账册相关内容（表头及相关表体部分）打印件。

第十一条　申请人委托代理人代为申请的，应当提交代理人身份证明和委托代理合同；申请商业性进出口的，还应当提交申请人或者代理人允许从事对外贸易经营活动的资质证明。

第二节　审查与决定

第十二条　国家濒管办及其办事处在收到核发允许进出口证明书的申请后，对申请材料齐全、符合法定形式的，应当出具受理通知书；对申请材料不齐或者不符合法定形式的，应当出具补正材料通知书，并一次性告知申请人需要补正的全部内容。对依法应当不予受理的，应当告知申请人并说明理由，出具不予受理通知书。

第十三条　国家濒管办及其办事处核发允许进出口证明书，需要咨询国家濒危物种进出口科学机构意见的、需要向境外相关机构核实允许进出口证明材料的，或者需要对出口的野生动植物及其产品进行实地核查的，应当在出具受理通知书时，告知申请人。

咨询意见、核实允许进出口证明材料和实地核查所需时间不计入核发允许进出口证明书工作日之内。

第十四条　有下列情形之一的，国家濒管办及其办事处不予核发允许进出口证明书：

（一）申请内容不符合《中华人民共和国濒危野生动植物进出口管理条例》或者公约规定的。

（二）申请内容与国务院野生动植物主管部门的进出口批准文件不符的。

（三）经国家濒危物种进出口科学机构认定可能对本物种或者其他相关物种野外种群的生存造成危害的。

（四）因申请人的原因，致使核发机关无法进行实地核查的。

（五）提供虚假申请材料的。

第十五条　国家濒管办及其办事处自收到申请之日起 20 个工作日内，对准予行政许可的，应当核发允许进出口证明书；对不予行政许可的，应当作出不予行政许可的书面决定，并说明理由，同时告知申请人享有的权利。

国家濒管办及其办事处作出的不予行政许可的书面决定应当抄送国务院野生动植物主管部门。

在法定期限内不能作出决定的，经国家濒管办负责人批准，可以延长 10 个工作日，并将延长期限的理由告知申请人。

第十六条　对准予核发允许进出口证明书的，申请人在领取允许进出口证明书时，应当按照国家规定缴纳野生动植物进出口管理费。

第十七条　允许进出口证明书的有效期不得超过 180 天。

第十八条　被许可人需要对允许进出口证明书上记载的进出口口岸、境外收发货人进行变更的，应当在允许进出口证明书有效期届满前向原发证机关提出书面变更申请。

被许可人需要延续允许进出口证明书有效期的，应当在允许进出口证明书有效期届满15 日前向原发证机关提出书面延期申请。

原发证机关应当根据申请，在允许进出口证明书有效期届满前作出是否准予变更或者延期的决定。

第十九条　允许进出口证明书损坏的，被许可人可以在允许进出口证明书有效期届满前向原发证机关提出补发的书面申请并说明理由，同时将已损坏的允许进出口证明书交回原发证机关。

原发证机关应当根据申请，在允许进出口证明书有效期届满前作出是否准予补发的决定。

第二十条　进出口野生动植物及其产品的，被许可人应当在自海关放行之日起 30 日内，将海关验讫的允许进出口证明书副本和海关进出口货物报关单复印件交回原发证机关。进口野生动植物及其产品的，还应当同时交回境外公约管理机构核发的允许出口证明材料正本。

未实施进出口野生动植物及其产品活动的，被许可人应当在允许进出口证明书有效期届满后 30 日内将允许进出口证明书退回原发证机关。

第二十一条　有下列情形之一的，国家濒管办及其办事处应当注销允许进出口证明书：

（一）允许进出口证明书依法被撤回、撤销的。

（二）允许进出口证明书有效期届满未延续的。

（三）被许可人死亡或者依法终止的。

（四）因公约或者法律法规调整致使允许进出口证明书许可事项不能实施的。

（五）因不可抗力致使允许进出口证明书许可事项无法实施的。

第二十二条　允许进出口证明书被注销的，申请人不得继续使用该允许进出口证明书从事进出口活动，并应当及时将允许进出口证明书交回原发证机关。

第三章　物种证明核发

第一节　申　请

第二十三条　申请核发物种证明的，申请人应当根据申请的内容和国家濒管办公布的管辖区域向国家濒管办或者其办事处提出申请。

第二十四条　申请核发物种证明的，申请人应当提交下列材料：

（一）物种证明申请表。申请人为单位的，应当加盖本单位印章；申请人为个人的，应当有本人签字或者加盖印章。

（二）进出口合同。但是以非商业贸易为目的个人所有的野生动植物及其产品进出口的除外。

（三）身份证明材料。申请人为单位的，应当提交营业执照复印件或者其他身份证明；申请人为个人的，应当提交身份证件复印件。

（四）进出口含野生动植物成份的药品、食品等产品的，应当提交物种成份含量表和产品说明书。

（五）出口野生动植物及其产品的，应当提交合法来源证明材料。

（六）进口野生动植物及其产品的，应当提交境外相关机构核发的原产地证明、植物检疫证明或者提货单等能够证明进口野生动植物及其产品真实性的材料。

（七）进口的活体野生动物属于外来陆生野生动物的，应当提交国务院陆生野生动物主管部门同意引进的批准文件。

（八）进口后再出口野生动植物及其产品的，应当提交加盖申请人印章并经海关签注的物种证明复印件或者海关进口货物报关单复印件。

（九）国家濒管办公示的其他应当提交的材料。

第二十五条　申请人委托代理人代为申请的，应当提交代理人身份证明和委托代理合同；申请商业性进出口的，还应当提交申请人或者代理人允许从事对外贸易经营活动的资质证明。

第二节　审查与决定

第二十六条　国家濒管办及其办事处在收到核发物种证明的申请后，对申请材料齐全、符合法定形式的，应当出具受理通知书；对申请材料不齐或者不符合法定形式的，应当出具补正材料通知书，并一次性告知申请人需要补正的全部内容。对依法应当不予受理的，应当告知申请人并说明理由，出具不予受理通知书。

第二十七条　有下列情形之一的，国家濒管办及其办事处不予核发物种证明：

（一）不能证明其来源合法的。

（二）提供虚假申请材料的。

第二十八条 国家濒管办及其办事处自收到申请之日起 20 个工作日内，对准予行政许可的，应当核发物种证明；对不予行政许可的，应当作出不予行政许可的书面决定，并说明理由，同时告知申请人享有的权利。

在法定期限内不能作出决定的，经国家濒管办负责人批准，可以延长 10 个工作日，并将延长期限的理由告知申请人。

第二十九条 物种证明分为一次使用和多次使用两种。

第三十条 对于同一物种、同一货物类型并在同一报关口岸多次进出口野生动植物及其产品的，申请人可以向国家濒管办指定的办事处申请核发多次使用物种证明；但属于下列情形的，不得申请核发多次使用物种证明：

（一）出口国家保护的有益的或者有重要经济、科学研究价值的陆生野生动物及其产品的。

（二）进口或者进口后再出口与国家保护的有益的或者有重要经济、科学研究价值的陆生野生动物同名的陆生野生动物及其产品的。

（三）出口与国家重点保护野生植物同名的人工培植来源的野生植物及其产品的。

（四）进口或者进口后再出口与国家重点保护野生动植物同名的野生动植物及其产品的。

（五）进口或者进口后再出口非原产我国的活体陆生野生动物的。

（六）国家濒管办公示的其他情形。

第三十一条 一次使用的物种证明有效期不得超过 180 天。多次使用的物种证明有效期不得超过 360 天。

第三十二条 被许可人需要对物种证明上记载的进出口口岸、境外收发货人进行变更的，应当在物种证明有效期届满前向原发证机关提出书面变更申请。

被许可人需要延续物种证明有效期的，应当在物种证明有效期届满 15 日前向原发证机关提出书面延期申请。

原发证机关应当根据申请，在物种证明有效期届满前作出是否准予变更或者延期的决定。

第三十三条 物种证明损坏的，被许可人可以在物种证明有效期届满前向原发证机构提出补发的书面申请并说明理由，同时将已损坏的物种证明交回原发证机关。

原发证机关应当根据申请，在物种证明有效期届满前作出是否准予补发的决定。

第四章　进出境监管

第三十四条 进出口商品目录中的野生动植物及其产品的，应当向海关主动申报并同时提交允许进出口证明书或者物种证明，并按照允许进出口证明书或者物种证明规定的种类、数量、口岸、期限完成进出口活动。

第三十五条 进出口商品目录中的野生动植物及其产品的，其申报内容与允许进出口证明书或者物种证明中记载的事项不符的，由海关依法予以处理。但申报进出口的数量未超过允许进出口证明书或者物种证明规定，且其他申报事项一致的除外。

第三十六条 公约附录所列野生动植物及其产品需要过境、转运、通运的，不需申请核发野生动植物进出口证书。

第三十七条 对下列事项有疑义的，货物进、出境所在地直属海关可以征求国家濒管办或者其办事处的意见：

（一）允许进出口证明书或者物种证明的真实性、有效性。

（二）境外公约管理机构核发的允许进出口证明材料的真实性、有效性。

（三）野生动植物物种的种类、数量。

（四）进出境货物或者物品是否为濒危野生动植物及其产品或者是否含有濒危野生动植物种成份。

（五）海关质疑的其他情况。

国家濒管办或者其办事处应当及时回复意见。

第三十八条　海关在允许进出口证明书和物种证明中记载进出口野生动植物及其产品的数量，并在办结海关手续后，将允许进出口证明书副本返还持证者。

第三十九条　在境外与保税区、出口加工区等海关特殊监管区域、保税监管场所之间进出野生动植物及其产品的，申请人应当向海关交验允许进出口证明书或者物种证明。

在境内与保税区、出口加工区等海关特殊监管区域、保税监管场所之间进出野生动植物及其产品的，或者在上述海关特殊监管区域、保税监管场所之间进出野生动植物及其产品的，无须办理允许进出口证明书或者物种证明。

第五章　附　　则

第四十条　本办法所称允许进出口证明书包括濒危野生动植物种国际贸易公约允许进出口证明书和中华人民共和国野生动植物允许进出口证明书。

本办法所称物种证明是指非进出口野生动植物种商品目录物种证明。

第四十一条　从不属于任何国家管辖的海域获得的野生动植物及其产品，进入中国领域的，参照本办法对进口野生动植物及其产品的有关规定管理。

第四十二条　本办法关于期限没有特别规定的，适用行政许可法有关期限的规定。

第四十三条　本办法由国家林业局、海关总署共同解释。

第四十四条　本办法自 2014 年 5 月 1 日起实施。

野生动物及其制品价值评估方法

（2017 年 11 月 1 日国家林业局第 46 号令发布　自 2017 年 12 月 15 日起施行）

第一条　为了规范野生动物及其制品价值评估标准和方法，根据《中华人民共和国野生动物保护法》第五十七条规定，制定本方法。

第二条　《中华人民共和国野生动物保护法》规定的猎获物价值、野生动物及其制品价值的评估活动，适用本方法。

本方法所称野生动物，是指陆生野生动物的整体（含卵、蛋）；所称野生动物制品，是指陆生野生动物的部分及其衍生物，包括产品。

第三条　国家林业局负责制定、公布并调整《陆生野生动物基准价值标准目录》。

第四条　野生动物整体的价值，按照《陆生野生动物基准价值标准目录》所列该种野生动物的基准价值乘以相应的倍数核算。具体方法是：

（一）国家一级保护野生动物，按照所列野生动物基准价值的十倍核算；国家二级保护野生动物，按照所列野生动物基准价值的五倍核算；

（二）地方重点保护的野生动物和有重要生态、科学、社会价值的野生动物，按照所列野生动物基准价值核算。

两栖类野生动物的卵、蛋的价值，按照该种野生动物整体价值的千分之一核算；爬行类野生动物的卵、蛋的价值，按照该种野生动物整体价值的十分之一核算；鸟类野生动物的卵、蛋的价值，按照该种野生动物整体价值的二分之一核算。

第五条　野生动物制品的价值，由核算其价值的执法机关或者评估机构根据实际情况予以核算，但不能超过该种野生动物的整体价值。但是，省级以上人民政府林业主管部门对野生动物标本和其他特殊野生动物制品的价值核算另有规定的除外。

第六条　野生动物及其制品有实际交易价格的，且实际交易价格高于按照本方法评估的价值的，按照实际交易价格执行。

第七条　人工繁育的野生动物及其制品的价值，按照同种野生动物及其制品价值的百分之五十执行。

人工繁育的列入《人工繁育国家重点保护野生动物名录》的野生动物及其制品的价值，按照同种野生动物及其制品价值的百分之二十五执行。

第八条　《濒危野生动植物种国际贸易公约》附录所列在我国没有自然分布的野生动物，已经国家林业局核准按照国家重点保护野生动物管理的，该野生动物及其制品的价值按照与其同属、同科或者同目的国家重点保护野生动物的价值核算。

《濒危野生动植物种国际贸易公约》附录所列在我国没有自然分布的野生动物、未经国家林业局核准的，以及其他没有列入《濒危野生动植物种国际贸易公约》附录的野生动物及其制品的价值，按照与其同属、同科或者同目的地方重点保护野生动物或者有重要生态、科学、社会价值的野生动物的价值核算。

第九条　本方法施行后，新增加的重点保护野生动物和有重要生态、科学、社会价值的野生动物，尚未列入《陆生野生动物基准价值标准目录》的，其基准价值按照与其同属、同科或者同目的野生动物的基准价值核算。

第十条　本方法自 2017 年 12 月 15 日起施行。

附件：

陆生野生动物基准价值标准目录

类群		基准价值（元）	备注
哺乳纲	Mammalia		
食虫目	Insectivora		
猬科 所有种	Erinaceidae	200	
鼹科 所有种	Talpidae	100	
鼩鼱科 所有种	Soricinae	100	
攀鼩目	Scandentia		
树鼩科 所有种	Tupaiidae	100	
翼手目 所有种	Chiroptera	50	
带甲目	Cingulata		
犰狳科 所有种	Dasypodidae	1 000	
脊尾袋鼠目	Dasyuromorphia		
袋鼬科 所有种	Dasyuridae	150	
袋狼科 所有种	Thylacinidae	200	
袋貂目	Diprotodontia		
硕袋鼠科 所有种	Macropodidae	150	
泊托袋鼠科 所有种	Potoroidae	150	
袋熊科 所有种	Vombatidae	200	
灵长目	Primates		
蛛猴科 所有种	Atelidae	300	
鼠狐猴科 所有种	Cheirogaligidae	300	
狐猴科 所有种	Lemuridae	400	
嬉猴科 所有种	Lepilemuridae	400	
大狐猴科 所有种	Indriidae	450	
指猴科 所有种	Daubentoniidae	500	
眼镜猴科 所有种	Tarsiidae	500	

（续）

类群		基准价值（元）	备注
狨科 所有种	Callithrichidae	500	
卷尾猴科 所有种	Cebidae	500	
夜猴科 所有种	Aotidae	300	
懒猴科	Lorisidae		
蜂猴属	*Nycticebus* spp.	2 000	
其他所有属		1 000	
猴科	Cercopithecidae		
猕猴属	*Macaca* spp.	2 000	
叶猴属	*Presbytis* spp.	15 000	
仰鼻猴属	*Rhinopithecus* spp.	50 000	
白臀叶猴属	*Pygathrix* spp.	15 000	
其他所有属		2 000	
长臂猿科 所有种	Hylobatidae	50 000	
人科	Hominidae		
猩猩属	*Pango* spp.	50 000	
黑猩猩属	*Pan* spp.	50 000	
大猩猩属	*Gorilla* spp.	50 000	
长鼻目	Proboscidea		
象科	Elephantidae		
亚洲象	Elephas maximus	200 000	
非洲象	Loxodonta africana	100 000	
鳞甲目	Pholidota		
穿山甲科 所有种	Manidae	8 000	
长毛目	Pilosa		
树懒科 所有种	Bradypodidae	300	
二趾树懒科 所有种	Megalonychidae	300	
食蚁兽科 所有种	Myrmecophagidae	500	
食肉目	Carnivora		
犬科	Canidae		
豺属	*Cuon* spp.	1 500	
其他所有属		800	
食蚁狸科 所有种	Eupleridae	1 000	
熊科	Ursidae		
懒熊属	*Melursus* spp.	2 000	

（续）

类群		基准价值（元）	备注
眼镜熊属	*Tremarctos* spp.	2 000	
棕熊属	*Ursus* spp.	8 000	
黑熊属	*Selenarctos* spp.	8 000	
马来熊属	*Helaratis* spp.	10 000	
大熊猫科	Ailuropodidae		
大熊猫	*Ailuropoda melanoleuca*	500 000	
小熊猫科	Ailuridae		
小熊猫	*Ailurus fulgens*	8 000	
臭鼬科 所有种	Mephitidae	500	
鼬科 所有种	Mustelidae	800	
浣熊科 所有种	Procyonidae	500	
灵猫科 所有种	Viverridae	1 200	
獴科 所有种	Herpestidae	1 000	
鬣狗科 所有种	Hyaenidae	500	
猫科	Felidae		
豹属	*Panthera* spp.		
虎	*Panthera tigris*	100 000	
豹	*Panthera pardus*	50 000	
其他所有种		15 000	
雪豹属	*Uncia* spp.	50 000	
云豹属	*Neofelis* spp.	30 000	
猎豹属	*Acinonyx* spp.	10 000	
其他所有属		1 500	
奇蹄目	Perissodactyla		
犀科	Rhinocerotidae		
白犀	*Ceratotherium simum*	100 000	
其他所有种		200 000	
貘科 所有种	Tapiridae	5 000	
马科 所有种	Equidae	60 000	
偶蹄目	Artiodactla		
猪科 所有种	Suidae	500	
骆驼科	Camelidae		
骆驼属	*Camelus* spp.	50 000	
小羊驼属	*Lama* spp.	5 000	

（续）

类群		基准价值（元）	备注
鼷鹿科 所有种	Tragulidae	2 000	
麝科 所有种	Moschidae	3 000	
鹿科 所有种	Cervidae	3 000	
河马科 所有种	Hippopotamidae	3 000	
牛科	Bovidae		
野牛属	*Bos* spp.	50 000	
山羊属	*Capra* spp.	10 000	
鬣羚属	*Capricornis* spp.	10 000	
羚羊属	*Gazella* spp.	5 000	
原羚属	*Procapra* spp.		
普氏原羚	Procapra przewalskii	20 000	
其他所有种		5 000	
藏羚属	*Pantholops* spp.	50 000	
高鼻羚羊属	*Saiga* spp.	20 000	
羚牛属	*Budorcas* spp.	50 000	
斑羚属	*Naemorhedus* spp.	10 000	
塔尔羊属	*Hemitragus* spp.	10 000	
岩羊属	*Pseudois* spp.	5 000	
盘羊属	*Ovis* spp.	10 000	
其他所有属		3 000	
啮齿目	Rodentia		
毛丝鼠科 所有种	Chinchillidae	20	
兔豚鼠科 所有种	Cuniculidae	20	
美洲豪猪科 所有种	Erethizontidae	300	
松鼠科	Sciuridae		
巨松鼠属	*Ratufa* spp.	300	
其他所有属		150	
河狸科 所有种	Castoridae	500	
仓鼠科 所有种	Cricetidae	50	
鼠科 所有种	Muridae	50	
刺山鼠科 所有种	Platacanthomyidae	50	
竹鼠科	Rhizomyidae		
小竹鼠属	*Cannomys* spp.	200	
竹鼠属	*Rhizomys* spp.	200	

（续）

类群		基准价值（元）	备注
睡鼠科 所有种	Myoxidae	50	
跳鼠科 所有种	Dipodidae	50	
豪猪科 所有种	Hystricidae	500	
树鼩目	Scandentia		
树鼩科 所有种	Upaiidae	80	
羽尾树鼩科 所有种	Ptilocercidae	80	
兔形目	Lagomorpha		
鼠兔科 所有种	Ochotonidae	80	
兔科 所有种	Leporidae	80	
单孔目	Monotremata		
针鼹科 所有种	Tachyglossidae	200	
袋狸目	Peramelemorphia		
豚足袋狸科 所有种	Chaeropodidae	200	
袋狸科 所有种	Peramelidae	200	
兔袋狸科 所有种	Thylacomyidae	200	
鸟纲	Aves		
潜鸟目 所有种	Gaviiformes	200	
䴙䴘目 所有种	Podicipediformes	200	
鹱形目	Procellariiformes		
信天翁科 所有种	Diomedeidae	300	
鹱科 所有种	Procellariidae	100	
海燕科 所有种	Hydrobatidae	100	
鹈形目	Pelecaniformes		
鹲科 所有种	Phaethontidae	200	
鹈鹕科 所有种	Pelecanidae	1 000	
鲣鸟科 所有种	Sulidae	400	
鸬鹚科 所有种	Phalacrocoracidae	600	
军舰鸟科 所有种	Fregatidae	200	
鹳形目	Ciconiiformes		
鹭科 所有种	Ardeidae	500	
鹳科	Ciconiidae		
东方白鹳	*Ciconia boyciana*	10 000	
黑鹳	*Ciconia nigra*	10 000	

（续）

类群		基准价值（元）	备注
其他所有种		2 000	
鹮科	Threskiornithidae	10 000	
朱鹮	*Nipponia nippon*	100 000	
黑脸琵鹭	*Platalea minor*	15 000	
其他所有种		5 000	
鲸头鹳科 所有种	Balaenicipitidae	5 000	
红鹳目	Phoenicopteriformes		
红鹳科 所有种	Phoenicopteridae	8 000	
雁形目	Anseriformes		
鸭科	Anatidae		
中华秋沙鸭	*Mergus squamatus*	10 000	
天鹅属 所有种	*Cygnus* spp.	3 000	
其他所有种		500	
隼形目	Falconiformes		
鹰科	Accipitridae		
金雕	*Aquila chrysaetos*	8 000	
虎头海雕	*Haliaeetus pelagicus*	8 000	
白尾海雕	*Haliaeetus albicilla*	8 000	
鹰科其他所有种		5 000	
鹗科 所有种	Pandionidae	3 000	
隼科	Falconidae		
猎隼	*Falco cherrug*	5 000	
其他所有种		3 000	
美洲鹫科 所有种	Cathartidae	2 000	
鸡形目	Galliformes		
松鸡科 所有种	Tetraonidae	1 000	
雉科	Pheasianidae		
绿孔雀	Pavo muticus	15 000	
雉鸡	*Phasianus coichicus*	300	
其他所有种		1 000	
凤冠雉科 所有种	Cracidae	500	
冢雉科 所有种	Megapodiidae	500	
鹤形目	Gruiformes		
三趾鹑科 所有种	Turnicidae	500	

（续）

类群		基准价值（元）	备注
鹤科 所有种	Gruidae	10 000	
秧鸡科 所有种	Rallidae	300	
鸨科 所有种	Otididae	10 000	
鹭鹤科 所有种	Rhynochetidae	500	
鸻形目	Chardriforme		
雉鸻科 所有种	Jacanidae	500	
彩鹬科 所有种	Rostratulidae	500	
蛎鹬科 所有种	Haematopodidae	500	
鸻科 所有种	Charadriidae	300	
鹬科 所有种	Scolopacidae	300	
反嘴鹬科 所有种	Recurvirostridae	300	
鹮嘴鹬科 所有种	Ibidorhynchidae	300	
瓣蹼鹬科 所有种	Phalaropodidae	300	
石鸻科 所有种	Burhinidae	300	
燕鸻科 所有种	Glareolidae	300	
鸥形目	Lariformes		
贼鸥科 所有种	Stercorariidae	300	
鸥科	Laridae		
遗鸥	*Larus relictus*	5 000	
黑嘴鸥	*Larus saundersi*	2 000	
其他所有种		300	
燕鸥科 所有种	Sternidae	300	
剪嘴鸥科 所有种	Rynchopidae	300	
海雀科 所有种	Alcidae	300	
鸽形目	Columbiformes		
鸠鸽科 所有种	Columbidae	300	
沙鸡目	Pterocliformes		
沙鸡科	Pteroclididae	300	
鹦形目	Psitaciformes		
鹦鹉科	Psittacidae	2 000	
凤头鹦鹉科	Cacatuidae	2 000	
吸蜜鹦鹉科	Loriidae	500	
鹃形目	Cuculiformes		
杜鹃科	Cuculidae	500	

（续）

类群		基准价值（元）	备注
蕉鹃科	Musophagidae	300	
鸮形目	Strigiformes		
草鸮科	Tytonidae	3 000	
鸱鸮科	Strigidae	3 000	
夜鹰目	Caprimulgiformes		
蟆口鸱科	Podargidae	1 000	
夜鹰科	Caprimulgidae	1 000	
雨燕目 所有种	Apodiformes	300	
鹴形目 所有种	Tinamiformes	300	
咬鹃目 所有种	Trogoniformes	300	
佛法僧目 所有种	Coraciiformes	500	
戴胜目 所有种	Upupiformes	300	
犀鸟目 所有种	Bucerotiformes	50 000	
䴕形目 所有种	Piciformes	1 000	
雀形目	Passeriformes		
阔嘴鸟科 所有种	Eurylaimidae	500	
八色鸫科 所有种	Pittidae	500	
百灵科	Alaudidae		
蒙古百灵	*Melanocorypha mongolica*	1 000	
其他所有种		300	
椋鸟科	Sturnidae	300	
鹩哥	*Gracula religiosa*	1 000	
其他所有种		300	
鹟科	Muscicapidae		
画眉	*Garrulax canorus*	1 000	
红嘴相思鸟	*Leiothrix lutea*	1 000	
其他所有种		300	
美洲鸵目 所有种	Rheiformes	1 500	
企鹅目 所有种	Sphenisciformes	3 000	
鸵形目 所有种	Struthioniformes	1 500	
爬行纲	Reptilia		
鳄形目	Crocodylia		
扬子鳄	*Alligator sinensis*	10 000	

（续）

类群		基准价值（元）	备注
其他所有种		500	
龟鳖目	Testudines		
平胸龟科 所有种	Platysternidae	500	
陆龟科	Testudinidae		
四爪陆龟	Testudo horsfieldii	8 000	
凹甲陆龟	Manouria impressa	1 000	
其他所有种		500	
龟科 所有种	Emydidae	500	水生野生动物除外
蜥蜴目	Sauria		
壁虎科	Gekkonidae		
大壁虎	Gekko gecko	1 000	
其他所有种		500	
鳄蜥科 所有种	Shinisauridae	10 000	
巨蜥科	Varanidae		
巨蜥	Varanus salvator	1 000	
其他所有种		500	
避役科 所有种	Chamaeleonidae	300	
其他所有种		300	
蛇目	Serpentes		
蟒科	Pythonidae		
蟒	*Python molurus*	3 000	
其他所有种		1 000	
蚺科 所有种	Boidae	1 000	
蝰科	Viperidae		
莽山烙铁头	*Ermia mangshanensis*	3 000	
其他所有种		300	
眼镜蛇科 所有种	Elapidae	1 000	海蛇除外
其他所有种		300	水蛇、瘰鳞蛇除外
两栖纲	Amphibia		
蚓螈目	Gymnophiona		
版纳鱼螈	*Ichthyophis bannanica*	500	
有尾目	Urodela		
小鲵科	Hynobiidae		
安吉小鲵	*Hynobius amjiensis*	2 500	

（续）

类群		基准价值（元）	备注
蝾螈科	Salamandridae		
海南疣螈	*Tylototriton hainanensis*	300	
无尾目 所有种	Anura	100	海蛙、棘腹蛙、棘胸蛙、威宁趾沟蛙、叶氏隆肛蛙除外
昆虫纲	Insecta		
襀翅目	Plecoptera		
襀科	Perlidae	20	
扁襀科	Peltoperlidae	20	
螳螂目	Mantodea		
怪螳科	Amorphoscelidae	20	
竹节虫目	Phasmatodea		
竹节虫科	Phasmatidae	20	
叶䗛科	Phylliidae	20	
杆䗛科	Bacillidae	20	
异䗛科	Heteronemiidae	20	
啮虫目	Psocoptera		
围啮科	Peripsocidae	20	
啮科	Psocidae	20	
缨翅目	Thysanoptera		
纹蓟马科	Aeolothripidae	20	
同翅目	Homoptera		
蛾蜡蝉科	Flatidae	20	
蜡蝉科	Fulgoridae	20	
颜蜡蝉科	Eurybrachidae	20	
蝉科	Cicadidae	20	
犁胸蝉科	Aetalionidae	20	
角蝉科	Membracidae	20	
棘蝉科	Machaerotidae	20	
毛管蚜科	Greenideidae	20	
扁蚜科	Hormaphididae	20	
半翅目	Hemiptera		
负子蝽科	Belostomatidae	20	
盾蝽科	Scutelleridae	20	
猎蝽科	Reduviidae	20	

（续）

类群		基准价值（元）	备注
广翅目	Megaloptera		
齿蛉科	Corydalidae	20	
蛇蛉目	Raphidioptera		
盲蛇蛉科	Inocelliidae	20	
脉翅目	Neuroptera		
旌蛉科	Nemopteridae	20	
鞘翅目	Coleoptera		
虎甲科	Cicindelidae	50	
步甲科	Carabidae	200	
两栖甲科	Amphizoidae	20	
叩甲科	Elateridae	20	
吉丁虫科	Buprestidae	20	
瓢虫科	Coccinellidae	20	
拟步甲科	Tenebrionidae	50	
臂金龟科	Euchiridae	200	
犀金龟科	Dynastidae	200	
鳃金龟科	Melolonthidae	20	
花金龟科	Cetoniidae	20	
锹甲科	Lucanidae	20	
天牛科	Cerambycidae	20	
叶甲科	Chrysomelidae	20	
锥象科	Brentidae	20	
捻翅目	Strepsiptera		
栉虫扇科	Halictophagidae	20	
长翅目	Mecoptera		
蝎蛉科	Parnorpidae	20	
毛翅目	Trichoptera		
石蛾科	Phryganeidae	20	
鳞翅目	Lepidoptera		
蛉蛾科	Neopseustidae	20	
燕蛾科	Uraniidae	20	
灯蛾科	Arctiidae	20	
桦蛾科	Endromidae	20	
大蚕蛾科	Saturniidae	20	

（续）

类群		基准价值（元）	备注
萝纹蛾科	Brahmaeidae	20	
凤蝶科	Papilionidae		
金斑喙凤蝶	Teinopalpus aureus	1 000	
其他所有种		200	
粉蝶科	Pieridae	200	
蛱蝶科	Nymphalidae	200	
绢蝶科	Parnassidae	200	
眼蝶科	Satyridae	200	
环蝶科	Amathusiidae	200	
灰蝶科	Lycaenidae	200	
弄蝶科	Hesperiidae	200	
双翅目	Diptera		
食虫虻科	Asilidae	20	
突眼蝇科	Diopsidae	20	
甲蝇科	Celyphidae	20	
膜翅目	Hymenoptera		
叶蜂科	Tenthredinidae	20	
姬蜂科	Ichneumonidae	20	
茧蜂科	Braconidae	20	
金小蜂科	Pteromalidae	20	
离颚细蜂科	Vanhornidae	20	
虫系蜂科	Sclerogibbidae	20	
泥蜂科	Sphecidae	20	
蚁科	Formicidae	20	
蜜蜂科	Apidae	20	

野生动物收容救护管理办法

（2017 年 12 月 1 日国家林业局第 47 号令发布　自 2018 年 1 月 1 日起施行）

第一条　为了规范野生动物收容救护行为，依据《中华人民共和国野生动物保护法》等有关法律法规，制定本办法。

第二条　从事野生动物收容救护活动的，应当遵守本办法。本办法所称野生动物，是指依法受保护的陆生野生动物。

第三条　野生动物收容救护应当遵循及时、就地、就近、科学的原则。禁止以收容救护为名买卖野生动物及其制品。

第四条　国家林业局负责组织、指导、监督全国野生动物收容救护工作。县级以上地方人民政府林业主管部门负责本行政区域内野生动物收容救护的组织实施、监督和管理工作。

县级以上地方人民政府林业主管部门应当按照有关规定明确野生动物收容救护机构，保障人员和经费，加强收容救护工作。

县级以上地方人民政府林业主管部门依照本办法开展收容救护工作，需要跨行政区域的或者需要其他行政区域予以协助的，双方林业主管部门应当充分协商、积极配合。必要时，可以由共同的上级林业主管部门统一协调。

第五条　野生动物收容救护机构应当按照同级人民政府林业主管部门的要求和野生动物收容救护的实际需要，建立收容救护场所，配备相应的专业技术人员、救护工具、设备和药品等。

县级以上地方人民政府林业主管部门及其野生动物收容救护机构可以根据需要，组织从事野生动物科学研究、人工繁育等活动的组织和个人参与野生动物收容救护工作。

第六条　县级以上地方人民政府林业主管部门应当公布野生动物收容救护机构的名称、地址和联系方式等相关信息。

任何组织和个人发现因受伤、受困等野生动物需要收容救护的，应当及时报告当地林业主管部门及其野生动物收容救护机构。

第七条　有下列情况之一的，野生动物收容救护机构应当进行收容救护：

（一）执法机关、其他组织和个人移送的野生动物；

（二）野外发现的受伤、病弱、饥饿、受困等需要救护的野生动物，经简单治疗后还无法回归野外环境的；

（三）野外发现的可能危害当地生态系统的外来野生动物；

（四）其他需要收容救护的野生动物。

国家或者地方重点保护野生动物受到自然灾害、重大环境污染事故等突发事件威胁时，野生动物收容救护机构应当按照当地人民政府的要求及时采取应急救助措施。

第八条　野生动物收容救护机构接收野生动物时，应当进行登记，记明移送人姓名、地址、联系方式、野生动物种类、数量、接收时间等事项，并向移送人出具接收凭证。

第九条　野生动物收容救护机构对收容救护的野生动物，应当按照有关技术规范进行隔离检查、检疫，对受伤或者患病的野生动物进行治疗。

第十条　野生动物收容救护机构应当按照以下规定处理收容救护的野生动物：

（一）对体况良好、无需再采取治疗措施或者经治疗后体况恢复、具备野外生存能力的野生动物，应当按照有关规定，选择适合该野生动物生存的野外环境放至野外；

（二）对收容救护后死亡的野生动物，应当进行检疫；检疫不合格的，应当采取无害化处理措施；检疫合格且按照规定需要保存的，应当采取妥当措施予以保存；

（三）对经救护治疗但仍不适宜放至野外的野生动物和死亡后经检疫合格、确有利用价值的野生动物及其制品，属于国家重点保护野生动物及其制品的，依照《中华人民共和国野生动物保护法》的规定由具有相应批准权限的省级以上人民政府林业主管部门统一调配；其他野生动物及其制品，由县级以上地方人民政府林业主管部门依照有关规定调配处理。

处理执法机关查扣后移交的野生动物，事先应当征求原执法机关的意见，还应当遵守罚没物品处理的有关规定。

第十一条　野生动物收容救护机构应当建立野生动物收容救护档案，记录收容救护的野生动物种类、数量、措施、状况等信息。

野生动物收容救护机构应当将处理收容救护野生动物的全过程予以记录，制作书面记录材料；必要时，还应当制作全过程音视频记录。

第十二条　野生动物收容救护机构应当将收容救护野生动物的有关情况，按照年度向同级人民政府林业主管部门报告。

县级以上地方人民政府林业主管部门应当将本行政区域内收容救护野生动物总体情况，按照年度向上级林业主管部门报告。

第十三条　从事野生动物收容救护活动成绩显著的组织和个人，按照《中华人民共和国野生动物保护法》有关规定予以奖励。

参与野生动物收容救护的组织和个人按照林业主管部门及其野生动物收容救护机构的规定开展野生动物收容救护工作，县级以上人民政府林业主管部门可以根据有关规定予以适当补助。

第十四条　县级以上人民政府林业主管部门应当加强对本行政区域内收容救护野生动物活动进行监督检查。

第十五条　野生动物收容救护机构或者其他组织和个人以收容救护野生动物为名买卖野生动物及其制品的，按照《中华人民共和国野生动物保护法》规定予以处理。

第十六条　本办法自 2018 年 1 月 1 日起施行。

城市动物园管理规定

（1994 年 8 月 16 日建设部令第 37 号发布　根据 2001 年 9 月 7 日
《建设部关于修改〈城市动物园管理规定〉的决定》、2004 年 7 月 23 日
《建设部关于修改〈城市动物园管理规定〉的决定》修正）

第一章　总　　则

第一条　为加强城市动物园管理，充分发挥动物园的作用，满足人民物质和文化生活提高的需要，制定本规定。

第二条　本规定适用于综合性动物园（水族馆）、专类性动物园、野生动物园、城市公园的动物展区、珍稀濒危动物饲养繁殖研究场所。

从事城市动物园（以下简称动物园）的规划、建设、管理和动物保护必须遵守本规定。

第三条　国务院建设行政主管部门负责全国动物园管理工作。

省、自治区人民政府建设行政主管部门负责本行政区域内的动物园管理工作。

城市人民政府园林行政主管部门负责本城市的动物园管理工作。

动物园管理机构负责动物园的日常管理及动物保护工作。

第四条　国家鼓励动物园积极开展珍稀濒危野生动物的科学研究和移地保护工作。

第二章　动物园的规划和建设

第五条　动物园的规划和建设必须符合城市总体规划及城市园林和绿化规划，并进行统筹安排，协调发展。

第六条　需要新建动物园的，应当对建设地点、资金、动物资源和技术条件、管理人员配备等，进行综合分析论证，提出可行性报告和计划任务书，并向城市人民政府规划行政主管部门提出申请。

城市人民政府规划行政主管部门审批前，应当征得城市人民政府园林行政主管部门同意。

城市人民政府园林行政主管部门应当对新建动物园组织论证，广泛征求社会各界意见，论证结果应当公示。

第七条　动物园的规划设计应当坚持环境优美、适于动物栖息、生长和展出、保证安全、方便游人的原则，遵照城市园林绿化规划设计的有关标准规范。

第八条　动物园的设计单位应当具有国家规定的设计资质，并在资质证书许可的范围内承接业务。

第九条　动物园规划设计应当包括下列内容：

（一）全园总体布局规划；

（二）饲养动物种类、数量，展览分区方案，分期引进计划；

（三）展览方式、路线规划，动物笼舍和展馆设计，游览区及设施规划设计；

（四）动物医疗、隔离和动物园管理设施；

（五）绿化规划设计，绿地和水面面积不应低于国家规定的标准；

（六）基础设施规划设计；

（七）商业、服务设施规划设计；

（八）人员配制规划，建设资金概算及建设进度计划等；

（九）建成后维护管理资金估算。

第十条　城市人民政府规划行政主管部门在动物园规划、审批时，应当将动物园设计方案征求城市人民政府园林行政主管部门的意见。

（一）符合动物生活习性要求；

（二）方便游览观赏；

（三）保证动物、游人和饲养人员的安全；

（四）饲养人员管理操作方便；

（五）规定的设施齐全。

第十一条　城市人民政府规划行政主管部门在动物园规划审批时，应当将动物园规划设计方案征求城市人民政府园林行政主管部门的意见。

动物园规划设计方案，应当由城市人民政府园林行政主管部门组织论证，广泛征求社会各界意见，论证结果应当公示。

动物园应当按照批准的规划设计方案进行建设。规划设计方案确需改变的，应当报经原审批部门批准。

第十二条　动物园的建设必须严格按照批准的规划设计进行。动物园的施工应当由具有相应资质等级的单位承担，严格执行国家有关标准、规范，竣工后按规定验收合格方可投入使用。

第十三条　任何单位和个人都不得擅自侵占动物园及其规划用地，已被占用的应当限期归还。

第十四条　动物园扩大规模、增加动物种类，必须在动物资源、动物笼舍、饲料、医疗等物质条件和技术、管理人员都具备的情况下稳步进行。

第三章　动物园的管理

第十五条　动物园管理机构应当加强动物园的科学化管理，建立健全必要的职能部门，配备相应的人员，建立和完善各项规章制度。科技人员应达到规定的比例。

第十六条　动物园管理机构应当严格执行建设部颁发的《动物园动物管理技术规程》标准。

第十七条　动物园管理机构应当备有卫生防疫、医疗救护、麻醉保定设施，定时进行防疫和消毒。有条件的动物园要设有动物疾病检疫隔离场。

第十八条　动物园管理机构应当对饲养动物加强档案管理，建立、健全饲养动物谱系。

动物园都应当设立谱系登记员，负责整理全园饲养动物的谱系资料。

第十九条　动物园管理机构每年应当从事业经费中提取一定比例的资金作为科研经费，

用于饲养野生动物的科学研究。

第二十条　动物园管理机构应当制定野生动物科学普及教育计划，要设专人负责科普工作，利用各种方式向群众，特别是向青少年，进行宣传教育。

第二十一条　动物园管理机构应当完善各项安全设施，加强安全管理，确保游人、管理人员和动物的安全。

动物园管理机构应当加强对游人的管理，严禁游人在动物展区内惊扰动物和大声喧哗，闭园后禁止在动物展区进行干扰动物的各种活动。

第二十二条　动物园管理机构应当加强园容和环境卫生的管理，完善环卫设施，妥善处理垃圾、排泄物和废弃物，防止污染环境。

第二十三条　动物园管理机构应当加强绿地的美化和管理，搞好绿地和园林植物的维护。

第二十四条　动物园内的服务设施的设置应当符合动物园规划设计方案。

任何单位和个人不得擅自在动物园内摆摊设点。

第四章　动物的保护

第二十五条　动物园管理机构应当制定野生动物种群发展计划。动物园间应当密切配合和协作，共同做好濒危物种的保护繁育研究工作。有条件的动物园应当建立繁育研究基地。

第二十六条　国家重点保护的野生动物因自然或人为灾害受到威胁时，动物园管理机构有责任进行保护和拯救。

第二十七条　动物园与国外进行"濒危野生动植物种进出口国际贸易公约"附录Ⅰ、Ⅱ野生动物的交换、展览、赠送等，涉及进出口边境口岸的，经国务院建设行政主管部门审核同意后，报国务院野生动物行政主管部门批准，并取得国家濒危物种进出口管理机构核发的允许进出口证明书。大熊猫的进出口需报国务院批准。

第五章　奖励和处罚

第二十八条　对在动物园建设、管理和野生动物特别是珍稀濒危野生动物的保护和科学普及教育中作出显著成绩的单位和个人，应当给予表彰或奖励。

第二十九条　有下列行为之一的，按照有关规定处罚：

（一）未取得设计、施工资质证书或者超越资质证书许可的范围承担动物园设计或施工的；

（二）违反批准的规划设计方案进行动物园建设的；

（三）未经批准擅自改变动物园规划设计方案的；

（四）擅自侵占动物园及其规划用地的。

第三十条　擅自在动物园内摆摊设点的，由城市人民政府园林行政主管部门责令限期改正，可以并处 1 000 元以下的罚款；造成损失的，应当承担赔偿责任。

第三十一条　违反本规定同时违反《中华人民共和国治安管理处罚条例》的，由公安机关予以处罚；构成犯罪的，由司法机关依法追究刑事责任。

第三十二条　城市园林行政主管部门或动物园管理机构的工作人员玩忽职守、滥用职权、徇私舞弊的，由其所在单位或上级主管部门给予行政处分；构成犯罪的，由司法机关依法追究刑事责任。

第六章　附　　则

第三十三条　省、自治区、直辖市人民政府建设行政主管部门可以依照本规定制定实施细则。

第三十四条　本规定由建设部负责解释。

第三十五条　本规定自 1994 年 9 月 1 日起施行。

中华人民共和国进出境动植物检疫行政处罚实施办法

（农业部令第 26 号　1997 年 10 月 10 日发布施行）

第一条　根据《中华人民共和国进出境动植物检疫法》（以下简称《进出境动植物检疫法》）、《中华人民共和国进出境动植物检疫法实施条例》（以下简称《进出境动植物检疫法实施条例》）和《中华人民共和国行政处罚法》（以下简称《行政处罚法》）等规定，制定本办法。

第二条　对违反《进出境动植物检疫法》、《进出境动植物检疫法实施条例》及其他有关进出境动植物检疫法律法规的行为应当给予行政处罚的，适用本办法。

第三条　有下列行为之一的，对当事人处以人民币 1 000 元以下的罚款；情节严重的，对当事人处以人民币 1 000 元以上至 5 000 元以下的罚款：

（一）携带动植物、动植物产品和其他检疫物进境，未申报或者未接受口岸动植物检疫机关检疫的；

（二）携带、邮寄植物种子、种苗和其他繁殖材料进境，未依法办理检疫审批的；

（三）动植物性包装物、铺垫材料进境，未向口岸动植物检疫机关申报检疫的；

（四）携带、邮寄《进出境动植物检疫法》第五条规定的国家禁止进境物进境，未依法办理检疫审批的。

第四条　有下列行为之一的，对当事人处以人民币 1 000 元以上至 5 000 元以下的罚款：

（一）输入动物、动物产品、植物种子、种苗及其他繁殖材料或国家禁止进境物，未事先办理检疫审批手续；或虽已办理检疫审批手续，但未按检疫审批规定执行的；

（二）动植物、动植物产品和其他检疫物进境、出境或者过境，未按规定向口岸动植物检疫机关报检的；转关货物进境时未向进境口岸动植物检疫机关申报；或虽已办理报检、申报手续，但未接受口岸动植物检疫机关检疫的；

（三）报检的动植物、动植物产品或者其他检疫物的品名、数量、重量、产地、生产加工单位、货值等与实际不符的；

（四）运输动物过境未报请国家动植物检疫局审批并获得《动物过境许可证》，或者未按规定的要求和指定的口岸、路线过境的。

有前款第三项所列行为，已取得检疫单证的，予以吊销。

第五条　有下列行为之一的，对当事人处以人民币 3 000 元以上至 30 000 元以下的罚款：

（一）违反规定擅自处理运输工具上的泔水、动植物性废弃物的；

（二）未经口岸动植物检疫机关许可擅自将进境、过境动植物、动植物产品或者其他检疫物卸离运输工具或者擅自运递的；

（三）擅自开拆过境动植物、动植物产品和其他检疫物的包装的；

（四）擅自抛弃过境动物尸体、排泄物、铺垫材料或者其他废弃物的；

（五）擅自调离或者处理在口岸动植物检疫机关指定的隔离场所中隔离检疫的动植物的；

（六）擅自调离或者处理未经口岸动植物检疫机关检疫合格的动植物、动植物产品或其它检疫物的；

（七）擅自开拆、损毁动植物检疫机关加施的封识或者标志的。

第六条　有下列行为之一的，依法追究刑事责任；尚不构成犯罪或者犯罪情节显著轻微依法不需要判处刑罚的，对当事人处以人民币 20 000 元以上至 50 000 元以下的罚款：

（一）违反《进出境动植物检疫法》、《进出境动植物检疫法实施条例》规定，引起重大动植物疫情的；

（二）伪造、变造动植物检疫单证、印章、标志、封识的。

第七条　注册登记单位进出境动植物、动植物产品及其他检疫物经检疫不合格的，除依法作退回、销毁或除害处理外，情节严重的，由口岸动植物检疫机关注销注册登记。对于不按照规定进行熏蒸和消毒处理的，口岸动植物检疫机关可以视情节取消其熏蒸、消毒资格。

第八条　货主或者其代理人违反《进出境动植物检疫法》、《进出境动植物检疫法实施条例》规定，由货主或其代理人负连带责任。

第九条　有多项违法行为的，可以合并处罚。

第十条　对违反《进出境动植物检疫法》、《进出境动植物检疫法实施条例》行为的处罚由口岸动植物检疫机关执行。口岸动植物检疫机关对违法行为作出处罚时，应当按照行政处罚程序规定执行。

第十一条　本办法下列用语的含义是：

（一）"以上"、"以下"均包括本数在内；

（二）"输入"、"输出"是指携带、邮寄方式以外的进境和出境；

（三）"当事人"是指有违反《进出境动植物检疫法》、《进出境动植物检疫法实施条例》具体行为的公民、法人或其他组织。

第十二条　本办法由农业部负责解释。

第十三条　本办法自 1998 年 1 月 1 日起施行。1992 年农业部发布的《中华人民共和国进出境动植物检疫法行政处罚实施办法》同时废止。

中华人民共和国水生野生动物利用特许办法

（1999 年 6 月 24 日农业部令第 15 号公布　2004 年 7 月 1 日农业部令
2004 年第 38 号、2010 年 11 月 26 日农业部令 2010 年第 11 号、2013 年
12 月 31 日农业部令 2013 年第 5 号修订）

第一章　总　　则

第一条　为保护、发展和合理利用水生野生动物资源，加强水生野生动物的保护与管理，规范水生野生动物利用特许证件的发放及使用，根据《中华人民共和国野生动物保护法》、《中华人民共和国水生野生动物保护实施条例》的规定，制定本办法。

第二条　凡需要捕捉、驯养繁殖、运输以及展览、表演、出售、收购、进出口等利用水生野生动物或其产品的，按照本办法实行特许管理。

除第三十八条、第四十条外，本办法所称水生野生动物，是指珍贵、濒危的水生野生动物；所称水生野生动物产品，是指珍贵、濒危水生野生动物的任何部分及其衍生物。

第三条　农业部主管全国水生野生动物利用特许管理工作，负责国家一级保护水生野生动物或其产品利用和进出口水生野生动物或其产品的特许审批。

省级渔业行政主管部门负责本行政区域内国家二级保护水生野生动物或其产品利用特许审批；县级以上渔业行政主管部门负责本行政区域内水生野生动物或其产品特许申请的审核。

第四条　农业部组织国家濒危水生野生动物物种科学委员会，对水生野生动物保护与管理提供咨询和评估。

审批机关在批准驯养繁殖、经营利用以及重要的进出口水生野生动物或其产品等特许申请前，应当委托国家濒危水生野生动物物种科学委员会对特许申请进行评估。评估未获通过的，审批机关不得批准。

第五条　申请水生野生动物或其产品利用特许的单位和个人，必须填报《水生野生动物利用特许证件申请表》（以下简称《申请表》）。《申请表》可向所在地县级以上渔业行政主管部门领取。

第六条　经审批机关批准的，可以按规定领取水生野生动物利用特许证件。

水生野生动物利用特许证件包括《水生野生动物特许捕捉证》（以下简称《捕捉证》）、《水生野生动物驯养繁殖许可证》（以下简称《驯养繁殖证》）、《水生野生动物特许运输证》（以下简称《运输证》）、《水生野生动物经营利用许可证》（以下简称《经营利用证》）。

第七条　各级渔业行政主管部门及其所属的渔政监督管理机构，有权对本办法的实施情况进行监督检查，被检查的单位和个人应当给予配合。

第二章　捕捉管理

第八条　禁止捕捉、杀害水生野生动物。因科研、教学、驯养繁殖、展览、捐赠等特殊情况需要捕捉水生野生动物的，必须办理《捕捉证》。

第九条　凡申请捕捉水生野生动物的，应当如实填写《申请表》，并随表附报有关证明材料：

（一）因科研、调查、监测、医药生产需要捕捉的，必须附上省级以上有关部门下达的科研、调查、监测、医药生产计划或任务书复印件 1 份，原件备查；

（二）因驯养繁殖需要捕捉的，必须附上《驯养繁殖证》复印件 1 份；

（三）因驯养繁殖、展览、表演、医药生产需捕捉的，必须附上单位营业执照或其他有效证件复印件 1 份；

（四）因国际交往捐赠、交换需要捕捉的，必须附上当地县级以上渔业行政主管部门或外事部门出据的公函证明原件 1 份、复印件 1 份。

第十条　申请捕捉国家一级保护水生野生动物的，申请人应当将《申请表》和证明材料报所在地省级人民政府渔业行政主管部门签署意见。省级人民政府渔业行政主管部门应当在 20 日内签署意见，并报农业部审批。

需要跨省捕捉国家一级保护水生野生动物的，申请人应当将《申请表》和证明材料报所在地省级人民政府渔业行政主管部门签署意见。所在地省级人民政府渔业行政主管部门应当在 20 日内签署意见，并转送捕捉地省级人民政府渔业行政主管部门签署意见。捕捉地省级人民政府渔业行政主管部门应当在 20 日内签署意见，并报农业部审批。

农业部自收到省级人民政府渔业行政主管部门报送的材料之日起 40 日内作出是否发放特许捕捉证的决定。

第十一条　申请捕捉国家二级保护水生野生动物的，申请人应当将《申请表》和证明材料报所在地县级人民政府渔业行政主管部门签署意见。所在地县级人民政府渔业行政主管部门应当在 20 日内签署意见，并报省级人民政府渔业行政主管部门审批。

省级人民政府渔业行政主管部门应当自收到县级人民政府渔业行政主管部门报送的材料之日起 40 日内作出是否发放捕捉证的决定。

需要跨省捕捉国家二级保护水生野生动物的，申请人应当将《申请表》和证明材料报所在地省级人民政府渔业行政主管部门签署意见。所在地省级人民政府渔业行政主管部门应当在 20 日内签署意见，并转送捕捉地省级人民政府渔业行政主管部门审批。

捕捉地省级人民政府渔业行政主管部门应当自收到所在地省级人民政府渔业行政主管部门报送的材料之日起 40 日内作出是否发放捕捉证的决定。

第十二条　有下列情形之一的，不予发放《捕捉证》：

（一）申请人有条件以合法的非捕捉方式获得申请捕捉对象或者达到其目的的；

（二）捕捉申请不符合国家有关规定，或者申请使用的捕捉工具、方法以及捕捉时间、地点不当的；

（三）根据申请捕捉对象的资源现状不宜捕捉的。

第十三条　取得《捕捉证》的单位和个人，在捕捉作业以前，必须向捕捉地县级渔业行政主管部门报告，并由其所属的渔政监督管理机构监督进行。

捕捉作业必须按照《捕捉证》规定的种类、数量、地点、期限、工具和方法进行，防止
误伤水生野生动物或破坏其生存环境。

第十四条 捕捉作业完成后，捕捉者应当立即向捕捉地县级渔业行政主管部门或其
所属的渔政监督管理机构申请查验。捕捉地县级渔业行政主管部门或渔政监督管理机构
应及时对捕捉情况进行查验，收回《捕捉证》，并及时向发证机关报告查验结果、交回
《捕捉证》。

第三章 驯养繁殖管理

第十五条 从事水生野生动物驯养繁殖的，应当经省级以上渔业行政主管部门批准，取
得《驯养繁殖证》后方可进行。

第十六条 申请《驯养繁殖证》，应当具备以下条件：

（一）有适宜驯养繁殖水生野生动物的固定场所和必要的设施；

（二）具备与驯养繁殖水生野生动物种类、数量相适应的资金、技术和人员；

（三）具有充足的驯养繁殖水生野生动物的饲料来源。

第十七条 驯养繁殖国家一级保护水生野生动物的，向省级人民政府渔业行政主管部门
提出申请。省级人民政府渔业行政主管部门应当自申请受理之日起 20 日内完成初步审查，
并将审查意见和申请人的全部申请材料报农业部审批。

农业部应当自收到省级人民政府渔业行政主管部门报送的材料之日起 15 日内作出是否
发放驯养繁殖许可证的决定。

驯养繁殖国家二级保护水生野生动物的，应当向省级人民政府渔业行政主管部门
申请。

省级人民政府渔业行政主管部门应当自申请受理之日起 20 日内作出是否发放驯养繁殖
证的决定。

第十八条 驯养繁殖水生野生动物的单位和个人，必须按照《驯养繁殖证》的规定进行
驯养繁殖活动。

需要变更驯养繁殖种类的，应当按照本办法第十七条规定的程序申请变更手续。经批准
后，由审批机关在《驯养繁殖证》上作变更登记。

第十九条 禁止将驯养繁殖的水生野生动物或其产品进行捐赠、转让、交换。因特殊情
况需要捐赠、转让、交换的，申请人应当向《驯养繁殖证》发证机关提出申请，由发证机关
签署意见后，按本办法第三条的规定报批。

第二十条 接受捐赠、转让、交换的单位和个人，应当凭批准文件办理有关手续，并妥
善养护与管理接受的水生野生动物或其产品。

第二十一条 取得《驯养繁殖证》的单位和个人，应当遵守以下规定：

（一）遵守国家和地方野生动物保护法律法规和政策；

（二）用于驯养繁殖的水生野生动物来源符合国家规定；

（三）建立驯养繁殖物种档案和统计制度；

（四）定期向审批机关报告水生野生动物的生长、繁殖、死亡等情况；

（五）不得非法利用其驯养繁殖的水生野生动物或其产品；

（六）接受当地渔业行政主管部门的监督检查和指导。

第四章　经营管理

第二十二条　禁止出售、收购水生野生动物或其产品。因科研、驯养繁殖、展览等特殊情况需要进行出售、收购、利用水生野生动物或其产品的，必须经省级以上渔业行政主管部门审核批准，取得《经营利用证》后方可进行。

第二十三条　出售、收购、利用国家一级保护水生野生动物或其产品的，申请人应当将《申请表》和证明材料报所在地省级人民政府渔业行政主管部门签署意见。所在地省级人民政府渔业行政主管部门应当在 20 日内签署意见，并报农业部审批。

农业部应当自接到省级人民政府渔业行政主管部门报送的材料之日起 20 日内作出是否发放经营利用证的决定。

出售、收购、利用国家二级保护水生野生动物或其产品的，应当向省级人民政府渔业行政主管部门申请。

省级人民政府渔业行政主管部门应当自受理之日起 20 日内作出是否发放经营利用证的决定。

第二十四条　医药保健利用水生野生动物或其产品，必须具备省级以上医药卫生行政管理部门出具的所生产药物及保健品中需用水生野生动物或其产品的证明；利用驯养繁殖的水生野生动物子代或其产品的，必须具备省级以上渔业行政主管部门指定的科研单位出具的属人工繁殖的水生野生动物子代或其产品的证明。

第二十五条　申请《经营利用证》，应当具备下列条件：

（一）出售、收购、利用的水生野生动物物种来源清楚或稳定；

（二）不会造成水生野生动物物种资源破坏；

（三）不会影响国家野生动物保护形象和对外经济交往。

第二十六条　经批准出售、收购、利用水生野生动物或其产品的单位和个人，应当持《经营利用证》到出售、收购所在地的县级以上渔业行政主管部门备案后方可进行出售、收购、利用活动。

第二十七条　出售、收购、利用水生野生动物或其产品的单位和个人，应当遵守以下规定：

（一）遵守国家和地方有关野生动物保护法律法规和政策；

（二）利用的水生野生动物或其产品来源符合国家规定；

（三）建立出售、收购、利用水生野生动物或其产品档案；

（四）接受当地渔业行政主管部门的监督检查和指导。

第二十八条　地方各级渔业行政主管部门应当对水生野生动物或其产品的经营利用建立监督检查制度，加强对经营利用水生野生动物或其产品的监督管理。

第五章　运输管理

第二十九条　运输、携带、邮寄水生野生动物或其产品的，应当经省级渔业行政主管部门批准，取得《运输证》后方可进行。

第三十条　申请运输、携带、邮寄水生野生动物或其产品出县境的，申请人应当向始发地县级人民政府渔业行政主管部门提出。始发地县级人民政府渔业行政主管部门应当在 10

日内签署意见，并报省级人民政府渔业行政主管部门审批。

省级人民政府渔业行政主管部门应当自收到县级人民政府渔业行政主管部门报送的材料之日起20日内作出是否发放运输证的决定。

第三十一条 出口水生野生动物或其产品涉及国内运输、携带、邮寄的，申请人凭同意出口批件到始发地省级渔业行政主管部门或其授权单位办理《运输证》。

进口水生野生动物或其产品涉及国内运输、携带、邮寄的，申请人凭同意进口批件到入境口岸所在地省级渔业行政主管部门或其授权单位办理《运输证》。

第三十二条 经批准捐赠、转让、交换水生野生动物或其产品的运输，申请人凭同意捐赠、转让、交换批件到始发地省级渔业行政主管部门或者其授权单位办理《运输证》。

第三十三条 经批准收购水生野生动物或其产品的运输，申请人凭《经营利用证》和出售单位出具的出售物种种类及数量证明，到收购所在地省级渔业行政主管部门或者其授权单位办理《运输证》。

第三十四条 跨省展览、表演水生野生动物或其产品的运输，申请人凭展览、表演地省级渔业行政主管部门同意接纳展览、表演的证明到始发地省级渔业行政主管部门办理前往《运输证》；展览、表演结束后，申请人凭同意接纳展览、表演的证明及前往《运输证》回执到展览、表演地省级渔业行政主管部门办理返回《运输证》。

第三十五条 申请《运输证》，应当具备下列条件：

（一）运输、携带、邮寄的水生野生动物物种来源清楚；

（二）具备水生野生动物活体运输安全保障措施；

（三）运输、携带、邮寄的目的和用途符合国家法律法规和政策规定。

第三十六条 取得《运输证》的单位和个人，运输、携带、邮寄水生野生动物或其产品到达目的地后，必须立即向当地县级以上渔业行政主管部门报告，当地县级以上渔业行政主管部门应及时进行查验，收回《运输证》，并回执查验结果。

第三十七条 县级以上渔业行政主管部门或者其所属的渔政监督管理机构应当对进入本行政区域内的水生野生动物或其产品的利用活动进行监督检查。

第六章 进出口管理

第三十八条 出口国家重点保护的水生野生动物或者其产品，进出口中国参加的国际公约所限制进出口的水生野生动物或者其产品的，应当向进出口单位或者个人所在地的省级人民政府渔业行政主管部门申请。省级人民政府渔业行政主管部门应当自申请受理之日起20日内完成审核，并报农业部审批。

农业部应当自收到省级人民政府渔业行政主管部门报送的材料之日起20日内作出是否同意进出口的决定。

动物园因交换动物需要进口第一款规定的野生动物的，农业部在批准前，应当经国务院建设行政主管部门审核同意。

第三十九条 属于贸易性进出口活动的，必须由具有商品进出口权的单位承担，并取得《经营利用证》后方可进行。没有商品进出口权和《经营利用证》的单位，审批机关不得受理其申请。

第四十条 从国外引进水生野生动物的，应当向所在地省级人民政府渔业行政主管部门申请。省级人民政府渔业行政主管部门应当自申请受理之日起 5 日内将申请材料送其指定的科研机构进行科学论证，并应当自收到论证结果之日起 15 日内报农业部审批。

农业部应当自收到省级人民政府渔业行政主管部门报送的材料之日起 20 日内作出是否同意引进的决定。

第四十一条　出口水生野生动物或其产品的，应当具备下列条件：

（一）出口的水生野生动物物种和含水生野生动物成分产品中物种原料的来源清楚；

（二）出口的水生野生动物是合法取得；

（三）不会影响国家野生动物保护形象和对外经济交往；

（四）出口的水生野生动物资源量充足，适宜出口；

（五）符合我国水产种质资源保护规定。

第四十二条　进口水生野生动物或其产品的，应当具备下列条件：

（一）进口的目的符合我国法律法规和政策；

（二）具备所进口水生野生动物活体生存必需的养护设施和技术条件；

（三）引进的水生野生动物活体不会对我国生态平衡造成不利影响或产生破坏作用；

（四）不影响国家野生动物保护形象和对外经济交往。

第七章　附　　则

第四十三条　违反本办法规定的，由县级以上渔业行政主管部门或其所属的渔政监督管理机构依照野生动物保护法律、法规进行查处。

第四十四条　经批准捕捉、驯养繁殖、运输以及展览、表演、出售、收购、进出口等利用水生野生动物或其产品的单位和个人，应当依法缴纳水生野生动物资源保护费。缴纳办法按国家有关规定执行。

水生野生动物资源保护费专用于水生野生动物资源的保护管理、科学研究、调查监测、宣传教育、驯养繁殖与增殖放流等。

第四十五条　外国人在我国境内进行有关水生野生动物科学考察、标本采集、拍摄电影、录像等活动的，应当向水生野生动物所在地省级渔业行政主管部门提出申请。省级渔业行政主管部门应当自申请受理之日起 20 日内作出是否准予其活动的决定。

第四十六条　本办法规定的《申请表》和水生野生动物利用特许证件由中华人民共和国渔政局统一制订。已发放仍在使用的许可证件由原发证机关限期统一进行更换。

除《捕捉证》、《运输证》一次有效外，其它特许证件应按年度进行审验，有效期最长不超过五年。有效期届满后，应按规定程序重新报批。

各省、自治区、直辖市渔业行政主管部门应当根据本办法制定特许证件发放管理制度，建立档案，严格管理。

第四十七条　《濒危野生动植物种国际贸易公约》附录一中的水生野生动物或其产品的国内管理，按照本办法对国家一级保护水生野生动物的管理规定执行。

《濒危野生动植物种国际贸易公约》附录二、附录三中的水生野生动物或其产品的国内管理，按照本办法对国家二级保护水生野生动物的管理规定执行。

地方重点保护的水生野生动物或其产品的管理，可参照本办法对国家二级保护水生野生动物的管理规定执行。

  第四十八条 本办法由农业部负责解释。

  第四十九条 本办法自 1999 年 9 月 1 日起施行。

动物检疫管理办法

（2010 年 1 月 21 日农业部令 2010 年第 6 号公布
2019 年 4 月 25 日农业农村部令 2019 年第 2 号修正）

第一章 总 则

第一条 为加强动物检疫活动管理，预防、控制和扑灭动物疫病，保障动物及动物产品安全，保护人体健康，维护公共卫生安全，根据《中华人民共和国动物防疫法》（以下简称《动物防疫法》），制定本办法。

第二条 本办法适用于中华人民共和国领域内的动物检疫活动。

第三条 农业部主管全国动物检疫工作。

县级以上地方人民政府兽医主管部门主管本行政区域内的动物检疫工作。

县级以上地方人民政府设立的动物卫生监督机构负责本行政区域内动物、动物产品的检疫及其监督管理工作。

第四条 动物检疫的范围、对象和规程由农业部制定、调整并公布。

第五条 动物卫生监督机构指派官方兽医按照《动物防疫法》和本办法的规定对动物、动物产品实施检疫，出具检疫证明，加施检疫标志。

动物卫生监督机构可以根据检疫工作需要，指定兽医专业人员协助官方兽医实施动物检疫。

第六条 动物检疫遵循过程监管、风险控制、区域化和可追溯管理相结合的原则。

第二章 检疫申报

第七条 国家实行动物检疫申报制度。

动物卫生监督机构应当根据检疫工作需要，合理设置动物检疫申报点，并向社会公布动物检疫申报点、检疫范围和检疫对象。

县级以上人民政府兽医主管部门应当加强动物检疫申报点的建设和管理。

第八条 下列动物、动物产品在离开产地前，货主应当按规定时限向所在地动物卫生监督机构申报检疫：

（一）出售、运输动物产品和供屠宰、继续饲养的动物，应当提前 3 天申报检疫。

（二）出售、运输乳用动物、种用动物及其精液、卵、胚胎、种蛋，以及参加展览、演出和比赛的动物，应当提前 15 天申报检疫。

（三）向无规定动物疫病区输入相关易感动物、易感动物产品的，货主除按规定向输出地动物卫生监督机构申报检疫外，还应当在起运 3 天前向输入地省级动物卫生监督机构申报检疫。

第九条 合法捕获野生动物的，应当在捕获后 3 天内向捕获地县级动物卫生监督机构申报检疫。

第十条　屠宰动物的，应当提前 6 小时向所在地动物卫生监督机构申报检疫；急宰动物的，可以随时申报。

第十一条　申报检疫的，应当提交检疫申报单；跨省、自治区、直辖市调运乳用动物、种用动物及其精液、胚胎、种蛋的，还应当同时提交输入地省、自治区、直辖市动物卫生监督机构批准的《跨省引进乳用种用动物检疫审批表》。

申报检疫采取申报点填报、传真、电话等方式申报。采用电话申报的，需在现场补填检疫申报单。

第十二条　动物卫生监督机构受理检疫申报后，应当派出官方兽医到现场或指定地点实施检疫；不予受理的，应当说明理由。

第三章　产地检疫

第十三条　出售或者运输的动物、动物产品经所在地县级动物卫生监督机构的官方兽医检疫合格，并取得《动物检疫合格证明》后，方可离开产地。

第十四条　出售或者运输的动物，经检疫符合下列条件，由官方兽医出具《动物检疫合格证明》：

（一）来自非封锁区或者未发生相关动物疫情的饲养场（户）；

（二）按照国家规定进行了强制免疫，并在有效保护期内；

（三）临床检查健康；

（四）农业部规定需要进行实验室疫病检测的，检测结果符合要求；

（五）养殖档案相关记录和畜禽标识符合农业部规定。

乳用、种用动物和宠物，还应当符合农业部规定的健康标准。

第十五条　合法捕获的野生动物，经检疫符合下列条件，由官方兽医出具《动物检疫合格证明》后，方可饲养、经营和运输：

（一）来自非封锁区；

（二）临床检查健康；

（三）农业部规定需要进行实验室疫病检测的，检测结果符合要求。

第十六条　出售、运输的种用动物精液、卵、胚胎、种蛋，经检疫符合下列条件，由官方兽医出具《动物检疫合格证明》：

（一）来自非封锁区，或者未发生相关动物疫情的种用动物饲养场；

（二）供体动物按照国家规定进行了强制免疫，并在有效保护期内；

（三）供体动物符合动物健康标准；

（四）农业部规定需要进行实验室疫病检测的，检测结果符合要求；

（五）供体动物的养殖档案相关记录和畜禽标识符合农业部规定。

第十七条　出售、运输的骨、角、生皮、原毛、绒等产品，经检疫符合下列条件，由官方兽医出具《动物检疫合格证明》：

（一）来自非封锁区，或者未发生相关动物疫情的饲养场（户）；

（二）按有关规定消毒合格；

（三）农业部规定需要进行实验室疫病检测的，检测结果符合要求。

第十八条 经检疫不合格的动物、动物产品，由官方兽医出具检疫处理通知单，并监督货主按照农业部规定的技术规范处理。

第十九条 跨省、自治区、直辖市引进用于饲养的非乳用、非种用动物到达目的地后，货主或者承运人应当在 24 小时内向所在地县级动物卫生监督机构报告，并接受监督检查。

第二十条 跨省、自治区、直辖市引进的乳用、种用动物到达输入地后，在所在地动物卫生监督机构的监督下，应当在隔离场或饲养场（养殖小区）内的隔离舍进行隔离观察，大中型动物隔离期为 45 天，小型动物隔离期为 30 天。经隔离观察合格的方可混群饲养；不合格的，按照有关规定进行处理。隔离观察合格后需继续在省内运输的，货主应当申请更换《动物检疫合格证明》。动物卫生监督机构更换《动物检疫合格证明》不得收费。

第四章 屠宰检疫

第二十一条 县级动物卫生监督机构依法向屠宰场（厂、点）派驻（出）官方兽医实施检疫。屠宰场（厂、点）应当提供与屠宰规模相适应的官方兽医驻场检疫室和检疫操作台等设施。出场（厂、点）的动物产品应当经官方兽医检疫合格，加施检疫标志，并附有《动物检疫合格证明》。

第二十二条 进入屠宰场（厂、点）的动物应当附有《动物检疫合格证明》，并佩戴有农业部规定的畜禽标识。

官方兽医应当查验进场动物附具的《动物检疫合格证明》和佩戴的畜禽标识，检查待宰动物健康状况，对疑似染疫的动物进行隔离观察。

官方兽医应当按照农业部规定，在动物屠宰过程中实施全流程同步检疫和必要的实验室疫病检测。

第二十三条 经检疫符合下列条件的，由官方兽医出具《动物检疫合格证明》，对胴体及分割、包装的动物产品加盖检疫验讫印章或者加施其他检疫标志：

（一）无规定的传染病和寄生虫病；

（二）符合农业部规定的相关屠宰检疫规程要求；

（三）需要进行实验室疫病检测的，检测结果符合要求。

骨、角、生皮、原毛、绒的检疫还应当符合本办法第十七条有关规定。

第二十四条 经检疫不合格的动物、动物产品，由官方兽医出具检疫处理通知单，并监督屠宰场（厂、点）或者货主按照农业部规定的技术规范处理。

第二十五条 官方兽医应当回收进入屠宰场（厂、点）动物附具的《动物检疫合格证明》，填写屠宰检疫记录。回收的《动物检疫合格证明》应当保存十二个月以上。

第二十六条 经检疫合格的动物产品到达目的地后，需要直接在当地分销的，货主可以向输入地动物卫生监督机构申请换证，换证不得收费。换证应当符合下列条件：

（一）提供原始有效《动物检疫合格证明》，检疫标志完整，且证物相符；

（二）在有关国家标准规定的保质期内，且无腐败变质。

第二十七条 经检疫合格的动物产品到达目的地，贮藏后需继续调运或者分销的，货主可以向输入地动物卫生监督机构重新申报检疫。输入地县级以上动物卫生监督机构对符合下列条件的动物产品，出具《动物检疫合格证明》。

（一）提供原始有效《动物检疫合格证明》，检疫标志完整，且证物相符；

（二）在有关国家标准规定的保质期内，无腐败变质；

（三）有健全的出入库登记记录；

（四）农业部规定进行必要的实验室疫病检测的，检测结果符合要求。

第五章　水产苗种产地检疫

第二十八条　出售或者运输水生动物的亲本、稚体、幼体、受精卵、发眼卵及其他遗传育种材料等水产苗种的，货主应当提前 20 天向所在地县级动物卫生监督机构申报检疫；经检疫合格，并取得《动物检疫合格证明》后，方可离开产地。

第二十九条　养殖、出售或者运输合法捕获的野生水产苗种的，货主应当在捕获野生水产苗种后 2 天内向所在地县级动物卫生监督机构申报检疫；经检疫合格，并取得《动物检疫合格证明》后，方可投放养殖场所、出售或者运输。

合法捕获的野生水产苗种实施检疫前，货主应当将其隔离在符合下列条件的临时检疫场地：

（一）与其他养殖场所有物理隔离设施；

（二）具有独立的进排水和废水无害化处理设施以及专用渔具；

（三）农业部规定的其他防疫条件。

第三十条　水产苗种经检疫符合下列条件的，由官方兽医出具《动物检疫合格证明》：

（一）该苗种生产场近期未发生相关水生动物疫情；

（二）临床健康检查合格；

（三）农业部规定需要经水生动物疫病诊断实验室检验的，检验结果符合要求。

检疫不合格的，动物卫生监督机构应当监督货主按照农业部规定的技术规范处理。

第三十一条　跨省、自治区、直辖市引进水产苗种到达目的地后，货主或承运人应当在 24 小时内按照有关规定报告，并接受当地动物卫生监督机构的监督检查。

第六章　无规定动物疫病区动物检疫

第三十二条　向无规定动物疫病区运输相关易感动物、动物产品的，除附有输出地动物卫生监督机构出具的《动物检疫合格证明》外，还应当向输入地省、自治区、直辖市动物卫生监督机构申报检疫，并按照本办法第三十三条、第三十四条规定取得输入地《动物检疫合格证明》。

第三十三条　输入到无规定动物疫病区的相关易感动物，应当在输入地省、自治区、直辖市动物卫生监督机构指定的隔离场所，按照农业部规定的无规定动物疫病区有关检疫要求隔离检疫。大中型动物隔离检疫期为 45 天，小型动物隔离检疫期为 30 天。隔离检疫合格的，由输入地省、自治区、直辖市动物卫生监督机构的官方兽医出具《动物检疫合格证明》；不合格的，不准进入，并依法处理。

第三十四条　输入到无规定动物疫病区的相关易感动物产品，应当在输入地省、自治区、直辖市动物卫生监督机构指定的地点，按照农业部规定的无规定动物疫病区有关检疫要求进行检疫。检疫合格的，由输入地省、自治区、直辖市动物卫生监督机构的官方兽医出具《动物检疫合格证明》；不合格的，不准进入，并依法处理。

第七章　乳用种用动物检疫审批

第三十五条　跨省、自治区、直辖市引进乳用动物、种用动物及其精液、胚胎、种蛋的，货主应当填写《跨省引进乳用种用动物检疫审批表》，向输入地省、自治区、直辖市动物卫生监督机构申请办理审批手续。

第三十六条　输入地省、自治区、直辖市动物卫生监督机构应当自受理申请之日起 10 个工作日内，做出是否同意引进的决定。符合下列条件的，签发《跨省引进乳用种用动物检疫审批表》；不符合下列条件的，书面告知申请人，并说明理由。

（一）输出和输入饲养场、养殖小区取得《动物防疫条件合格证》；

（二）输入饲养场、养殖小区存栏的动物符合动物健康标准；

（三）输出的乳用、种用动物养殖档案相关记录符合农业部规定；

（四）输出的精液、胚胎、种蛋的供体符合动物健康标准。

第三十七条　货主凭输入地省、自治区、直辖市动物卫生监督机构签发的《跨省引进乳用种用动物检疫审批表》，按照本办法规定向输出地县级动物卫生监督机构申报检疫。输出地县级动物卫生监督机构应当按照本办法的规定实施检疫。

第三十八条　跨省引进乳用种用动物应当在《跨省引进乳用种用动物检疫审批表》有效期内运输。逾期引进的，货主应当重新办理审批手续。

第八章　检疫监督

第三十九条　屠宰、经营、运输以及参加展览、演出和比赛的动物，应当附有《动物检疫合格证明》；经营、运输的动物产品应当附有《动物检疫合格证明》和检疫标志。

对符合前款规定的动物、动物产品，动物卫生监督机构可以查验检疫证明、检疫标志，对动物、动物产品进行采样、留验、抽检，但不得重复检疫收费。

第四十条　依法应当检疫而未经检疫的动物，由动物卫生监督机构依照本条第二款规定补检，并依照《动物防疫法》处理处罚。

符合下列条件的，由动物卫生监督机构出具《动物检疫合格证明》；不符合的，按照农业部有关规定进行处理。

（一）畜禽标识符合农业部规定；

（二）临床检查健康；

（三）农业部规定需要进行实验室疫病检测的，检测结果符合要求。

第四十一条　依法应当检疫而未经检疫的骨、角、生皮、原毛、绒等产品，符合下列条件的，由动物卫生监督机构出具《动物检疫合格证明》；不符合的，予以没收销毁。同时，依照《动物防疫法》处理处罚。

（一）经外观检查无腐烂变质；

（二）按有关规定重新消毒；

（三）农业部规定需要进行实验室疫病检测的，检测结果符合要求。

第四十二条　依法应当检疫而未经检疫的精液、胚胎、种蛋等，符合下列条件的，由动物卫生监督机构出具《动物检疫合格证明》；不符合的，予以没收销毁。同时，依照《动物防疫法》处理处罚。

（一）货主在 5 天内提供输出地动物卫生监督机构出具的来自非封锁区的证明和供体动物符合健康标准的证明；

（二）在规定的保质期内，并经外观检查无腐败变质；

（三）农业部规定需要进行实验室疫病检测的，检测结果符合要求。

第四十三条　依法应当检疫而未经检疫的肉、脏器、脂、头、蹄、血液、筋等，符合下列条件的，由动物卫生监督机构出具《动物检疫合格证明》，并依照《动物防疫法》第七十八条的规定进行处罚；不符合下列条件的，予以没收销毁，并依照《动物防疫法》第七十六条的规定进行处罚：

（一）货主在 5 天内提供输出地动物卫生监督机构出具的来自非封锁区的证明；

（二）经外观检查无病变、无腐败变质；

（三）农业部规定需要进行实验室疫病检测的，检测结果符合要求。

第四十四条　经铁路、公路、水路、航空运输依法应当检疫的动物、动物产品的，托运人托运时应当提供《动物检疫合格证明》。没有《动物检疫合格证明》的，承运人不得承运。

第四十五条　货主或者承运人应当在装载前和卸载后，对动物、动物产品的运载工具以及饲养用具、装载用具等，按照农业部规定的技术规范进行消毒，并对清除的垫料、粪便、污物等进行无害化处理。

第四十六条　封锁区内的商品蛋、生鲜奶的运输监管按照《重大动物疫情应急条例》实施。

第四十七条　经检疫合格的动物、动物产品应当在规定时间内到达目的地。经检疫合格的动物在运输途中发生疫情，应按有关规定报告并处置。

第九章　罚　　则

第四十八条　违反本办法第十九条、第三十一条规定，跨省、自治区、直辖市引进用于饲养的非乳用、非种用动物和水产苗种到达目的地后，未向所在地动物卫生监督机构报告的，由动物卫生监督机构处五百元以上二千元以下罚款。

第四十九条　违反本办法第二十条规定，跨省、自治区、直辖市引进的乳用、种用动物到达输入地后，未按规定进行隔离观察的，由动物卫生监督机构责令改正，处二千元以上一万元以下罚款。

第五十条　其他违反本办法规定的行为，依照《动物防疫法》有关规定予以处罚。

第十章　附　　则

第五十一条　动物卫生监督证章标志格式或样式由农业部统一制定。

第五十二条　水产苗种产地检疫，由地方动物卫生监督机构委托同级渔业主管部门实施。水产苗种以外的其他水生动物及其产品不实施检疫。

第五十三条　本办法自 2010 年 3 月 1 日起施行。农业部 2002 年 5 月 24 日发布的《动物检疫管理办法》（农业部令第 14 号）自本办法施行之日起废止。

进出境非食用动物产品检验检疫监督管理办法

（2014年11月13日国家质量监督检验检疫总局令第159号公布　根据2016年10月18日国家质量监督检验检疫总局令第184号《国家质量监督检验检疫总局关于修改和废止部分规章的决定》第一次修正　根据2018年4月28日海关总署令第238号《海关总署关于修改部分规章的决定》第二次修正　根据2018年5月29日海关总署第240号令《海关总署关于修改部分规章的决定》第三次修正）

第一章　总　　则

第一条　为了规范进出境非食用动物产品的检验检疫和监督管理工作，防止动物传染病、寄生虫病及其他有害生物传入传出国境，保护农、林、牧、渔业生产和人体健康，根据《中华人民共和国进出境动植物检疫法》及其实施条例、《中华人民共和国进出口商品检验法》及其实施条例等法律法规规定，制定本办法。

第二条　本办法适用于进境、出境及过境非食用动物产品的检验检疫监督管理。

动物源性饲料和饲料添加剂、动物遗传物质、动物源性生物材料及制品不适用本办法。

第三条　海关总署主管全国进出境非食用动物产品的检验检疫和监督管理工作。

主管海关负责所辖地区进出境非食用动物产品的检验检疫和监督管理工作。

第四条　进出境非食用动物产品生产、加工、存放和贸易企业应当依照法律法规和有关标准从事生产经营活动，对社会和公众负责，保证进出境非食用动物产品的质量安全，接受社会监督，承担社会责任。

第二章　风险管理

第五条　海关总署对进出境非食用动物产品实施风险管理，在风险分析的基础上，实施产品风险分级、企业分类、检疫准入、风险警示及其他风险管理措施。

第六条　海关总署根据进出境非食用动物产品动物卫生和公共卫生风险，确定产品风险级别。产品风险级别及检疫监督模式在海关总署网站公布。

第七条　海关根据企业诚信程度、质量安全控制能力等，对进出境非食用动物产品生产、加工、存放企业实施分类管理，采取相应检验检疫监管措施。

第八条　海关总署根据进出境非食用动物产品质量安全形势、检验检疫中发现的问题、国内外相关组织机构的通报以及国内外发生的动物卫生和公共卫生问题，在风险分析的基础上发布风险警示信息并决定采取启动应急处置预案、限制进出境和暂停进出境等风险管理措施。

第三章　进境检验检疫

第一节　检疫准入

第九条　海关总署对进境非食用动物产品实施检疫准入制度，包括产品风险分析、监管体系评估与审查、确定检验检疫要求、境外生产企业注册登记等。

第十条　海关总署对首次向中国输出非食用动物产品的国家或者地区进行产品风险分析、监管体系评估，对曾经或者正在向中国输出非食用动物产品的国家或者地区的监管体系进行回顾性审查。

根据风险分析、评估审查结果，海关总署与输出国家或者地区主管部门协商确定向中国输出非食用动物产品的检验检疫要求，并商签有关双边协定或者确定检验检疫证书。

海关总署负责制定、调整并在海关总署网站公布允许进境非食用动物产品的国家或者地区名单以及产品种类。

第十一条　海关总署对向中国输出非食用动物产品的境外生产、加工、存放企业（以下简称境外生产加工企业）实施注册登记制度。

需要实施境外生产加工企业注册登记的非食用动物产品名录由海关总署制定、调整并公布。

第二节　境外生产加工企业注册登记

第十二条　向中国输出非食用动物产品的境外生产加工企业应当符合输出国家或者地区法律法规和标准的相关要求，并达到中国有关法律法规和强制性标准的要求。

第十三条　实施注册登记管理的非食用动物产品境外生产加工企业，经输出国家或者地区主管部门审查合格后向海关总署推荐。

海关总署收到推荐材料并经书面审查合格后，必要时经与输出国家或者地区主管部门协商，派出专家到输出国家或者地区对其监管体系进行评估或者回顾性审查，对申请注册登记的境外生产加工企业进行检查。

符合要求的国家或者地区的境外生产加工企业，经检查合格的予以注册登记。

第十四条　境外生产加工企业注册登记有效期为 5 年。

需要延期的境外生产加工企业，由输出国家或者地区主管部门在有效期届满 6 个月前向海关总署提出延期申请。海关总署可以派出专家到输出国家或者地区对其监管体系进行回顾性审查，并对申请延期的境外生产加工企业进行抽查。

对回顾性审查符合要求的国家或者地区，抽查符合要求的及未被抽查的其他申请延期的境外生产加工企业，注册登记有效期延长 5 年。

第十五条　注册登记的境外生产加工企业不再向中国输出非食用动物产品的，输出国家或者地区主管部门应当通报海关总署，海关总署注销其注册登记。

第十六条　注册登记的境外生产加工企业向中国输出的非食用动物产品经检验检疫不合格，情节严重的，海关总署可以撤销其注册登记。

第三节　检验检疫

第十七条　进境非食用动物产品应当符合下列要求：

（一）双边协议、议定书、备忘录以及其他双边协定确定的相关要求；

（二）双方确认的检验检疫证书规定的相关要求；

（三）中国法律法规规定和强制性标准要求；

（四）进境动植物检疫许可证（以下简称检疫许可证）列明的要求；

（五）海关总署规定的其他检验检疫要求。

第十八条　进境非食用动物产品需要办理检疫许可证的，货主或者其代理人应当按照相关规定办理。

产品风险级别较高的非食用动物产品，因口岸条件限制等原因，进境后应当运往指定的存放、加工场所（以下简称指定企业）检疫的，办理检疫许可证时，货主或者其代理人应当明确指定企业并提供相应证明文件。

第十九条　货主或者其代理人应当在非食用动物产品进境前或者进境时向进境口岸海关报检，报检时应当提供原产地证书、贸易合同、发票、提单、输出国家或者地区主管部门出具的检验检疫证书等单证，须办理检疫审批的应当取得检疫许可证。

第二十条　进境口岸海关对货主或者其代理人报检时所提供的单证进行审核，并对检疫许可证的批准数（重）量进行核销。

对有证书要求的产品，如无有效检疫许可证或者输出国家或者地区主管部门出具的有效检验检疫证书的，作退回或者销毁处理。

第二十一条　进境非食用动物产品，由进境口岸海关实施检验检疫。

因口岸条件限制等原因，进境后应当运往指定企业检疫的非食用动物产品，由进境口岸海关实施现场查验和相应防疫消毒处理后，通知指定企业所在地海关。货主或者其代理人将非食用动物产品运往检疫许可证列明的指定企业后，应当向指定企业所在地海关申报，由指定企业所在地海关实施检验检疫，并对存放、加工过程实施检疫监督。

第二十二条　海关按照以下要求对进境非食用动物产品实施现场查验：

（一）查询启运时间、港口、途经国家或者地区、装载清单等，核对单证是否真实有效，单证与货物的名称、数（重）量、输出国家或者地区、包装、唛头、标记等是否相符；

（二）包装、容器是否完好，是否带有动植物性包装、铺垫材料并符合我国相关规定；

（三）有无腐败变质现象，有无携带有害生物、动物排泄物或者其他动物组织等；

（四）有无携带动物尸体、土壤及其他禁止进境物。

第二十三条　现场查验时，海关应当对运输工具有关部位、装载非食用动物产品的容器、包装外表、铺垫材料、污染场地等进行防疫消毒处理。

第二十四条　现场查验有下列情形之一的，海关签发《检验检疫处理通知书》，并作相应检疫处理：

（一）属于法律法规禁止进境的、带有禁止进境物的、货证不符的、发现严重腐败变质的作退回或者销毁处理；

（二）对散包、容器破裂的，由货主或者其代理人负责整理完好，方可卸离运输工具。海关对受污染的场地、物品、器具进行消毒处理；

（三）带有检疫性有害生物、动物排泄物或者其他动物组织等的，按照有关规定进行检疫处理。不能有效处理的，作退回或者销毁处理；

（四）对疑似受病原体和其它有毒有害物质污染的，封存有关货物并采样进行实验室检测，对有关污染现场进行消毒处理。

第二十五条　转关的非食用动物产品，应当在进境前或者进境时由货主或者其代理人向

进境口岸海关申报，根据产品的不同要求提供输出国家或者地区主管部门出具的检验检疫证
书等单证。

进境口岸海关对提供的单证进行书面审核。审核不合格的，作退回或者销毁处理。审核
合格的，依据有关规定对装载非食用动物产品的集装箱体表、运输工具实施防疫消毒处理。
货物到达结关地后，货主或者其代理人应当向结关地海关报检。结关地海关对货物实施检验
检疫和检疫监督。

第二十六条　海关按照对非食用动物产品的检验检疫要求抽取样品，出具《抽/采样凭
证》，送实验室进行有关项目的检测。

第二十七条　进境非食用动物产品经检验检疫合格，海关签发《进境货物检验检疫证
明》后，方可销售、使用或者在指定企业加工。

经检验检疫不合格的，海关签发《检验检疫处理通知书》，由货主或者其代理人在海关
的监督下，作除害、退回或者销毁处理，经除害处理合格的准予进境。需要对外索赔的，由
海关出具相关证书。

进境非食用动物产品检验检疫不合格信息应当上报海关总署。

第二十八条　未经海关同意，不得将进境非食用动物产品卸离运输工具或者运递。

第二十九条　进境非食用动物产品在从进境运输工具上卸离及运递过程中，货主或者其
代理人应当采取措施，防止货物的容器、包装破损而造成渗漏、散落。

第三十条　运往指定企业检疫的非食用动物产品，应当在检疫许可证列明的指定企业存
放、加工。因特殊原因，需要变更指定企业的，货主或者其代理人应当办理检疫许可证变
更，并向变更后的指定企业所在地海关申报，接受检验检疫和检疫监督。

第三十一条　经香港或者澳门转运的目的地为内地的进境非食用动物产品，在香港或者
澳门卸离原运输工具并经港澳陆路、水路运输到内地的，发货人应当向海关总署指定的检验
机构申请中转检验。未经检验或者检验不合格的，不得转运内地。

指定的检验机构应当按照海关总署的要求开展中转检验，合格后加施封识并出具中
转检验证书，进境口岸海关受理报检时应当同时核查中转检验证书和其它有关检验检疫
单证。

第四节　监督管理

第三十二条　海关对进境非食用动物产品存放、加工过程，实施检疫监督制度。

第三十三条　拟从事产品风险级别较高的进境非食用动物产品存放、加工业务的企业可
以向所在地直属海关提出指定申请。

直属海关按照海关总署制定的有关要求，对申请企业的申请材料、工艺流程、兽医卫生
防疫制度等进行检查评审，核定存放、加工非食用动物产品种类、能力。

第三十四条　指定企业应当符合动物检疫和兽医防疫的规定，遵守下列要求：

（一）按照规定的兽医卫生防疫制度开展防疫工作；

（二）按照规定的工艺加工、使用进境非食用动物产品；

（三）按照规定的方法对废弃物进行处理；

（四）建立并维护企业档案，包括出入库、生产加工、防疫消毒、废弃物处理等记录，
档案至少保留 2 年；

（五）如实填写《进境非食用动物产品生产、加工、存放指定企业监管手册》；

（六）涉及安全卫生的其他规定。

第三十五条 海关按照本办法第三十四条的规定对指定企业实施日常监督管理。

指定企业应当按照要求向所在地直属海关提交年度报告，确保其符合海关总署制定的有关要求。

第三十六条 海关应当建立指定企业、收货人及其代理人诚信档案，建立良好记录企业名单和不良记录企业名单。

第三十七条 指定企业、收货人及其代理人发现重大动物疫情或者公共卫生问题时，应当立即向所在地海关报告，海关应当按照有关规定处理并上报。

第三十八条 指定企业名称、地址、法定代表人、进境非食用动物产品种类、存放、生产加工能力、加工工艺以及其他兽医卫生、防疫条件发生变化的，应当及时向所在地直属海关报告并办理变更手续。

第三十九条 海关发现指定企业出现以下情况的，取消指定：

（一）企业依法终止的；

（二）不符合本办法第三十四条规定，拒绝整改或者未整改合格的；

（三）未提交年度报告的；

（四）连续两年未从事进境非食用动物产品存放、加工业务的；

（五）未按照本办法第三十八条规定办理变更手续的；

（六）法律法规规定的应当取消指定的其它情形。

第四十条 直属海关应当在完成存放、加工企业指定、变更后30日内，将相关信息上报海关总署备案。

第四章　出境检验检疫

第一节　出境生产加工企业注册登记

第四十一条 输入国家或者地区要求中国对向其输出非食用动物产品生产、加工、存放企业（以下简称出境生产加工企业）注册登记的，海关总署对出境生产加工企业实行注册登记。

第四十二条 申请注册登记的出境生产加工企业应当符合进境国家或者地区的法律法规有关规定，并遵守下列要求：

（一）建立并维持进境国家或者地区有关法律法规规定的注册登记要求；

（二）按照建立的兽医卫生防疫制度组织生产；

（三）按照建立的合格原料供应商评价制度组织生产；

（四）建立并维护企业档案，确保原料、产品可追溯；

（五）如实填写《出境非食用动物产品生产、加工、存放注册登记企业监管手册》；

（六）符合中国其他法律法规规定的要求。

第四十三条 出境生产加工企业应当向所在地直属海关申请注册登记。申请注册登记时，应当提交下列材料：

（一）《出境非食用动物产品生产、加工、存放企业检验检疫注册登记申请表》；

（二）厂区平面图，并提供重点区域的照片或者视频资料；

（三）工艺流程图，包括生产、加工的温度、使用化学试剂的种类、浓度和 pH 值、处理的时间和使用的有关设备等情况。

第四十四条　直属海关对申请人提出的申请，应当根据下列情况分别作出处理：

（一）申请事项依法不需要取得行政许可的，应当即时告知申请人；

（二）申请事项依法不属于本行政机关职权范围的，应当即时作出不予受理的决定，并告知申请人向有关行政机关申请；

（三）申请材料存在可以当场更正的错误的，应当允许申请人当场更正；

（四）申请材料不齐全或者不符合法定形式的，应当当场或者在 5 个工作日内一次告知申请人需要补正的全部内容，逾期不告知的，自收到申请材料之日起即为受理；

（五）申请材料齐全、符合法定形式或者申请人按照要求提交全部补正申请材料的，应当受理申请。

直属海关受理或者不予受理申请，应当出具加盖本行政机关专用印章和注明日期的书面凭证。

第四十五条　直属海关应当在受理申请后组成评审组，对申请注册登记的出境生产加工企业进行现场评审。评审组应当在现场评审结束后及时向直属海关提交评审报告。

第四十六条　直属海关应当自受理申请之日起 20 日内对申请人的申请事项作出是否准予注册登记的决定；准予注册登记的，颁发《出境非食用动物产品生产、加工、存放企业检验检疫注册登记证》（以下简称《注册登记证》）。

直属海关自受理申请之日起 20 日内不能作出决定的，经直属海关负责人批准，可以延长 10 日，并应当将延长期限的理由告知申请人。

第四十七条　直属海关应当将准予注册登记企业名单上报海关总署。海关总署组织进行抽查评估，统一向进境国家或者地区主管部门推荐并办理有关手续。

第四十八条　《注册登记证》自颁发之日起生效，有效期 5 年。

第四十九条　注册登记的出境生产加工企业变更企业名称、法定代表人、产品种类、存放、生产加工能力等的，应当在变更后 30 日内向准予注册登记的直属海关提出书面申请，填写《出境非食用动物产品生产、加工、存放企业检验检疫注册登记申请表》，并提交与变更内容相关的资料。

变更企业名称、法定代表人的，由直属海关审核有关资料后，直接办理变更手续。

变更产品种类或者生产能力的，由直属海关审核有关资料并组织现场评审，评审合格后，办理变更手续。

企业迁址的，应当重新向直属海关申请办理注册登记手续。

第五十条　获得注册登记的出境生产加工企业需要延续注册登记有效期的，应当在有效期届满 3 个月前按照本办法规定提出申请。

第五十一条　海关对注册登记的出境生产加工企业实施年审，年审合格的在《注册登记证》（副本）上加注年审合格记录。

第五十二条　注册登记的出境生产加工企业发生下列情况之一，准予注册登记所依据的客观情况发生重大变化，达不到注册登记条件要求的，由直属海关撤回其注册登记：

（一）注册登记内容发生变更，未办理变更手续的；

（二）年审不合格的；

（三）所依据的客观情况发生其他重大变化的。

第五十三条　有下列情形之一的，直属海关根据利害关系人的请求或者依据职权，可以撤销其注册登记：

（一）直属海关工作人员滥用职权、玩忽职守作出准予注册登记的；

（二）超越法定职权作出准予注册登记的；

（三）违反法定程序作出准予注册登记的；

（四）对不具备申请资格或者不符合法定条件的出境生产加工企业准予注册登记的；

（五）依法可以撤销注册登记的其他情形。

出境生产加工企业以欺骗、贿赂等不正当手段取得注册登记的，应当予以撤销。

第五十四条　出境生产加工企业有下列情形之一的，直属海关应当依法办理注册登记的注销手续：

（一）注册登记有效期届满未申请延续的；

（二）出境生产加工企业依法终止的；

（三）出境生产加工企业因停产、转产、倒闭等原因不再从事出境非食用动物产品生产、加工或者存放业务的；

（四）注册登记依法被撤销、撤回或者吊销的；

（五）因不可抗力导致注册登记事项无法实施的；

（六）法律、法规规定的应当注销注册登记的其它情形。

第二节　检验检疫

第五十五条　海关按照下列要求对出境非食用动物产品实施检验检疫：

（一）双边协议、议定书、备忘录和其他双边协定；

（二）输入国家或者地区检验检疫要求；

（三）中国法律法规、强制性标准和海关总署规定的检验检疫要求；

（四）贸易合同或者信用证注明的检疫要求。

第五十六条　非食用动物产品出境前，货主或者其代理人应当向产地海关报检，并提供贸易合同、自检自控合格证明等相关单证。海关对所提供的单证进行审核，符合要求的受理报检。

第五十七条　受理报检后，海关按照下列规定实施现场检验检疫：

（一）核对货证：核对单证与货物的名称、数（重）量、生产日期、批号、包装、唛头、出境生产企业名称或者注册登记号等是否相符；

（二）抽样：根据相应标准、输入国家或者地区的要求进行抽样，出具《抽/采样凭证》；

（三）感官检查：包装、容器是否完好，外观、色泽、组织状态、黏度、气味、异物、异色及其它相关项目。

第五十八条　海关对需要进行实验室检验检疫的产品，按照相关规定，抽样送实验室检测。

第五十九条　经检验检疫合格的，海关出具检验检疫证书。检验检疫不合格的，经有效方法处理并重新检验检疫合格的，可以按照规定出具相关单证，准予出境；无有效方法处理或者虽经处理重新检验检疫仍不合格的，不予出境，并出具《出境货物不合格通知单》。

第六十条　出境口岸海关按照相关规定查验，重点核查货证是否相符。查验不合格的，不予放行。

第六十一条 产地海关与出境口岸海关应当及时交流信息。

在检验检疫过程中发现重大安全卫生问题，应当采取相应措施，并及时上报海关总署。

第三节 监督管理

第六十二条 取得注册登记的出境生产加工企业应当遵守下列规定：

（一）有效运行自检自控体系；

（二）按照输入国家或者地区的标准或者合同要求生产出境产品；

（三）按照海关认可的兽医卫生防疫制度开展卫生防疫工作；

（四）企业档案维护，包括出入库、生产加工、防疫消毒、废弃物检疫处理等记录，记录档案至少保留 2 年；

（五）如实填写《出境非食用动物产品生产、加工、存放注册登记企业监管手册》。

第六十三条 海关对辖区内注册登记的出境生产加工企业实施日常监督管理，内容包括：

（一）兽医卫生防疫制度的执行情况；

（二）自检自控体系运行，包括原辅料、成品自检自控情况、生产加工过程控制、原料及成品出入库及生产、加工的记录等；

（三）涉及安全卫生的其他有关内容；

（四）《出境非食用动物产品生产、加工、存放注册登记企业监管手册》填写情况。

第六十四条 海关应当建立注册登记的出境生产加工企业诚信档案，建立良好记录企业名单和不良记录企业名单。

第六十五条 出境非食用动物产品被检出疫病、有毒有害物质超标或者其他安全卫生问题的，海关核实有关情况后，实施加严检验检疫监管措施。

第六十六条 注册登记的出境生产加工企业发现相关产品可能受到污染并影响非食用动物产品安全，或者其出境产品在国外涉嫌引发非食用动物产品安全事件时，应当在 24 小时内报告所在地海关，同时采取控制措施，防止不合格产品继续出厂。所在地海关接到报告后，应当于 24 小时内逐级上报至海关总署。

第五章 过境检验检疫

第六十七条 运输非食用动物产品过境的，承运人或者押运人应当持货运单和输出国家或者地区主管部门出具的证书，并书面提交过境运输路线，向进境口岸海关报检。

第六十八条 装载过境非食用动物产品的运输工具和包装物、装载容器应当完好。经进境口岸海关检查，发现过境非食用动物产品存在途中散漏隐患的，承运人或者押运人应当按照口岸海关的要求，采取密封措施；无法采取密封措施的，不准过境。

第六十九条 过境非食用动物产品的输出国家或者地区未被列入本办法第十条规定的名单的，应当获得海关总署的批准方可过境。

第七十条 过境的非食用动物产品，由进境口岸海关查验单证，加施封识后放行，同时通知出境口岸海关。到达出境口岸后，由出境口岸海关确认原货柜、原包装、原封识完好后，允许出境。

第六章 法律责任

第七十一条 违反本办法规定，擅自销售、使用未报检或者未经检验的属于法定检验的进境非食用动物产品的，由海关按照《中华人民共和国进出口商品检验法实施条例》第四十三条的规定没收违法所得，并处非食用动物产品货值金额 5％以上 20％以下罚款；构成犯罪的，依法追究刑事责任。

第七十二条 违反本办法规定，擅自出口未报检或者未经检验的属于法定检验的出境非食用动物产品的，由海关按照《中华人民共和国进出口商品检验法实施条例》第四十四条的规定没收违法所得，并处非食用动物产品货值金额 5％以上 20％以下罚款；构成犯罪的，依法追究刑事责任。

第七十三条 销售、使用经法定检验、抽查检验不合格的进境非食用动物产品，或者出口经法定检验、抽查检验不合格的非食用动物产品的，由海关按照《中华人民共和国进出口商品检验法实施条例》第四十五条的规定责令停止销售、使用或者出口，没收违法所得和违法销售、使用或者出口的非食用动物产品，并处没收销售、使用或者出口的非食用动物产品货值金额等值以上 3 倍以下罚款；构成犯罪的，依法追究刑事责任。

第七十四条 进出境非食用动物产品的收货人、发货人、代理报检企业或者报检人员不如实提供属于法定检验的进出境非食用动物产品的真实情况，取得海关的有关证单，或者对法定检验的进出境非食用动物产品不予报检，逃避进出口商品检验的，由海关按照《中华人民共和国进出口商品检验法实施条例》第四十六条第一款的规定没收违法所得，并处非食用动物产品货值金额 5％以上 20％以下罚款。

进出境非食用动物产品的收货人或者发货人委托代理报检企业办理报检手续，未按照规定向代理报检企业提供所委托报检事项的真实情况，取得海关的有关证单的，对委托人依照前款规定予以处罚。

第七十五条 伪造、变造、买卖或者盗窃检验证单、印章、标志、封识或者使用伪造、变造的检验证单、印章、标志、封识，构成犯罪的，依法追究刑事责任；尚不够刑事处罚的，由海关按照《中华人民共和国进出口商品检验法实施条例》第四十七条的规定责令改正，没收违法所得，并处非食用动物产品货值金额等值以下罚款。

第七十六条 擅自调换海关抽取的样品或者海关检验合格的进出境非食用动物产品的，由海关按照《中华人民共和国进出口商品检验法实施条例》第四十八条的规定责令改正，给予警告；情节严重的，并处非食用动物产品货值金额 10％以上 50％以下罚款。

第七十七条 有下列违法行为之一的，由海关按照《中华人民共和国进出境动植物检疫法实施条例》第五十九条的规定处 5 000 元以下的罚款：

（一）未报检或者未依法办理检疫审批手续或者未按检疫审批的规定执行的；

（二）报检的非食用动物产品与实际不符的。

有前款第（二）项所列行为，已取得检疫单证的，予以吊销。

第七十八条 有下列情形之一的，由海关按照《中华人民共和国进出境动植物检疫法实施条例》第六十条的规定处 3 000 元以上 3 万元以下罚款：

（一）未经海关批准，擅自将进境、出境、过境非食用动物产品卸离运输工具或者运递的；

（二）擅自开拆过境非食用动物产品的包装，或者擅自开拆、损毁动植物检疫封识或者标志的。

第七十九条 有下列情形之一的，依法追究刑事责任；尚不构成犯罪或者犯罪情节显著轻微依法不需要判处刑罚的，由海关按照《中华人民共和国进出境动植物检疫法实施条例》第六十二条的规定处 2 万元以上 5 万元以下的罚款：

（一）引起重大动植物疫情的；

（二）伪造、变造动植物检疫单证、印章、标志、封识的。

第八十条 有下列情形之一，有违法所得的，由海关处以违法所得 3 倍以下罚款，最高不超过 3 万元；没有违法所得的，处以 1 万元以下罚款：

（一）未经注册登记或者指定擅自生产、加工、存放需要实施企业注册登记或者指定管理的非食用动物产品的；

（二）擅自销售、使用或者出口应当经抽查检验而未经抽查检验的进出境非食用动物产品的；

（三）买卖或者使用伪造、变造的动植物检疫单证、印章、标志、封识的；

（四）买卖或者使用伪造、变造的输出国家或者地区主管部门检验检疫证明文件的；

（五）买卖或者使用伪造、变造的其他相关证明文件的；

（六）拒不接受海关监督管理的；

（七）未按照有关规定向指定企业所在地海关申报的；

（八）实施企业注册登记或者指定管理的进境非食用动物产品，未经批准，货主或者其代理人擅自变更生产、加工、存放企业的；

（九）擅自处置未经检疫处理的进境非食用动物产品使用、加工过程中产生的废弃物的。

第八十一条 申请注册登记的生产、加工、存放企业隐瞒有关情况或者提供虚假材料申请注册登记的，海关不予受理申请或者不予注册登记，并可以给予警告。

经注册登记的生产、加工、存放企业以欺骗、贿赂等不正当手段取得注册登记的，有违法所得的，由海关处以违法所得 3 倍以下罚款，最高不超过 3 万元；没有违法所得的，处以 1 万元以下罚款。

第八十二条 海关工作人员滥用职权，故意刁难当事人的，徇私舞弊，伪造检验检疫结果的，或者玩忽职守，延误检验检疫出证的，依法给予行政处分；构成犯罪的，依法追究刑事责任。

第七章 附 则

第八十三条 本办法中非食用动物产品是指非直接供人类或者动物食用的动物副产品及其衍生物、加工品，如非直接供人类或者动物食用的动物皮张、毛类、纤维、骨、蹄、角、油脂、明胶、标本、工艺品、内脏、动物源性肥料、蚕产品、蜂产品、水产品、奶产品等。

第八十四条 进出境非食用动物产品应当实施卫生检疫的，按照国境卫生检疫法律法规的规定执行。

第八十五条 本办法由海关总署负责解释。

第八十六条 本办法自 2015 年 2 月 1 日起施行。自施行之日起，进出境非食用动物产品检验检疫管理规定与本办法不一致的，以本办法为准。

（二）规范性文件

1. 综合管理

林业部关于核准部分濒危野生动物为
国家重点保护野生动物的通知

（林护通字〔1993〕48 号　1993 年 4 月 14 日）

各省、自治区、直辖市人民政府、国务院有关部门：

我国是《濒危野生动植物种国际贸易公约》（以下简称《公约》）成员国。为加强对濒危野生动植物种的进出口管理，履行相应的国际义务，使国内野生动物的保护管理工作与世界濒危物种保护相衔接根据《中华人民共和国野生动物保护法》第四十条和《中华人民共和国陆生野生动物保护实施条例》第二十四条的规定，现决定将《公约》附录Ⅰ和附录Ⅱ所列非原产我国的所有野生动物（如犀牛、食蟹猴、袋鼠、鸵鸟、非洲象、斑马等），分别核准为国家一级和国家二级保护野生动物。对这些野生动物及其产品（包括任何可辨认部分或其衍生物）的管理，同原产我国的国家一级和国家二级保护野生动物一样，按照国家现行法律、法规和规章的规定实施管理；对违反有关规定的，同样依法查处。

特此通知。

林业部关于大力加强野生动物保护和依法禁止濒危物种及其产品贸易宣传的通知

（林护字〔1993〕63 号　1993 年 11 月 11 日）

各省、自治区、直辖市党委宣传部、林业（农业）厅（局）、工商行政管理局，国务院有关部委、直属机构：

野生动物是国家的宝贵资源，在维护生态平衡、保持生物多样性中，发挥着别的物种所无法取代的重要作用。当前，国际社会对保护野生动物、拯救濒危物种的呼声十分强烈。我国是有关野生动物的国际公约或国际组织的成员国，搞好野生动物保护，对于维护生态平衡，促进社会主义精神文明和物质文明建设，维护我国的国际声誉和形象，更好地促进对外开放，都具有十分重要的意义。党中央、国务院对保护野生动物工作十分重视，采取了一系列措施加强野生动物保护工作。一九九三年五月二十九日，国务院又专门发出《关于禁止犀牛角和虎骨贸易的通知》，重申禁止犀牛角和虎骨及其产品的一切贸易活动，对保护野生动物，特别是濒危物种，打击违法犯罪活动，起到了有力的推动作用，但是必须看到，当前非法猎捕珍稀濒危动物，非法经营、贩运、走私倒卖珍稀濒危动物及其产品和食用国家重点保护动物的问题还很突出，特别是社会上一些单位和个人，无视国家法律法规，利用濒危动物及其产品牟取暴利，有的甚至利用电视、广播、报刊等新闻媒介，从事濒危动物产品广告宣传，严重干扰了濒危动物保护管理的正常秩序，影响了我国的形象和国际声誉。为了改变这种状况，进一步加强对野生动物的保护，特通知如下：

一、要充分认识宣传保护野生动物的重要性和紧迫性，大力加强保护野生动物的宣传工作。保护野生动物已不只是单纯的动物保护问题、经济问题、生态环境问题，还是极为敏感的政治问题、外交问题。一些西方国家少数人以我国少数不法分子走私犀牛角、虎骨等濒危动物产品为由，否定我国保护野生动物所采取的措施和取得的成就，利用西方公众对动物的宠爱，借题发挥，诋毁我国，这是极不公正的，没有道理的，也是我们坚决反对的。为了使人们特别是国际社会了解我国保护野生动物的真实情况，各新闻宣传单位要大力开展保护野生动物的宣传，广泛宣传保护野生动物的重大意义，宣传我国政府保护野生动物的一贯立场和态度，以及国家保护野生动物法律法规及政策规定，大力宣传我国保护野生动物取得的成就，维护我国的国际形象和声誉，教育人们更加自觉地保护野生动物。

二、必须坚决禁止对濒危动物及其产品生产、经营的宣传。各新闻单位要切实加强领导，采取有力措施，坚决杜绝不利于濒危动物保护的宣传，不得为濒危动物及其产品生产、经营活动做任何形式的宣传。

三、认真清理濒危动物及其产品商标、广告。各级宣传部门、各新闻单位要对电视、广播、报刊已有的濒危动物及其产品的广告进行一次清理，凡涉及濒危动物及其产品的广告，特别是标有"犀牛角"、"虎骨"字样的广告，一律清除、取消，不得刊登。各级工商行政管理部门要对广告经营单位以及集贸市场、宾馆、饭店、药店、机场和有关生产厂家的广告牌、广告栏进行认真检查，清除上述内容的广告。今后不得制作、刊登濒危物种产品广告。违者将根据国家有关法律、法规，追究其责任。

　　四、本通知自下发之日起执行。执行情况及时报告林业部、国家工商行政管理局。

林业部关于强化林业工作总站
野生动物保护管理职能的通知

（林护通字〔1994〕20 号　1994 年 2 月 13 日）

各省、自治区、直辖市、计划单列市林业厅局，江苏、青海、天津农林厅局，上海市农业局，西藏自治区农牧林委，新疆生产建设兵团林业局：

保护野生动物资源及其栖息环境，是《野生动物保护法》赋予林业部门的重要职责。我国人口众多，自然条件复杂，野生动物保护管理工作的任务重，范围广，资金少，保护管理体系尚不健全。林业工作站是林业行政管理的最基层单位，为了加强野生动物保护管理工作，逐步健全野生动物管理体系，必须强化林业工作站保护管理野生动物的职能，充分发挥林业工作站在保护管理野生动物方面的作用。现就强化林业工作站保护管理野生动物职能的有关问题通知如下：

一、根据工作需要，乡、镇林业工作站，可增挂"野生动物保护管理站"牌子，实行"一套班子，两块牌子"，设专职或兼职人员，专门负责野生动物保护管理工作。林业工作站原管理体制不变。

二、野生动物保护管理站的职责是：

1. 贯彻执行国家有关保护野生动物的法律法规和方针政策，开展保护野生动物知识和有关法律法规的宣传教育。

2. 协助当地野生动物行政主管部门调查和保护管理野生动物资源及其栖息环境。

3. 监督管理野生动物驯养繁殖和经营利用等工作。

4. 制止违法生产、购买、携带、使用猎枪弹具和其它猎捕工具。

5. 制止乱捕滥猎野生动物资源、破坏野生动物栖息环境的违法行为。

6. 协助公安、工商等有关部门查处倒卖、走私、非法经营野生动物及其产品等违法案件。

7. 及时向当地政府和野生动物行政主管部门反映野生动物管理情况。

三、各级野生动物行政主管部门应当加强对野生动物管理站的业务指导和支持。对有关人员有计划地进行岗位培训，对有关业务工作进行监督检查，使野生动物保护管理工作真正落到实处。

国家林业局、公安部关于印发森林和陆生野生动物刑事案件管辖及立案标准的通知

（林护发〔2001〕156号　2001年4月16日）

各省、自治区、直辖市林业厅（局），公安厅（局），内蒙古、吉林、黑龙江、大兴安岭森工（林业）集团，新疆生产建设兵团林业局、公安局：

为依法保护森林和陆生野生动物资源，根据《中华人民共和国刑法》、《中华人民共和国刑事诉讼法》、《公安机关办理刑事案件程序规定》及其他有关规定，国家林业局、公安部制定了《国家林业局公安部关于森林和陆生野生动物刑事案件管辖及立案标准》，现予印发。各地接到本通知后，请认真组织学习并贯彻执行，执行中的问题，请分别报国家林业局、公安部。

国家林业局　公安部
关于森林和陆生野生动物刑事案件管辖及立案标准

根据《中华人民共和国刑法》《中华人民共和国刑事诉讼法》《公安机关办理刑事案件程序规定》及其他有关规定，现将森林和陆生野生动物刑事案件管辖及立案标准规定如下：

一、森林公安机关管辖在其辖区内发生的刑法规定的下列森林和陆生野生动物刑事案件

（一）盗伐林木案件（第三百四十五条第一款）；

（二）滥伐林木案件（第三百四十五条第二款）；

（三）非法收购盗伐、滥伐的林木案件（第三百四十五条第三款）；

（四）非法采伐、毁坏珍贵树木案件（第三百四十四条）；

（五）走私珍稀植物、珍稀植物制品案件（第一百五十一条第三款）；

（六）放火案件中，故意放火烧毁森林或者其他林木的案件（第一百一十四条、第一百一十五条第一款）；

（七）失火案件中，过失烧毁森林或者其他林木的案件（第一百一十五条第二款）；

（八）聚众哄抢案件中，哄抢林木的案件（第二百六十八条）；

（九）破坏生产经营案件中，故意毁坏用于造林、育林、护林和木材生产的机械设备或者以其他方法破坏林业生产经营的案件（第二百七十六条）；

（十）非法猎捕、杀害珍贵、濒危陆生野生动物案件（第三百四十一条第一款）；

（十一）非法收购、运输、出售珍贵、濒危陆生野生动物、珍贵、濒危陆生野生动物制品案件（第三百四十一条第一款）；

（十二）非法狩猎案件（第三百四十一条第二款）；

（十三）走私珍贵陆生野生动物、珍贵陆生野生动物制品案件（第一百五十一条第二款）；

（十四）非法经营案件中，买卖《允许进口证明书》《允许出口证明书》《允许再出口证明书》、进出口原产地证明及国家机关批准的其他关于林业和陆生野生动物的经营许可证明文件的案件（第二百二十五条第二项）；

（十五）伪造、变造、买卖国家机关公文、证件案件中，伪造、变造、买卖林木和陆生野生动物允许进出口证明书、进出口原产地证明、狩猎证、特许猎捕证、驯养繁殖许可证、林木采伐许可证、木材运输证明、森林、林木、林地权属证书、征用或者占用林地审核同意书、育林基金等缴费收据以及由国家机关批准的其他关于林业和陆生野生动物公文、证件的案件（第二百八十条第一、二款）；

（十六）盗窃案件中，盗窃国家、集体、他人所有并已经伐倒的树木、偷砍他人房前屋后、自留地种植的零星树木、以谋取经济利益为目的非法实施采种、采脂、挖笋、掘根、剥树皮等以及盗窃国家重点保护陆生野生动物或其制品的案件（第二百六十四条）；

（十七）抢劫案件中，抢劫国家重点保护陆生野生动物或其制品的案件（第二百六十三条）；

（十八）抢夺案件中，抢夺国家重点保护陆生野生动物或其制品的案件（第二百六十七条）；

（十九）窝藏、转移、收购、销售赃物案件中，涉及被盗伐滥伐的木材、国家重点保护陆生野生动物或其制品的案件（第三百一十二条）；

未建立森林公安机关的地方，上述案件由地方公安机关负责查处。

二、森林和陆生野生动物刑事案件的立案标准

（一）盗伐林木案

盗伐森林或者其他林木，立案起点为 2 立方米至 5 立方米或者幼树 100 至 200 株；盗伐林木 20 立方米至 50 立方米或者幼树 1 000 株至 2 000 株，为重大案件立案起点；盗伐林木 100 立方米至 200 立方米或者幼树 5 000 株至 10 000 株，为特别重大案件立案起点。

（二）滥伐林木案

滥伐森林或者其他林木，立案起点为 10 立方米至 20 立方米或者幼树 500 至 1 000 株；滥伐林木 50 立方米以上或者幼树 2 500 株以上，为重大案件；滥伐林木 100 立方米以上或者幼树 5 000 株以上，为特别重大案件。

（三）非法收购盗伐、滥伐的林木案

以牟利为目的，在林区非法收购明知是盗伐、滥伐的林木在 20 立方米或者幼树 1 000 株以上的，以及非法收购盗伐、滥伐的珍贵树木 2 立方米以上或者 5 株以上的应当立案；非法收购林木 100 立方米或者幼树 5 000 株以上的，以及非法收购盗伐、滥伐的珍贵树木 5 立方米以上或者 10 株以上的为重大案件；非法收购林木 200 立方米或者幼树 1 000 株以上的，以及非法收购盗伐、滥伐的珍贵树木 10 立方米以上或者 20 株以上的为特别重大案件。

（四）非法采伐、毁坏珍贵树木案

非法采伐、毁坏珍贵树木的应当立案；采伐珍贵树木 2 株、2 立方米以上或者毁坏珍贵树木致死 3 株以上的，为重大案件；采伐珍贵树木 10 株、10 立方米以上或者毁坏珍贵树木致死 15 株以上的，为特别重大案件。

（五）走私珍稀植物、珍稀植物制品案

走私国家禁止进出口的珍稀植物、珍稀植物制品的应当立案；走私珍稀植物2株以上、珍稀植物制品价值在2万元以上的，为重大案件；走私珍稀植物10株以上、珍稀植物制品价值在10万元以上的，为特别重大案件。

（六）放火案

凡故意放火造成森林或者其他林木火灾的都应当立案；过火有林地面积2公顷以上为重大案件；过火有林地面积10公顷以上，或者致人重伤、死亡的，为特别重大案件。

（七）失火案

失火造成森林火灾，过火有林地面积2公顷以上，或者致人重伤、死亡的应当立案；过火有林地面积为10公顷以上，或者致人死亡、重伤5人以上的为重大案件；过火有林地面积为50公顷以上，或者死亡2人以上的，为特别重大案件。

（八）非法猎捕、杀害国家重点保护珍贵、濒危陆生野生动物案

凡非法猎捕、杀害国家重点保护的珍贵、濒危陆生野生动物的应当立案，重大案件、特别重大案件的立案标准详见附表。

国家林业局公安部关于森林和陆生野生动物刑事案件管辖及立案标准

非法收购、运输、出售国家重点保护的珍贵、濒危陆生野生动物的应当立案，重大案件、特别重大案件的立案标准见附表。

非法收购、运输、出售国家重点保护的珍贵、濒危陆生野生动物制品的，应当立案；制品价值在10万元以上或者非法获利5万元以上的，为重大案件；制品价值在20万元以上或非法获利10万元以上的，为特别重大案件。

（十）非法狩猎案

违反狩猎法规，在禁猎区、禁猎期或者使用禁用的工具、方法狩猎，具有下列情形之一的，应予立案：

1. 非法狩猎陆生野生动物20只以上的；

2. 在禁猎区或者禁猎期使用禁用的工具、方法狩猎的；

3. 具有其他严重破坏野生动物资源情节的。

违反狩猎法规，在禁猎区、禁猎期或者使用禁用的工具、方法狩猎，非法狩猎陆生野生动物50只以上的，为重大案件；非法狩猎陆生野生动物100只以上或者具有其他恶劣情节的，为特别重大案件。

（十一）走私珍贵动物、珍贵动物制品案

走私国家重点保护和《濒危野生动植物种国际贸易公约》附录一、附录二的陆生野生动物及其制品的应当立案；走私国家重点保护的陆生野生动物重大案件和特别重大案件按附表的标准执行。

走私国家重点保护和《濒危野生动植物种国际贸易公约》附录一、附录二的陆生野生动物制品价值10万元以上的，应当立为重大案件；走私国家重点保护和《濒危野生动植物种国际贸易公约》附录一、附录二的陆生野生动物制品价值20万元以上的，应当立为特别重大案件。

**（十二）盗窃、抢夺、抢劫案、窝藏、转移、收购、销售赃物案、破坏生产经营案、聚众哄抢案、非法经营案、伪造变造买卖国家机关公文、证件案，执行相应的立案标准。

三、其他规定

（一）林区与非林区的划分，执行各省、自治区、直辖市人民政府的规定。

（二）林木的数量，以立木蓄积计算。

（三）对于一年内多次盗伐、滥伐少量林木未经处罚的，累计其盗伐林木、滥伐林木的数量。

（四）被盗伐、滥伐林木的价值，有国家规定价格的，按国家规定价格计算；没有国家规定价格的，按主管部门规定的价格计算；没有国家或者主管部门规定价格的，按市场价格计算；进入流通领域的，按实际销售价格计算；实际销售价格低于国家或者主管部门规定价格的，按国家或者主管部门规定的价格计算；实际销售价格低于市场价格，又没有国家或者主管部门规定价格的，按市场价格计算，不能按低价销赃的价格计算。

（五）非法猎捕、杀害、收购、运输、出售、走私《濒危野生动植物种国际贸易公约》附录一、附录二所列陆生野生动物的，其立案标准参照附表中同属或者同科的国家一、二级保护野生动物的立案标准执行。

（六）珍贵、濒危陆生野生动物制品的价值，依照国家野生动物行政主管部门的规定核定；核定价值低于实际交易价格的，以实际交易价格认定。

（七）单位作案的，执行本规定的立案标准。

（八）本规定中所指的"以上"，均包括本数在内。

（九）各省、自治区、直辖市公安厅、局和林业主管部门可根据本地的实际情况，在本规定的幅度内确定本地区盗伐林木案、滥伐林木案和非法狩猎案的立案起点及重大、特别重大案件的起点。

（十）盗伐、滥伐竹林或者其他竹子的立案标准，由各省、自治区、直辖市公安厅、局和林业主管部门根据竹子的经济价值参照盗伐、滥伐林木案的立案标准确定。

（十一）本规定自发布之日起执行。1986 年 8 月 20 日发布的《林业部、公安部关于森林案件管辖范围及森林刑事案件立案标准的暂行规定》和 1994 年 5 月 25 日发布的《林业部、公安部关于陆生野生动物刑事案件的管辖及其立案标准的规定》同时废止。

国家林业局关于发布破坏野生动物资源刑事案中
涉及走私的象牙及其制品价值标准的通知

（林濒发〔2001〕234 号　2001 年 6 月 13 日）

各省、自治区、直辖市林业（农林）厅（局）：

亚洲象是国家一级保护野生动物，非洲象被依法核准为国家一级保护野生动物，国家禁止亚洲象和非洲象象牙及其制品的收购、运输、出售和进出口活动。近几年来，各地、各部门严格按照《濒危野生动植物种国际贸易公约》和我国野生动物保护法规的规定，严厉打击非法收购、运输、出售走私象牙及其制品违法犯罪活动，查获了大量非法收购、运输、出售和走私象牙及其制品案件。为确保各部门依法查处上述刑事案件，依据《林业部、财政部、国家物价局关于发布〈陆生野生动物资源保护管理费收费办法〉的通知》（林护字〔1992〕72 号）、《林业部关于在野生动物案件中如何确定国家重点保护野生动物及其产品价值标准的通知》（林策通字〔1996〕8 号）、《国家林业局、公安部关于印发森林和陆生野生动物刑事案件管辖及立案标准的通知》（林安发〔2001〕156 号）和《最高人民法院关于审理破坏野生动物资源刑事案件具体应用法律若干问题的解释》（法释〔2000〕37 号）的有关规定，现将破坏野生动物资源刑事案件中涉及走私的象牙及其制品的价值标准规定如下：一根未加工象牙的价值为 25 万元；由整根象牙雕刻而成的一件象牙制品，应视为一根象牙，其价值为 25 万元；由一根象牙切割成数段象牙块或者雕刻成数件象牙制品的，这些象牙块或者象牙制品总合，也应视为一根象牙，其价值为 25 万元；对于无法确定是否属一根象牙切割或者雕刻成的象牙块或象牙制品，应根据其重量来核定，单价为 41 667 元/千克。按上述价值标准核定的象牙及其制品价格低于实际销售价的按实际销售价格执行。

凡过去的有关规定与本通知不一致的，按本通知执行。

国家林业局关于印发《鸟类环志管理办法（试行）》和《鸟类环志技术规程（试行）》的通知

（林护发〔2002〕33 号　2002 年 2 月 22 日）

各省、自治区、直辖市林业（农林）厅（局）：

为切实加强对鸟类环志工作的监督和管理，规范鸟类环志活动，我局制定了《鸟类环志管理办法（试行）》和《鸟类环志技术规程（试行）》，现印发给你们，请认真遵照执行。

附件 1：

鸟类环志管理办法（试行）

第一条　为加强和规范鸟类环志活动促进鸟类资源的保护与管理，制定本办法。

第二条　凡开展鸟类环志活动的，应当遵守本办法。本办法所称鸟类环志系指将国际通行的印有特殊标记的材料佩带中植入鸟类身材对其进行标记，然后将鸟放归自然，通过再捕获、野外观察、无线电跟踪或卫星跟踪等方法获得鸟类生物学和生态学信息的科研活动。

第三条　国家鼓励自然保护区、科研机构、大中专院校、野生动物保护组织等单位结合科研项目及教学实践开展鸟类环志活动。

第四条　国家林业局主管全国鸟类环志管理工作。

县级以上林业行政主管部门负责辖区内鸟类环志管理工作。

第五条　全国鸟类环志中心是全国鸟类环志的技术管理机构，负责组织和指导全国鸟类环志活动。

第六条　全国鸟类环志中心的职责：

（一）负责编制全国鸟类环志规划和技术规程，并组织实施，指导和协调鸟类环志活动。

（二）监制和发放环志工具、标记物；

（三）收集和管理全国鸟类环志信息；

（四）制定全国鸟类环志培训计划，组织培训鸟类环志人员；

（五）开展国际合作与信息交流；

（六）承担国家林业局委托的其它工作。

第七条　在下列区域，县级以上林业行政主管部门可以建立鸟类环志站：

（一）重要的水禽湿地；

（二）鸟类集中的繁殖地、越冬地和迁徙停歇地；

（三）自然保护区；

（四）具备环志条件的其它区域。

第八条 鸟类环志站的职责：

（一）制定并组织实施辖区内鸟类环志计划，组织开展鸟类环志活动掌握鸟类资源动态；

（二）汇总、上报鸟类环志记录及回收信息；

（三）普及鸟类环志知识；

（四）承担县级以上林业行政主管部门委托的其它鸟类调查、监测、培训、鉴定和研究工作。

第九条 建立鸟类环志站应具备下列条件：

（一）2 名以上具有鸟类环志合格证书的工作人员；

（二）稳定的环志事业费；

（三）必要的办公设备、环志工具。

第十条 鸟类环志站的建立，由所在地林业行政主客部门提出申请，经省、自治区、直辖市林业行政主管部门审核同意后，报国家林业局批准。

第十一条 鸟类环志站的名称使用"地名 鸟类环志站"。

第十二条 国家鼓励与支持多渠道筹集资金开展鸟类环志工作。

鸟类环志工作是社会公益事业，其经费纳入事业经费预算。

第十三条 从事鸟类环志活动的人员，必须持有全国鸟类环志中心颁发的鸟类环志合格证书。鸟类环志合格证书由全国鸟类环志中心统一印制。

第十四条 全国鸟类环志中心按年度向国家林业局提交全国鸟类环志计划。经批准后实施鸟类环志的，不再另行办理《特许猎捕证》、《狩猎证》。

第十五条 开展鸟类环志活动应当遵守国家有关鸟类环志的技术规程。

第十六条 开展鸟类环志活动，必须使用全国鸟类环志中心监制的鸟环或者其认可的其它标记物。

第十七条 国外组织或个人在中国境内开展鸟类环志活动的，应向全国鸟类环志中心提交环志活动申请及方案，报国家林业局批准后，由全国鸟类中心统一安排环志活动。

第十八条 鸟类环志站按年度向全国鸟类环志中心提交工作报告。

其它经批准开展鸟类环志活动的，应在环志活动结束后三个月内，向全国鸟类环志中心提交工作报告。

第十九条 禁止假借鸟类环志活动非法猎捕鸟类。

第二十条 本办法由国家林业局负责解释。

附件 2：鸟类环志技术规程（试行）（略）

国家林业局关于发布破坏野生动物资源刑事案件中涉及犀牛角价值标准的通知

（林护发〔2002〕130 号　2002 年 5 月 18 日）

各省、自治区、直辖市林业厅（局）：

多年来，各地各部门在严厉打击涉及犀牛角的非法贸易活动中，查获了大量非法出售、收购、运输、走私的犀牛角。为确保各执法部门依法查处上述刑事案件，我局依据《林业部、财政部、国家物价局关于发布〈陆生野生动物资源保护管理费收费办法〉的通知》（林护字〔1992〕72 号）、《林业部关于在野生动物案件中如何确定国家重点保护野生动物及其产品价值标准的通知》（林策通字〔1996〕8 号）、《国家林业局、公安部关于印发森林和陆生野生动物刑事案件管辖及立案标准的通知》（林安发〔2001〕156 号）、《最高人民法院关于审理破坏野生动物资源刑事案件具体应用法律若干问题的解释》（法释〔2000〕37 号）的有关规定，将破坏野生动物资源刑事案件中涉及犀牛角的价值标准确定为：每千克犀牛角的价值为 25 万元，实际交易价高于上述价值的按实际交易价执行。

特此通知。

国家林业局关于下发《关于促进野生动植物可持续发展的指导意见》的通知

（林护发〔2004〕157 号　2004 年 9 月 9 日）

各省、自治区、直辖市林业（农林）厅（局），内蒙古、吉林、龙江、大兴安岭森工（林业）集团公司，新疆生产建设兵团林业局：

为在野生动植物保护管理工作中深入贯彻落实《中共中央国务院关于加快林业发展的决定》，以科学发展观为指导，全面促进我国野生动植物可持续发展，我局研究制定了《国家林业局关于促进野生动植物可持续发展的指导意见》（以下简称《指导意见》），现下发给你们，请各地结合实际情况，认真组织学习和研究制定适应本地区实际情况的具体措施，确保《指导意见》在实际工作中得以贯彻落实。

特此通知。

附件：国家林业局关于促进野生动植物可持续发展的指导意见

附件：

国家林业局关于促进野生动植物可持续发展的指导意见

《中共中央国务院关于加快林业发展的决定》的发布和全国林业工作会议的召开，为加快新时期我国林业发展，推动生态建设，优化林业结构，指明了方向，对进一步加强野生动植物保护，引导和规范野生动植物资源培育及合理利用提出了更高的要求。

按照野生动物保护法等法律法规的规定，各级林业主管部门承担着野生动植物资源保护、培育和合理利用的管理职责。为履行好这一职责，在党和国家的正确指导下，国家林业局和各级林业主管部门做了大量工作，逐步完善野生动植物保护配套法规和规章，健全野生动植物保护管理机构和执法队伍，加强自然保护区建设，拯救繁育濒危物种，引导及规范野生动物驯养繁育、野生植物培植及合理开发利用，大力开展资源调查、科学研究和国际合作，严厉打击破坏野生动植物资源的犯罪活动，广泛开展保护宣传教育，在改善生态环境、促进经济发展、推动科技进步等众多领域取得了令世人瞩目的成绩。但是，由于我国人口众多，人均资源量少，资源总需求量大，如果继续以利用野生动植物野外资源为主，不仅难以满足社会经济发展的需要，还将导致野外资源过度消耗，甚至导致部分珍稀濒危物种陷入灭绝的危险，从而使自然生态遭到破坏，相关产业的发展也将因资源耗尽而难以为继。为此，迫切需要加快资源培育，大力推动以利用野生动植物野外资源为主向以利用人工培育资源为主的战略转变，全面促进野生动植物的可持续发展。

根据这一形势要求，为在野生动植物保护管理工作中深入贯彻落实《决定》，牢固树立和认真落实科学发展观，正确处理野生动植物资源保护、发展和合理利用的辩证关系，遵循野生动植物的生态特点和资源特点，在保护中开发，在开发中保护，现就全面促进我国野生动植物可持续发展，提出指导意见如下：

一、加强对野生动植物野外资源的普遍保护

针对当前我国野生动植物资源总量严重不足的状况，为有效遏制对野生动植物资源的不合理需求，促进野生动植物资源的恢复与增长，今后在切实加强野生动植物栖息地保护的同时，还要积极采取有效措施，强化对野生动植物野外资源的普遍保护。

（一）除科学研究、资源培育、公众卫生、文化交流等特殊情况外，禁止或严格限制猎捕或采挖珍稀、濒危野生动植物用于商业性经济利用的活动。

（二）禁止以食用为目的的猎捕野生动物和采集国家一级保护野生植物。

（三）对野外资源达到一定数量的野生动植物，其利用须按照"资源消耗量小于资源增长量"的原则，严格实行管理，并仅限用于医药、保健、传统文化等领域，以有限资源尽可能保障国家重点需要。

（四）对局部区域、个别物种野外资源确已达到生境饱和容量或已对当地农林业产生不利影响的情况，从维护生态的角度，可以有组织、有计划对其资源进行合理利用，并实行严格监督管理，防止资源过度消耗。

二、大力促进野生动植物资源培育

大力促进野生动植物资源培育，是增加资源总量、解决保护与利用矛盾的有效途径，不仅可为经济发展提供原材料来源，为农村种养经济提供新的种类，安置部分人口就业，并将有效缓解对野外资源的需求压力，有利于野生动植物保护。为此，在大力推进以利用野生动植物野外资源为主向以利用人工培育资源为主的战略转变过程中，针对野生动植物资源培育投入大、周期长、技术要求高和具有一定风险的特点，要积极研究制定或争取相应的政策、措施，为资源培育的进一步健康发展给予引导、扶持和保障。

（一）继续推行"商业性经营利用驯养繁殖技术成熟的陆生野生动物名单"措施，并逐批调整公布；对名单所列野生动物的驯养繁殖予以大力支持，为其进入市场提供相应的保障措施；对名单以外的野生动物，其驯养繁殖将主要限定于种源繁育、科学研究、观赏展示，以及用于保障中医药、保健品和高科技、高附加值产品等方面的利用。

（二）研究制定与野生动植物资源培育及其利用相衔接的保障政策和激励机制，逐步提高资源培育者对其培育资源的自主处置权，建立"谁投入，谁拥有，谁受益"的机制，调动全社会广泛参与资源培育的积极性，引导中医药、轻工业等需要野生动植物及其产品作原料的企业，从解决其生产所需的野生动植物原材料来源的长远发展角度，积极开展资源培育，并吸引社会力量积极参与到发展前景广、技术过关和种源来源有保障的野生动植物资源培育中来。

（三）开拓资金渠道，加大对野生动植物培育技术研究及推广的投入，着重于解决培育技术、发展种源、提供市场信息服务，逐步改变技术落后、条件恶劣、优良种源缺乏等现状，促进野生动植物资源培育向规模化、集约化方向发展，提高我国野生动植物资源培育的总体发展水平。

（四）积极争取税费减免、信贷优惠等财政扶持政策，增强野生动植物资源培育的活力和后劲。

（五）大力清理整顿非法驯养繁殖野生动物等活动，严厉打击借驯养繁殖为名猎捕、经营野外来源野生动物的违法行为，为合法从事野生动物驯养繁殖者创造良好的环境。

三、优化对野生动植物资源的宏观配置

当前我国野生动植物资源总量不足，利用需求大，保护与利用之间的矛盾十分尖锐。为妥善处理好保护和利用之间的关系，其关键是进一步强化对资源的宏观调控，优化资源合理配置，在严格控制资源消耗总量的同时，强化资源有序流通，以重点保障中医药、文化等重点领域、重点产业对资源的需求，提高资源利用效力，遏制滥用、过度消耗野生动植物资源的情况，使有限资源在社会、经济领域最大程度地发挥效益。

（一）强化国家对野生动植物资源的宏观调控手段，实行国家总量控制和市场配置有机结合的管理措施。

（二）完善野生动植物资源培育及合理利用等信息的统计分析，及时掌握行业动态，为管理决策提供准确的依据。

（三）在资源有限的情况下，重点保障野生动植物重要产品对野生动植物原材料的需求，并在原材料收购、产品经营和出口等环节给予优先资格，简化审批程序，确保资源按优化配置原则有序流转。

（四）逐步建立野生动植物及其产品拍卖制度，实现资源配置的"公平、公开、公正"，提高资源利用效率。

（五）对特殊的野生动植物资源及其合理利用，实行定点、定量、定向管理措施，严格控制资源流向。

四、建立有效的市场准入机制

长期以来，在野生动植物保护管理中，对野外的、驯养繁殖的、人工培植的和外来物种等不同来源、不同性质的野生动植物及其产品进入市场后，没有分类予以指导和区别采取管理措施。其结果是既难以强化野外种群的保护，又不利于积极鼓励野生动物驯养繁殖和野生植物培植业的发展。对此，要根据社会对野生动植物的多种需求，遵循可持续发展的原则，对不同来源、不同性质的野生动植物及其产品，研究制定分类指导管理措施，建立有效的市场准入机制，为合法进入市场的野生动植物及产品提供宽松、便捷的条件。

（一）通过各种形式公布在野生动物驯养繁殖、野生植物培植、中医药、保健品、皮革及传统工艺等领域的合法经营利用企业及其产品，特别是对国家重点保障的野生动植物重点产品，通过扩大宣传，提高其社会知名度和可信度。

（二）大力推行野生动植物经营利用管理专用标识，对公布的野生动植物重点产品，通过统一标识管理措施予以市场准入；对列入商业性经营利用驯养繁殖技术成熟的 54 种陆生野生动物及其产品，分期分批纳入标识管理范围；对特殊、敏感物种的野生动植物产品，将实施强制性标记。通过上述措施，最终实现野生动植物产品的全面标识。

（三）对公布的野生动植物重点产品和标识产品，逐步依法按年度进行审批，简化其生产、经营审批程序，便利其市场流通。

五、大力支持和推动科学研究及成果推广

加快野生动植物科研步伐，促进科技成果应用，是提高野生动植物资源保护、培育和合理利用成效的重要措施。为加快野生动植物科研步伐，促进科技成果应用，要进一步争取对野生动植物科技研究的投入，增加行业科研能力，完善联合科技攻关机制，以科技进步提高保护手段，带动资源培育，提高资源利用效益。

（一）加强对野生动植物重点物种繁育、保护的研究和开发，积极推广研究成果，并对有关研究及其成果推广在资金、种源提供和政策等方面予以扶持。

（二）鼓励和引导野生动植物资源培育和合理利用单位与科研教学单位开展多种形式的合作，建立"产、学、研"连动机制，提高企业的产品开发和创新能力，加快科研成果的转化。

（三）逐步建立对野生动物驯养繁殖、野生植物培植及其合理利用的科技认证制度，加强科技咨询，推动野生动植物资源培育和合理利用科技含量的提高。

六、充分发挥民间团体的桥梁和纽带作用

充分发挥民间团体和中介组织的桥梁和纽带作用，有利于加强行业协调和行业自律，有利于防止不正当竞争和低层次、低水平重复建设，有利于引导企业自觉遵守执行国家法律法规和政策，促进整个行业的健康发展。中国野生动物保护协会、中国野生植物保护协会等民间团体和中介组织，要把握机遇、明确方向、准确定位，积极发挥行业管理和社会服务的双重功能，做好宣传教育、技术培训、信息服务和行业协调等工作，当好参谋，服务于行业的健康发展。

（一）广泛宣传和引导企业自觉遵守野生动植物保护法律法规和政策，并吸引社会力量参与到野生动植物保护事业中来。

（二）多渠道收集行业发展信息，总结分析行业现状，研究提出行业发展政策建议，指导行业健康发展。

（三）加强自身组织建设，建立、健全行业自律制度，加强行业协调，通过必要的行业内奖惩措施，引导、规范行业的健康发展。

（四）加强行业服务，适时建立野生动植物资源调配服务机构和市场信息、技术咨询机构，为从事野生动物驯养繁殖、野生植物培植及其经营利用企业提供信息、技术等多方面的服务。

七、加大执法监管力度，维护野生动植物及其产品经营秩序

乱捕滥猎、乱采滥挖和非法出售、收购、走私野生动植物及其产品，不仅严重破坏野生动植物资源，并对野生动植物及其产品经营秩序造成极大干扰。各级林业主管部门要充分发挥森林公安机关的职能作用，积极主动协调工商、公安、海关、医药、质检等各执法部门，进一步健全和强化执法监管措施，各施其责，共同打击违法破坏野生动植物资源的犯罪活动，为保护野生动植物资源和维护合法经营者权益营造良好的环境。

（一）严厉查处非法猎捕、采集野生动植物及其产品的违法活动，防止非法从野外来源的野生动植物及其产品混入市场。

（二）严厉查处非法出售、收购、运输和走私野生动植物及其产品的行为，维护野生动植物及其产品经营秩序。

（三）根据实际情况，适时组织专项打击行动，遏制猖獗破坏野生动植物资源及其生存环境等犯罪活动的势头。

（四）进一步提高野生动植物执法监管能力，强化对野生动植物及其产品的识别、鉴定技术手段，建立野生动植物执法网络，为保护执法提供快速、准确的科学证据。

八、加强野生动植物进出口管理，合理利用国内外资源，积极开拓国际市场，提高出口创汇水平

加强野生动植物进出口管理，认真履行国际公约，是国际共同保护野生动植物资源和全球生态的需要，也是在相关国际经贸活动创造良好环境、维护我国权益的需要，并关系到我国对外声誉。对此，要加强对国际野生动植物资源分布、保护形势及开发利用潜力的分析，结合我国野生动植物可持续发展的需要，研究制定相应的政策、措施和机制，促进我国短缺资源和原材料的进口，扩大我国有比较优势的野生动植物产品出口创汇，为我国野生动植物可持续发展注入新的活力。

（一）合理利用国外野生动植物资源。要不断加强与各缔约国，特别是周边国家之间的联系和交流，推进政府间定期联席会议机制，按照有关国际公约的规定和要求，疏通进口渠道，促进原材料的进口，特别是鼓励和推进加工贸易活动的开展。

（二）完善出口促进机制，积极开拓国际市场，提高出口创汇水平。研究制定有利于企业提高产品附加值、扩大出口创汇的政策措施，增强企业占领国际市场的能力。加强能力建设，提高履约能力，逐渐扩大办事处办理证书的资格，方便企业就近办理证书，提高工作效率。进一步加强与海关总署、濒科委等部门的联系沟通，完善联席会议制度，建立有效审核机制，简化程序，提高审批成效。建立进出口统计指标体系，及时掌握进出口信息，定期发布相关信息，为企业提供咨询服务。积极开展企业登记备案制度和企业信用制度，建立客观公开的信用指标评估体系，对信誉良好的企业，提供便利出口政策。

（三）促进人工繁育野生动物和人工培植野生植物的出口。积极开展人工饲养场和人工培植场登记备案，对大宗贸易物种开展人工繁育或人工培植技术评估，从科技和生产经营两方面准确把握人工繁育和人工培植野生动植物情况。建立信誉评估体系，对技术成熟、规模较大的人工繁育或人工培植场实行年度计划审批、分批出证的便利政策。对国家已经公布放开经营的 54 种野生动物和非我国原生种的植物，可首先开展计划审批试点，并逐步实行年度计划审批。

（四）进一步加强对野生动植物进出口活动的监管和执法协作。加强同相关缔约国、国际刑警组织与世界海关组织的联络与协作，及时准确掌握和提供国际贸易动态和走私活动信息，履行缔约国应尽的义务，树立和维护良好的国家形象。进一步建立健全与海关的联系协作机制，严厉打击野生动植物非法走私活动，规范企业进出口行为和秩序，维护合法企业的合法权益，真正实现保护资源和促进出口的双重目标。

国家林业局关于印发《促进野生动植物资源和自然保护区生态系统灾后恢复的指导意见》的通知

（林护发〔2008〕63号　2008年3月24日）

各省、自治区、直辖市林业厅（局），内蒙古、吉林、龙江、大兴安岭森工（林业）集团公司，新疆生产建设兵团林业局：

2008年1月以来，我国南方一些省区遭遇了历史罕见强降雪和低温凝冻天气过程。受灾害影响，上述地区野生动植物资源和自然保护区遭受极大损失。为科学组织野生动植物保护和自然保护区灾后重建工作，促进野生动植物资源恢复与增长，争取自然保护区早日进入正常生产生活，经广泛深入调研，我局制定了《促进野生动植物资源和自然保护区生态系统灾后恢复的指导意见》（见附件，以下简称"指导意见"），现印发给你们，请受灾区域认真执行，并请其他未受灾区域预先研究可能出现的野生动物疫病等次生灾害对本区域的潜在影响，参照本指导意见制定应对措施，消除隐患。

为支持林业灾后恢复重建，我局联合财政部已下拨给各地林业灾后重建补助经费。为贯彻落实好指导意见，请各有关省、自治区、直辖市林业主管部门根据实际情况，统筹兼顾，将自然保护区灾后恢复重建也纳入中央财政灾后恢复重建补助范围。

对各地在促进野生动植物资源和自然保护区生态系统恢复工作中，落实指导意见和资金到位情况，我局将适时组织专项调研活动。

附件：促进野生动植物资源和自然保护区生态系统灾后恢复的指导意见

附件：

促进野生动植物资源和自然保护区生态系统灾后恢复的指导意见

一、总则

2008年初，我国许多区域遭受的长时期低温雨雪冰冻灾害，给野生动植物种群及其栖息地和自然保护区造成极大损失。为全力做好灾后重建工作，尽最大可能减少灾害带来的损失，防止物种灭绝，促进野生动植物种群及其栖息地和自然保护区生产生活的早日恢复，有效防范野生动物疫病、森林火灾、病虫鼠害等次生灾害，制定本指导意见。

本指导意见适用于遭受低温雨雪冰冻灾害的江苏、浙江、安徽、福建、江西、河南、湖北、湖南、广东、广西、海南、重庆、四川、贵州、云南、陕西、甘肃、青海、新疆等19

省（含自治区、直辖市，下同）。其他省要预先研究野生动物疫源疫病等可能出现的次生灾害对本区域的潜在影响，制定应对措施，消除隐患。本指导意见可供今后应对类似灾情时参考。

二、工作要点和措施

（一）严格控制自然保护区内受害林木的清理工作

各地要本着科学审慎、实事求是和高度负责的态度，按照国家林业局《关于做好受灾林木清理工作的紧急通知》、《雨雪冰冻灾害受害林木清理指南》和国家森林防火指挥部《关于尽快恢复重建受损森林防火设施设备全力抓好可燃物清理工作的紧急通知》等要求，结合自然保护区的实际情况，在充分尊重自然保护区内主要保护对象存在和发展需要的前提下，科学组织自然保护区内受害林木清理工作，尽快恢复自然保护区日常工作，切实做好灾后恢复重建工作。

（1）自然保护区不仅保护了我国重要的典型生态系统和野生动植物资源，也有效保护了重要的自然生态过程。此次雪灾尽管历史罕见，但仍属于自然过程和自然现象。因此，要严格控制自然保护区内受害林木的清理，原则上自然保护区内天然林和核心区、缓冲区内受害林木不进行清理。

（2）对于影响到自然保护区日常监测巡护和森林防火工作的受害林木，如自然保护区内各种道路，防火隔离带及村屯边沿等重点防火区上的受害林木，可以进行适当清理，保证道路的正常通行和森林防火工作。对实验区内的人工林和竹林，可清理重度受害且无存活希望的受害林木。

（3）自然保护区受害林木清理后的林地以自然恢复为主，要与野生动植物栖息地优化和自然生态系统恢复紧密结合。

（4）各级林业主管部门要统一开展辖区内自然保护区受害林木损失情况调查评价，科学编制受害林木清理方案，要认真处理好林木所有权人的利益。各自然保护区受害林木清理方案由各级林业主管部门审批，其中国家级自然保护区的清理方案，经专家论证后，由各省级林业主管部门审批；清理结束后，各省级林业主管部门要组织力量，对清理工作进行检查验收，国家林业局驻各地森林资源监督机构要认真做好监督检查工作。

（二）妥善处置因灾死亡野生动物尸体，及时收容救助伤病或离群游荡野生动物个体

本次灾害导致许多野生动物死亡，任其尸体腐烂，有可能引发野生动物疫病，成为威胁公共卫生安全的隐患。各地要按照先评估后清理的原则，组织力量对野生动物集群活动区域、野生动物重要栖息地、水域或水源地及其周边等区域进行巡查，使用专门的捡拾工具将死亡野生动物个体收集到密封容器，选择适宜地点集中深埋或焚毁，进行无害化处理。要及时收容救护伤病或离群游荡个体，隔离专门区域进行救治和饲养。对经救治后具备放归自然条件的个体，要尽早将其放归到该物种的自然栖息区域；对不具备放归条件的，须一律送往专门的野生动物救护繁育基地或野生动物园、动物园等野生动物驯养繁殖单位进行饲养。加强宣传，教育群众不要捕捉猎杀落单野生动物个体，不要捡拾、食用死亡野生动物，并设立信息热线，鼓励公众及时报告所发现的野生动物尸体及需要收容救护的个体。对因灾死亡的野生动物尸体或收容救护的野生动物个体，一律不得用于经营利用活动，也不得用作标本。

（三）加强资源调查监测，评估分析灾害影响

为准确掌握灾害对野生动植物及其栖息地的影响，各地要根据历史资料和目前已掌握的

信息，将野生动植物集中分布区、自然保护区、极小种群栖息地等确定为重点调查区域，将濒危物种、受灾影响严重物种、孤立种群、典型生态系统确定为重点调查对象，参照《全国陆生野生动物资源调查和监测技术规程（试行）》和《全国重点保护野生植物资源调查技术规程（试行)》，研究制定调查方案，开展一次全面调查，及时掌握灾后野生动物种群、分布、栖息地和典型生态系统的当前状态，以及极小种群和国家重点保护野生植物折断、压断、倒伏、翻蔸及冻害等受害程度，比较分析灾害对野生动植物种群的影响，找出对野生动植物种群及其栖息地、自然生态系统恢复不利的生态因素。

在全面调查的基础上，针对主要保护对象，特别是极小种群野生植物、极度濒危野生动物和严重受损的生态系统，开展长期的科学监测工作，及时掌握灾后重点保护野生动植物个体、种群、分布、生境等方面的动态变化，以及恢复措施的实施效果，为今后保护决策提供科学依据。

（四）采取有效的措施，促进野生动植物种群及其栖息地的恢复

根据调查监测掌握的情况，经评估其灾害影响和不利因素后，各地要根据灾害影响等级，研究制定应对方案，迅速采取措施，对栖息地损毁严重导致食物不足的野生动物种群，继续安排食物投放，研究其喜食植物种植方案，促进栖息地的恢复和优化；增扩建和新建一批野生动物救护繁育基地，加强现有野生动物人工种群的扩大繁育和复壮，特别是对尚未建立人工种群的濒危野生动物，要着手建立新的人工种群，通过人工手段促进资源扩大，并适时放归自然，以补充野外种群，促进野外种群的恢复和发展。

对因雨雪冰冻灾害而受害的极小种群和国家重点保护野生植物，无论何种受害等级，以及是否分布于自然保护区内，一律不得进行清理；对具备救护条件的受害极小种群和国家重点保护野生植物，应尽快采取人工促进恢复措施，促进其恢复、更新与生长。对于规定允许清理的林分，须严格控制对其中有极小种群和国家重点保护野生植物分布的受灾林分的清理活动，以避免因人为清理干扰而造成对林内上述野生植物及其生境的再度破坏，并尽可能为极小种群和国家重点保护野生植物留有一定数量的伴生植物。加强对极小种群和国家重点保护野生植物的人工培育，为物种的回归和野外种群的重建与恢复做准备。

加强灾后野生动植物和自然保护区生态系统等基础研究，根据各地受灾害影响实际情况，科学制定有针对性的重建规划和方案，为濒危野生动植物种群和自然保护区生态恢复与重建提供理论根据。

（五）完善应急机制，加强应急基础设施建设和物资储备

这次灾害给野生动植物资源造成极大损失，凸显我国野生动植物保护缺乏应对灾害的准备和能力。各地要认真总结，在应对本次灾害的基础上，制定科学的突发野生动植物灾害应急预案，科学合理规划，将野生动植物保护应急基础设施和物资储备，纳入野生动植物保护和自然保护区建设内容，予以大力加强。根据野生动物行为习性和觅食等特点，建立必要的野生动物避难所、应急投食点和紧急救护饲养场，确保今后出现类似灾害时，能及时采取有效措施，最大程度减小野生动物资源损失。建立野生动植物保护和自然保护区应急物资储备制度，在灾害多发季节来临前，储备必要的野生动物食物、人员防护装备、药品、工具器材等，有效应对可能出现的自然灾害等突发事件。

（六）加强野生动物疫源疫病监测防控

长时间的低温雨雪冰冻灾害，增大了候鸟等野生动物突发高致病性禽流感等疫病的风险。各地对此要高度重视，继续坚持监测信息日报告制度，及时上报野生动物非正常死亡情况，及时掌握野生动物疫情动态。一旦发现野生动物异常死亡等情况，立即启动前期应急处置措施，按照《陆生野生动物疫源疫病监测规范（试行）》的要求，及时现场封控，采样送检。对检测证实的疫情，要立即向当地政府报告，并会同动物防疫、卫生等部门做好疫情消除等工作。

（七）全面禁止猎捕野生动物行为，严厉打击破坏野生动植物资源及其栖息地的犯罪行为

本次雨雪冰冻灾害，给我国受灾区域野生动植物资源带来极大损失。为保障受灾区域野生动植物得以生息繁衍，促进资源恢复，在受灾区域要全面禁止猎捕野生动物和采集国家重点保护野生植物，各地不得批准任何猎捕野生动物和采集国家重点保护野生植物的申请。同时，要完善野外巡护制度，增大人员力量，加密巡查周期，严厉查处乱捕滥猎野生动物、乱挖滥采野生植物及破坏其栖息地的违法行为。加强对野生动植物及其产品经营利用活动的监管，组织力量对野生动植物及其产品的经营市场、集散地和重点运输环节加大执法检查力度，防止非法来源的野生动植物及其产品进入流通环节。

（八）提高认识，加强领导

各级林业主管部门要充分认识到此次灾害的严重性、长期性和恢复重建工作的紧迫性、艰巨性，特别要充分认识到此次灾害对野生动植物和自然保护区的严重危害和深远影响，把野生动植物和自然保护区救灾和灾后重建工作放在林业主管部门救灾工作的重要位置，在救灾资金上要给予重点支持。

国家林业局关于贯彻实施《野生动物保护法》的通知

（林护发〔2016〕181 号　2016 年 12 月 26 日）

各省、自治区、直辖市林业厅（局），内蒙古、吉林、龙江、大兴安岭、长白山森工（林业）
集团公司，新疆生产建设兵团林业局，国家林业局各司局、各直属单位：

2016 年 7 月 2 日，第十二届全国人大常委会第二十一次会议审议通过了修订后的《中
华人民共和国野生动物保护法》（以下简称"新保护法"），并定于 2017 年 1 月 1 日起实施。
这不仅为进一步加强野生动物保护奠定了更坚实的法律基础，也对各级林业主管部门依法强
化保护、推进生态文明建设提出了新的更高的要求，必将产生重大而深远的影响。为指导各
级林业主管部门依法履行保护职责，确保新保护法在全行业得以迅速、准确、全面的执行，
现就贯彻实施有关工作通知如下：

一、提高思想认识，加强组织领导。新保护法按照大力推进生态文明建设的形势要求，
确立了国家对野生动物实行"保护优先、规范利用、严格监管"的基本原则，并围绕这一原
则充实、调整、完善了系列保护制度和措施，为破解保护难题、创立保护管理新机制指明了
方向。各级林业主管部门要深刻认识新保护法对进一步加强野生动物保护、推进生态文明建
设的重大历史性意义，把贯彻实施新保护法作为当前野生动物保护工作的头等大事，在各级
党委政府的领导下，明确负责领导，组织专门力量，制定贯彻落实工作方案，主动协调各有
关部门，从学习培训、宣传教育、规章制度、执法监管等各个方面入手，多头推进新保护法
的贯彻实施；要针对本区域保护领域存在的突出问题和主要矛盾，尽快依法开展重大行动和
采取重大举措，扩大影响、壮大声势，树立依法保护新气象。

二、开展全行业学习培训，更新保护观念和思路。正确理解、把握新保护法的原则要求
和内涵，是全面贯彻实施的首要条件。各级林业主管部门要把开展新保护法学习培训作为贯
彻实施的第一道工序，将其列入林业普法教育的重点内容，分期分批组织广大保护工作者进
行专题学习培训，深入领会新保护法的核心要义，准确理解各项法律规定和要求，并结合保
护工作实际，正确把握今后加强保护的方向和准则，更新保护观念，调整工作思路，创新保
护模式，改进工作作风；还要全面、系统地加强对野生动物繁育利用从业单位和人员的培训
教育，向他们详细讲解新保护法实施后须依法执行的有关管理程序、规定和要求，增强其守
法遵规意识，共同维护行业的规范发展。

三、加快配套法规和规章制度建设，稳妥推进保护管理工作的顺利过渡。新保护法从适
应经济社会发展和生态文明建设形势的角度，对野生动物保护管理规定进行了一系列修改、
完善和充实，使得许多原有配套法规和规章制度出现了与新保护法规定不一致等问题。对
此，我局正组织力量进行全面梳理，争取在短期内完成系列配套规章和制度的制定或修改工
作。各级林业主管部门也要积极推进地方配套法规和规章制度建设，争取将地方配套法规的

制定或修改列入立法计划，科学调整地方保护野生动物名录，并全面梳理现有的部门规章制度，对依法需要新增的规章制度尽快研究制定和发布，对以往规章制度中与新保护法规定不一致或要求不到位的情况，尽快修改完善。由于配套法规和规章制度的建设需要一定的时间和过程，在2017年1月1日新保护法实施后至相关配套法规和规章制度发布前，对新保护法规定的《有重要生态、科学和社会价值的陆生野生动物保护名录》暂按我局2000年发布的《国家保护的有益的或者有重要经济、科学研究价值的陆生野生动物名录》（国家林业局令第7号）执行，非原产我国的野生动物在我国境内的保护管理暂按《林业部关于核准部分濒危野生动物为国家重点保护野生动物的通知》（林护通字〔1993〕48号）执行；对现行有关野生动物收容救护、驯养繁殖、标识管理等规章制度中符合新保护法原则、规定和要求的内容，可继续参照执行，对其中与新保护法原则、规定和要求不一致或存在冲突的，一律按新保护法规定执行。

四、规范行政许可行为，强化监督检查。按照新保护法的相关规定，2017年1月1日新法实施后，部分行政许可事项须依法进行调整。各级林业主管部门要严格按照法律规定，周密部署，细致安排，确保调整工作规范、有序进行。一是对新保护法未列入行政许可项目的原行政许可事项一律停止审批。对2016年12月31日前已经受理、但尚未作出行政许可决定的，应及时告知申请人行政许可项目业已取消等情况，并将其申请退回。二是对行政许可审批机关发生变化的，原审批机关须一律停止审批。对2016年12月31日前已经受理、但尚未作出行政许可决定的，应及时告知申请人行政许可审批机关变化情况，并将其申请移交新的审批机关审批。三是已实行委托审批且行政许可项目及审批机关未发生变化的，原委托行为继续有效。四是对大熊猫、朱鹮、虎、豹类、象类、金丝猴类、长臂猿类、犀牛类、猩猩类、鹤类十种（类）国家重点保护野生动物的人工繁育许可证核发和出售、购买、利用上述10种（类）野生动物及其制品，以及出售、购买、利用天然麝香、赛加羚羊角、穿山甲片的行政许可，在国务院对审批机关作出规定后按规定办理。五是2016年12月31日前依法作出的行政许可决定和核发的行政许可证件在其有效期内仍然有效，已核发的《国家重点保护野生动物驯养繁殖许可证》在换发新证前应视同为《国家重点保护野生动物人工繁育许可证》。六是依法做好行政许可信息公开，每半年汇总并通过网站、官方微博等渠道向社会主动公开本机关受理的各类行政许可申请的件数、涉及的物种种类、许可决定情况等。对申请公开有关信息涉及国家秘密、商业秘密或者个人隐私的，应当征求所涉单位或个人的意见，经其同意后方可公开。在切实规范野生动物保护管理行政许可行为的同时，各级林业主管部门还要加强对行政许可审批过程及后续执行情况的监督检查，及时查找问题，改进工作方式，大力提高野生动物保护管理行政许可工作规范化水平。

五、编制保护规划，强化执法协调。当前正处于我国"十三五"建设开局之际，各级林业主管部门要抓住新保护法实施这一有利时机，认真研究野生动物保护现状，积极争取本级政府将野生动物保护纳入本行政区域国民经济和社会发展"十三五"规划内容，或制定专项规划，并将野生动物保护经费纳入预算，大力促进保护基础设施和管理体系建设，为全面强化野生动物及其栖息地保护奠定基础；还要针对乱捕滥猎滥食野生动物及走私、非法经营其产品等现象，主动会同公安、网信、交通运输、海关、工商、邮政等各有关部门依法建立健全部门间执法协调长效机制，形成从栖息地源头到餐馆饭店、交易市场、运输路线、网络及广告等各个环节齐抓共管、协同作战的良好态势，有效阻断野生动物非法交易链，坚决遏制乱捕滥猎滥食野生动物和走私、非法经营野生动物产品的违法犯罪势头。

六、改变对野生动物及其制品运输、携带、寄递等活动的查验要求，切实加强监督管理。新保护法明确了运输、携带、寄递国家重点保护野生动物及其制品出县境的各类凭证。各级林业主管部门要主动会同交通运输、铁路、民航、邮政等部门，依法强化对上述运输活动的查验，对运输、携带、寄递依法猎捕的国家重点保护野生动物或其制品的，查验其特许猎捕证；对运输、携带、寄递经批准出售、购买、利用的国家重点保护野生动物或其制品且属于专用标识管理范围的，查验其专用标识；对不属于专用标识管理范围的，查验省级以上野生动物保护主管部门批准相应活动的行政许可决定文书；对经批准进出口野生动物及其制品需要将野生动物及其制品运往出口口岸或进口目的地的，查验其允许进出口证明书；对人工繁育场所搬迁的，查验其国家重点保护野生动物人工繁育许可证；对救护和执法查没的国家重点保护野生动物的运输等特殊情况的，查验县级以上野生动物保护主管部门出具的救护、查扣证明或公安、海关、工商、质检等部门出具的查扣证明；对运输、携带、寄递非国家重点保护野生动物或其制品的，须根据来源情况查验狩猎证、允许进出口证明书或批准进口文件、合法购买凭证或野生动物保护主管部门出具的相应证明文件。此外，对运输、携带、寄递野生动物及其制品的，还应当依法办理检疫证明。对查验过程中发现运输凭证与上述要求不相符的，应当依法进行调查处理。

七、广泛开展宣传教育，营造良好的社会氛围。为提高全社会依法保护的法制观念和意识，各级林业主管部门在新保护法实施之际，要集中开展为期一个月的系列宣传，一是充分利用广播电视、报纸杂志、网络媒体等渠道，采用发布野生动物保护公益广告、组织专家专题讲解等方式，普及野生动物保护的法律规定和科学知识。二是举办专题宣传活动，散发新保护法单行本、宣传册页，引导公众了解野生动物保护新要求和新举措。三是在野生动物重要栖息地和集贸市场、餐馆饭店等重点区域，要有针对性地设置宣传展牌和张贴海报，发挥警示教育作用，告诫公众自觉抵制违法破坏野生动物及其栖息地等行为。四是主动协调教育行政部门和学校，依法加强对青少年学生野生动物保护知识教育，引导他们从小树立保护新观念。五是密切关注和监测野生动物舆情动态，对公众关心的野生动物保护热点和焦点问题及时回应和解说，有效争取公众和社会各界的理解和支持，推动更广泛的社会力量参与到保护行动中来，开创政府主导、全民参与、共同保护的良好局面。

本通知自 2017 年 1 月 1 日起施行，有效期至 2021 年 12 月 31 日。

特此通知。

国家林业和草原局关于印发《野生动植物保护类行政许可随机抽查工作细则》的通知

（林护发〔2018〕82号　2018年8月23日）

各省、自治区、直辖市林业厅（局），内蒙古、龙江、大兴安岭森工（林业）集团公司，国家林业和草原局各司局、各直属单位：

为做好野生动植物保护类行政许可的事中事后监管，提升监管水平，规范随机抽查检查行为，进一步推动和落实野生动植物 保护类行政许可随机抽查工作，依据《国家林业局行政许可随机 抽查检查办法》，我局研究制定了《野生动植物保护类行政许可随机抽查检查工作细则》（见附件），现予印发，请各地遵照执行。

特此通知。

附件：国家林业和草原局野生动植物保护类行政许可随机抽查检查工作

附件：

国家林业和草原局野生动植物保护类行政许可
随机抽查检查工作细则

第一章　总　　则

第一条　为加强对国家林业和草原局实施的野生动植物保护类行政许可被许可人的事中事后监管，创新监管方式，提升监管效能，规范随机抽查检查，强化对行政许可被许可人从事野生动植物相关活动的规范化管理，依据有关法律法规和《国务院办公厅关于推广随机抽查规范事中事后监管的通知》和《国家林业局行政许可随机抽查检查办法》等，制定本工作细则。

第二条　本工作细则所称国家林业和草原局行政许可随机抽查检查，是指国家林业和草原局及受其委托实施行政许可的各省级野生动植物保护主管部门对其实施行政许可的被许可人进行随机性事中事后监督检查的活动。

第三条　本工作细则所称被许可人是指依法直接或间接获得野生动植物相关许可文书、证件、证书、专用标识等的公民、法人和社会组织以及在中国境内从事相关活动的外国人；所称野生动植物保护类行政许可相关活动，是指被许可人从事国家重点保护陆生野生动植物人工繁育（培植）、猎捕（采集）、出售、购买、利用活动和出口国家重点保护野生动植物或进出口国际公约限制进出口的陆生野生动植物或其产品以及从境外引进非国际公约限制进出口的陆生野生动物活体的活动。

第四条 随机抽查检查的全过程必须符合法律、法规和本细则的规定实施，确保事中事后监管公平公正、依法有序，并有助于加强行业监督管理、促进形成诚信经营的社会风尚。

第五条 被许可人均应当接受随机抽查，积极主动配合随机抽查检查工作。进行随机抽查机构和检查人员应当全部经随机方式选派。

第二章 职责划分

第六条 国家林业和草原局保护司及承办受国家林业和草原局委托实施相关野生动植物行政许可的机构为各自承办的行政许可随机抽查检查的主体。

根据工作需要，承担随机抽查检查的主体可以请有关野生动植物保护管理的行政、事业机构予以协助，还可以聘请野生动植物保护相关领域的专家参与检查工作。

第七条 国家林业和草原局机关党委（纪委）和法制工作机构分别负责对国家林业和草原局保护司实施随机抽查工作进行纪检监督和法制监督。各省级野生动植物保护主管部门纪检机构和法制工作机构对承办受国家林业和草原局委托实施行政许可的机构实施随机抽查工作进行纪检监督和法制监督。

第三章 抽查内容和名录库

第八条 抽查内容为被许可人从事行政许可决定的情况。主要内容包括：现有条件是否符合国务院野生动植物保护主管部门核发野生动植物保护类许可决定的有关规定；执行依法获批的行政许可规定的种类、数量、场所、范围、方式、有效期等从事野生动植物猎捕（采集）、人工繁育（培植）、出售、购买、利用、进出口、放生等相关活动情况；相关谱系档案、活体标记、专用标识、库存储备与核销、档案登记等制度建立和执行情况；违法、违规或者被处罚记录情况；遵守国家野生动植物保护法律、法规、政策的情况等；对主管部门政策管理的建议与意见。

随机抽查方式可以采取实地核查、书面报告、网络视频、文件查阅等方式之一或组合方式实施抽查。

第九条 随机抽查检查的主体应当依照各自分工分别建立相应随机抽查检查单位名录库或专家名录库。随机抽查检查人员由行政许可承办单位依其权限根据检查内容并结合随机抽查检查单位和专家的专业领域随机选派。

第十条 随机抽查检查的主体应按照全面覆盖、动态管理的原则，依照各自分工分别建立相应被许可人名录库。名录库由一定时期内取得行政许可决定的所有被许可人构成，依法需要保密的除外；建立方式为分类建库，主要包括野生动植物猎捕（采集）、人工繁育（培植）、出售、购买、利用以及进出口、放生以及其他依法获得批准实施相关活动等行政许可事项被许可人名录库。

第四章 随机过程和结果

第十一条 随机抽查检查的主要采取摇号、机选等方式，从检查单位名录库和专家库中随机抽取检查单位和检查专家组成检查组。经抽取的检查单位应指派具备相应专业的人员参加检查工作。对经抽取的检查单位因特殊原因不能派员协助检查的，随机抽查检查的主体要重新抽取其他单位或检查专家。在检查单位数量过少，不能满足随机抽查要求的情况下，可派员检查单位可以在内部具备专业技能的人员中按照摇号、机选等方式随机选派检查人员。

第十二条　随机抽查检查的主体要按照摇号、机选等方式，从被许可人名录库中随机抽取被许可人作为随机抽查检查的对象。随机抽取的检查对象涉及从事进出口活动被许可人的，随机抽查检查的主体应与国家濒危物种进出口管理办公室建立联合检查机制。

第十三条　随机抽查检查的主体要及时将抽取的检查单位、检查专家和被检查对象报负责纪律监督和法制监督的单位备案。随机抽取的检查单位、检查人员和检查对象，在实地检查工作开始前原则上要严格保密。但需要被检查对象在现场配合的，可提前通知其准备相应的材料。

第五章　抽查计划和频次

第十四条　随机抽查检查的主体应按照分工在每年6月底前根据上一年度的行政许可工作情况制定各自本年度随机抽查检查计划；下一年第一季度完成对上一年度检查工作情况进行总结，并报负责法制监督的机构。

第十五条　法律、法规、规章对监督检查方式有特别规定，以及因投诉举报、上级机关交办、开展专项执法行动或具有涉案线索等已开展、已部署和依照职责应当开展的检查工作，可以不受随机抽查计划和频次的限制。列入随机抽查检查对象的比例，在经费有保障并具备相应检查条件的前提下，原则上不低3％，不高于10％。

第十六条　探索建立黑名单制度，对存在违法违规记录列入黑名单的检查对象，可进行定向检查，但参与检查的单位和人员应当随机选取。

第六章　抽查工作规范化

第十七条　检查组要就抽查内容制定检查单，按照检查单的内容开展检查工作。检查内容包括检查事项、具体检查事项、所需准备的材料和设备、检查程序、检查结果处理方式等。

第十八条　检查人员在检查过程中应填写检查单，如实记录检查情况并签字。检查单需由检查对象签字或盖章确认。无法取得签字盖章的，检查人员应当注明原因，有条件的可请现场人员现场见证。现场可以采取录音、录像、拍照等方式记录抽查过程。

第十九条　随机抽查检查的主体根据抽查的需要，依法委托第三方开展检验、检测、鉴定、评估等产生的费用，按照谁委托、谁付费的原则，由委托机关支付。检查人员和专家的费用，可以由其原单位提供，也可以由随机抽查检查的主体提供。

第七章　抽查结果

第二十条　抽查工作结束后，随机抽查检查的主体要督促检查组在20个工作日内形成含抽查过程、抽查结果等内容的抽查工作报告，由随机抽查检查的主体主管领导审阅后，将抽查结果告知检查对象。抽查结果予以公开，可能涉及商业秘密的，应当征求检查对象意见。

第二十一条　检查对象对检查工作不配合的，检查人员要告知其履行法定义务，并做好记录和留取相关证据，并根据实际情况依法予以处理。检查对象有下列情形之一的，视为不配合：

（一）拒绝或以其他理由不允许检查人员进入生产经营场所进行现场检查的；

（二）拒绝或以其他理由不允许检查人员对特定物品进行取样测试、试验或检验的；

（三）拒绝或以其他理由不允许检查人员查阅、复制有关合同、票据、账簿、生产经营档案、野生动物专用标识信息以及其他有关材料，或者不如实提供相关资料的；

（四）其他阻挠、妨碍、拖延检查工作进行的，或多次尝试仍不能取得联系的。

第二十二条 对检查工作中发现的违法违规行为，应当依法移送有关机关处理，并将其纳入国家规定的实施"联合惩戒机制"范围。

第二十三条 各检查单位要建立健全随机抽查档案，档案要包括相关文件、检查单、抽查工作报告等，必要的还需留有影音资料等。负责纪律监督和法制监督的机构可以依据抽查档案进行纪律和法制监督。

第八章　权利救济

第二十四条 检查对象对检查结果有异议的，可以向负责法制监督的机构提出申请复查。负责法制监督的机构应当在收到复查申请之日起 20 个工作日内书面答复申请人。

申请人对复查意见不服，仍然以同一事实提出投诉请求的，国家林业和草原局不再受理。

第二十五条 复查由负责法制监督和纪律监督的机构负责组织，根据需要可以重新随机抽取检查人员进行复查，但已参加除此检查工作的人员在复查时应当回避。但复查时需要初次检查人员配合的，应当予以配合。

复查主要以书面方式进行，必要时可以现场检查和听取申请人的意见。复查应当以初次检查时对客观事实的认定为依据。

第九章　附　　则

第二十六条 野生动植物保护类行政许可随机抽查检查应当在每年 12 月底前完成，并将检查报告报负责纪律监督和法制监督的单位。

第二十七条 因发生自然灾害、经费不足或其他不可抗拒原因导致随机抽查检查工作无法实施的，可以降低抽查比例或抽查频率、删除无法实施的检查对象等。

第二十八条 本细则自发布之日起施行，有效期至 2022 年 11 月 30 日。

国家林业和草原局办公室关于加强外来陆生野生动物物种野外放生审批事中事后监管工作的通知

（办护字〔2019〕29号　2019年2月2日）

各省、自治区、直辖市林业和草原主管部门：

为规范国家林业和草原局实施的外来陆生野生动物物种野外放生审批流程，加强审批事中事后监管，确保生物安全和生态安全，现将有关事项通知如下：

一、高度重视事中事后监管工作

对非放生地自然繁衍生息的外来物种进行随意野外放生不仅难以保证放生个体存活和繁衍后代，而且会对放生地野生动植物种群、生态系统和周边居民正常生产生活造成难以预估的危害。实践证明，不科学地引进和放生外来野生动物物种，极易造成外来物种入侵、野生动物疫病传播、威胁人民群众生命财产安全等生态、经济和社会问题。

各级林业和草原主管部门要从保护生物多样性、维护生物和生态安全、建设生态文明和美丽中国的高度，充分认识加强外来陆生野生动物物种野外放生审批事中事后监管工作的必要性、紧迫性和复杂性，增强政治自觉，强化责任担当，严格落实各项监管措施。

二、进一步规范审批流程

国家林业和草原局自受理外来陆生野生动物物种野外放生申请之日起10个工作日内，书面征询拟放生地省级林业和草原主管部门的意见，或者组织包括拟放生地省级林业和草原主管部门业务骨干等在内的专家进行实地考察。在此基础上，由国家林业和草原局组织开展科学论证，并依法作出行政许可决定，其结果及时在国家林业和草原局官网上公开，接受社会监督。

三、层层压实事中事后监管责任

（一）国家林业和草原局承当外来陆生野生动物物种野外放生审批事中事后监管的第一责任，指导省级林业和草原主管部门严格按照行政许可决定明确的放生物种种类、数量、放生地点、放生时间、风险防控、监测评估等要求，监督被许可人科学开展放生活动，建立放生档案，强化放生监督，力避不良影响。

（二）县级林业和草原主管部门要结合陆生野生动物疫源疫病监测防控等工作，加强对本行政区域内各类陆生野生动物野外放生活动的巡查管理，对随意放生行为要及时制止和耐心劝导。对不听劝阻且情节严重者，依照《野生动物保护法》、《陆生野生动物保护实施条例》等有关法律法规的规定依法处理。要建立野外放生公示制度，设立监督举报平台，畅通投诉举报渠道，充分发挥社会对野外放生行为的监督作用。

（三）省级林业和草原主管部门负责本行政区域内违法违规开展野外放生活动的组织和个人信息以及有关执法部门的处罚结果信息的归集、汇总，上报国家林业和草原局，由其纳入国家有关信用平台，发挥多部门对违法违规野外放生行为的联合惩戒作用。

四、积极营造良好社会舆论氛围

各级林业和草原主管部门要结合"爱鸟周"、"野生动物保护宣传月"、"世界野生动植物日"等，大力宣传普及陆生野生动物物种野外放生科学知识。要明确告知公众，对外来陆生野生动物物种，未经科学论证和依法审批，不得随意开展野外放生活动，以免产生与放生初衷相违背的结果。要积极联合有关保护团体和人士，充分利用传统和现代宣传媒介，形成强大持久宣传合力。要坚持正面宣传和曝光反面案例相结合，城市和农村宣传两不误，提高宣传的通俗性、精准性和时效性，为加强野外放生审批事中事后监管提供良好的群众基础和舆论环境。

特此通知。

国家濒危物种进出口管理办公室、海关总署、国家工商总局关于禁止在出入境口岸隔离区内商店摆卖珍贵动物和珍稀植物及其制品的通知

（濒办字〔2002〕53号　2002年8月19日）

国家濒管办各办事处，广东分署，上海、天津特派办，各直属海关，各省、自治区、直辖市工商局：

根据《濒危野生动植物种国际贸易公约》（下称《公约》）、《野生动物保护法》、《野生植物保护条例》和《最高人民法院关于审理走私刑事案件具体应用法律若干问题的解释》（法释〔2000〕30号）的有关规定，列入《公约》附录一、附录二中的野生动物和列入《国家重点保护野生动物名录》中的国家一级、二级保护野生动物以及驯养繁殖的上述物种属于国家禁止进出口的珍贵动物，列入《公约》附录一、附录二中的野生植物和列入《国家重点保护野生植物名录》中的国家一级、二级保护野生植物以及人工栽培的列入《公约》附录一、附录二中的野生植物属于国家禁止进出口的珍稀植物，未取得国家濒管办或其办事处核发的《允许进出口证明书》，任何单位或个人不得擅自进出口上述野生动植物及其制品。然而，最近一个时期以来，不少出入境口岸隔离区内的商店都在摆卖国家禁止进出口的珍贵动物、珍稀植物及其制品，特别是象牙制品和含熊胆、象皮、豹骨、羚羊角、麝香、甲片或黄草等成份的中成药，许多国家都截获到在我国出入境口岸隔离区内的商店购买并携带出境的珍贵动物、珍稀植物及其制品，以上行为不仅违反了《公约》和我国有关法律法规的规定，也影响了我国的履约形象。为保护我国的野生动植物资源，切实执行《公约》和我国有关法律法规的规定，特重申严禁在出入境口岸隔离区内的商店摆卖国家禁止进出口的珍贵动物、珍稀植物及其制品，并就有关事宜通知如下：

一、严禁在出入境口岸隔离区内的商店摆卖国家禁止进出口的珍贵动物、珍稀植物及其制品。已经上架摆卖的，有关单位应立即从货架上撤出。凡包装或说明书上标有上述野生动植物及其制品字样的，均按含有该种野生动植物及其制品对待。

二、各有关海关、工商行政管理部门应分别加强对出入境口岸隔离区内的口岸免税店和其它商店的监督管理，国家濒管办各办事处应积极配合海关、工商行政管理部门开展上述监督检查工作。对于检查中发现的非法摆卖国家禁止进出口的珍贵动物、珍稀植物及其制品的，应依法查处。

动物行政主管部门或其授权的单位批准，并取得濒管办核发的允许进口证明文件后，从国外进口的野生动物或者其产品，各有关出口单位在办理用其制造的中成药的出口手续时，需提供原进口批准文件和成交合同，直接向濒管办或其授权的办事处申请领取允许再出口证明文件。

三、本函所称野生动物，是指国家重点保护野生动物和国家明文规定限制出口的其他有益或者有重要经济、科学研究价值的陆生野生动物，以及《公约》规定保护的其他野生动物。

四、经我部审查批准，制订了《部分含野生动物药材成分的中成药名单》（详见附件）。为避免出现漏洞，各有关出口单位在组织中成药出口时，不仅要依照上述名单，还要根据《国家重点保护野生动物名录》和《公约》附录，自行查出出口药品中，所有需要办理审批手续的中成药，一并申报办理审批手续和申请领取允许出口证明文件。

五、各出口单位出口上述名单中列名的中成药，在报关时，应向海关交验濒管办或其授权的办事处核发的允许出口的证明文件。海关凭上述允许出口的证明文件和其他有关单证查验放行。本文发出之日以后新增加的自行查出的含野生动物药材成分的中成药，均由濒管办通知海关总署转告各关依照本文办理。

六、违反上述规定或手续不完备的，海关不予放行。非法出口中成药的，濒管办不予补办允许出口证明文件，并由海关依照《海关法》和有关法规进行处理。情节严重、影响较大或造成重大损失、构成犯罪的，依照《刑法》追究有关人员的刑事责任。

七、本通知自 1990 年 6 月 15 日起施行。对货已到口岸来不及向海关递交允许出口证明文件的，海关可凭货主出具的保函查验放行，保函时间截止到 6 月 30 日。以上望告各有关单位周知。

国家濒危物种进出口管理办公室关于印发
《野生动植物进出口单位备案登记和
表现评估管理办法》（试行）的通知

（濒办字〔2004〕71号　2004年8月20日）

国家濒管办各办事处：

现将《野生动植物进出口单位备案登记和表现评估管理办法》（试行）予以印发，请遵照执行。

野生动植物进出口单位备案登记和表现评估管理办法（试行）

第一条　为认真执行《濒危野生动植物种国际贸易公约》、《中华人民共和国野生动物保护法》、《中华人民共和国野生植物保护条例》、《中华人民共和国行政许可法》等有关法律法规的规定，促进野生动植物进出口贸易活动依法、健康、有序开展，制定本办法。

第二条　从事野生动植物及其产品的一般贸易、无偿提供、展览表演、引种繁育、标本交换、邮寄及其它各种方式的进口、出口、再出口或从海上引进的单位，包括有关进出口公司、饲养场、繁育中心、人工培植场、苗圃、动物园、植物园、博物馆、水族馆、标本馆、大专院校、研究院所等，应当按照本办法规定进行备案登记。

野生动植物的进口、出口、再出口或从海上引进，是指涉及《濒危野生动植物种国际贸易公约允许进出口证明书》（简称《公约证书》）、《中华人民共和国野生动植物进出口证明书》（简称《非公约证书》）和《非〈进出口野生动植物种商品目录〉物种证明》（简称《物种证明》）范围的野生动植物及其部分和产品的进出口活动。

第三条　国家濒管办是全国野生动植物进出口单位备案登记工作的主管机构，应积极做好备案登记工作的组织和协调，推进野生动植物进出口单位备案登记工作的顺利开展。

第四条　野生动植物进出口单位备案登记工作实行属地化管理。国家濒管办总部委托具备备案登记条件的国家濒管办办事处（以下简称备案登记机构）负责办理指定区域内的野生动植物进出口单位备案登记手续，备案登记机构管辖范围见附件1。

第五条　野生动植物进出口单位备案登记的程序

野生动植物进出口单位在第四条指定的备案登记机构办理备案登记。备案登记的程序如下：

（一）领取《野生动植物进出口单位备案登记表》（以下简称《备案登记表》）。野生动植物进出口单位可通过国家濒管办网站（http：//www.cites.gov.cn）下载，或到所在地备案登记机构领取《备案登记表》，《备案登记表》样式见附件2。

（二）填写《备案登记表》，一式两份。野生动植物进出口单位应按《备案登记表》要求认真填写所有事项的信息，所填写内容应完整、准确和真实；同时认真阅读《备案登记表》右边的条款，并由法人代表签章。

（三）向备案登记机构提交如下备案登记材料：

1、按本条第二款要求填写的《备案登记表》，一式两份；

2、如有野生动植物加工贸易的单位，应提交加工贸易手册复印件；

3、备案登记机构认为需要提交的其他材料；

4、由进出口单位收执的原备案登记表（如属备案登记变更的情形）。

第六条　备案登记机构应对符合要求的备案登记材料予以接收，并指定一个专属备案登记号，备案登记号格式为"办事处所在地城市简称＋'企备'＋〔年度〕＋3 位序号"，如"京企备〔2004〕025 号"。即时或在 5 个工作日内办理备案登记手续，在《备案登记表》上加盖备案登记机构公章。一份《备案登记表》由备案登记机构留存，另一份《备案登记表》交野生动植物进出口单位收执。

第七条　备案登记机构应完整、准确地记录和保存野生动植物进出口单位的备案登记信息和相关材料，并建立备案登记档案。

第八条　国家濒管办总部和国家濒管办办事处在受理进出口野生动植物申报材料时，可请进出口单位出示《备案登记表》或提供备案登记号。

第九条　《备案登记表》上的任何登记事项发生变更，野生动植物进出口单位应比照本办法第五条的有关规定办理《备案登记表》的变更手续；30 日内未办理变更手续的，其《备案登记表》自动失效。

备案登记机构，收到野生动植物进出口单位提交的变更《备案登记表》的材料后，应当按照第六条的规定办理变更手续。对原《备案登记表》一式两份，包括由备案登记机构留存的和由野生动植物进出口单位收执的，由备案登记机构加盖注销章予以注销。

第十条　野生动植物进出口单位中止其野生动植物进出口活动或已在工商部门办理注销手续或被吊销营业执照，或已被取消进出口资格，均应在上述情况发生 30 日内，到备案登记机构办理注销备案登记手续。

第十一条　野生动植物进出口单位不得伪造、变造、涂改、出借、转让和出卖《备案登记表》。

第十二条　备案登记机构在办理备案登记或变更备案登记时，不得收取费用。

第十三条　国家濒管办应按照第十四条、第十五条和第十六条的规定，对野生动植物进出口单位申办《公约证书》和《非公约证书》的表现进行记录，并对其进行信用评估。

第十四条　野生动植物进出口单位表现情况的记录

国家濒管办总部及其办事处，应就其职责范围对其涉及的野生动植物进出口单位申办《公约证书》和《非公约证书》的表现情况，按照《野生动植物进出口单位表现评估表》（以下简称《表现评估表》）的要求进行动态记录，《表现评估表》的样式见附件 3。

第十五条　野生动植物进出口单位表现记录信息的交换

国家濒管办总部及其办事处，就当年内各自对野生动植物进出口单位申办《公约证书》和《非公约证书》的表现记录情况，于每年 12 月 31 日前告知相对于该进出口单位的备案登记机构。

第十六条　野生动植物进出口单位的表现评估

备案登记机构，应按照野生动植物进出口单位表现评估表的要求，就国家濒管办总部及其办事处提供的对野生动植物进出口单位申办《公约证书》和《非公约证书》的表现记录情况进行汇总，并对其进行表现评估，同时提出规范进出口管理方面的建议。

备案登记机构应将其受权管辖范围内的进出口单位的信用评估情况，于次年 1 月 31 日前报国家濒管办总部。

第十七条　野生动植物进出口管理奖惩措施的制定和落实

国家濒管办应依照野生动植物进出口的法律法规，适时研究和制定规范和引导进出口单位依法开展进出口活动的政策措施。对合法经营并具有良好表现记录的野生动植物进出口单位，实行便利政策；对于具有不良表现记录的，对其申报材料要进行严格审核，对进出口活动进行严密监管，还要视情节分别给予其警告或停发证明书的处理，严重者，要按照国家相关法律法规的规定予以处罚。

第十八条　国家濒管办应积极做好备案登记工作的综合协调，促进和引导进出口单位备案登记工作顺利开展。

国家濒管办应积极推进并实行野生动植物进出口单位备案登记工作的信息系统管理。

第十九条　本办法由国家濒管办负责解释。

第二十条　本办法自发布之日起施行。凡与本办法不一致的规定同时废止。

附件（略）

国家濒危物种进出口管理办公室公告

（2004 年第 2 号　2004 年 12 月 17 日）

根据《国务院关于贯彻实施中华人民共和国行政许可法的通知》（国发〔2003〕23 号）、《国务院办公厅关于贯彻实施行政许可法工作安排的通知》（国办发〔2003〕99 号）和《国务院令第 412 号》的要求，保留的中华人民共和国濒危物种进出口管理办公室行政许可事项共两项，现将其名称、实施机关、承办机构、依据、条件、数量、程序、期限、收费标准及其依据等内容予以公告。

附件：

中华人民共和国濒危物种进出口管理办公室
行政许可事项公示内容

第一项　野生动植物允许进出口证明书核发

一、实施机关

中华人民共和国濒危物种进出口管理办公室。

二、承办机构

中华人民共和国濒危物种进出口管理办公室及其办事处。

三、依据

（一）《中华人民共和国野生动物保护法》；

（二）《中华人民共和国森林法》；

（三）《中华人民共和国野生植物保护条例》；

（四）《濒危野生动植物种国际贸易公约》及其有关决议、决定等。

四、条件

（一）申请人资格条件

根据国家有关规定允许从事对外贸易经营活动的公民、法人或者其他组织。

（二）申请人需提交的材料

申请人根据其进出口活动的不同情形，提交以下相关材料：

1. 书面申请。

2. 野生动植物允许进出口证明书申请表。

3. 国务院有关行政主管部门的批准文件。出口国家重点保护野生动植物种标本，以及进出口《濒危野生动植物种国际贸易公约》（以下简称《公约》）附录所列野生动植物种标本的，须提交国务院野生动植物行政主管部门或国务院的批准文件。

4. 进出口合同或协议（进出口个人拥有所有权的野生动植物种标本的情况除外）：

（1）对于商业性进出口的，须提交申请人或代理人与外方签订的进出口贸易合同；属于委托代理进出口的，须提交申请人与代理人签订的进出口委托代理合同或协议。

（2）对于非商业性进出口的，须提交申请人与外方签订的协议。

5. 物种成分含量表和说明书。出口含野生动植物成分的药品、食品等商品的，须提供所涉商品的成分含量表和外包装说明书。

6. 海关证明材料。再出口野生动植物种标本的，须提交经海关签注的原批准进口的野生动植物允许进口证明书和加盖申请人公章（个人拥有所有权的情况除外）的原海关进口货物报关单原件。

7. 境外相关证明文件：

（1）进口《公约》规定豁免的《公约》附录Ⅰ所列野生动植物种标本的，须提交出口国或地区、再出口国或地区的《公约》管理机构签发的批准出口或再出口的相关证明文件。

（2）出口《公约》附录Ⅰ所列野生动植物种标本的（豁免情形除外），或再出口《公约》附录Ⅰ所列活体野生动植物种标本的，须提交进口国或地区的《公约》管理机构签发的进口许可证复印件。

（3）进口《公约》附录Ⅱ、附录Ⅲ所列野生动植物标本的，须提交出口国、再出口国或地区的《公约》管理机构签发的出口许可证复印件或再出口证明书复印件、原产地证书复印件、植物检疫证明书复印件。

（4）涉及与非《公约》缔约国间的《公约》限制进出口的野生动植物种标本的进口、出口或再出口，按《公约》规定提交有关材料。

8. 需提交的其他材料。

五、数量

对野生动植物种标本的进出口，实行限额管理等措施，有限制进出口限额的，在限额数量内进行审批；未实行限额管理的，无数量限制。

六、程序

（一）申请人向国家濒管办或其指定办事处提出申请（注：指定办事处及其许可范围另行公示）；

（二）国家濒管办可根据需要征求国家濒危物种科学委员会意见，或与《公约》秘书处进行咨询、与进出口国《公约》管理机构对其出具的许可证或证明书进行确认等（该款程序所需时间不包括在实施许可的规定期限内）；

（三）审查合格的，由国家濒管办或其指定办事处向申请人核发《野生动植物允许进出口证明书》；审查不合格的，由国家濒管办或其指定办事处书面通知申请人并说明理由，告知复议或者诉讼权利。

七、期限

20 个工作日内。经批准可以延长 10 个工作日。

八、收费标准和依据

（一）标准

详见依据。

（二）依据

1.《财政部、国家计委关于调整野生动植物进出口管理费政策有关问题的通知》（财综字〔2000〕75 号）；

2.《国家计委、财政部关于野生动植物进出口管理收费标准的通知》（计价格〔2000〕1004 号）；

3.《国家物价局、财政部关于发布中央管理的林业系统行政事业性收费项目及标准的通知》（〔1992〕价费字 196 号）。

第二项　非进出口野生动植物种商品目录物种证明核发

一、实施机关

中华人民共和国濒危物种进出口管理办公室。

二、承办机构

中华人民共和国濒危物种进出口管理办公室及其办事处。

三、依据

（一）《国务院对确需保留的行政审批事项设定行政许可的决定》（国务院令第 412 号）；

（二）国家濒管办、海关总署《关于统一使用非〈进出口野生动植物种商品目录〉物种证明的函》（濒办字〔1999〕9 号）；

（三）国家濒管办、海关总署《关于统一使用非〈进出口野生动植物种商品目录〉物种证明的通知》（濒办字〔2001〕67 号）。

四、条件

（一）申请人资格条件

根据国家有关规定允许从事对外贸易经营活动的公民、法人或者其他组织。

（二）申请人需提交的材料

1、书面申请。

2、进出口合同或协议（进出口个人拥有所有权的野生动植物种标本的情况除外）。

3、省级野生动植物行政主管部门相关证明：

（1）出口人工培植所获的与《国家重点保护野生植物名录》中同名的植物种标本、"国家保护的有益的或者有重要经济、科学研究价值的陆生野生动物名录"中的野生动物种标本的，须提供省级野生动植物行政主管部门出具的物种标本合法来源证明。

（2）进口非《公约》附录陆生野生动物种标本的，须提供省级野生动物行政主管部门出具的进口目的证明。

4、海关证明文件。再出口与我国《国家重点保护野生植物名录》、《国家重点保护野生动物名录》中同名物种的标本的，需提供加盖申请人公章（个人拥有所有权的情况除外）的原海关进口货物报关单原件。

五、数量

无数量限制。

六、程序

（一）申请人向国家濒管办或其指定办事处提出申请（注：指定办事处实施许可的地理区域范围另行公示）；

（二）审查合格的，由国家濒管办或其指定办事处向申请人核发《非〈进出口野生动植物种商品目录〉物种证明》；审查不合格的，由国家濒管办或其指定办事处书面通知申请人并说明理由，告知复议或者诉讼权利。

七、期限

20个工作日内。经批准可以延长10个工作日。

八、收费标准和依据

不收取费用。

国家濒危物种进出口管理办公室关于依法规范
《允许进出口证明书》行政许可工作的通知

（濒办字〔2007〕30 号　2007 年 4 月 20 日）

国家濒管办各办事处：

随着《行政许可法》和《濒危野生动植物进出口管理条例》的实施，我办野生动植物进出口管理工作进一步得到强化。但通过近年来的检查了解，部分办事处在实施行政许可工作中还存在不足，特别是对贯彻总办下发的《行政许可工作管理办法》（以下简称《管理办法》还不够认真、规范。为推动野生动植物进出口管理工作依法行政的进程，经研究，我办决定进一步规范《允许进出口证明书》行政许可工作。现将有关事项通知如下：

一、关于《允许进出口证明书》行政许可文书制度的执行

各办事处要严格执行《管理办法》中的各项制度和程序，进一步落实 5 种行政许可文书及其印章的使用工作。已经启用行政许可文书的办事处，要统一文书格式，其格式要与《管理办法》附件中的格式一致。尚未启用的办事处，要立即按照《管理办法》附件中的文书格式印制启用。各办事处要在 4 月 30 日前，将加盖行政许可文书专用章或行政许可专用章的 5 种行政许可文书样式报总办备案。

二、关于证书受理期限及有效期的确定

（一）对于应提交国务院农业、林业主管部门准予行政许可决定书申办《允许进出口证明书》的，申请人应在其相对应的行政许可决定的有效期截止日前提出申请。

（二）核发证书的有效期，应根据下列原则确定：

1. 对于应提交国务院林业主管部门准予行政许可决定书申办《允许进出口证明书》的，核发的证书有效期截止日可超过其相对应的行政许可决定的有效期截止日，有效期最长不超过 180 天；

2. 对于应提交国务院农业（渔业）主管部门准予行政许可决定书申办《允许进出口证明书》的，核发的证书有效期截止日不得超过相对应的行政许可决定的有效期截止日，有效期最长不超过 180 天；

3. 对于应提交境外国家或地区《公约》管理机构签发的许可证或证明书申办《允许进出口证明书》的，核发的证书有效期截止日原则上应与境外国家或地区的许可证或证明书的有效期截止日一致；如发证机关在核发《允许进口证明书》时，遇境外国家或地区的许可证或证明书有效期已不足 7 日的，其有效期可在相对应的境外国家或地区的许可证或证明书的有效期截止日基础上延长 30 日；

4. 同时符合上述两个或两个以上条件的，证书有效期以最短的时限确定。

三、关于《允许进出口证明书》的变更

（一）被许可人需要变更依法取得的《允许进出口证明书》内容的，经批准可变更一次。

被许可人应当在《允许进出口证明书》有效期届满前向发证机关提出申请，并将《允许进出口证明书》原件退回发证机关。

（二）申请变更《允许进出口证明书》的内容已在国务院林业、农业（渔业）主管部门行政许可决定书中做出限定的，需经原主管部门批准后进行。属于总办授权办事处直接核发《允许进出口证明书》范围的，办事处可依据原主管部门重新签发的行政许可决定书直接办理变更手续；不属于总办授权办事处直接核发《允许进出口证明书》范围的，办事处需依据总办重新签发的国家濒管办核发证明书通知单办理变更手续。

（三）申请变更《允许进出口证明书》的内容在国家濒管办核发证明书通知单中做出限定但未在国务院林业、农业（渔业）主管部门行政许可决定书中作出限定的，其变更须由办事处报总办批准后办理。

（四）申请变更上述第（二）、（三）款之外其它事项的，可由办事处直接办理。

（五）《允许进出口证明书》的变更范围包括：

1. 进出口口岸；

2. 在不改变贸易国国别情况下《允许出口证明书》（包括《允许再出口证明书》）中的收货人、《允许进出口证明书》的发货人；

3. 申请将一份证书在规定的种类、数量范围内拆分成多份。

（六）变更换发后的《允许进出口证明书》应另行编号，并在"特殊条件"一栏内注明原《允许进出口证明书》证号及变更原因，同时在证明书核发系统中将原证书标记作废。

四、关于《允许进出口证明书》的延续

（一）被许可人需要延续依法取得的《允许进出口证明书》有效期的，经批准可延续一次。被许可人应当在《允许进出口证明书》有效期届满30日前向发证机关提出申请。

（二）对于凭国务院林业主管部门行政许可决定申办《允许进出口证明书》的，换发的《允许进出口证明书》的有效期依据本通知第二条的规定设定。原国务院林业主管部门的批件是否在有效期内不作为受理和办理的前提条件。

（三）对于凭国务院（农业）渔业主管部门行政许可决定申办《允许进出口证明书》的，相应的行政许可决定应在有效期之内，所换发的《允许进出口证明书》的有效期依据本通知第二条的规定设定。

（四）对于需要与境外国家或地区管理机构进行许可证或证明书确认的，须由办事处上报总办进行确认，并由办事处向申请人及时出具相关行政许可告知文书，确认所需时间不计算在实施行政许可的时限内。

（五）延续的《允许进出口证明书》应另行编号，并在"特殊条件"一栏内注明原《允许进出口证明书》证号，同时在证明书核发系统中将原证书标记作废。

《允许进出口证明书》变更或延续申请是濒危物种管理机构行政许可工作中重要组成部分，各办事处要高度重视，依照《行政许可法》的要求，按步骤向申请人出具各式行政许可文书。各办事处还要结合自身情况，依照《条例》的精神对行政许可工作进行认真梳理，规范《允许进出口证明书》核发程序及内部运行机制，将行政许可工作中遇到的新情况、新问题及时上报总办，以确保《允许进出口证明书》核发工作有序进行。

2. 重点物种专项规定

林业部关于发布《黑熊养殖利用
技术管理暂行规定》的通知

（林护通字〔1997〕56 号　1997 年 5 月 8 日）

各省、自治区、直辖市林业（农业）厅局：

为保护、发展和合理利用黑熊资源，积极引导黑熊养殖利用产业的发展，逐步实现规范化管理，根据《中华人民共和国野生动物保护法》、《中华人民共和国陆生野生动物保护实施条例》和《国家重点保护野生动物驯养繁殖许可证管理办法》的规定，我部组织有关专家制定了《黑熊养殖利用技术管理暂行规定》，现予发布，请认真贯彻执行。

附件：《黑熊养殖利用技术管理暂行规定》

附件：

黑熊养殖利用技术管理暂行规定

为保护、发展和合理利用黑熊资源，积极引导黑熊养殖利用产业的发展，推进科学养殖及利用，逐步实现本产业的规范化管理和可持续发展，更好地适应国际自然资源与自然环境保护的趋势，特制定本技术管理暂行规定：

一、建立黑熊养殖场

建立黑熊养殖场须首先进行可行性分析，并按照国家有关规定经省级林业行政主管部门批准并取得《国家重点保护野生动物驯养繁殖许可证》后，方可从事黑熊养殖利用活动。

（一）养殖规模：建立黑熊养殖场，其场地设施须具备养殖 50 只黑熊的规模，并且应具有相应的资金和技术能力。

（二）熊室（舍）：熊室（舍）是供繁殖熊配种、产仔及幼熊饲养的设施，其面积须按平均每只熊不小于 $2m^2$ 标准设计，并且应坐北朝南，通风干燥。

（三）熊笼：熊笼是对黑熊进行检疫、治疗及引流胆汁的设施，规格不小于 $150 \times 80 \times 170cm$/只，确保熊在笼中能够站立或完全俯卧。熊笼四角用 16mm 钢筋和 $4.5 \times 4.5cm$ 角铁做成支脚，撑离地面 $70 \sim 80cm$，并且用水泥将其支角与地面灌成一体。

（四）黑熊饲养区：黑熊饲养区应有良好的通风、采光条件，地面应平坦并设置上下水道，北方地区应有取暖设备。

（五）黑熊运动场：黑熊养殖场必须设有供熊自由活动的运动场，并与熊室（舍）或熊笼相通。运动场面积须不低于每只熊 6m² 的标准，并设有水池和排污沟。运动场四周围墙高度为 250～300cm，用铁丝网、钢筋和水泥筑成。

二、种源

引进黑熊种源须向县级以上陆生野生动物行政主管部门提出申请，按规定的管理权限、经批准后方可实施。引进的黑熊须 6 月龄以上、健康、无伤残，体重 100 公斤以上，并持有有效的检疫证明。种用黑熊种群雌雄比为 1∶2。作为种源引进的黑熊只允许用于繁殖。禁止非法从事野外捕捉、收购和出售黑熊。不得以棕熊和马来熊从事引流胆汁行为。

三、饲养管理

（一）技术人员和饲养员：黑熊养殖场至少应具有初级任职资格和畜牧、兽医技术人员各一名，并持有相应的科技干部管理部门颁发的技术职称证书。饲养管理人员须经过半年以上的技术培训，并要求持有培训院校颁发的结业证书。

（二）饲料：养殖黑熊的饲料来源须有保障，有较为固定的进料渠道。精饲料应设置专用储存间储存。储存间应通风良好、干燥，地面上设有枕木垫底，注意防虫、防鼠。

（三）饲养：根据黑熊体质状况，将新鲜的青饲料和蛋白质含量较高的精饲料调合饲喂。不得使用腐烂变质的饲料喂养黑熊。繁殖熊要单养，育成熊可群养。

（四）卫生防疫：熊笼、圈舍、运动场每周要全面消毒二次，食槽、饮水器具要求每天清扫干净、消毒。运动场水池必须每日更换清洁水。

四、取胆汁

（一）下列情况的熊不得实施引流胆汁手术。

1. 3 岁龄以下；

2. 100 公斤以下；

3. 病弱或肢体伤残；

4. 怀孕及哺乳期；

5. 其它不宜引流胆汁的熊。

（二）手术及护理：引流胆汁不得采用常流式或异物引流导管，须用熊自体组织作引流导管，取胆熊体不得加装任何附加装置。引流手术须无菌操作，手术器具须严格消毒。术后严格护理，设专人看护，发现问题，及时处理。

（三）取胆量：每次引流胆汁以自然流出量为准，定时引流，每天最多引流 3 次，禁止人为吸取胆汁。

（四）取胆熊的护理：取胆熊要经常喂给牛奶、鸡蛋等高蛋白质饲料，辅以易消化的食物，补给多种微量元素等。要严格控制喂给高脂肪食物。喂食要定时定量，并根据情况，促进取胆熊运动。

五、繁殖

（一）用于繁殖的种熊，须掌握其种源、谱系，建立繁殖档案和统计制度。

（二）种熊要选择体型大，体质好，生殖器官正常的熊只。

六、淘汰

对丧失饲养价值的熊进行淘汰处理（出售、宰杀、放生、转让及交换等），须向当地野生动物行政主管部门提出申请，经省级林业行政主管部门批准，方可按要求处理。

七、建立科学管理系统

养殖场应逐步建立生产养殖技术档案。繁殖种群，饲养供给和取胆数量等有关数据，实现微机系统管理。

八、本技术管理暂行规定解释权归林业部

国家林业局关于印发野外大熊猫救护工作规定的通知

（林护发〔2001〕68号　2001年2月27日）

四川、陕西、甘肃省林业厅：

为规范野外大熊猫的救护工作，进一步加强对野外大熊猫资源的保护管理，及时有效地救护、治疗野外病饿伤残大熊猫，根据《中华人民共和国野生动物保护法》等法律、法规和国家有关规定，结合当前野外大熊猫救护的实际情况，我局制定《国家林业局关于野外大熊猫救护工作的规定》。现印发给你们，请遵照执行。

附件：国家林业局关于野外大熊猫救护工作的规定

附件：

国家林业局关于野外大熊猫救护工作的规定

第一条　为规范野外大熊猫的救护工作，进一步加强对野外大熊猫资源的保护管理，及时有效地救护、治疗野外病饿伤残大熊猫，根据《中华人民共和国野生动物保护法》等法律、法规和国家有关规定，制定本规定。

第二条　本规定所称野外大熊猫，是指在野外环境中，处于伤残、疾病、饥饿等非正常生存状况，且只有采取人工救护措施才能使其恢复或部分恢复正常生存状况的大熊猫。

第三条　国家林业局依法主管全国野外大熊猫救护的管理和监督工作。野外大熊猫栖息地的县以上林业部门依法主管本行政区域内的野外大熊猫救护的管理和监督工作。

按照国家有关规定设立的大熊猫救护机构，应遵照本规定负责野外大熊猫的救护、治疗等具体工作。

第四条　本规定所指的省级大熊猫救护机构应是经国家林业局根据大熊猫保护管理需要批准设立的。

第五条　国家林业局鼓励保护大熊猫生存栖息地，保护和救护野外病饿伤残的大熊猫，制止、检举和控告对非法捕杀大熊猫或者破坏其生存栖息地的行为。县级以上地方政府林业主管部门可以对有关救护人员给予适当经济补偿。

第六条　在野外发现病饿伤残大熊猫，应尽快向发现地的县级林业主管部门报告。必要时，可以采取适当措施将病饿伤残野外大熊猫送至附近具备交通和通讯条件的地点，并在到达上述地点后8小时内向发现地的县级林业主管部门报告。

第七条　野外大熊猫所在地的自然保护区或者所在地林业主管部门在接到有关病饿伤残

大熊猫报告后，应当及时组织专业人员现场看护、抢救和治疗。

第八条　自然保护区管理机构和所在地林业主管部门应当及时将抢救、治疗、看护野外大熊猫的情况向上级林业主管部门报告，并逐级报所在地省级林业主管部门。

第九条　经现场救护或医疗后的野外大熊猫，县级林业主管部门、自然保护区管理机构或省级大熊猫救护机构认为可以放回原栖息地的，应当尽快将大熊猫放归原栖息地。

对病饿伤残情况严重的且无法进行现场救护、治疗的野外大熊猫，自然保护区、县林业主管部门应尽快将野外大熊猫转移到具备医疗条件的地点进行救护、治疗，或者转移到省级大熊猫救护机构进行救护和治疗。

第十条　经救护、治疗的野外大熊猫不宜放归其栖息地的，应送省级大熊猫救护机构收养。救护单位应自救护大熊猫始 120 天 内提出申请处理意见，经所在地的省级林业主管部门审核，报国家林业局批准后实行。

第十一条　除非有严重危及大熊猫幼仔生存的情况，严禁捕捉大熊猫幼仔。

第十二条　对死亡大熊猫的皮张、毛发、骨骼、器官等标本要做妥善处理，自然保护区管理机构、县级林业主管部门或有关救护机构应将处理方式报省级林业主管部门同意后执行。

第十三条　所有大熊猫的救护、转移和放归过程应以照片、录像以及文字资料等形式立案建档。

第十四条　每年 1 月 31 日以前，省级林业主管部门应向国家林业局书面报告上一年度本省救护、治疗和收养大熊猫的情况。

第十五条　在救护、治疗野外大熊猫工作中，作出突出成绩的单位和个人，省级林业主管部门和国家林业局可给予适当奖励。

第十六条　本规定自发布之日起施行。

国家林业局关于进一步加强
麝类资源保护管理工作的通知

（林护发〔2003〕30 号　2003 年 2 月 27 日）

各省、自治区、直辖市林业（农林）厅（局），内蒙古、吉林、龙江、大兴安岭森工（林业）集团公司，新疆生产建设兵团林业局：

麝是具有极高药用价值和重要生态、科研价值的物种，雄麝香囊（麝香）是传统中药的重要原料。为保护好该物种资源，长期以来，在各级人民政府的关心重视下，在各有关部门的支持下，各级林业主管部门做了大量工作，建立麝自然保护区，开展麝资源及其栖息地调查，鼓励麝人工繁育，支持麝繁育技术研究和基因保存，严厉打击盗猎麝、走私麝香的犯罪活动，并将保护麝资源优先列入林业重点建设工程，以促进其不断增长。然而，由于市场的巨大需求和价格的极大诱惑，非法盗猎麝活动一直十分猖獗，擅自收购天然麝香问题严重，麝栖息地不断遭受破坏，资源状况急剧恶化。截止到目前，我国麝类资源总量已不足二十世纪五十年代的 5%，且基本为零散的"岛屿"状分布，其中原麝和黑麝已濒于灭绝。

为从根本上扭转我国麝资源危机的严峻形势，经国务院批准，我局于 2003 年 2 月 21 日发布第 7 号令，将麝科麝属所有种由国家二级保护野生动物调整为国家一级保护野生动物，以全面加强麝资源保护。根据国务院的要求，为切实促进麝资源的恢复与发展，按照《中华人民共和国野生动物保护法》有关规定，现就进一步加强麝资源保护管理工作提出如下要求：

一、全面禁止猎捕麝和收购麝香的行为，中药生产所需天然麝香全部从现有库存或人工繁殖所获天然麝香中解决。因科学研究、驯养繁殖等特殊情况，确需从野外捕捉麝的，必须严格按照《中华人民共和国野生动物保护法》及《中华人民共和国陆生野生动物保护实施条例》的规定，报我局审批。

二、调查核实天然麝香库存、生产利用和麝养殖等基本情况，切实加强监督管理。自本通知下达之日起，各省（含自治区、直辖市，下同）林业主管部门要迅速组织力量对本区域内天然麝香库存情况、利用天然麝香生产情况、有关产品情况和麝养殖情况，进行全面彻底的调查，在此基础上，研究制定本区域加强监督管理的措施特别是对库存天然麝香，经核实后还必须逐一登记造册，确定保管点、责任单位，并制定共同监管措施。各省林业主管部门要于 2003 年 6 月 1 日前将调查结果和强化监督管理措施上报我局。我局将指派专人对各地核查及监管情况进行抽查。

三、禁止将天然麝香用于除药用以外的其他商品的生产，加强对利用库存及人工繁育来源的天然麝香制药的管理。因生产重要药品需要利用库存的或人工繁育来源的天然麝香的，必须由生产企业提出申请，说明药品种类、生产计划和需要天然麝香的数量及来源，并附国家药品生产主管部门的审核意见，报我局审批。经批准后，方可凭批准文件在当地林业主管部门的监督下，按批准的数量启用库存天然麝香或调运人工繁育来源的天然麝香，并按批准的药品种类、数量进行投料生产。同时，对其天然麝香库存量进行核减，直至核销完毕。进出口含天然麝香的产品，必须严格按国家法律规定报我局批准。未经批准，任何单位不得擅自经营利用天然麝香生产药品和进出口天然麝香产品。

四、6 月 1 日前，按照《国家重点保护野生动物驯养繁殖许可证管理办法》的规定，对麝养殖单位重新审核发放《国家重点保护陆生野生动物驯养繁殖许可证》。各省林业主管部门应将麝养殖单位原《驯养繁殖许可证》依法注销，并切实加强对麝养殖的指导监督和规范管理，促进麝养殖能力和管理水平的提高，以推动我国麝资源的增长和争取国际社会的认可。

五、加大执法力度，促进麝资源发展。将麝调整为国家一级保护野生动物，是国务院为扭转我国麝资源面临的危机状况，从维护生态平衡、保障中医药事业可持续发展的战略出发，作出的重大决策。各级林业主管部门对此要切实提高认识，研究制定有效措施，全面加强麝资源保护管理，对违法盗猎、破坏麝栖息地、收购天然麝香和擅自生产、经营、进出口、运输含天然麝香产品等行为加大打击力度，依法惩处，并结合林业六大工程建设，大力恢复和改善麝栖息地，积极支持麝人工繁育技术和天然麝香代用品研究，发展麝放养基地，促进麝资源的快速增长。

特此通知。

国家林业局关于加强实验用猴管理有关问题的通知

（林护发〔2004〕124号　2004年7月16日）

各省、自治区、直辖市林业（农林）厅（局）：

猕猴、食蟹猴等猕猴属动物（以下简称实验猴）是医学研究不可缺少的重要实验动物。自20世纪90年代以来，随着国际实验猴供求关系的转变和国内医学研究对实验猴需求量的加大，我国实验猴驯养繁殖进入快速发展阶段，实验猴驯养繁育种群数量不断增长，到目前已初具规模，保障了大量新药的安全测试与评价，取得了显著的社会效益。由于各种原因，在实验猴保护、驯养繁殖、经营和进出口等领域出现了一些新情况和新问题。为此，2003年9月至11月委托中国猕猴养殖开发联合会组织专家对全国范围内的实验猴养殖单位进行了摸底调查，结果显示，我国实验猴驯养繁殖业仍存在着一些问题，具体表现为整体技术力量薄弱、经营模式单一、发展后劲不足等。部分养殖单位养殖条件落后，实验猴品质没有保障，特别是个别企业将以种源名义引进的野外来源的实验猴直接充当繁殖的商品猴出口的情况时有发生，不仅影响了国际上对我国出口实验猴品质的总体评价，还损害了我国保护野生动物的声誉和形象。

为逐步推行实验猴年度限额管理、实行最低限价出口、严格界定子二代实验猴的经营利用和实现养研一体化的经营管理模式，确保实验猴养殖持续、稳定、健康发展，现将有关问题通知如下：

一、强化猕猴野外种群及栖息地保护，严格限制从野外猎捕猕猴用作种源，禁止以科学研究、种源名义从野外引进的猕猴直接充当繁殖的商品猴出口或国内销售。对违反要求的养殖单位，要责令其限期进行整改，整改达不到要求的，将停止其实验猴出口。各地要严格按照《关于适应形势需要做好严禁违法猎捕和经营陆生野生动物工作的通知》精神，根据猕猴野外资源及保护状况，切实加强猕猴野外种群和栖息地保护管理，严格限制从野外猎捕猕猴用作繁育种源。因科学研究、种源调剂等特殊情况需要从野外猎捕猕猴的，也要根据资源情况从严控制，经专家论证对野外资源不构成威胁，且引进养殖条件符合要求，方可发放猕猴特许猎捕证。

二、全面开展实验猴养殖单位的清理整顿。为保证实验猴养殖规范健康发展，各省、自治区、直辖市林业行政主管部门，近期要组织力量对本行政区域内实验猴养殖单位进行清理整顿。一是对存在涉嫌走私、非法收购、违法贩卖、变相倒卖实验猴行为的养殖单位，一经查实，依法予以停业整顿。二是对技术力量薄弱，养殖条件差，不能满足育种条件，繁殖、成活率没有保障，谱系不全、档案记录不完善、管理制度不健全等经营管理不够规范的养殖单位，要求限期进行整改。三是林业行政主管部门所属野生动物救护中心等实验猴养殖单位，在体制上要与驯养繁殖、经营实验猴的活动脱钩。四是实行严格的实验猴标记管理，逐步推行统一标记制度。清理整顿活动于今年 10 月底前完成，并将清理整顿情况上报国家林业局。

三、逐步推行实验猴年度限额管理和实行最低限价出口，确保资源的可持续发展。一是自 2004 年起，对实验猴养殖单位销售实验猴实行年度限额管理，将各养殖单位销售实验猴的数量，严格控制在其年度繁殖成活能力以内。年度限额由国家林业局委托有关机构组织专家论证通过后下达，各省、自治区、直辖市林业行政主管部门应在年度限额内审核上报各实验猴养殖单位的出口申请和审批国内销售数量。二是实验猴的销售要优先满足国内医学等领域科学实验对其的需要。国内各需要实验猴的单位，将需求数量逐级上报其主管部门，汇总后直接向国家林业局提出，由国家林业局下达调剂方案，由省级林业行政主管部门根据调剂方案具体审批。各养殖单位在优先满足国内调剂需要后，限额的剩余部分可予以出口。三是对实验猴的出口逐步推行最低限价管理，防止实验猴养殖单位恶性竞争，造成实验猴资源的浪费。根据本次调查组调查评估意见，现将 2004 年度有关实验猴养殖单位的销售限额（见附件）予以下达，请遵照执行。

四、严格界定子二代实验猴的经营利用，逐步引导实验猴养殖单位提高实验猴质量，增强国际竞争力。为保护实验猴资源，促进资源增长，确保实验用猴品质，凡用于出口、销售的实验用猴，必须是人为控制条件下繁殖的子二代及以后的个体。国家林业局适时将委托有关机构对养殖单位的实验猴子二代繁殖情况及年度销售情况进行核查。对引进野外猕猴繁殖基群（或起始种源）尚不满 6 年，且不具备繁殖猕猴子二代能力的养殖单位，不得从事其猕猴的出口、销售活动。实验猴种源调配管理，按照有关法律法规的规定执行。

五、逐步推行实验猴养研一体化进程，将实验猴养殖与医学试验等科学研究利用有机地结合起来，使养殖单位逐步具备开展科学试验的能力，并成为科研单位的实验基地，实现养殖与科研双方互惠互利、优势互补，防止重复性建设，从而节约能耗，降低成本，减少资源浪费，让有限的资源发挥出最大的效益。各省、自治区、直辖市林业行政主管部门要进一步加强对实验猴养殖单位的行业指导和服务，督促其不断改善养殖条件和提高技术手段，定期组织检查，强化规范管理。还要充分发挥中国猕猴养殖开发联合会等行业中介组织的桥梁、纽带作用，指导其做好技术和市场信息服务，促进行业协调和行业自律，并研究制定有效的行业管理措施。对规模和发展潜力大、技术力量强、管理规范、设备完善的养殖单位，对其种源、技术等方面要予以适当倾斜，更好地服务于医学研究。

以上通知，请遵照执行。

附件（略）

国家林业局、卫生部、国家工商行政管理总局、国家食品药品监督管理局、国家中医药管理局关于进一步加强麝、熊资源保护及其产品入药管理的通知

（林护发〔2004〕252 号　2004 年 12 月 23 日）

各省、自治区、直辖市林业（农林）厅（局）、卫生厅（局）、工商行政管理局、食品药品监督管理局、中医药管理局，内蒙古、吉林、龙江、大兴安岭森工（林业）集团公司，新疆生产建设兵团林业局：

麝、熊均是生态、经济、科研价值极高的国家重点保护野生动物，特别是天然麝香、熊胆（指野外来源或人工繁育所获的麝香和熊胆）是许多传统中医临床用药的重要原料。

为正确处理好资源保护与可持续利用的关系，统筹兼顾野生动物保护和中医药事业的协调发展，维护我国对外形象和声誉，经研究决定，全面停止从野外猎捕、熊类，强化其驯养繁育规范管理，对天然麝香和熊胆粉实行定点保管制度，明确使用范围，并对含天然麝香、熊胆成份的产品实行统一标记，现将有关具体措施通知如下：

一、全面停止从野外猎捕麝、熊类的活动，促进野外资源恢复与增长

因科学研究或保障人身安全等特殊原因需要猎捕熊类的，各省级林业主管部门要严格核实其目的和资源状况，符合要求的方可予以审批，并禁止将猎捕的熊类用于取胆；因科学研究、驯养繁殖等特殊原因需要猎捕麝类的，须按国家有关规定备齐各方面材料后，向国家林业局提出申请，经批准后，方可按批准的方案实施。各地还要结合实施"全国野生动植物保护及自然保护区建设工程"的有利时机，在麝类、熊类分布区域，通过工程措施，改善其栖息环境，特别是对麝类要大力推进"封山育麝"，促进其资源的恢复与增长。

二、调查掌握本区域麝类、熊类养殖情况，进一步规范麝类、熊类驯养繁育活动

为引导麝类、熊类驯养繁育的健康发展，各地要根据本区域实际情况，研究建立"谁投入，谁拥有，谁受益"的激励机制，引导、鼓励利用上述原料的相关中医药企业，积极参与麝类人工繁育和改善"养熊取胆"技术条件。同时，要切实强化对麝类、熊类驯养繁育活动的规范管理。一是对从事麝类养殖的，各地要通过调查，依法查处和清理非法从事麝类养殖的单位；对以往依法开展麝类养殖的，经省级林业主管部门审核其现有养殖条件、技术手段、管理措施和经营状况等达到要求的，可以向国家林业局申办驯养繁殖许可证；对拟新增养殖麝类的，要按规定的程序向国家林业局申办驯养繁殖许可证，并须通过国家林业局或其委托的机构组织的科学论证，经批准后凭证开展驯养繁殖活动。二是对从事"养熊取胆"的，要在全面掌握有关情况的基础上，分别采取相应的措施，对非法从事"养熊取胆"等行为，要坚决依法查处。对养殖条件、技术和管理措施等不符合《黑熊养殖利用技术管理暂行规定》的，由省级林业主管部门责令其限期整改；对养殖条件、技术和管理措施符合要求或

经整改后达到要求的，各省级林业主管部门应将其养殖场舍、存栏个体数量及谱系、技术保障、熊胆粉及其它产品年产量等情况一并报国家林业局，由国家林业局汇总和组织专家论证后予以通报。

三、核查库存天然麝香和熊胆粉，实行定点保管制度

各省、自治区、直辖市林业主管部门在近期内，要尽快会同有关部门对本区域有关单位库存的天然麝香和熊胆粉重新进行全面核实，对所有天然麝香和熊胆粉实行定点保管制度，明确保管责任人，并将保管点、责任人、数量及进出库记录逐一登记造册，由省级林业主管部门定期报国家林业局备查。因中医药需要利用天然麝香原料且符合条件的，按规定的程序经国家林业局批准后，方可启用定点保管的天然麝香或定向销售给有关中药生产企业或定点医院；有关中药生产企业或定点医院需要利用熊胆原料且符合条件的，各省、自治区、直辖市林业主管部门可按照法定程序和本通知要求，批准其从国家林业局通报的符合条件的养殖单位或定点保管单位购买。

四、禁止出口天然麝香，明确天然麝香、熊胆粉使用范围

根据加强资源保护的需要，自本通知下发之日起一律停止零售天然麝香和熊胆粉的活动，禁止出口天然麝香（含有天然麝香的中成药除外），并限定天然麝香和熊胆粉的使用范围，特别是对天然麝香的使用范围，须严格限定于特效药、关键药等重点成药品种和重点医院。按照这一要求，需要利用天然麝香或熊胆原料的食品药品生产企业，须向省级食品药品管理部门提出申请，并上报其产品种类、产量及需要天然麝香或熊胆原料数量等基本情况，由省级食品药品管理部门会同省级林业主管部门核实后上报国家食品药品监督管理局。需要利用天然麝香、熊胆原料的医院，须向省级卫生或中医药管理部门提出申请，并上报需要天然麝香、熊胆原料数量等基本情况，由省级卫生或中医药管理部门会同省级林业主管理部门核实后上报卫生部或国家中医药管理局。上述申请，分别由卫生部、国家食品药品监督管理局和国家中医药管理局根据国家林业局通报的有关资源状况及库存原料数量论证确定要重点保障的药品品种、制药企业和定点医院，并将结果通报国家林业局。国家林业局将根据各有关部门的意见，依法审批经营和启用天然麝香事项，同时将各有关部门关于麝香及熊胆经营利用方面的意见通报省级林业主管部门，以确保省级林业主管部门依法审批经营利用熊胆事项时不出现超范围审批的情况。

五、对含天然麝香、熊胆成份的产品实行专门标记

自2005年7月1日起，含天然麝香、熊胆成份的产品须统一加贴"中国野生动物经营利用管理专用标识"后方可进入流通。对此，有关企业可向省级林业主管部门提出统一标记的申请，经省级林业主管部门核实后上报国家林业局，由国家林业局和国家工商行政管理总局联合公告后实施。各企业生产的含天然麝香成份药品的具体标记数量，按国家林业局依法定程序批准的药品生产数量执行；各企业生产的含熊胆成份产品的具体标记数量，由国家林业局根据省级林业主管部门依法定程序批准的生产数量确定，并由国家林业局委托全国野生动植物研究与发展中心安排具体标记事宜。经标记的含天然麝香、熊胆成份的产品，其销售、运输可不再办理相关证明；需要出口含天然麝香成份药品的，凭标记可直接向中华人民共和国濒危物种进出口管理办公室申办《允许进出口证明书》。使用人工麝香生产的药品不纳入本通知标记管理范围，但必须在药品包装、标签及使用说明书中的［成份］或［主要成份］项下明确注明"人工麝香"，以避免误导消费者的情况发生，具体实施要求由国家食品

药品监督管理局另行发文通知。对拒不予以注明的，按国家有关规定查处。

按照国家有关法律法规，未依法获得批准的，一律不得利用天然麝香、熊胆从事生产经营活动，其产品不得进入流通。对已经生产库存的，各生产、经营单位须尽快向林业主管部门报告有关情况，属于药品的还要向药品监督管理部门报告，经核实和履行法定审批手续后，由国家林业局参照上述程序一次性安排标记事宜。经标记后的上述产品可继续流通，直至销售完毕。

六、提高认识，相互配合，加强宣传，严格执法，确保有关措施顺利实施

加强麝、熊资源保护，规范其产品生产流通管理，是根据我国麝、熊资源现状，为维护中医药可持续发展的长远利益而采取的综合性管理措施，各级林业、卫生、工商、食品药品监督管理、中医药管理部门要予以高度重视，要主动向政府领导报告，并在本部门内确定专门的部门和领导负责，建立有效的部门间协调机制，定期组织多部门调研和科学评估，以加强部门间沟通和配合，形成合力，特别是对重大问题，要集体研究，争取问题及时得到解决；要加强宣传，争取有关企业和全社会的理解和支持，创造良好的社会环境；要切实加大执法力度，适时组织多部门联合执法检查，严厉查处违法经营利用天然麝香、熊胆及其产品的行为，遏制破坏资源的势头，确保上述保护管理措施的顺利实施。

以上通知，请遵照执行。

农业部、国家林业局关于
加强鳄鱼管理有关工作的通知

（农渔发〔2010〕26号　2010年8月4日）

各省、自治区、直辖市渔业、林业主管厅（局），新疆生产建设兵团水产、林业局：

近年来，我国鳄鱼驯养繁殖和经营利用规模不断扩大，在部分区域对优化养殖结构和增加农民收入发挥了积极作用。但随着我国鳄鱼消费量的增加，走私、非法驯养繁殖和经营利用鳄鱼的现象呈上升态势，不仅对市场造成严重冲击，也已成为公共卫生安全一大隐患。为促进鳄鱼繁育利用产业的健康稳定发展，农业部和国家林业局决定加强对鳄鱼驯养繁殖和经营利用等的监督管理。现将有关事项通知如下：

一、统一鳄鱼保护管理级别。自本通知下发之日起，对我国特有的扬子鳄，仍按《国家重点保护野生动物名录》所列国家一级保护野生动物由林业主管部门进行保护管理；对其他外来鳄鱼，由渔业、林业主管部门按统一标准进行管理，属于《濒危野生动植物种国际贸易公约》（以下简称《公约》）附录一所列物种按国家一级保护野生动物管理，属于《公约》附录二所列物种按国家二级保护野生动物管理。

二、对现有鳄鱼驯养繁殖和经营利用企业进行清查，积极研究推行标识制度。各级渔业、林业主管部门要对本地区鳄鱼驯养繁殖、经营利用情况进行一次全面调查，并根据以往渔业、林业主管部门分工管理要求进行登记和加强监督检查。对因鳄鱼保护管理级别调整应重新申办驯养繁殖许可证的鳄鱼驯养繁殖单位，要严格审核其驯养繁殖设施和技术等条件，凡符合规定要求的，依法定程序核发驯养繁殖许可证；对不符合规定要求的，要责令其限期整改，对在规定期限内仍未能达到整改要求的，要坚决取缔，并依法处理。

各地要在调查登记基础上，积极研究推行对合法驯养繁殖和进口来源的鳄鱼活体及其产品进行标识管理，以便于执法甄别和打击走私行为。自本通知下发之日起，林业部门管理的鳄鱼驯养繁殖及其产品经营利用单位，可申请对其合法来源的鳄鱼活体及产品加载"中国野生动物经营利用管理专用标识"，凭标识从事经营利用活动；各地渔业部门可根据本区域实际情况，逐步推行对鳄鱼活体及产品的标识管理。

三、规范鳄鱼驯养繁殖技术条件，积极配合海关、公安、工商等执法部门加大对鳄鱼走私犯罪行为的打击力度。农业部和国家林业局将共同制定并发布全国鳄鱼驯养繁殖技术规范。各级渔业、林业主管部门要加强执法合作，定期通报情况，并及时向海关、公安、工商等执法部门反映鳄鱼走私及上市经营信息和动向，争取其重视和支持，实现多环节联防共管；必要时应联合实施专项打击及整治行动，有效遏制走私鳄鱼的现象。

国家林业局公告

（2006 年第 3 号　2006 年 6 月 13 日）

为掌握全国现有麝香、豹骨、熊胆、羚羊角、甲片、蛇类原材料库存总量，强化宏观调控，优化资源配置，加强对豹、麝、熊、羚羊、穿山甲、蛇等野生动物资源的管理，现决定对全国范围内库存的上述野生动物原材料及产品库存进行清查核实。现将清查核实工作安排公告如下：

一、自即日起，至 2006 年 7 月 15 日前，所有库存有麝香、豹骨、熊胆、羚羊角、甲片、蛇类等原材料的单位和个人，须持库存原料的合法来源证明，向所在地林业主管部门申报库存原材料种类、数量和获得时间。

二、各省级林业主管部门须于 2006 年 7 月 31 日前将申报的库存原材料种类、数量汇总后上报至国家林业局。

三、上报的库存原材料经所在地省级林业主管部门和国家林业局野生动植物检测鉴定中心检验核实后，由国家林业局野生动植物检测鉴定中心统一使用标准化容器封装、编号、集中保管，并登记造册报国家林业局备案。需要出售、加工利用、出口登记在册的库存原材料的，可依法申请行政许可。

四、自 2006 年 7 月 31 日起，对未经登记在册的库存原材料，在申请出售、加工利用、出口等行政许可时应当提交合法来源证明，并接受核查、检验和评估；对已经登记在册的库存原材料，各级林业主管部门在受理其出售、加工利用、出口等行政许可时，不再提交原材料来源合法证明。

特此公告。

国家林业局、国家民族事务委员会关于对虎皮、豹皮及其制品实行标识管理和进一步规范经营利用活动的通知

（林护发〔2007〕206 号　2007 年 9 月 29 日）

各省、自治区、直辖市林业厅（局）、民（宗）委（厅、局），内蒙古、吉林、龙江、大兴安岭森工（林业）集团公司，新疆生产建设兵团林业局、民宗局：

为统筹兼顾民族传统、群众合法权益、地方合法经济活动和虎、豹保护国际事务多方面的需要，根据《行政许可法》、《野生动物保护法》等法律法规的规定，经国务院批准，决定对虎皮、豹皮及其制品实行标识管理，进一步规范经营利用活动。现将有关要求通知如下：

一、对长期保存、繁殖所获等合法来源的虎皮、豹皮及其制品进行全面调查、核实和登记

本通知下发后，各地林业、民族工作部门要尽快组织联合调查，根据本地区实际情况，通过适当形式告知保存有虎皮、豹皮及其制品的单位或个人，及时申报其现有虎皮、豹皮及其制品，并核实其来源。对确系《野生动物保护法》实施前、合法繁殖或通过其他合法途径所获的虎皮、豹皮及其制品，可按合法来源登记；对查实系非法所获的，依法予以处理；对难以查实来源的，在上述物品所有人书面承诺对其申报材料真实性负法律责任的情况下，可先按其申报情况掌握。上述调查、核实和登记工作完成后，请各省、自治区、直辖市林业主管部门汇总，并上报国家林业局。

二、对所有合法来源的虎皮、豹皮及其制品一律实行专用标识管理和定点加工、销售制度

自 2008 年 1 月 1 日起，经核实和登记为合法来源的虎皮、豹皮及其制品的所有人，可经所在地省级林业主管部门向国家林业局对其合法来源的虎皮、豹皮及其制品依法申请相关行政许可和加载"中国野生动物经营利用管理专用标识"（以下简称"专用标识"）。经批准加载"专用标识"的虎皮、豹皮及其制品，其所有人可凭标识按行政许可适用的范围出售。未加载"专用标识"的，一律不得出售，也不得在公众场合陈列、展示。

三、广泛开展宣传教育，告诫群众自觉抵制非法来源的虎皮、豹皮及其制品

在推进虎皮、豹皮及其制品经营利用规范化管理过程中，各地要切实加强正面宣传，争取社会各界的理解与支持。尤其是在民族地区，民族工作部门要配合林业管理部门，从维护民族传统和合法经济活动的角度，开展深入细致的宣传、教育工作，争取民族地区群众的理解，支持国家规范管理虎皮、豹皮及其制品经营利用活动的政策和措施。广泛宣传不要购买未加载"专用标识"的虎皮、豹皮及其制品，也不要在公众场合或盛大民族活动中穿戴未加

载"专用标识"的服饰，并自觉参与到打击非法走私、经营虎皮、豹皮及其制品的行动中来，为推进有关工作营造良好的社会环境。

四、提高认识，加强领导，强化执法监管，统一对外口径

在当前国际野生动物保护形势下，进一步规范管理虎皮、豹皮及其制品经营利用活动，是统筹兼顾民族传统、群众合法权益、地方合法经济活动和虎、豹保护国际事务多方面的需要。各级林业、民族工作部门要充分认识到稳妥推进这项工作的重要性，及时向当地党委、政府报告情况，并在地方党委、政府领导下，加强部门间协调和信息沟通，密切关注和及时报告可能出现的各种情况和问题。特别是在民族地区，要防止因群众不理解而发生涉及民族方面的矛盾纠纷。同时，要强化多部门联合执法检查、专项打击行动，指派专人负责，研究制定本部门、本单位的严格管理制度，防止出现监管不力等情况导致对我国保护野生动物声誉和形象的损害。在对内和对外宣传工作中，不得擅自发布有关信息，因特殊情况确需说明的，应正面宣传我国加强虎、豹保护和打击非法走私、经营利用虎皮、豹皮及其制品的立场和作出的巨大努力，并说明穿戴虎皮、豹皮服饰是长期历史形成的民族传统之一，解释陈列、展示、穿戴长期保存的虎皮、豹皮传统服饰与非法出售走私活动有本质的不同，不能混为一谈，强调对虎皮、豹皮及其制品经营利用活动采取进一步规范管理措施，是我国对世界虎、豹保护负责任的又一具体体现，从而更广泛地争取国际社会的理解和支持，为继续推进野生动物保护与维护民族传统的协调、可持续发展创造良好的国际环境。

特此通知。

国家林业局、卫生部、国家工商行政管理总局、国家食品药品监督管理局、国家中医药管理局关于加强赛加羚羊、穿山甲、稀有蛇类资源保护和规范其产品入药管理的通知

（林护发〔2007〕242号　2007年11月12日）

各省、自治区、直辖市林业厅（局）、卫生厅（局）、工商行政管理局、食品药品监督管理局（药品监督管理局）、中医药管理局，内蒙古、吉林、龙江、大兴安岭森工（林业）集团公司，新疆生产建设兵团林业局：

赛加羚羊、穿山甲、蛇类均是生态、经济、科研价值极高的陆生野生动物，其产品是许多传统中医临床用药的重要原料来源。为保护好上述物种资源，兼顾我国传统中医药的可持续发展，在各级政府的指导和关心下，各级林业、卫生、工商、食品药品监督管理和中医药管理等部门在控制资源消耗、研究人工繁育技术、规范经营利用行为、打击违法犯罪活动等方面做了大量工作，取得了一定的成效。但由于资源繁育利用激励机制不健全、资源合理配置措施不到位等诸多原因，上述物种人工繁育一直未能从根本上得到突破，其原料只能依赖现有库存或从野外、境外获得。据全国野生动物资源调查结果显示，我国穿山甲资源急剧下降到濒危状况；蛇类资源总量不足20世纪80年代的1/10，并由此在局部地区引发生态问题。此外，赛加羚羊角库存量严重不足，使我国传统中医药正面临着资源危机，并且走私赛加羚羊角入境的案件时有发生，引起国际社会强烈关注，《濒危野生动植物种国际贸易公约》和世界自然保护联盟还通过了有关赛加羚羊保护决议，要求加强管理、严格执法。

针对上述情况，为正确处理好资源保护与可持续利用的关系，促进野生动物保护和中医药事业的协调发展，维护我国总体利益，经国务院批准，决定对赛加羚羊、穿山甲、稀有蛇类（指国家保护的或《濒危野生动植物种国际贸易公约》附录所列的蛇类，下同）及其产品实行标识管理试点，进一步加强资源保护和规范其产品入药管理。现将有关具体措施通知如下：

一、停止野外猎捕活动，促进野外资源恢复与增长

根据上述物种资源总量急剧下降的现状，自本通知下达之日起，各级林业主管部门须停止核发赛加羚羊、穿山甲和稀有蛇类特许猎捕证或狩猎证。因科学研究、驯养繁殖或保障人身安全等特殊原因，各省级林业行政主管部门经核实其目的和资源状况，按国家规定批准猎捕的赛加羚羊、穿山甲、稀有蛇类，不得直接转用于其他目的的经营利用活动。

二、建立激励机制，引导企业参与野外资源恢复和人工繁殖活动

大力恢复野外资源，突破赛加羚羊、穿山甲、稀有蛇类人工驯养繁殖技术，实现商业性

规模化养殖，是解决相关产业原料来源的根本措施。各地要根据本区域实际情况，研究建立"谁投入，谁受益"的激励机制，引导、鼓励资源利用企业，积极参与赛加羚羊、穿山甲、稀有蛇类野外种群恢复和人工繁育活动，突破技术难题。对驯养繁殖技术研究取得阶段性成果的，报国家林业局组织科学论证通过后，可以开展试点予以推广，国家林业局将在加工利用、出售繁殖所获的上述物种原材料或产品方面，予以扶持。

三、核查原材料库存情况，进行登记造册、标准化封装和定点保管

各省、自治区、直辖市林业主管部门在近期内，要尽快核实本区域有关单位库存的赛加羚羊角、穿山甲片和稀有蛇类原材料，将核查结果报送国家林业局，并委托国家林业局野生动植物检测中心抽查和标准化封装，对保管点、责任人、数量及封装编号逐一登记造册，确保上述原材料的严格监管。

四、明确限定原材料使用范围，宏观控制资源消耗总量

为确保对资源消耗总量的宏观控制，今后所有赛加羚羊、穿山甲原材料仅限用于定点医院临床使用和中成药生产，并不得在定点医院外以零售方式公开出售；稀有蛇类原材料除重点保障医院临床使用和中成药生产外，可适量用于其它重点产品的生产和利用。按照上述要求，需要临床使用赛加羚羊、穿山甲、稀有蛇类各类原材料的定点医院，由卫生部和国家中医药管理局确定，非定点医院自 2008 年 3 月 1 日起须一律停止临床使用上述原材料的活动；因中成药生产需要利用赛加羚羊角、穿山甲片和稀有蛇类原材料的，必须是已取得国家食品药品监督管理部门相应药品生产批准文号的企业；其他需要利用稀有蛇类原材料的，须根据资源状况严格控制。上述各类原材料年度消耗控制量，由国家林业局组织科学论证后下达。

五、严格原材料购销及利用管理，规范流通秩序

为防止非法来源的赛加羚羊、穿山甲、稀有蛇类各类原材料混入合法流通渠道，核实后标准化封装、登记在册的上述原材料，只能销售给中成药生产企业、定点医院和含稀有蛇类成分产品的生产企业，并只能用于生产经批准的中成药、产品或在定点医院临床使用。上述企业、定点医院需要购买原材料或利用库存原材料从事相关生产活动或临床使用时，应说明原材料来源、投料生产或使用计划，附具有关材料，按国家规定向林业部门申请行政许可，获批准后方可实施。各级林业主管部门依法实施上述行政许可事项时，须严格执行国家林业局下达的各类原材料年度消耗控制量，不得超量许可。

六、统一实行专用标识制度

自 2008 年 1 月 1 日起，对含赛加羚羊角、穿山甲片和稀有蛇类原材料的成药和产品，开始实行标识管理试点；至 2008 年 3 月 1 日起，所有含赛加羚羊角、穿山甲片和稀有蛇类原材料的成药和产品，须在其最小销售单位包装上加载"中国野生动物经营利用管理专用标识"后方可进入流通。有关企业具体使用专用标识的数量，根据其按法定程序获得行政许可的生产数量核算，由国家林业局委托全国野生动植物研究发展中心具体安排。加载有专用标识的上述成药或产品，其销售、运输可不再办理相关证明。

按照国家有关法律法规，未依法获得行政许可的，不得利用赛加羚羊角、穿山甲片和稀有蛇类原材料从事生产经营活动，未加载专用标识的产品也不得进入流通。对已经生产库存的，各生产、经营单位须尽快向所在地省级林业主管部门报告有关情况，经核实和依法履行法定行政许可手续后，参照上述程序一次性安排专用标识。加载专用标识后的上述产品可继续流通，直至销售完毕。

七、提高认识，相互配合，加强宣传，严格执法，确保各项保护管理措施顺利实施

加强赛加羚羊、穿山甲、稀有蛇类保护管理，规范其产品生产流通，是根据资源现状，为维护中医药可持续发展的长远利益而采取的综合性管理措施，各级林业、卫生、工商、食品药品监督管理、中医药管理部门要予以高度重视，要主动向政府领导报告，及时将本通知转发至相关企业等单位，并在本部门内指定专门负责领导，建立有效的协调机制，加强部门间沟通和配合，形成合力，特别是对重大问题，要集体研究，争取问题及时得到解决；要加强宣传，争取有关企业和全社会的理解和支持，特别是要告知有关企业等单位，未经行政许可擅自利用濒危物种资源或经营未加载专用标识的相应产品属触犯法律的行为；要切实加大执法力度，适时组织多部门联合执法检查，严厉查处违法经营利用、走私赛加羚羊角、穿山甲片和稀有蛇类原材料的行为，遏制破坏资源的势头，确保上述保护管理措施的顺利实施。

以上通知，请遵照执行。

国家林业局关于加强野生虎保护管理
和严厉打击走私、非法经营虎产品等
违法犯罪行为的通知

（林护发〔2009〕298号　2009年12月25日）

各省、自治区、直辖市林业厅（局），内蒙古、吉林、龙江、大兴安岭森工（林业）集团公司，新疆生产建设兵团林业局：

虎是自然保护领域中的重要代表，是国内外社会关注的热点野生动物物种，以虎为主的虎文化是中华文化不可缺失的重要组成部分。为加强我国虎保护工作，长期以来，各级林业主管部门在政府的领导下，会同各有关部门积极努力，在野生虎分布区建立多个自然保护区，强化野外巡逻管护，恢复和扩大栖息地，开展科学研究和调查监测，严厉打击走私、非法经营虎产品等行为，广泛开展公众教育，取得了明显成效。

但必须看到，现阶段我国野生虎种群仍处于极度濒危状况，栖息地面积难以满足野生虎生存的要求，供老虎猎食的物种种类和数量也较少，急需加大老虎拯救保护力度；一些边境地区和集贸市场仍存在少数走私和非法经营虎骨、虎皮等虎产品的现象，不仅违反国家法律，还为一些极端保护组织或个人非议和指责我国虎保护立场和传统医学等方面，提供了说辞和借口，对我国形象和声誉造成极为不良的影响。

鉴此，为切实推动我国野生虎种群的保护，加强栖息地和自然保护区的建设，依法保护濒危物种，履行与国际社会共同保护全球野生虎的义务，体现我国对全球野生虎保护工作的负责任态度，并倡导全社会虎年护虎行为，现就加强野生虎保护管理工作和严厉打击走私、非法经营虎产品等违法犯罪行为通知如下：

一、切实强化野生虎种群及其栖息地保护

为拯救处于濒危状况的野生虎种群，现存野生虎分布区及其潜在的活动扩展区域的林业主管部门，要立即对上述区域组织一次深入细致的调查，掌握野生虎种群及其捕食动物资源和栖息地状况，明确保护管理责任单位和负责领导，着重做好以下工作：一是强化野外巡护力度，切实防范盗猎野生虎及其捕食动物的情况，确保其种群安全；二是结合林业生态建设重大工程项目，研究制定恢复、改善栖息地生境和捕食动物资源的方案，尤其是要研究解决栖息地隔离等问题的措施，并创造条件争取项目实施，为野生虎种群的稳定和扩大提供更好的生境；三是坚持对野生虎及其栖息地生境的监测和评估，及时掌握其动态，为调整、完善工作方案提供可靠的科学依据；四是对野生虎及其捕食动物伤害人畜、损毁农作物的情况，要及时做好补偿，并积极研究严防办法，化解周边群众与野生虎保护之间的矛盾，并争取群众积极支持和参与到野生虎保护行动中来。

在上述工作中，现存野生虎分布区及其潜在的活动扩展区域的自然保护区和基层保护管理站的作用至关重要，当地林业主管部门不仅要指导其建立可行的工作制度，切实强化其责任意识，还要定期进行监督检查和考核，确保各项工作的落实。同时要关心、重视他们的工作条件，保障其基本工作设备，定期开展人员培训，提高保护管理效力，确保工作目标的实现。

二、严厉打击走私、非法经营虎产品等违法犯罪行为

自本通知下发之日起，各级林业主管部门要深刻认识走私、非法经营虎产品等犯罪行为对虎保护工作的危害性，以及对我国形象、声誉的负面影响，迅速组织力量对本区域野生动物产品交易较频繁的场所、环节进行深入细致的调查，并组织力量开展执法，做到巡查到位、责任到人、执法有力。在情况复杂、问题严重的地区，林业主管部门要及时向政府领导报告，主动协调公安、工商、海关等有关执法部门，建立起政府领导、多部门协调执法的机制，及时交流执法信息，共同分析涉及虎骨、虎皮等虎产品的犯罪活动趋势，并有针对性地开展联合执法检查，适时开展专项打击行动。对发现的案件线索，各地森林公安机关要组织警力认真核查，依法严肃查处，形成强大的震慑声势，有效遏制走私、非法经营虎产品的违法犯罪行为。

为大力发挥公众在野生动物保护执法中的积极作用，我局自 2009 年 10 月 1 日起启用了野生动物保护举报电话和举报邮箱。各地要通过各种形式鼓励公众通过上述渠道提供有关走私、非法经营虎产品等犯罪活动的信息，还要结合本地实际，向社会公布本区域的举报电话，通畅信息渠道，并根据公众举报信息指导执法，确保公众举报、反映的重要情况及时得到调查和依法处理。对群众多次举报、反映的涉及走私、非法经营虎产品的情况，不闻不问、放任自流的，将依法追究责任人和有关领导的责任。

三、严格规范虎驯养繁育活动，强化对人工繁育虎死亡后虎产品的监管

为防止人工繁育虎死亡后长期库存的虎骨、虎皮等虎产品非法流入市场，各级林业主管部门要切实加强对虎驯养繁殖活动的规范管理和对死亡后虎产品的监管，要做到：一是所有虎驯养繁殖活动，须依法持有驯养繁殖许可证，并具备开展观赏展览的场所和条件；二是对所有人工繁育的虎个体，须详细记录其各方面情况，并统一实行标记，以建立全面的虎繁育个体档案和信息管理系统，确保追踪管理；三是对人工繁育虎死亡后虎体或经分类处理的虎骨、虎皮等虎产品，要与 1993 年以来封存的虎骨一样，继续予以封存，并一律登记在册，未经许可不得启用；对确无条件封存的，可在省级林业主管部门现场监督下予以销毁，严格防止其非法流入市场；四是充分利用新闻媒体和报刊杂志等宣传手段，告诫社会公众不要购买非法虎骨制品和穿戴非法来源的虎皮服饰，倡导公众自觉抵制非法行为，举报非法活动，建立起全社会共同关注、联防共管的保护机制。

以上通知，请遵照执行。

国家林业局公告

（2017 年第 20 号　2017 年 11 月 21 日）

　　根据《中华人民共和国行政许可法》和《国务院办公厅关于有序停止商业性加工销售象牙及制品活动的通知》（国办发〔2016〕103 号）的规定，商业性加工销售象牙及制品活动将在 2017 年 12 月 31 日前全面停止。经研究决定，从 2017 年 12 月 1 日起，我局停止受理商业性加工销售象牙及制品活动的相关行政许可申请。

　　特此公告。

国家林业和草原局办公室关于进一步
加强野生虎及其栖息地保护管理的通知

（办护字〔2019〕30 号　2019 年 2 月 3 日）

吉林、黑龙江省林业和草原局，东北虎豹国家公园管理局：

　　虎是我国野生动物保护的旗舰物种。近年来，随着我国自然生态保护力度的不断加大，野生动物栖息地不断改善，由野猪、鹿类等构成的东北虎食物链逐渐完整，东北虎野外种群呈逐步上升态势，活动范围也不断扩大。近期发生的东北虎受伤死亡事件，引起社会广泛关注。鉴此，为强化栖息地管理、切实推动我国野生虎种群的保护，现就严厉打击盗猎等违法犯罪行为，加强野生虎及其栖息地保护管理通知如下：

　　一、扎实开展巡山清套和巡护看守，强化栖息地管护

　　强化专项清网、清套、清夹行动，组织力量加强对虎主要分布区的巡山、看守工作，明确各区域保护责任人及负责领导，划片分工，落实责任。要在自然保护区等虎重要栖息地、游弋通道及其关键路径，设立视频监控设施并探索应用无人机巡护技术，密切监控进入自然保护区等栖息地的人为活动，消除监测盲区，及时发现和查处违法犯罪行为，切实做到巡护到位、看守到岗、责任到人。对发现需要救治的东北虎，应严格遵循《野生动物收容救护管理办法》的规定依法处置。要通过开展清山清套，清除非法猎捕工具和设施，尤其是猎夹、猎套、陷阱、毒药等，严防东北虎盗猎和栖息地遭破坏等现象的发生，维护东北虎野外种群安全、稳定。要创新工作思路，从源头抓起，积极探索从源头阻断非法猎具生产与进入市场流通渠道的方式方法。

　　二、加强宣传教育，开展群防群治

　　要利用我国野生动物保护宣传的重要时间节点，深入基层特别是虎分布区、游弋通道区域，开展宣传活动，普及法律知识，提高公众遵纪守法的自觉性，拒买非法工具伤害野生动物，自觉抵制虎骨制品和穿戴非法来源的虎皮服饰等非法行为，举报非法活动，形成共同保护的良好氛围。对破坏野生动物资源的典型案例，要及时曝光，以案说法，营造强大的威慑声势，发挥警示教育作用。切实加强对自然保护区及周边社区的管理，发挥村民委员会等基层组织和志愿者团体的作用，发动群众开展联防联控，重点监督清理野生动物栖息地周边可疑人员和农家乐、乡村集市等场所非法出售虎等野生动物制品的活动。

　　三、严厉打击盗猎和非法贸易行为，形成强大社会震慑

　　要认真分析辖区东北虎盗猎和虎及其制品非法贸易违法犯罪活动动向，掌握违法犯罪活动多发环节，多渠道收集各类线索，特别是要深挖线索、摧毁违法犯罪团伙，切实做到对违法犯罪行为零容忍，一查到底，依法严惩，绝不姑息；强化对进出自然保护区、虎重要栖息地、游弋通道等交通要道的人员和车辆的监督检查，形成强大的震慑力，保持高压执法态势，对发现违法猎捕和运输野生动物以及出售禁止使用的猎捕工具的，要严厉查处。对群众举报反映涉及非法经营虎产品情况不闻不问的，要依法追究责任人的责任。

　　请于 2019 年 2 月 28 日前将本辖区工作落实情况，以及开展的监督检查情况上报我局。

　　特此通知。

国家林业和草原局关于进一步加强大熊猫虎豹
野外种群及其栖息地保护管理的通知

（林护发〔2019〕103 号　2019 年 11 月 6 日）

吉林、黑龙江、四川、陕西、甘肃、青海省林业和草原主管部门，东北虎豹国家公园管理局、大熊猫国家公园管理局、祁连山国家公园管理局：

大熊猫、虎、豹是国内外高度关注的旗舰物种，其保护状况直接关系我国野生动物保护的形象和声誉。但从近几年的情况看，上述物种分布区域仍存在盗猎分子下套、下夹猎捕野生动物和破坏栖息地等现象，严重威胁其种群安全。针对上述问题，为切实强化大熊猫、虎、豹及其栖息地保护，有效遏制非法猎杀和经营利用等恶劣事件的发生，现将有关事项通知如下：

一、提高政治站位，深刻认识强化保护的重大意义

加强野生动物保护是生态文明建设的重要内容，尤其是对大熊猫、虎、豹等旗舰物种的保护，党中央、国务院一直予以高度重视，习近平总书记多次作出重要指示批示。各级林业和草原主管部门及国家公园管理局要从贯彻落实习近平总书记生态文明思想的高度，深刻认识加强大熊猫、虎、豹及其栖息地保护的重要性和紧迫性，以习近平总书记重要指示批示为行动指南，提高政治站位，把增强"四个意识"、坚定"四个自信"、做到"两个维护"落实到具体的保护工作中，明确保护监管职责，完善保护机制，巩固保护成果，落实保护管理措施，严防盗猎及毁坏重要栖息地等违法活动，有效维护大熊猫、虎、豹及其栖息地的安全。

二、周密组织部署，扎实开展巡山清套和巡护看守

为确保大熊猫、虎、豹等野外种群及其栖息地安全，各地林业和草原主管部门，要立即集中力量组织开展巡山清套和巡护看守工作。一是科学划定责任区域，防止出现保护盲区，明确负责机构和责任人，把各项工作职责落到实处。二是组织开展巡山清套专项行动，彻底清除非法猎捕工具，消除安全隐患。三是科学制定野外巡护工作方案，在破坏野生动物资源犯罪活动高发的重点区域，增密、扩展、完善巡护路线。四是创新保护管理手段和技术防范措施，采用视频监控、无人机等手段，提高监控效率。五是完善大熊猫、虎、豹等野生动物应急收容救护预案，确保对野外发现的伤病个体及时进行救治、安置。

三、加强宣传教育，不断完善共同保护机制

为更好地发动周边社区、民间团体和志愿者参与、支持保护，各地林业和草原主管部门及国家公园管理局要积极开展宣传教育，创新保护合作机制，推进共同保护。一是充分利用野生动物宣传月等重要时间节点，向重点区域周边村庄、社区的居民普及法律知识，提高其遵纪守法的自觉性，拒买使用非法工具伤害野生动物。二是探索和指导重点村庄制定乡规民约，引导村民提升公众抵制非法交易、摒弃滥食野生动物陋习。三是鼓励举报，发动群众提供各类破坏野生动物资源非法活动的信息和线索，对接报信息和线索逐一核实和调查处理，对举报属实有助于案件取得实质性进展的，依法依规予以奖励。四是适时适当曝光破坏野生动物资源典型案例，以案说法，营造强大震慑声势，发挥警示教育作用。五是充分发挥基层组织、民间团体和保护志愿者的积极作用，加强沟通交流，引导其了解保护工作重点和难点，探讨建立互相支持、协调行动的长效机制，壮大保护力量。

四、严格规范监管，严厉打击盗猎和非法贸易行为

各地林业和草原主管部门及国家公园管理局要密切关注本区域盗猎和非法贸易活动动态或趋势，会同公安、市场监管等执法部门加强联防联控，坚决阻断野生动物非法贸易链条。一是要认真分析辖区重点物种及其制品非法贸易违法犯罪活动动向，掌握违法犯罪活动多发环节，多渠道收集各类线索，特别是要深挖线索、摧毁违法犯罪团伙，切实做到对违法犯罪零容忍，一查到底，依法严惩，绝不姑息。二是强化对进出国家公园、自然保护区、大熊猫虎豹栖息地、游弋通道等交通要道的人员和车辆的监督检查，对违法猎捕、运输野生动物和出售禁止使用的猎捕工具的，要依法严厉查处。三是对群众举报反映涉及非法经营野生动物产品情况不闻不问的，要依法追究责任人的责任。四是要主动协调公安、市场监管、交通运输等部门，加大联合执法检查力度，对辖区内所有野生动物及其产品的经营场所进行一次拉网式排查，协调网信、邮政等部门，与互联网企业联手，建立打击网络非法交易联盟平台，加强对电子商务、快递物流、社交媒体等的监管，净化网络环境，严厉打击网络交易等非法贩卖野生动物违法犯罪活动。

五、加大监测力度，全面做好野生动物疫源疫病监测防控工作

黑龙江、吉林两省境内东北虎分布区与其他犬瘟热易感动物在栖息地上高度交叉重合，犬瘟热病毒已经成为中俄边境东北虎种群的潜在威胁，必须切实加强疫源疫病监测防控。一是对调查掌握的野生动物主要活动区域和取食集中地，组织力量进行严密监测，明确责任人，确保第一时间发现野生动物异常死亡情况，第一时间上报。二是严禁在核心保护区放牧，制止将犬类、猫类动物放逐野外和将宠物带入自然保护区等行为，切实规范家犬犬瘟热等疫病免疫接种督促管理，禁止未经检疫的动物及其制品进出国家公园、自然保护区、虎豹栖息地，多措并举防止将人类及家畜家禽的疾病传播给野生动物。三是建立健全毗邻区域间和国家公园内设部门间联防联控机制，加强与农业农村、卫生健康等部门的协作配合，完善疫情信息通报和定期会商制度。四是制定大熊猫虎豹突发疫情专项应急预案，组建专群结合的应急处置队伍，建设野生动物疫源疫病应急物资储备库，确保监测防控工作的顺利进行。

六、确保保护成效，积极主动进行监督检查

本通知下达后，有关省级林业和草原主管部门及国家公园管理局要及时研究确定辖区内重点区域，指导督促基层保护机构制定专项工作方案，完善制度，组织人员力量，切实把各项措施和要求落到山头地块以及经营利用管理的各个环节，并对工作实施情况组织开展监督检查，及时掌握基层工作进展，总结经验成效，分析存在的问题和面临的困难，积极研究解决办法，确保工作取得预期成效。请于2019年12月20日前将本辖区工作落实情况，以及开展监督检查情况上报我局。我局将根据各地工作情况，适时派督导组对重点地区落实情况进行抽查督导。

特此通知。

3. 人工繁育与经营利用

林业部关于发布《国家重点保护野生动物
驯养繁殖许可证》管理办法的通知

（林策字〔1991〕6 号　1991 年 1 月 9 日　根据 2011 年 1 月 25 日国家林
业局令第 26 号修改　根据 2015 年 4 月 30 日国家林业局令第 37 号修改）

各省、自治区、直辖市及计划单列市林业（农林）厅（局），内蒙古自治区农委，西藏自治
区农牧林委，黑龙江省森工总局，新疆生产建设兵团农业局，大兴安岭林业公司：

《国家重点保护野生动物驯养繁殖许可证管理办法》已于一九九○年十二月三十日林业
部部务会议审议通过，现发给你们，自一九九一年四月一日起施行。

附件：《国家重点保护野生动物驯养繁殖许可证管理办法》

附件：

国家重点保护野生动物驯养繁殖许可证管理办法

第一条　为保护、发展和合理利用野生动物资源，加强野生动物驯养繁殖管理工作，维
护野生动物驯养繁殖单位和个人的合法权益，根据《中华人民共和国野生动物保护法》第十
七条规定，制定本办法。

第二条　从事驯养繁殖野生动物的单位和个人，必须取得《国家重点保护野生动物驯养
繁殖许可证》（以下简称《驯养繁殖许可证》）。没有取得《驯养繁殖许可证》的单位和个人，
不得从事野生动物驯养繁殖活动。

本办法所称野生动物，是指国家重点保护的陆生野生动物；所称驯养繁殖，是指在人为
控制条件下，为保护、研究、科学实验、展览及其他经济目的而进行的野生动物驯养繁殖
活动。

第三条　具备下列条件的单位和个人，可以申请《驯养繁殖许可证》：

（一）有适宜驯养繁殖野生动物的固定场所和必需的设施；

（二）具备与驯养繁殖野生动物种类、数量相适应的人员和技术；

（三）驯养繁殖野生动物的饲料来源有保证。

第四条　有下列情况之一的，可以不批准发放《驯养繁殖许可证》：

（一）野生动物资源不清；

（二）驯养繁殖尚未成功或技术尚未过关；

（三）野生动物资源极少，不能满足驯养繁殖种源要求。

第五条 驯养繁殖野生动物的单位和个人，必须向所在地县级政府野生动物行政主管部门提出书面申请，并填写《国家重点保护野生动物驯养繁殖许可证申请表》。

凡驯养繁殖国家一级保护野生动物的，由省、自治区、直辖市政府林业行政主管部门报林业部审批；凡驯养繁殖国家二级保护野生动物的，由省、自治区、直辖市政府林业行政主管部门审批。

批准驯养繁殖野生动物的，作出行政许可决定的林业行政主管部门应当核发《驯养繁殖许可证》。

《驯养繁殖许可证》和《国家重点保护野生动物驯养繁殖许可证申请表》由林业部统一印制。

第六条 驯养繁殖野生动物的单位和个人，应当遵守以下规定：

（一）遵守国家和地方有关野生动物保护管理政策和法规，关心和支持野生动物保护事业；

（二）用于驯养繁殖的野生动物来源符合国家规定；

（三）接受野生动物的行政主管部门的监督检查和指导；

（四）建立野生动物驯养繁殖档案和统计制度；

（五）按有关规定出售、利用其驯养繁殖野生动物及其产品。

第七条 驯养繁殖野生动物的单位和个人，必须按照《驯养繁殖许可证》规定的种类进行驯养繁殖活动。需要变更驯养繁殖野生动物种类的，应当比照本办法第五条的规定，在2个月内向原批准机关申请办理变更手续；需要终止驯养繁殖野生动物活动的，应当在2个月内向原批准机关办理终止手续，并交回原《驯养繁殖许可证》。

第八条 因驯养繁殖野生动物需要从野外获得种源的，必须按照《中华人民共和国野生动物保护法》第十六条及有关规定办理。

第九条 取得《驯养繁殖许可证》的单位和个人，需要出售、利用其驯养繁殖的国家一级保护野生动物及其产品的，必须经林业部或其授权的单位批准；需要出售、利用其驯养繁殖的国家二级保护野生动物及其产品的，必须经省、自治区、直辖市政府林业行政主管部门或其授权的单位批准。

取得《驯养繁殖许可证》的单位和个人未经批准不得出售、利用其驯养繁殖的野生动物及其产品。

第十条 县级以上政府野生动物行政主管部门或其授权的单位应当定期查验《驯养繁殖许可证》。对未取得《驯养繁殖许可证》的单位和个人进行野生动物驯养繁殖活动的，由县级以上政府野生动物行政主管部门没收其驯养繁殖的野生动物。

第十一条 取得《驯养繁殖许可证》的单位和个人，有下列情况之一的，除按野生动物保护法律、法规的有关规定处理外，批准驯养繁殖野生动物或核发《驯养繁殖许可证》的机关可以注销其《驯养繁殖许可证》，并可建议工商行政管理部门吊销其《企业法人营业执照》或《营业执照》：

（一）超出《驯养繁殖许可证》的规定驯养繁殖野生动物种类的；

（二）隐瞒、虚报或以其他非法手段取得《驯养繁殖许可证》的；

（三）伪造、涂改、转让或倒卖《驯养繁殖许可证》的；

（四）非法出售、利用其驯养繁殖的野生动物及其产品的；

（五）取得《驯养繁殖许可证》以后在 1 年内未从事驯养繁殖活动的。

被注销《驯养繁殖许可证》的单位和个人，应立即停止驯养繁殖野生动物活动，其驯养繁殖的野生动物由县级以上政府野生动物行政主管部门或其授权单位按有关规定处理。

第十二条 省、自治区、直辖市政府林业行政主管部门要建立《驯养繁殖许可证》审批、核发制度，配备专人管理，使用野生动物管理专用章。

第十三条 本办法由林业部负责解释。

第十四条 本办法自 1991 年 4 月 1 日起施行。

国家林业局、国家工商行政管理总局关于
对利用野生动物及其产品的生产企业进行
清理整顿和开展标记试点工作的通知

（林护发〔2003〕3号　2003年1月2日）

各省、自治区、直辖市林业（农林）厅（局）、工商行政管理局，内蒙古、吉林、龙江、大兴安岭森工（林业）集团公司，新疆生产建设兵团林业局：

为加强野生动物及其产品市场管理，防止野生动物资源过量消耗，保护野生动物资源，维护经济秩序，保障国民经济可持续发展，按照国务院关于进一步整顿市场经济秩序的要求，根据《野生动物保护法》和《陆生野生动物保护实施条例》的有关规定，国家林业局和国家工商行政管理总局研究决定，对利用野生动物及其产品为原料的生产企业进行一次清理整顿，并借鉴国际通行做法，对其生产的野生动物产品、制成品及衍生物开展标记试点。现就有关问题通知如下：

一、对利用野生动物及其产品的生产企业的主体资格进行一次全面清查

各省、自治区、直辖市林业（农林）厅（局）会同工商行政管理局应当尽快组织对辖区内利用陆生野生动物及其产品为原料的生产企业进行全面清查。生产企业按本通知要求填报《利用陆生野生动物及其产品的生产企业情况表》（见附件1），同时提交野生动物经营利用许可证明和营业执照复印件。林业、工商行政管理部门分别下列不同情况进行处理。

（一）具有合法的营业执照、陆生野生动物及其产品经营利用许可证明的，为合法的利用陆生野生动物及其产品生产企业主体。

（二）对于"无证无照"的，应当予以取缔；对于"有照无证"或"有证无照"的，应限期依法补办有关手续。

清理整顿工作须于2003年4月30日前完成。自2003年5月1日起，对无证照或证照不全继续从事利用陆生野生动物及其产品生产其制品活动的，由林业和工商行政管理部门依法查处。

二、对利用陆生野生动物及其产品生产其制品名实不符的生产企业进行清理

对产品说明、广告宣传中明示其制品含有野生动物成分，或制品名称中明确使用了野生动物或其产品称谓，但生产单位称该制品不含野生动物成分的，应责成其于2003年3月1日前对有关产品说明、广告予以纠正，或变更制品名称，以消除不良社会影响。因实际情况，在规定的期限内确实无法完成制品名称变更的，应在产品包装说明中明确注明"不含有野生动物成分"的字样。对2003年5月1日后仍未变更或未按要求提出变更申请的，由林业、工商行政管理部门依法按非法经营利用野生动物产品或虚假广告进行查处。

三、对利用陆生野生动物及其产品生产的制品开展标记试点

自 2003 年 5 月 1 日起，国家林业局开始采用统一的"野生动物经营利用管理专用标识"，对选定的利用陆生野生动物及其产品为原料的生产企业进行试点、对其生产的野生动物制品进行标记。该标识在野生动植物保护管理工作中，与野生动物制品运输、销售证明具有同等效力，野生动物制品生产经营单位运输（托运）、销售使用有该标识标记的陆生野生动物制品不再申办运输、销售审批手续。林业、工商行政管理部门在管理和执法工作中，对专用标识的有无或真伪可提交有关机构进行认定。有关标识的技术服务及管理由国家林业局野生动植物研究发展中心承担，标识真伪鉴定由国家林业局野生动物检测中心承担。任何单位或个人仿制、伪造统一标识和对其它制品进行标记的，林业、工商行政管理部门应按国家有关法律法规进行查处。

鉴于陆生野生动物制品进行大规模标记在我国尚属首次，国家林业局选定山东张裕集团股份有限公司生产的"三鞭酒"、"三鞭丸"和海南椰岛集团总公司生产的"鹿龟酒"进行先期标记试点。自 2003 年 5 月 1 日起，上述试点企业生产的"三鞭酒"、"三鞭丸"、"鹿龟酒"，均应是经过标记的产品，未经标记的产品按非法利用野生动物产品予以查处。

其他陆生野生动物制品的生产企业，根据自身实际情况，可以提报试点申请，由国家林业局统一安排。待标记工作的各项条件成熟后，国家林业局和工商行政管理总局将适时全面推行陆生野生动物制品标记制度。

各省、自治区、直辖市林业、工商行政管理部门对生产经营陆生野生动物制品清理整顿和标记试点工作要予以高度重视，指定专人负责，建立专门档案，加强与有关部门协调和沟通，采用各种有效形式进行广泛宣传，争取生产经营单位的主动配合，引导消费者自觉抵制非法来源的野生动物制品，并加强对非法经营利用陆生野生动物等违法现象的打击力度，确保上述工作的顺利进行。

附件：利用陆生野生动物及其产品生产企业情况表

附件：

利用陆生野生动物及其产品生产企业情况表

_____省（自治区、直辖市）_____市（县、区）

单位名称							单位法定代表人	
单位地址							邮政编码	
电话及传真		有无许可证					有无营业执照	
		批准文号					注册号	
制品名称	动物种类（学名）	利用部位	含量	年消耗量	制品年产量	来源		销售对象

填表人：　　　　　　　　　审核人：　　　　　　　　　填表时间：

国家林业局、国家工商行政管理总局公告

（2003 年第 2 号　2003 年 4 月 23 日）

2003 年 5 月 1 日起在全国范围开展野生动物经营利用管理专用标记试点工作，现将首期试点使用"中国野生动物经营利用管理专用标识"的产品和标识图样公告如下：

一、试点产品（生产日期在 5 月 1 日以后）

1. 海南椰岛股份有限公司生产的"椰岛鹿龟酒"系列产品

2. 山东烟台张裕集团有限公司生产的"三鞭酒"、"三鞭丸"系列产品

二、"中国野生动物经营利用管理专用标识"图样

特此公告。

附："中国野生动物经营利用管理专用标识"图样

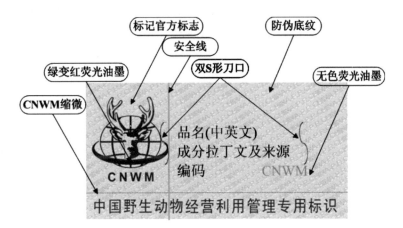

国家林业局、国家工商行政管理总局公告

（2003年第3号　2003年11月28日）

现将第二批试点使用"中国野生动物经营利用管理专用标识"的企业及其产品公告如下：

一、江苏隆力奇生物科技股份有限公司生产的含蛇成分的保健品类系列产品、化妆品类系列产品。

二、江苏苏州良力福保健品有限公司生产的含蛇成分的保健品类系列产品、化妆品类系列产品。

三、浙江宁波南方野生动物养殖有限公司生产加工的杂交野猪肉系列产品。

四、海南养生堂药业有限公司生产的养生堂龟鳖丸、养生堂朵而胶囊。

五、海南康水产公司生产加工的速冻虎纹蛙系列产品。

自2004年1月1日起，凡生产日期在2004年1月1日以后的以上企业的以上产品，全部试点使用"中国野生动物经营利用管理专用标识"。

特此公告。

国家林业局、国家工商行政管理总局公告

（2004 年第 1 号　2004 年 4 月 13 日）

现将第三批试点使用"中国野生动物经营利用管理专用标识"的企业及其产品公告如下：

一、自 2004 年 5 月 1 日起，凡生产、销售的象牙制品必须全部实行标记，标记范围如下：

（一）以下所列企业生产销售的象牙制品（略）

（二）以下单位现有象牙制品（略）

（三）个人合法持有的象牙制品。

二、自 2004 年 5 月 1 日起，开始对使用蟒蛇皮的二胡实行标记，至 2004 年 12 月 31 日后所有生产、销售的使用蟒蛇皮的二胡必须实行标记。标记范围如下：

（一）以下所列企业生产、销售的使用蟒蛇皮的二胡。

1. 北京民族乐器厂

2. 北京满瑞兴乐器行

3. 北京长安乐器有限公司

4. 上海民族乐器一厂

5. 上海敦煌乐器有限公司

6. 河北饶阳北方民族乐器厂

7. 河北成乐器有限责任公司

8. 河北乐海乐器有限责任公司

9. 河北京艺乐器厂

10. 苏州民族乐器一厂有限公司

11. 苏州国兴乐器厂

12. 苏州琴艺乐器社

13. 苏州市宏韵乐器厂

14. 无锡新区古月琴坊

15. 扬中市长鸣乐器厂

16. 扬州华韵乐器有限公司

17. 扬州江都市华韵民族乐器厂

（二）2004 年 5 月 1 日前其他生产、销售单位现有的使用蟒蛇皮的二胡。

（三）个人合法持有的使用蟒蛇皮的二胡。

三、自 2004 年 5 月 1 日起，凡生产日期在 2004 年 5 月 1 日以后的由湖北省劲牌有限公

司生产的"参茸劲酒"、"追风酒"和"劲牌劲酒"三种保健酒、广东省四会市贞山鳄鱼养殖有限公司生产加工的速冻鳄鱼肉和鲜鳄鱼肉系列产品实行标记。

　　特此公告。

国家林业局、国家工商行政管理总局公告

（2004年第6号 2004年12月16日）

根据《国家林业局、国家工商行政管理总局关于对利用野生动物及其产品的生产企业进行清理整顿和开展标记试点工作的通知》（林护发〔2003〕3号），现将第四批试点使用"中国野生动物经营利用管理专用标识"的企业及其产品公告如下：

一、自2005年1月1日起，新增部分象牙、蟒皮二胡生产、销售企业，其生产、销售的象牙制品、蟒皮二胡实行中国野生动物经营利用管理专用标识制度（以下简称专用标识制度），标记范围如下：

（一）以下所列企业生产销售的象牙制品（略）

（二）以下所列单位现有的象牙制品（略）

（三）以下所列企业生产销售的蟒皮二胡

1. 天津　天津市民族乐器厂二分厂
2. 天津市孔雀民族管弦乐器厂
3. 天津市河北区鑫森民族乐器厂
4. 天津市民族乐器厂津民分厂
5. 天津市民族乐器厂
6. 河北　饶阳乐之洋琴业有限公司
7. 江苏　苏州相城区江南民族乐器厂
8. 扬州雅韵琴筝有限公司
9. 江阴市东方乐器有限公司
10. 江苏省无锡市田园民族乐器厂
11. 江苏省江阴市灵音民族乐器有限公司
12. 徐州大风乐器有限公司
13. 无锡新区梅村林生乐器加工场
14. 江苏无锡市锡艺乐器厂
15. 江阴市周庄镇长寿乐器厂
16. 苏州市金阊区吴门乐器社
17. 苏州市平江区天华乐器厂
18. 安徽省繁昌县明坤乐器厂
19. 广东广州市芳村区朗鸣乐器工艺厂
20. 广州市越秀区八音乐器厂
21. 广州悦声乐器厂

（四）以下所列工作室生产销售的蟒皮二胡

1. 北京吕建华民族乐器行
2. 北京国金旭贵民族乐器加工部
3. 北京市兴艺乐器厂
4. 北京京韩乐器有限公司
5. 北京天华之韵乐器厂
6. 北京成韵乐器坊
7. 北京市董玉光乐器社
8. 北京市汇声乐器厂
9. 北京王铁树乐器工作室
10. 北京通州区大杜社乐海乐器配件加工厂
11. 北京北满乐器行
12. 天津市民族乐器厂三分厂
13. 天津市民族乐器厂林虹乐器行
14. 天津市河北区通达电声乐器厂
15. 河北　饶阳珠峰民族乐器厂
16. 肃宁县精华民族乐器厂
17. 河北金音民族乐器厂
18. 肃宁县老田民族乐器厂
19. 饶阳祥云民族乐器厂
20. 肃宁县华晨民族乐器厂
21. 肃宁县占茹乐器厂
22. 肃宁县振兴民族乐器厂
23. 肃宁县运智民族乐器厂
24. 献县山秋荟萃乐器工艺厂
25. 饶阳恒星民族乐器厂
26. 辽宁　新民市杰奇乐器厂
27. 江苏　苏州市宏成琴行
28. 苏州市名海乐器制作社
29. 苏州市周万春乐器行
30. 江苏无锡二泉乐器厂
31. 宏扬乐器加工场
32. 苏州大师制作室
33. 许小海二胡研制室
34. 浙江　杭州余杭区中泰灵声乐器厂
35. 山东　山东省鲁南光明乐器厂
36. 山东福臣民族乐器厂

二、自2005年1月1日起，开始对生产销售和个人合法持有的野生动物标本实行专用标识制度，标记范围如下：

（一）以下所列企业生产销售的所有野生动物标本

1. 黑龙江省龙瀛进出口有限责任公司

2. 浙江温州市鹿城工艺生物标本厂

3. 台州黄岩教学标本模型厂

4. 宁波市鄞州五乡三星教具工艺品厂

5. 安徽　宁国市工艺标本厂

6. 巢湖市夏峰工艺标本厂

7. 福建　福州恒达教育装备工程有限公司

8. 福州市台江区义洲教具厂

9. 福建省建瓯市工艺教学标本厂

10. 福建省标本公司

11. 福建省南平市东方教学用品厂

12. 厦门市商潮生物标本研究所

13. 建瓯市放生池生物标本厂

14. 湖南　长沙三珍动物艺术标本有限公司

15. 广东　广州市番禺区香江野生动物世界有限公司

（二）个人合法持有的野生动物标本

三、自 2005 年 1 月 1 日起，凡生产日期在 2005 年 1 月 1 日以后的下列企业生产的下列产品须全部实行专用标识制度，标记范围如下：

1. 辽宁　鞍山市千山区千山镇鑫园鹿场　鑫茸园鹿酒、梅花鹿保健品系列

2. 铁岭绿洲参茸加工有限公司　翠港牌鹿茸片、翠港牌中华醇鹿茸酒

3. 西丰县隆丰野鹿王酒厂　野鹿王酒

4. 辽宁省宏宇生物科技有限公司　油粉胶囊、清青软胶囊、哈士蟆油

5. 辽宁省铁岭市御林酒厂　鹿茸酒、鹿鞭酒

6. 黑龙江　黑龙江省龙瀛进出口有限责任公司　鲜、冷冻暹罗鳄肉系列产品

7. 安徽　安徽五星养殖（集团）有限责任公司　养生鹿酒

8. 山东　山东省食品进出口公司　"葵花"牌山东特质三鞭酒

9. 山东景芝酒业股份有限公司　"阳春"牌滋补酒

10. 河南　三九企业集团兰考葡萄酒业有限公司　"三九"牌鹿龟酒

11. 湖南　永州柳子异蛇产业有限公司　蛇酒系列产品、蛇保健品系列

12. 湖北　宜昌德威鹿业科技开发有限公司　斑龙鹿茸保健酒

13. 广东　广东省番禺区香江野生动物世界有限公司　速冻鳄鱼肉系列产品、鳄鱼肉干、鳄鱼皮具

14. 广东茶山福保健酒业有限公司　蛇酒系列产品

15. 广东省顺德酒厂有限公司　红荔蛤蚧酒

16. 湛江金鹿实业发展有限公司　鹿酒系列产品、梅花鹿系列产品

17. 广西　广西雄森酒业有限公司　"雄森牌"补骨酒、护骨木瓜酒、熊胆酒、蛤蚧酒、三蛇酒

18. 海南　海南大田国家级自然保护区管理局　新大田牌鹿茸酒、新大田牌鹿胶

19. 海南海角二仙酒业有限公司　海角牌鹿龟酒

四、自 2005 年 1 月 1 日起，下列企业出售的人工驯养繁殖的下列活体野生动物须全部实行专用标识制度，标记范围如下：

1. 黑龙江省龙瀛进出口有限公司　暹罗鳄

2. 安徽扬子鳄繁殖研究中心　扬子鳄

3. 广西雄森灵长类实验动物养殖开发有限公司　猕猴、食蟹猴

特此公告。

国家林业局、国家工商行政管理总局公告

（2005 年第 3 号　2005 年 6 月 24 日）

根据《国家林业局、国家工商行政管理总局关于利用野生动物及其产品的生产企业进行清理整顿和开展标记试点工作的通知》（林护发〔2003〕3 号）和《国家林业局、卫生部、国家工商行政管理总局、国家食品药品监督管理局、国家中医药管理局关于进一步加强麝、熊资源保护及其产品入药管理的通知》（林护发〔2004〕252 号），现将第五批试点使用"中国野生动物经营利用管理专用标识"的企业及其产品公告如下：

一、自 2005 年 7 月 1 日起，凡生产、销售的含天然麝香、熊胆粉成份的中成药全部实行中国野生动物经营利用管理专用标识制度（以下简称"专用标识制度"），标记范围如下：

（一）以下所列企业生产、销售的含天然麝香成份的下列中成药产品

序号	省份	企业名称	标记品种
1	北京	北京同仁堂集团公司	安宫牛黄丸
2	上海	上海雷允上药业有限公司	六神丸
3	江苏	苏州雷允上药业有限公司	六神丸
4	福建	厦门中药厂有限公司	八宝丹
5		漳州片仔癀药业股份有限公司	片仔癀

（二）利用天然熊胆粉生产并获国家药品标准的中成药品种的企业

（三）2005 年 7 月 1 日以前（不含 7 月 1 日）其他生产、销售单位现有库存的含天然麝香、熊胆粉成份的中成药产品

（四）规格包装的天然麝香、熊胆粉

二、自 2005 年 7 月 1 日起，开始对使用国家重点保护野生动物皮张加工、经营的皮具产品实行专用标识制度，标记范围如下：

序号	省份	企业名称
1	北京	国贸建设（香港）有限公司
2		北京和信皮业有限责任公司
3		北京炎黄振国报关服务有限责任公司
4		王府饭店有限公司

（续）

序号	省份	企业名称
5	上海	上海环宇进出口有限公司
6		上海宝隆国际贸易有限公司
7		上海外高桥钟表国际贸易有限公司
8		上海申信进出口有限公司
9	浙江	浙江多喜佳伴纳服饰有限公司
10	福建	厦门市南顺鳄鱼园有限公司
11	广东	广东鸵鸟贸易有限公司

三、新增部分象牙、蟒皮二胡生产、销售企业，其生产、销售的象牙制品、蟒皮二胡全部实行专用标识制度，标记范围如下：

（一）以下所列企业生产销售的象牙制品（略）

（二）以下单位现有的象牙制品（略）

（三）以下所列企业生产销售的蟒皮二胡

编号	省份	生产企业名称
1	上海	上海华黎民族乐器厂
2	江西	江西省余干县民族乐器有限公司
3	河南	河南省开封中民族乐器有限公司

（四）以下所列工作室生产销售的蟒皮二胡

序号	省份	蟒皮二胡工作室名称
1	北京	北京王秋利乐器制作室
2	河北	饶阳县振鹏民族乐器厂
3	上海	上海文华乐器厂
4		上海乐圣乐器有限公司
5	江苏	无锡市新区金波民族乐器厂
6		苏州市振兴民族乐器加工部
7		苏州吴韵民族乐器厂
8		苏州市金阊区英艺乐器社
9		苏州市金阊区艺新民族乐器厂
10		苏州市金阊区殿闻民族乐器厂
11		苏州市相城区北桥民族乐器厂
12		苏州蔡文沅二胡制作室
13		高邮古盂城琴艺轩

（续）

序号	省份	蟒皮二胡工作室名称
14	江西	九江锦江乐器有限公司
15	湖北	武汉市曾宪勇民族拉弦乐器工作室
16	广东	广州市越秀区七律琴行
17		洋声乐器加工场
18	广西	广西柳州华宝民族乐器厂
19	陕西	西安音乐学院乐器厂

四、自 2005 年 7 月 1 日起，新增中国野生动物保护协会秦皇岛野生动物救护中心、福建省南平刀霞生物有限公司为野生动物标本标记试点企业，其生产销售的野生动物标本全部实行专用标识制度。

五、自 2005 年 7 月 1 日起，凡生产日期在 2005 年 7 月 1 日以后的由广东大家乐酒业有限公司生产的"大家乐"牌鹿龟酒和三鞭酒全部实行专用标识制度。

特此公告。

附："中国野生动物经营利用管理专用标识"图样（略）

国家林业局、国家工商行政管理总局公告

（2005 年第 5 号　2005 年 12 月 21 日）

根据国家林业局、国家工商行政管理总局《关于对利用野生动物及其产品的生产企业进行清理整顿和开展标记试点工作的通知》（林护发〔2003〕3 号）等有关规定，现将第六批试点使用"中国野生动物经营利用管理专用标识"的企业及其产品公告如下：

一、自 2006 年 1 月 1 日起，凡生产、销售的含豹骨成份的中成药及规格包装的豹骨粉全部实行中国野生动物经营利用管理专用标识制度（以下简称"专用标识制度"），标记范围如下：

（一）有关企业利用豹骨生产并已获国家药品标准的中成药。

（二）2006 年 1 月 1 日以前（不含 1 月 1 日）其他生产、销售单位现有库存的含豹骨成份的中成药及规格包装的豹骨粉。

二、自 2006 年 1 月 1 日起，依法驯养繁殖的下列活体野生动物，须全部实行专用标识制度。

（一）虎、豹、狮、象、野马、野驴、羚牛、大熊猫、小熊猫、熊、猩猩、长臂猿、金丝猴、叶猴、鹤、鹳、天鹅等现存所有种及亚种。

（二）河北吴桥群艺马戏团的活体野生动物。

三、自 2006 年 1 月 1 日起，新增部分标记试点企业，其生产、销售的下列产品须全部实行专用标识制度，标记范围如下：

（一）以下企业自 2006 年 1 月 1 日起生产、销售的含天然麝香成份的下列中成药产品。

1. 江苏无锡山禾药业股份有限公司 醒脑静注射液

2. 福建福建麝珠明眼药股份有限公司 麝珠明滴眼液

（二）广州市帕洛斯皮具有限公司以国家重点保护野生动物皮张为原料加工、经营的皮具制品。

（三）以下企业加工、销售的象牙制品、蟒皮二胡。

1. 以下企业加工的象牙制品（略）。

（1）北京市伟明达工艺品店 北京市通州区台湖镇玉甫上营村

2. 以下单位经营的象牙制品（略）。

3. 以下企业生产销售的蟒皮二胡。

（1）天津　天津市乃政乐器厂

（2）河北　肃宁亨昌乐器厂

（3）上海　上海琴园乐器有限公司

（4）江苏　响水县七套乡伟和民族乐器厂

（5）苏州宏艺红木制品有限公司

（6）无锡市林艺乐器厂

4. 以下工作室生产销售的蟒皮二胡。

（1）河北石家庄市新华区龙马民族乐器厂

（2）江苏苏州市金阊区崇山乐器加工店

（3）山东临沂市宏声乐器厂

（四）由下列企业生产的生产日期在 2006 年 1 月 1 日以后的下列产品须全部实行专用标识制度，标记范围如下：

1. 福建　福建省华杭麝业科技开发有限公司 鹿血酒

2. 福建省邵武市富民鹿业贸易有限公司 鹿茸酒、鹿骨酒

3. 广东　广东永安堂酒业有限公司"永安堂"鹿龟酒、"永安堂"蛤蚧酒

4. 广东贞山鳄鱼养殖有限公司 贞山牌鳄鱼酒、贞山牌鳄鱼膏

5. 海南　海南稻香食品开发有限公司"稻香牌"速冻虎纹蛙

特此公告。

附："中国野生动物经营利用管理专用标识"图样（略）

国家林业局公告

（2007 年第 8 号　2007 年 12 月 24 日）

根据《国家林业局、国家工商行政管理总局关于对利用野生动物及其产品的生产企业进行清理整顿和开展标记试点工作的通知》（林护发〔2003〕3 号）等有关规定，现将第七批试点使用"中国野生动物经营利用管理专用标识"的企业及其产品公告如下：

一、自 2008 年 1 月 1 日起，凡依法生产经营或合法库存（持有）的下列产品，全部实行中国野生动物经营利用管理专用标识制度（以下简称"专用标识制度"），标记范围如下：

（一）含赛加羚羊角、穿山甲片、稀有蛇类成份的中成药。

（二）利用稀有蛇类原材料生产的其他制品，包括但不限于乐器、皮具、皮件、保健食品、洗涤、化妆用品等。

上述两项所称稀有蛇类，是指国家保护的或《濒危野生动植物种国际贸易公约》附录所列的蛇类。

（三）虎皮、豹皮及其制品，包括但不限于服饰等。

（四）野生动物标本。

二、自 2008 年 1 月 1 日起，新增下列标识试点企业，其依法生产、销售的下列产品全部实行专用标识制度，标记范围如下：

（一）以下企业加工销售的象牙制品（略）

（二）以下企业销售的象牙制品（略）

（三）以下企业生产、销售的含野生动物毛皮成分的皮制品和毛皮制品

1. 北京　北京连洋鞋业有限公司　国家重点保护野生动物皮制品

2. 北京中百华瑞钟表有限责任公司

3. 北京金方同瑞贸易有限责任公司

4. 北京龙瀛进出口有限责任公司　暹罗鳄皮制品

5. 北京龙富藤动植物有限责任公司

6. 辽宁　大连名威貂业有限公司　水貂皮原料

7. 黑龙江　黑龙江省龙瀛进出口有限责任公司　凯门鳄皮制品

8. 上海　历峰商业有限公司　国家重点保护野生动物皮制品

9. 上海海棕榈进出口有限公司

10. 瑞表国际贸易（上海）有限公司

11. 上海韦丝进出口贸易有限公司

12. 上海隽纪进出口有限公司

13. 广东　广州双钴皮具制品有限公司　国家重点保护野生动物皮制品

14. 海南　三亚迈迪创建有限公司

15. 北京龙富藤动植物有限责任公司三亚动植物繁育研究基地　暹罗鳄皮制品

（四）以下企业生产、销售的野生动物工艺品

1. 河北　中国野生动物保护协会秦皇岛野生动物救护中心　含国家重点保护野生动物皮张、骨骼成分的工艺品

2. 上海　上海德隅斋实业有限公司　含梅花鹿角、皮成分的工艺品

（五）生产日期在 2008 年 1 月 1 日以后的以下企业的下列产品

1. 北京　北京同仁堂科技发展股份有限公司　含天然麝香成分的中成药——西黄丸

2. 北京龙瀛进出口有限责任公司　暹罗鳄鲜（冻）鳄肉制品、肉干系列制品、鳄鱼膏

3. 北京龙富藤动植物有限责任公司　暹罗鳄鲜（冻）鳄肉制品、肉干系列制品、鳄鱼膏、保健酒

4. 山西　山西华茸保健品有限公司　华茸鹿酒

5. 山西鹿龟神酒业有限公司　鹿龟神系列保健酒

6. 辽宁　辽宁鹿源参茸饮片有限公司　梅花鹿及马鹿鹿肉、鹿茸、鹿鞭等系列制品

7. 铁岭吉达生物科技开发有限公司　神虫葆真酒、鹿肉罐头、鹿肉酱

8. 铁岭市西丰御林鹿业集团有限公司　御林鹿茸酒、御林鹿鞭酒

9. 吉林　长春中韩鹿产品开发有限公司　梅花鹿鲜（冻）鹿肉、酱卤鹿肉、鹿肉面食、鹿骨汤

10. 长春世鹿鹿业有限公司　梅花鹿鲜（冻）鹿肉、鹿骨汤、鹿血、鹿茸

11. 黑龙江　黑龙江东北虎林园　森林兽王牌单方壮骨酒、复方壮骨酒、蕲蛇壮骨酒

12. 大庆市佳明养殖有限责任公司　梅花鹿鲜（冻）鹿肉、鹿骨汤、鹿血、鹿茸、鹿酒

13. 内蒙古　内蒙古健元鹿业有限责任公司　鹿茸灵芝胶囊、鹿胎珍珠胶囊、鹿骨钙胶囊、天麒鹿酒

14. 上海　上海德隅斋实业有限公司　德隅斋梅花鹿肉系列制品

15. 江苏　奥金（金坛）鳄鱼开发有限公司　暹罗鳄冻肉

16. 江苏省龙山鹿业酒业有限公司　梅花鹿鹿肉及鹿茸、富扬牌鹿茸酒、真宝鹿酒

17. 宜兴市万福生态观光园　梅花鹿茸酒、鹿茸血酒

18. 溧阳市永恒鹿业有限公司　鹿血酒

19. 浙江　武义县新宅鹿业发展基地　梅花鹿肉、青春活力液、青春活力膏

20. 义乌市仙雾农庄有限公司　梅花鹿茸血泡制酒

21. 兰溪市天生堂鹿业有限公司　鹿茸、鹿火腿、鹿血酒、鹿胎膏、鹿鞭

22. 湖州三禾农庄有限公司　非洲鸵鸟皮、肉和蛋

23. 台州市绿野特种动物有限公司　绿野鸵牌鸵鸟系列食品

24. 浙江青山湖动植物资源开发有限公司　麋王牌养生酒

25. 湖州太史湾鹿业养殖场　梅花鹿茸原液

26. 海宁市硖石西山养殖场　和田龙牌鹿茸酒、鹿茸冻干片、冻干粉片、鹿茸胰岛素样生长因子 IDF－1

27. 上虞市绿友特种动物繁殖基地　鹿茸切片

28. 安徽　淮北惠临工贸有限责任公司烈山分公司　梅花鹿茸酒、鹿茸血酒、鹿血酒、

鹿茸胶囊

29. 池州市棠溪养鹿场　梅花鹿血酒、鹿系列养生保健酒、鹿茸

30. 池州市昌松养鹿场　梅花鹿血酒、鹿系列养生保健酒、鹿茸

31. 福建　厦门市南顺鳄鱼园有限公司　暹罗鳄和湾鳄肉系列制品

32. 江西　景德镇普天乐鹿源发展有限公司　梅花鹿肉系列制品、鹿茸、鹿血、鹿鼎功酒

33. 广东　广东回元堂生物科技集团有限公司　回元堂暹罗鳄和湾鳄酒系列制品、鳄鱼膏、骨钙片

34. 广州市万源食品有限公司　万源速冻暹罗鳄肉

35. 海南　北京龙富藤动植物有限责任公司三亚动植物繁育研究基地　鲜（冻）暹罗鳄肉制品、肉干系列制品、鳄鱼膏、保健酒

36. 三亚迈迪创建有限公司　鲜（冻）暹罗鳄肉系列制品、鳄鱼肉干

三、自2008年1月1日起，对以下象牙制品加工经营企业或单位予以变更或撤销（略）。

特此公告。

国家林业局公告

（2011 年第 4 号　2011 年 2 月 1 日）

　　根据《国家林业局 国家工商行政管理总局关于对利用野生动物及其产品的生产企业进行清理整顿和开展标记试点工作的通知》（林护发〔2003〕3 号），自本公告发布之日起，新增部分试点使用中国野生动物经营利用管理专用标识（以下简称专用标识）的企业及其产品（见附件），其依法生产、销售的野生动物相关产品全部实行专用标识管理制度。

　　特此公告。

附件：

新增的试点使用专用标识的企业及其产品名单

序号	省份	企业名称	产品名称
1	北京	北京睿达众远商贸有限责任公司	野生动物皮制品
2		北京均辉法瑞丽国际贸易有限公司	野生动物皮制品
3		西铁城（中国）钟表有限公司	野生动物皮制品
4	河北	肃宁县龙洋特种养殖场	水貂、狐狸、貉皮原料
5		肃宁县华晨养殖有限公司	水貂、狐狸、貉皮原料
6		肃宁县宇豪养殖场	水貂、狐狸、貉皮原料
7	上海	上海东方久信集团有限公司	野生动物皮制品
8		上海中洲企业发展有限公司	野生动物皮制品
9		上海三凯进出口有限公司	野生动物皮制品
10		上海外联发进出口有限公司	野生动物皮制品
11		杰尼亚贸易（上海）有限公司	野生动物皮制品
12	浙江	海宁市紫金港生物科技有限公司	含梅花鹿成分定型包装食品
13	福建	厦门市翔鹿鹿业有限公司	梅花鹿产品
14	广东	广州市雷禾皮具有限公司	野生动物皮制品

国家林业局关于印发《毛皮野生动物（兽类）驯养繁育利用技术管理暂行规定》的通知

（林护发〔2005〕91号　2005年6月18日）

各省、自治区、直辖市林业厅（局），内蒙古、吉林、龙江、大兴安岭森工（林业）集团公司，新疆生产建设兵团林业局：

根据《中华人民共和国野生动物保护法》、《中华人民共和国陆生野生动物保护实施条例》等法律法规的规定，我局组织有关专家制定了《毛皮野生动物（兽类）驯养繁育利用技术管理暂行规定》，现印发给你们，请认真贯彻执行。

我局将适时组织有关专家对各地毛皮野生动物驯养繁育、取皮加工、技术服务等单位进行专门的检查评估。经评估合格的单位，可以向我局申请使用"中国野生动物经营利用管理专用标识"。

附件：毛皮野生动物（兽类）驯养繁育利用技术管理暂行规定

附件：

毛皮野生动物（兽类）驯养繁育利用技术管理暂行规定

1. 总则

1.1　为规范毛皮野生动物（兽类）的驯养繁育利用行为，进一步改善其养殖条件，保证动物福利，提高其生产水平和产品质量，促进毛皮野生动物产业持续健康发展，特制定本规定。

1.2　本规定依据《中华人民共和国野生动物保护法》、《中华人民共和国陆生野生动物保护实施条例》等有关法律法规制定。

1.3　毛皮野生动物（兽类）（以下简称毛皮动物），主要指以生产裘皮为目的，人工养殖的兽类野生动物，包括水貂、银狐、蓝狐、赤狐、北极狐、貉、獾等野生动物及其杂交后裔。

2. 范围

2.1　毛皮动物养殖场的场区建设、饲养管理、卫生防疫、取皮加工、环境保护、档案和信息管理、动物福利等技术管理标准。

2.2 本规定适用于全国现有的以及所有扩建、改建和新建的毛皮动物养殖、取皮加工和技术服务等单位。

3. 场区建设

3.1 场址选择

背风向阳，远离居民区500m以上，远离水源1 000m以上，远离其它动物饲养区，饲料来源便捷，水电充足，水质符合饮用标准，交通方便，环境安静，场区及周边地区无疫情。

3.2 建筑布局

依据毛皮动物的生活习性、生态特点、饲养管理和取皮加工等需要，养殖场应划分各功能区和具备相应设备设施。

3.2.1 管理区

管理区应位于养殖场的上风口处，包括办公室、宿舍、食堂等生活设施。

3.2.2 生产区

包括棚舍、笼舍、饲料室、冷藏室、工具房、取皮加工室、兽医室等设施。

（1）棚舍

棚舍建筑要求通风采光、避雨雪，在棚舍设计、建造和改造的过程中，应考虑光照条件、空气质量、地理位置、水源条件等各种环境因素，创造适合毛皮动物生理特点的生活环境。棚舍建设应该根据场地实际情况，在确保采光和通风的条件下，自行确定走向和长度。棚脊高2.6～2.8m，棚檐高1.4～1.6m，棚宽3.5～4.0m，棚间距3.5～4.0m。

（2）笼舍

笼舍距地面的高度不低于45cm。笼舍设置采食和饮水设施，同时应保证毛皮动物的安全舒适及活动需要。水貂、狐、貉、獾种兽笼舍规格见附录一。水貂种兽活动面积不低于2 700cm²/只；狐、貉、獾种兽活动面积不低于6 300cm²/只。水貂、狐、貉、獾皮兽箱规格见附录二。水貂皮兽活动面积不低于1 800cm²/只；狐、貉、獾皮兽活动面积不低于5 400cm²/只。

（3）饲料间

饲料间大小视养殖规模而定，应具备饲料洗涤、粉碎、搅拌等加工设施，要防水、防潮、防鼠、防火。

（4）兽医室

兽医室应能满足毛皮动物疾病预防、检疫、化验及治疗的需要，规模应与饲养种群相配套。

（5）取皮加工室

取皮加工室应满足毛皮动物处死、剥皮、刮油、洗皮、上楦、干燥等操作的需要，规模应与饲养种群相适应。

（6）化粪池及垃圾处理场

依据《中华人民共和国环境保护法》相应条款要求设置。

3.3 种兽及种源基地建设

3.3.1 种兽

可以作为种兽的毛皮动物个体要求品质好，谱系清晰，质量优良，并不断更新血缘。种兽的年龄结构要合理。

3.3.2　引种

引进的种兽必须具备种兽条件，并依据相关法律法规办理相关手续，严禁从疫区引种。种源运输应使用专用运输笼具，符合国家有关野生动物运输管理的要求，防止运输过程中出现动物死亡、逃逸及粪便渗漏。水貂的运输笼具为 5 个一组，尺寸不小于 25×50×120cm；狐、貉、獾运输笼具为 3 个一组，尺寸不小于 30×60×90cm。运输笼具内设间隔板，每间放置种兽 1 只，内置水盒，铁板托底。

3.3.3　种源基地

养殖场密集和养殖业发达地区应建立优良的毛皮动物种源基地，种源基地应配备相应的技术管理人员，具备相应的防疫条件；有完整的育种资料；各级野生动物行政主管部门应监督种源基地的建设和管理，并对其定期检查。

4. 饲养管理

各养殖场（户）必须建立并执行相应的规章制度，饲养管理工作应依据各种毛皮动物不同生物学时期的生理特点和营养需要科学进行。

4.1　营养饲料

要求饲料品质新鲜，品种稳定，营养丰富，无毒无害，适口性强，饲喂制度和方法科学合理。根据毛皮动物不同生物学时期的生理特点和营养需要，制定满足其生长发育、繁殖和换毛需要的饲料配方，保证营养全价。严禁饲喂腐败变质的饲料。

4.2　饲养管理

饲养管理的主要任务是满足毛皮动物不同生物学时期的营养需要，创造一个有利于其生活、生长、繁殖和换毛的环境条件。养殖场应根据规模进行岗位设置，职责分明，在饲养和生产过程中应确保人员和毛皮动物的安全。

兽群应该按照毛皮动物的品种类型、年龄、性别、生活习性和生理需求进行科学摆布，保证其笼舍的清洁卫生，严防其他有害物种侵袭，供应清洁的饮水。冬季在笼箱内添加垫草，夏季做好笼舍遮荫防暑工作，保证其有一个冬暖夏凉的生活环境。

4.3　技术力量

养殖场从业人员应经过专业技术培训，取得相应的从业资格认证。规模化养殖单位应配备饲养、管理、兽医等专业技术人员。

5. 卫生防疫

5.1　预防接种

每年 1、7 月份分别对兽群和分窝 15 天以后的仔兽进行犬温热、病毒性肠炎疫苗的预防接种，对狐、貉、獾还应增加注射脑炎疫苗。

5.2　消毒

养殖场门口应设置消毒槽及消毒室，所有人员须经消毒后方能进入养殖场。对饲料加工用具、饲养用具、场地及笼舍应定期消毒。

5.3　检疫

严禁从疫区引进毛皮动物或购买饲料，对新引进的毛皮动物，须经两周以上的隔离饲养，经检疫合格后方可进场混群饲养。当怀疑毛皮动物发生传染病或因不明原因死亡时，必须立即上报有关部门，以便尽快做出妥善处理，场内要进行紧急消毒、隔离和封锁。

5.4　卫生要求

确保饲料、饮水、笼舍、场地、饲料加工设施及饲养用具的卫生，定期清理、洗刷和消毒。

5.5　尸体处置

因非传染性疾病死亡的毛皮动物尸体必须按照《中华人民共和国动物防疫法》的规定进行处理，对因传染病或疑似烈性传染病死亡的毛皮动物尸体，还必须依法焚烧或消毒后深埋处理。

6. 取皮加工

具备独立处死、剥皮条件的单位，可自行设立取皮加工室；不具备该条件的养殖场（户），应选择适宜地点设立集中取皮加工点，统一取皮加工。在毛皮动物养殖户达到 100 户以上的乡（镇）应至少建立一处集中取皮加工点；养殖户未达到 100 户以上的乡（镇），可自行建立集中取皮加工点，未建立的，养殖场（户）应到其他取皮加工点实施统一取皮加工。

6.1　取皮时间

一般情况下，水貂毛皮在 11 月下旬至 12 月上旬成熟；狐、貉和獭毛皮在 12 月上旬至中旬成熟，毛皮动物的取皮工作需经毛皮成熟鉴定后进行，严禁对毛皮尚未成熟的动物进行提前取皮。

6.2　处死方法

毛皮动物处死应采用安全、人道、环保的方法，保证其在不出现激动、惊吓、痛苦的情况下实施，应避免对其他动物的干扰，防止其他动物受到惊吓。

6.2.1　电击法

对狐、貉等毛皮动物在嘴部和直肠施以电击，导致其立刻失去知觉后死亡，电击设备应在保证安全的条件下，由经过专业培训的人员进行操作。

6.2.2　药物法

用氯化琥珀胆碱（50 倍稀释，按每千克体重 1 毫克的剂量）或其他类似效果的麻醉剂，经肌肉注射使毛皮动物快速形成全身深度麻醉后死亡。使用单位应加强药物管理，确保用药安全。

6.2.3　窒息法

在封闭的室箱内，用一氧化碳或类似气体（浓度至少达到体积比 1%），使毛皮动物在缺氧条件下，快速昏睡后死亡。

6.3　剥皮

剥皮操作应在毛皮动物死亡 30 分钟后进行。严禁在毛皮动物尚未彻底死亡的情况下剥皮。剥皮后的毛皮动物酮体应妥善处理，合理利用，严禁随意处置。

6.4　刮油

在刮油过程中，应避免损伤和污染毛皮。

6.5　洗皮

洗皮应采用脱脂锯末在转鼓内进行，先洗皮板、再洗毛被，最后在转笼内脱去锯末，转鼓和转笼速度18～20转/分，分别运转5～10分钟。

6.6　上楦

采用标准规格楦板，按照操作规程进行，严禁过渡拉抻。水貂皮楦板规格见附录三；狐、貉、獾皮楦板规格见附录四。

6.7　烘干

一般采用设备风干的方法，烘干温度为18～25℃，相对湿度55％～65％，烘干时间12～24小时。严禁毛皮在高温（>28℃）或强烈日光照射下进行干燥。

6.8　皮张尺码标准

水貂、狐、貉、獾皮张尺码标准见附录五。

7. 环境保护

定期清理粪便，集中堆放处理。污水必须经过净化处理达标之后，方可排放。规模化养殖场（户），须对粪便、垃圾等进行无害化处理。采取适当措施，防止污水、粪便等渗入地下。

8. 档案和信息管理

各养殖场（户）必须制定并执行相应的规章制度，建立相关技术档案。

技术档案主要包括以下内容：饲料计划、饲料单、饲料用料统计表、谱系表、配种计划表、生产登记表、配种记录、产仔记录、体长体重测量记录、兽群清点表、发病记录、治疗记录、疫苗接种记录、育种方案、配种方案、取皮方案、血检方案、疫苗接种方案、皮张等级尺码统计表。

规模化养殖单位和各集中加工点，须具备计算机档案管理条件，包括兽群存栏状况、繁殖育种、饲养管理、疾病防治、取皮加工等方面的档案材料。

9. 动物福利

应提供毛皮动物适宜的生存环境、必要的自由活动空间、充足的食物和饮水；在运输毛皮动物过程中，应尽量缩短运输时间，保证其不受伤害，运输笼具必须满足毛皮动物生活的基本要求；取皮时必须采用人道、安全的处死方法，禁止使用击打、敲击等不规范的处死方式。禁止噪音等不良条件妨碍毛皮动物身心健康，以及各种虐待毛皮动物和侵害毛皮动物福利的行为。

10. 技术服务

在毛皮动物养殖、取皮加工、利用的集中区域，应当设立毛皮动物养殖、利用技术服务机构，为技术能力薄弱的养殖、利用单位（户）提供技术指导和支持。

毛皮动物养殖利用技术服务机构，应至少有两名以上具有相关专业领域中级以上职称的技术人员，并具有上网查询政策、技术、市场等信息的设备和条件。

11. 本规定解释权

本规定由国家林业局负责解释。

附录一：水貂、狐、貉、獾种兽笼舍规格

单位：cm

	笼（长×宽×高）	小室（长×宽×高）	网眼大小	笼网型号（电焊网）
水貂	90×30×45	25×32×45	2.5×2.5	15 号
狐	100×70×90	60×50×45	3.0×3.0	14 号
貉、獾	90×70×70	60×50×45	3.0×3.0	14 号

附录二：水貂、狐、貉、獾皮兽箱规格

单位：cm

	笼（长×宽×高）	小室（长×宽×高）	网眼大小	笼网型号（电焊网）
水貂	60×30×45	25×32×45	2.5×2.5	15 号
狐	100×70×80	40×40×35	3.0×3.0	14 号
貉、獾	90×60×70	40×40×35	3.0×3.0	14 号

附录三：水貂皮楦板规格

单位：cm

公皮楦板		母皮楦板	
距离（楦板尖起）	宽	距离（楦板尖起）	宽
2	3.6	2	2
13	5.8	11	5
100	11.5	71	7.2

＊公皮楦板长 120cm，厚 1.1cm；母皮楦板长 100cm，厚 1.0cm。

附录四：狐、貉、獾皮楦板规格

单位：cm

狐、貉、獾									
宽	3	6.4	11	12.4	13.9	13.9	14.4	14.5	14.5	15
距离（楦板尖起）	0	5	20	40	60	90	105	124	150	160

＊狐、貉、獾皮楦板不分公母，长 180cm，厚 2.0cm。

附录五：水貂、狐、貉、獴皮张尺码标准

尺码（号）	水貂（cm）	狐、貉、獴（cm）
"0000"	95 以上	124 以上
"000"	89～95	115～124
"00"	83～89	106～115
"0"	77～83	97～106
1	71～77	88～97
2	65～71	79～88
3	59～65	70～79

＊皮张长度为自鼻尖到尾根的长度。档间皮就低不就高。

国家林业和草原局野生动植物保护与自然保护区管理司 关于印发《黑熊繁育利用技术规范》等标准的通知

（护动函〔2018〕102 号　2018 年 6 月 5 日）

各省、自治区、直辖市林业厅（局），内蒙古、龙江、大兴安岭森工（林业）集团公司，新疆生产建设兵团林业局：

为贯彻实施《野生动物保护法》的相关规定，强化野生动物保护，引导有关单位和个人依法开展野生动物人工繁育和利用活动，我局组织有关单位陆续制定了《黑熊繁育利用技术规范》等一系列野生动物保护、人工繁育、利用技术标准，对野生动物养殖场建立及相关野生动物的活动空间和生息繁衍、卫生健康条件明确提出要求，以保证从业单位和人员具备与其繁育目的、种类、发展规范相适应的场所、设施、技术，并规范开展野生动物利用活动。现将涉及野生动物的相关标准名录统一印发（相关标准的具体内容请登录国家林业和草原局网站保护司网址自行下载）。

请各级林业主管部门及时向基层转发上述标准，并在行政许可、监督管理中严格按照《野生动物保护法》等法律法规的规定，依据相关标准开展相关工作。因标准更改等原因，对已获批准但尚未达到标准要求的繁育、利用单位，要及时督促其认真整改，确保相关野生动物的保护、人工繁育和利用活动符合相关标准要求。

附件：野生动物保护、人工繁育、利用标准目录

附件：

野生动物保护、人工繁育、利用技术标准目录

序号	名称	标准代号	代替标准号
1	东北马鹿养殖技术规程	LY/T 1634—2005	
2	蓝狐饲养技术规程	LY/T 1290—2005	LY/T 1290—1998
3	狩猎场总体设计规范	LY/T 1562—2010	LY/T 1562—1999
4	环颈雉饲养技术规程	LY/T 1728—2008	
5	大熊猫及其栖息地监测技术规程	LY/T 1845—2009	

（续）

序号	名称	标准代号	代替标准号
6	野生动物饲养管理技术规程野猪	LY/T 1918—2010	
7	活体野生动物运输要求	LY/T 1291—1998	
8	陆生野生动物（兽类）饲养场通用技术条件	LY/T 1563—1999	
9	陆生野生动物（鸟类）饲养场通用技术条件	LY/T 1564—1999	
10	花尾榛鸡饲养技术规程	LY/T 1727—2008	
11	猕猴属实验动物人工饲养繁育技术及管理标准	LY/T 1784—2008	
12	陆生野生动物疫病分类与代码	LY/T 1959—2011	
13	大熊猫饲养管理技术规程	LY/T 2015—2012	
14	陆生野生动物廊道设计技术规程	LY/T 2016—2012	
15	养鹿场良好管理规范	LY/T 2017—2012	
16	野生动物饲养管理技术规程食蟹猴	LY/T 2018—2012	
17	野生动物饲养管理技术规程美国山鹧鸪	LY/T 2194—2013	
18	野生动物饲养管理技术规程水貂	LY/T 2195—2013	
19	野生动物饲养管理技术规程非洲鸵鸟	LY/T 2196—2013	
20	野生动物饲养管理技术规程貉	LY/T 2197—2013	
21	野生动物饲养管理技术规程东北林蛙	LY/T 2198—2013	
22	野生动物饲养管理技术规程东北虎	LY/T 2199—2013	
23	象牙及象牙制品注册标记管理技术规范	LY/T 2200—2013	
24	中国森林认证生产经营性珍贵濒危野生动物饲养管理	LY/T 2279—2014	
25	陆生野生动物疫源疫病监测技术规程	LY/T2359—2014	
26	陆生野生动物疫病危害性等级划分	LY/T 2360—2014	
27	野生动物饲养管理技术规程银狐	LY/T 2361—2014	
28	野生动物饲养管理技术规程绿头鸭	LY/T 2362—2014	
29	野生动物饲养管理技术规程白鹇	LY/T 2363—2014	
30	野生动物饲养管理技术规程黄腹角雉	LY/T 2364—2014	
31	大熊猫栖息地植被恢复技术规程	LY/T 2365—2014	
32	药用濒危野生动物原料封装和管理规范	LY/T2366—2014	
33	马鹿人工授精操作技术规程	LY/T 2366—2014	
34	陆生野生动物饲养场通用技术条件两栖、爬行类	LY/T 1565—2015	LY/T1 565—1999

（续）

序号	名称	标准代号	代替标准号
35	陆生野生动物保护及相关产业分类导则	LY/T 2410—2015	
36	野生动物饲养场总体设计规范	LY/T 2499—2015	
37	活体野生动物运输容器第1部分：术语	LY/T2500.1—2015	
38	活体野生动物运输容器第2部分：标签与标识	LY/T 2500.2—2015	
39	活体野生动物运输容器第3部分：通则	LY/T2500.3—2015	
40	活体野生动物运输容器第4部分：箱类容器一般性检验	LY/T 2500.4—2015	
41	活体野生动物运输容器第5部分：大型食肉类动物钢木运输箱	LY/T 2500.5—2015	
42	活体野生动物运输容器第6部分：鳄类动物钢木运输箱	LY/T 2500.6—2015	
43	野生动物及其产品的物种鉴定规范	LY/T 2501—2015	
44	野生动物产品东北林蛙油	LY/T 2502—2015	
45	野生动物饲养管理技术规程 斑嘴鸭	LY/T 2503—2015	
46	野生动物饲养管理技术规程 蟒蛇	LY/T2504—2015	
47	野生动物饲养管理技术规程 眼镜蛇	LY/T2505—2015	
48	野生动物饲养管理技术规程 棕熊	LY/T 2506—2015	
49	大熊猫栖息地适宜性监测与评估规范	LY/T 2653—2016	
50	貂、狐、貉繁育利用规范	LY/T 2689—2016	
51	野生动物饲养管理技术规程红腹锦鸡	LY/T 2690—2016	
52	野生动物饲养管理技术规程蓝狐	LY/T 3471 8—2017	
53	黑熊繁育利用技术规范第1部分：饲养场	LY/T 1783.1—2017	LY/T 1783—2008
54	黑熊繁育利用技术规范第2部分：饲养管理	LY/T1783.2—2017	LY/T 1783—2008
55	涉案陆生野生动物及其产品处置规程	LY/T 2805—2017	
56	野生动物饲养从业人员要求	LY/T 2806—2017	
57	野生动物饲养管理技术规程雁类	LY/T 2807—2017	
58	野生动物饲养场建设和管理规范鸵鸟场	LY/T 2808—2017	

国家林业和草原局关于组织实施
《妥善处置在养野生动物技术指南》的函

（林函护字〔2020〕50 号　2020 年 5 月 27 日）

各省、自治区、直辖市人民政府：

　　为贯彻落实全国人大常委会《关于全面禁止非法野生动物交易、革除滥食野生动物陋习、切实保障人民群众生命健康安全的决定》（以下简称《决定》），指导各地科学、有序、稳妥处置在养野生动物，按照国务院有关要求，我局研究制定了《妥善处置在养野生动物技术指南》（以下简称《技术指南》，见附件），现印送你省（自治区、直辖市，下同），请对林业和草原主管部门妥善处置在养野生动物工作加强领导支持，并将有关意见函告如下：

　　一、加强组织领导，重视支持在养野生动物处置工作

　　妥善处置在养野生动物，是推进禁食野生动物重大举措的重要后续工作，受到国内外广泛关注。各地要以坚决落实全国人大常委会禁食野生动物决定为前提，对列入禁食范围、养殖企业或养殖户自愿停止养殖的在养野生动物切实做好妥善处置工作，严格按照《技术指南》明确的原则和要求，坚持保护优先、科学分类、多部门协调推进，防范生态安全和公共卫生安全危害等次生问题。考虑到需要处置的在养野生动物种类多，特别是局部区域在养野生动物数量很大、涉及面广，特请各级地方人民政府加强组织领导，在人员力量、工作经费等方面予以保障，确保工作顺利进行。

　　二、科学制定处置方案，周密部署实施

　　各地要在准确掌握本区域在养野生动物种类和数量的基础上，严格按照《技术指南》确定的原则、方向和要求，分类制定具体处置方案，经科学评估后由基层林业和草原主管部门组织实施，一律不得由养殖企业或养殖户擅自放生、灭杀或遗弃。省级林业和草原主管部门要切实加强对各地实际处置工作的指导监督，把握好工作节奏，可以依据实际情况设定妥善处置过渡期，在补偿工作未到位、非养殖户自愿的情况下，不得强制处置；做好工作衔接，把妥善处置在养野生动物与养殖户调整生产经营方向相结合，尽可能发挥其现有养殖设施的作用，减少损失；坚持实事求是，对《技术指南》在实际工作中不相适应的情况，可以进行科学调整和完善，对当地实施放归自然或合理调配的活动及时进行跨区域协调，帮助基层稳妥推进各类处置工作。

　　三、坚持生态保护优先，慎用无害化处置措施

　　坚持生态保护优先是对在养野生动物进行科学处置的首要原则，坚决反对一律灭杀等粗暴、简单做法。特别是对在养野生动物健康个体，要尽可能通过放归自然或调配用于科研、药用、展示等非食用性用途，充分发挥其生态、科研和其他社会价值。对暂时不具备放归自然条件或难以短期内进行跨区域调配的，应先行移交收容或委托代养，待条件成熟后再实施放归自然或调配。对确不属于上述情形且存在疫病风险的伤病个体等，经确认后方可实施无害化处理，尽可能减少野生动物种群损失。

四、加强正面宣传，做好舆论引导

在妥善处置在养野生动物过程中，各地要密切关注舆情动态，及时回应媒体和公众关切。对组织开展放归自然和收容救护等工作情况，可适当加强正面宣传，让公众了解保护在养野生动物进展；对公众出现的误解或猜疑，要通过专家解读等方式进行引导，广泛争取理解和认同；要特别关注通过网络舆论对在养野生动物处置工作造谣生事、误导炒作等情况，及时会同有关部门进行调查处理和采取应对措施，切实做好敏感信息管控，防止引发矛盾纠纷，为稳妥推进工作营造良好的社会氛围。

五、加强监督检查，确保各项措施落到实处

为调研掌握各地处置在养野生动物实际情况和工作进展，我局各派出机构将于近期组织工作组对各地调查摸清底数、研究拟定工作方案、组织人员力量、经费保障等前期准备和具体实施情况，进行调研督导；根据各地工作实际进展情况，我局将适时派出调研督导组，对重点省或工作进展迟缓的地区进行抽查，确保各项措施在执行过程中不走样、不变形，对久拖不决、违规操作等导致矛盾纠纷，以及造成生态危害和公共卫生安全隐患等行为予以严肃处理，坚决维护禁食野生动物重大举措的贯彻落实。

特此函告，请予大力支持。

附件：妥善处置在养野生动物技术指南

附件：

妥善处置在养野生动物技术指南

为进一步贯彻落实全国人大常委会《关于禁止非法野生动物交易、革除滥食野生动物陋习、切实保障人民群众生命健康安全的决定》（以下简称《决定》），指导各地妥善处置在养野生动物，经组织专家研究，特制定本技术指南。

一、总体要求

对列入禁食范围的在养野生动物进行妥善处置是贯彻落实《决定》的重要内容。根据相关物种的生物学习性和特点，现提出基本原则和思路如下：

（一）基本原则

一是坚持保护优先，严防危害自然生态。充分发挥在养野生动物的生态价值，在科学评估基础上，优先用于补充野外种群、完善食物链结构、维护生态平衡，切实防止随意放生、过量放生等对自然生态系统造成破坏或危害。

二是坚持科学指导，分类确定处置方式。根据在养野生动物的不同情况，科学研究明确处置方向，通过放归自然、转变用途、收容救护、合理调配、无害化处理等多种方式进行处置，有序消化存量，积极发挥其生态效益和社会效益。

三是坚持统筹兼顾，协调推进处置工作。把妥善处置在养野生动物与野外保护、调整生产经营方向、维护公共卫生安全、科普教育等相结合，将就地处置与跨区域处置相结合，合理安排工作进度，分期分批采取措施，确保各项工作有序衔接、协调实施。

（二）工作思路

一是科学实施放归自然。对我国有自然分布的在养野生动物，在严格遵守放归自然技术规范和开展科学论证的前提下，原则上就地选择生境良好的该物种原生地或历史分布区实施放归自然；对当地无自然分布或存栏量大、超出当地生境容量的，由省级以上林业和草原主管部门协调跨区域、分期分批分散实施放归自然。严禁将杂交物种个体放归自然。

二是转作非食用性合法用途。对具有药用、观赏、标本制作、科研等非食用性合法用途的在养野生动物，积极协助其对接相关行业或机构，依法依规加快行政许可和信息服务等工作，引导其调整生产经营方向，加速消化存量。

三是做好种质资源保护、收容、代养或调配。对品质优良养殖物种可部分移交至具备条件的收容救护机构，移交量应满足保存优良种质资源种群维系的最低要求。对属于禁食范围养殖户放弃养殖的外来野生动物，不得放归自然，可委托代养或移交至具备条件的收容救护机构，今后根据科学研究和科普教育等需要进行合理调配。

四是安全有序进行无害化处理。对确不能按以上3种措施进行处置的在养野生动物，严格按无害化处理技术规范进行处置。

二、分类处置方向

对《决定》发布后不得以食用为目的养殖的在养野生动物，现提出分类处置方向如下：

（一）蛇类

现存栏在养的蛇类主要有10余种，其中：赤链蛇、乌梢蛇、金环蛇、银环蛇、尖吻蝮、短尾蝮、眼镜王蛇、黑眉锦蛇、双斑锦蛇等具有较高的药用、皮张、蛇毒等非食用性利用价值，且养殖量较小，总体上可调整到药用等合法养殖经营方向；眼镜蛇、滑鼠蛇、灰鼠蛇、王锦蛇等具有药用、皮张、蛇毒等非食用性利用价值，但因养殖量较大，超出实际需求，可考虑部分调整到药用等合法养殖经营方向，部分实施放归自然。

（二）蛙类

对属于禁食范围、停止养殖的蛙类，可考虑调整到药用、观赏等合法养殖经营方向或放归自然、无害化处理。

（三）龟鳖类

主要养殖种类包括亚洲巨龟、红耳龟、蛇鳄龟、大鳄龟和部分陆龟等约10余种。上述物种用作观赏展示用途日益受到公众喜爱，总体上可通过调整经营方向予以消化；平胸龟野外资源小，应当实施放归自然以补充野外种群。

（四）雁鸭类

主要养殖种类包括斑嘴鸭、白眉鸭、鸿雁、斑头雁、豆雁、灰雁、花脸鸭等，均为在我国有居留期的迁徙候鸟，除少量可调配给动物园、野生动物园或用于制作科普标本外，主体上实施放归自然。

（五）雉鸡类和其他鸟类

主要养殖种类包括石鸡、蓝胸鹑、灰胸竹鸡、蓝孔雀和白骨顶、黑水鸡、灰斑鸠、山斑鸠等，其中：蓝孔雀为外来物种，不得放归自然，可收容、调配用于动物园、野生动物园观赏展示或制作科普标本等；其余雉鸡类和鸟类为我国原生种，除调配给动物园、野生动物园或用于制作科普标本外，总体上实施放归自然。

（六）竹鼠、豪猪、果子狸

上述物种养殖量大，非食用性利用需求小，但均为我国原生种，在我国自然分布范围广，除少量收容调配外，主要通过分散实施放归自然和无害化处理进行处置。

（七）其他兽类

主要养殖种类包括狍子、赤麂、小麂、野兔、猪獾、狗獾、獐、刺猬等，非食用性利用需求小，但均为我国原生种，在我国自然分布范围广，除调配给动物园、野生动物园或用于制作科普标本外，总体上实施放归自然。

三、放归自然技术规范

对在养野生动物实施放归自然须符合以下要求：

（一）科学选择放归自然区域和地点。放归自然区域须为该物种自然分布区或历史分布区，放归点生境符合该物种生物学习性。具体开展放归自然活动，原则上就近选择放归区域及放归点；当地没有适宜放归区域，或因放归野生动物数量大难以就近完成放归的，可报请省级以上林业和草原主管部门协调适宜的放归区域。

（二）严格控制放归自然的野生动物数量。按照不同物种密度控制标准，根据放归点所在地的连续自然区域面积核算环境容纳量，在环境容纳量范围内实施放归自然，防止区域性放归数量过大对自然生态系统造成危害。

（三）切实防止放归野生动物对人身安全或正常生产生活构成隐患。在养野生动物放归点应当远离当地居民的住所、道路或人员频繁活动区域，尤其是在养有毒蛇类的放归点应选择禁止或限制人员自由进入的区域，防范人身安全隐患。

（四）加强对野生动物的健康观察与检疫检测。在养野生动物放归自然前，须确定封闭场所进行隔离健康观察；对隔离观察期间出现非正常死亡或病症等情况的，在清除死亡或患病个体的同时，还要进行疫病检测，确认放归自然的野生动物个体不携带危害野外种群和公共卫生安全的病原体。

（五）做好放归自然前野生动物适应性准备和实施放归自然。为确保在养野生动物放归自然后能够适应新的环境和生存繁衍，应根据各物种生物学习性和特点，在实施放归自然前在放归点建立封闭设施对野生动物进行必要的适应性锻炼，恢复其自然食性，提升其野外觅食及生存能力。根据在养野生动物适应放归区域气候条件和自然食性恢复、行为活动情况，适时去除封闭设施，由其自由出入，并逐步移除其他人为设施直至全面拆除人为设施，实现在养野生动物回归自然。

（六）实施放归自然和强化后续监测评估。对在养野生动物回归自然后的生存、繁衍等状况加强监测，及时评估其对当地自然生态和当地居民正常生产生活的影响。一旦发现不利影响，及时研究采取应对措施，消除不良隐患。

有关各物种自然分布区域、放归点生境要求、控制密度等见附表。有关野生动物放归自然工作方案，由养殖动物所在地野生动物保护主管部门组织科学论证通过后，方可实施。

四、无害化处理技术规范

对带病、伤残或其他野生动物进行无害化处理，须根据本区域实际情况、条件、野生动物数量、人员力量和场地设施，针对不同野生动物种类选择适宜的处理方式方法，分期分批实施，确保卫生安全。

（一）主要方法

1. 焚烧法：在焚烧容器内，使动物尸体及相关动物产品在富氧或无氧条件下进行氧化反应或热解反应的方法。

2. 化制法：在密闭的高压容器内，通过向容器夹层或容器通入高温饱和蒸汽，在干热、压力或高温、压力的作用下，处理动物尸体及相关动物产品的方法。

3. 深埋法：按照相关规定，将动物尸体及相关动物产品投入化尸窖或掩埋坑中并覆盖、消毒，发酵或分解动物尸体及相关动物产品的方法。

4. 符合国家有关规定的其他无害化处置方法。

（二）具体技术要求

1. 焚烧法处理技术要求

一是选择具备焚烧条件的单位实施，确保达到环境标准和要求。

二是对于无法到具备焚烧条件的单位进行的可以选择自行焚烧处理。自行焚烧处理在远离居民区 5 公里以上，自制土法焚烧炉进行。焚烧过程要全程做好人员防护和监控，并对焚烧残余物进行填埋处置。

2. 化制法技术要求

一是选择具备化制法条件的单位实施，确保达到环境标准和要求；

二是对于无法到具备化制条件的单位进行的可自行化制处理。自行化制处理要在远离居民生产生活区 5 公里以上，自制容器进行化制处理。化制过程要全程做好人员防护和监控，化制残余物进行填埋处理。

3. 深埋法技术要求

一是深埋地点选择要求：（1）要选择地势高燥，处于下风向的地点。（2）深埋地点应远离居民生产生活区、各类水源地、各类建设用地规划区域或线路、野生动物频繁活动区域等。

二是深埋坑体要求：（1）深埋坑体容积以实际处理动物尸体及相关动物产品数量确定。（2）深埋坑底应高出地下水位 1.5 米以上，要防渗、防漏。（3）坑底洒一层厚度为 2～5 厘米的生石灰或漂白粉等消毒药。（4）将动物尸体及相关动物产品投入坑内，最上层距离地表 1.5 米以上。（5）利用生石灰或漂白粉等消毒药进行消毒。（6）覆盖距地表 20～30 厘米，厚度不少于 1～1.2 米的覆土。（7）掩埋覆土不要太实，以免腐败产气造成气泡冒出和液体渗漏。（8）掩埋后，在掩埋处设置警示标识。

三是深埋后处理及巡查：深埋后，立即用氯制剂、漂白粉或生石灰等消毒药对深埋场所进行 1 次彻底消毒；深埋后第 1 周内应坚持每日巡查和消毒 1 次，第 2 周起应每周巡查和消毒 1 次，连续消毒 3 以上，连续巡查 3 个月；巡查发现深埋坑塌陷，应及时加盖覆土。

4. 其他无害化处置方案应严格遵守国家有关标准或技术规范。

五、其他工作要求

妥善处置在养野生动物，须根据其处置方向切实做好以下相关工作：

（一）转作其他合法用途

对适宜转作其他合法用途的在养野生动物，要积极发挥行业协会、社会组织的作用，推动科研单位、动物园、野生动物经营企业、药用企业、标本制作企业等与养殖企业、养殖户的对接，并依法依规加快行政许可等工作，强化监管，严格要求采取检疫检验措施，防止擅自食用、转作其他非法用途或从野外非法猎捕等现象，确保相关工作的有序进行。

（二）收容、代养及调配

对禁食后养殖企业或养殖户放弃养殖的野生动物，应由具备相应条件、能力的机构进行收容；不具备收容条件或能力的地区，可以先行委托养殖场所或规模较大的企业集中代养，再通过实施放归自然或调配给其他动物园、野生动物园和为博物馆、标本馆等制作科普标本等方式，逐步消化。

（三）严格执行科学评估论证程序

为科学、稳妥开展在养野生动物处置工作，防止处置不当引发次生问题，各地对本区域开展放归自然、无害化处理等工作，涉及物种种类多、数量大的，要研究拟订专门的工作方案，组织专家进行科学论证，通过后方可实施，不得随意决策、盲目处置。

（四）加强人员防护

妥善处置在养野生动物过程中，要切实加强工作人员防护，进行防护专业知识培训，使用专门的防护用具、处置工具、器材和设备，保障工作人员身体健康。

（五）做好处置工作记录和档案管理

各地对本区域在养野生动物的处置情况，须严格记录养殖单位或养殖户名称、在养野生动物种类和数量、处置方式及时间、处置工作负责人等信息，建立专门档案，并对放归自然、收容救护等重点处置过程须保留影像资料备查。对处置过程中发现野生动物非正常死亡或患病等情况，要及时向动物防疫部门通报，按规定做好取样送检等工作，一并记录在案。加强对处置工作档案的管理，未经批准，不得对外公开发布。对处置工作中需要开展正面宣传或引导舆论的，由省级以上林业和草原主管部门统一安排。

附表：在养野生动物放归自然技术指标

附表

在养野生动物放归自然技术指标

类别	物种	自然分布区域	放归生境	密度控制	备注
蛇类	眼镜蛇、滑鼠蛇、灰鼠蛇、王锦蛇等	长江以南地区	地形地貌：平原、丘陵和山地等 栖息环境：灌丛、竹林、草丛、溪边石地或山脚水旁等 安全距离：远离人类集中生活区10公里以上	500条/平方公里	
	赤链蛇、乌梢蛇、金环蛇、银环蛇、尖吻蝮、短尾蝮、眼镜王蛇、黑眉锦蛇、双斑锦蛇等	华东、华南、西南	地形地貌：平原、丘陵和山地等 栖息环境：常绿和落叶混交林及周边湿地、山坞水渠、草地、地洞或石堆等阴湿地带 安全距离：远离人类集中生活区10公里以上	300条/平方公里	

（续）

类别	物种	自然分布区域	放归生境	密度控制	备注
蛙类	由各省级林业和草原主管部门组织专家论证确定各项放归自然技术指标，但放归密度建议控制在水体长度每公里2 000只个体以内				
雁鸭类	斑嘴鸭、白眉鸭、鸿雁、斑头雁、豆雁、灰雁、花脸鸭等	全国	地形地貌：平原、高原 栖息环境：海岸、河湖、水库等具有开阔水面的区域	可不受密度限制，但同一地点单次放归数量不应超过500只	候鸟：仅限在迁徙停歇地和越冬地放归，放归时间应符合鸟种的迁徙规律，避免繁殖期放归；放归密度可以不予考虑 留鸟：在历史分布区内经过全面评估、科学论证后，开展野外放归
雉鸡类和其他鸟类	石鸡	北方地区	地形地貌：低山丘陵地带 栖息环境：岩石坡和沙石坡上，以及平原、草原、荒漠等地区		
雉鸡类和其他鸟类	灰胸竹鸡	长江流域以南地区	地形地貌：低山丘陵和山脚平原地带 栖息环境：竹林、灌丛和草丛		
雉鸡类和其他鸟类	黑水鸡	新疆西部、华东、华南、西南、海南等大部地区	地形地貌：平原地带 栖息环境：淡水湿地、近水灌木丛、蒲草和苇丛		
雉鸡类和其他鸟类	白骨顶	全国	地形地貌：低山丘陵和平原 栖息环境：草地、荒漠与半荒漠地带的各类富含挺水植物的苇塘、水渠、河湾和深水沼泽等水域		
雉鸡类和其他鸟类	灰斑鸠、山斑鸠	全国	地形地貌：山地、山麓、平原等 栖息环境：山地阔叶林、混交林、次生林等林区		
雉鸡类和其他鸟类	蓝胸鹑	云南、贵州、广西、广东、海南、福建	地形地貌：平原以及低山地带 栖息环境：河边和沼泽的高芦苇，灌丛、竹林		
兽类	竹鼠	华东、华南、华中、西南地区	地形地貌：山地 栖息环境：竹林及马尾松林	5～10只/平方公里	
兽类	豪猪	华东、华南、华中、西南地区	地形地貌：丘陵、山地等 栖息环境：林木茂盛的山区、开阔田野	5～10只/平方公里	
兽类	果子狸	长江流域及以南各省区市，最北可分布到北京和山西大同等地	地形地貌：山地 栖息环境：亚热带常绿或落叶阔叶林、温带针阔混交林、灌丛或间杂石山的裸岩地	2～5只/平方公里	

（续）

类别	物种	自然分布区域	放归生境	密度控制	备注
其他兽类	狍子、麂、獾、獐	全国	地形地貌：平原、山地 栖息环境：林区、郊野荒地等	1～3 只/平方公里	
	野兔、刺猬	全国	地形地貌：平原、山地 栖息环境：林区、郊野荒地等	2～5 只/平方公里	

农业农村部、国家林业和草原局关于
进一步规范蛙类保护管理的通知

（农渔发〔2020〕15号　2020年5月28日）

各省、自治区、直辖市农业农村（农牧）厅（局、委）、林业和草原主管部门，福建省海洋与渔业局，新疆生产建设兵团农业农村局、林业和草原主管部门，内蒙古、大兴安岭森工（林业）集团公司，国家林业和草原局各派出机构：

为切实解决部分蛙类交叉管理问题，进一步明确保护管理主体，落实执法监管责任，加强蛙类资源保护，现将有关事项通知如下。

一、明确管理责任，完善名录调整

根据专家研究论证意见，对于目前存在交叉管理、养殖历史较长、人工繁育规模较大的黑斑蛙、棘胸蛙、棘腹蛙、中国林蛙（东北林蛙）、黑龙江林蛙等相关蛙类（以下简称"相关蛙类"），由渔业主管部门按照水生动物管理。对其他蛙类，农业农村部和国家林草局将本着科学性优先和兼顾管理可操作性的总体原则，共同确定分类划分方案，适时调整相关名录。各地渔业主管部门、林业和草原主管部门要依法依规推进地方重点保护野生动物名录的调整。

二、加强协调配合，做好工作衔接

各地渔业主管部门、林业和草原主管部门要建立工作协调机制，制定工作方案，确保相关蛙类管理调整工作交接到位；要做好相关证件撤回注销和档案资料移交，主动告知从业者相关管理政策，优化办事流程；对于情况复杂、短时间内难以完全交接到位的，可协商通过设立一定过渡期等措施，确保有关调整工作平稳有序，避免出现管理真空。

三、加大保护力度，打击违法活动

各地渔业主管部门要依据有关法律法规，加大相关蛙类野生资源保护力度，利用活动仅限于增养殖群体。除科学研究、种群调控等特殊需要外，禁止捕捞相关蛙类野生资源；确需捕捞的，要严格按照有关法律规定报经相关渔业主管部门批准，在指定的区域和时间内，按照限额捕捞。各地渔业主管部门、林业和草原主管部门要加强协调配合，把蛙类保护与当地森林等自然生态系统保护有机结合起来，严禁在自然保护区开展捕捞利用活动；积极会同公安、市场监管等部门加大执法监管力度，严厉打击非法捕捞、出售、购买、利用相关蛙类野生资源的行为。

四、规范养殖管理，科学增殖放流

各地渔业主管部门要加强相关蛙类的养殖管理，强化苗种生产审批和监管。在县级以上地方人民政府颁布的养殖水域滩涂规划确定的养殖区和限养区内从事养殖生产的，要依法向县级以上人民政府渔业主管部门提出申请，由本级人民政府核发养殖证。各地渔业主管部门、林业和草原主管部门要相互配合，科学合理安排蛙类野外增殖放流，扩大种群规模，加强放流效果跟踪评估，保护种质资源。

五、加强科学监测，强化保护宣传

各地渔业主管部门、林业和草原主管部门要加强本底调查，准确掌握蛙类野生资源状况，建立健全监测网络和保护体系，全方位提升野生蛙类保护能力和水平；要加强对蛙类分布的自然保护区域、重要栖息地等生态环境的监测和保护，严防破坏野外生境等违法行为发生；要建立信息发布和有奖举报机制，主动公开蛙类野生资源和栖息地状况，接受公众监督，积极开展蛙类保护宣传，营造全社会关心支持蛙类保护的良好氛围。

4. 疫源疫病监测预警

陆生野生动物疫源疫病监测防控管理办法

（2013 年 1 月 22 日国家林业局令第 31 号公布　自 2013 年 4 月 1 日起施行）

第一条　为了加强陆生野生动物疫源疫病监测防控管理，防范陆生野生动物疫病传播和扩散，维护公共卫生安全和生态安全，保护野生动物资源，根据《中华人民共和国野生动物保护法》、《重大动物疫情应急条例》等法律法规，制定本办法。

第二条　从事陆生野生动物疫源疫病监测防控活动，应当遵守本办法。

本办法所称陆生野生动物疫源是指携带危险性病原体，危及野生动物种群安全，或者可能向人类、饲养动物传播的陆生野生动物；本办法所称陆生野生动物疫病是指在陆生野生动物之间传播、流行，对陆生野生动物种群构成威胁或者可能传染给人类和饲养动物的传染性疾病。

第三条　国家林业局负责组织、指导、监督全国陆生野生动物疫源疫病监测防控工作。县级以上地方人民政府林业主管部门按照同级人民政府的规定，具体负责本行政区域内陆生野生动物疫源疫病监测防控的组织实施、监督和管理工作。

陆生野生动物疫源疫病监测防控实行统一领导，分级负责，属地管理。

第四条　国家林业局陆生野生动物疫源疫病监测机构按照国家林业局的规定负责全国陆生野生动物疫源疫病监测工作。

第五条　县级以上地方人民政府林业主管部门应当按照有关规定确立陆生野生动物疫源疫病监测防控机构，保障人员和经费，加强监测防控工作。

第六条　县级以上人民政府林业主管部门应当建立健全陆生野生动物疫源疫病监测防控体系，逐步提高陆生野生动物疫源疫病检测、预警和防控能力。

第七条　乡镇林业工作站、自然保护区、湿地公园、国有林场的工作人员和护林员、林业有害生物测报员等基层林业工作人员应当按照县级以上地方人民政府林业主管部门的要求，承担相应的陆生野生动物疫源疫病监测防控工作。

第八条　县级以上人民政府林业主管部门应当按照有关规定定期组织开展陆生野生动物疫源疫病调查，掌握疫病的基本情况和动态变化，为制定监测规划、预防方案提供依据。

第九条　省级以上人民政府林业主管部门应当组织有关单位和专家开展陆生野生动物疫情预测预报、趋势分析等活动，评估疫情风险，对可能发生的陆生野生动物疫情，按照规定程序向同级人民政府报告预警信息和防控措施建议，并向有关部门通报。

第十条　县级以上人民政府林业主管部门应当按照有关规定和实际需要，在下列区域建立陆生野生动物疫源疫病监测站：

（一）陆生野生动物集中分布区；

（二）陆生野生动物迁徙通道；

（三）陆生野生动物驯养繁殖密集区及其产品集散地；

（四）陆生野生动物疫病传播风险较大的边境地区；

（五）其他容易发生陆生野生动物疫病的区域。

第十一条　陆生野生动物疫源疫病监测站，分为国家级陆生野生动物疫源疫病监测站和地方级陆生野生动物疫源疫病监测站。

国家级陆生野生动物疫源疫病监测站的设立，由国家林业局组织提出或者由所在地省、自治区、直辖市人民政府林业主管部门推荐，经国家林业局组织专家评审后批准公布。

地方级陆生野生动物疫源疫病监测站按照省、自治区、直辖市人民政府林业主管部门的规定设立和管理，并报国家林业局备案。

陆生野生动物疫源疫病监测站统一按照"××（省、自治区、直辖市）××（地名）××级（国家级、省级、市级、县级）陆生野生动物疫源疫病监测站"命名。

第十二条　陆生野生动物疫源疫病监测站应当配备专职监测员，明确监测范围、重点、巡查线路、监测点，开展陆生野生动物疫源疫病监测防控工作。

陆生野生动物疫源疫病监测站可以根据工作需要聘请兼职监测员。

监测员应当经过省级以上人民政府林业主管部门组织的专业技术培训；专职监测员应当经省级以上人民政府林业主管部门考核合格。

第十三条　陆生野生动物疫源疫病监测实行全面监测、突出重点的原则，并采取日常监测和专项监测相结合的工作制度。

日常监测以巡护、观测等方式，了解陆生野生动物种群数量和活动状况，掌握陆生野生动物异常情况，并对是否发生陆生野生动物疫病提出初步判断意见。

专项监测根据疫情防控形势需要，针对特定的陆生野生动物疫源种类、特定的陆生野生动物疫病、特定的重点区域进行巡护、观测和检测，掌握特定陆生野生动物疫源疫病变化情况，提出专项防控建议。

日常监测、专项监测情况应当按照有关规定逐级上报上级人民政府林业主管部门。

第十四条　日常监测根据陆生野生动物迁徙、活动规律和疫病发生规律等分别实行重点时期监测和非重点时期监测。

日常监测的重点时期和非重点时期，由省、自治区、直辖市人民政府林业主管部门根据本行政区域内陆生野生动物资源变化和疫病发生规律等情况确定并公布，报国家林业局备案。

重点时期内的陆生野生动物疫源疫病监测情况实行日报告制度；非重点时期的陆生野生动物疫源疫病监测情况实行周报告制度。但是发现异常情况的，应当按照有关规定及时报告。

第十五条　国家林业局根据陆生野生动物疫源疫病防控工作需要，经组织专家论证，制定并公布重点监测陆生野生动物疫病种类和疫源物种目录；省、自治区、直辖市人民政府林业主管部门可以制定本行政区域内重点监测陆生野生动物疫病种类和疫源物种补充目录。

县级以上人民政府林业主管部门应当根据前款规定的目录和本辖区内陆生野生动物疫病

发生规律，划定本行政区域内陆生野生动物疫源疫病监测防控重点区域，并组织开展陆生野生动物重点疫病的专项监测。

第十六条　本办法第七条规定的基层林业工作人员发现陆生野生动物疑似因疫病引起的异常情况，应当立即向所在地县级以上地方人民政府林业主管部门或者陆生野生动物疫源疫病监测站报告；其他单位和个人发现陆生野生动物异常情况的，有权向当地林业主管部门或者陆生野生动物疫源疫病监测站报告。

第十七条　县级人民政府林业主管部门或者陆生野生动物疫源疫病监测站接到陆生野生动物疑似因疫病引起异常情况的报告后，应当及时采取现场隔离等措施，组织具备条件的机构和人员取样、检测、调查核实，并按照规定逐级上报到省、自治区、直辖市人民政府林业主管部门，同时报告同级人民政府，并通报兽医、卫生等有关主管部门。

第十八条　省、自治区、直辖市人民政府林业主管部门接到报告后，应当组织有关专家和人员对上报情况进行调查、分析和评估，对确需进一步采取防控措施的，按照规定报国家林业局和同级人民政府，并通报兽医、卫生等有关主管部门。

第十九条　国家林业局接到报告后，应当组织专家对上报情况进行会商和评估，指导有关省、自治区、直辖市人民政府林业主管部门采取科学的防控措施，按照有关规定向国务院报告，并通报国务院兽医、卫生等有关主管部门。

第二十条　县级以上人民政府林业主管部门应当制定突发陆生野生动物疫病应急预案，按照有关规定报同级人民政府批准或者备案。

陆生野生动物疫源疫病监测站应当按照不同陆生野生动物疫病及其流行特点和危害程度，分别制定实施方案。实施方案应当报所属林业主管部门备案。

陆生野生动物疫病应急预案及其实施方案应当根据疫病的发展变化和实施情况，及时修改、完善。

第二十一条　县级以上人民政府林业主管部门应当根据陆生野生动物疫源疫病监测防控工作需要和应急预案的要求，做好防护装备、消毒物品、野外工作等应急物资的储备。

第二十二条　发生重大陆生野生动物疫病时，所在地人民政府林业主管部门应当在人民政府的统一领导下及时启动应急预案，组织开展陆生野生动物疫病监测防控和疫病风险评估，提出疫情风险范围和防控措施建议，指导有关部门和单位做好事发地的封锁、隔离、消毒等防控工作。

第二十三条　在陆生野生动物疫源疫病监测防控中，发现重点保护陆生野生动物染病的，有关单位和个人应当按照野生动物保护法及其实施条例的规定予以救护。

处置重大陆生野生动物疫病过程中，应当避免猎捕陆生野生动物；特殊情况确需猎捕陆生野生动物的，应当按照有关法律法规的规定执行。

第二十四条　县级以上人民政府林业主管部门应当采取措施，鼓励和支持有关科研机构开展陆生野生动物疫源疫病科学研究。

需要采集陆生野生动物样品的，应当遵守有关法律法规的规定。

第二十五条　县级以上人民政府林业主管部门及其监测机构应当加强陆生野生动物疫源疫病监测防控的宣传教育，提高公民防范意识和能力。

第二十六条　陆生野生动物疫源疫病监测信息应当按照国家有关规定实行管理，任何单位和个人不得擅自公开。

第二十七条　林业主管部门、陆生野生动物疫源疫病监测站等相关单位的工作人员玩忽职守，造成陆生野生动物疫情处置延误，疫情传播、蔓延的，或者擅自公开有关监测信息、编造虚假监测信息，妨碍陆生野生动物疫源疫病监测工作的，依法给予处分；构成犯罪的，依法追究刑事责任。

第二十八条　本办法自 2013 年 4 月 1 日起施行。

陆生野生动物疫源疫病监测技术规范

（2014年8月21日国家林业局发布 自2014年12月1日实施）

1 范围

本标准规定了开展陆生野生动物疫源疫病监测过程中的监测对象、监测方法、样品采集及包装运输、信息报告和异常情况处理等的技术要求。

本标准适用于我国境内陆生野生动物疫源疫病监测工作，驯养繁殖陆生野生动物疫源疫病的监测也适用于本标准。

2 规范性引用文件

下列文件对于本文件的应用是必不可少的。凡是注日期的引用文件，仅所注日期的版本适用于本文件。凡是不注日期的引用文件，其最新版本（包括所有的修改单）适用于本文件。

LY/T 1291 活体野生动物运输要求

3 术语和定义

下列术语和定义适用于本文件。

3.1

陆生野生动物疫源 terrestrial wildlife of epidemic focus

携带危险性病原体，危及野生动物种群安全，或者可能向人类、饲养动物传播的陆生野生动物。

3.2

陆生野生动物疫病 terrestrial wildlife-borne infectious diseases

在陆生野生动物之间传播、流行，对陆生野生动物种群构成威胁或者可能传染给人类和饲养动物的传染性疾病。

3.3

陆生野生动物疫源疫病监测 monitoring on terrestrial wildlife-borne infectious diseases

调查疫源陆生野生动物活动规律，掌握陆生野生动物携带病原体本底，发现、报告陆生野生动物感染疫病情况，研究、评估疫病发生、传播、扩散风险，分析、预测疫病流行趋势，提出监测防控和应急处理措施建议，预防、控制和扑灭陆生野生动物疫情等系列活动的总称。

3.4

陆生野生动物疫源疫病监测站 monitoring stations on terrestrial wildlife-borne infectious diseases

承担陆生野生动物疫源疫病监测防控职责，通过巡护、观测等方式掌握野生动物种群动态，发现陆生野生动物异常情况，对陆生野生动物疫病发生情况做出初步判断，及时报告陆生野生动物疫病情况，并开展应急处置的实施单位。

3.5

自然疫源地 natural epidemic focus

传染疫病的病原体、媒介及宿主（易感动物）存在于特殊的生物地理群落，形成的稳定地域综合体。其中，病原体没有人类参与也能在动物间长期流行并反复繁殖。

3.6

日常监测 routine monitoring

以巡护、观测等方式，了解陆生野生动物种群数量和活动状况，掌握陆生野生动物异常情况，并对是否发生陆生野生动物疫病提出初步判断意见。

3.7

专项监测 special monitoring

根据疫情防控形势需要，针对特定的疫源陆生野生动物种类、特定的陆生野生动物疫病、特定的重点区域进行巡护、观测和检测，掌握特定陆生野生动物疫源疫病变化情况，提出专项防控建议。

3.8

信息报告 information report

县级以上林业主管部门和各级监测站将监测过程中采集到的陆生野生动物种类、种群数量、分布范围、行为异常和异常死亡信息，以及样品采集信息、检验检测报告等逐级上报的过程。信息报告分为日报告、快报和专题报告三种形式。

3.9

信息处理 information processing

对采集到的信息进行汇总、分析、评估，得出陆生野生动物疫病发生情况、发展趋势、危害程度等结果的过程。

3.10

线路巡查 line transect method

按照统计学要求布设巡查线路（样线），在样线上行进，观察并记录样线两侧陆生野生动物种类、数量、安全状况以及距离样线中线垂直距离的调查方法。

3.11

定点观测 point sampling method

在野生动物集中活动区域，按照统计学要求布设样点，以样点为中心，观察并记录周围陆生野生动物种类、数量、安全状况及距离样点中心距离的调查方法。

3.12

群众报告 reports of the masses

群众在生产、生活中，发现陆生野生动物异常情况后向当地林业主管部门或监测站报告。

3. 13

异常情况 abnormal condition

陆生野生动物表现出与该物种自然生活、生长过程不相符合的生理、形态和行为等方面的差异。主要包括：

——个体猝死、种群大规模死亡或群体死亡；

——行为异常，如跌倒、头颈部倾斜、头及颈部扭曲、打转、瘫痪、惊厥等；

——运动异常，如在没有受外伤的情况下，无法正常站立、行走或扇动翅膀等；

——形态异常，如不明原因的消瘦、组织器官肿胀和/或变色、开放性溃疡等；

——生理异常，如口、鼻、耳或肛门流出或清或浊液体、打喷嚏、腹泻、反胃等。

3. 14

拭子样品 swab samples

利用拭子获取分泌物作病原微生物分离检测，分为泄殖腔拭子（简称"肛拭子"）和气管拭子（简称"咽拭子"）。

3. 15

驯养繁殖场监测 monitoring on wildlife farms

针对野生动物驯养繁殖场所的陆生野生动物异常情况的监测活动，包括动物园。

4 监测

4.1 全面监测

4.1.1 陆生野生动物疫源

哺乳类、鸟类、爬行类和两栖类陆生野生动物。

4.1.2 陆生野生动物疫病

4.1.2.1 已知的陆生野生动物与人类、饲养动物共患的传染病与寄生虫病。

4.1.2.2 对陆生野生动物种群自身具有严重危害的传染病与寄生虫病。

4.1.2.3 我国尚未发现的或者已消灭的，与陆生野生动物密切相关的人或饲养动物的传染病与寄生虫病。

4.1.2.4 突然发生的未知传染病与寄生虫病。

4.1.2.5 国家要求监测的其他传染病与寄生虫病。

4.2 重点监测

4.2.1 重点监测疫病种类和疫源物种目录（补充目录）应根据陆生野生动物疫病的危害程度、宿主范围、社会关注程度、在国内陆生野生动物种群的流行情况和对宿主陆生野生动物种群安全影响等确定。

4.2.2 重点监测疫病种类和疫源物种目录（补充目录）应包括重点疫病种类、重点疫源物种和重点区域等内容。

4.3 监测区域

4.3.1 全国有陆生野生动物分布、活动的区域。

4.3.2 重点监测区域主要包括下列区域：

——陆生野生动物集中分布区域，包括集中繁殖地、越冬地、夜栖地、取食地及迁徙中途停歇地等；

——陆生野生动物或者其产品与人、饲养动物密切接触区域；

——曾经发生过重大动物疫情的地区；

——某种疫病的自然疫源地；

——陆生野生动物疫病传播风险较大的边境地区；

——国家要求监测的其他区域。

4.4 监测内容

4.4.1 线路巡查或定点观测时，实时记录发现的陆生野生动物种类、数量及其地理坐标。

4.4.2 陆生野生动物的死亡、行为和形态等异常情况及其地理坐标。

4.4.3 与发病陆生野生动物密切接触的饲养动物种类。

4.5 监测形式

4.5.1 日常监测

4.5.1.1 重点时期

4.5.1.1.1 每日一次开展线路巡查和定点观测。

4.5.1.1.2 重点时期的确定应遵循下列原则：

——根据国家和省份的重点监测疫源动物在本辖区分布变化节点（繁殖、越冬、迁徙等）来确定；

——可能在本辖区发生国家和省份的重点监测疫病的易发病时间来确定；

——自然灾害的灾后防疫，如冰雪、地震、洪水等；

——根据监测防控形势需要来确定；

——可多时段。

4.5.1.2 非重点时期

每7天至少进行一次线路巡查或定点观测。

4.5.2 专项监测

由省级以上林业主管部门根据监测防控需要，制定专项方案，在某个（些）区域，针对某种或某类野生动物疫源疫病，组织有关机构进行专项监测：

——某种（类）疫病或疫源野生动物的本底调查；

——某种（类）疫病或疫源野生动物的监测；

——某种（类）疫病的预警。

4.6 监测方法

4.6.1 线路巡查

4.6.1.1 巡查线路布设原则

4.6.1.1.1 巡查线路的布设应根据辖区内陆生野生动物资源分布情况、生态环境类型，综合考虑人员、交通等因素而科学设计巡查线路。

4.6.1.1.2 巡查线路应根据陆生野生动物资源随季节动态变化及时调整，应覆盖辖区内陆生野生动物主要分布区，相同生态类型的应安排在同一线路上。

4.6.1.1.3 巡查线路宽度的设置应使监测人员能清楚观察到两侧的陆生野生动物及活动痕迹。

4.6.1.1.4　巡查线路长度应使监测人员当天能够完成一条样线的监测工作，并用 GPS 进行定位。

4.6.1.2　森林生态系统

4.6.1.2.1　南方森林生态系统巡查线路长度以 2km～5km 为宜，巡查线路单侧宽度两栖类 5m～15m、爬行类 10m～15m、鸟类 25m～30m、兽类 20m～25m，在原始森林内单侧宽度可以适当提高 5m～10m。

4.6.1.2.2　北方森林生态系统中的针叶林、针阔混交林以及阔叶林巡查线路长度为 3km～10km。在实际调查中，根据地形条件以及植被状况，确定 5km～8km 的巡查线路长度。巡查线路宽度基于调查动物特性，一般应为两栖类 5m～15m、爬行类 10m～15m、鸟类 20m～30m（冬季视野开阔可以增加到 30m～40m）、兽类 25m～30m。

4.6.1.3　草原生态系统

4.6.1.3.1　巡查线路应按随机布设，间隔一般不少于 2km；实际行进路线长度根据具体情况确定，巡查线路宽度左右各 125m。原则上，巡查线路方向须横截山体走向，由此覆盖山体中上部。

4.6.1.3.2　巡查线路上行进的速度根据交通方式确定，步行宜为每小时 2km～3km，不宜使用摩托车等噪音较大的交通工具进行调查。

4.6.1.4　荒漠生态系统

实际行进路线长度根据具体情况确定，考虑尽量沿道路布设巡查线路。巡查线路宽度，平原可达到 1km～2km；在山区则受到山体的限制，一般为 100m～250m。

4.6.1.5　湿地生态系统

巡查线路长度以 3km～5km 为宜，巡查线路单侧宽度根据生境类型和调查对象而定，一般为 50m～200m。步行宜为每小时 1km～2km。

4.6.2　定点观测

4.6.2.1　固定观测点主要设置在陆生野生动物种群集中分布、活动区域或者迁徙通道的重点地区。监测人员应使用大比例尺地形图、GPS 或借助森林资源调查固定样地的标桩等对监测点进行定位。使用直接计数法进行监测记录。

4.6.2.2　兽类应记录其种类、数量及其所在的栖息地类型；发现痕迹时，应对痕迹拍照，并记录痕迹数量以及周围的生境。

4.6.2.3　鸟类观测时间宜为清晨（日出 0.5h 至 3h）或傍晚（日落前 3h 至日落）。到达样点后，宜安静休息 5min 后，以调查人员所在地为样点中心，观察并记录四周发现的鸟类名称、数量、距离样点中心距离等信息，每个个体只记录一次，能够判明是飞出又飞回的鸟不进行计数。

4.6.2.4　爬行类、两栖类调查宜为出蛰后的 5 个月内，因不同种类活动时间不同，调查时间应分为白昼监测和夜晚监测。

4.6.3　群众报告

4.6.3.1　各级林业部门和陆生野生动物疫源疫病监测站应设立并向社会公布应急值守电话，并建立应急值班制度。

4.6.3.2　各级林业部门和陆生野生动物疫源疫病监测站在接到群众报告的陆生野生动物异常情况后，应立即组织专职监测员赶赴现场，调查核实情况。如不能排除疫病因素，应立即采取封控措施，并向当地有关机构报（送）检。

4.7 驯养繁殖场监测

4.7.1 各级林业部门和陆生野生动物疫源疫病监测站应将辖区内的野生动物驯养繁殖场纳入监测范围，将养殖场工作人员纳入陆生野生动物疫源疫病监测防控队伍。

4.7.2 各级林业部门和陆生野生动物疫源疫病监测站应根据辖区内养殖动物的种类，确定驯养繁殖场重点监测疫病，按照有关规定开展动物疫病、抗体水平监测和检测。

4.8 陆生野生动物疫源疫病野外监测记录

开展线路巡查和定点观测时，应填写陆生野生动物疫源疫病野外监测记录表（见附录 A 中表 A.1）。

5 样品采集

5.1 样品采集原则和要求

5.1.1 监测人员到达陆生野生动物发生异常情况的现场后，首先应调查了解异常情况涉及的动物种类、种群数量、死亡数量、地理坐标和异常事件涉及的地理范围等内容，并估测死亡率。

5.1.2 采样对象除了患病或者死亡的陆生野生动物外，还应包括水、土壤、植被等环境样品，以及被死亡动物污染的环境样品和其他被认为对死亡产生作用的因素样品。

5.1.3 活体动物的样品宜采取无损伤采样方式，主要采集拭子样品、粪便样品和血液样品。

5.1.4 动物尸体的样品应采取解剖采样方式，主要采集心脏、肝、脾、肺、肾、直肠、脑和淋巴等组织器官；对于新鲜的小型动物尸体可直接装入双层塑料袋。动物尸体的样品采集应在动物死亡后 24h 内进行。

5.1.5 常规监测一般采用无损伤采样。

5.1.6 专项监测的样品采集一般采取无损伤方法，也可用解剖采样。

5.1.7 对于疑似炭疽等国家有专门规定的疫病的采样，应由专业人员严格按照国家规定进行。

5.1.8 取样时应做好必要的个人防护，穿防护服，佩戴口罩、护目镜与手套。用过的剪子等工具应用 75％乙醇擦拭消毒并待乙醇完全挥发后方可再次使用。

5.1.9 现场调查所获取的信息和样品采集记录应按照陆生野生动物疫源疫病样品采集记录单（参见附录 A 中表 A.2）的格式和要求进行准确记录。

5.1.10 根据流行病学经验数值确定样品采集数量。

5.2 无损伤采样

5.2.1 动物捕捉

5.2.1.1 捕捉陆生野生动物应由专业人员进行，在办理好有关的猎捕手续后实施。活体动物的运输应按照《活体野生动物运输要求》（LY/T 1291）执行。

5.2.1.2 大型哺乳动物可用麻醉枪击捕捉；啮齿类等小型哺乳动物如可先用捕笼捕捉，然后用麻醉针麻醉。捕捉对象以成熟个体为主，不宜捕获幼体和繁殖期、哺乳期的母体。

5.2.1.3 鸟类可用网捕，网眼大小根据鸟类体型变化而定。依据鸟类习性选择在其出没的林缘、水域、草地等地点设网。

5.2.1.4 两栖爬行动物可采用陷阱、网具、套索等方法捕捉。

5.2.2 拭子样品

5.2.2.1 采样用拭子应选用人造纤维或涤纶质地的棉签。

5.2.2.2 样品采集应按照下列步骤操作：

——选择适合的拭子，将包装从尾端打开，不应接触拭子头部；

——取出拭子，将整个头部深入待采集部位，轻柔旋转2圈～4圈，直至拭子完全浸润；

——打开拭子采集管，将拭子头部置于运输保存液中；

——剪断或折断拭子，使整个头部和一部分杆留在拭子采集管中，盖严盖子。

5.2.2.3 采集肛拭子时，应甩掉过大的粪便（＞0.5cm）。

5.2.2.4 采集咽拭子时，拭子头部应深入口腔后部，至两块软骨结构间的随呼吸开闭的位置，取咽喉分泌液。

5.2.2.5 采集对象体型过小，气管开口直径狭窄，难以准确采集咽拭子时，宜采集口腔拭子代替，在口腔舌后部上下颚间旋转沾取分泌物。

5.2.3 粪便样品

应采集种类明晰，且新鲜的粪便。对黏液脓血便应挑取黏液或脓血部分，液状粪便采集水样便或含絮状物的液状粪便2mL～5mL；成形粪便至少取5g，放于灭菌袋（管）等容器内。

5.2.4 血液样品

5.2.4.1 根据采样对象体型大小与所需血液的量选择静脉注射针或注射器。通常每100g体重采取0.3 mL～0.6mL的血液不会对采样对象健康产生影响。

5.2.4.2 兽类可选用颈静脉或尾静脉采血，也可采胫外静脉或乳房静脉血。毛皮动物小量采血可穿刺耳尖或耳壳外侧静脉，多量采血可在隐静脉采集，也可用尖刀划破趾垫0.5cm深或剪断尾尖部采血。啮齿类动物可从尾尖采血，也可由眼窝内的血管丛采血。

5.2.4.3 鸟类可通过翅静脉、右侧颈静脉或跗部内静脉采集。

5.2.4.4 采血后，应在采血部位覆盖纱布并指压30s～60s至不流血。

5.3 解剖采样

5.3.1 应尽可能选取具有典型性病变的部位采集。

5.3.2 采集实质器官样品时，应先采集小的实质脏器如脾、肾、淋巴结，也可以完整地采取整个器官，置于自封袋中，心、肝、肺等大的实质器官，应在有病变的部位各采集2cm³～3cm³的小方块，分别置于灭菌的试管或平皿中，应采集病变和健康组织交界处。

5.3.3 如采取脑、脊髓做病毒检查，可取脑、脊髓2cm³～3cm³浸入30％甘油盐水液中或将整个头部割下，包入浸过消毒液的纱布中，置于不漏水的容器内。脑、脊髓采集量应满足检测需要。

5.3.4 采集肠、肠内容物及粪便样品时，应选择病变最严重的1cm～2cm部分，将其中的内容物弃去，用灭菌的生理盐水轻轻冲洗后，置于试管中。

5.4 采样后处理

5.4.1 活体动物无损伤采样后，应根据情况及时放归或进行救护。

5.4.2 解剖采样后，应将尸体和废弃物进行无害化处理，并对采样现场进行消毒处理。

5.5　消毒及无害化处理

采样所用物品和死亡动物尸体应进行消毒和无害化处理，并对采样人员的衣物、车辆和其它物品进行消毒处理。

5.6　信息记录

5.6.1　采样人员应认真填写陆生野生动物疫源疫病样品采集记录单。

5.6.2　样品包装外应标记清楚样品编号、采样时间与地点，应使用永久记号笔标记或机打标签标记。

5.6.3　样品采集时应在陆生野生动物疫源疫病样品采集记录单上记录样品编号、样品管编号、采样时间、采样地点（名称、经纬度）、动物种类、性别、年龄、环志编号、样品种类（如血液、咽拭子、肠道等）等信息。

5.6.4　对样品应进行统一编号，即每个样品都应拥有一个唯一的编号，同一个样品的内外包装、记录表的编号要一致。

5.7　样品处理

5.7.1　拭子样品

5.7.1.1　用于检测病毒的，应将沾有样品的拭子端剪下，置于盛有含抗菌素的 pH 值为 7.0～7.4 的样品保存溶液的容器中，低温保存。

5.7.1.2　用于检测细菌的，应将沾有样品的拭子端剪下，置于盛有不含抗菌素的 pH 值为 7.0～7.4 的样品保存溶液的容器中，低温保存。

5.7.1.3　病毒、细菌样品保存溶液配方参见附录 E。

5.7.2　粪便样品

保存运送粪便样品可用带螺帽容器或灭菌塑料袋；不得使用带皮塞的试管。保存溶液配方同拭子样品保存溶液配方。

5.7.3　血清样品

根据用途不同，采血后应立即将血液转移至血清分离管或血浆分离管中。血浆样品应立即冷藏保存，等待离心，血清样品应放置于 4℃以上的环境温度中等待凝血后冷藏保存直至离心，此时间不应超过 24 h；血清采集也可以将盛血容器放于 37℃温箱 1 h 后，置于 4℃冰箱内 3h～4h，待血块凝固，经 3 000rpm 离心 15min 后，吸取血清。血浆或血清样品应用无菌吸头转移至冻存管，或小心倒入冻存管，冷冻保存。

5.7.4　组织样品

所采组织样品尽可能取自具有典型性病变的部位并放于样品袋或平皿中。

5.7.5　动物尸体样品

对于小型动物可直接采集病死动物的尸体，如死亡动物不止一种，应每种收集不少于 2 只尸体备用。采集的动物尸体宜保存在双层塑料袋内。

5.7.6　非病毒性疫病样本

处理时，应无菌操作，不能使用抗菌素。

6　样本保存、包装和检测

6.1　样本保存

6.1.1　样本应密封于防渗漏的容器内保存，如塑料袋或瓶。

6.1.2 组织、血液样品应直接在放入液氮（－196℃）保存。应选择不能冻裂的容器。如在 24h 内，样品可送到实验室，应在 2℃～8℃条件下保存运输；超过 24h 时，应冷冻后运输。

6.1.3 长期保存应冷冻（宜－70℃或以下），并避免反复冻融。

6.1.4 不能用保存人畜食物用的冰箱来存放尸体。

6.2 样品包装

6.2.1 保存样品的容器应注意密封，容器外贴封条，封条由贴封人（单位）签字（盖章），并注明贴封日期。

6.2.2 包装材料应防水、防破损、防外渗。

6.2.3 应在内包装的主容器和辅助包装之间填充充足的吸附材料，确保能够吸附主容器中所有的液体。

6.2.4 多个主容器装入一个辅助包装时，应将它们分别包裹。

6.2.5 外包装强度应充分满足对于其容器、重量及预期使用方式的要求。

6.2.6 疑似高致病性病原微生物样品，包装材料上应当印有国家规定的生物危险标识、警告用语和提示用语，并使用规定的样品保存运输箱。

6.3 样品运输

按照国家有关规定实施待检样品的运输。

6.4 样品检测

6.4.1 样品送具备条件的实验室或当地相关机构进行检测。疑似高致病性病原微生物感染的样品，应由具有从事高致病性病原微生物实验活动资格的实验室检测。

6.4.2 样品移交至检测单位时，应与样品接受单位办理移交手续，填写《报检记录表》（参见附录 A 中表 A.3），并实时关注实验结果，及时上报、归档。

7 安全防护

7.1 进入突发陆生野生动物异常情况现场和无害化处理现场的工作人员应穿着防护服和胶靴，佩戴可以消毒的橡胶或乳胶手套、N95 口罩或标准手术用口罩、护目镜，个人防护用品穿脱顺序见附录 C。

7.2 密切接触陆生野生动物的人员，应注意洗手消毒，标准洗手消毒要求及方法见附录 D。

7.3 陆生野生动物疫源疫病监测从业人员应当定期进行健康检查，有条件的应接种相应的疫苗。

7.4 采样人员在进入突发陆生野生动物异常情况现场前应做好个人防护，并充分了解现场环境、气候条件和野生动物资源分布情况等，对可能出现的意外情况做好预防措施。

8 信息报告

8.1 日报告

在重点监测时期，实行每日定时报告制度。日报告内容主要包括当次线路巡查、定点观测中实时记录发现的陆生野生动物种类、数量及其地理坐标和航迹以及生境信息等。具体格式及报送要求参见附录 A 中表 A.4。

8.2　快报

对发现陆生野生动物异常死亡或得到检测结果等重要信息均实行即时快报制度。具体格式及报送要求参见附录 A 中表 A.5。

8.3　周报

在非重点监测时期，实行每周至少一次报告的制度。报告内容、格式同日报告。

8.4　专题报告

专题报告内容包括陆生野生动物疫源疫病本底调查、专项监测、科学研究成果和总结报告等。

9　应急处理

9.1　处理原则

9.1.1　经现场初检疑似或不能排除疫病因素的突发陆生野生动物异常情况，应对发生地点实行消毒并采取封控措施。

9.1.2　陆生野生动物尸体和其他被污染的物品应作无害化处理，运送动物尸体和其他被污染的物品应采用密闭、不渗水的容器，装卸前后应做消毒处理。

9.1.3　对病弱的陆生野生动物应及时隔离、救护。

9.2　现场消毒

为防止致病因子通过人员、器具或物资向外传播，应对所有与之接触过的人和物品进行消毒。消毒剂可使用 10％的漂白剂（0.5％次氯酸盐）、来苏尔、75％的乙醇等。

应对离开封锁隔离区域的车辆底部进行消毒。

9.3　焚毁

将动物尸体和其他被污染的物品投入焚化炉或用其他方式烧毁碳化。

9.4　深埋

9.4.1　掩埋地应远离学校、公共场所、居民住宅区、村庄、动物饲养和屠宰场所、饮用水源地、河流等地区。

9.4.2　掩埋前应对需掩埋的动物尸体和其他被污染的物品实施焚烧处理。掩埋后需将掩埋土夯实。

9.4.3　掩埋坑底铺 2cm 生石灰。

9.4.4　动物尸体和其他被污染的物品上层应距地表 1.5m 以上。

9.4.5　焚烧后的动物尸体和其他被污染的物品表面，以及掩埋后的地表环境应使用有效消毒药喷洒消毒。

附 录 A
（资料性附录）

陆生野生动物疫源疫病监测工作用表

表 A.1 野生动物疫源疫病野外监测记录表

编号：　　　　　　　　　　　　　　　　　　　　　　　　　监测日期：　　年　　月　　日

监测站名称										
巡查线路或观测点的名称										
地理坐标	物种名称	种群数量	种群特征	生境特征	异常情况记录					
					症状和数量		现场初步检查结论	是否取样	现场处理情况	异常动物处理
					症状	死亡数量	其他异常数量			
备注										

监测人：　　　　　　　　　　　　　　　　　　　　　　　　　负责人：

注1：在监测区域内所有监测到的野生动物情况都应填入该表。
注2：种群数量：指实际观测到的某一种动物的个体数量。
注3：种群特征：指种群是否为迁徙种以及年龄结构。
注4：生境特征：栖息地为天然植被或人工林的，按森林、草原、高山冻原、荒漠、按沼泽、湖泊、河流、河口、滩涂、浅海湿地、珊瑚礁、人工湿地记录；栖息地为无植被的水面的，按沼泽、湖泊、河流、河口、滩涂、浅海湿地、珊瑚礁、人工湿地记录；栖息地为农田的，记录到水田或旱地。
注5：异常动物处理：包括掩埋、焚烧、救护等。
注6：现场处理情况：包括消毒、隔离等。

表 A.2 陆生野生动物疫源疫病样品采集记录单

表单号：

物种名称		调查疫病	
采样地点		采样时间	
地理坐标		海拔高度	
生 境		气候条件	
种群数量		迁徙/非迁徙	
种群特征		样品数量	
野生动物发病和死亡情况			
与家畜（禽）及其它动物接触情况			

采样动物	性别		年龄		捕获方式	
	临床检查					
	剖检病变					

样品采集	样品编号	样品名称	样品数量	样品编号	样品名称	样品数量
	01	鼻（咽）拭		13	小肠	
	02	肛拭		14	结肠	
	03	血清		15	粪便	
	04	脑		16	草料	
	05	心		17	水源	
	06	肺		18	土壤	
	07	肝		19	空气	
	08	胰		20		
	09	脾		21		
	10	肾		22		
	11	淋巴结		23		
	12	胃		24		

采样单位	
采样人签名：	

年　月　日

表A.3 报检记录表

编号：

监测站名称				日期	
异常地点				地理坐标	
物种名称	采样动物数	样品种类	样品数	样品编号	包装材质
接受单位			接受人签字		
现场检测结果					
备注					

注1：样品种类：为尸体、血液、组织或脏器、分泌物、排泄物、渗出物、肠内容物、粪便或羽毛等。

注2：包装材质：包括EP管、西林瓶、离心管、自封袋、塑料袋等。

表 A.4　陆生野生动物疫源疫病监测信息日报表

填报单位：　　　　　　　　　　监测线路或观测点名称：　　　　　　　填报日期：　年　月　日

地理坐标	物种名称	种群数量	异常数量		异常情况描述和初检结论	检测机构结论		现场处理情况	异常动物处理情况	监测人
			死亡	其它		单位名称	结论			

填表人：　　　　　　　　　　　　　　　　　　　　　　　　　　　　　负责人：

注1：监测线路或观测点名称：在日常巡查或定点观测中，所设置的巡查线路或固定观测点的编号或地名，应准确详细填写。

注2：物种名称：要准确填写。

注3：种群数量：指实际观测到的某一种动物的个体数量。

注4：异常数量：死亡和其它的数量。

注5：地理坐标：发现野生动物的 GPS 记录数据。

表 A.5　陆生野生动物疫源疫病监测信息快报表

编号：　　　　　　　　　　　　　　　　　　　　　　　　报告时间：　　年　月　日

监测单位				
发现时间				
发现地点			地理坐标	
异常野生动物				
物种名称	种群特征	种群数量	异常数量	死亡数量
症状描述				
初检结论				
异常动物和现场处理情况				
报检情况				
实验室检验结果				
监测人		负责人		

注 1：每例异常事件填报一份该表。

注 2：同一地点，同一连续时间段发现（发生）的事件为 1 例。

注 3：发现地点：尽可能写明发生地的地址。

附　录　B
（规范性附录）
陆生野生动物疫源疫病采集样品标签编号规则

陆生野生动物疫源疫病监测防控工作采集的样品按照采样点—物种—采集动物自然序号—样品号的顺序，用八位数字进行编号。其中，重复样品编号一致；如采样工作连续多天，可通过记录每天所扑捉到的动物种类及数量以区别样品采集的具体时间。采样点和物种编号可根据采样计划自行确定，样品编号如下表所示：

表 B.1　陆生野生动物疫源疫病样品编号表

样品编号	样品名称	样品编号	样品名称	样品编号	样品名称
01	鼻（咽）拭	09	脾	17	水源
02	肛拭	10	肾	18	土壤
03	血清	11	淋巴结	19	空气
04	脑	12	胃	20	
05	心	13	小肠	21	
06	肺	14	结肠	22	
07	肝	15	粪便	23	
08	胰	16	草料	24	

示例：

计划在青海湖的鸟岛、深河口、黑马河和泉湾等四个地点，采集斑头雁、鸬鹚、麻雀的咽拭、肛拭、血清和环境样品。具体编号方法如下：

采样点：鸟岛-01、深河口-02、黑马河-03、泉湾-04

物种：斑头雁-01、鸬鹚-02、麻雀-03

编号：在黑马河扑捉到的第三只鸬鹚的血清样品编号为：03020303

附　录　C
（规范性附录）
个人防护用品穿脱顺序

C.1　穿戴防护用品顺序

C.1.1　戴口罩，一只手托着口罩，扣于面部适当的部位，另一只手将口罩带戴在合适的部位，压紧鼻夹，紧贴于鼻梁处。在此过程中，双手不接触面部任何部位。

C.1.2　戴帽子，戴帽子时注意双手不接触面部。

C.1.3　穿防护服。

C.1.4　戴上防护眼睛，注意双手不接触面部。

C.1.5　穿上鞋套或胶鞋。

C.1.6　戴上手套，将手套套在防护服袖口外面。

C.2　脱掉防护用品顺序

C.2.1　摘下防护镜，放入消毒液中。

C.2.2　脱掉防护服，将反面朝外，放入医疗废物袋中。

C.2.3　摘掉手套，一次性手套应将反面朝外，放入医疗废物袋中，橡胶手套放入消毒液中。

C.2.4　将手指反掏进帽子，将帽子轻轻摘，反面朝外，放入医疗废物袋中。

C.2.5　脱下鞋套或胶鞋，将鞋套反面朝外，放入黄色塑料袋中，将胶鞋放入消毒液中。

C.2.6　摘口罩，一手按住口罩，另一只手将口罩带摘下，放入医疗废物袋中，注意双手不接触面部。

附 录 D
（规范性附录）
标准洗手消毒方法

D.1 对洗手的要求

D.1.1 接触染病动物前后；

D.1.2 接触血液、体液、排泄物、分泌物和被污染的物品后；

D.1.3 穿戴防护用品前、脱掉防护用品后；

D.1.4 戴手套之前，摘手套之后；

D.1.5 对手消毒的要求；

D.1.6 接触每例染病动物之后；

D.1.7 接触血液、体液、排泄物和分泌物之后；

D.1.8 脱掉防护用品后；

D.1.9 接触被染病动物污染的物品之后。

D.2 标准洗手方法

1.掌心对掌心搓擦　　2.手指交错掌心对手背搓擦　　3.手指交错掌心对掌心搓擦

 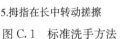 

4.两手互握互搓指背　　5.拇指在长中转动搓擦　　6.指尖在掌心中搓擦

图 C.1 标准洗手方法

D.3 手消毒的方法

手消毒可用 0.3%～0.5% 碘伏消毒液或快速手消毒剂（异丙醇类、洗必泰-醇、新洁尔灭-醇、75% 酒精等消毒剂）揉搓作用 1min～3min。

附　录　E
（资料性附录）
病毒与细菌样品运输保存液配方

E.1　病毒运输保存液

0.5％ BSA（牛血清白蛋白）

青霉素 5 000 IU/mL

链霉素 10 mg/mL

PBS（pH 值为 7.0～7.2）

过滤灭菌并分装于带盖的 1.5mL～2.0mL 试管中。

E.2　细菌运输保存液（Stuart 运送培养基）

甘油磷酸钠 10.0 g

半胱氨酸盐酸盐 0.5 g

硫代硫酸纳 0.5 g

氯化钙 0.1 g

琼脂 5.0 g

pH 值为 7.4±0.2

溶解于 1000mL 蒸馏水中，121℃高压灭菌 15min，立即在冷水中冷却，分装于带盖的 1.5mL～2.0mL 试管中。

参 考 文 献

[1] 陆生野生动物疫源疫病监测防控管理办法。

[2] 高致病性动物病原微生物菌（毒）种或者样本运输包装规范。

[3] 可感染人类的高致病性病原微生物菌（毒）种或样本运输管理规定。

[4] 病害动物和病害动物产品生物安全处理规程（GB 16548—2006）。

[5] WILD BIRD HPAI SURVEILLANCE-sample collection from healthy, sick and dead birds, FAO ANI-MAL PRODUCTION AND HEALTH 4 FOOD AND AGRICULTURE ORGANIZATION OF THE U-NITED NATIONS Rome, 2006。

国家林业局野生动植物保护与自然保护区管理司
关于印发《重点野生动物疫病种类
和疫源物种目录》的通知

（护动函〔2014〕12 号　2014 年 1 月 28 日）

各省、自治区、直辖市林业厅（局），内蒙古、龙江、大兴安岭森工（林业）集团公司，新
疆生产建设兵团林业局：

《陆生野生动物疫源疫病监测防控管理办法》（以下简称《管理办法》）已于 2013 年 1 月
22 日正式颁布实施，根据《管理办法》的要求，为指导各地突出重点、规范有序、深入高
效开展监测防控工作，逐步推进分病种、分物种、分区域监测防控策略，我司研究拟订了
《重点野生动物疫病种类和疫源物种目录》（见附件），现印发给你们，请结合辖区内野生
物物种分布、媒介生物分布等实际情况，研究编制本辖区的重点监测疫病目录和重点监测区
域，在做好日常监测的同时组织开展本省区重点陆生野生动物疫病和疫源物种专项监测工
作。各省区的监测目录等请于 2014 年 5 月 1 日前上报我局野生动植物保护与自然保护区管
理司及野生动物疫源疫病监测总站备案。

特此通知。

附件：重点野生动物疫病种类和疫源物种名录

附件：

重点野生动物疫病种类和疫源物种名录

重点疫病名称	重点疫源物种	主要传播媒介	关联重点监测区域
禽流感	以斑头雁、天鹅等雁鸭类为主的候鸟和留鸟	—	东部、中部和西部迁徙通道
西尼罗热	以鸦科为主的雀形目留鸟和候鸟	以库蚊为主的蚊类	福建、上海、辽宁等沿海地区，黑龙江、内蒙古、云南、新疆、青海、西藏等省（区），特别是新疆境内中国-哈萨克斯坦边境地区
狂犬病	以狼、豺、狐、獾等为主的食肉类和翼手类	—	浙江、广东等华南地区，重庆、四川、广西、贵州等西南地区，以及陕西、甘肃等西北地区
布鲁氏菌病	驯养繁殖偶蹄类	—	陕西、辽宁、吉林、广西、甘肃、内蒙等疫源物种驯养繁殖区
结核病	驯养繁殖偶蹄类、灵长类	—	
非洲猪瘟	欧亚野猪	以软蜱为主的蜱类	新疆、内蒙古、黑龙江的中国-俄罗斯边境地区
旱獭鼠疫	以喜马拉雅旱獭为主，包括灰旱獭、长尾旱獭、西伯利亚旱獭及食獭兽类在内的野生动物	蚤类	青藏高原、新疆天山山地和帕米尔高原以及内蒙古呼伦贝尔草原等旱獭分布区
羊传染性胸膜肺炎	藏羚羊、藏原羚、岩羊等小型偶蹄类	—	西藏、青海、新疆、四川等疫源物种分布区

国家林业和草原局关于印发《国家林业和草原局
突发陆生野生动物疫情应急预案》的通知

（林护发〔2020〕3 号　2020 年 1 月 8 日）

各省、自治区、直辖市林业和草原主管部门，内蒙古、大兴安岭森工（林业）集团公司，新
疆生产建设兵团林业和草原主管部门，国家林业和草原局各司局、各派出机构、各直属
单位：

《国家林业和草原局突发陆生野生动物疫情应急预案》（见附件）已经我局局务会议审议
通过，现予印发，请遵照执行。

特此通知。

附件：国家林业和草原局突发陆生野生动物疫情应急预案

附件：

国家林业和草原局突发陆生野生动物疫情应急预案

1　总则

1.1　编制目的

指导和规范突发陆生野生动物疫情应急处置工作，及时应对和有效控制突发陆生野生动
物疫情，最大限度地降低突发陆生野生动物疫情对陆生野生动物资源、公众生命健康的危
害，维护生态安全、生物安全、公共卫生安全，保障社会经济稳定发展。

1.2　编制依据

依据《中华人民共和国野生动物保护法》、《中华人民共和国突发事件应对法》、《国家突
发公共事件总体应急预案》《突发事件应急预案管理办法》和《陆生野生动物疫源疫病监测
防控管理办法》等法律、法规，制定本预案。

1.3　适用范围

本预案为部门应急预案，适用于我国境内突然发生，对陆生野生动物资源和公众生命健
康造成或者可能造成严重危害的陆生野生动物疫情的应急处置工作。

1.4　工作原则

（1）统一领导，分级管理。根据突发陆生野生动物疫情的性质、范围、危害程度和发展
变化，对突发陆生野生动物疫情实行分级管理和动态调整。县级以上人民政府陆生野生动物

保护主管部门在本级人民政府统一领导下，负责辖区内突发陆生野生动物疫情应急处置工作。

（2）快速反应，加强合作。各级陆生野生动物保护主管部门要依照有关法律、法规，建立和完善突发陆生野生动物疫情应急体系、应急反应机制和应急处置制度，提高突发陆生野生动物疫情应急处置能力。发生疫情时，在当地政府的领导下，各有关部门和单位要通力合作、资源共享、措施联动，快速有序应对突发陆生野生动物疫情。

（3）科学防控，区域联动。突发陆生野生动物疫情应急处置工作要充分尊重和依靠科学，要强化防范和处置突发陆生野生动物疫情的技术保障。要加强疫情发生地的应急监测和受威胁地区的日常监测，实行区域联动，做到勤监测、早发现、严控制，防止陆生野生动物疫情传播扩散。

（4）加强预防，群防群控。贯彻预防为主的方针，加强陆生野生动物疫源疫病监测防控知识的宣传，提高全社会防范突发陆生野生动物疫情的意识；落实各项防范措施，做好人员、技术、物资和设备的应急储备工作，并根据需要定期开展技术培训和应急演练。要广泛组织、动员公众参与突发陆生野生动物疫情的发现和报告，做到群防群控。

1.5 疫情分级

根据突发陆生野生动物疫情的种类、涉及范围、危害程度和疫情流行趋势等情况，将疫情划分为特别重大（Ⅰ级）、重大（Ⅱ级）、较大（Ⅲ级）和一般（Ⅳ级）四级。

1.5.1 疫情分级标准

1.5.1.1 有下列情形之一的，为特别重大陆生野生动物疫情（Ⅰ级）：

（1）陆生野生动物种群中暴发Ⅰ类陆生野生动物疫病引起的疫情，并呈大面积扩散趋势，且可能对生物安全、公共卫生安全和野生动物种群安全造成严重威胁；

（2）我国尚未发现的或者已消灭的动物疫病在陆生野生动物种群中发生，且可能存在扩散风险；

（3）全国2个以上省级行政区域内发生同种重大突发陆生野生动物疫情（Ⅱ级），并有证据表明其存在一定关联，且呈大面积扩散趋势；

（4）国家林业和草原局认定的其他情形。

1.5.1.2 有下列情形之一的，为重大陆生野生动物疫情（Ⅱ级）：

（1）陆生野生动物暴发Ⅱ类陆生野生动物疫病引起的疫情，并呈扩散趋势，且可能对生物安全、公共卫生安全和野生动物种群安全造成威胁；

（2）一个省（区、市）的2个以上地级行政区域内发生同种较大突发陆生野生动物疫情（Ⅲ级），并有证据表明其存在一定关联，且呈大面积扩散趋势；

（3）省（区、市）级人民政府陆生野生动物保护主管部门认定的其他情形。

1.5.1.3 有下列情形之一的，为较大陆生野生动物疫情（Ⅲ级）：

（1）陆生野生动物暴发Ⅲ类陆生野生动物疫病引起的疫情，并呈扩散趋势，且可能对生物安全、公共卫生安全和野生动物种群安全造成威胁；

（2）1个市（地、州、盟）的2个以上县级行政区域内发生同种一般陆生野生动物疫情（Ⅳ级），并有证据表明其存在一定关联，且呈大面积扩散趋势；

（3）市（地、州、盟）级人民政府陆生野生动物保护主管部门认定的其他情形。

1.5.1.4 有下列情形的，为一般陆生野生动物疫情（Ⅳ级）：

在一个县级行政区域内，发生Ⅰ、Ⅱ、Ⅲ类陆生野生动物疫病以外疫病引发的疫情，并呈流行扩散趋势。

2 组织指挥体系及职责

2.1 应急指挥机构

县级以上人民政府陆生野生动物保护主管部门，在本级人民政府统一领导下，加强组织领导，配备专业力量，负责组织、协调本辖区内突发陆生野生动物疫情的应急处置工作。

2.2 专家委员会

县级以上人民政府陆生野生动物保护主管部门根据本辖区内突发陆生野生动物疫情应急处置工作需要，组建专家委员会，为应急处置提供技术支持。

2.3 应急处置预备队

县级以上人民政府陆生野生动物保护主管部门根据突发陆生野生动物疫情应急处置工作需要，组织经验丰富的专业人员，组建应急处置预备队，做好参与本辖区或协助其他区域进行突发陆生野生动物疫情应急处置的准备。

3 监测、报告和确认

3.1 监测

国家林业和草原局建立健全统一的突发陆生野生动物异常情况监测、报告和预警网络体系，负责开展突发陆生野生动物异常情况的日常监测工作。

县级以上人民政府陆生野生动物保护主管部门要按照国家有关规定，结合本地区实际，组织开展陆生野生动物疫病监测工作。

3.2 报告

任何单位和个人应当向当地陆生野生动物疫源疫病监测机构或者陆生野生动物保护主管部门报告突发陆生野生动物异常情况及其隐患。

3.3 疫情调查和确认

县级以上人民政府陆生野生动物保护主管部门接到陆生野生动物异常情况报告或疑似陆生野生动物疫病报告后，应当组织专业技术人员进行现场调查、取样、报（送）具备相关资质的实验室进行检测，同时应做好现场封锁隔离、消毒和无害化处理等工作。确诊为某种疫病后，所在地县级以上人民政府陆生野生动物保护主管部门应组织专家进行会商评估，进行分级。

疑似特别重大、重大、较大、一般陆生野生动物疫情，分别由国家林业和草原局、省（区、市）级人民政府陆生野生动物保护主管部门、市（地、州、盟）级人民政府陆生野生动物保护主管部门、县（市、区、旗）级人民政府陆生野生动物保护主管部门组织调查和确认。

3.4 上报

认定为疑似陆生野生动物疫病的，接报单位应按照规定逐级上报到国家林业和草原局，同时报告本级人民政府，并通报兽医、卫生等有关主管部门，并由上一级人民政府陆生野生动物保护主管部门向辖区内受威胁地区发布预警信息。

认定为重大以上级别陆生野生动物疫情的，国家林业和草原局应当及时向国务院报告。

4 应急响应

4.1 应急响应的原则

从快从严，快速反应：发生突发陆生野生动物疫情时，县级以上人民政府陆生野生动物保护主管部门应按照疫情级别作出应急响应，快速有效开展应急处置工作。

尊重科学，有效反应：突发陆生野生动物疫情应急处置工作应在有效控制疫情发生范围的前提下，采取边处理、边调查、边核实的方式，开展流行病学调查，争取从源头控制疫情扩散。同时，要根据突发陆生野生动物疫情发生规律和可能发展趋势以及防控工作的需要，及时升高或降低应急响应级别。

保护优先，依法处置：应当避免扑杀陆生野生动物。特殊情况确需猎捕陆生野生动物时，应按照有关法律法规执行。

4.2 应急响应措施

4.2.1 突发特别重大陆生野生动物疫情（Ⅰ级）的应急响应

特别重大陆生野生动物疫情发生后，国家林业和草原局及时向国务院报告，启动本预案。

国家林业和草原局立即组织专家委员会分析评估，提出应急处置建议等，组织有关专家赴现场指导处置工作，将疫情和工作进展情况及时上报。

在国家林业和草原局的指导下，省（区、市）级人民政府陆生野生动物保护主管部门在本级政府的领导下，立即组织开展应急处置工作。

疫情发生的市（地、州、盟）级和县（市、区、旗）级人民政府陆生野生动物保护主管部门在本级人民政府领导下，开展疫情的应急处置工作。

4.2.2 突发重大陆生野生动物疫情（Ⅱ级）的应急响应

重大陆生野生动物疫情发生后，省（区、市）级人民政府陆生野生动物保护主管部门及时向省级人民政府报告，启动省（区、市）级疫情应急响应机制。

省（区、市）级人民政府陆生野生动物保护主管部门立即组织专家委员会分析评估，提出应急处置建议等，开展应急处置工作，将工作情况及时报告国家林业和草原局和本级人民政府。国家林业和草原局加强指导和监督，协助开展应急处置工作。

疫情发生的市（地、州、盟）级和县（市、区、旗）级人民政府陆生野生动物保护主管部门在本级人民政府领导下，开展疫情的应急处置工作。

4.2.3 突发较大野生动物疫情（Ⅲ级）的应急响应

较大陆生野生动物疫情发生后，市（地、州、盟）级人民政府陆生野生动物保护主管部门及时向本级人民政府报告，启动应急响应机制。

市（地、州、盟）级人民政府陆生野生动物保护主管部门立即组织开展应急处置工作，将工作情况及时报告上一级陆生野生动物保护主管部门，同时报送本级人民政府。省（区、市）级人民政府陆生野生动物保护主管部门应当加强指导和监督，协助开展应急处置工作。

疫情发生的县（市、区、旗）级人民政府陆生野生动物保护主管部门在本级人民政府领导下，开展疫情的应急处置工作。

4.2.4　突发一般陆生野生动物疫情（Ⅳ级）的应急响应

一般陆生野生动物疫情发生后，县（市、区、旗）级人民政府陆生野生动物保护主管部门及时向本级人民政府报告，启动应急响应机制。

疫情发生的县（市、区、旗）级人民政府陆生野生动物保护主管部门立即开展应急处置工作，将应急工作情况及时报告上一级陆生野生动物保护主管部门，同时报送本级人民政府。市（地、州、盟）人民政府陆生野生动物保护主管部门加强指导和监督，协助开展应急处置工作。

4.3　应急响应的终止

自疫情发生区域内最后一头（只）发病陆生野生动物及其他有关陆生野生动物和产品按规定处理完毕起，经过该疫病的至少一个最长潜伏期以上的监测，未出现新的病例时，启动应急响应的部门应当组织有关专家对疫情控制情况进行评估，提出终止应急响应的建议，按程序报批，并向上级主管部门报告。

5　善后处理

5.1　后期评估

突发陆生野生动物疫情扑灭后，承担应急响应工作的部门应当组织人员对突发陆生野生动物疫情应急处置工作进行评估。评估的内容主要包括：陆生野生动物资源状况、生境恢复情况，流行病学调查结果、溯源情况，疫情处置经过、采取的措施及效果评价，应急处置过程中存在的问题、取得的经验和建议。

评估报告报上级陆生野生动物保护主管部门和本级人民政府。

5.2　表彰

各级人民政府陆生野生动物保护主管部门可根据有关规定对在突发陆生野生动物疫情应急处置工作中作出突出贡献的集体和个人进行表彰。

5.3　责任

对在突发陆生野生动物疫情的监测、报告、调查、防控和处置过程中，有玩忽职守、失职、渎职等违纪违法行为的；对未经授权私自泄露相关野生动物异常情况信息的；对未经授权在突发陆生野生动物疫情现场私自开展样品采集的，依据国家有关规定追究当事人的责任。

5.4　抚恤和补助

县级以上人民政府陆生野生动物保护主管部门报请本级人民政府对因参与突发陆生野生动物疫情应急处置工作致病、致残、致死的人员，按照有关规定给予相应的抚恤和补助。

5.5　灾后恢复

突发陆生野生动物疫情扑灭后，县级以上人民政府陆生野生动物保护主管部门应采取有效措施促进陆生野生动物资源恢复。

6　保障措施

县级以上人民政府陆生野生动物保护主管部门应积极协调有关部门，做好突发陆生野生动物疫情应急处置的保障工作。

6.1　经费保障

各级人民政府陆生野生动物保护主管部门报请本级人民政府，建立陆生野生动物疫源疫病监测防控经费分级投入机制，纳入本级财政预算。

6.2　物资保障

按照计划建立应急物资储备，主要包括：消毒药剂药械、日常监测、样品采集、防护用品、交通及通信工具等。

因突发陆生野生动物疫情应急处置需要，可向本级人民政府或上级陆生野生动物保护主管部门申请应急物资紧急调运。

6.3　技术保障

建立陆生野生动物疫源疫病监测防控专家库，依托科研院校开展陆生野生动物疫病监测技术和装备、防治技术等研究，做好技术储备工作。

6.4　人员保障

各级人民政府陆生野生动物保护主管部门应保证陆生野生动物疫源疫病监测队伍的稳定。组建以专职监测人员为主的突发陆生野生动物疫情应急处置预备队，配备必要安全防护装备。

6.5　演练培训

各级人民政府陆生野生动物保护主管部门要定期组织开展有针对性的应急演练，定期组织监测、消毒、无害化处理等方面的专业培训。

6.6　科普宣传

坚持科学宣传，宣传科学的原则，积极正面宣传，及时应对疫情舆情，解疑释惑，第一时间发出权威解读和主流声音，科学宣传普及防控知识，做好防控宣传工作。

7　预案管理

应急预案要定期评估，根据突发陆生野生动物疫情的形势变化和实施中发现的问题进行修订。

县级以上人民政府陆生野生动物保护主管部门要组织制定本辖区突发陆生野生动物疫情应急预案和实施方案，并报上级主管部门和本级人民政府备案。

8　术语

疫源：指携带危险性病原体，危及陆生野生动物种群安全，或者可能向人类、饲养动物传播的陆生野生动物。

疫病：指在陆生野生动物之间传播、流行，对陆生野生动物种群构成威胁或者可能传染给人类和饲养动物的传染性疾病。

陆生野生动物疫情：指在一定区域，陆生野生动物突然发生疫病，且迅速传播，导致陆生野生动物发病率或者死亡率高，给陆生野生动物资源造成严重危害，具有重要经济社会影响，或者可能对饲养动物和人民身体健康与生命安全造成危害的事件。

暴发：指在一定区域，短时间内发生波及范围广泛、出现大量陆生野生动物患病或者死亡病例，其发病率远远超过常年的发病水平的现象。

我国尚未发现的动物疫病：指新发现的动物疫病，或者在其他国家和地区已经发现，在我国尚未发生过的动物疫病，如疯牛病、非洲马瘟等。

我国已消灭的动物疫病：指在我国曾发生过，但已扑灭净化的动物疫病，如牛瘟、牛肺疫等。

Ⅰ、Ⅱ、Ⅲ类陆生野生动物疫病：见林业行业标准《陆生野生动物疫病危害性等级划分》（LY/T 2360—2014）。

受威胁区：指疫病从发生地通过陆生野生动物活动或者人为因素等传播，可能造成疫情扩散蔓延的区域。

现场封锁隔离：指对陆生野生动物异常情况发生现场，为防止无关人员或者其他野生动物进入而采取的划定警戒线、人员看守等防止潜在疫病扩散蔓延的防控措施。

本预案有关表述中，"以上"含本数，"以下"不含本数。

9 实施时间

本预案自发布之日起实施。

动物病原微生物分类名录

（农业部令 2005 年第 53 号　2005 年 5 月 24 日）

《动物病原微生物分类名录》业经 2005 年 5 月 13 日农业部第 10 次常务会议审议通过，现予公布，自公布之日起施行。

根据《病原微生物实验室生物安全管理条例》第七条、第八条的规定，对动物病原微生物分类如下：

一类动物病原微生物

口蹄疫病毒、高致病性禽流感病毒、猪水泡病病毒、非洲猪瘟病毒、非洲马瘟病毒、牛瘟病毒、小反刍兽疫病毒、牛传染性胸膜肺炎丝状支原体、牛海绵状脑病病原、痒病病原。

二类动物病原微生物

猪瘟病毒、鸡新城疫病毒、狂犬病病毒、绵羊痘/山羊痘病毒、蓝舌病病毒、兔病毒性出血症病毒、炭疽芽孢杆菌、布氏杆菌。

三类动物病原微生物

多种动物共患病病原微生物：低致病性流感病毒、伪狂犬病病毒、破伤风梭菌、气肿疽梭菌、结核分支杆菌、副结核分支杆菌、致病性大肠杆菌、沙门氏菌、巴氏杆菌、致病性链球菌、李氏杆菌、产气荚膜梭菌、嗜水气单胞菌、肉毒梭状芽孢杆菌、腐败梭菌和其他致病性梭菌、鹦鹉热衣原体、放线菌、钩端螺旋体。

牛病病原微生物：牛恶性卡他热病毒、牛白血病病毒、牛流行热病毒、牛传染性鼻气管炎病毒、牛病毒腹泻/粘膜病病毒、牛生殖器弯曲杆菌、日本血吸虫。

绵羊和山羊病病原微生物：山羊关节炎/脑脊髓炎病毒、梅迪/维斯纳病病毒、传染性脓疱皮炎病毒。

猪病病原微生物：日本脑炎病毒、猪繁殖与呼吸综合症病毒、猪细小病毒、猪圆环病毒、猪流行性腹泻病毒、猪传染性胃肠炎病毒、猪丹毒杆菌、猪支气管败血波氏杆菌、猪胸膜肺炎放线杆菌、副猪嗜血杆菌、猪肺炎支原体、猪密螺旋体。

马病病原微生物：马传染性贫血病毒、马动脉炎病毒、马病毒性流产病毒、马鼻炎病毒、鼻疽假单胞菌、类鼻疽假单胞菌、假皮疽组织胞浆菌、溃疡性淋巴管炎假结核棒状杆菌。

禽病病原微生物：鸭瘟病毒、鸭病毒性肝炎病毒、小鹅瘟病毒、鸡传染性法氏囊病病毒、鸡马立克氏病病毒、禽白血病/肉瘤病毒、禽网状内皮组织增殖病病毒、鸡传染性贫血病毒、鸡传染性喉气管炎病毒、鸡传染性支气管炎病毒、鸡减蛋综合征病毒、禽痘病毒、鸡病毒性关节炎病毒、禽传染性脑脊髓炎病毒、副鸡嗜血杆菌、鸡毒支原体、鸡球虫。

兔病病原微生物：兔粘液瘤病病毒、野兔热土拉杆菌、兔支气管败血波氏杆菌、兔球虫。

水生动物病病原微生物：流行性造血器官坏死病毒、传染性造血器官坏死病毒、马苏大麻哈鱼病毒、病毒性出血性败血症病毒、锦鲤疱疹病毒、斑点叉尾鮰病毒、病毒性脑病和视网膜病毒、传染性胰脏坏死病毒、真鲷虹彩病毒、白鲟虹彩病毒、中肠腺坏死杆状病毒、传染性皮下和造血器官坏死病毒、核多角体杆状病毒、虾产卵死亡综合症病毒、鳖鳃腺炎病毒、Taura综合症病毒、对虾白斑综合症病毒、黄头病病毒、草鱼出血病毒、鲤春病毒血症病毒、鲍球形病毒、鲑鱼传染性贫血病毒。

蜜蜂病病原微生物：美洲幼虫腐臭病幼虫杆菌、欧洲幼虫腐臭病蜂房蜜蜂球菌、白垩病蜂球囊菌、蜜蜂微孢子虫、跗腺螨、雅氏大蜂螨。

其他动物病病原微生物：犬瘟热病毒、犬细小病毒、犬腺病毒、犬冠状病毒、犬副流感病毒、猫泛白细胞减少综合症病毒、水貂阿留申病病毒、水貂病毒性肠炎病毒。

四类动物病原微生物

是指危险性小、低致病力、实验室感染机会少的兽用生物制品、疫苗生产用的各种弱毒病原微生物以及不属于第一、二、三类的各种低毒力的病原微生物。

农业部关于印发《高致病性禽流感
疫情处置技术规范》的通知

（农医发〔2005〕28号　2005年11月13日）

各省、自治区、直辖市及计划单列市畜牧兽医（农牧、农业）厅（局、办），新疆生产建设
兵团农业局：

为进一步加强高致病性禽流感防控工作，规范疫情处置程序和措施，根据《中华人民共
和国动物防疫法》、《国家突发重大动物疫情应急预案》和《全国高致病性禽流感应急预案》，
我部按照"早、快、严"的疫情处置原则制定了《高致病性禽流感疫情处置技术规范》，现
印发给你们，请遵照执行。

附件：

高致病性禽流感疫情处置技术规范

为进一步加强高致病性禽流感防控工作，规范疫情处置措施，根据我国有关规定，按照
"早、快、严"原则，特制定本规范。

一、"早、快、严"的定义

"早"，是指加强高致病性禽流感疫情监测，做到"早发现、早诊断、早报告、早确认"，
确保禽流感疫情的早期预警预报。

"快"，是指健全应急反应机制，快速行动、及时处理，确保突发疫情处置的应急
管理。

"严"，是指规范疫情处置，做到坚决果断，全面彻底，严格处置，确保疫情控制在最小
范围，确保疫情损失减到最小。

二、"早"的技术规范

（一）早发现

国家动物疫情测报中心、各省级疫情测报中心、各动物疫情测报站和边境动物疫情监测
站，对高致病性禽流感疫情进行监测和流行病学调查，作出疫情预测预报，及时发现突发疫情
及隐患。重点地区的监测包括边境地区、发生过疫情的地区、养殖密集区、候鸟活动密集区等。
每次组织监测结束，14天内提出汇总、分析和评估动物疫情报告，预测疫情流行态势，并根据疫
情分析结果，完善相应防控对策和措施。同时，及时向社会发布禽流感疫情预警信息。

任何单位和个人发现禽类发病急、传播迅速、死亡率高等突发重大动物疫情及其隐患，
应当24小时内向当地动物防疫监督机构报告。

（二）早诊断

各有关实验室要熟练掌握疫情监测和诊断技术，规范程序，切实提高快速诊断能力，确保及时、准确和规范。

1. 试验方法

①血凝抑制试验（HI）

②琼脂凝胶免疫扩散试验（AGID）

③反转录聚合酶链式反应（RT－PCR）

④病毒分离与鉴定

2. 诊断指标

（1）临床诊断指标

①急性发病死亡

②脚鳞出血

③鸡冠出血或发绀、头部水肿

④肌肉和其他组织器官广泛性严重出血

⑤明显的神经症状（适于水禽）

（2）血清学诊断指标（非免疫禽）

H5 或 H7 亚型的血凝抑制（HI）效价大于 4lg2 以上

琼脂凝胶免疫扩散试验（AGID）阳性（本法不适于水禽）

（3）病原学诊断指标

①H5 或 H7 亚型病毒分离阳性

②H5 或 H7 亚型特异性分子生物学诊断阳性

③任何亚型病毒静脉内接种致病指数（IVPI）大于 1.2

3. 结果判定

（1）临床怀疑为高致病性禽流感符合临床诊断指标①，且有临床诊断指标②、③、④、⑤之一的。

（2）高致病性禽流感疑似病例符合临床怀疑高致病性禽流感疫情指标，且非免疫禽检测结果符合血清学诊断指标①或②，或符合病原学诊断指标①的。

（3）确诊高致病性禽流感符合高致病性禽流感疑似病例指标，且至少符合病原学诊断指标之一的。

（三）早报告

各地动物防疫监督机构在接到疫情报告或了解可疑疫情情况后，应立即派员到现场进行初步调查核实的同时，向当地兽医行政管理部门报告。怀疑是高致病性禽流感疫情的，应在 2 小时内将情况逐级报到省级兽医行政管理部门。经确认为高致病性禽流感疑似病例后，应立即上报同级人民政府和国务院兽医行政管理部门。国务院兽医行政管理部门应当在疫情确认后，在采取应急措施的同时，向国务院报告。

对各地群众举报和各种渠道反映的疫情信息，48 小时内必须进行核查，确保不漏掉任何可疑情况。

（四）早确认

高致病性禽流感疫情按以下时限和程序认定：

1. 各级动物防疫监督机构接到可疑疫情报告后，应当立即派出 2 名以上具备兽医相关资格人员赶赴现场进行临床诊断，必要时可请省级动物防疫监督机构派人协助诊断，提出初步诊断意见。

2. 对怀疑为高致病性禽流感疫情的，应当及时采集病料送省级动物防疫监督机构实验室检测，对未免疫禽群应用 AGID 和 HI 进行血清学检测（AGID 不适于水禽），对免疫禽群应用 RT－PCR 进行病原学检测，结果为阳性的，可确认为高致病性禽流感疑似病例。

3. 对高致病性禽流感疑似病例，以及省级动物防疫监督机构不能确诊的，在采取严格隔离封锁措施的同时，按规定将病料样立即送国家禽流感参考实验室或国务院兽医行政管理部门指定实验室病原学检测，进行最终确诊。

4. 国家禽流感参考实验室或国务院兽医行政管理部门指定实验室的确诊结果，要在 2 小时内报告国务院兽医行政管理部门，并抄送省级兽医行政管理部门。

5. 国务院兽医行政管理部门根据最终确诊结果，确认高致病性禽流感疫情，并及时予以公布。

三、"快"的技术规范

（一）疑似疫情的应急处置

1. 样品的采集、保存及运输

按照国家规定时限、程序和内容，采集、保存和运输样品，送国家禽流感参考实验室或国务院兽医行政管理部门指定实验室检测诊断。

2. 疑似疫情处置的生物安全措施

对判定为疑似高致病性禽流感疫情的，按规定及时上报国务院兽医行政管理部门。同时，对疑似疫情疫点立即采取严格的隔离封锁、扑杀和消毒措施；严禁疑似疫情疫点内其他动物及其产品的移动；严格限制有关人员，以及车辆、饲料、禽蛋托盘、饮水与喂料器皿、排泄物等一切可能污染物品的流动；对疑似疫情疫点进行全面彻底消毒；对当地活禽及其产品交易市场加强监管，防止疫情扩散蔓延。

立即组织对当地家禽和猪场开展流行病学调查，尽快确诊疫情，及时分析疫源和可能扩散、流行的情况。对仍可能存在的传染源，以及在最长疫情潜伏期 21 天和发病期间售出的禽类及其产品、可疑污染物（包括粪便、垫料、饲料）等进行追踪调查。

（二）确诊疫情的应急处置

1. 疫情确诊后，立即按国家应急预案进行紧急处置，所在地县级以上兽医行政管理部门在 2 小时内，划定疫点、疫区和受威胁区，报请本级人民政府对疫区实行封锁，人民政府接到报告后，应立即做出决定。对决定实行封锁的，发布封锁令，内容包括封锁的起始时间、封锁范围和对疫区管理等，并要求各项封锁措施在 12 小时实施到位。

2. 疫区内所有禽类及其产品按规定处理后，经过 21 天以上，未发现新的病例，经省级动物防疫监督机构按照国家规定标准，及时对疫点、疫区和受威胁区组织验收合格后，由当地兽医行政管理部门向原发布封锁令的人民政府申请解除封锁。

3. 疫区封锁解除时，省级兽医行政管理部门应报告国务院兽医行政管理部门。国务院兽医行政管理部门在接到疫区封锁解除的报告后，应及时向社会发布疫区封锁解除消息。

（三）实行联防联控

农业应与卫生、质检、工商、林业、科技、财政等部门之间密切协调，建立和完善长效防控合作机制，联防联控。流通环节要严厉查处逃避检疫，以及运输、加工、贩卖病死禽只及其产品的违法行为。严禁捕捉野鸟，减少野生候鸟与家禽和人的接触，降低禽流感病毒向人传播的风险。加强禽流感防控科技投入，联合开展科技攻关。继续完善合作机制，交流动物疫情信息和监测结论等技术资料、数据，资源共享，提高突发疫情应对能力。

四、"严"的技术规范

"严"，是指规范疫情处置，做到坚决果断，全面彻底，措施严格，确保疫情控制在最小范围，确保疫情损失减到最小。

（一）样品采集、保存及运输

1. 样品采集要求

（1）病料样品至少从 5 只病禽和病死禽中采集病料样品（发病群不足 5 只则全部采样）。样品应包括：泄殖腔（新鲜粪尿样）棉拭子和气管棉拭子（置于缓冲液中）；气管和肺的混样；肠管及内容物的混样；肝、脾、肾和脑等其它组织样品（不能混样）。

组织样品、气管棉拭子单独放入容器，容器中盛放含有抗生素的 pH 值为 7.0～7.4 的 PBS 液。抗生素的选择应视当地情况而定，组织和气管拭子悬液中加入青霉素（2 000IU/mL）和链霉素（2mg/mL），或庆大霉素（50μg/mL）。肠管及内容物、粪便样品和泄殖腔棉拭子所用的抗生素浓度应提高 5 倍（加入抗生素后 PBS 液的 pH 值应调至 7.0～7.4）。

（2）血样分别采集至少 10 个病禽的（急性发病期血清，如发病群不足 10 只则全部采样），并要求单独存放，不能混合。

（3）采集样品时，应采集双份作备份。

2. 样品保存要求

样品应密封于防渗漏的容器中保存，如塑料袋或瓶。样品若能在 24 小时内送到实验室，可冷藏运输；否则，应冷冻后运输。暂时不用或备份样品应冷冻（最好－70℃或以下）保存。

3. 样品运输要求

（1）内包装要求：不（渗）透水的主容器；不（渗）透水的辅助包装；必须在主容器和辅助包装之间填充吸附材料。吸附材料必须充足，能够吸收主容器内所有的液体。多个主容器装入一个辅助包装时，必须将它们分别包裹。

（2）外包装要求：强度应充分满足对于其容器、重量及预期使用方式的要求。

（3）禽流感病料包装要求：冻干物资主容器必须是火焰封口的玻璃安瓿或是用金属封口的胶塞玻璃瓶；液体或固体物质，如在环境温度或较高温度下运输，只可用玻璃、金属或塑料容器作为主容器。必须采用可靠的防漏封口，如热封、带缘的塞子或金属卷边封口。如果使用旋盖，必须用胶带加固；如在制冷或冷冻条件下运输，冰、干冰或其他冷冻剂必须放在辅助包装周围，按规定放在由一个或多个完整包装件组成的合成包装中。内部要有支撑物，当冰或干冰消耗后，仍可把辅助包装固定在原位置上。如果使用冰，包装必须不（渗）透水。如果使用干冰，外包装必须能保持良好的性能；在冷冻剂消耗后，应仍能承受航空运输中的温度和压力。

用于禽流感病料的主容器或辅助包装，在－40℃至＋55℃的温度范围内必须承受不低于

95kPa 的内部压差而无渗漏。

（二）疫点、疫区和受威胁区处理

1. 封锁令的发布

兽医行政管理部门报请本级人民政府对疫区实行封锁，人民政府在接到报告后，应立即做出决定。决定实行封锁的，发布封锁令。

2. 封锁的实施

当地人民政府组织对疫区实施封锁，对受威胁区采取相应措施。

（1）疫点，扑杀疫点内所有禽类，并按国家规定对病死禽、被扑杀禽及禽类产品作无害化处理；对禽类排泄物、被污染的饲料、垫料、污水等进行了无害化处理；被污染的物品、交通工具、用具、禽舍、场地等进行了严格清洗消毒；在疫点出入口设立消毒哨卡，24 小时值班，禁止人、畜禽、车辆进出和禽类产品及其它可能污染物品移出。在特殊情况下需要进出时，须经当地兽医行政管理部门批准，并经过严格消毒后进出。

（2）疫区，扑杀疫区内所有禽类；在疫区周围设置明显警示标志；在出入疫区的交通路口设置临时动物检疫消毒站 24 小时值班（每班不少于 2 人，其中至少 1 名动物防疫技术人员），对出入的人员、车辆和有关物品进行消毒。必要时，经省级人民政府批准，可设立临时监督检查站，执行对禽类的监督检查任务；关闭禽类及其产品交易市场，禁止易感活禽类进出和易感禽类产品和其他可疑污染物运出；家畜全部圈养。

（3）受威胁区：对受威胁区内所有易感家禽采用国家批准使用的疫苗进行紧急强制免疫，并进行免疫效果监测；对禽类实行疫情监测，掌握疫情动态。

关闭疫点周围 13 公里范围的所有禽类及其产品交易市场。

3. 解除封锁的审查要求

（1）总体要求：疫情发生后，按要求划分了疫点、疫区和受威胁区，并按规定进行严格的处理后，经过 21 天以上监测未发现新的传染源，且关闭疫点周围 13 公里范围内禽类及其产品交易市场，且记录完整、规范，档案齐全。解除封锁前，省级动物防疫监督机构对疫点、疫区和受威胁区组织的检查评估合格。

（2）疫点、疫区和受威胁区的要求

疫点，全部禽类按要求及时予以扑杀；病死禽、被扑杀禽及禽类产品，以及禽类排泄物、被污染的饲料、垫料、污水等进行了无害化处理；被污染的物品、交通工具、用具、禽舍、场地等进行了严格清洗消毒；对潜伏期和发病期间售出、流出疫区的禽类及其产品、可疑污染物（包括粪便、垫料、饲料）等进行了追踪调查并进行了无害化处理，确保这些物品没有引起疫情扩散。

疫区，设置了警示标志、动物检疫消毒站或临时监督检查站，消毒措施符合要求；对疫区内所有禽类及其产品按规定处理后，经过 21 天以上，未发现新的病例。同时按要求实施了封锁措施，未发现易感禽及其产品进出；禽类排泄物、被污染的饲料、垫料、污水等进行了无害化处理；被污染的交通工具、用具、禽舍、场地等场所和物品进行了彻底的清洗消毒。

受威胁区，所有易感禽类采用国家批准使用的疫苗进行紧急免疫；紧急免疫 14 天后，随机采集血清样品抽检，应用 HI 试验进行抗体水平监测，每批禽群或每栋（舍）30 份样，抗体效价大于 4lg2 为合格；经免疫效果监测不合格的，必须加强免疫 1 次。经监测，未发现高致病性禽流感疫源。

（3）验收程序：每位验收人员必须按照由外围到疫点顺序组织验收，并做好自身防护。同时，要求解除疫区封锁后，当地兽医行政管理部门要继续加强疫情监测；开放疫点周围 13 公里范围内的活禽市场；疫区在解除封锁后，该区域养禽场必须空舍 6 个月以上，并经检测合格的，方可重新饲养禽类。

4. 扑杀

在高致病性禽流感发生后，疫区内所有家禽必须全部扑杀，并作无害化处理。在充分考虑动物福利的前提下，采取以下方法进行扑杀。

（1）窒息：先将待扑杀禽只装入袋中，置入密封车或其它密封容器，通入二氧化碳窒息致死；或将禽装入密封袋中，通入二氧化碳窒息致死。

（2）扭颈：一只手握住头部，另一只手握住体部，朝相反方向扭转拉伸。

（3）其他：可根据本地情况，采用其它能避免病原扩散的致死方法。

5. 无害化处理

无害化处理可以选择深埋、焚化、焚烧等方法，饲料、粪便也可以发酵处理。在处理过程中，应防止病原扩散，涉及运输、装卸等环节要避免洒漏，对运输装卸工具要彻底消毒。

（1）深埋：深埋点应远离居民区、水源和交通要道，避开公众视野，清楚标示；坑的覆盖土层厚度应大于 1.5 米，坑底铺垫生石灰，覆盖土以前再撒一层生石灰。坑的位置和类型应有利于防洪。禽鸟尸体置于坑中后，浇油焚烧，然后用土覆盖，与周围持平。填土不要太实，以免尸腐产气造成气泡冒出和液体渗漏。饲料、污染物以及禽蛋等置于坑中，喷洒消毒剂后掩埋。

（2）焚烧焚化：根据疫情所在地实际情况，充分考虑到环境保护原则下，采用浇油焚烧或焚尸炉焚化等焚烧方法进行。

（3）发酵：饲料、粪便、垫料等可在指定地点堆积，20℃以上环境条件下密封发酵至少 42 天。

6. 消毒

（1）消毒次数：疫区封锁期间，发生疫情养禽场疫情处置后，第一周每天消毒一次，以后每周消毒一次；解除封锁前必须对疫点和其他重点场所进行一次终末消毒。

（2）养禽场清洗和消毒：首先清理污物、粪便、饲料、垫料等；对地面和各种用具等彻底冲洗，并用水洗刷禽舍等，对所产生的污水进行无害化处理；养禽场的金属设施设备的消毒，可采取火焰、熏蒸等方式消毒；蛋品及饲料（库存）熏蒸消毒；养禽场圈舍、场地等，可采用消毒液喷洒的方式消毒；养禽场的饲料、垫料等作深埋、发酵或焚烧处理；粪便等污物作深埋、堆积密封发酵或焚烧处理；疫点内办公区、饲养人员的宿舍、公共食堂、道路等场所，要喷洒消毒；污水沟可投放生石灰或漂白粉。

（3）交通工具清洗消毒：对出入疫点、疫区的交通要道设立临时性消毒点，对出入人员、运输工具及有关物品进行消毒；对疫区内所有可能被污染的运载工具应严格消毒，车辆的外面、内部及所有角落和缝隙都要用清水冲洗，再用消毒剂消毒，不留死角。同时，车辆上的物品也要做好消毒，从车辆上清理下来的垃圾、粪便及污水污物必须作无害化处理。

（4）家禽市场和笼具清洗消毒：用消毒剂喷洒家禽市场和笼具；饲料和粪便等要深埋、发酵或焚烧；刮擦和清洗笼具等所有物品，并彻底消毒，产生的污水作无害化处理。

（5）屠宰加工、贮藏等场所清洗消毒：发生疫情屠宰场（厂）以及检出染疫禽类产品屠宰加工、贮藏等场所应按要求进行消毒。对待宰禽舍、笼具、过道和舍外区域要清洗，并用消毒剂喷洒；所有设备、桌子、冰箱、地板、墙壁等要冲洗干净，用消毒剂喷洒消毒；所用衣物用消毒剂浸泡后清洗干净，其他物品都要用适当方式消毒，产生的污水作无害化处理。

（6）与病禽直接接触人员所用物品的消毒：疫情发生期间，养禽场（户）饲养人员以及其它与病禽直接接触人员所用衣物等物品，用有效消毒剂浸泡 15 分钟，或开水煮沸 5 分钟以上。

7. 人员防护

（1）适当防护措施：在疫情处置时，直接接触禽鸟的处理人员以及其他相关人员必须采取相应的防护措施，包括穿戴或佩戴防护服、橡胶手套、医用防护口罩、医用护目镜和可消毒的胶靴等。赴疫点调查采访人员的防护参照执行。

（2）洗手和消毒：每次操作完毕后，用消毒液洗手。废弃物要装入塑料袋内，置于指定地点并进行无害化处理。

（3）健康监测：所有暴露于感染禽鸟和可疑禽场的人员均属高危人群，应接受当地卫生部门监测和医学观察；出现呼吸道感染症状的扑杀人员和禽场工人应尽快接受卫生部门检查，上述人员的密切接触者也应接受医学观察；免疫功能低下、儿童、老年人和有慢性心脏和肺脏疾病的人员要避免与禽类接触。

农业农村部关于印发《非洲猪瘟疫情应急
实施方案（2020 年版）》的通知

（农牧发〔2020〕21 号　2020 年 5 月 29 日）

各省、自治区、直辖市及计划单列市农业农村（农牧、畜牧兽医）厅（局、委），新疆生产
建设兵团农业农村局，部属有关事业单位：

为适应非洲猪瘟防控新形势新要求，强化常态化防控，指导各地科学规范处置疫情，我
部在总结前期防控实践经验的基础上，结合当前防控实际，组织制定了《非洲猪瘟疫情应急
实施方案（2020 年第二版）》，现印发你们，请遵照执行。《非洲猪瘟疫情应急实施方案
（2020 年版）》同时废止。

非洲猪瘟疫情应急实施方案（2020 年第二版）

非洲猪瘟疫情属重大动物疫情，一旦发生，死亡率高，是我国生猪产业生产安全最大威
胁。当前，我国非洲猪瘟防控取得了积极成效，但是病毒已在我国定殖并形成较大污染面，
疫情发生风险依然较高。为扎实打好非洲猪瘟防控持久战，切实维护养猪业稳定健康发展，
有效保障猪肉产品供给，依据《中华人民共和国动物防疫法》《中华人民共和国进出境动植
物检疫法》《重大动物疫情应急条例》《国家突发重大动物疫情应急预案》等有关法律法规和
规定，制定本方案。

一、疫情报告与确认

任何单位和个人，发现生猪、野猪出现疑似非洲猪瘟症状或异常死亡等情况，应立即向
所在地畜牧兽医主管部门、动物卫生监督机构或动物疫病预防控制机构报告，有关单位接到
报告后应立即按规定通报信息，按照"可疑疫情—疑似疫情—确诊疫情"的程序认定疫情。

（一）可疑疫情

县级以上动物疫病预防控制机构接到信息后，应立即指派两名中级以上技术职称人员到
场，开展现场诊断和流行病学调查，符合《非洲猪瘟诊断规范》（附件 1）可疑病例标准的，
应判定为可疑病例，并及时采样送检。

县级以上地方人民政府畜牧兽医主管部门应根据现场诊断结果和流行病学调查信息，认
定可疑疫情。

（二）疑似疫情

可疑病例样品经县级以上动物疫病预防控制机构实验室或经认可的第三方实验室检出非
洲猪瘟病毒核酸的，应判定为疑似病例。

县级以上地方人民政府畜牧兽医主管部门根据实验室检测结果和流行病学调查信息，认
定疑似疫情。

（三）确诊疫情

疑似病例样品经省级动物疫病预防控制机构或省级人民政府畜牧兽医主管部门授权的地市级动物疫病预防控制机构实验室复检，检出非洲猪瘟病毒核酸的，应将疑似病例判定为确诊病例。

省级人民政府畜牧兽医主管部门根据确诊结果和流行病学调查信息，认定疫情；涉及两个以上关联省份的疫情，由农业农村部认定疫情。

相关单位在开展疫情报告、调查以及样品采集、送检、检测等工作时，应及时做好记录备查。确诊病例所在省份的动物疫病预防控制机构，应按疫情快报要求将有关信息逐级上报至中国动物疫病预防控制中心，并将样品和流行病学调查信息送中国动物卫生与流行病学中心。中国动物疫病预防控制中心按照程序向农业农村部报送疫情信息。

在生猪运输过程中发现的非洲猪瘟疫情，由疫情发现地负责报告、处置，计入生猪输出地。农业农村部负责发布疫情信息，未经农业农村部授权，地方各级人民政府和各部门不得擅自发布疫情和排除疫情信息。

二、疫情响应

根据非洲猪瘟流行特点、危害程度和影响范围，将疫情应急响应分为四级。

（一）特别重大（Ⅰ级）疫情响应

21天内多数省份发生疫情，且新发疫情持续增加、快速扩散，对生猪产业发展和经济社会运行构成严重威胁时，农业农村部根据疫情形势和风险评估结果，报请国务院启动Ⅰ级疫情响应，启动国家应急指挥机构；或经国务院授权，由农业农村部启动Ⅰ级疫情响应，并牵头启动多部门组成的应急指挥机构，各有关部门按照职责分工共同做好疫情防控工作。

启动Ⅰ级疫情响应后，农业农村部负责向社会发布疫情预警。县级以上地方人民政府应立即启动应急指挥机构，组织各部门依据职责分工共同做好疫情应对；实施防控工作每日报告制度，组织开展紧急流行病学调查和应急监测等工作；对发现的疫情及时采取应急处置措施。

（二）重大（Ⅱ级）疫情响应

21天内9个以上省份发生疫情，且疫情有进一步扩散趋势时，应启动Ⅱ级疫情响应。

疫情所在地县级以上地方人民政府应立即启动应急指挥机构工作，组织各有关部门依据职责分工共同做好疫情应对；实施防控工作每日报告制度，组织开展紧急流行病学调查和应急监测工作；对发现的疫情及时采取应急处置措施。

农业农村部加强对全国疫情形势的研判，对发生疫情省份开展应急处置督导，根据需要派专家组指导处置疫情；向社会发布预警，并指导做好疫情应对。

（三）较大（Ⅲ级）疫情响应

21天内4个以上、9个以下省份发生疫情，或3个相邻省份发生疫情时，应启动Ⅲ级疫情响应。

疫情所在地的市、县人民政府应立即启动应急指挥机构，组织各有关部门依据职责分工共同做好疫情应对；实施防控工作每日报告制度，组织开展紧急流行病学调查和应急监测；对发现的疫情及时采取应急处置措施。疫情所在地的省级人民政府畜牧兽医主管部门对疫情发生地开展应急处置督导，及时组织专家提供技术支持；向本省有关地区、相关部门通报疫情信息，指导做好疫情应对。

农业农村部向相关省份发布预警。

（四）一般（Ⅳ级）疫情响应

21 天内 4 个以下省份发生疫情的，应启动Ⅳ级疫情响应。

疫情所在地的县级人民政府应立即启动应急指挥机构，组织各有关部门依据职责分工共同做好疫情应对；实施防控工作每日报告制度，组织开展紧急流行病学调查和应急监测工作；对发现的疫情及时采取应急处置措施。

疫情所在地的市级人民政府畜牧兽医主管部门对疫情发生地开展应急处置督导，及时组织专家提供技术支持；向本市有关县区、相关部门通报疫情信息，指导做好疫情应对。

省级人民政府畜牧兽医主管部门应根据需要对疫情处置提供技术支持，并向相关地区发布预警信息。

（五）各地应急响应分级标准及响应措施的细化和调整

省级人民政府或应急指挥机构要结合辖区内工作实际，科学制定和细化应急响应分级标准和响应措施，并指导市、县两级逐级明确和落实。原则上，地方制定的应急响应分级标准和响应措施要高于和严于国家制定的标准和措施。省级在调低响应级别前，省级畜牧兽医主管部门应将有关情况报农业农村部备案。

（六）国家层面应急响应级别调整

农业农村部根据疫情形势和防控实际，组织开展评估分析，及时提出调整响应级别或终止应急响应的建议或意见。由原启动响应机制的人民政府或应急指挥机构调整响应级别或终止应急响应。

三、应急处置

对发生可疑和疑似疫情的相关场点，所在地县级人民政府畜牧兽医主管部门和乡镇人民政府应立即组织采取隔离观察、采样检测、流行病学调查、限制易感动物及相关物品进出、环境消毒等措施。必要时可采取封锁、扑杀等措施。

疫情确认后，县级以上人民政府畜牧兽医主管部门应立即划定疫点、疫区和受威胁区，向本级人民政府提出启动相应级别应急响应的建议，由当地人民政府依法做出决定。

（一）疫点划定与处置

1. 疫点划定

对具备良好生物安全防护水平的规模养殖场，发病猪舍与其他猪舍有效隔离的，可以将发病猪舍作为疫点；发病猪舍与其他猪舍未能有效隔离的，以该猪场为疫点，或以发病猪舍及流行病学关联猪舍为疫点。

对其他养殖场（户），以病猪所在的养殖场（户）为疫点；如已出现或具有交叉污染风险，以病猪所在养殖小区、自然村或病猪所在养殖场（户）及流行病学关联场（户）为疫点。对放养猪，以病猪活动场地为疫点。

在运输过程中发现疫情的，以运载病猪的车辆、船只、飞机等运载工具为疫点。在牲畜交易和隔离场所发生疫情的，以该场所为疫点。在屠宰过程中发生疫情的，以该屠宰加工场所（不含未受病毒染的肉制品生产加工车间、冷库）为疫点。

2. 应采取的措施

县级人民政府应依法及时组织扑杀疫点内的所有生猪，并参照《病死及病害动物无害化处理技术规范》等相关规定，对所有病死猪、被扑杀猪及其产品，以及排泄物、餐厨废弃物、被污染或可能被污染的饲料和垫料、污水等进行无害化处理；按照《非洲猪瘟消毒规范》（附件2）等相关要求，对被污染或可能被污染的人员、交通工具、用具、圈舍、场地等进行严格消毒，并强化灭蝇、灭鼠等媒介生物控制措施；禁止易感动物出入和相关产品调出。疫点为生猪屠宰场所的，还应暂停生猪屠宰等生产经营活动，并对流行病学关联车辆进行清洗消毒。运输途中发现疫情的，还应对运载工具实施暂扣，并进行彻底清洗消毒，不得劝返。

（二）疫区划定与处置

1. 疫区划定

对生猪生产经营场所发生的疫情，应根据当地天然屏障（如河流、山脉等）、人工屏障（如道路、围栏等）、行政区划、生猪存栏密度和饲养条件、野猪分布等情况，综合评估后划定，一般是指由疫点边缘向外延伸3公里的区域。对运输途中发生的疫情，经流行病学调查和评估无扩散风险的，可以不划定疫区。

2. 应采取的措施

县级以上人民政府畜牧兽医主管部门报请本级人民政府对疫区实行封锁。当地人民政府依法发布封锁令，组织设立警示标志，设置临时检查消毒站，对出入的相关人员和车辆进行消毒；关闭生猪交易场所并进行彻底消毒；禁止生猪调入和未经检测的生猪及其产品调出疫区，经检测合格的出栏肥猪可经指定路线就近屠宰；监督指导养殖场户隔离观察存栏生猪，增加清洗消毒频次，并采取灭蝇、灭鼠等媒介生物控制措施。

疫区内的生猪屠宰加工场所，应暂停生猪屠宰活动，进行彻底清洗消毒，经当地畜牧兽医部门对其环境样品和生猪产品检测合格的，由疫情所在县的上一级畜牧兽医主管部门组织开展风险评估通过后可恢复生产；恢复生产后，经实验室检测、检疫合格的生猪产品，可在所在地县境内销售。

封锁期内，疫区内发现疫情或检出核酸阳性的，应参照疫点处置措施处置。经流行病学调查和风险评估，认为无疫情扩散风险的，可不再扩大疫区范围。

（三）受威胁区划定与处置

1. 受威胁区划定

受威胁区应根据当地天然屏障（如河流、山脉等）、人工屏障（如道路、围栏等）、行政区划、生猪存栏密度和饲养条件、野猪分布等情况，综合评估后划定。没有野猪活动的地区，一般从疫区边缘向外延伸10公里；有野猪活动的地区，一般从疫区边缘向外延伸50公里。

2. 应采取的措施

所在地县级以上地方人民政府应及时关闭生猪交易场所。畜牧兽医部门应及时组织对生猪养殖场（户）全面排查，必要时采样检测，掌握疫情动态，强化防控措施。禁止调出未按规定检测、检疫的生猪；经实验室检测、检疫合格的出栏肥猪，可经指定路线就近屠宰；对具有独立法人资格、取得《动物防疫条件合格证》、按规定检测合格的养殖场（户），其出栏肥猪可与本省符合条件的屠宰企业实行"点对点"调运，出售的种猪、商品仔猪（重量在30公斤及以下且用于育肥的生猪）可在本省范围内调运。

受威胁区内的生猪屠宰加工场所，应彻底清洗消毒，在官方兽医监督下采样检测，检测合格且由疫情所在县的上一级畜牧兽医管部门组织开展风险评估通过后，可继续生产。

封锁期内，受威胁区内发现疫情或检出核酸阳性的，应参照疫点处置措施处置。经流行病学调查和风险评估，认为无疫情扩散风险的，可不再扩大受威胁区范围。

（四）紧急流行病学调查

1. 初步调查

在疫点、疫区和受威胁区内搜索可疑病例，寻找首发病例，查明发病顺序；调查了解当地地理环境、易感动物养殖和野猪分布情况，分析疫情潜在扩散范围。

2. 追踪调查

对首发病例出现前 21 天内以及疫情发生后采取隔离措施前，从疫点输出的易感动物、风险物品、运载工具及密切接触人员进行追踪调查，对有流行病学关联的养殖、屠宰加工场所进行采样检测，评估疫情扩散风险。

3. 溯源调查

对首发病例出现前 21 天内，引入疫点的所有易感动物、风险物品、运输工具和人员进出情况等进行溯源调查，对有流行病学关联的相关场所、运载工具进行采样检测，分析疫情来源。

流行病学调查过程中发现异常情况的，应根据风险分析情况及时采取隔离观察、抽样检测等处置措施。

（五）应急监测

疫情所在县、市要立即组织对所有养殖场所开展应急排查，对重点区域、关键环节和异常死亡的生猪加大监测力度，及时发现疫情隐患。加大对生猪交易场所、屠宰加工场所、无害化处理场所的巡查力度，有针对性地开展监测。加大入境口岸、交通枢纽周边地区以及货物卸载区周边的监测力度。高度关注生猪、野猪的异常死亡情况，指导生猪养殖场（户）强化生物安全防护，避免饲养的生猪与野猪接触。应急监测中发现异常情况的，必须按规定立即采取隔离观察、抽样检测等处置措施。

（六）解除封锁和恢复生产

在各项应急措施落实到位并达到下列规定条件时，当地畜牧兽医主管部门向上一级畜牧兽医主管部门申请组织验收，合格后向原发布封锁令的人民政府申请解除封锁，由该人民政府发布解除封锁令，并组织恢复生产。

1. 疫点为养殖场（户）的

应进行无害化处理的所有猪按规定处理后 21 天内，疫区、受威胁区未出现新发疫情；当地畜牧兽医部门对疫点和屠宰场所、市场等流行病学关联场点抽样检测合格。

解除封锁后，病猪或阳性猪所在场点需恢复生产的，应空栏 5 个月且环境抽样检测合格；或引入哨兵猪饲养，45 天内（期间不得调出）无疑似临床症状且检测合格的，方可恢复生产。

2. 疫点为生猪屠宰加工场所的

对屠宰加工场所主动排查报告的疫情，当地畜牧兽医主管部门对其环境样品和生猪产品检测合格后，48 小时内疫区、受威胁区无新发病例。对畜牧兽医部门排查发现的疫情，当地畜牧兽医主管部门对其环境样品和生猪产品检测合格后，21 天内疫区、受威胁区无新发病例。

封锁令解除后，生猪屠宰加工企业可恢复生产。对疫情发生前生产的生猪产品，经抽样检测合格后，方可销售或加工使用。

四、监测阳性的处置

在疫情防控检查、监测排查、流行病学调查和企业自检等活动中，检出非洲猪瘟核酸阳性，但样品来源地存栏生猪无疑似临床症状或无存栏生猪的，为监测阳性。

（一）养殖场（户）监测阳性

养殖场户自检发现阳性的，应当按规定及时报告，经县级以上动物疫病预防控制机构复核确认为阳性且生猪无异常死亡的，应扑杀阳性猪及其同群猪。对其余猪群，应隔离观察21 天。隔离观察期满无异常且检测阴性的，可就近屠宰或继续饲养；隔离观察期内有异常且检测阳性的，按疫情处置。

对不按要求报告自检阳性或弄虚作假的，列为重点监控场户，其生猪出栏报检时要求加附第三方出具的非洲猪瘟检测报告。

（二）屠宰加工场所监测阳性

屠宰场所自检发现阳性的，应当按规定及时报告，暂停生猪屠宰活动，全面清洗消毒，对阳性产品进行无害化处理后，在官方兽医监督下采集环境样品和生猪产品送检，经县级以上动物疫病预防控制机构检测合格的，可恢复生产。该屠宰场所在暂停生猪屠宰活动前，尚有待宰生猪的，一般应予扑杀；如不扑杀，须进行隔离观察，隔离观察期内无异常且检测阴性的，可在恢复生产后继续屠宰；有异常且检测阳性的，按疫情处置。

畜牧兽医主管部门抽检发现阳性或在监管活动中发现屠宰场所不报告自检阳性的，应立即暂停该屠宰场所屠宰加工活动，扑杀所有待宰生猪并进行无害化处理。该屠宰场所全面落实清洗消毒、无害化处理等相关措施 15 天后，在官方兽医监督指导下采集环境样品和生猪产品送检，经县级以上动物疫病预防控制机构检测合格的，可恢复生产。

（三）其他环节的监测阳性

在生猪运输环节检出阳性的，扑杀同一运输工具上的所有生猪并就近无害化处理，对生猪运输工具进行彻底清洗消毒，追溯污染来源。

在饲料及其添加剂、生猪产品和制品中检出阳性的，应立即封存，经评估有疫情传播风险的，对封存的相关饲料及其添加剂、生猪产品和制品予以销毁。

在无害化处理场所检出阳性的，应彻底清洗消毒，查找发生原因，强化风险管控。

养殖、屠宰和运输环节发现阳性的，当地畜牧兽医主管部门应组织开展紧急流行病学调查，将监测阳性信息按快报要求逐级报送至中国动物疫病预防控制中心，将阳性样品和流行病学调查信息送中国动物卫生与流行病学中心。

五、善后处理

（一）落实生猪扑杀补助

对强制扑杀的生猪及人工饲养的野猪，符合补助规定的，按照有关规定给予补助，扑杀补助经费由中央财政和地方财政按比例承担。对运输环节发现的疫情，疫情处置由疫情发生地承担，扑杀补助费用由生猪输出地按规定承担。

（二）开展后期评估

应急响应结束后，疫情发生地人民政府畜牧兽医主管部门组织有关单位对应急处置情况进行系统总结，可结合体系效能评估，找出差距和改进措施，报告同级人民政府和上级畜牧兽医主管部门。较大（Ⅲ级）疫情的，应上报至省级畜牧兽医主管部门；重大（Ⅱ级）以上疫情的，应逐级上报至农业农村部。

（三）表彰奖励

县级以上人民政府及其部门对参加疫情应急处置做出贡献的先进集体和个人，进行表彰和及时奖励；对在疫情应急处置工作中英勇献身的人员，按有关规定追认为烈士。

（四）责任追究

在疫情处置过程中，发现生猪养殖、屠宰、经营、运输等生产经营者违反有关法律法规规章，以及国家工作人员有玩忽职守、失职、渎职等违法违纪行为的，依法、依规、依纪严肃追究当事人的责任。

（五）抚恤和补助

地方各级人民政府要组织有关部门对因参与应急处置工作致病、致残、死亡的人员，按照有关规定给予相应的补助和抚恤。

六、保障措施

各地政府加强对本地疫情防控工作的领导，强化联防联控机制建设，压实相关部门职责，建立重大动物疫情应急处置预备队伍，落实应急资金和物资，对非洲猪瘟疫情迅速做出反应、依法果断处置。

各地畜牧兽医主管部门要加强机构队伍和能力作风建设，做好非洲猪瘟防控宣传，建立疫情分片包村包场排查工作机制，强化重点场点和关键环节监测，提升疫情早期发现识别能力；强化养殖、屠宰、经营、运输、病死动物无害化处理等环节风险管控，严厉打击各类违法违规行为，推动落实生产经营者主体责任，切实化解疫情发生风险。

七、附则

（一）本方案有关数量的表述中，"以上"含本数，"以下"不含本数。

（二）针对供港澳生猪及其产品的防疫监管，涉及本方案中有关要求的，由农业农村部、海关总署另行商定。

（三）野猪发生疫情的，根据流行病学调查和风险评估结果，参照本方案采取相关处置措施，防止野猪疫情向家猪扩散。

（四）动物隔离场所、动物园、野生动物园、保种场、实验动物场所发生疫情的，应按本方案进行相应处置。必要时，可根据流行病学调查、实验室检测、风险评估结果，报请省级人民政府有关部门并经省级畜牧兽医主管部门同意，合理确定扑杀范围。

（五）本方案由农业农村部负责解释。

附件：1. 非洲猪瘟诊断规范
    2. 非洲猪瘟消毒规范
    3. 非洲猪瘟疫情处置职责任务分工
    4. 非洲猪瘟疫情应急处置流程图
    5. 非洲猪瘟监测阳性处置流程图

附件 1：

非洲猪瘟诊断规范

一、流行病学

（一）传染源

感染非洲猪瘟病毒的家猪、野猪和钝缘软蜱等为主要传染源。

（二）传播途径

主要通过接触非洲猪瘟病毒感染猪或非洲猪瘟病毒污染物（餐厨废弃物、饲料、饮水、圈舍、垫草、衣物、用具、车辆等）传播，消化道和呼吸道是最主要的感染途径；也可经钝缘软蜱等媒介昆虫叮咬传播。气溶胶传播非洲猪瘟的风险很低。

（三）易感动物

家猪和欧亚野猪高度易感，无明显的品种、日龄和性别差异。非洲野猪，例如疣猪、丛林猪、红河猪和巨林猪，感染后很少或者不出现临床症状，是病毒的储存宿主。

（四）潜伏期

因毒株、宿主和感染途径的不同，潜伏期有所差异，一般为 5 至 19 天，最长可达 21 天。世界动物卫生组织《陆生动物卫生法典》将潜伏期定为 15 天。

（五）发病率和病死率

不同毒株致病性有所差异，强毒力毒株感染猪的发病率、病死率均可达 100%；中等毒力毒株造成的病死率一般为 30% 至 50%，低毒力毒株仅引起少量猪死亡。

（六）季节性

该病季节性不明显。

二、临床表现

（一）最急性：无明显临床症状突然死亡。

（二）急性：体温可高达 42℃，沉郁，厌食，耳、四肢、腹部皮肤有出血点，可视黏膜潮红、发绀。眼、鼻有黏液脓性分泌物；呕吐；便秘，粪便表面有血液和黏欣覆盖；腹泻，粪便带血。共济失调或步态僵直，呼吸困难，病程延长则出现瘫痪、抽搐等其他神经症状。妊娠母猪流产。病死率可达 100%。病程 4 至 10 天。

（三）亚急性：症状与急性相同，但病情较轻，病死率较低。体温波动无规律，一般高于 40. s0c。仔猪病死率较高。病程 5 至 30 天。

（四）慢性：波状热，呼吸困难，湿咳。消瘦或发育迟缓，体弱，毛色暗淡。关节肿胀，皮肤溃疡。死亡率低。病程 2 至 15 个月。

三、病理变化

典型的病理变化包括浆膜表面充血、出血，肾脏、肺脏表面有出血点，心内膜和心外膜有大量出血点，胃、肠道黏膜弥漫性出血，胆囊、膀胱出血；肺脏肿大，切面流出泡沫性液体，气管内有血性泡沫样粘欣；脾脏肿大、易碎，呈暗红色至黑色，表面有出血点，边缘钝圆，有时出现边缘梗死；颌下淋巴结、腹腔淋巴结肿大，严重出血。最急性型的个体可能不出现明显的病理变化。

四、实验室诊断

非洲猪瘟临床症状与古典猪瘟、高致病性猪蓝耳病、猪丹毒等疫病相似，必须通过实验室检测进行诊断。

（一）样品的采集、运输和保存可采集发病动物或同群动物的血清样品和病原学样品。样品的包装和运输应符合农业农村部《高致病性动物病原微生物菌（毒）种或者样本运输包装规范》等规定。

1. 血清学样品

无菌采集 5ml 血液样品，室温放置 12h 至 24h，收集血清，冷藏运输。到达检测实验室后，立即进行非洲猪瘟抗体检测或冷冻储存备用。

2. 病原学样品

（1）抗凝血样品。无菌采集 5ml 乙二胺四乙酸抗凝血，冷藏运输。到达检测实验室后，立即进行非洲猪瘟病原检测或冷冻储存备用。

（2）组织样品。首选脾脏，其次为淋巴结、扁桃体、肾脏、骨髓等，冷藏运输。到达检测实验室后，立即进行非洲猪瘟病原检测或冷冻储存备用。

（二）病原检测

可采用荧光 PCR、PCR、核酸等温扩增、双抗夹心 ELISA、试纸条等方法。

（三）抗体检测

可采用阻断 ELISA、间接 ELISA、抗原夹心 ELISA、间接免疫荧光等方法。

五、结果判定

（一）可疑病例

猪群符合下述流行病学、临床症状、剖检病变标准之一的，判定为可疑病例。

1. 流行病学标准

（1）已经按照程序规范免疫猪瘟、高致病性猪蓝耳病等疫苗，但猪群发病率、病死率依然超出正常范围；

（2）饲喂餐厨废弃物的猪群，出现高发病率、高病死率；

（3）调入猪群、更换饲料、外来人员和车辆进入猪场、畜主和饲养人员购买生猪产品等可能风险事件发生后，21 天内出现高发病率、高死亡率；

（4）野外放养有可能接触垃圾的猪出现发病或死亡。符合上述 4 条之一的，判定为符合流行病学标准。

2. 临床症状标准

（1）发病率、病死率超出正常范围或无前兆突然死亡；

（2）皮肤发红或发紫；

（3）出现高热或结膜炎症状；

（4）出现腹泻或呕吐症状；

（5）出现神经症状。

符合第（1）条，且符合其他条之一的，判定为符合临床症状标准。

3. 剖检病变标准

（1）脾脏异常肿大；

（2）脾脏有出血性梗死；

（3）下颌淋巴结出血；

（4）腹腔淋巴结出血。

符合上述任何一条的，判定为符合剖检病变标准。

（二）疑似病例

对临床可疑病例，经县级以上动物疫病预防控制机构实验室或经认可的第三方实验室检出非洲猪瘟病毒核酸的，判定为疑似病例。

（三）确诊病例

对疑似病例，按有关要求经省级动物疫病预防控制机构实验室或省级人民政府畜牧兽医主管部门授权的地市级动物疫病预防控制机构实验室复检，检出非洲猪瘟病毒核酸的，判定为确诊病例。

附件 2：

非洲猪瘟消毒规范

一、消毒产品推荐种类与应用范围

应用范围		推荐种类
道路、车辆	生产线道路、疫区及疫点道路	氢氧化钠（火碱）、氢氧化钙（生石灰）
	车辆及运输工具	酚类、戊二醛类、季按盐类、复方含磺类（碘、磷酸、硫酸复合物）、过氧乙酸类
	大门口及更衣室消毒池、脚踏垫	氢氧化钠
生产、加工区	畜舍建筑物、围栏、木质结构、水泥表面、地面	氢氧化钠、酚类、戊二醛类、二氧化氯类、过氧乙酸类
	生产、加工设备及器具	季铵盐类、复方含磺类（碘、磷酸、硫酸复合物）、过硫酸氢钾类
	环境及空气消毒	过硫酸氢钾类、二氧化氯类、过氧乙酸类
	饮水消毒	季铵盐类、过硫酸氢钾类、二氧化氯类、含氯类
	人员皮肤消毒	含碘类
	衣、帽、鞋等可能被污染的物品	过硫酸氢钾类
办公、生活区	疫宿舍区范、公围共内食办堂公等、场饲养所人员	二氧化氯类、过硫酸氢钾类、含氯类
人员衣物	隔离服胶鞋等	过硫酸氢钾类

备注：1. 氢氧化钠、氢氧化钙消毒剂，可采用1％工作浓度；2. 戊二醛类、季铵盐类、酚类、二氧化氯类消毒剂，可参考说明书标明的工作浓度使用，饮水消毒工作浓度除外；3. 含碘类、含氯类、过硫酸氢钾类消毒剂，可参考说明书标明的高工作浓度使用。

二、场地及设施设备消毒

（一）消毒前准备

1. 消毒前必须彻底清洗，清除有机物、污物、粪便、饲料、垫料等。

2. 按需选择合适的消毒产品。

3. 备有喷雾器、火焰喷射枪、消毒车辆、消毒防护用具（如口罩、手套、防护靴等）、消毒容器等。

（二）消毒方法

1. 对金属设施设备，可采用火焰、熏蒸和冲洗等方式消毒。

2. 对圈舍、车辆、屠宰加工、贮藏等场所，可采用消毒液清洗、喷洒等方式消毒。

3. 对养殖场（户）的饲料、垫料，可采用堆积发酵或焚烧等方式处理，对粪便等污物，作化学处理后采用深埋、堆积发酵或焚烧等方式处理。

4. 对办公室、宿舍、食堂等场所，可采用喷洒方式消毒。

5. 对消毒产生的污水应进行无害化处理。

（三）人员及物品消毒

1. 饲养及管理人员可采取淋浴和更衣方式消毒。

2. 对衣服、鞋等可能被污染的物品，可采取消毒液浸泡、高压灭菌等方式消毒。

（四）消毒频率

疫点每天消毒 3 至 5 次，连续 7 天，之后每天消毒 1 次，持续消毒 21 天；疫区临时消毒站做好出入车辆人员消毒工作，直至解除封锁。

三、消毒效果评价

最后一次消毒后，针对金属设施设备、车辆、圈舍、屠宰加工和储藏场所，以及办公室、宿舍、食堂等场所，采集环境样品，进行非洲猪瘟病毒核酸检测。核酸检测结果为阴性，表明消毒效果合格；核酸检测结果为阳性，需要继续进行清洗消毒。

附件 3：

非洲猪瘟疫情处置职责任务分工

序号	主体/政府//部门		主要职责任务
1	各类生产经营主体	养殖场户	1. 发现生猪及其产品染疫或疑似染疫时，及时报告。 2. 做好隔离观察、清洗消毒等处置工作。 3. 配合做好监测排查、流行病学调查、封锁、扑杀、无害化处理等应急处置活动 。
12		屠宰场	
13		无害化处理厂	
14		生猪交易市场	
15		收购、贩运主体	
6	县级政府及相关管理部门	县级人民政府	1. Ⅰ级、Ⅱ级和Ⅲ级疫情响应时，疫情所在县应立即启动应急指挥机构，组织各有关部门依据职责分工共同做好疫情处置；其他响应县应启动应急指挥机构，组织各有关部门依据职责分工共同做好疫情应对。 2. Ⅳ级疫情响应时，根据县级畜牧兽医主管部门的建议，启动应急指挥机构，组织各有关部门依据职责分工共同做好疫情处置；实施防控工作每日报告制度，组织开展紧急流行病学调查和应急监测工作；对发现的疫情及时采取应急处置措施。必要时，可请求上级政府予以支持保证应急处理工作顺利进行。 3. 对作出贡献的先进集体和个人进行表彰和奖励；对因参与应急处置工作致病、致残、死亡的人员，按照有关规定给予相应的补助和抚恤。

（续）

序号	主体/政府//部门		主要职责任务
7	县级政府及相关管理部门	县级畜牧兽医主管部门	1. 组织开展病例诊断和流行病学调查，认定可疑和疑似疫情，并及时报送有关信息；疫情确诊后，向本级人民政府提出疫情响应建议。 2. 划定疫点、疫区、受威胁区，报请同级人民政府实施封锁；组织开展疫情监测、检测、流行病学调查、检疫、消毒、无害化处理等工，为扑杀等疫情处置工作提供技术指导。 3. 向上一级畜牧兽医主管部门申请组织验收，合格后向原发布封锁令的人民政府申请解除封锁。 4. 组织开展应急处置情况总结，查找工作差距，报同级人民政府和上级畜牧兽医主管部门 。
8		联防联控机制其他部门	发展改革、财政、交通运输、公安、市场监管 、海关、林草等应急指挥机构成员单位，应当在各自的职责范围内负责做好应急所需的物资储备、应急处理经费落实、应急物资运输、社会治安维护、动物及其产品市场监管、口岸 检疫、防疫知识宣传等工作。
9	市级政府及相关管理部门	市级人民政府	1. Ⅰ级和Ⅱ级疫情响应时，疫情所在市应立即启动应急指挥机构，组织各有关部门依据职责分工共同做好疫情处置；其他响应市应启动应急指挥机构，组织各有关部门依据职责分工共同做好疫情应对。 2. Ⅲ级疫情响应时，根据市级畜牧兽医主管部门的建议，启动应急指挥机构，组织各有关部门依据职责分工共同做好疫情处置；实施防控工作每日报告制度，组织开展紧急流行病学调查和应急监测工作；对发现的疫情及时采取应急处置措施。必要时，可请求上级政府予以支持，保证应急处理工作顺利进行。 3. 对作出贡献的先进集体和个人进行表彰和奖励；对因参与应急处置工作致病、致残、死亡的人员，按照有关规定给予相应的补助和抚恤。
10		市级畜牧兽医主管部门	1. 认定可疑疫情和疑似疫情，并及时上报。 2. Ⅰ级和Ⅱ级应急响应时，按照职责分工，做好疫情防控工作。 3. 向本级人民政府提出启动Ⅲ级疫情应急响应的建议，组织开展非洲猪瘟疫情的调查与处理；划定疫点、疫区、受威胁区；负责对本行政区域内应急处理工作的督导和检查；开展有关技术培训工作；有针对性地开展动物防疫知识宣教；组织开展疫情形势评估，及时提出调整响应级别或终止应急响应的建议或意见。疫情处置结束，组织有关单位对应急处置情况进行系统总结，查找工作差距，按要求报告同级人民政府，并报上级畜牧兽医主管部门。 4. Ⅳ级疫情响应时，对疫情发生地开展应急处置督导，及时组织专家提供技术支持；向本币有关县区、相关部门通报疫情，指导做好疫情应对。
11		联防联控机制其他部门	发展改革、财政、交通运输、公安、市场监管、海关、林草等应急指挥机构成员单位，应当在各自的职责范围内负责做好应急所需的物资储备、应急处理经费落实、应急物资运输、社会治安维护、动物及其产品市场监管、口岸检疫、防疫知识宣传等工作。

（续）

序号	主体/政府//部门		主要职责任务
12	省级政府及相关管理部门	省级人民政府	1. Ⅰ级疫情响应叶，应立即启动应急指挥机构，组织各有关部门依据职责分工共同做好疫情应对，对发现的疫情及时采取应急处置措施。 2. Ⅱ级疫情响应时，根据省级畜牧兽医行政管理部门的建议，立即启动应急指挥机构工作，组织有关部门依据职责分工共同做好疫情应对，实施防控工作每日报告制度，组织开展紧急流行病学调查和应急监测工作；对发现的疫情及时采取应急处置措施。必要时，可请求中夹予以支持，保证应急处理工作顺利进行。 3. 对作出贡献的先进集体和个人进行表彰和奖励；对因参与应急处置工作致病、致残、死亡的人员，按照有关规定给予相应的补助和抚恤。
13		省级畜牧兽医主管部门	1. 认定非洲猪瘟疫情，并按规定及时上报。 2. Ⅰ级疫情响应时，桉照职责分工，做好疫情防控工作。 3. 向省级人民政府提出启动Ⅱ级疫情响应建议，组织开展非洲猪瘟疫情的调查与处理；划定疫点、疫区、受威胁区；负责对本行政区域内应急处理工作的督导和检查；开展有关技术培训工作；有针对性地开展动物防疫知识宣教；组织开展疫情形势评估，及时提出调整响应级别或终止应急响应的建议或意见；疫情处置结束，组织有关单位对应急处置情况进行系统总结，查找工作差距，按要求报告同级人民政府，并上报农业农村部。 4. Ⅲ级疫情响应时，省级人民政府畜牧兽医主管部门对疫情发生地开展应急处置督，及时组织专家提供技术支持；向本省有关地区、相关部门通报疫情信息，指导做好疫情应对。 5. Ⅳ级疫情响应时，根据需要对疫情处置提供技术支持，并向相关地区发布预警信息。 6. 授权符合条件的地市级动物疫病预防控制机构实验室开展非洲猪瘟确诊工作。
14		联防联控机制其他部门	发展改革、财政、交通运输、公安、市场监管、海关、林草等应急指挥机构成员单位，应当在各自的职责范围内负责做好应急所需的物资储备、应急处理经费落实、应急物资运输、社会治安维护、动物及其产品市场监管、口岸检疫、防疫知识宣传等工作。
15	应对非洲猪瘟疫情联防联控工作机制	农业农村部	1. 认定和发布疫情信息。 2. 报请国务院启动Ⅰ级疫情响应，启动国家应急指挥机构；或经国务院授权，由农业农村部启动Ⅰ级疫情响应，并牵头启动多部门组成的应急指挥机构，桉照职责分工做好疫情防控工作；实施防控工作每日报告制度，组织开展紧急流行病学调查和应急监测工作；对发现的疫情及时采取应急处置措施。 3. Ⅰ级疫情响应时，加强对全国疫情形势的研判，对发生疫情省份开展应急处置督导，根据需要派专家组指导处置疫情；向社会发布预警，并指导做好疫情应对。 4. Ⅲ级疫情响应时，向相关省份发布预警。

（续）

序号	主体/政府//部门		主要职责任务
16	应对非洲猪瘟疫情联防联控工作机制	应对非洲猪瘟疫情联防联控工作机制其他部门和单位	中央宣传部、外交部、发展改革委、工业和信息化部、公安部、财政部、住房城乡建设部、交通运输部、商务部、卫生健康委、应急部、海关总署、市场监管总局、银保监会、林草局、民航局、邮政局、中央军委后勤保障部、国家铁路集团有限公司等成员单位按照职责分工，负责组织做好疫情监测报告、野猪巡查及监测、应急处置、运输监管、境外疫情防堵、餐厨废弃物管理、案件侦办、社会治安管理、市场调控和监管、基础设施建设保障、财政经费保障、宣传引导等工作，落实信息共享、工作会商、督办检查等制度 。

附件 4：

非洲猪瘟疫情处置职责任务分工

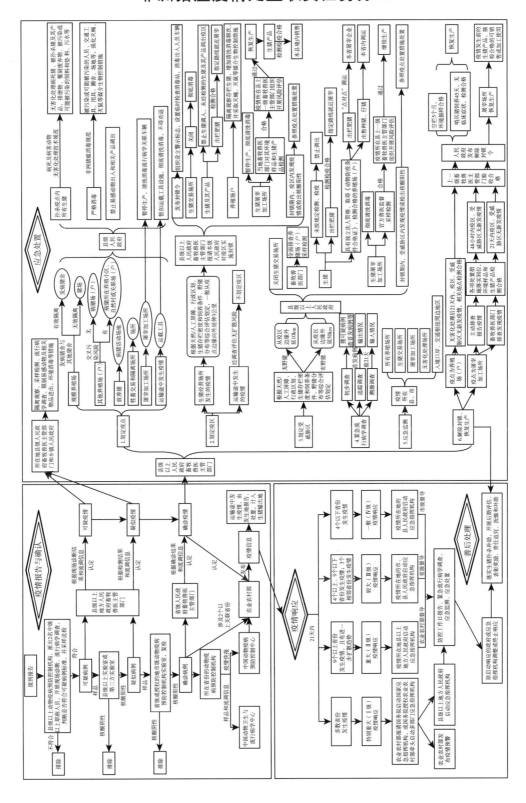

附件5：

非洲猪瘟疫情处置职责任务分工

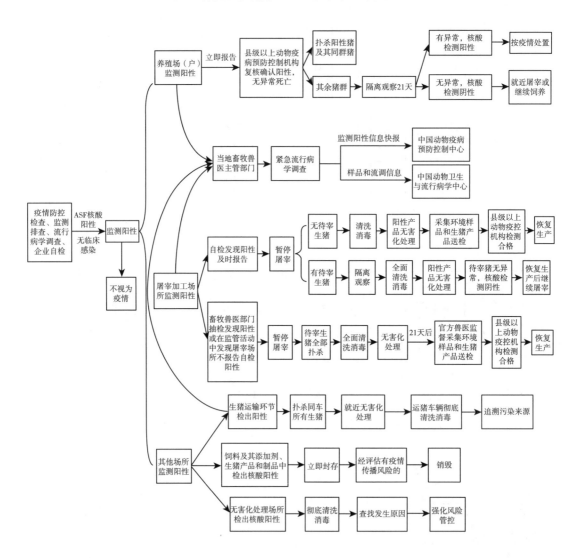

国家重点保护野生动物名录

（1988年12月10日国务院批准　1989年1月14日中华人民共和国
林业部、农业部令第1号发布　自1989年1月14日施行　2003年2月
21日经国务院批准调整　国家林业局令第7号发布　2020年6月3日经
国务院批准　国家林业和草原局公告2020年第12号）

目、科	中文名称	拉丁学名	保护级别
兽纲　Mammalia			
灵长目 Primates			
懒猴科 Lorisldae	蜂猴（所有种）	*Nycticebus* spp.	I
猴科 Cercopithecidae	短尾猴	*Macaca arctoides*	II
	熊猴	*Macaca assamensis*	I
	台湾猴	*Macaca cyclopis*	I
	猕猴	*Macaca mulatta*	II
	豚尾猴	*Macaca nemestrina*	I
	藏酋猴	*Macaca thibetana*	II
	叶猴（所有种）	*Presbytis* spp.	I
	金丝猴（所有种）	*Rhinopithecus* spp.	I
猩猩科 Pongidae	长臂猿（所有种）	*Hylobates* spp.	I
鳞甲目 Pholidota			
鲮鲤科 Manidae	穿山甲属所有种	*Manis* spp.	I
食肉目 Carnivora			
犬科 Canidae	豺	*Cuon alpinus*	II
熊科 Ursidae	黑熊	*Ursus thibetanus*	II
	棕熊（包括马熊）	*Ursus arctos*（*U. a. Pruinosus*）	II
	马来熊	*Helarctas malayanus*	I
浣熊科 Procyonidae	小熊猫	*Ailurus fulgens*	II
大熊猫科 Ailuropodidae	大熊猫	*Ailuro podamelanoleuca*	I
鼬科 Mustelidae	石貂	*Martes foina*	II
	紫貂	*Martes zibellina*	I
	黄喉貂	*Martes flavigula*	II
	貂熊	*Gulo gulo*	I

（续）

目、科	中文名称	拉丁学名	保护级别
鼬科 Mustelidae	＊水獭（所有种）	*Lutra* spp.	I
	＊小爪水獭	*Aonyx cinerea*	II
灵猫科 Viverridae	斑林狸	*Prionodon pardicolor*	II
	大灵猫	*Viverra zibetha*	II
	小灵猫	*Viverricula indica*	II
	熊狸	*Arctictis binturong*	I
猫科 Felidae	草原斑猫	*Felis lybica*（＝*silvestris*）	II
	荒漠猫	*Felis bieti*	II
	丛林猫	*Felis chaus*	II
	猞猁	*Felis lynx*	II
	兔狲	*Felis manul*	II
	金猫	*Feils temmincki*	II
	渔猫	*Felis viverrinus*	II
	云豹	*Neofelis nebulosa*	I
	豹	*Panthera pardus*	I
	虎	*Panthera tigris*	I
	雪豹	*Panthera uncia*	I
鳍足目 Pinnipedia			
	＊鳍足目（所有种）	Pinnipedia	I
海牛目 Sirenia			
儒艮科 Dugongidae	＊儒艮	*Dugong dugong*	I
鲸目 Cetacea			
喙豚科 Platanistidae	＊白暨豚	*Lipotes vexillifer*	I
海豚科 Delphinidae	＊中华白海豚	*Sousa chinensis*	I
	＊其它鲸类	（Cetacea）	II
长鼻目 Proboscidea			
象科 Elephantidae	亚洲象	*Elephas maximus*	I
奇蹄目 Perissodactyla			
马科 Equidae	蒙古野驴	*Equus hemionus*	I
	西藏野驴	*Equus kiang*	I
	野马	*Equns przewalskii*	I
偶蹄目 Artiodactyla			
驼科 Camelidae	野骆驼	*Camelus ferus*（＝*bactrianus*）	I
鼷鹿科 Tragulidae	鼷鹿	*Tragul usjavanicus*	I
麝科 Moschidae	麝（所有种）	*Moschus* spp.	I

（续）

目、科	中文名称	拉丁学名	保护级别
鹿科 Cervidae	河麂	*Hydropotes inermis*	Ⅱ
	黑麂	*Muntiacus crinifrons*	Ⅰ
	白唇鹿	*Cervus albirostris*	Ⅰ
	马鹿（包括白臀鹿）	*Cervus elaphus*（*C. e. macneilli*）	Ⅱ
	坡鹿	*Cervus eldi*	Ⅰ
	梅花鹿	*Cervus nippon*	Ⅰ
	豚鹿	*Cervus porcinus*	Ⅰ
	水鹿	*Cervus unicolor*	Ⅱ
	麋鹿	*Elaphurus davidianus*	Ⅰ
	驼鹿	*Alces alces*	Ⅱ
牛科 Bovidae	野牛	*Bos gaurus*	Ⅰ
	野牦牛	*Bos mutus*（＝*grunniens*）	Ⅰ
	黄羊	*Procapra gutturosa*	Ⅱ
	普氏原羚	*Procapra przewalskii*	Ⅰ
	藏原羚	*Procapra picticaudata*	Ⅱ
	鹅喉羚	*Cazella subgutturosa*	Ⅱ
	藏羚	*Pantholops hodgsoni*	Ⅰ
	高鼻羚羊	*Saiga tatarica*	Ⅰ
	扭角羚	*Budorcas taxicolor*	Ⅰ
	鬣羚	*Capricornis sumatraensis*	Ⅱ
	台湾鬣羚	*Capricornis crispus*	Ⅰ
	赤斑羚	*Naemorhedus cranbrooki*	Ⅰ
	斑羚	*Naemorhedus goral*	Ⅱ
	塔尔羊	*Hemitragus jemlahicus*	Ⅰ
	北山羊	*Capra ibex*	Ⅰ
	岩羊	*Pseudois nayaur*	Ⅱ
	盘羊	*Ovis ammon*	Ⅱ
兔形目 Lagomorpha			
兔科 Leporidae	海南兔	*Lepus peguensishainanus*	Ⅱ
	雪兔	*Lepus timidus*	Ⅱ
	塔里木兔	*Lepus yarkandensis*	Ⅱ
啮齿目 Rodentia			
松鼠科 Sciuridae	巨松鼠	*Ratufa bicolor*	Ⅱ

（续）

目、科	中文名称	拉丁学名	保护级别
河狸科 Castoridae	河狸	*Castor fiber*	I
鸟纲　Aves			
目 Podicipediformes			
科 Podicipedidae	角	*Podiceps auritus*	II
	赤颈	*Podiceps grisegena*	II
鹱形目 Procellariiformes			
信天翁科 Diomedeidae	短尾信天翁	*Diomede aalbatrus*	I
鹈形目 Pelecaniformes			
鹈鹕科 Pelecanidae	鹈鹕（所有种）	*Pelecanus* spp.	II
鲣鸟科 Sulidae	鲣鸟（所有种）	*Sula* spp.	II
鸬鹚科 Phalacrocoracidae	海鸬鹚	*Phalacrocorax pelagicus*	II
	黑颈鸬鹚	*Phalacrocorax niger*	II
军舰鸟科 Fregatidae	白腹军舰鸟	*Fregata andrewsi*	I
鹳形目 Ciconiiformes			
鹭科 Ardeidae	黄嘴白鹭	*Egretta eulophotes*	II
	岩鹭	*Egrettas acra*	II
	海南虎斑	*Gorsachius magnificus*	II
	小苇	*Ixbrychus minutus*	II
鹳科 Ciconiidae	彩鹳	*Ibis leucocephalus*	II
	白鹳	*Ciconia ciconia*	I
	黑鹳	*Ciconia nigra*	I
鹮科 Threskiornithidae	白鹮	*Threskiornis aethiopicus*	II
	黑鹮	*Pseudibis papillosa*	II
	朱鹮	*Nipponia nippon*	I
	彩鹮	*Plegadis faIcinellus*	II
	白琵鹭	*Platalea leucorodia*	II
	黑脸琵鹭	*Platalea minor*	II
雁形目 Anseriformes			
鸭科 Anatidae	红胸黑雁	*Branta ruficollis*	II
	白额雁	*Anser albifrons*	II
	天鹅（所有种）	*Cygnus* spp.	II
	鸳鸯	*Aix galericulata*	II
	中华秋沙鸭	*Mergus squamatus*	I

（续）

目、科	中文名称	拉丁学名	保护级别
隼形目 Falconiformes			
鹰科 Accipitridae	金雕	*Aquila chrysaetos*	I
	白肩雕	*Aquila heliaca*	I
	玉带海雕	*Haliaeetus leucoryphus*	I
	白尾海雕	*Haliaeetus albcilla*	I
	虎头海雕	*Haliaeetus pelagicus*	I
	拟兀鹫	*Pseudogypsbengalensis*	I
	胡兀鹫	*Gypaetus barbatus*	I
	其它鹰类	（Accipitridae）	II
隼科 Falconidae	隼科（所有种）	Falconidae	II
鸡形目 Galliformes			
松鸡科 Tetraonidae	细嘴松鸡	*Tetrao parvirostris*	I
	黑琴鸡	*Lyrurus tetrix*	II
	柳雷鸟	*Lagopus lagopus*	II
	岩雷鸟	*Lagopus mutus*	II
	镰翅鸡	*Falcipennis falcipennis*	II
	花尾榛鸡	*Tetrastes bonasia*	II
	斑尾榛鸡	*Tetrastes sewerzowi*	I
雉科 Phasianidae	雪鸡（所有种）	*Tetraogallus* spp.	II
	雉鹑	*Tetraophasis obscurus*	I
	四川山鹧鸪	*Arborophila rufipectus*	I
	海南山鹧鸪	*Arborophila ardens*	I
	血雉	*Ithaginis cruentus*	II
	黑头角雉	*Tragopan melanocephalus*	I
	红胸角雉	*Tragopan satyra*	I
	灰腹角雉	*Tragopan blythii*	I
	红腹角雉	*Tragopan temminckii*	II
	黄腹角雉	*Tragopan caboti*	I
	虹雉（所有种）	*Lophophorus* spp.	I
	藏马鸡	*Crossoptilon crossoptilon*	II
	蓝马鸡	*Crossoptilon aurtun*	II
	褐马鸡	*Crossoptilon mantchuricum*	I
	黑鹇	*Lophura leucomelana*	II
	白鹇	*Lophuran ycthemera*	II
	蓝鹇	*Lophura swinhoii*	I

（续）

目、科	中文名称	拉丁学名	保护级别
雉科 Phasianidae	原鸡	*Gallus gallus*	Ⅱ
	勺鸡	*Pucrasia macrolopha*	Ⅱ
	黑颈长尾雉	*Syrmaticus humiae*	Ⅰ
	白冠长尾雉	*Syrmaticus reevesii*	Ⅱ
	白颈长尾雉	*Syrmaticus ewllioti*	Ⅰ
	黑长尾雉	*Syrmaticus mikado*	Ⅰ
	锦鸡（所有种）	*Chrysolophus* spp.	Ⅱ
	孔雀雉	*Polyplectron bicalcaratum*	Ⅰ
	绿孔雀	*Pavo muticus*	Ⅰ
鹤形目 Gruiformes			
鹤科 Gruidae	灰鹤	*Grus grus*	Ⅱ
	黑颈鹤	*Grum nigricollis*	Ⅰ
	白头鹤	*Grus monacha*	Ⅰ
	沙丘鹤	*Grus canadensis*	Ⅱ
	丹顶鹤	*Grus japonensis*	Ⅰ
	白枕鹤	*Grus vipio*	Ⅱ
	白鹤	*Grus leucogeranus*	Ⅰ
	赤颈鹤	*Grus antigone*	Ⅰ
	蓑羽鹤	*Anthropoides virgo*	Ⅱ
秧鸡科 Rallidae	长脚秧鸡	*Crex crex*	Ⅱ
	姬田鸡	*Porzana parva*	Ⅱ
	棕背田鸡	*Porzana bicolor*	Ⅱ
	花田鸡	*Coturnicops noveboracensis*	Ⅱ
鸨科 Otidae	鸨（所有种）	*Otis* spp.	Ⅰ
鸻形目 Charadruformes			
雉鸻科 Jacanidae	铜翅水雉	*Metopidius indicus*	Ⅱ
鹬科 Scolopacidae	小杓鹬	*Numenius borealis*	Ⅱ
	小青脚鹬	*Tringa guttifer*	Ⅱ
燕鸻科 Glareolidae	灰燕鸻	*Glareola lactea*	Ⅱ
鸥形目 Lariformes			
鸥科 Laridae	遗鸥	*Larus relictus*	Ⅰ
	小鸥	*Larus minutus*	Ⅱ
	黑浮鸥	*Chlidonias niger*	Ⅱ
	黄嘴河燕鸥	*Sterna aurantia*	Ⅱ
	黑嘴端凤头燕鸥	*Thalasseus zimmermanni*	Ⅱ

（续）

目、科	中文名称	拉丁学名	保护级别
鸽形目 Columbiformes			
沙鸡科 Pteroclididae	黑腹沙鸡	*Pterocles orientalis*	Ⅱ
鸠鸽科 Columbidae	绿鸠（所有种）	*Treron* spp.	Ⅱ
	黑颏果鸠	*Ptilinopus leclancheri*	Ⅱ
	皇鸠（所有种）	*Ducula* spp.	Ⅱ
	斑尾林鸽	*Columba palumbus*	Ⅱ
	鹃鸠（所有种）	*Macropygia* spp.	Ⅱ
鹦形目 Psittaciformes			
鹦鹉科 Psittacidae	鹦鹉科（所有种）	Psittacidae	Ⅱ
鹃形目 Cuculiformes			
杜鹃科 Cuculidae	鸦鹃（所有种）	*Centropus* spp.	Ⅱ
鸮形目 Strigiformes			
	鸮形目（所有种）	Strigiformes	Ⅱ
雨燕目 Apodiformes			
雨燕科 Apodidae	灰喉针尾雨燕	*Hirundapus cochinchinensis*	Ⅱ
凤头雨燕科 Hemiprocnidae	凤头雨燕	*Hemiprocne longipennis*	Ⅱ
咬鹃目 Trogoniformes			
咬鹃科 Trogonidae	橙胸咬鹃	*Harpactes oreskios*	Ⅱ
佛法僧目 Coraciiformes			
翠鸟科 Alcedinidae	蓝耳翠鸟	*Alcedo meninting*	Ⅱ
	鹳嘴翠鸟	*Pelargopsis capensis*	Ⅱ
蜂虎科 Meropidae	黑胸蜂虎	*Merops leschenaulti*	Ⅱ
	绿喉蜂虎	*Merops orientalis*	Ⅱ
犀鸟科 Bucertidae	犀鸟科（所有种）	Bucertidae	Ⅱ
形目 Piciformes			
啄木鸟科 Picidae	白腹黑啄木鸟	*Dryocopus javensis*	Ⅱ
雀形目 Passeriformes			
阔嘴鸟科 Eurylaimidae	阔嘴鸟科（所有种）	Eurylaimidae	Ⅱ
八色鸫科 Pittidae	八色鸫科（所有种）	Pittidae	Ⅱ
爬行纲　Reptilia			
龟鳖目 Testudinata			
龟科 Emydidae	＊地龟	*Geoemyda spengleri*	Ⅱ
	＊三线闭壳龟	*Cuora trifasciata*	Ⅱ
	＊云南闭壳龟	*Cuora yunnanensis*	Ⅱ

（续）

目、科	中文名称	拉丁学名	保护级别
陆龟科 Testudinidae	四爪陆龟	*Testudo horsfieldi*	I
	凹甲陆龟	*Manouria impressa*	II
海龟科 Cheloniidae	*蠵龟	*Caretta caretta*	II
	*绿海龟	*Chelonia mydas*	II
	*玳瑁	*Ereimochelys imbricata*	II
	*太平洋丽龟	*Lepidochelys olivacea*	II
棱皮龟科 Dermochelyidae	*棱皮龟	*Dermochelys coriacea*	II
鳖科 Trionychidae	*鼋	*Pelochelys bibroni*	I
	*山瑞鳖	*Trionyx steindachneri*	II
鳄目 Crocodiliformes			
鼍科 Alligatoridae	扬子鳄	*Alligator sinensis*	I
蜥蜴目 Lacertiformes			
壁虎科 Gekkonidae	大壁虎	*Gekko gecko*	II
鳄蜥科 Shinisauridae	鳄蜥	*Shinisaurus crocodilurus*	I
巨蜥科 Varanidae	巨蜥	*Varanus salvator*	I
蛇目 Serpentiformes			
蟒科 Boidae	蟒	*Python molurus*	I
两栖纲 Amphibia			
有尾目 Caudata			
隐鳃鲵科 Cryptobranchidae	*大鲵	*Andrias davidianus*	I
蝾螈科 Salamandridae	*细痣疣螈	*Tylototriton asperrimus*	II
	*镇海疣螈	*Tylototriton chinhaiensis*	II
	*贵州疣螈	*Tylototriton kweichowensis*	II
	*大凉疣螈	*Tylototriton taliangensis*	II
	*细瘰疣螈	*Tylototriton verrucosus*	II
无尾目 Salientia（anura）			
蛙科 Ranidae	虎纹蛙	*Rana tigrina*	II
鱼纲 Plsces			
鲈形目 Perciformes			
石首鱼科 Sciaenidae	*黄唇鱼	*Bahaba flavolabiata*	II
杜父鱼科 Cottidae	*松江鲈鱼	*Trachidermus fasciatus*	II
海龙鱼目 Syngnathiformes			
海龙鱼科 Syngnathidae	*克氏海马鱼	*Hippocampus kelloggi*	II

（续）

目、科	中文名称	拉丁学名	保护级别
鲤形目 Cypriniformes			
胭脂鱼科 Catostomidae	* 胭脂鱼	*Myxocyprinus asiaticus*	II
鲤科 Cyprinidae	* 唐鱼	*Tanichthys albonubes*	II
	* 大头鲤	*Cyprinus pellegrini*	II
	* 金线鲃	*Sinocyclocheilus grahami*	II
	* 新疆大头鱼	*Aspiorhynchus laticeps*	I
	* 大理裂腹鱼	*Schizothorax taliensis*	II
鳗鲡目 Anguillifomes			
鳗鲡科 Anguillidae	* 花鳗鲡	*Anguilla marmorata*	II
鲑形目 Salmoniformes			
鲑科 Salmonidae	* 川陕哲罗鲑	*Hucho bleekeri*	II
	* 秦岭细鳞鲑	*Brachymystax lenoktsinlingensis*	II
鲟形目 Acipenseriformes			
鲟科 Acipenseridae	* 中华鲟	*Acipenser sinensis*	I
	* 达氏鲟	*Acipenser dabryanus*	I
匙吻鲟科 Polyodontidae	* 白鲟	*Psephurus gladius*	I
文昌鱼纲 Appendicularia			
文昌鱼目 Amphioxiformes			
文昌鱼科 Branchiostomatidae	* 文昌鱼	*Branchiotoma belcheri*	II
珊瑚纲 Anthozoa			
柳珊瑚目 Gokgonacea			
红珊瑚科 Coralliidae	* 红珊瑚	*Corallium* spp.	I
腹足纲 Gastropoda			
中腹足目 Mesogastropoda			
宝贝科 Cypraeidae	* 虎斑宝贝	*Cypraea tigris*	II
冠螺科 Cassididae	* 冠螺	*Cassis cornuta*	II
瓣鳃纲 Lamellibranchia			
异柱目 Anisomyaria			
珍珠贝科 Pteriidae	* 大珠母贝	*Pinctada maxima*	II
真瓣鳃目 Eulamellibranchia			
砗磲科 Tridacnidae	* 库氏砗磲	*Trldacna cookiana*	I
蚌科 Unionidae	* 佛耳丽蚌	*Lamprotula mansuyi*	II
头足纲 Cephalopoda			

（续）

目、科	中文名称	拉丁学名	保护级别
四鳃目 Tetrabranchia			
鹦鹉螺科 Nautilidae	*鹦鹉螺	*Nautilus pompilius*	Ⅰ
昆虫纲 Insecta			
双尾目 Diplura			
鋏　科 Japygidae	伟鋏	*Atlasjapyx atlas*	Ⅱ
蜻蜓目 Odonata			
箭蜓科 Gomphidae	尖板曦箭蜓	*Heliogomphus retroflexus*	
	宽纹北箭蜓	*Ophiogomphus spinicorne*	Ⅱ
缺翅目 Zoraptera			
缺翅虫科 Zorotypidae	中华缺翅虫	*Zorotypus sinensis*	Ⅱ
	墨脱缺翅虫	*Zorotypus medoensis*	Ⅱ
蛩蠊目 Grylloblattodae			
蛩蠊科 Grylloblattidae	中华蛩蠊	*Galloisiana sinensls*	Ⅰ
鞘翅目 Coleoptera			
步甲科 Carabidae	拉步甲	*Carabus （Coptolabrus） lafossei*	Ⅱ
	硕步甲	*Carabus （Apotopterus） davidi*	Ⅱ
臂金龟科 Euchiridae	彩臂金龟（所有种）	*Cheirotonus* spp.	Ⅱ
犀金龟科 Dynastidae	叉犀金龟	*Allomyrina davidis*	Ⅱ
鳞翅目 Lepidoptera			
凤蝶科 Papilionidae	金斑喙凤蝶	*Teinopalpus aureus*	Ⅰ
	双尾褐凤蝶	*Bhutanitis mansfieldi*	Ⅱ
	三尾褐凤蝶	*Bhutanitis thaidinadongchuanensls*	Ⅱ
	中华虎凤蝶	*Lueddorfia chinensishuashanensis*	Ⅱ
绢蝶科 Parnassidae	阿波罗绢蝶	*Parnassius apollo*	Ⅱ
肠鳃纲 Enteropneusta			
柱头虫科 Balanoglossidae	*多鳃孔舌形虫	*Glossobalanus polybranchioporus*	Ⅰ
玉钩虫科 Harrlmaniidae	*黄岛长吻虫	*Saccoglossus hwangtauensis*	Ⅰ

注：标"*"者，由渔业行政主管部门主管，未标"*"者，由林业行政主管部门主管。

国家林业局令

（2003 年第 7 号　2003 年 2 月 21 日）

　　《国家重点保护野生动物名录》已经国务院批准调整，现将调整的种类予以公布，自公布之日起施行。

国家重点保护野生动物名录

中文名	学名	保护级别	
		Ⅰ级	Ⅱ级
偶蹄目	Artiodactyla		
麝科	Moschidae		
麝（所有种）	*Moschus* spp.	Ⅰ级	

国家林业和草原局公告

（2020 年第 12 号　2020 年 6 月 3 日）

为加强穿山甲保护，经国务院批准，现将穿山甲属所有种由国家二级保护野生动物调整为国家一级保护野生动物（详见附件），自公布之日起施行。

附件：国家重点保护野生动物名录

附件：

国家重点保护野生动物名录

中文名	学名	保护级别	
		二级	一级
鳞甲目	Pholidota		
鲮鲤科	Manidae		
穿山甲属所有种	*Manis* spp.		一级

备注：穿山甲属所有种仅指在我国自然分布的种。

国家保护的有益的或者有重要经济、科学研究价值的陆生野生动物名录

（国家林业局令第 7 号发布实施　2000 年 8 月 1 日）

目、科	序号	中文名	学名	备注
兽纲 Mammalia 6 目 14 科 88 种				
食虫目 Insectivora				
猬科 Erinaceidae	1	刺猬	*Erinaceus europaeus*	
	2	达乌尔猬	*Hemiechinus dauuricus*	
	3	大耳猬	*Hemiechinus auritus*	
	4	侯氏猬	*Hemiechinus hughi*	
树鼩目 Scandentia				
树鼩科 Tupaiidae	5	树鼩	*Tupaia belangeri*	
食肉目 Carnivora				
犬科 Canidae	6	狼	*Canis lupus*	
	7	赤狐	*Vulpes vulpes*	
	8	沙狐	*Vulpes corsac*	
	9	藏狐	*Vulpes ferrilata*	
	10	貉	*Nyctereutes procyonoides*	
鼬科 Mustelidae	11	香鼬	*Mustela altaica*	
	12	白鼬	*Mustela erminea*	
	13	伶鼬	*Mustela nivalis*	
	14	黄腹鼬	*Mustela kathiah*	
	15	小艾鼬	*Mustela amurensis*	
	16	黄鼬	*Mustela sibirica*	
	17	纹鼬	*Mustela strigidorsa*	
	18	艾鼬	*Mustela eversmanni*	

（续）

目、科	序号	中文名	学名	备注
鼬科 Mustelidae	19	虎鼬	*Vormela peregusna*	
	20	鼬獾	*Melogale moschata*	
	21	缅甸鼬獾	*Melogale personata*	
	22	狗獾	*Meles meles*	
	23	猪獾	*Arctonyx collaris*	
灵猫科 Viverridae	24	大斑灵猫	*Viverra megaspila*	
	25	椰子狸	*Paradoxurus hermaphroditus*	
	26	果子狸	*Paguma larvata*	
	27	小齿椰子猫	*Arctogalidia trivirgata*	
	28	缟灵猫	*Chrotogale owstoni*	
	29	红颊獴	*Herpestes javanicus*	
	30	食蟹獴	*Herpestes urva*	
猫科 Felidae	31	云猫	*Felis marmorata*	
	32	豹猫	*Felis bengalensis*	
偶蹄目 Artiodactyla				
猪科 Suidae	33	野猪	*Sus scrofa*	
鹿科 Cervidae	34	赤麂	*Muntiacus muntjak*	
	35	小麂	*Muntiacus reevesi*	
	36	菲氏麂	*Muntiacus feae*	
	37	毛冠鹿	*Elaphodus cephalophus*	
	38	狍	*Capreolus capreolus*	
	39	驯鹿	*Rangifer tarandus*	
兔形目 Lagomorpha				
兔科 Leporidae	40	草兔	*Lepus capensis*	
	41	灰尾兔	*Lepus oiostolus*	
	42	华南兔	*Lepus sinensis*	
	43	东北兔	*Lepus mandschuricus*	
	44	西南兔	*Lepus comus*	
	45	东北黑兔	*Lepus melainus*	

（续）

目、科	序号	中文名	学名	备注
啮齿目 Rodentia				
鼯鼠科 Petauristidae	46	毛耳飞鼠	*Belomys pearsoni*	
	47	复齿鼯鼠	*Trogopterus xanthipes*	
	48	棕鼯鼠	*Petaurista petaurista*	
	49	云南鼯鼠	*Petaurista yunanensis*	
	50	海南鼯鼠	*Petaurista hainana*	
	51	红白鼯鼠	*Petaurista alborufus*	
	52	台湾鼯鼠	*Petaurista pectoralis*	
	53	灰鼯鼠	*Petaurista xanthotis*	
	54	栗褐鼯鼠	*Petaurista magnificus*	
	55	灰背大鼯鼠	*Petaurista philippensis*	
	56	白斑鼯鼠	*Petaurista marica*	
	57	小鼯鼠	*Petaurista elegans*	
	58	沟牙鼯鼠	*Aeretes melanopterus*	
	59	飞鼠	*Pteromys volans*	
	60	黑白飞鼠	*Hylopetes alboniger*	
	61	羊绒鼯鼠	*Eupetaurus cinereus*	
	62	低泡飞鼠	*Petinomys electilis*	
松鼠科 Sciuridae	63	松鼠	*Sciurus vulgaris*	
	64	赤腹松鼠	*Callosciurus erythraeus*	
	65	黄足松鼠	*Callosciurus phayrei*	
	66	蓝腹松鼠	*Callosciurus pygerythrus*	
	67	金背松鼠	*Callosciurus caniceps*	
	68	五纹松鼠	*Callosciurus quinquestriatus*	
	69	白背松鼠	*Callosciurus finlaysoni*	
	70	明纹花松鼠	*Tamiops macclellandi*	
	71	隐纹花松鼠	*Tamiops swinhoei*	
	72	橙腹长吻松鼠	*Dremomys lokriah*	
	73	泊氏长吻松鼠	*Dremomys pernyi*	
	74	红颊长吻松鼠	*Dremomys rufigenis*	

（续）

目、科	序号	中文名	学名	备注
松鼠科 Sciuridae	75	红腿长吻松鼠	*Dremomys pyrrhomerus*	
	76	橙喉长吻松鼠	*Dremomys gularis*	
	77	条纹松鼠	*Menetes berdmorei*	
	78	岩松鼠	*Sciurotamias davidianus*	
	79	侧纹岩松鼠	*Sciurotamias forresti*	
	80	花鼠	*Eutamias sibiricus*	
豪猪科 Hystricidae	81	扫尾豪猪	*Atherurus macrourus*	
	82	豪猪	*Hystrix hodgsoni*	
	83	云南豪猪	*Hystrix yunnanensis*	
竹鼠科 Rhizomyidae	84	花白竹鼠	*Rhizomys pruinosus*	
	85	大竹鼠	*Rhizomys sumatrensis*	
	86	中华竹鼠	*Rhizomys sinensis*	
	87	小竹鼠	*Cannomys badius*	
鼠科 Muridae	88	社鼠	*Rattus niviventer*	
鸟纲 Aves　18 目 61 科 706 种				
潜鸟目 Gaviiformes				
潜鸟科 Gaviidae	1	红喉潜鸟	*Gavia stellata*	
	2	黑喉潜鸟	*Gavia arctica*	
䴙䴘目 Podicipediformes				
䴙䴘科 Podicipedidae	3	小䴙䴘	*Tachybaptus ruficollis*	
	4	黑颈䴙䴘	*Podiceps nigricollis*	
	5	凤头䴙䴘	*Podiceps cristatus*	
鹱形目 Procellariiformes				
信天翁科 Diomedeidae	6	黑脚信天翁	*Diomedea nigripes*	
鹱科 Procellariidae	7	白额鹱	*Puffinus leucomelas*	
	8	灰鹱	*Puffinus griseus*	
	9	短尾鹱	*Puffinus tenuirostris*	
	10	纯褐鹱	*Bulweria bulwerii*	
海燕科 Hydrobatidae	11	白腰叉尾海燕	*Oceanodroma leucorhoa*	
	12	黑叉尾海燕	*Oceanodroma monorhis*	

（续）

目、科	序号	中文名	学名	备注
鹈形目 Pelecaniformes				
鹲科 Phaethontidae	13	白尾鹲	*Phaethon lepturus*	
鸬鹚科　Phalacrocoracidae	14	普通鸬鹚	*Phalacrocorax carbo*	
	15	暗绿背鸬鹚	*Phalacrocorax capillatus*	
	16	红脸鸬鹚	*Phalacrocorax urile*	
军舰鸟科 Fregatidae	17	小军舰鸟	*Fregata minor*	
	18	白斑军舰鸟	*Fregata ariel*	
鹳形目 Ciconiiformes				
鹭科 Ardeidae	19	苍鹭	*Ardea cinerea*	
	20	草鹭	*Ardea purpurea*	
	21	绿鹭	*Butorides striatus*	
	22	池鹭	*Ardeola bacchus*	
	23	牛背鹭	*Bubulcus ibis*	
	24	大白鹭	*Egretta alba*	
	25	白鹭	*Egretta garzetta*	
	26	中白鹭	*Egretta intermedia*	
	27	夜鹭	*Nycticorax nycticorax*	
	28	栗	*Gorsachius goisagi*	
	29	黑冠	*Gorsachius melanolophus*	
	30	黄苇	*Ixobrychus sinensis*	
	31	紫背苇	*Ixobrychus eurhythmus*	
	32	栗苇	*Ixobrychus cinnamomeus*	
	33	黑	*Ixobrychus flavicollis*	
	34	大麻	*Botaurus stellaris*	
鹳科 Ciconiidae	35	东方白鹳	*Ciconia boyciana*	
	36	秃鹳	*Leptoptilos javanicus*	
红鹳科 Phoenicopteridae	37	大红鹳	*Phoenicopterus ruber*	
雁形目 Anseriformes				
鸭科 Anatidae	38	黑雁	*Branta bernicla*	
	39	鸿雁	*Anser cygnoides*	

（续）

目、科	序号	中文名	学名	备注
	40	豆雁	Anser fabalis	
	41	小白额雁	Anser erythropus	
	42	灰雁	Anser anser	
	43	斑头雁	Anser indicus	
	44	雪雁	Anser caerulescens	
	45	栗树鸭	Dendrocygna javanica	
	46	赤麻鸭	Tadorna ferruginea	
	47	翘鼻麻鸭	Tadorna tadorna	
	48	针尾鸭	Anas acuta	
	49	绿翅鸭	Anas crecca	
	50	花脸鸭	Anas formosa	
	51	罗纹鸭	Anas falcata	
	52	绿头鸭	Anas platyrhynchos	
鸭科 Anatidae	53	斑嘴鸭	Anas poecilorhyncha	
	54	赤膀鸭	Anas strepera	
	55	赤颈鸭	Anas penelope	
	56	白眉鸭	Anas querquedula	
	57	琵嘴鸭	Anas clypeata	
	58	云石斑鸭	Marmaronetta angustirostris	
	59	赤嘴潜鸭	Netta rufina	
	60	红头潜鸭	Aythya ferina	
	61	白眼潜鸭	Aythya nyroca	
	62	青头潜鸭	Aythya baeri	
	63	凤头潜鸭	Aythya fuligula	
	64	斑背潜鸭	Aythya marila	
	65	棉凫	Nettapus coromandelianus	
	66	瘤鸭	Sarkidiornis melanotos	
	67	小绒鸭	Polysticta stelleri	
	68	黑海番鸭	Melanitta nigra	
	69	斑脸海番鸭	Melanitta fusca	

（续）

目、科	序号	中文名	学名	备注
鸭科 Anatidae	70	丑鸭	*Histrionicus histrionicus*	
	71	长尾鸭	*Clangula hyemalis*	
	72	鹊鸭	*Bucephala clangula*	
	73	白头硬尾鸭	*Oxyura leucocephala*	
	74	白秋沙鸭	*Mergus albellus*	
	75	红胸秋沙鸭	*Mergus serrator*	
	76	普通秋沙鸭	*Mergus merganser*	
鸡形目 Galliformes				
松鸡科 Tetraonidae	77	松鸡	*Tetrao urogallus*	
雉科 Phasianidae	78	雪鹑	*Lerwa lerwa*	
	79	石鸡	*Alectoris chukar*	
	80	大石鸡	*Alectoris magna*	
	81	中华鹧鸪	*Francolinus pintadeanus*	
	82	灰山鹑	*Perdix perdix*	
	83	斑翅山鹑	*Perdix dauuricae*	
	84	高原山鹑	*Perdix hodgsoniae*	
	85	鹌鹑	*Coturnix coturnix*	
	86	蓝胸鹑	*Coturnix chinensis*	
	87	环颈山鹧鸪	*Arborophila torqueola*	
	88	红胸山鹧鸪	*Arborophila mandellii*	
	89	绿脚山鹧鸪	*Arborophila chloropus*	
	90	红喉山鹧鸪	*Arborophila rufogularis*	
	91	白颊山鹧鸪	*Arborophila atrogularis*	
	92	褐胸山鹧鸪	*Arborophila brunneopectus*	
	93	白额山鹧鸪	*Arborophila gingica*	
	94	台湾山鹧鸪	*Arborophila crudigularis*	
	95	棕胸竹鸡	*Bambusicola fytchii*	
	96	灰胸竹鸡	*Bambusicola thoracica*	
	97	藏马鸡	*Crossoptilon crossoptilon*	
	98	雉鸡	*Phasianus colchicus*	

（续）

目、科	序号	中文名	学名	备注
鹤形目 Gruiformes				
秧鸡科 Rallidae	99	普通秧鸡	*Rallus aquaticus*	
	100	蓝胸秧鸡	*Rallus striatus*	
	101	红腿斑秧鸡	*Rallina fasciata*	
	102	白喉斑秧鸡	*Rallina eurizonoides*	
	103	小田鸡	*Porzana pusilla*	
	104	斑胸田鸡	*Porzana porzana*	
	105	红胸田鸡	*Porzana fusca*	
	106	斑胁田鸡	*Porzana paykullii*	
	107	红脚苦恶鸟	*Amaurornis akool*	
	108	白胸苦恶鸟	*Amaurornis phoenicurus*	
	109	董鸡	*Gallicrex cinerea*	
	100	黑水鸡	*Gallinula chloropus*	
	111	紫水鸡	*Porphyrio porphyrio*	
	112	骨顶鸡	*Fulica atra*	
鸻形目 Charadriiformes				
雉鸻科 Jacanidae	113	水雉	*Hydrophasianus chirurgus*	
彩鹬科 Rostratulidae	114	彩鹬	*Rostratula benghalensis*	
蛎鹬科 Haematopodidae	115	蛎鹬	*Haematopus ostralegus*	
鸻科 Charadriidae	116	凤头麦鸡	*Vanellus vanellus*	
	117	灰头麦鸡	*Vanellus cinereus*	
	118	肉垂麦鸡	*Vanellus indicus*	
	119	距翅麦鸡	*Vanellus duvaucelii*	
	120	灰斑鸻	*Pluvialis squatarola*	
	121	金〔斑〕鸻	*Pluvialis dominica*	
	122	剑鸻	*Charadrius hiaticula*	
	123	长嘴剑鸻	*Charadrius placidus*	
	124	金眶鸻	*Charadrius dubius*	
	125	环颈鸻	*Charadrius alexandrinus*	
	126	蒙古沙鸻	*Charadrius mongolus*	

（续）

目、科	序号	中文名	学名	备注
鸻科 Charadriidae	127	铁嘴沙鸻	*Charadrius leschenaultii*	
	128	红胸鸻	*Charadrius asiaticus*	
	129	东方鸻	*Charadrius veredus*	
	130	小嘴鸻	*Charadrius morinellus*	
鹬科 Scolopacidae	131	中杓鹬	*Numenius phaeopus*	
	132	白腰杓鹬	*Numenius arquata*	
	133	大杓鹬	*Numenius madagascariensis*	
	134	黑尾塍鹬	*Limosa limosa*	
	135	斑尾塍鹬	*Limosa lapponica*	
	136	鹤鹬	*Tringa erythropus*	
	137	红脚鹬	*Tringa totanus*	
	138	泽鹬	*Tringa stagnatilis*	
	139	青脚鹬	*Tringa nebularia*	
	140	白腰草鹬	*Tringa ochropus*	
	141	林鹬	*Tringa glareola*	
	142	小黄脚鹬	*Tringa flavipes*	
	143	矶鹬	*Tringa hypoleucos*	
	144	灰尾（漂）鹬	*Heteroscelus brevipes*	
	145	漂鹬	*Heteroscelus incanus*	
	146	翘嘴鹬	*Xenus cinereus*	
	147	翻石鹬	*Arenaria interpres*	
	148	半蹼鹬	*Limnodromus semipalmatus*	
	149	长嘴鹬	*Limnodromus scolopaeus*	
	150	孤沙锥	*Gallinago solitaria*	
	151	澳南沙锥	*Gallinago hardwickii*	
	152	林沙锥	*Gallinago nemoricola*	
	153	针尾沙锥	*Gallinago stenura*	
	154	大沙锥	*Gallinago megala*	
	155	扇尾沙锥	*Gallinago gallinago*	
	156	丘鹬	*Scolopax rusticola*	

（续）

目、科	序号	中文名	学名	备注
鹬科 Scolopacidae	157	姬鹬	*Lymnocryptes minimus*	
	158	红腹滨鹬	*Calidris canutus*	
	159	大滨鹬	*Calidris tenuirostris*	
	160	红颈滨鹬	*Calidris ruficollis*	
	161	西方滨鹬	*Calidris mauri*	
	162	长趾滨鹬	*Calidris subminuta*	
	163	小滨鹬	*Calidris minuta*	
	164	青脚滨鹬	*Calidris temminckii*	
	165	斑胸滨鹬	*Calidris melanotos*	
	166	尖尾滨鹬	*Calidris acuminata*	
	167	岩滨鹬	*Calidria ptilocnemis*	
	168	黑腹滨鹬	*Calidris alpina*	
	169	弯嘴滨鹬	*Calidris ferruginea*	
	170	三趾鹬	*Crocethia alba*	
	171	勺嘴鹬	*Eurynorhynchus pygmeus*	
	172	阔嘴鹬	*Limicola falcinellus*	
	173	流苏鹬	*Philomachus pugnax*	
反嘴鹬科 Recurvirostridae	174	鹮嘴鹬	*Ibidorhyncha struthersii*	
	175	黑翅长脚鹬	*Himantopus himantopus*	
	176	反嘴鹬	*Recurvirostra avosetta*	
瓣蹼鹬科 Phalaropodidae	177	红颈瓣蹼鹬	*Phalaropus lobatus*	
	178	灰瓣蹼鹬	*Phalaropus fulicarius*	
石鸻科 Burhinidae	179	石鸻	*Burhinus oedicnemus*	
	180	大石鸻	*Esacus magnirostris*	
燕鸻科 Glareolidae	181	领燕鸻	*Glareola pratincola*	
	182	普通燕鸻	*Glareola maldivarum*	
鸥形目 Lariformes				
贼鸥科 Stercorariidae	183	中贼鸥	*Stercorarius pomarinus*	
鸥科 Laridae	184	黑尾鸥	*Larus crassirostris*	
	185	海鸥	*Larus canus*	

（续）

目、科	序号	中文名	学名	备注
鸥科 Laridae	186	银鸥	*Larus argentatus*	
	187	灰背鸥	*Larus schistisagus*	
	188	灰翅鸥	*Larus glaucescens*	
	189	北极鸥	*Larus hyperboreus*	
	190	渔鸥	*Larus ichthyactus*	
	191	红嘴鸥	*Larus ridibundus*	
	192	棕头鸥	*Larus brunnicephalus*	
	193	细嘴鸥	*Larus genei*	
	194	黑嘴鸥	*Larus saundersi*	
	195	楔尾鸥	*Rhodostethia rosea*	
	196	三趾鸥	*Rissa tridactyla*	
	197	须浮鸥	*Chlidonias hybrida*	
	198	白翅浮鸥	*Chlidonias leucoptera*	
	199	鸥嘴噪鸥	*Gelochelidon nilotica*	
	200	红嘴巨鸥	*Hydroprogne caspia*	
	201	普通燕鸥	*Sterna hirundo*	
	202	粉红燕鸥	*Sterna dougallii*	
	203	黑枕燕鸥	*Sterna sumatrana*	
	204	黑腹燕鸥	*Sterna acuticauda*	
	205	白腰燕鸥	*Sterna aleutica*	
	206	褐翅燕鸥	*Sterna anaethetus*	
	207	乌燕鸥	*Sterna fuscata*	
	208	白额燕鸥	*Sterna albifrons*	
	209	大凤头燕鸥	*Thalasseus bergii*	
	210	小凤头燕鸥	*Thalasseus bengalensis*	
	211	白顶玄鸥	*Anous stolidus*	
	212	白玄鸥	*Gygis alba*	
海雀科 Alcidae	213	斑海雀	*Brachyramphus marmoratus*	
	214	扁嘴海雀	*Synthliboramphus antiquus*	
	215	冠海雀	*Synthliboramphus wumizusume*	
	216	角嘴海雀	*Cerorhinca monocerata*	

（续）

目、科	序号	中文名	学名	备注
鸽形目 Columbiformes				
沙鸡科 Pteroclididae	217	毛腿沙鸡	*Syrrhaptes paradoxus*	
	218	西藏毛腿沙鸡	*Syrrhaptes tibetanus*	
鸠鸽科　Columbidae	219	雪鸽	*Columba leuconota*	
	220	岩鸽	*Columba rupestris*	
	221	原鸽	*Columba livia*	
	222	欧鸽	*Columba oenas*	
	223	中亚鸽	*Columba eversmanni*	
	224	点斑林鸽	*Columba hodgsonii*	
	225	灰林鸽	*Columba pulchricollis*	
	226	紫林鸽	*Columba punicea*	
	227	黑林鸽	*Cloumba janthina*	
	228	欧斑鸠	*Streptopelia turtur*	
	229	山斑鸠	*Streptopelia orientalis*	
	230	灰斑鸠	*Streptopelia decaocto*	
	231	珠颈斑鸠	*Streptopelia chinensis*	
	232	棕斑鸠	*Streptopelia senegalensis*	
	233	火斑鸠	*Oenopopelia tranquebarica*	
	234	绿翅金鸠	*Chalcophaps indica*	
鹃形目 Cuculiformes				
杜鹃科 Cuculidae	235	红翅凤头鹃	*Clamator coromandus*	
	236	斑翅凤头鹃	*Clamator jacobinus*	
	237	鹰鹃	*Cuculus sparverioides*	
	238	棕腹杜鹃	*Cuculus fugax*	
	239	四声杜鹃	*Cuculus micropterus*	
	240	大杜鹃	*Cuculus canorus*	
	241	中杜鹃	*Cuculus saturatus*	
	242	小杜鹃	*Cuculus poliocephalus*	
	243	栗斑杜鹃	*Cuculus sonneratii*	
	244	八声杜鹃	*Cuculus merulinus*	

（续）

目、科	序号	中文名	学名	备注
杜鹃科 Cuculidae	245	翠金鹃	*Chalcites maculatus*	
	246	紫金鹃	*Chalcites xanthorhynchus*	
	247	乌鹃	*Surniculus lugubris*	
	248	噪鹃	*Eudynamys scolopacea*	
	249	绿嘴地鹃	*Phaenicophaeus tristis*	
夜鹰目 Caprimulgiformes				
蛙嘴鸱科 Podargidae	250	黑顶蛙嘴鸱	*Batrachostomus hodgsoni*	
夜鹰科 Caprimulgidae	251	毛腿夜鹰	*Eurostopodus macrotis*	
	252	普通夜鹰	*Caprimulgus indicus*	
	253	欧夜鹰	*Caprimulgus europaeus*	
	254	中亚夜鹰	*Caprimulgus centralasicus*	
	255	埃及夜鹰	*Caprimulgus aegyptius*	
	256	长尾夜鹰	*Caprimulgus macrurus*	
	257	林夜鹰	*Caprimulgus affinis*	
雨燕目 Apodiformes				
雨燕科 Apodidae	258	爪哇金丝燕	*Aerodramus fuciphagus*	
	259	短嘴金丝燕	*Aerodramus brevirostris*	
	260	大金丝燕	*Aerodramus maximus*	
	261	白喉针尾雨燕	*Hirundapus caudacutus*	
	262	普通楼燕	*Apus apus*	
	263	白腰雨燕	*Apus pacificus*	
	264	小白腰雨燕	*Apus affinis*	
	265	棕雨燕	*Cypsiurus parvus*	
咬鹃目 Trogoniformes				
咬鹃科 Trogonidae	266	红头咬鹃	*Harpactes erythrocephalus*	
	267	红腹咬鹃	*Harpactes wardi*	
佛法增目 Coraciiformes				
翠鸟科 Alcedinidae	268	普通翠鸟	*Alcedo atthis*	
	269	斑头大翠鸟	Alcedo hercules	
	270	蓝翡翠	*Halcyon pileata*	

（续）

目、科	序号	中文名	学名	备注
蜂虎科 Meropidae	271	黄喉蜂虎	*Merops apiaster*	
	272	栗喉蜂虎	*Merops philippinus*	
	273	蓝喉蜂虎	*Merops viridis*	
	274	（蓝须）夜蜂虎	*Nyctyornis athertoni*	
佛法僧科 Coraciidae	275	蓝胸佛法僧	*Coracias garrulus*	
	276	棕胸佛法僧	*Coracias benghalensis*	
	277	三宝鸟	*Eurystomus orientalis*	
戴胜科 Upupidae	278	戴胜	*Upupa epops*	
形目 Piciformes				
须 科 Capitonidae	279	大拟啄木鸟	*Megalaima virens*	
	280	（斑头）绿拟啄木鸟	*Magalaima zeylanica*	
	281	黄纹拟啄木鸟	*Megalaima faiostricta*	
	282	金喉拟啄木鸟	*Megalaima franklinii*	
	283	黑眉拟啄木鸟	*Megalaima oorti*	
	284	蓝喉拟啄木鸟	*Megalaima asiatica*	
	285	蓝耳拟啄木鸟	*Megalaima australis*	
	286	赤胸拟啄木鸟	*Megalaima haemacephala*	
啄木鸟科 Picidae	287	蚁	*Jynx torquilla*	
	288	斑姬啄木鸟	*Picumnus innominatus*	
	289	白眉棕啄木鸟	*Sasia ochracea*	
	290	栗啄木鸟	*Celeus brachyurus*	
	291	鳞腹啄木鸟	*Picus squamatus*	
	292	花腹啄木鸟	*Picus vittatus*	
	293	鳞喉啄木鸟	*Picus xanthopygaeus*	
	294	灰头啄木鸟	*Picus canus*	
	295	红颈啄木鸟	*Picus rabieri*	
	296	大黄冠啄木鸟	*Picus flavinucha*	
	297	黄冠啄木鸟	*Picus chlorolophus*	
	298	金背三趾啄木鸟	*Dinopium javanense*	
	299	竹啄木鸟	*Gecinulus grantia*	

（续）

目、科	序号	中文名	学名	备注
啄木鸟科 Picidae	300	大灰啄木鸟	*Mulleripicus pulverulentus*	
	301	黑啄木鸟	*Dryocopus martius*	
	302	大斑啄木鸟	*Picoides major*	
	303	白翅啄木鸟	*Picoides leucopterus*	
	304	黄颈啄木鸟	*Picoides darjellensis*	
	305	白背啄木鸟	*Picoides leucotos*	
	306	赤胸啄木鸟	*Picoides cathpharius*	
	307	棕腹啄木鸟	*Picoides hyperythrus*	
	308	纹胸啄木鸟	*Picoides atratus*	
	309	小斑啄木鸟	*Picoides minor*	
	310	星头啄木鸟	*Picoides canicapillus*	
	311	小星头啄木鸟	*Picoides kizuki*	
	312	三趾啄木鸟	*Picoides tridactylus*	
	313	黄嘴栗啄木鸟	*Blythipicus pyrrhotis*	
	314	大金背啄木鸟	*Chrysocolaptes lucidus*	
雀形目 Passeriformes				
百灵科 Alaudidae	315	歌百灵	*Mirafra javanica*	
	316	（蒙古）百灵	*Melanocorypha mongolica*	
	317	云雀	*Alauda arvensis*	
	318	小云雀	*Alauda gulgula*	
	319	角百灵	*Eremophila alpestris*	
燕科 Hirundinidae	320	褐喉沙燕	*Riparia paludicola*	
	321	崖沙燕	*Riparia riparia*	
	322	岩燕	*Ptyonoprogne rupestris*	
	323	纯色岩燕	*Ptyonoprogne concolor*	
	324	家燕	*Hirundo rustica*	
	325	洋斑燕	*Hirundo tahitica*	
	326	金腰燕	*Hirundo daurica*	
	327	斑腰燕	*Hirundo striolata*	
	328	白腹毛脚燕	*Delichon urbica*	

（续）

目、科	序号	中文名	学名	备注
燕科 Hirundinidae	329	烟腹毛脚燕	*Delichon dasypus*	
	330	黑喉毛脚燕	*Delichon nipalensis*	
鹡鸰科 Motacillidae	331	山鹡鸰	*Dendronanthus indicus*	
	332	黄鹡鸰	*Motacilla flava*	
	333	黄头鹡鸰	*Motacilla citreola*	
	334	灰鹡鸰	*Motacilla cinerea*	
	335	白鹡鸰	*Motacilla alba*	
	336	日本鹡鸰	*Motacilla grandis*	
	337	印度鹡鸰	*Motacilla maderaspatensis*	
	338	田鹨	*Anthus novaeseelandiae*	
	339	平原鹨	*Anthus campestris*	
	340	布莱氏鹨	*Anthus godlewskii*	
	341	林鹨	*Anthus trivialis*	
	342	树鹨	*Anthus hodgsoni*	
	343	北鹨	*Anthus gustavi*	
	344	草地鹨	*Anthus pratensis*	
	345	红喉鹨	*Anthus cervinus*	
	346	粉红胸鹨	*Anthus roseatus*	
	347	水鹨	*Anthus spinoletta*	
	348	山鹨	*Anthus sylvanus*	
山椒鸟科 Campephagidae	349	大鹃鵙	*Coracina novaehollandiae*	
	350	暗灰鹃鵙	*Coracina melaschistos*	
	351	粉红山椒鸟	*Pericrocotus roseus*	
	352	小灰山椒鸟	*Pericrocotus cantonensis*	
	353	灰山椒鸟	*Pericrocotus divaricatus*	
	354	灰喉山椒鸟	*Pericrocotus solaris*	
	355	长尾山椒鸟	*Pericrocotus ethologus*	
	356	短嘴山椒鸟	*Pericrocotus brevirostris*	
	357	赤红山椒鸟	*Pericrocotus flammeus*	
	358	褐背鹟鵙	*Hemipus picatus*	
	359	钩嘴林鵙	*Tephrodornis gularis*	

（续）

目、科	序号	中文名	学名	备注
鹎科 Pycnonotidae	360	凤头雀嘴鹎	*Spizixos canifrons*	
	361	领雀嘴鹎	*Spizixos semitorques*	
	362	红耳鹎	*Pycnonotus jocosus*	
	363	黄臀鹎	*Pycnonotus xanthorrhous*	
	364	白头鹎	*Pycnonotus sinensis*	
	365	台湾鹎	*Pycnonotus taivanus*	
	366	白喉红臀鹎	*Pycnonotus aurigaster*	
	367	黑短脚鹎	*Hypsipetes madagascariensis*	
和平鸟科 Irenidae	368	黑翅雀鹎	*Aegithina tiphia*	
	369	大绿雀鹎	*Aegithina lafresnayei*	
	370	蓝翅叶鹎	*Chloropsis cochinchinensis*	
	371	金额叶鹎	*Chloropsis aurifrons*	
	372	橙腹叶鹎	*Chloropsis hardwickii*	
	373	和平鸟	*Irena puella*	
太平鸟科 Bombycillidae	374	太平鸟	*Bombycilla garrulus*	
	375	小太平鸟	*Bombycilla japonica*	
伯劳科 Laniidae	376	虎纹伯劳	*Lanius tigrinus*	
	377	牛头伯劳	*Lanius bucephalus*	
	378	红背伯劳	*Lanius collurio*	
	379	红尾伯劳	*Lanius cristatus*	
	380	荒漠伯劳	*Lanius isabellious*	
	381	栗背伯劳	*Lanius collurioides*	
	382	棕背伯劳	*Lanius schach*	
	383	灰背伯劳	*Lanius tephronotus*	
	384	黑额伯劳	*Lanius minor*	
	385	灰伯劳	*Lanius excubitor*	
	386	楔尾伯劳	*Lanius sphenocercus*	
黄鹂科 Oriolidae	387	金黄鹂	*Oriolus oriolus*	
	388	黑枕黄鹂	*Oriolus chinensis*	
	389	黑头黄鹂	*Oriolus xanthornus*	
	390	朱鹂	*Oriolus traillii*	
	391	鹊色鹂	*Oriolus mellianus*	

（续）

目、科	序号	中文名	学名	备注
卷尾科 Dicruridae	392	黑卷尾	*Dicrurus macrocercus*	
	393	灰卷尾	*Dicrurus leucophaeus*	
	394	鸦嘴卷尾	*Dicrurus annectens*	
	395	古铜色卷尾	*Dicrurus aeneus*	
	396	发冠卷尾	*Dicrurus hottentottus*	
	397	小盘尾	*Dicrurus remifer*	
	398	大盘尾	*Dicrurus paradiseus*	
椋鸟科 Sturnidae	399	灰头椋鸟	*Sturnus malabaricus*	
	400	灰背椋鸟	*Sturnus sinensis*	
	401	紫背椋鸟	*Sturnus philippensis*	
	402	北椋鸟	*Sturnus sturninus*	
	403	粉红椋鸟	*Sturnus roseus*	
	404	紫翅椋鸟	*Sturnus vulgaris*	
	405	黑冠椋鸟	*Sturnus pagodarum*	
	406	丝光椋鸟	*Sturnus sericeus*	
	407	灰椋鸟	*Sturnus cineraceus*	
	408	黑领椋鸟	*Sturnus nigricollis*	
	409	红嘴椋鸟	*Sturnus burmannicus*	
	410	斑椋鸟	*Sturnus contra*	
	411	家八哥	*Acridotheres tristis*	
	412	八哥	*Acridotheres cristatellus*	
	413	林八哥	*Acridotheres grandis*	
	414	白领八哥	*Acridotheres albocinctus*	
	415	金冠树八哥	*Ampeliceps coronatus*	
	416	鹩哥	*Gracula religiosa*	
鸦科 Corvidae	417	黑头噪鸦	*Perisoreus internigrans*	
	418	短尾绿鹊	*Cissa thalassina*	
	419	蓝绿鹊	*Cissa chinensis*	
	420	红嘴蓝鹊	*Urocissa erythrorhyncha*	
	421	台湾蓝鹊	*Urocissa caerulea*	
	422	灰喜鹊	*Cyanopica cyana*	
	423	喜鹊	*Pica pica*	

（续）

目、科	序号	中文名	学名	备注
鸦科 Corvidae	424	灰树鹊	*Dendrocitta formosae*	
	425	白尾地鸦	*Podoces biddulphi*	
	426	秃鼻乌鸦	*Corvus frugilegus*	
	427	达乌里寒鸦	*Corvus dauurica*	
	428	渡鸦	*Corvus corax*	
岩鹨科 Prunellidae	429	棕眉山岩鹨	*Prunella montanella*	
	430	贺兰山岩鹨	*Prunella koslowi*	
鹟科 Muscicapidae	431	栗背短翅鸫	*Brachypteryx stellata*	
鸫亚科 Turdinae	432	锈腹短翅鸫	*Brachypteryx hyperythra*	
	433	日本歌鸲	*Luscinia akahige*	
	434	红尾歌鸲	*Luscinia sibilans*	
	435	红喉歌鸲	*Luscinia calliope*	
	436	蓝喉歌鸲	*Luscinia svecica*	
	437	棕头歌鸲	*Luscinia ruficeps*	
	438	金胸歌鸲	*Luscinia pectardens*	
	439	黑喉歌鸲	*Luscinia obscura*	
	440	蓝歌鸲	*Luscinia cyane*	
	441	红胁蓝尾鸲	*Tarsiger cyanurus*	
	442	棕腹林鸲	*Tarsiger hyperythrus*	
	443	台湾林鸲	*Tarsiger johnstoniae*	
	444	鹊鸲	*Copsychus saularis*	
	445	贺兰山红尾鸲	*Phoenicurus alaschanicus*	
	446	北红尾鸲	*Phoenicurus auroreus*	
	447	蓝额长脚地鸲	*Cinclidium frontale*	
	448	紫宽嘴鸫	*Cochoa purpurea*	
	449	绿宽嘴鸫	*Cochoa viridis*	
	450	白喉石即鸟	*Saxicola insignis*	
	451	黑喉石即鸟	*Saxicola torquata*	
	452	黑白林即鸟	*Saxicola jerdoni*	
	453	台湾紫啸鸫	*Myiophoneus insularis*	
	454	白眉地鸫	*Zoothera sibirica*	
	455	虎斑地鸫	*Zoothera dauma*	

（续）

目、科	序号	中文名	学名	备注
鸫亚科 Turdinae	456	黑胸鸫	*Turdus dissimilis*	
	457	灰背鸫	*Turdus hortulorum*	
	458	乌灰鸫	*Turdus cardis*	
	459	棕背黑头鸫	*Turdus kessleri*	
	460	褐头鸫	*Turdus feae*	
	461	白腹鸫	*Turdus pallidus*	
	462	斑鸫	*Turdus naumanni*	
	463	白眉歌鸫	*Turdus iliacus*	
	464	宝兴歌鸫	*Turdus mupinensis*	
画眉亚科 Timaliinae	465	剑嘴鹛	*Xiphirhynchus superciliaris*	
	466	丽星鹩鹛	*Spelaeornis formosus*	
	467	楔头鹩鹛	*Sphenocicla humei*	
	468	宝兴鹛雀	*Moupinia poecilotis*	
	469	矛纹草鹛	*Babax lanceolatus*	
	470	大草鹛	*Babax waddelli*	
	471	棕草鹛	*Babax koslowi*	
	472	黑脸噪鹛	*Garrulax perspicillatus*	
	473	白喉噪鹛	*Garrulax albogularis*	
	474	白冠噪鹛	*Garrulax leucolophus*	
	475	小黑领噪鹛	*Garrulax monileger*	
	476	黑领噪鹛	*Garrulax pectoralis*	
	477	条纹噪鹛	*Garrulax striatus*	
	478	白颈噪鹛	*Garrulax strepitans*	
	479	褐胸噪鹛	*Garrulax maesi*	
	480	黑喉噪鹛	*Garrulax chinensis*	
	481	黄喉噪鹛	*Garrulax galbanus*	
	482	杂色噪鹛	*Garrulax variegatus*	
	483	山噪鹛	*Garrulax davidi*	
	484	黑额山噪鹛	*Garrulax sukatschewi*	
	485	灰翅噪鹛	*Garrulax cineraceus*	
	486	斑背噪鹛	*Garrulax lunulatus*	
	487	白点噪鹛	*Garrulax bieti*	

（续）

目、科	序号	中文名	学名	备注
	488	大噪鹛	*Garrulax maximus*	
	489	眼纹噪鹛	*Garrulax ocellatus*	
	490	灰胁噪鹛	*Garrulax caerulatus*	
	491	棕噪鹛	*Garrulax poecilorhynchus*	
	492	栗颈噪鹛	*Garrulax ruficollis*	
	493	斑胸噪鹛	*Garrulax merulinus*	
	494	画眉	*Garrulax canorus*	
	495	白颊噪鹛	*Garrulax sannio*	
	496	细纹噪鹛	*Garrulax lineatus*	
	497	蓝翅噪鹛	*Garrulax squamatus*	
	498	纯色噪鹛	*Garrulax subunicolor*	
	499	橙翅噪鹛	*Garrulax elliotii*	
	500	灰腹噪鹛	*Garrulax henrici*	
	501	黑顶噪鹛	*Garrulax affinis*	
	502	玉山噪鹛	*Garrulax morrisonianus*	
画眉亚科 Timaliinae	503	红头噪鹛	*Garrulax erythrocephalus*	
	504	丽色噪鹛	*Garrulax formosus*	
	505	赤尾噪鹛	*Garrulax milnei*	
	506	红翅薮鹛	*Liocichla phoenicea*	
	507	灰胸薮鹛	*Liocichla omeiensis*	
	508	黄痣薮鹛	*Liocichla steerii*	
	509	银耳相思鸟	*Leiothrix argentauris*	
	510	红嘴相思鸟	*Leiothrix lutea*	
	511	棕腹 鹛	*Pteruthius rufiventer*	
	512	灰头斑翅鹛	*Actinodura souliei*	
	513	台湾斑翅鹛	*Actinodura morrisoniana*	
	514	金额雀鹛	*Alcippe variegaticeps*	
	515	黄喉雀鹛	*Alcippe cinerea*	
	516	棕头雀鹛	*Alcippe ruficapilla*	
	517	棕喉雀鹛	*Alcippe rufogularis*	
	518	褐顶雀鹛	*Alcippe brunnea*	
	519	灰奇鹛	*Heterophasia gracilis*	

（续）

目、科	序号	中文名	学名	备注
画眉亚科 Timaliinae	520	白耳奇鹛	*Heterophasia auricularis*	
	521	褐头凤鹛	*Yuhina brunneiceps*	
	522	红嘴鸦雀	*Conostoma aemodium*	
	523	三趾鸦雀	*Paradoxornis paradoxus*	
	524	褐鸦雀	*Paradoxornis unicolor*	
	525	斑胸鸦雀	*Paradoxornis flavirostris*	
	526	点胸鸦雀	*Paradoxornis guttaticollis*	
	527	白眶鸦雀	*Paradoxornis conspicillatus*	
	528	棕翅缘鸦雀	*Paradoxornis webbianus*	
	529	褐翅缘鸦雀	*Paradoxornis brunneus*	
	530	暗色鸦雀	*Paradoxornis zappeyi*	
	531	灰冠鸦雀	*Paradoxornis przewalskii*	
	532	黄额鸦雀	*Paradoxornis fulvifrons*	
	533	黑喉鸦雀	*Paradoxornis nipalensis*	
	534	短尾鸦雀	*Paradoxornis davidianus*	
	535	黑眉鸦雀	*Paradoxornis atrosuperciliaris*	
	536	红头鸦雀	*Paradoxornis ruficeps*	
	537	灰头鸦雀	*Paradoxornis gularis*	
	538	震旦鸦雀	*Paradoxornis heudei*	
	539	山鹛	*Rhopophilus pekinensis*	
莺亚科 Sylviinae	540	鳞头树莺	*Cettia squameiceps*	
	541	巨嘴短翅莺	*Bradypterus major*	
	542	斑背大尾莺	*Megalurus pryeri*	
	543	北蝗莺	*Locustella ochotensis*	
	544	矛斑蝗莺	*Locustella lanceolata*	
	545	苍眉蝗莺	*Locustella fasciolata*	
	546	大苇莺	*Acrocephalus arundinaceus*	
	547	黑眉苇莺	*Acrocephalus bistrigiceps*	
	548	细纹苇莺	*Acrocephalus sorghophilus*	
	549	叽咋柳莺	*Phylloscopus collybita*	
	550	东方叽咋柳莺	*Phylloscopus sindianus*	
	551	林柳莺	*Phylloscopus sibilatrix*	

（续）

目、科	序号	中文名	学名	备注
莺亚科 Sylviinae	552	黄腹柳莺	*Phylloscopus affinis*	
	553	棕腹柳莺	*Phylloscopus subaffinis*	
	554	灰柳莺	*Phylloscopus griseolus*	
	555	褐柳莺	*Phylloscopus fuscatus*	
	556	烟柳莺	*Phylloscopus fuligiventer*	
	557	棕眉柳莺	*Phylloscopus armandii*	
	558	巨嘴柳莺	*Phylloscopus schwarzi*	
	559	橙斑翅柳莺	*Phylloscopus pulcher*	
	560	黄眉柳莺	*Phylloscopus inornatus*	
	561	黄腰柳莺	*Phylloscopus proregulus*	
	562	甘肃柳莺	*Phylloscopus gansunensis*	
	563	四川柳莺	*Phylloscopus sichuanensis*	
	564	灰喉柳莺	*Phylloscopus maculipennis*	
	565	极北柳莺	*Phylloscopus borealis*	
	566	乌嘴柳莺	*Phylloscopus magnirostris*	
	567	暗绿柳莺	*Phylloscopus trochiloides*	
	568	双斑绿柳莺	*Phylloscopus plumbeitarsus*	
	569	灰脚柳莺	*Phylloscopus tenellipes*	
	570	冕柳莺	*Phylloscopus coronatus*	
	571	冠纹柳莺	*Phylloscopus reguloides*	
	572	峨嵋柳莺	*Phylloscopus emeiansis*	
	573	海南柳莺	*Phylloscopus hainanus*	
	574	白斑尾柳莺	*Phylloscopus davisoni*	
	575	黑眉柳莺	*Phylloscopus ricketti*	
	576	戴菊	*Regulus regulus*	
	577	台湾戴菊	*Regulus goodfellowi*	
	578	宽嘴鹟莺	*Tickellia hodgsoni*	
	579	凤头雀莺	*Leptopoecile elegans*	
鹟亚科 Muscicapinae	580	白喉林鹟	*Rhinomyias brunneata*	
	581	白眉（姬）鹟	*Ficedula zanthopygia*	
	582	黄眉（姬）鹟	*Ficedula narcissina*	
	583	鸲（姬）鹟	*Ficedula mugimaki*	

（续）

目、科	序号	中文名	学名	备注
鹟亚科 Muscicapinae	584	红喉（姬）鹟	*Ficedula parva*	
	585	棕腹大仙鹟	*Niltava davidi*	
	586	乌鹟	*Muscicapa sibirica*	
	587	灰纹鹟	*Muscicapa griseisticta*	
	588	北灰鹟	*Muscicapa latirostris*	
	589	褐胸鹟	*Muscicapa muttui*	
	590	寿带（鸟）	*Terpsiphone paradisi*	
	591	紫寿带鸟	*Terpsiphone atrocaudata*	
山雀科 Paridae	592	大山雀	*Parus major*	
	593	西域山雀	*Parus bokharensis*	
	594	绿背山雀	*Parus monticolus*	
	595	台湾黄山雀	*Parus holsti*	
	596	黄颊山雀	*Parus spilonotus*	
	597	黄腹山雀	*Parus venustulus*	
	598	灰蓝山雀	*Parus cyanus*	
	599	煤山雀	*Parus ater*	
	600	黑冠山雀	*Parus rubidiventris*	
	601	褐冠山雀	*Parus dichrous*	
	602	沼泽山雀	*Parus palustris*	
	603	褐头山雀	*Parus montanus*	
	604	白眉山雀	*Parus superciliosus*	
	605	红腹山雀	*Parus davidi*	
	606	杂色山雀	*Parus varius*	
	607	黄眉林雀	*Sylviparus modestus*	
	608	冕雀	*Melanochlora sultanea*	
	609	银喉（长尾）山雀	*Aegithalos caudatus*	
	610	红头（长尾）山雀	*Aegithalos concinnus*	
	611	黑眉（长尾）山雀	*Aegithalos iouschistos*	
	612	银脸（长尾）山雀	*Aegithalos fuliginosus*	
鸭科 Sittidae	613	淡紫鸭	*Sitta solangiae*	
	614	巨鸭	*Sitta magna*	
	615	丽鸭	*Sitta formosa*	

（续）

目、科	序号	中文名	学名	备注
鸦科 Sittidae	616	滇鸦	*Sitta yunnanensis*	
攀雀科 Remizidae	617	攀雀	*Remiz pendulinus*	
太阳鸟科 Nectariniidae	618	紫颊直嘴太阳鸟	*Anthreptes singalensis*	
	619	黄腹花蜜鸟	*Nectarinia jugularis*	
	620	紫色蜜鸟	*Nectarinia asiatica*	
	621	蓝枕花蜜鸟	*Nectarinia hypogrammica*	
	622	黑胸太阳鸟	*Aethopyga saturata*	
	623	黄腰太阳鸟	*Aethopyga siparaja*	
	624	火尾太阳鸟	*Aethopyga ignicauda*	
	625	蓝喉太阳鸟	*Aethopyga gouldiae*	
	626	绿喉太阳鸟	*Aethopyga nipalensis*	
	627	叉尾太阳鸟	*Aethopyga christinae*	
	628	长嘴捕蛛鸟	*Arachnothera longirostris*	
	629	纹背捕蛛鸟	*Arachnothera magna*	
绣眼鸟科 Zosteropidae	630	暗绿绣眼鸟	*Zosterops japonica*	
	631	红胁绣眼鸟	*Zosterops erythropleura*	
	632	灰腹绣眼鸟	*Zosterops palpebrosa*	
文鸟科 Ploceidae	633	（树）麻雀	*Passer montanus*	
	634	山麻雀	*Passer rutilans*	
	635	（红）梅花雀	*Estrilda amandava*	
	636	栗腹文鸟	*Lonchura malacca*	
雀科 Fringillidae	637	燕雀	*Fringilla montifringilla*	
	638	金翅（雀）	*Carduelis sinica*	
	639	黄雀	*Carduelis spinus*	
	640	白腰朱顶雀	*Carduelis flammea*	
	641	极北朱顶雀	*Carduelis hornemanni*	
	642	黄嘴朱顶雀	*Carduelis flavirostris*	
	643	赤胸朱顶雀	*Carduelis cannabina*	
	644	桂红头岭雀	*Leucosticte sillemi*	
	645	粉红腹岭雀	*Leucosticte arctoa*	
	646	大朱雀	*Carpodacus rubicilla*	
	647	拟大朱雀	*Carpodacus rubicilloides*	

（续）

目、科	序号	中文名	学名	备注
雀科 Fringillidae	648	红胸朱雀	*Carpodacus puniceus*	
	649	暗胸朱雀	*Carpodacus nipalensis*	
	650	赤朱雀	*Carpodacus rubescens*	
	651	沙色朱雀	*Carpodacus synoicus*	
	652	红腰朱雀	*Carpodacus rhodochlamys*	
	653	点翅朱雀	*Carpodacus rhodopeplus*	
	654	棕朱雀	*Carpodacus edwardsii*	
	655	酒红朱雀	*Carpodacus vinaceus*	
	656	玫红眉朱雀	*Carpodacus rhodochrous*	
	657	红眉朱雀	*Carpodacus pulcherrimus*	
	658	曙红朱雀	*Carpodacus eos*	
	659	白眉朱雀	*Carpodacus thura*	
	660	普通朱雀	*Carpodacus erythrinus*	
	661	北朱雀	*Carpodacus roseus*	
	662	斑翅朱雀	*Carpodacus trifasciatus*	
	663	藏雀	*Kozlowia roborowskii*	
	664	松雀	*Pinicola enucleator*	
	665	红交嘴雀	*Loxia curvirostra*	
	666	白翅交嘴雀	*Loxia leucoptera*	
	667	长尾雀	*Uragus sibiricus*	
	668	血雀	*Haematospiza sipahi*	
	669	金枕黑雀	*Pyrrhoplectes epauletta*	
	670	褐灰雀	*Pyrrhula nipalensis*	
	671	灰头灰雀	*Pyrrhala erythaca*	
	672	红头灰雀	*Pyrrhula erythrocephala*	
	673	灰腹灰雀	*Pyrrhula griseiventris*	
	674	红腹灰雀	*Pyrrhula pyrrhula*	
	675	黑头蜡嘴雀	*Eophona personata*	
	676	黑尾蜡嘴雀	*Eophona migratoria*	
	677	锡嘴雀	*Coccothraustes coccothraustes*	
	678	朱鹀	*Urocynchramus pylzowi*	
	679	黍鹀	*Emberiza calandra*	

（续）

目、科	序号	中文名	学名	备注
	680	白头鹀	*Emberiza leucocephala*	
	681	黑头鹀	*Emberiza melanocephala*	
	682	褐头鹀	*Emberiza bruniceps*	
	683	栗鹀	*Emberiza rutila*	
	684	黄胸鹀	*Emberiza aureola*	
	685	黄喉鹀	*Emberiza elegans*	
	686	黄鹀	*Emberiza citrinella*	
	687	灰头鹀	*Emberiza spodocephala*	
	688	硫黄鹀	*Emberiza sulphurata*	
	689	圃鹀	*Emberiza hortulana*	
	690	灰颈鹀	*Emberiza buchanani*	
	691	灰眉岩鹀	*Emberiza cia*	
	692	三道眉草鹀	*Emberiza cioides*	
雀科 Fringillidae	693	栗斑腹鹀	*Emberiza jankowskii*	
	694	栗耳鹀	*Emberiza fucata*	
	695	田鹀	*Emberiza rustica*	
	696	小鹀	*Emberiza pusilla*	
	697	黄眉鹀	*Emberiza chrysophrys*	
	698	灰鹀	*Emberiza variabilis*	
	699	白眉鹀	*Emberiza tristrami*	
	700	藏鹀	*Emberiza koslowi*	
	701	红颈苇鹀	*Emberiza yessoensis*	
	702	苇鹀	*Emberiza pallasi*	
	703	芦鹀	*Emberiza schoeniclus*	
	704	蓝鹀	*Latoucheornis siemsseni*	
	705	凤头鹀	*Melophus lathami*	
	706	铁爪鹀	*Calcarius lapponicus*	
	707	雪鹀	*Plectrophenax nivalis*	
两栖纲 Amphibia 3 目 10 科 293 种				
无足目 Apoda or Gymnophiona				
鱼螈科 Ichthyophidae	1	版纳鱼螈	*Ichthyophis bannanica*	
有尾目 Caudata（urodela）				

（续）

目、科	序号	中文名	学名	备注
小鲵科 Hynobiidae	2	无斑山溪鲵	*Batrachuperus karlschmidti*	
	3	龙洞山溪鲵	*Batrachuperus longdongensis*	
	4	山溪鲵	*Batrachuperus pinchonii*	
	5	北方山溪鲵	*Batrachuperus tibetanus*	
	6	盐源山溪鲵	*Batrachuperus yenyuanensis*	
	7	安吉小鲵	*Hynobius amjiensis*	
	8	中国小鲵	*Hynobius chinensis*	
	9	台湾小鲵	*Hynobius formosanus*	
	10	东北小鲵	*Hynobius leechii*	
	11	满洲小鲵	*Hynobius mantchuricus*	
	12	能高山小鲵	*Hynobius sonani*	
	13	巴鲵	*Liua shihi*	
	14	爪鲵	*Onychodactylus fischeri*	
	15	商城肥鲵	*Pachyhynobius shangchengensis*	
	16	新疆北鲵	*Ranodon sibiricus*	
	17	秦巴北鲵	*Ranodon tsinpaensis*	
	18	极北鲵	*Salamandrella keyserlingii*	
蝾螈科 Salamandridae	19	呈贡蝾螈	*Cynops chenggongensis*	
	20	蓝尾蝾螈	*Cynops cyanurus*	
	21	东方蝾螈	*Cynops orientalis*	
	22	潮汕蝾螈	*Cynops orphicus*	
	23	滇池蝾螈	*Cynops wolterstorffi*	
	24	琉球棘螈	*Echinotriton andersoni*	
	25	黑斑肥螈	*Pachytriton brevipes*	
	26	无斑肥螈	*Pachytriton labiatus*	
	27	尾斑瘰螈	*Paramesotriton caudopunctatus*	
	28	中国瘰螈	*Paramesotriton chinesis*	
	29	富钟瘰螈	*Paramesotriton fuzhongensis*	
	30	广西瘰螈	*Paramesotriton guangxiensis*	
	31	香港瘰螈	*Paramesotriton hongkongensis*	

（续）

目、科	序号	中文名	学名	备注
蝾螈科 Salamandridae	32	棕黑疣螈	*Tylototriton verrucosus*	
无尾目 Salientia（anura）				
铃蟾科 Bombinidae	33	强婚刺铃蟾	*Bombina fortinuptialis*	
	34	大蹼铃蟾	*Bombina maxima*	
	35	微蹼铃蟾	*Bombina microdeladigitora*	
	36	东方铃蟾	*Bombina orientalis*	
角蟾科 Megophryidae	37	沙坪无耳蟾	*Atympanophrys shapingensis*	
	38	宽头短腿蟾	*Brachytarsophrys carinensis*	
	39	缅北短腿蟾	*Brachytarsophrys feae*	
	40	平顶短腿蟾	*Brachytarsophrys platyparietus*	
	41	沙巴拟髭蟾	*Leptobrachium chapaense*	
	42	东南亚拟髭蟾	*Leptobrachium hasseltii*	
	43	高山掌突蟾	*Leptolalax alpinus*	
	44	峨山掌突蟾	*Leptolalax oshanensis*	
	45	掌突蟾	*Leptolalax pelodytoides*	
	46	腹斑掌突蟾	*Leptolalax ventripunctatus*	
	47	淡肩角蟾	*Megophrys boettgeri*	
	48	短肢角蟾	*Megophrys brachykolos*	
	49	尾突角蟾	*Megophrys caudoprocta*	
	50	大围山角蟾	*Megophrys daweimontis*	
	51	大花角蟾	*Megophrys giganticus*	
	52	腺角蟾	*Megophrys glandulosa*	
	53	肯氏角蟾	*Megophrys kempii*	
	54	挂墩角蟾	*Megophrys kuatunensis*	
	55	白颌大角蟾	*Megophrys lateralis*	
	56	莽山角蟾	*Megophrys mangshanensis*	
	57	小角蟾	*Megophrys minor*	
	58	南江角蟾	*Megophrys nankiangensis*	
	59	峨眉角蟾	*Megophrys omeimontis*	
	60	突肛角蟾	*Megophrys pachyproctus*	

（续）

目、科	序号	中文名	学名	备注
	61	粗皮角蟾	*Megophrys palpebralespinosa*	
	62	凹项角蟾	*Megophrys parva*	
	63	棘指角蟾	*Megophrys spinatus*	
	64	小口拟角蟾	*Ophryophryne microstoma*	
	65	突肛拟角蟾	*Ophryophryne pachyproctus*	
	66	川北齿蟾	*Oreolalax chuanbeiensis*	
	67	棘疣齿蟾	*Oreolalax granulosus*	
	68	景东齿蟾	*Oreolalax jingdongensis*	
	69	利川齿蟾	*Oreolalax lichuanensis*	
	70	大齿蟾	*Oreolalax major*	
	71	密点齿蟾	*Oreolalax multipunctatus*	
	72	峨眉齿蟾	*Oreolalax omeimontis*	
	73	秉志齿蟾	*Oreolalax pingii*	
	74	宝兴齿蟾	*Oreolalax popei*	
角蟾科 Megophryidae	75	红点齿蟾	*Oreolalax rhodostigmatus*	
	76	疣刺齿蟾	*Oreolalax rugosus*	
	77	无蹼齿蟾	*Oreolalax schrmidti*	
	78	乡城齿蟾	*Oreolalax xiangchengensis*	
	79	高山齿突蟾	*Scutiger alticola*	
	80	西藏齿突蟾	*Scutiger boulengeri*	
	81	金项齿突蟾	*Scutiger chintingensis*	
	82	胸腺齿突蟾	*Scutiger glandulatus*	
	83	贡山齿突蟾	*Scutiger gongshanensis*	
	84	六盘齿突蟾	*Scutiger liupanensis*	
	85	花齿突蟾	*Scutiger maculatus*	
	86	刺胸齿突蟾	*Scutiger mammatus*	
	87	宁陕齿突蟾	*Scutiger ningshanensis*	
	88	林芝齿突蟾	*Scutiger nyingchiensis*	
	89	平武齿突蟾	*Scutiger pingwuensis*	
	90	皱皮齿突蟾	*Scutiger ruginosus*	

（续）

目、科	序号	中文名	学名	备注
角蟾科 Megophryidae	91	锡金齿突蟾	*Scutiger sikkimmensis*	
	92	圆疣齿突蟾	*Scutiger tuberculatus*	
	93	巍氏齿突蟾	*Scutiger weigoldi*	
	94	哀牢髭蟾	*Vibrissaphora ailaonica*	
	95	峨眉髭蟾	*Vibrissaphora boringii*	
	96	雷山髭蟾	*Vibrissaphora leishanensis*	
	97	刘氏髭蟾	*Vibrissaphora liui*	
蟾蜍科 Bufonidae	98	哀牢蟾蜍	*Bufo ailaoanus*	
	99	华西蟾蜍	*Bufo andrewsi*	
	100	盘谷蟾蜍	*Bufo bankorensis*	
	101	隐耳蟾蜍	*Bufo cryptotympanicus*	
	102	头盔蟾蜍	*Bufo galeatus*	
	103	中华蟾蜍	*Bufo gargarizans*	
	104	喜山蟾蜍	*Bufo himalayanus*	
	105	沙湾蟾蜍	*Bufo kabischi*	
	106	黑眶蟾蜍	*Bufo melanostictus*	
	107	岷山蟾蜍	*Bufo minshanicus*	
	108	新疆蟾蜍	*Bufo nouettei*	
	109	花背蟾蜍	*Bufo raddei*	
	110	史氏蟾蜍	*Bufo stejnegeri*	
	111	西藏蟾蜍	*Bufo tibetanus*	
	112	圆疣蟾蜍	*Bufo tuberculatus*	
	113	绿蟾蜍	*Bufo viridis*	
	114	卧龙蟾蜍	*Bufo wolongensis*	
	115	鳞皮厚蹼蟾	*Pelophryne scalpta*	
	116	无棘溪蟾	*Torrentophryne aspinia*	
	117	疣棘溪蟾	*Torrentophryne tuberospinia*	
树蟾科 Hylidae	118	华西树蟾	*Hyla annectans annectans*	
	119	中国树蟾	*Hyla chinensis*	
	120	贡山树蟾	*Hyla gongshanensi*	

（续）

目、科	序号	中文名	学名	备注
树蟾科 Hylidae	121	日本树蟾	*Hyla japonica*	
	122	三港树蟾	*Hyla sanchiangensis*	
	123	华南树蟾	*Hyla simplex*	
	124	秦岭树蟾	*Hyla tsinlingensis*	
	125	昭平树蟾	*Hyla zhaopingensis*	
姬蛙科 Microhylidae	126	云南小狭口蛙	*Calluella yunnanensis*	
	127	花细狭口蛙	*Kalophrynus interlineatus*	
	128	孟连细狭口蛙	*Kalophrynus menglienicus*	
	129	北方狭口蛙	*Kaloula borealis*	
	130	花狭口蛙	*Kaloula pulchra*	
	131	四川狭口蛙	*Kaloula rugifera*	
	132	多疣狭口蛙	*Kaloula verrucosa*	
	133	大姬蛙	*Microhyla berdmorei*	
	134	粗皮姬蛙	*Microhyla butleri*	
	135	小弧斑姬蛙	*Microhyla heymonsi*	
	136	合征姬蛙	*Microhyla mixtura*	
	137	饰纹姬蛙	*Microhyla ornata*	
	138	花姬蛙	*Microhyla pulchra*	
	139	德力娟蛙	*Micryletta inornata*	
	140	台湾娟蛙	*Microhyla steinegeri*	
蛙科 Ranidae	141	西域湍蛙	*Amolops afghanus*	
	142	崇安湍蛙	*Amolops chunganensis*	
	143	棘皮湍蛙	*Amolops granulosus*	
	144	海南湍蛙	*Amolops hainanensis*	
	145	香港湍蛙	*Amolops hongkongensis*	
	146	康定湍蛙	*Amolops kangtinggensis*	
	147	凉山湍蛙	*Amolops liangshanensis*	
	148	理县湍蛙	*Amolops lifanensis*	
	149	棕点湍蛙	*Amolops loloensis*	
	150	突吻湍蛙	*Amolops macrorhynchu*	

（续）

目、科	序号	中文名	学名	备注
	151	四川湍蛙	*Amolops mantzorum*	
	152	勐养湍蛙	*Amolops mengyangensis*	
	153	山湍蛙	*Amolops monticola*	
	154	华南湍蛙	*Amolops ricketti*	
	155	小湍蛙	*Amolops torrentis*	
	156	绿点湍蛙	*Amolops viridimaculatus*	
	157	武夷湍蛙	*Amolops wuyiensis*	
	158	北小岩蛙	*Micrixalus borealis*	
	159	刘氏小岩蛙	*Micrixalus liui*	
	160	网纹小岩蛙	*Micrixalus reticulatus*	
	161	西藏小岩蛙	*Micrixalus xizangensis*	
	162	高山倭蛙	*Nanorana parkeri*	
	163	倭蛙	*Nanorana pleskei*	
	164	腹斑倭蛙	*Nanorana ventripunctata*	
蛙科 Ranidae	165	尖舌浮蛙	*Occidozyga lima*	
	166	圆舌浮蛙	*Occidozyga martensii*	
	167	缅北棘蛙	*Paa arnoldi*	
	168	大吉岭棘蛙	*Paa blanfordii*	
	169	棘腹蛙	*Paa boulengeri*	
	170	错那棘蛙	*Paa conaensis*	
	171	小棘蛙	*Paa exilispinosa*	
	172	眼斑棘蛙	*Paa feae*	
	173	九龙棘蛙	*Paa jiulongensis*	
	174	棘臂蛙	*Paa liebigii*	
	175	刘氏棘蛙	*Paa liui*	
	176	花棘蛙	*Paa maculosa*	
	177	尼泊尔棘蛙	*Paa polunini*	
	178	合江棘蛙	*Paa robertingeri*	
	179	侧棘蛙	*Paa shini*	
	180	棘胸蛙	*Paa spinosa*	

（续）

目、科	序号	中文名	学名	备注
	181	双团棘胸蛙	*Paa yunnanensis*	
	182	弹琴蛙	*Rana adenopleura*	
	183	阿尔泰林蛙	*Rana altaica*	
	184	黑龙江林蛙	*Rana amurensis*	
	185	云南臭蛙	*Rana andersonii*	
	186	安龙臭蛙	*Rana anlungensis*	
	187	中亚林蛙	*Rana asiatica*	
	188	版纳蛙	*Rana bannanica*	
	189	海蛙	*Rana cancrivora*	
	190	昭觉林蛙	*Rana chaochiaoensis*	
	191	中国林蛙	*Rana chensinensis*	
	192	峰斑蛙	*Rana chevronta*	
	193	仙姑弹琴蛙	*Rana daunchina*	
	194	海参威蛙	*Rana dybowskii*	
蛙科 Ranidae	195	脆皮蛙	*Rana fragilis*	
	196	叶邦蛙	*Rana gerbillus*	
	197	无指盘臭蛙	*Rana grahami*	
	198	沼蛙	*Rana guentheri*	
	199	合江臭蛙	*Rana hejiangensis*	
	200	桓仁林蛙	*Rana huanrenensis*	
	201	日本林蛙	*Rana japonica*	
	202	光务臭蛙	*Rana kuangwuensis*	
	203	大头蛙	*Rana kuhlii*	
	204	崑嵛林蛙	*Rana kunyuensis*	
	205	阔褶蛙	*Rana latouchii*	
	206	泽蛙	*Rana limnocharis*	
	207	江城蛙（暂名）	*Rana lini*	
	208	大绿蛙	*Rana livida*	
	209	长肢蛙	*Rana longicrus*	
	210	龙胜臭蛙	*Rana lungshengensis*	

（续）

目、科	序号	中文名	学名	备注
蛙科 Ranidae	211	长趾蛙	*Rana macrodactyla*	
	212	绿臭蛙	*Rana margaretae*	
	213	小山蛙	*Rana minima*	
	214	多齿蛙（暂名）	*Rana multidenticulata*	
	215	黑斜线蛙	*Rana nigrolineata*	
	216	黑斑蛙	*Rana nigromaculata*	
	217	黑耳蛙	*Rana nigrotympanica*	
	218	黑带蛙	*Rana nigrovittata*	
	219	金线蛙	*Rana plancyi*	
	220	滇蛙	*Rana pleuraden*	
	221	八重山弹琴蛙	*Rana psaltes*	
	222	隆肛蛙	*Rana quadranus*	
	223	湖蛙	*Rana ridibunda*	
	224	粗皮蛙	*Rana rugosa*	
	225	库利昂蛙	*Rana sanguinea*	
	226	桑植蛙	*Rana sangzhiensis*	
	227	梭德氏蛙	*Rana sauteri*	
	228	花臭蛙	*Rana schmackeri*	
	229	胫腺蛙	*Rana shuchinae*	
	230	细刺蛙	*Rana spinulosa*	
	231	棕背蛙	*Rana swinhoana*	
	232	台北蛙	*Rana taipehensis*	
	233	腾格里蛙	*Rana tenggerensis*	
	234	滇南臭蛙	*Rana tiannanensis*	
	235	天台蛙	*Rana tientaiensis*	
	236	凹耳蛙	*Rana tormotus*	
	237	棘肛蛙	*Rana unculuanus*	
	238	竹叶蛙	*Rana versabilis*	
	239	威宁蛙	*Rana weiningensis*	
	240	雾川臭蛙	*Rana wuchuanensis*	

目、科	序号	中文名	学名	备注
蛙科 Ranidae	241	明全蛙	*Rana zhengi*	
树蛙科 Rhacophoridae	242	日本溪树蛙	*Buergeria japonica*	
	243	海南溪树蛙	*Buergeria oxycephala*	
	244	壮溪树蛙	*Buergeria robusta*	
	245	背条跳树蛙	*Chirixalus doriae*	
	246	琉球跳树蛙	*Chirixalus eiffingeri*	
	247	面天跳树蛙	*Chirixalus idiootocus*	
	248	侧条跳树蛙	*Chirixalus vittatus*	
	249	白斑小树蛙	*Philautus albopunctatus*	
	250	安氏小树蛙	*Philautus andersoni*	
	251	锯腿小树蛙	*Philautus cavirostris*	
	252	黑眼脸小树蛙	*Philautus gracilipes*	
	253	金秀小树蛙	*Philautus jinxiuensis*	
	254	陇川小树蛙	*Philautus longchuanensis*	
	255	墨脱小树蛙	*Philautus medogensis*	
	256	勐腊小树蛙	*Philautus menglaensis*	
	257	眼斑小树蛙	*Philautus ocellatus*	
	258	白颊小树蛙	*Philautus palpebralis*	
	259	红吸盘小树蛙	*Philautus rhododiscus*	
	260	香港小树蛙	*Philautus romeri*	
	261	经甫泛树蛙	*Polypedates chenfui*	
	262	大泛树蛙	*Polypedates dennysi*	
	263	杜氏泛树蛙	*Polypedates dugritei*	
	264	棕褶泛树蛙	*Polypedates feae*	
	265	洪佛泛树蛙	*Polypedates hungfuensis*	
	266	斑腿泛树蛙	*Polypedates megacephalus*	
	267	无声囊泛树蛙	*Polypedates mutus*	
	268	黑点泛树蛙	*Polypedates nigropunctatus*	
	269	峨眉泛树蛙	*Polypedates omeimontis*	
	270	屏边泛树蛙	*Polypedates pingbianensis*	

（续）

目、科	序号	中文名	学名	备注
树蛙科 Rhacophoridae	271	普洱泛树蛙	*Polypedates puerensis*	
	272	昭觉泛树蛙	*Polypedates zhaojuensis*	
	273	民雄树蛙	*Rhacophorus arvalis*	
	274	橙腹树蛙	*Rhacophorus aurantiventris*	
	275	双斑树蛙	*Rhacophorus bipunctatus*	
	276	贡山树蛙	*Rhacophorus gongshanensis*	
	277	大吉岭树蛙	*Rhacophorus jerdonii*	
	278	白颌树蛙	*Rhacophorus maximus*	
	279	莫氏树蛙	*Rhacophorus moltrechti*	
	280	伊伽树蛙	*Rhacophorus naso*	
	281	翡翠树蛙	*Rhacophorus prasinatus*	
	282	黑蹼树蛙	*Rhacophorus reinwardtii*	
	283	红蹼树蛙	*Rhacophorus rhodopus*	
	284	台北树蛙	*Rhacophorus taipeianus*	
	285	横纹树蛙	*Rhacophorus translineatus*	
	286	疣腿树蛙	*Rhacophorus tuberculatus*	
	287	疣足树蛙	*Rhacophorus verrucopus*	
	288	瑶山树蛙	*Rhacophorus yaoshanensis*	
	289	马来疣斑树蛙	*Theloderma asperum*	
	290	广西疣斑树蛙	*Theloderma kwangsiensis*	
	291	西藏疣斑树蛙	*Theloderma moloch*	
爬行纲 Reptilia 2 目 20 科 395 种				
龟鳖目 Testudines				
平胸龟科 Platysternidae	1	平胸龟	*Platysternon megacephalum*	
淡水龟科 Bataguridae	2	大头乌龟	*Chinemys megalocephala*	
	3	黑颈水龟	*Chinemys nigricans*	
	4	乌龟	*Chinemys reevesii*	
	5	黄缘盒龟	*Cistoclemmys flavomarginata*	
	6	黄额盒龟	*Cistoclemmys galbinifrons*	
	7	金头闭壳龟	*Cuora aurocapitata*	

（续）

目、科	序号	中文名	学名	备注
淡水龟科 Bataguridae	8	百色闭壳龟	*Cuora mccordi*	
	9	潘氏闭壳龟	*Cuora pani*	
	10	琼崖闭壳龟	*Cuora serrata*	
	11	周氏闭壳龟	*Cuora zhoui*	
	12	齿缘龟	*Cyclemys dentata*	
	13	艾氏拟水龟	*Mauremys iversoni*	
	14	黄喉拟水龟	*Mauremys mutica*	
	15	腊戍拟水龟	*Mauremys pritchardi*	
	16	缺颌花龟	*Ocadia glyphistoma*	
	17	菲氏花龟	*Ocadia philippeni*	
	18	中华花龟	*Ocadia sinensis*	
	19	锯缘摄龟	*Pyxidea mouhotii*	
	20	眼斑龟	*Sacalia bealei*	
	21	拟眼斑龟	*Sacalia pseudocellata*	
	22	四眼斑龟	*Sacalia quadriocellata*	
陆龟科 Testudinidae	23	缅甸陆龟	*Indotestudo elongata*	
鳖科 Trionychidae	24	砂鳖	*Pelodiscus axenaria*	
	25	东北鳖	*Pelodiscus maackii*	
	26	小鳖	*Pelodiscus parviformis*	
	27	鳖	*Pelodiscus sinensis*	
	28	斑鳖	*Rafetus swinhoei*	
有鳞目 Squamata				
蜥蜴亚目 Lacertilia				
壁虎科 Gekkonidae	29	隐耳漠虎	*Alsophylax pipiens*	
	30	新疆漠虎	*Alsophylax przewalskii*	
	31	蜴虎	*Cosymbotus platyurus*	
	32	长裸趾虎	*Cyrtodactylus elongatus*	
	33	卡西裸趾虎	*Cyrtodactylus khasiensis*	
	34	墨脱裸趾虎	*Cyrtodactylus medogensis*	
	35	灰裸趾虎	*Cyrtodactylus russowii*	

（续）

目、科	序号	中文名	学名	备注
	36	西藏裸趾虎	*Cyrtodactylus tibetanus*	
	37	莎车裸趾虎	*Cyrtodactylus yarkandensis*	
	38	截趾虎	*Gehyra mutilata*	
	39	耳疣壁虎	*Gekko auriverrucosus*	
	40	中国壁虎	*Gekko chinensis*	
	41	铅山壁虎	*Gekko hokouensis*	
	42	多疣壁虎	*Gekko japonicus*	
	43	兰屿壁虎	*Gekko kikuchii*	
	44	海南壁虎	*Gekko similignum*	
	45	蹼趾壁虎	*Gekko subpalmatus*	
	46	无蹼壁虎	*Gekko swinhonis*	
	47	太白壁虎	*Gekko taibaiensis*	
壁虎科 Gekkonidae	48	原尾蜥虎	*Hemidactylus bowringii*	
	49	密疣蜥虎	*Hemidactylus brookii*	
	50	疣尾蜥虎	*Hemidactylus frenatus*	
	51	锯尾蜥虎	*Hemidactylus garnotii*	
	52	台湾蜥虎	*Hemidactylus stejneger*	
	53	沙坝半叶趾虎	*Hemiphyllodactylus chapaensis*	
	54	云南半叶趾虎	*Hemiphyllodactylus yunnanensis*	
	55	鳞趾虎	*Lepidodactylus lugubris*	
	56	雅美鳞趾虎	*Lepidodactylus yami*	
	57	新疆沙虎	*Teratoscincus przewalskii*	
	58	吐鲁番沙虎	*Teratoscincus roborowskii*	
	59	伊犁沙虎	*Teratoscincus scincus*	
	60	托克逊沙虎	*Teratoscincus toksunicus*	
睑虎科 Eublepharidae	61	睑虎	*Goniurosaurus hainanensis*	
	62	凭祥睑虎	*Goniurosaurus luii*	
鬣蜥科 Agamidae	63	长棘蜥	*Acanthosaura armata*	
	64	丽棘蜥	*Acanthosaura lepidogaster*	
	65	短肢树蜥	*Calotes brevipes*	

（续）

目、科	序号	中文名	学名	备注
鬣蜥科 Agamidae	66	棕背树蜥	*Calotes emma*	
	67	绿背树蜥	*Calotes jerdoni*	
	68	蚌西树蜥	*Calotes kakhienensis*	
	69	西藏树蜥	*Calotes kingdonwardi*	
	70	墨脱树蜥	*Calotes medogensis*	
	71	细鳞树蜥	*Calotes microlepis*	
	72	白唇树蜥	*Calotes mystaceus*	
	73	变色树蜥	*Calotes versicolor*	
	74	裸耳飞蜥	*Draco blanfordii*	
	75	斑飞蜥	*Draco maculatus*	
	76	长肢攀蜥	*Japalura andersoniana*	
	77	短肢攀蜥	*Japalura brevipes*	
	78	裸耳攀蜥	*Japalura dymondi*	
	79	草绿攀蜥	*Japalura flaviceps*	
	80	宜宾攀蜥	*Japalura grahami*	
	81	喜山攀蜥	*Japalura kumaonensis*	
	82	宜兰攀蜥（新拟）	*Japalura luei*	
	83	溪头攀蜥	*Japalura makii*	
	84	米仓山攀蜥	*Japalura micangshanensis*	
	85	琉球攀蜥	*Japalura polygonata*	
	86	丽纹攀蜥	*Japalura splendida*	
	87	台湾攀蜥	*Japalura swinhonis*	
	88	四川攀蜥	*Japalura szechwanensis*	
	89	昆明攀蜥	*Japalura varcoae*	
	90	云南攀蜥	*Japalura yunnanensis*	
	91	喜山岩蜥	*Laudakia himalayana*	
	92	西藏岩蜥	*Laudakia papenfussi*	
	93	拉萨岩蜥	*Laudakia sacra*	
	94	新疆岩蜥	*Laudakia stoliczkana*	
	95	塔里木岩蜥	*Laudakia tarimensis*	

（续）

目、科	序号	中文名	学名	备注
鬣蜥科 Agamidae	96	南亚岩蜥	*Laudakia tuberculata*	
	97	吴氏岩蜥	*Laudakia wui*	
	98	蜡皮蜥	*Leiolepis reevesii*	
	99	异鳞蜥	*Oriocalotes paulus*	
	100	白条沙蜥	*Phrynocephalus albolineatus*	
	101	叶城沙蜥	*Phrynocephalus axillaris*	
	102	红尾沙蜥	*Phrynocephalus erythrurus*	
	103	南疆沙蜥	*Phrynocephalus forsythii*	
	104	草原沙蜥	*Phrynocephalus frontalis*	
	105	奇台沙蜥	*Phrynocephalus grumgrzimailoi*	
	106	居延沙蜥	*Phrynocephalus guentheri*	
	107	乌拉尔沙蜥	*Phrynocephalus guttatus*	
	108	旱地沙蜥	*Phrynocephalus helioscopus*	
	109	红原沙蜥	*Phrynocephalus hongyuanensis*	
	110	无斑沙蜥	*Phrynocephalus immaculatus*	
	111	白梢沙蜥	*Phrynocephalus koslowi*	
	112	库车沙蜥	*Phrynocephalus ludovici*	
	113	大耳沙蜥	*Phrynocephalus mystaceus*	
	114	宽鼻沙蜥	*Phrynocephalus nasatus*	
	115	荒漠沙蜥	*Phrynocephalus przewalskii*	
	116	西藏沙蜥	*Phrynocephalus theobaldi*	
	117	变色沙蜥	*Phrynocephalus versicolor*	
	118	青海沙蜥	*Phrynocephalus vlangalii*	
	119	泽当沙蜥	*Phrynocephalus zetangensis*	
	120	长鬣蜥	*Physignathus cocincinus*	
	121	喉褶蜥	*Ptyctolaemus gularis*	
	122	草原蜥	*Trapelus sanguinolentus*	
蛇蜥科 Anguidae	123	台湾脆蛇蜥	*Ophisaurus formosensis*	
	124	细脆蛇蜥	*Ophisaurus gracilis*	
	125	海南脆蛇蜥	*Ophisaurus hainanensis*	

（续）

目、科	序号	中文名	学名	备注
蛇蜥科 Anguidae	126	脆蛇蜥	*Ophisaurus harti*	
巨蜥科 Varanidae	127	孟加拉巨蜥	Varanus bengalensis	
双足蜥科 Dibamidae	128	香港双足蜥	*Dibamus bogadeki*	
	129	白尾双足蜥	*Dibamus bourreti*	
蜥蜴科 Lacertidae	130	丽斑麻蜥	*Eremias argus*	
	131	敏麻蜥	*Eremias arguta*	
	132	山地麻蜥	*Eremias brenchleyi*	
	133	喀什麻蜥	*Eremias buechneri*	
	134	网纹麻蜥	*Eremias grammica*	
	135	密点麻蜥	*Eremias multiocellata*	
	136	荒漠麻蜥	*Eremias przewalskii*	
	137	快步麻蜥	*Eremias velox*	
	138	虫纹麻蜥	*Eremias vermiculata*	
	139	捷蜥蜴	*Lacerta agilis*	
	140	胎生蜥蜴	*Lacerta vivipara*	
	141	峨眉地蜥	*Platyplacopus intermedius*	
	142	台湾地蜥	*Platyplacopus kuehnei*	
	143	崇安地蜥	*Platyplacopus sylvaticus*	
	144	黑龙江草蜥	*Takydromus amurensis*	
	145	台湾草蜥	*Takydromus formosanus*	
	146	雪山草蜥	*Takydromus hsuehshanensis*	
	147	恒春草蜥	*Takydromus sauteri*	
	148	北草蜥	*Takydromus septentrionalis*	
	149	南草蜥	*Takydromus sexlineatus*	
	150	蓬莱草蜥	*Takydromus stejnegeri*	
	151	白条草蜥	*Takydromus wolteri*	
石龙子科 Scincidae	152	阿赖山裂睑蜥	*Asymblepharus alaicus*	
	153	光蜥	*Ateuchosaurus chinensis*	
	154	岩岸岛蜥	*Emoia atrocostatata*	
	155	黄纹石龙子	*Eumeces capito*	

（续）

目、科	序号	中文名	学名	备注
石龙子科 Scincidae	156	中国石龙子	*Eumeces chinensis*	
	157	蓝尾石龙子	*Eumeces elegans*	
	158	刘氏石龙子	*Eumeces liui*	
	159	崇安石龙子	*Eumeces popei*	
	160	四线石龙子	*Eumeces quadrilineatus*	
	161	大渡石龙子	*Eumeces tunganus*	
	162	长尾南蜥	*Mabuya longicaudata*	
	163	多棱南蜥	*Mabuya multicarinata*	
	164	多线南蜥	*Mabuya multifasciata*	
	165	昆明滑蜥	*Scincella barbouri*	
	166	长肢滑蜥	*Scincella doriae*	
	167	台湾滑蜥	*Scincella formosensis*	
	168	喜山滑蜥	*Scincella himalayana*	
	169	桓仁滑蜥	*Scincella huanrenensis*	
	170	拉达克滑蜥	*Scincella ladacensis*	
	171	宁波滑蜥	*Scincella modesta*	
	172	山滑蜥	*Scincella monticola*	
	173	康定滑蜥	*Scincella potanini*	
	174	西域滑蜥	*Scincella przewalskii*	
	175	南滑蜥	*Scincella reevesii*	
	176	瓦山滑蜥	*Scincella schmidti*	
	177	锡金滑蜥	*Scincella sikimmensis*	
	178	秦岭滑蜥	*Scincella tsinlingensis*	
	179	墨脱蜓蜥	*Sphenomorphus courcyanus*	
	180	股鳞蜓蜥	*Sphenomorphus incognitus*	
	181	铜蜓蜥	*Sphenomorphus indicus*	
	182	斑蜓蜥	*Sphenomorphus maculata*	
	183	台湾蜓蜥	*Sphenomorphus taiwanensis*	
	184	缅甸棱蜥	*Tropidophorus berdmorei*	
	185	广西棱蜥	*Tropidophorus guangxiensis*	

（续）

目、科	序号	中文名	学名	备注
石龙子科 Scincidae	186	海南棱蜥	*Tropidophorus hainanus*	
	187	中国棱蜥	*Tropidophorus sinicus*	
蛇亚目 Serpentes				
盲蛇科 Typhlopidae	188	白头钩盲蛇	*Ramphotyphlops albiceps*	
	189	钩盲蛇	*Ramphotyphlops braminus*	
	190	大盲蛇	*Typhlops diardii*	
	191	恒春盲蛇	*Typhlops koshunensis*	
瘰鳞蛇科 Acrochordidae	192	瘰鳞蛇	*Acrochordus granulatus*	
闪鳞蛇科 Xenopeltidae	193	海南闪鳞蛇	*Xenopeltis hainanensis*	
	194	闪鳞蛇	*Xenopeltis unicolor*	
盾尾蛇科 Uropeltidae	195	红尾筒蛇	*Cylindrophis ruffus*	
蟒科 Boida	196	红沙蟒	*Eryx miliaris*	
	197	东疆沙蟒	*Eryx orentalis-xinjiangensis*	
	198	东方沙蟒	*Eryx tataricus*	
游蛇科 Colubridae	199	青脊蛇	*Achalinus ater*	
	200	台湾脊蛇	*Achalinus formosanus*	
	201	海南脊蛇	*Achalinus hainanus*	
	202	井冈山脊蛇	*Achalinus jinggangensis*	
	203	美姑脊蛇	*Achalinus meiguensis*	
	204	阿里山脊蛇	*Achalinus niger*	
	205	棕脊蛇	*Achalinus rufescens*	
	206	黑脊蛇	*Achalinus spinalis*	
	207	绿瘦蛇	*Ahaetulla prasina*	
	208	无颞鳞腹链蛇	*Amphiesma atemporale*	
	209	黑带腹链蛇	*Amphiesma bitaeniatum*	
	210	白眉腹链蛇	*Amphiesma boulengeri*	
	211	绣链腹链蛇	*Amphiesma craspedogaster*	
	212	棕网腹链蛇	*Amphiesma johannis*	
	213	卡西腹链蛇	*Amphiesma khasiense*	
	214	瓦屋山腹链蛇	*Amphiesma metusium*	

（续）

目、科	序号	中文名	学名	备注
游蛇科 Colubridae	215	台北腹链蛇	*Amphiesma miyajimae*	
	216	腹斑腹链蛇	*Amphiesma modestum*	
	217	八线腹链蛇	*Amphiesma octolineatum*	
	218	丽纹腹链蛇	*Amphiesma optatum*	
	219	双带腹链蛇	*Amphiesma parallelum*	
	220	平头腹链蛇	*Amphiesma platyceps*	
	221	坡普腹链蛇	*Amphiesma popei*	
	222	棕黑腹链蛇	*Amphiesma sauteri*	
	223	草腹链蛇	*Amphiesma stolatum*	
	224	缅北腹链蛇	*Amphiesma venningi*	
	225	东亚腹链蛇	*Amphiesma vibakari*	
	226	白眶蛇	*Amphiesmoides ornaticeps*	
	227	滇西蛇	*Atretium yunnanensis*	
	228	珠光蛇	*Blythia reticulata*	
	229	绿林蛇	*Boiga cyanea*	
	230	广西林蛇	*Boiga guangxiensis*	
	231	绞花林蛇	*Boiga kraepelini*	
	232	繁花林蛇	*Boiga multomaculata*	
	233	尖尾两头蛇	*Calamaria pavimentata*	
	234	钝尾两头蛇	*Calamaria septentrionalis*	
	235	云南两头蛇	*Calamaria yunnanensis*	
	236	金花蛇	*Chrysopelea ornata*	
	237	花脊游蛇	*Coluber ravergieri*	
	238	黄脊游蛇	*Coluber spinalis*	
	239	纯绿翠青蛇	*Cyclophiops doriae*	
	240	翠青蛇	*Cyclophiops major*	
	241	横纹翠青蛇	*Cyclophiops multicinctus*	
	242	喜山过树蛇	*Dendrelaphis gorei*	
	243	过树蛇	*Dendrelaphis pictus*	
	244	八莫过树蛇	*Dendrelaphis subocularis*	

（续）

目、科	序号	中文名	学名	备注
游蛇科 Colubridae	245	黄链蛇	*Dinodon flavozonatum*	
	246	粉链蛇	*Dinodon rosozonatum*	
	247	赤链蛇	*Dinodon rufozonatum*	
	248	白链蛇	*Dinodon septentrionale*	
	249	赤峰锦蛇	*Elaphe anomala*	
	250	双斑锦蛇	*Elaphe bimaculata*	
	251	王锦蛇	*Elaphe carinata*	
	252	团花锦蛇	*Elaphe davidi*	
	253	白条锦蛇	*Elaphe dione*	
	254	灰腹绿锦蛇	*Elaphe frenata*	
	255	南峰锦蛇	*Elaphe hodgsonii*	
	256	玉斑锦蛇	*Elaphe mandarina*	
	257	百花锦蛇	*Elaphe moellendorffi*	
	258	横斑锦蛇	*Elaphe perlacea*	
	259	紫灰锦蛇	*Elaphe porphyracea*	
	260	绿锦蛇	*Elaphe prasina*	
	261	三索锦蛇	*Elaphe radiata*	
	262	红点锦蛇	*Elaphe rufodorsata*	
	263	棕黑锦蛇	*Elaphe schrenckii*	
	264	黑眉锦蛇	*Elaphe taeniura*	
	265	黑斑水蛇	*Enhydris bennettii*	
	266	腹斑水蛇	*Enhydris bocourti*	
	267	中国水蛇	*Enhydris chinensis*	
	268	铅色水蛇	*Enhydris plumbea*	
	269	滑鳞蛇	*Liopeltis frenatus*	
	270	白环蛇	*Lycodon aulicus*	
	271	双全白环蛇	*Lycodon fasciatus*	
	272	老挝白环蛇	*Lycodon laoensis*	
	273	黑背白环蛇	*Lycodon ruhstrati*	
	274	细白环蛇	*Lycodon subcinctus*	

（续）

目、科	序号	中文名	学名	备注
	275	颈棱蛇	*Macropisthodon rudis*	
	276	水游蛇	*Natrix natrix*	
	277	棋斑水游蛇	*Natrix tessellata*	
	278	喜山小头蛇	*Oligodon albocinctus*	
	279	方花小头蛇	*Oligodon bellus*	
	280	菱斑小头蛇	*Oligodon catenata*	
	281	中国小头蛇	*Oligodon chinensis*	
	282	紫棕小头蛇	*Oligodon cinereus*	
	283	管状小头蛇	*Oligodon cyclurus*	
	284	台湾小头蛇	*Oligodon formosanus*	
	285	昆明小头蛇	*Oligodon kunmingensis*	
	286	圆斑小头蛇	*Oligodon lacroixi*	
	287	龙胜小头蛇	*Oligodon lungshenensis*	
	288	黑带小头蛇	*Oligodon melanozonatus*	
游蛇科 Colubridae	289	横纹小头蛇	*Oligodon multizonatus*	
	290	宁陕小头蛇	*Oligodon ningshanensis*	
	291	饰纹小头蛇	*Oligodon ornatus*	
	292	山斑小头蛇	*Oligodon taeniatus*	
	293	香港后棱蛇	*Opisthotropis andersonii*	
	294	横纹后棱蛇	*Opisthotropis balteata*	
	295	莽山后棱蛇	*Opisthotropis cheni*	
	296	广西后棱蛇	*Opisthotropis guangxiensis*	
	297	沙坝后棱蛇	*Opisthotropis jacobi*	
	298	挂墩后棱蛇	*Opisthotropis kuatunensis*	
	299	侧条后棱蛇	*Opisthotropis lateralis*	
	300	山溪后棱蛇	*Opisthotropis latouchii*	
	301	福建后棱蛇	*Opisthotropis maxwelli*	
	302	老挝后棱蛇	*Opisthotropis praemaxillaris*	
	303	平鳞钝头蛇	*Pareas boulengeri*	
	304	棱鳞钝头蛇	*Pareas carinatus*	

（续）

目、科	序号	中文名	学名	备注
	305	钝头蛇	*Pareas chinensis*	
	306	台湾钝头蛇	*Pareas formosensis*	
	307	缅甸钝头蛇	*Pareas hamptoni*	
	308	横斑钝头蛇	*Pareas macularius*	
	309	横纹钝头蛇	*Pareas margaritophorus*	
	310	喜山钝头蛇	*Pareas monticola*	
	311	福建钝头蛇	*Pareas stanleyi*	
	312	颈斑蛇	*Plagiopholis blakewayi*	
	313	缅甸颈斑蛇	*Plagiopholis nuchalis*	
	314	福建颈斑蛇	*Plagiopholis styani*	
	315	云南颈斑蛇	*Plagiopholis unipostocularis*	
	316	紫沙蛇	*Psammodynastes pulverulentus*	
	317	花条蛇	*Psammophis lineolatus*	
	318	横纹斜鳞蛇	*Pseudoxenodon bambusicola*	
游蛇科 Colubridae	319	崇安斜鳞蛇	*Pseudoxenodon karlschmidti*	
	320	斜鳞蛇	*Pseudoxenodon macrops*	
	321	花尾斜鳞蛇	*Pseudoxenodon stejnegeri*	
	322	灰鼠蛇	*Ptyas korros*	
	323	滑鼠蛇	*Ptyas mucosus*	
	324	海南颈槽蛇	*Rhabdophis adleri*	
	325	喜山颈槽蛇	*Rhabdophis himalayanus*	
	326	缅甸颈槽蛇	*Rhabdophis leonardi*	
	327	黑纹颈槽蛇	*Rhabdophis nigrocinctus*	
	328	颈槽颈槽蛇	*Rhabdophis nuchalis*	
	329	九龙颈槽蛇	*Rhabdophis pentasupralabialis*	
	330	红脖颈槽蛇	*Rhabdophis subminiatus*	
	331	台湾颈槽蛇	*Rhabdophis swinhonis*	
	332	虎斑颈槽蛇	*Rhabdophis tigrinus*	
	333	黄腹杆蛇	*Rhabdops bicolor*	
	334	尖喙蛇	*Rhynchophis boulengeri*	

（续）

目、科	序号	中文名	学名	备注
游蛇科 Colubridae	335	黑头剑蛇	*Sibynophis chinensis*	
	336	黑领剑蛇	*Sibynophis collaris*	
	337	环纹华游蛇	*Sinonatrix aequifasciata*	
	338	赤链华游蛇	*Sinonatrix annularis*	
	339	华游蛇	*Sinonatrix percarinata*	
	340	温泉蛇	*Thermophis baileyi*	
	341	山坭蛇	*Trachischium monticola*	
	342	小头坭蛇	*Trachischium tenuiceps*	
	343	渔游蛇	*Xenochrophis piscator*	
	344	黑网乌梢蛇	*Zaocys carinatus*	
	345	乌梢蛇	*Zaocys dhumnades*	
	346	黑线乌梢蛇	*Zaocys nigromarginatus*	
眼镜蛇科 Elapidae				
眼镜蛇亚科 Elapinae	347	金环蛇	*Bungarus fasciatus*	
	348	银环蛇	*Bungarus multicinctus*	
	349	福建丽纹蛇	*Calliophis kelloggi*	
	350	丽纹蛇	*Calliophis macclellandi*	
	351	台湾丽纹蛇	*Calliophis sauteri*	
	352	舟山眼镜蛇	*Naja atra*	
	353	孟加拉眼镜蛇	*Naja kaouthia*	
	354	眼镜王蛇	*Ophiophagus hannah*	
扁尾海蛇亚科 Laticaudinae	355	蓝灰扁尾海蛇	*Laticauda colubrina*	
	356	扁尾海蛇	*Laticauda laticaudata*	
	357	半环扁尾海蛇	*Laticauda semifasciata*	
海蛇亚科 Hydrophiinae	358	棘眦海蛇	*Acalyptophis peronii*	
	359	棘鳞海蛇	*Astrotia stokesii*	
	360	龟头海蛇	*Emydocephalus ijimae*	
	361	青灰海蛇	*Hydrophis caerulescens*	
	362	青环海蛇	*Hydrophis cyanocinctus*	
	363	环纹海蛇	*Hydrophis fasciatus*	

（续）

目、科	序号	中文名	学名	备注
海蛇亚科 Hydrophiinae	364	小头海蛇	*Hydrophis gracilis*	
	365	黑头海蛇	*Hydrophis melanocephalus*	
	366	淡灰海蛇	*Hydrophis ornatus*	
	367	截吻海蛇	*Kerilia jerdonii*	
	368	平颏海蛇	*Lapemis curtus*	
	369	长吻海蛇	*Pelamis platurus*	
	370	海蝰	*Praescutata viperina*	
蝰科 Viperidae				
白头蝰亚科 Azemiopinae	371	白头蝰	*Azemiops feae*	
蝮亚科 Crotalinae	372	尖吻蝮	*Deinagkistrodon acutus*	
	373	短尾蝮	*Gloydius brevicaudus*	
	374	中介蝮	*Gloydius intermedius*	
	375	六盘山蝮	*Gloydius liupanensis*	
	376	秦岭蝮	*Gloydius qinlingensis*	
	377	岩栖蝮	*Gloydius saxatilis*	
	378	蛇岛蝮	*Gloydius shedaoensis*	
	379	高原蝮	*Gloydius strauchii*	
	380	乌苏里蝮	*Gloydius ussuriensis*	
	381	莽山烙铁头蛇	*Ermia mangshanensis*	
	382	山烙铁头蛇	*Ovophis monticola*	
	383	察隅烙铁头蛇	*Ovophis zayuensis*	
	384	菜花原矛头蝮	*Protobothrops jerdonii*	
	385	原矛头蝮	*Protobothrops mucrosquamatus*	
	386	乡城原矛头蝮	*Protobothrops xiangchengensis*	
	387	白唇竹叶青蛇	*Trimeresurus albolabris*	
	388	台湾竹叶青蛇	*Trimeresurus gracilis*	
	389	墨脱竹叶青蛇	*Trimeresurus medoensis*	
	390	竹叶青蛇	*Trimeresurus stejnegeri*	
	391	西藏竹叶青蛇	*Trimeresurus tibetanus*	
	392	云南竹叶青蛇	*Trimeresurus yunnanensis*	

（续）

目、科	序号	中文名	学名	备注
蝰亚科 Viperinae	393	极北蝰	*Vipera berus*	
	394	圆斑蝰	*Vipera russelii*	
	395	草原蝰	*Vipera ursinii*	
昆虫纲 Insecta 17 目 72 科 120 属 110 种				
襀翅目 Plecoptera				
襀科 Perlidae	1	江西叉突襀	*Furcaperla jiangxiensis*	
	2	海南华钮襀	*Sinacronearia hainana*	
扁襀科 Peltoperlidae	3	吉氏小扁襀	*Microperla jeei*	
	4	史氏长卷襀	*Perlomyer smithae*	
螳螂目 Mantodea				
怪螳科 Amorphoscelidae		怪螳属（所有种）	*Amorphoscelis* spp.	
竹节虫目 Phasmatodea				
竹节虫科 Phasmatidae	5	魏氏巨	*Tirachoidea westwoodi*	
	6	四川无肛	*Paraentoria sichuanensis*	
	7	尖峰岭彪	*Pharnacia jianfenglingensis*	
	8	污色无翅刺	*Cnipsus colorantis*	
叶　科 Phyllidae		叶　属（所有种）	*Phyllium* spp.	
杆　科 Bacillidae	9	广西瘤	*Datames guangxiensis*	
异　科 Heteronemiidae	10	褐脊瘤胸	*Trachythorax fuscocarinatus*	
啮虫目 Psocoptera	11	中华仿圆筒	*Paragongylopus sinensis*	
围啮科 Peripsocidae	12	食蚧双突围啮	*Diplopsocus phagococcus*	
啮科 Psocidae	13	线斑触啮	*Psococerastis linearis*	
缨翅目 Thysanoptera				
纹蓟马科 Aeolothripidae	14	黄脊扁角纹蓟马	*Mymarothrips fiavidonotus*	
同翅目 Homoptera				
蛾蜡蝉科 Flatidae	15	墨脱埃蛾蜡蝉	*Exoma medogensis*	
蜡蝉科 Fulgoridae	16	红翅梵蜡蝉	*Aphaena rabiala*	
颜蜡蝉科 Eurybrachidae	17	漆点旌翅颜蜡蝉	*Ancyra annamensis*	
蝉科 Cicadidae		碧蝉属（所有种）	*Hea* spp.	
		彩蝉属（所有种）	*Gallogaena* spp.	

（续）

目、科	序号	中文名	学名	备注
蝉科 Cicadidae		琥珀蝉属（所有种）	*Ambrogaena* spp.	
		硫磺蝉属（所有种）	*Sulphogaena* spp.	
		拟红眼蝉属（所有种）	*Paratalainga* spp.	
		笃蝉属（所有种）	*Tosena* spp.	
犁胸蝉科 Aetalionidae	18	西藏管尾犁胸蝉	*Darthula xizangensis*	
角蝉科 Membracidae	19	周氏角蝉	*Choucentrus sinensis*	
棘蝉科 Machaerotidae	20	新象棘蝉	*Neosigmasoma manglunensis*	
毛管蚜科 Greenideidae	21	野核桃声毛管蚜	*Mollitrichosiphum juglandisuctum*	
扁蚜科 Hormaphididae	22	柳粉虱蚜	*Aleurodaphis sinisalicis*	
半翅目 Hemiptera				
负子蝽科 Belostomatidae	23	田鳖	*Lethocerus indicus*	
盾蝽科 Scutelleridae	24	山字宽盾蝽	*Poecilocoris sanszesingatus*	
猎蝽科 Reduviidae	25	海南杆　猎蝽	*Ischnobaenella hainana*	
广翅目 Megaloptera				
齿蛉科 Corydalidae	26	中华脉齿蛉	*Neuromus sinensis*	
蛇蛉目 Raphidioptera				
盲蛇蛉科 Inocelliidae	27	硕华盲蛇蛉	*Sininocellia gigantos*	
脉翅目 Neuroptera				
旌蛉科 Nemopteridae	28	中华旌蛉	*Nemopistha sinica*	
鞘翅目 Coleoptera				
虎甲科 Cicindelidae	29	双锯球胸虎甲	*Therates biserratus*	
步甲科 Carabidae		步甲属拉步甲亚属（所有种）	*Carabus* spp.	*Coptolabrus* spp.
		步甲属硕步甲亚属（所有种）	*Carabus* spp.	*Aptomopterus* spp.
两栖甲科 Amphizoidae	30	大卫两栖甲	*Amphizoa davidi*	
	31	中华两栖甲	*Amphizoa sinica*	
叩甲科 Elateridae	32	大尖鞘叩甲	*Oxynopterus annamensis*	
	33	凹头叩甲	*Ceropectus messi*	
	34	丽叩甲	*Campsosternus auratus*	

（续）

目、科	序号	中文名	学名	备注
叩甲科 Elateridae	35	黔丽叩甲	*Campsosternus guizhouensis*	
	36	二斑丽叩甲	*Campsosternus bimaculatu*	
	37	朱肩丽叩甲	*Campsosternus gemma*	
	38	绿腹丽叩甲	*Campsosternus fruhstorferi*	
	39	眼纹斑叩甲	*Cryptalaus larvatus*	
	40	豹纹斑叩甲	*Cryptalaus sordidus*	
	41	木棉梳角叩甲	*Pectocera fortunei*	
吉丁虫科 Buprestidae	42	海南硕黄吉丁	*Megaloxantha hainana*	
	43	红绿金吉丁	*Chrysochroa vittata*	
	44	北部湾金吉丁	*Chrysochroa tonkinensi s*	
	45	绿点椭圆吉丁	*Sternocera aequisignata*	
瓢虫科 Coccinellidae	46	三色红瓢虫	*Amida tricolor*	
	47	龟瓢虫	*Epiverta chelonia*	
拟步甲科 Tenebrionidae	48	李氏长足甲	*Adesmia lii*	*Oteroselis lii*
臂金龟科 Euchiridae		彩臂金龟属（所有种）	*Cheirotonus* spp.	
	49	戴褐臂金龟	*Propomacrus davidi*	
犀金龟科 Dynastidae	50	胫晓扁犀金龟	*Eophileurus tibialis*	
		叉犀金龟属（所有种）	*Allomyrina* spp.	
	51	葛蛀犀金龟	*Oryctes gnu*	
	52	细角尤犀金龟	*Eupatorus gracilicornis*	
鳃金龟科 Melolonthidae	53	背黑正鳃金龟	*Malaisius melanodiscus*	
花金龟科 Cetoniidae	54	群斑带花金龟	*Taeniodera coomani*	
	55	褐斑背角花金龟	*Neophaedimus auzouxi*	
	56	四斑幽花金龟	*Iumnos ruckeri*	
锹甲科 Lucanidae	57	中华奥锹甲	*Odontolabis sinensis*	
	58	巨叉锹甲	*Lucanus planeti*	
	59	幸运锹甲	*Lucanida fortunei*	
天牛科 Cerambycidae	60	细点音天牛	*Heterophilus punctulatus*	
	61	红腹膜花天牛	*Necydalis rufiabdominis*	
	62	畸腿半鞘天牛	*Merionoeda splendida*	

（续）

目、科	序号	中文名	学名	备注
叶甲科 Chrysomelidae	63	超高莹叶甲	*Galeruca altissima*	
锥象科 Brentidae	64	大宽喙象	*Baryrrhynchus cratus*	
捻翅目 Strepsiptera				
栉虫扇科 Halictophagidae	65	拟蚤蝼虫扇	*Tridactyloxenos coniferus*	
长翅目 Mecoptera				
蝎蛉科 Parnorpidae	66	周氏新蝎蛉	*Neopanorpa choui*	
毛翅目 Trichoptera				
石蛾科 Phryganeidae	67	中华石蛾	*Phryganea sinensis*	
鳞翅目 Lepidoptera				
蛉蛾科 Neopseustidae	68	梵净蛉蛾	*Neopseustis fanjingshana*	
小翅蛾科 Micropterygidae	69	井冈小翅蛾	*Paramartyria jinggangana*	
长角蛾科 Adelidae	70	大黄长角蛾	*Nemophora amurensis*	
举肢蛾科 Heliodinidae	71	北京举肢蛾	*Beijinga utila*	
燕蛾科 Uraniidae	72	巨燕蛾	*Nyctalemon patroclus*	
灯蛾科 Arctiidae	73	紫曲纹灯蛾	*Gonerda bretaudiaui*	
桦蛾科 Endromidae	74	陇南桦蛾	*Mirina longnanensis*	
大蚕蛾科 Saturniidae	75	半目大蚕蛾	*Antheraea yamamai*	
	76	乌柏大蚕蛾	*Attacus atlas*	
	77	冬青大蚕蛾	*Attacus edwardsi*	
萝纹蛾科 Brahmaeidae	78	黑褐萝纹蛾	*Brahmaea christophi*	
凤蝶科 Papilionidae		喙凤蝶属（所有种）	*Teinopalpus* spp.	
		虎凤蝶属（所有种）	*Luehdorfia* spp.	
	79	锤尾凤蝶	*Losaria coon*	
	80	台湾凤蝶	*Papilio thaiwanus*	
	81	红斑美凤蝶	*Papilio rumanzovius*	
	82	旖凤蝶	*Iphiclides podalirius*	
		尾凤蝶属（所有种）	*Bhutanitis* spp.	
		曙凤蝶属（所有种）	*Atrophaneura* spp.	
		裳凤蝶属（所有种）	*Troides* spp.	
		宽尾凤蝶属（所有种）	*Agehana* spp.	

（续）

目、科	序号	中文名	学名	备注
凤蝶科 Papilionidae	83	燕凤蝶	*Lamproptera curia*	
	84	绿带燕凤蝶	*Lamproptera meges*	
粉蝶科 Pieridae		眉粉蝶属（所有种）	*Zegris* spp.	
蛱蝶科 Nymphalidae	85	最美紫蛱蝶	*Sasakia pulcherrima*	
	86	黑紫蛱蝶	*Sasakia funebris*	
	87	枯叶蛱蝶	*Kallima inachus*	
绢蝶科 Parnassidae		绢蝶属（所有种）	*Parnassius* spp.	
眼蝶科 Satyridae	88	黑眼蝶	*Ethope henrici*	
		岳眼蝶属（所有种）	*Orinoma* spp.	
	89	豹眼蝶	*Nosea hainanensis*	
环蝶科 Amathusiidae		箭环蝶属（所有种）	*Stichophthalma* spp.	
	90	森下交脉环蝶	*Amathuxidia morishitai*	
灰蝶科 Lycaenidae		陕灰蝶属（所有种）	*Shaanxiana* spp.	
	91	虎灰蝶	*Yamamotozephyrus kwangtungensis*	
弄蝶科 Hesperiidae	92	大伞弄蝶	*Bibasis miracula*	
双翅目 Diptera				
食虫虻科 Asilidae	93	古田钉突食虫虻	*Euscelidia gutianensis*	
突眼蝇科 Diopsidae	94	中国突眼蝇	*Diopsis chinica*	
甲蝇科 Celyphidae	95	铜绿狭甲蝇	*Spaniocelyphus cupreus*	
膜翅目 Hymenoptera				
叶蜂科 Tenthredinidae	96	海南木莲枝角叶蜂	*Cladiucha manglietiae*	
姬蜂科 Ichneumonidae	97	蝙蛾角突姬蜂	*Megalomya hepialivora*	
	98	黑蓝凿姬蜂	*Xorides（Epixorides）nigricaeruleus*	
	99	短异潜水蜂	*Atopotypus succinatus*	
茧蜂科 Braconidae	100	马尾茧蜂	*Euurobracon yokohamae*	
	101	梵净山华甲茧蜂	*Siniphanerotomella fanjingshana*	
	102	天牛茧蜂	*Parabrulleia shibuensis*	
金小蜂科 Pteromalidae	103	丽锥腹金小蜂	*Solenura ania*	

（续）

目、科	序号	中文名	学名	备注
离颚细蜂科 Vanhornidae	104	贵州华颚细蜂	*Vanhornia guizhouensis*	
虫系蜂科 Sclerogibbidae	105	中华新虫系蜂	*Caenosclerogibba sinica*	
泥蜂科 Sphecidae	106	叶齿金绿泥蜂	*Chlorion lobatum*	
蚁科 Formicidae	107	双齿多刺蚁	*Polyrhachis dives*	
	108	鼎突多刺蚁	*Polyrhachis vicina*	
蜜蜂科 Apidae	109	伪猛熊蜂	*Bombus persoatus*	*Subterraneobombus persoatus*
	110	中华蜜蜂	*Apis cerana*	

人工繁育国家重点保护陆生野生动物名录（第一批）

（国家林业局公告 2017 年第 13 号　2017 年 6 月 28 日）

按照《中华人民共和国野生动物保护法》第二十八条规定，经科学论证，现发布《人工繁育国家重点保护陆生野生动物名录（第一批）》（见附件），自 2017 年 7 月 1 日起生效。

特此公告。

附件：人工繁育国家重点保护陆生野生动物名录（第一批）

人工繁育国家重点保护陆生野生动物名录（第一批）

序号	中文名	学名
1	梅花鹿	*Cervus nippon*
2	马鹿	*Cervus elaphus*
3	鸵鸟*	*Struthio camelus*
4	美洲鸵*	*Rhea americana*
5	大东方龟*	*Heosemys grandis*
6	尼罗鳄*	*Crocodylus niloticus*
7	湾鳄*	*Crocodylus porosus*
8	暹罗鳄*	*Crocodylus siamensis*
9	虎纹蛙	*Rana tigrian*

注：中文名后标注 * 号的为境外引进、依法按照国家重点保护野生动物管理的野生动物。

国家林业局
农　业　部
公　告

（2017 年第 14 号　2017 年 8 月 21 日）

　　按照《中华人民共和国野生动物保护法》第二十五条和第二十七条有关规定，经国务院批准，大熊猫、朱鹮、虎、豹类、象类、金丝猴类、长臂猿类、犀牛类、猩猩类、鸨类共 10 种（类）国家重点保护陆生野生动物的人工繁育和出售、购买、利用其活体及制品活动的批准机关定为国家林业局；白鱀豚、长江江豚、中华鲟、中华白海豚、儒艮、红珊瑚、达氏鲟、白鲟、鼋共 9 种（类）国家重点保护水生野生动物的人工繁育和出售、购买、利用其活体及制品活动的批准机关定为农业部。

　　自本公告发布之日起，国家林业局和农业部按照规定分别受理相关行政许可事项。

　　特此公告。

濒危野生动植物种国际贸易公约
附录Ⅰ、附录Ⅱ和附录Ⅲ

（自 2019 年 11 月 26 日起生效）

说　明

1. 本附录所列的物种是指：

a) 名称所示的物种；或

b) 一个高级分类单元所包括的全部物种或其被特别指定的一部分。

2. 缩写"spp."是指其前称高级分类单元所包含的全部物种。

3. 其他种以上的分类单元仅供资料查考或分类之用。科的学名后的俗名仅供参考（编者注：公约秘书处发布附录的英文版原文中，俗名为英文名，附录中文版以学名前加中文名替代）。它们是为表明此科中有物种被列入附录。在大多数情形下，并不是这个科中的所有种都被收入附录。

4. 以下缩写用于植物的种以下分类单元：

a) 缩写"ssp."指亚种；及

b) 缩写"var（s）."指变种。

5. 鉴于对列入附录Ⅰ的植物种或较高级分类单元均未注明其杂交种应当按照《公约》第三条有关规定进行管理，这表明来自一个或多个这些种或分类单元的人工培植杂交种如附有人工培植证明书便可进行贸易，同时这些杂交种的种子、花粉（包括花粉块）、切花和源于离体培养、置于固体或液体介质中、以无菌容器运输的幼苗或组织培养物不受《公约》有关条款的限制。

6. 附录Ⅲ中物种名后括号中的国家是提出将这些物种列入该附录的缔约方。

7. 当一个物种被列入某一附录时，该动物或植物的整体，无论是活体还是死体即被列入。此外，对附录Ⅲ所列动物，以及附录Ⅱ或Ⅲ所列植物，该物种的所有部分及其衍生物也被列入同一附录，除非该物种的注释表明其只包括特定的部分或衍生物。列入附录Ⅱ或Ⅲ的物种或较高级分类单元名称旁出现的符号♯及相随数字系指脚注，脚注表明了动物或植物的哪些部分或衍生物被指定为根据《公约》第一条第（b）款第（ii）项或第（iii）项的规定受《公约》条款管制的"标本"。

8. 附录注释中使用的术语和词语定义如下：

提取物

无论生产过程怎样，使用各种物理和化学方法直接从植物材料提取的任何物质。提取物可以是固体（如结晶、树脂、细颗粒或粗颗粒）、半固体（如胶、蜡）或液体（如溶液、酊剂、油和精油）。

乐器成品

可立即用于演奏，或仅需安装零件即可用于演奏的乐器（参考世界海关组织海关编码第九十二章 乐器及其零件、附件）。该术语包括古董乐器（归于海关编码品目 97.05 和 97.06 的艺术品、收藏品及古物）。

乐器附件成品

指与乐器分开，经过特别设计或造型，需要与乐器结合使用，无须再做修饰的乐器附件（参考世界海关组织海关编码第九十二章 乐器及其零件、附件）。

乐器零件成品

指经过特别设计或造型，可立即安装使乐器可以演奏的乐器部分（参考世界海关组织海关编码第九十二章 乐器及其零件、附件）。

包装好备零售的制成品

单个或整批装运的产品，无需后续加工，已包装、贴标供最终使用或零售，处于适合向一般公众出售或供其使用的状态。

粉末

细颗粒或粗颗粒形式的干固体物质。

装运量

单一提货单或航空运货单载明的运输货物量，不论集装箱或包裹的个数；或穿戴的、携带的或放在个人行李中的货物件数。

每次装运量拾（10）千克

对于术语"每次装运量 10 千克"，10 千克限制是指该批货物的每件物品中，由有关物种的木材所制成部分的重量。亦即，此 10 千克限制评估的是这批货物每件物品中包含的黄檀属/古夷苏木属物种木材部分的重量，而非此批货物的总重量。

成型木

根据海关编码 44.09 定义：任何一边、端或面制成连续形状（舌榫、槽榫、V 形接头、珠榫及类似形状）的木材（包括未装拼的拼花地板用板条及缘板），不论其任意一边或面是否刨平、砂光或端部接合。

木片

被加工至小片的木料。

编者注：物种，亚种或较高级分类单元中文名前附有"★"者，系指该种或该分类单元所含物种在中国有自然分布的记录，以亚种列入的，则指该亚种在中国有自然分布的记录；因分类系统差异、分类命名变动及专业和行业习惯，中文名时有不同或变化，使用本附录时应以物种及较高级分类单元的拉丁名为准，中文名供参考；拉丁名与现行公约附录不一致的，以公约秘书处颁布的版本为准。

附录Ⅰ	附录Ⅱ	附录Ⅲ
动物 Fauna 脊索动物门 Chordata 哺乳纲 Mammalia		
偶蹄目 Artiodactyla		
叉角羚科 Antilocapridae		
叉角羚 Antilocapra americana（仅墨西哥种群；其他所有种群都未被列入附录）		
牛科 Bovidae		
旋角羚 Addax nasomaculatus ★印度野牛 Bos gaurus（除其家养型，即家养大额牛 Bos frontalis 不受公约条款管制） ★野牦牛 Bos mutus（除其家养型，即家牦牛 Bos grunniens 不受公约条款管制） 柬埔寨野牛 Bos sauveli 西里伯斯水牛 Bubalus depressicornis 民都洛水牛 Bubalus mindorensis 夸氏水牛 Bubalus quarlesi 捻角山羊 Capra falconeri ★中华鬣羚 Capricornis milneedwardsii ★红鬣羚 Capricornis rubidus 苏门答腊鬣羚 Capricornis sumatraensis ★喜马拉雅鬣羚 Capricornis thar 詹氏小羚羊 Cephalophus jentinki 居氏羚 Gazella cuvieri 细角羚 Gazella leptoceros 大貂羚安哥拉亚种 Hippotragus niger variani ★赤斑羚 Naemorhedus baileyi ★长尾斑羚 Naemorhedus caudatus ★喜马拉雅斑羚 Naemorhedus goral ★中华斑羚 Naemorhedus griseus 苍羚 Nanger dama 弯角大羚羊 Oryx dammah 阿拉伯大羚羊 Oryx leucoryx 安纳托利亚绵盘羊 Ovis gmelini（仅塞浦路斯种群；其他种群未被列入附录） ★西藏盘羊 Ovis hodgsoni 卡拉套盘羊 Ovis nigrimontana	鬣羊 Ammotragus lervia ★扭角羚 Budorcas taxicolor 高加索源羊 Capra caucasica 布氏小羚羊 Cephalophus brookei 驨毛小羚羊 Cephalophus dorsalis 奥氏小羚羊 Cephalophus ogilbyi 黄背小羚羊 Cephalophus silvicultor 斑背小羚羊 Cephalophus zebra 白腿大羚羊 Damaliscus pygargus pygargus 驴羚 Kobus leche ★阿尔泰盘羊 Ovis ammon 阿拉伯绵盘羊 Ovis arabica 塔吉克绵盘羊 Ovis bochariensis 加拿大盘羊 Ovis canadensis（仅墨西哥种群；其他种群未被列入附录） ★哈萨克盘羊 Ovis collium 阿富汗绵盘羊 Ovis cycloceros ★戈壁盘羊 Ovis darwini ★雅布赖盘羊 Ovis jubata ★天山盘羊 Ovis karelini ★帕米尔盘羊 Ovis polii 旁遮普绵盘羊 Ovis punjabiensis 乌兹别克盘羊 Ovis severtzovi 蓝小羚羊 Philantomba monticola 岩羚羊阿布鲁左亚种 Rupicapra pyrenaica ornata 北方高鼻羚羊 Saiga borealis（野生标本商业目的贸易出口零限额） ★高鼻羚羊 Saiga tatarica（野生标本商业目的贸易出口零限额）	印度羚 Antilope cervicapra（尼泊尔、巴基斯坦） 大蓝羚 Boselaphus tragocamelus（巴基斯坦） 印度水牛 Bubalus arnee（除其家养型，即亚洲水牛 Bubalus bubalis 不受公约条款管制）（尼泊尔） 野山羊 Capra hircus aegagrus（其家养型标本不受公约管制）（巴基斯坦） ★北山羊 Capra sibirica（巴基斯坦） 印度瞪羚 Gazella bennettii（巴基斯坦） 鹿羚 Gazella dorcas（阿尔及利亚、突尼斯） ★岩羊 Pseudois nayaur（巴基斯坦） 四角羚 Tetracerus quadricornis（尼泊尔）

（续）

附录Ⅰ	附录Ⅱ	附录Ⅲ
维氏绵盘羊 *Ovis vignei* ★藏羚 *Pantholops hodgsonii* 安南锭角羚 *Pseudoryx nghetinhensis*		
骆驼科 Camelidae		
小羊驼 *Vicugna vicugna*（除被列入附录Ⅱ的下述种群：阿根廷 Jujuy 省、Catamarca 省和 Salta 省种群，及 Jujuy 省、Salta 省、Catamarca 省、La Rioja 省和 San Juan 省的半圈养种群，智利 Tarapacá 区和 Aricaand Parinacota 区种群、厄瓜多尔所有种群、秘鲁所有种群、玻利维亚所有种群）	原驼 *Lama guanicoe* 小羊驼 *Vicugna vicugna*（阿根廷 Jujuy 省、Catamarca 省和 Salta 省种群，及 Jujuy 省、Salta 省、Catamarca 省、La Rioja 省和 San Juan 省的半圈养种群、智利 Tarapacá 区和 Arica and Parinacota 区种群、厄瓜多尔所有种群、秘鲁所有种群、玻利维亚所有种群；其他所有种群都被列入附录Ⅰ）[1]	
鹿科 Cervidae		
卡岛豚鹿 *Axis calamianensis* 巴岛豚鹿 *Axis kuhlii* ★豚鹿印支亚种 *Axis porcinus annamiticus* 南美泽鹿 *Blastocerus dichotomus* 马鹿克什米尔亚种 *Cervus elaphus hanglu* 黇鹿波斯亚种 *Dama dama mesopotamica* 南美山鹿属所有种 *Hippocamelus* spp. ★黑麂 *Muntiacus crinifrons* 越南大麂 *Muntiacus vuquangensis* 南美草原鹿 *Ozotoceros bezoarticus* 普度鹿 *Pudu puda* 泽鹿 *Rucervus duvaucelii* ★坡鹿 *Rucervus eldii*	马鹿大夏亚种 *Cervus elaphus bactrianus* 北普度鹿 *Pudu mephistophiles*	豚鹿 *Axis porcinus*（除被列入附录Ⅰ的亚种）（巴基斯坦） 马鹿柏柏尔亚种 *Cervus elaphus barbarus*（阿尔及利亚、突尼斯） 赤短角鹿哥斯达黎加亚种 *Mazama temama cerasina*（危地马拉） 白尾鹿玛雅亚种 *Odocoileus virginianus mayensis*（危地马拉）
长颈鹿科 Giraffidae		
	长颈鹿 *Giraffa camelopardalis*	
河马科 Hippopotamidae		
	倭河马 *Hexaprotodon liberiensis* 河马 *Hippopotamus amphibius*	
麝科 Moschidae		
麝属所有种 *Moschus* spp.（仅阿富汗、不丹、印度、缅甸、尼泊尔和巴基斯坦种群；其他所有种群都被列入附录Ⅱ）	★麝属所有种 *Moschus* spp.（除被列入附录Ⅰ的阿富汗、不丹、印度、缅甸、尼泊尔和巴基斯坦种群）	

（续）

附录 I	附录 II	附录 III
猪科 Suidae		
鹿豚 *Babyrousa babyrussa* 伯拉巴图鹿豚 *Babyrousa bolabatuensis* 西里伯斯鹿豚 *Babyrousa celebensis* 托吉安鹿豚 *Babyrousa togeanensis* 姬猪 *Sus salvanius*		
西貒科 Tayassuidae		
草原西貒 *Catagonus wagneri*	西貒科所有种 Tayassuidae spp.（除被列入附录 I 的物种和未被列入附录的中美西貒 *Pecari tajacu* 墨西哥和美国种群）	
食肉目 Carnivora		
小熊猫科 Ailuridae		
★小熊猫 *Ailurus fulgens*		
犬科 Canidae		
狼 *Canis lupus*（仅不丹、印度、尼泊尔和巴基斯坦种群；其他所有种群都被列入附录 II。除其家养型，即狗 *Canis lupus familiaris* 和澳洲野狗 *Canis lupus dingo* 不受公约条款管制） 薮犬 *Speothos venaticus*	★狼 *Canis lupus*（除被列入附录 I 的不丹、印度、尼泊尔和巴基斯坦种群。除其家养型，即狗 *Canis lupus familiaris* 和澳洲野狗 *Canis lupus dingo* 不受公约条款管制） 食蟹狐狼 *Cerdocyon thous* 鬃狼 *Chrysocyon brachyurus* ★豺 *Cuon alpinus* 厄瓜多尔狐狼 *Lycalopex culpaeus* 达尔文狐狼 *Lycalopex fulvipes* 阿根廷狐狼 *Lycalopex griseus* 巴拉圭狐狼 *Lycalopex gymnocercus* 阿富汗狐 *Vulpes cana* 耳廓狐 *Vulpes zerda*	★亚洲胡狼 *Canis aureus*（印度） ★孟加拉狐 *Vulpes bengalensis*（印度） 赤狐阿富汗亚种 *Vulpes vulpes griffithi*（印度） ★赤狐喜马拉雅亚种 *Vulpes vulpes montana*（印度） 赤狐旁遮普亚种 *Vulpe vulpes pusilla*（印度）
马岛狸科 Eupleridae		
	马岛獴 *Cryptoprocta ferox* 尖吻灵猫 *Eupleres goudotii* 马岛灵猫 *Fossa fossana*	
猫科 Felidae		

（续）

附录 I	附录 II	附录 III
猎豹 *Acinonyx jubatus*（活体标本和狩猎纪念物的年度出口限额核准如下：博茨瓦纳 5；纳米比亚 150；津巴布韦 50；此类标本的贸易受公约第三条管制） 狞猫 *Caracal caracal*（仅亚洲种群；其他所有种群都被列入附录 II） ★金猫 *Catopuma temminckii* 黑足猫 *Felis nigripes* 细腰猫 *Herpailurus yagouaroundi*（仅中美和北美种群；其他所有种群都被列入附录 II。） 乔氏猫 *Leopardus geoffroyi* 南小斑虎猫 *Leopardus guttulus* 安第斯山猫 *Leopardus jacobita* 虎猫 *Leopardus pardalis* 北小斑虎猫 *Leopardus tigrinus* 长尾虎猫 *Leopardus wiedii* 伊比利亚猞猁 *Lynx pardinus* 巽他云豹 *Neofelis diardi* ★云豹 *Neofelis nebulosa* 狮 *Panthera leo*（仅印度种群；其他所有种群都被列入附录 II。编者注：即原亚洲狮） 美洲豹 *Panthera onca* ★豹 *Panthera pardus* ★虎 *Panthera tigris* ★雪豹 *Panthera uncia* ★云猫 *Pardofelis marmorata* ★豹猫指名亚种 *Prionailurus bengalensis bengalensis*（仅孟加拉国、印度和泰国种群；其他所有种群都被列入附录 II） 扁头猫 *Prionailurus planiceps* 锈斑猫 *Prionailurus rubiginosus*（仅包括印度种群；其他所有种群都被列入附录 II） 美洲狮 *Puma concolor*（仅包括哥斯达黎加和巴拿马种群；其他所有种群都被列入附录 II）	★猫科所有种 Felidae spp.［除被列入附录 I 的物种。家养型标本不受公约条款管制。狮 *Panthera leo*（非洲种群）：为商业目的贸易且野外获得的骨、骨碎块、骨制品、爪、骨架、头骨和牙齿已确立的年度出口限额为零。为商业目的且源自南非人工繁殖机构的骨、骨碎块、骨制品、爪、骨架、头骨和牙齿的年出口限额需逐年确立并报告公约秘书处。］	
獴科 Herpestidae		

（续）

附录Ⅰ	附录Ⅱ	附录Ⅲ
		灰獴 *Herpestes edwardsi*（印度、巴基斯坦） 短尾獴 *Herpestes fuscus*（印度） ★红颊獴 *Herpestes javanicus*（巴基斯坦） ★红颊獴金点亚种 *Herpestes javanicus auropunctatus*（印度） 赤獴 *Herpestes smithii*（印度） ★食蟹獴 *Herpestes urva*（印度） 纹颈獴 *Herpestes vitticollis*（印度）
鬣狗科 Hyaenidae		
		鬣狗 *Hyaena hyaena*（巴基斯坦） 土狼 *Proteles cristata*（博茨瓦纳）
臭鼬科 Mephitidae		
	巴塔哥尼亚獾臭鼬 *Conepatus humboldtii*	
鼬科 Mustelidae		
水獭亚科 Lutrinae		
扎伊尔小爪水獭 *Aonyx capensis microdon*（仅包括喀麦隆和尼日利亚种群；其他所有种群都被列入附录Ⅱ） ★小爪水獭 *Aonyx cinerea* 海獭南方亚种 *Enhydra lutris nereis* 秘鲁水獭 *Lontra felina* 长尾水獭 *Lontra longicaudis* 智利水獭 *Lontra provocax* ★欧亚水獭 *Lutra lutra* 日本水獭 *Lutra nippon* ★江獭 *Lutrogale perspicillata* 大水獭 *Pteronura brasiliensis*	水獭亚科所有种 Lutrinae spp.（除被列入附录Ⅰ的物种）	
鼬亚科 Mustelinae		
黑足鼬 *Mustela nigripes*		狐鼬 *Eira barbara*（洪都拉斯） ★黄喉貂 *Martes flavigula*（印度） ★石貂中亚亚种 *Martes foina intermedia*（印度） 格氏貂 *Martes gwatkinsii*（印度） 蜜獾 *Mellivora capensis*（博茨瓦纳）

（续）

附录Ⅰ	附录Ⅱ	附录Ⅲ
		★香鼬 *Mustela altaica*（印度） ★白鼬印度北部亚种 *Mustela erminea ferghanae*（印度） ★黄腹鼬 *Mustela kathiah*（印度） ★黄鼬 *Mustela sibirica*（印度）
海象科 Odobenidae		
		海象 *Odobenus rosmarus*（加拿大）
海狗科 Otariidae		
北美毛皮海狮 *Arctocephalus townsendi*	毛皮海狮属所有种 *Arctocephalus* spp.（除被列入附录Ⅰ的物种）	
海豹科 Phocidae		
僧海豹属所有种 *Monachus* spp.	南象海豹 *Mirounga leonina*	
浣熊科 Procyonidae		
		白鼻浣熊 *Nasua narica*（洪都拉斯） 南巴西浣熊 *Nasua nasua solitaria*（乌拉圭） 蜜熊 *Potos flavus*（洪都拉斯）
熊科 Ursidae		
★大熊猫 *Ailuropoda melanoleuca* ★马来熊 *Helarctos malayanus* ★懒熊 *Melursus ursinus* 南美熊 *Tremarctos ornatus* ★棕熊 *Ursus arctos*（仅不丹、中国、墨西哥和蒙古种群；其他所有种群都被列入附录Ⅱ） ★喜马拉雅棕熊 *Ursus arctos isabellinus* ★黑熊 *Ursus thibetanus*	熊科所有种 Ursidae spp.（除被列入附录Ⅰ的物种）	
灵猫科 Viverridae		
★斑林狸 *Prionodon pardicolor*	獭灵猫 *Cynogale bennettii* 缟椰子猫 *Hemigalus derbyanus* 条纹林狸 *Prionodon linsang*	★熊狸 *Arctictis binturong*（印度） 非洲灵猫 *Civettictis civetta*（博茨瓦纳） ★花面狸 *Paguma larvata*（印度） ★椰子猫 *Paradoxurus hermaphroditus*（印度） 杰氏椰子猫 *Paradoxurus jerdoni*（印度） 马拉巴尔灵猫 *Viverra civettina*（印度） ★大灵猫 *Viverra zibetha*（印度） ★小灵猫 *Viverricula indica*（印度）

（续）

附录Ⅰ	附录Ⅱ	附录Ⅲ
鲸目 Cetacea		
	★鲸目所有种 cetacea spp. （除被列入附录Ⅰ的物种。瓶鼻海豚 *Tursiops truncatus* 黑海种群野外获得活体标本且以商业为主要目的贸易年度出口零限额）	
露脊鲸科 Balaenidae		
北极露脊鲸 *Balaena mysticetus* ★露脊鲸属所有种 *Eubalaena* spp.		
须鲸科 Balaenopteridae		
★小须鲸 *Balaenoptera acutorostrata* （除被列入附录Ⅱ的西格陵兰种群） 南极须鲸 *Balaenoptera bonaerensis* ★塞鲸 *Balaenoptera borealis* ★小布氏鲸 *Balaenoptera edeni* ★蓝鲸 *Balaenoptera musculus* ★大村鲸 *Balaenoptera omurai* ★长须鲸 *Balaenoptera physalus* ★大翅鲸 *Megaptera novaeangliae*		
海豚科 Delphinidae		
★伊洛瓦底江豚 *Orcaella brevirostris* 矮鳍海豚 *Orcaella heinsohni* 驼海豚属所有种 *Sotalia* spp. ★白海豚属所有种 *Sousa* spp.		
灰鲸科 Eschrichtiidae		
★灰鲸 *Eschrichtius robustus*		
亚马孙河豚科 Iniidae		
★白鱀豚 *Lipotes vexillifer*		
侏露脊鲸科 Neobalaenidae		
侏露脊鲸 *Caperea marginata*		
鼠海豚科 Phocoenidae		
★窄脊江豚 *Neophocaena asiaeorientalis* ★印太江豚 *Neophocaena phocaenoides* 加湾鼠海豚 *Phocoena sinus*		

（续）

附录Ⅰ	附录Ⅱ	附录Ⅲ
抹香鲸科 Physeteridae		
★抹香鲸 *Physeter macrocephalus*		
淡水豚科 Platanistidae		
恒河喙豚属所有种 *Platanista* spp.		
喙鲸科 Ziphiidae		
★贝喙鲸属所有种 *Berardius* spp. 巨齿鲸属所有种 *Hyperoodon* spp.		
翼手目 Chiroptera		
叶口蝠科 Phyllostomidae		
		白线蝠 *Platyrrhinus lineatus*（乌拉圭）
狐蝠科 Pteropodidae		
鬃毛利齿狐蝠 *Acerodon jubatus* 鲁克狐蝠 *Pteropus insularis* 冲绳狐蝠 *Pteropus loochoensis* 马里亚那狐蝠 *Pteropus mariannus* 东加罗林狐蝠 *Pteropus molossinus* 帛琉狐蝠 *Pteropus pelewensis* 绒狐蝠 *Pteropus pilosus* 萨摩亚狐蝠 *Pteropus samoensis* 海岛狐蝠 *Pteropus tonganus* 科雷斯狐蝠 *Pteropus ualanus* 雅浦狐蝠 *Pteropus yapensis*	利齿狐蝠属所有种 *Acerodon* spp.（除被列入附录Ⅰ的物种） ★狐蝠属所有种 *Pteropus* spp.（除棕狐蝠 *Pteropus brunneus* 和被列入附录Ⅰ的物种）	
带甲目 Cingulata		
犰狳科 Dasypodidae		
大犰狳 *Priodontes maximus*	纳氏毛犰狳 *Chaetophractus nationi*（年度出口零限额。所有标本都应被视为附录Ⅰ物种的标本，其贸易应被相应管制）	阿根廷裸尾犰狳 *Cabassous tatouay*（乌拉圭）
脊尾袋鼠目 Dasyuromorphia		
袋鼬科 asyuridae		
长尾狭足袋鼩 *Sminthopsis longicaudata* 沙丘狭足袋鼩 *Sminthopsis psammophila*		

（续）

附录Ⅰ	附录Ⅱ	附录Ⅲ
袋貂目 Diprotodontia		
硕袋鼠科 Macropodidae		
蓬毛兔袋鼠 *Lagorchestes hirsutus* 纹兔袋鼠 *Lagostrophus fasciatus* 瘤甲尾袋鼠 *Onychogalea fraenata*	灰树袋鼠 *Dendrolagus inustus* 拟熊树袋鼠 *Dendrolagus ursinus*	
袋貂科 Phalangeridae		
	南灰袋貂 *Phalanger intercastellanus* 密米卡灰袋貂 *Phalanger mimicus* 灰袋貂 *Phalanger orientalis* 马努斯斑袋貂 *Spilocuscus kraemeri* 斑袋貂 *Spilocuscus maculatus* 巴布亚斑袋貂 *Spilocuscus papuensis*	
泊托袋鼠科 Potoroidae		
草原袋鼠属所有种 *Bettongia* spp.		
袋熊科 Vombatidae		
昆士兰毛吻袋熊 *Lasiorhinus krefftii*		
兔形目 Lagomorpha		
兔科 Leporidae		
阿萨密兔 *Caprolagus hispidus* 火山兔 *Romerolagus diazi*		
单孔目 Monotremata		
针鼹科 Tachyglossidae		
	原针鼹属所有种 *Zaglossus* spp.	
袋狸目 Peramelemorphia		
袋狸科 Peramelidae		
纹袋狸 *Perameles bougainville*		
兔袋狸科 Thylacomyidae		

（续）

附录Ⅰ	附录Ⅱ	附录Ⅲ
兔耳袋狸 *Macrotis lagotis*		
奇蹄目 Perissodactyla		
马科 Equidae		
非洲野驴 *Equus africanus*（除其家养型，即家驴 *Equus asinus* 不受公约条款管制） 格氏斑马 *Equus grevyi* ★蒙古野驴 *Equus hemionus hemionus* 亚洲野驴印度亚种 *Equus hemionus khur* ★野马 *Equus przewalskii*	亚洲野驴 *Equus hemionus*（除被列入附录Ⅰ的亚种） ★藏野驴 *Equus kiang* 山斑马哈氏亚种 *Equus zebra hartmannae* 山斑马指名亚种 *Equus zebra zebra*	
犀科 Rhinocerotidae		
犀科所有种 Rhinocerotidae spp.（除被列入附录Ⅱ的亚种）	白犀指名亚种 *Ceratotherium simum simum*（仅南非和斯威士兰种群，其余所有种群都被列入附录Ⅰ。仅允许将活体运抵合适和可接受目的地及狩猎纪念物的国际贸易。其他所有标本均应视为附录Ⅰ物种的标本，其贸易受到相应管制）	
貘科 Tapiridae		
貘科所有种 Tapiridae spp.（除被列入附录Ⅱ的物种）	南美貘 *Tapirus terrestris*	
鳞甲目 Pholidota		
穿山甲科 Manidae		
印度穿山甲 *Manis crassicaudata* 菲律宾穿山甲 *Manis culionensis* 大穿山甲 *Manis gigantea* ★马来穿山甲 *Manis javanica* ★中国穿山甲 *Manis pentadactyla* 南非穿山甲 *Manis temminckii* 长尾穿山甲 *Manis tetradactyla* 树穿山甲 *Manis tricuspis*	穿山甲属所有种 *Manis* spp.（除被列入附录Ⅰ的物种）	
长毛目 Pilosa		
树懒科 Bradypodidae		

（续）

附录 I	附录 II	附录 III
	倭三趾树懒 *Bradypus pygmaeus* 褐喉三趾树懒 *Bradypus variegatus*	
食蚁兽科 Myrmecophagidae		
	食蚁兽 *Myrmecophaga tridactyla*	墨西哥食蚁兽 *Tamandua mexicana*（危地马拉）
灵长目 Primates		
	★灵长目所有种 *Primates* spp.（除被列入附录 I 的物种）	
蛛猴科 Atelidae		
科岛吼猴 *Alouatta coibensis* 长毛吼猴 *Alouatta palliata* 懒吼猴 *Alouatta pigra* 黑眉蛛猴 *Ateles geoffroyi frontatus* 赤蛛猴 *Ateles geoffroyi ornatus* 绒毛蛛猴 *Brachyteles arachnoides* 北绒毛蛛猴 *Brachyteles hypoxanthus* 黄尾绒毛猴 *Oreonax flavicauda*		
悬猴科 Cebidae		
节尾猴 *Callimico goeldii* 白耳狨 *Callithrix aurita* 黄冠狨 *Callithrix flaviceps* 狮面狨属所有种 *Leontopithecus* spp. 黑白狨 *Saguinus bicolor* 斑狨 *Saguinus geoffroyi* 白足狨 *Saguinus leucopus* 马氏狨 *Saguinus martinsi* 棉顶狨 *Saguinus oedipus* 中美洲松鼠猴 *Saimiri oerstedii*		
猴科 Cercopithecidae		
敏白眉猴 *Cercocebus galeritus* 黛安娜长尾猴 *Cercopithecus diana* 宽白眉长尾猴 *Cercopithecus roloway* 狮尾猴 *Macaca silenus* 北非猕猴 *Macaca sylvanus* 鬼狒 *Mandrillus leucophaeus*		

（续）

附录 I	附录 II	附录 III
山魈 *Mandrillus sphinx* 长鼻猴 *Nasalis larvatus* 彭氏疣猴 *Piliocolobus kirkii* 塔纳疣猴 *Piliocolobus rufomitratus* 门岛叶猴 *Presbytis potenziani* 白臀叶猴属所有种 *Pygathrix* spp. ★金丝猴属所有种 *Rhinopithecus* spp. 克什米尔灰叶猴 *Semnopithecus ajax* 南平原灰叶猴 *Semnopithecus dussumieri* 北平原灰叶猴 *Semnopithecus entellus* 德赖灰叶猴 *Semnopithecus hector* 黑足灰叶猴 *Semnopithecus hypoleucos* 缨冠灰叶猴 *Semnopithecus priam* ★喜山长尾叶猴 *Semnopithecus schistaceus* 豚尾叶猴 *Simias concolor* 金叶猴 *Trachypithecus geei* ★戴帽叶猴 *Trachypithecus pileatus* ★肖氏乌叶猴 *Trachypithecus shortridgei*		
鼠狐猴科 Cheirogaleidae		
鼠狐猴科所有种 Cheirogaleidae spp.		
指猴科 Daubentoniidae		
指猴 *Daubentonia madagascariensis*		
人科 Hominidae		
山地大猩猩 *Gorilla beringei* 大猩猩 *Gorilla gorilla* 黑猩猩属所有种 *Pan* spp. 苏门答腊猩猩 *Pongo abelii* 猩猩 *Pongo pygmaeus*		
长臂猿科 Hylobatidae		
★长臂猿科所有种 Hylobatidae spp.		
大狐猴科 Indriidae		
大狐猴科所有种 Indriidae spp.		

（续）

附录Ⅰ	附录Ⅱ	附录Ⅲ
狐猴科 Lemuridae		
狐猴科所有种 Lemuridae spp.		
有鳞狐猴科 Lepilemuridae		
有鳞狐猴科所有种 Lepilemuridae spp.		
懒猴科 Lorisidae		
★懒猴属所有种 *Nycticebus* spp.		
狐尾猴科 Pithecidae		
秃猴属所有种 *Cacajao* spp. 白鼻僧面猴 *Chiropotes albinasus*		
长鼻目 Proboscidea		
象科 Elephantidae		
★亚洲象 *Elephas maximus* 非洲象 *Loxodonta africana*（除由注释 2 管制的被列入附录Ⅱ的博茨瓦纳、纳米比亚、南非和津巴布韦种群）	非洲象 *Loxodonta africana*[2]（仅包括博茨瓦纳、纳米比亚、南非和津巴布韦种群；其他所有种群都被列入附录Ⅰ）	
啮齿目 Rodentia		
毛丝鼠科 Chinchillidae		
毛丝鼠属所有种 *Chinchilla* spp.（其家养型标本不受公约条款管制）		
兔豚鼠科 Cuniculidae		
		兔豚鼠 *Cuniculus paca*（洪都拉斯）
刺豚鼠科 Dasyproctidae		
		刺豚鼠 *Dasyprocta punctata*（洪都拉斯）
美洲豪猪科 Erethizontidae		
		墨西哥树豪猪 *Sphiggurus mexicanus*（洪都拉斯） 多刺卷尾豪猪 *Sphiggurus spinosus*（乌拉圭）
鼠科 Muridae		

（续）

附录Ⅰ	附录Ⅱ	附录Ⅲ
	刺巢鼠 *Leporillus conditor* 费氏拟鼠 *Pseudomys fieldi* 伪沼鼠 *Xeromys myoides* 中澳白尾鼠 *Zyzomys pedunculatus*	
松鼠科 Sciuridae		
墨西哥草原犬鼠 *Cynomys mexicanus*	★巨松鼠属所有种 *Ratufa* spp.	★长尾旱獭 *Marmota caudata*（印度） ★喜马拉雅旱獭 *Marmota himalayana*（印度）
树鼩目 Scandentia		
	★树鼩目所有种 Scandentia spp.	
海牛目 Sirenia		
儒艮科 Dugongidae		
★儒艮 *Dugong dugon*		
海牛科 Trichechidae		
亚马孙海牛 *Trichechus inunguis* 美洲海牛 *Trichechus manatus* 非洲海牛 *Trichechus senegalensis*		
鸟纲 Aves		
雁形目 Anseriformes		
鸭科 Anatidae		
奥岛鸭 *Anas aucklandica* 新西兰鸭 *Anas chlorotis* 莱岛鸭 *Anas laysanensis* 坎岛鸭 *Anas nesiotis* 白翅栖鸭 *Asarcornis scutulata* 加拿大黑雁阿留申亚种 *Branta canadensis leucopareia* 夏威夷黑雁 *Branta sandvicensis* 粉头鸭 *Rhodonessa caryophyllacea*	马岛鸭 *Anas bernieri* ★花脸鸭 *Anas formosa* ★红胸黑雁 *Branta ruficollis* 扁嘴天鹅 *Coscoroba coscoroba* 黑颈天鹅 *Cygnus melancoryphus* 西印度树鸭 *Dendrocygna arborea* ★白头硬尾鸭 *Oxyura leucocephala* ★瘤鸭 *Sarkidiornis melanotos*	红嘴树鸭 *Dendrocygna autumnalis*（洪都拉斯） 茶色树鸭 *Dendrocygna bicolor*（洪都拉斯）
雨燕目 Apodiformes		

（续）

附录Ⅰ	附录Ⅱ	附录Ⅲ
蜂鸟科 Trochilidae		
钩嘴铜色蜂鸟 *Glaucis dohrnii*	蜂鸟科所有种 Trochilidae spp.（除被列入附录Ⅰ的物种）	
鸻形目 Charadriiformes		
石鸻科 Burhinidae		
		双纹石鸻 *Burhinus bistriatus*（危地马拉）
鸥科 Laridae		
★遗鸥 *Larus relictus*		
鹬科 Scolopacidae		
极北杓鹬 *Numenius borealis* 细嘴杓鹬 *Numenius tenuirostris* ★小青脚鹬 *Tringa guttifer*		
鹳形目 Ciconiiformes		
鲸头鹳科 Balaenicipitidae		
	鲸头鹳 *Balaeniceps rex*	
鹳科 Ciconiidae		
★东方白鹳 *Ciconia boyciana* 裸颈鹳 *Jabiru mycteria* 白鹮鹳 *Mycteria cinerea*	★黑鹳 *Ciconia nigra*	
红鹳科 Phoenicopteridae		
	红鹳科所有种 Phoenicopteridae spp.	
鹮科 Threskiornithidae		
隐鹮 *Geronticus eremita* ★朱鹮 *Nipponia nippon*	美洲红鹮 *Eudocimus ruber* 秃鹮 *Geronticus calvus* ★白琵鹭 *Platalea leucorodia*	
鸽形目 Ccolumbiformes		
鸠鸽科 Columbidae		
尼科巴鸠 *Caloenas nicobarica* 红喉皇鸠 *Ducula mindorensis*	吕宋鸡鸠 *Gallicolumba luzonica* 凤冠鸠属所有种 *Goura* spp.	粉红鸽 *Nesoenas mayeri*（毛里求斯）

（续）

附录 I	附录 II	附录 III
佛法僧目 Coraciiformes		
犀鸟科 Bucerotidae		
★棕颈犀鸟 *Aceros nipalensis* ★双角犀鸟 *Buceros bicornis* 盔犀鸟 *Rhinoplax vigil* 淡喉皱盔犀鸟 *Rhyticeros subruficollis*	皱盔犀鸟属所有种 *Aceros* spp.（除被列入附录 I 的物种） ★凤头犀鸟属所有种 *Anorrhinus* spp. ★斑犀鸟属所有种 *Anthracoceros* spp. 白冠犀鸟属所有种 *Berenicornis* spp. 犀鸟属所有种 *Buceros* spp.（除被列入附录 I 的物种） 斑嘴犀鸟属所有种 *Penelopides* spp. ★拟皱盔犀鸟属所有种 *Rhyticeros* spp.（除被列入附录 I 的物种）	
鹃形目 Cuculiformes		
蕉鹃科 Musophagidae		
	冠蕉鹃属所有种 *Tauraco* spp.	
隼形目 Falconiformes		
	★隼形目所有种 Falconiformes spp.（除未被列入附录的瓜达卢普卡拉鹰 *Caracara lutosa* 和美洲鹫科 Cathartidae 物种，以及被列入附录 I 和附录 III 的物种）	
鹰科 Accipitridae		
西班牙雕 *Aquila adalberti* ★白肩雕 *Aquila heliaca* 钩嘴鸢古巴亚种 *Chondrohierax uncinatus wilsonii* ★白尾海雕 *Haliaeetus albicilla* 角雕 *Harpia harpyja* 菲律宾雕 *Pithecophaga jefferyi*		
美洲鹫科 Cathartidae		
加州兀鹫 *Gymnogyps californianus* 安第斯兀鹫 *Vultur gryphus*		王鹫 *Sarcoramphus papa*（洪都拉斯）
隼科 Falconidae		

（续）

附录 I	附录 II	附录 III
塞舌尔隼 *Falco araeus* 印度猎隼 *Falco jugger* 马岛隼 *Falco newtoni*（仅塞舌尔种群） ★拟游隼 *Falco pelegrinoides* ★游隼 *Falco peregrinus* 毛里求斯隼 *Falco punctatus* ★矛隼 *Falco rusticolus*		
鸡形目 Galliformes		
凤冠雉科 Cracidae		
红嘴凤冠雉 *Crax blumenbachii* 阿拉戈盔嘴雉 *Mitu mitu* 角冠雉 *Oreophasis derbianus* 白翅冠雉 *Penelope albipennis* 黑额鸣冠雉 *Pipile jacutinga* 普通鸣冠雉 *Pipile pipile*		蓝嘴凤冠雉 *Crax alberti*（哥伦比亚） 黄瘤凤冠雉 *Crax daubentoni*（哥伦比亚） 肉垂凤冠雉 *Crax globulosa*（哥伦比亚） 大凤冠雉 *Crax rubra*（哥伦比亚、危地马拉、洪都拉斯） 纯色小冠雉 *Ortalis vetula*（危地马拉、洪都拉斯） 北盔凤冠雉 *Pauxi pauxi*（哥伦比亚） 紫冠雉 *Penelope purpurascens*（洪都拉斯） 山冠雉 *Penelopina nigra*（危地马拉）
塚雉科 Megapodiidae		
塚雉 *Macrocephalon maleo*		
雉科 Phasianidae		
彩雉 *Catreus wallichii* 山齿鹑里氏亚种 *Colinus virginianus ridgwayi* ★白马鸡 *Crossoptilon crossoptilon* ★褐马鸡 *Crossoptilon mantchuricum* ★棕尾虹雉 *Lophophorus impejanus* ★绿尾虹雉 *Lophophorus lhuysii* ★白尾梢虹雉 *Lophophorus sclateri* 爱氏鹇 *Lophura edwardsi* ★蓝腹鹇 *Lophura swinhoii* 巴拉望孔雀雉 *Polyplectron napoleonis* 冠眼斑雉 *Rheinardia ocellata* ★白颈长尾雉 *Syrmaticus ellioti* ★黑颈长尾雉 *Syrmaticus humiae*	大眼斑雉 *Argusianus argus* 灰原鸡 *Gallus sonneratii* ★血雉 *Ithaginis cruentus* ★绿孔雀 *Pavo muticus* ★灰孔雀雉 *Polyplectron bicalcaratum* 眼斑孔雀雉 *Polyplectron germaini* 凤冠孔雀雉 *Polyplectron malacense* 加里曼丹孔雀雉 *Polyplectron schleiermacheri* ★白冠长尾雉 *Syrmaticus reevesii* 草原松鸡阿特沃特亚种 *Tympanuchus cupido attwateri*	★黑鹇 *Lophura leucomelanos*（巴基斯坦） 眼斑火鸡 *Meleagris ocellata*（危地马拉） 蓝孔雀 *Pavo cristatus*（巴基斯坦） ★勺鸡 *Pucrasia macrolopha*（巴基斯坦） ★红胸角雉 *Tragopan satyra*（尼泊尔）

（续）

附录Ⅰ	附录Ⅱ	附录Ⅲ
★黑长尾雉 *Syrmaticus mikado* 里海雪鸡 *Tetraogallus caspius* ★藏雪鸡 *Tetraogallus tibetanus* ★灰腹角雉 *Tragopan blythii* ★黄腹角雉 *Tragopan caboti* ★黑头角雉 *Tragopan melanocephalus*		
鹤形目 Gruiformes		
鹤科 Gruidae		
黑冕鹤 *Balearica pavonina* 美洲鹤 *Grus americana* 沙丘鹤古巴亚种 *Grus canadensis nesiotes* 沙丘鹤佛罗里达亚种 *Grus canadensis pulla* ★丹顶鹤 *Grus japonensis* ★白鹤 *Grus leucogeranus* ★白头鹤 *Grus monacha* ★黑颈鹤 *Grus nigricollis* ★白枕鹤 *Grus vipio*	★鹤科所有种 Gruidae spp. （除被列入附录Ⅰ的物种）	
鸨科 Otididae		
黑冠鹭鸨 *Ardeotis nigriceps* ★波斑鸨 *Chlamydotis macqueenii* 西波斑鸨 *Chlamydotis undulata* 南亚鸨 *Houbaropsis bengalensis*	★鸨科所有种 Otididae spp. （除被列入附录Ⅰ的物种）	
秧鸡科 Rallidae		
豪岛秧鸡 *Gallirallus sylvestris*		
鹭鹤科 Rhynochetidae		
鹭鹤 *Rhynochetos jubatus*		
雀形目 Passeriformes		
薮鸟科 Atrichornithidae		
噪薮鸟 *Atrichornis clamosus*		

（续）

附录 I	附录 II	附录 III
伞鸟科 Cotingidae		
斑伞鸟 *Cotinga maculata* 白翅伞鸟 *Xipholena atropurpurea*	冠伞鸟属所有种 *Rupicola* spp.	亚马孙伞鸟 *Cephalopterus ornatus*（哥伦比亚） 长耳垂伞鸟 *Cephalopterus penduliger*（哥伦比亚）
鹀科 Emberizidae		
	黑冠黄雀鹀 *Gubernatrix cristata* 黄嘴红蜡嘴鹀 *Paroaria capitata* 冠蜡嘴鹀 *Paroaria coronata* 七彩唐加拉雀 *Tangara fastuosa*	
梅花雀科 Estrildidae		
	绿梅花雀 *Amandava formosa* ★禾雀 *Lonchura oryzivora* 黑喉草雀指名亚种 *Poephila cincta cincta*	
雀科 Fringillidae		
黑头红金翅雀 *Carduelis cucullata*	黄脸金翅雀 *Carduelis yarrellii*	
燕科 Hirundinidae		
白眼河燕 *Pseudochelidon sirintarae*		
拟黄鹂科 Icteridae		
橙头黑鹂 *Xanthopsar flavus*		
吸蜜鸟科 Meliphagidae		
	黄冠吸蜜鸟卡西迪亚种 *Lichenostomus melanops cassidix*	
鹟科 Muscicapidae		
白颈岩鹛 *Picathartes gymnocephalus* 灰颈岩鹛 *Picathartes oreas*	鲁氏仙鹟 *Cyornis ruckii* 短翅刺莺西澳亚种 *Dasyornis broadbenti litoralis* 西刺莺 *Dasyornis longirostris* ★画眉 *Garrulax canorus* ★台湾画眉 *Garrulax taewanus* ★银耳相思鸟 *Leiothrix argentauris* ★红嘴相思鸟 *Leiothrix lutea* ★灰胸薮鹛 *Liocichla omeiensis*	罗岛苇莺 *Acrocephalus rodericanus*（毛里求斯） 毛里求斯寿带 *Terpsiphone bourbonnensis*（毛里求斯）

（续）

附录 I	附录 II	附录 III
极乐鸟科 Paradisaeidae		
	极乐鸟科所有种 Paradisaeidae spp.	
八色鸫科 Pittidae		
泰国八色鸫 *Pitta gurneyi* 吕宋八色鸫 *Pitta kochi*	蓝尾八色鸫 *Pitta guajana* ★仙八色鸫 *Pitta nympha*	
鹎科 Pycnonotidae		
	黄冠鹎 *Pycnonotus zeylanicus*	
椋鸟科 Sturnidae		
长冠八哥 *Leucopsar rothschildi*	★鹩哥 *Gracula religiosa*	
绣眼鸟科 Zosteropidae		
白胸绣眼鸟 *Zosterops albogularis*		
鹈形目 Pelecaniformes		
军舰鸟科 Fregatidae		
★白腹军舰鸟 *Fregata andrewsi*		
鹈鹕科 Pelecanidae		
卷羽鹈鹕 *Pelecanus crispus*		
鲣鸟科 Sulidae		
粉嘴鲣鸟 *Papasula abbotti*		
啄木鸟目 Piciformes		
拟啄木鸟科 Capitonidae		
		巨嘴拟 *Semnornis ramphastinus*（哥伦比亚）
啄木鸟科 Picidae		
白腹黑啄木鸟理查亚种 *Dryocopus javensis richardsi*		
巨嘴鸟科 Ramphastidae		

（续）

附录 I	附录 II	附录 III
	黑颈簇舌巨嘴鸟 *Pteroglossus aracari* 绿簇舌巨嘴鸟 *Pteroglossus viridis* 厚嘴巨嘴鸟 *Ramphastos sulfuratus* 巨嘴鸟 *Ramphastos toco* 红嘴巨嘴鸟 *Ramphastos tucanus* 凹嘴巨嘴鸟 *Ramphastos vitellinus*	橘黄巨嘴鸟 *Baillonius bailloni*（阿根廷） 栗耳簇舌巨嘴鸟 *Pteroglossus castanotis*（阿根廷） 红胸巨嘴鸟 *Ramphastos dicolorus*（阿根廷） 点嘴小巨嘴鸟 *Selenidera maculirostris*（阿根廷）
目 Podicipediformes		
科 Podicipedidae		
巨 *Podilymbus gigas*		
鹱形目 Procellariiformes		
信天翁科 Diomedeidae		
★短尾信天翁 *Phoebastria albatrus*		
鹦形目 Psittaciformes		
	★鹦形目所有种 Psittaciformes spp.（除被列入附录 I 和未被列入附录的桃脸牡丹鹦鹉 *Agapornis roseicollis*、虎皮鹦鹉 *Melopsittacus undulatus*、鸡尾鹦鹉 *Nymphicus hollandicus* 和★红领绿鹦鹉 *Psittacula krameri* 等物种）	
凤头鹦鹉科 Cacatuidae		
戈氏凤头鹦鹉 *Cacatua goffiniana* 菲律宾凤头鹦鹉 *Cacatua haematuro-pygia* 橙冠凤头鹦鹉 *Cacatua moluccensis* 小葵花鹦鹉 *Cacatua sulphurea* 棕树凤头鹦鹉 *Probosciger aterrimus*		
吸蜜鹦鹉科 Loriidae		
红蓝吸蜜鹦鹉 *Eos histrio* 翠蓝吸蜜鹦鹉 *Vini ultramarina*		
鹦鹉科 Psittacidae		

（续）

附录 I	附录 II	附录 III
红颈亚马孙鹦哥 *Amazona arausiaca* 黄颈亚马孙鹦哥 *Amazona auropalliata* 黄肩亚马孙鹦哥 *Amazona barbadensis* 红尾亚马孙鹦哥 *Amazona brasiliensis* 淡紫冠鹦哥 *Amazona finschi* 圣文森特亚马孙鹦哥 *Amazona guild-ingii* 帝王亚马孙鹦哥 *Amazona imperialis* 古巴白额亚马孙鹦哥 *Amazona leuco-cephala* 黄头亚马孙鹦哥 *Amazona oratrix* 红眶亚马孙鹦哥 *Amazona pretrei* 巴西蓝颊亚马孙鹦哥 *Amazona rhodocorytha* 桤木亚马孙鹦哥 *Amazona tucumana* 圣卢西亚亚马孙鹦哥 *Amazona versi-color* 紫胸亚马孙鹦哥 *Amazona vinacea* 红冠亚马孙鹦哥 *Amazona viridigena-lis* 波多黎各亚马孙鹦哥 *Amazona vittata* 琉璃金刚鹦鹉属所有种 *Anodorhyn-chus* spp. 大绿金刚鹦鹉 *Ara ambiguus* 蓝喉金刚鹦鹉 *Ara glaucogularis* 绯红金刚鹦鹉 *Ara macao* 军金刚鹦鹉 *Ara militaris* 红额金刚鹦鹉 *Ara rubrogenys* 小蓝金刚鹦鹉 *Cyanopsitta spixii* 诺福克红额鹦鹉 *Cyanoramphus cookii* 查岛鹦鹉 *Cyanoramphus forbesi* 红额鹦鹉 *Cyanoramphus novaeze-landiae* 新加里东红额鹦鹉 *Cyanoramphus saisseti* 红脸果鹦鹉考氏亚种 *Cyclopsitta dio-phthalma coxeni* 翎冠鹦鹉 *Eunymphicus cornutus* 金鹦哥 *Guarouba guarouba* 橙腹鹦鹉 *Neophema chrysogaster* 黄耳鹦哥 *Ognorhynchus icterotis* 夜鹦鹉 *Pezoporus occidentalis*		

（续）

附录Ⅰ	附录Ⅱ	附录Ⅲ
地鹦鹉 *Pezoporus wallicus* 红顶鹦鹉 *Pionopsitta pileata* 蓝头金刚鹦鹉 *Primolius couloni* 蓝翅金刚鹦鹉 *Primolius maracana* 金肩鹦鹉 *Psephotus chrysopterygius* 黑冠鹦鹉 *Psephotus dissimilis* 极乐鹦鹉 *Psephotus pulcherrimus* 毛里求斯鹦鹉 *Psittacula echo* 非洲灰鹦鹉 *Psittacus erithacus* 蓝喉鹦哥 *Pyrrhura cruentata* 厚嘴鹦哥属所有种 *Rhynchopsitta* spp. 鸮面鹦鹉 *Strigops habroptilus*		
美洲鸵目 Rheiformes		
美洲鸵科 Rheidae		
小美洲鸵 *Pterocnemia pennata*（除被列入附录Ⅱ的美洲小鸵指名亚种 *Pterocnemia pennata pennata*）	小美洲鸵指名亚种 *Pterocnemia pennata pennata* 大美洲鸵 *Rhea americana*	
企鹅目 Sphenisciformes		
企鹅科 Spheniscidae		
洪氏环企鹅 *Spheniscus humboldti*	斑嘴环企鹅 *Spheniscus demersus*	
鸮形目 Strigiformes		
	★鸮形目所有种 Strigiformes spp.（除被列入附录Ⅰ的物种和白面鸮 *Sceloglaux albifacies*）	
鸱鸮科 Strigidae		
林斑小鸮 *Heteroglaux blewitti* 巨角鸮 *Mimizuku gurneyi* 圣诞岛栗鹰鸮 *Ninox natalis*		
草鸮科 Tytonidae		
马岛草鸮 *Tyto soumagnei*		
鸵形目 Struthioniformes		
鸵鸟科 Struthionidae		

（续）

附录Ⅰ	附录Ⅱ	附录Ⅲ
鸵鸟 *Struthio camelus*（仅阿尔及利亚、布基纳法索、喀麦隆、中非共和国、乍得、马里、毛里塔尼亚、摩洛哥、尼日尔、尼日利亚、塞内加尔和苏丹种群；其他所有种群都未被列入附录）		
形目 Tinamiformes		
科 Tinamidae		
孤　*Tinamus solitarius*		
咬鹃目 Trogoniformes		
咬鹃科 Trogonidae		
凤尾绿咬鹃 *Pharomachrus mocinno*		
爬行纲 Reptilia		
鳄目 Crocodylia		
	鳄目所有种 Crocodylia spp.（除被列入附录Ⅰ的物种）	
鼍科 Alligatoridae		
★鼍（扬子鳄）*Alligator sinensis* 中美短吻鼍 *Caiman crocodilus apaporiensis* 南美短吻鼍 *Caiman latirostris*（除被列入附录Ⅱ的阿根廷种群） 亚马孙鼍 *Melanosuchus niger*（除被列入附录Ⅱ的巴西种群和被列入附录Ⅱ的厄瓜多尔种群，后者年度出口零限额，直到 CITES 秘书处和 IUCN/SSC 鳄类专家组批准一个年度出口限额为止）		
鳄科 Crocodylidae		
窄吻鳄 *Crocodylus acutus*（除被列入附录Ⅱ的哥伦比亚 Córdoba 省 Bay of Cispata、Tinajones、La Balsa 及其周边区域红树林综合管理区种群和古巴种群；和被列入附录Ⅱ的墨西哥种群，其野生标本商业目的出口零限额）		

（续）

附录 I	附录 II	附录 III
尖吻鳄 *Crocodylus cataphractus* 中介鳄 *Crocodylus intermedius* 菲律宾鳄 *Crocodylus mindorensis* 佩滕鳄 *Crocodylus moreletii*（除被列入附录 II 野生标本商业目的贸易零限额的伯利兹种群和被列入附录 II 的墨西哥种群） 尼罗鳄 *Crocodylus niloticus*〔除被列入附录 II 的博茨瓦纳、埃及（野生标本商业目的贸易零限额）、埃塞俄比亚、肯尼亚、马达加斯加、马拉维、莫桑比克、纳米比亚、南非、乌干达、坦桑尼亚联合共和国（除捕养动物标本外，每年还有包括狩猎纪念物在内的不超过 1600 只野生标本的出口限额）、赞比亚和津巴布韦种群〕 恒河鳄 *Crocodylus palustris* 湾鳄 *Crocodylus porosus*〔除被列入附录 II 的澳大利亚、印度尼西亚、马来西亚〔野外捕获限于沙捞越州，马来西亚的其他州（沙巴州和马来半岛）野生标本零限额，且未经缔约方批准其零限额不得变动〕和巴布亚新几内亚种群〕 菱斑鳄 *Crocodylus rhombifer* 暹罗鳄 *Crocodylus siamensis* 短吻鳄 *Osteolaemus tetraspis* 马来鳄 *Tomistoma schlegelii*		
食鱼鳄科 Gavialidae		
食鱼鳄 *Gavialis gangeticus*		
喙头目 Rhynchocephalia		
楔齿蜥科 Sphenodontidae		
	楔齿蜥属所有种 *Sphenodon* spp.	
蜥蜴目 Sauria		
鬣蜥科 Agamidae		
埃氏角吻蜥 *Ceratophora erdeleni* 卡鲁角吻蜥 *Ceratophora karu* 坦氏角吻蜥 *Ceratophora tennentii* 锡兰卷尾蜥 *Cophotis ceylanica* 敦巴拉卷尾蜥 *Cophotis dumbara*	粗糙角吻蜥 *Ceratophora aspera*（野生标本商业目的的出口零限额） 斯氏角吻蜥 *Ceratophora stoddartii*（野生标本商业目的的出口零限额） 琴头蜥 *Lyriocephalus scutatus*（野生标本商业目的的出口零限额） 棘尾蜥属所有种 *Saara* spp. 刺尾蜥属所有种 *Uromastyx* spp.	

（续）

附录 I	附录 II	附录 III
蛇蜥科 Anguidae		
安氏树鳄蛇蜥 *Abronia anzuetoi* 坎氏树鳄蛇蜥 *Abronia campbelli* 饰缘树鳄蛇蜥 *Abronia fimbriata* 弗氏树鳄蛇蜥 *Abronia frosti* 米拉多拉树鳄蛇蜥 *Abronia meledona*	树鳄蛇蜥属所有种 *Abronia* spp.［除被列入附录I的物种（科氏树鳄蛇蜥 *Abronia aurita*、亮丽树鳄蛇蜥 *A. gaiophantasma*、蒙山树鳄蛇蜥 *A. montecristoi*、萨尔瓦多树鳄蛇蜥 *A. salvadorensi* 和巴氏树鳄蛇蜥 *A. vasconcelosii* 的野生标本出口零限额)］	
避役科 Chamaeleonidae		
残肢变色龙 *Brookesia perarmata*	塞舌尔避役属所有种 *Archaius* spp. 侏儒避役属所有种 *Bradypodion* spp. 变色龙属所有种 *Brookesia* spp.（除被列入附录I的物种） 诡避役属所有种 *Calumma* spp. 避役属所有种 *Chamaeleo* spp. 叉角避役属所有种 *Furcifer* spp. 双角避役属所有种 *Kinyongia* spp. 姆兰杰避役属所有种 *Nadzikambia* spp. 长吻侏儒避役属所有种 *Palleon* spp. 枯叶侏儒避役属所有种 *Rhampholeon* spp. 短尾枯叶侏儒避役属 *Rieppeleon* spp. 三角避役属所有种 *Trioceros* spp.	
绳蜥科 Cordylidae		
	绳蜥属所有种 *Cordylus* spp. 拟绳蜥属所有种 *Hemicordylus* spp. 卡卢绳蜥属所有种 *Karusaurus* spp. 拉马绳蜥属所有种 *Namazonurus* spp. 尼努塔绳蜥属所有种 *Ninurta* spp. 环甲绳蜥属所有种 *Ouroborus* spp. 伪绳蜥属所有种 *Pseudocordylus* spp. 史矛革绳蜥属所有种 *Smaug* spp.	
睑虎科 Eublepharidae		
	★睑虎属所有种 *Goniurosaurus* spp.（除日本原生物种）	
壁虎科 Gekkonidae		

（续）

附录 I	附录 II	附录 III
幻彩东虎 *Cnemaspis psychedelica* 尤宁岛壁虎 *Gonatodes daudini* 青蓝柳趾虎 *Lygodactylus williamsi*	★大壁虎 *Gekko gecko* 蛇岛弓趾虎 *Nactus serpensinsula* 绿壁虎属所有种 *Naultinus* spp. 安德罗伊马岛地虎 *Paroedura androyensis* 玛索比马岛地虎 *Paroedura masobe* 残趾虎属所有种 *Phelsuma* spp. 棒虎属所有种 *Rhoptropella* spp. 平尾虎属所有种 *Uroplatus* spp.	胫趾虎属所有种 *Dactylocnemis* spp.（新西兰） 武趾虎属所有种 *Hoplodactylus* spp.（新西兰） 南林虎属所有种 *Mokopirirakau* spp.（新西兰） 阿马斯氏球趾虎 *Sphaerodactylus armasi*（古巴） 巴拉科阿球趾虎 *Sphaerodactylus celicara*（古巴） 双型球趾虎 *Sphaerodactylus dimorphicus*（古巴） 马坦萨斯球趾虎 *Sphaerodactylus intermedius*（古巴） 黑斑球趾虎阿氏亚种 *Sphaerodactylus nigropunctatus alayoi*（古巴） 黑斑球趾虎格氏亚种 *Sphaerodactylus nigropunctatus granti*（古巴） 黑斑球趾虎库山亚种 *Sphaerodactylus nigropunctatus lissodesmus*（古巴） 黑斑球趾虎奥库哈亚种 *Sphaerodactylus nigropunctatus ocujal*（古巴） 黑斑球趾虎将军亚种 *Sphaerodactylus nigropunctatus strategus*（古巴） 礁岩球趾虎古巴亚种 *Sphaerodactylus notatus atactus*（古巴） 奥氏球趾虎 *Sphaerodactylus oliveri*（古巴） 胡椒球趾虎 *Sphaerodactylus pimienta*（古巴） 鲁氏球趾虎 *Sphaerodactylus ruibali*（古巴） 锡沃内球趾虎 *Sphaerodactylus siboney*（古巴） 宽带球趾虎 *Sphaerodactylus torrei*（古巴） 纹虎属所有种 *Toropuku* spp.（新西兰） 图库趾虎属所有种 *Tukutuku* spp.（新西兰） 树壁虎属所有种 *Woodworthia* spp.（新西兰）

（续）

附录 I	附录 II	附录 III
毒蜥科 Helodermatidae		
珠毒蜥危地马拉亚种 *Heloderma horridum charlesbogerti*	毒蜥属所有种 *Heloderma* spp.（除被列入附录 I 的亚种）	
美洲鬣蜥科 Iguanidae		
低冠蜥属所有种 *Brachylophus* spp. 圆尾蜥属所有种 *Cyclura* spp. 叩壁蜥 *Sauromalus varius*	钝鼻蜥 *Amblyrhynchus cristatus* 陆鬣蜥属所有种 *Conolophus* spp. 栉尾蜥属所有种 *Ctenosaura* spp. 美洲鬣蜥属所有种 *Iguana* spp. 布氏角蜥 *Phrynosoma blainvillii* 塞德罗斯岛角蜥 *Phrynosoma cerroense* 冠角蜥 *Phrynosoma coronatum* 海湾角蜥 *Phrynosoma wigginsi*	
蜥蜴科 Lacertidae		
辛氏蜥 *Gallotia simonyi*	利氏壁蜥 *Podarcis lilfordi* 依比兹壁蜥 *Podarcis pityusensis*	
婆罗蜥科 Lanthanotidae		
	婆罗蜥科所有种 Lanthanotidae spp.（野生标本商业目的出口零限额）	
多色蜥科 Polychrotidae		
		阿圭罗氏安乐蜥 *Anolis agueroi*（古巴） 巴拉科阿安乐蜥 *Anolis baracoae*（古巴） 西部须安乐蜥 *Anolis barbatus*（古巴） 避役安乐蜥 *Anolis chamaeleonides*（古巴） 骑士安乐蜥 *Anolis equestris*（古巴） 埃斯坎布雷安乐蜥 *Anolis guamuhaya*（古巴） 淡喉安乐蜥 *Anolis luteogularis*（古巴） 侏儒骑士安乐蜥 *Anolis pigmaequestris*（古巴） 东方须安乐蜥 *Anolis porcus*（古巴）
石龙子科 Scincidae		
	所罗门蜥 *Corucia zebrata*	
美洲蜥蜴科 Teiidae		

（续）

附录Ⅰ	附录Ⅱ	附录Ⅲ
	亚马孙鞭尾蜥 *Crocodilurus amazonicus* 闪光蜥属所有种 *Dracaena* spp. 萨尔瓦托蜥属所有种 *Salvator* spp. 双领蜥属所有种 *Tupinambis* spp.	
巨蜥科 Varanidae		
★孟加拉巨蜥 *Varanus bengalensis* 黄色巨蜥 *Varanus flavescens* 疣粒巨蜥 *Varanus griseus* 科摩多巨蜥 *Varanus komodoensis* 暗纹巨蜥 *Varanus nebulosus*	★巨蜥属所有种 *Varanus* spp.（除被列入附录Ⅰ的物种）	
异蜥科 Xenosauridae		
★鳄蜥 *Shinisaurus crocodilurus*		
蛇目 Serpentes		
蚺科 Boidae		
懒蚺属所有种 *Acrantophis* spp. 红尾蚺阿根廷亚种 *Boa constrictor occidentalis* 黄色虹蚺 *Epicrates inornatus* 莫纳虹蚺 *Epicrates monensis* 牙买加虹蚺 *Epicrates subflavus* 马达加斯加蚺 *Sanzinia madagascariensis*	★蚺科所有种 Boidae spp.（除被列入附录Ⅰ的物种）	
雷蛇科 Bolyeriidae		
雷蛇 *Bolyeria multocarinata* 岛蚺 *Casarea dussumieri*	雷蛇科所有种 Bolyeriidae spp.（除被列入附录Ⅰ的物种）	
游蛇科 Colubridae		
	拟蚺蛇 *Clelia clelia* 南美水蛇 *Cyclagras gigas* 印度食卵蛇 *Elachistodon westermanni* ★滑鼠蛇 *Ptyas mucosus*	绿滇西蛇 *Atretium schistosum*（印度） 波加丹蛇 *Cerberus rynchops*（印度） ★渔游蛇 *Xenochrophis piscator*（印度） 施氏渔游蛇 *Xenochrophis schnurrenbergeri*（印度） 提氏渔游蛇 *Xenochrophis tytleri*（印度）
眼镜蛇科 Elapidae		

（续）

附录 I	附录 II	附录 III
	盔头蛇 Hoplocephalus bungaroides ★舟山眼镜蛇 Naja atra ★孟加拉眼镜蛇 Naja kaouthia 缅甸眼镜蛇 Naja mandalayensis 眼镜蛇 Naja naja 中亚眼镜蛇 Naja oxiana 菲律宾眼镜蛇 Naja philippinensis 印度眼镜蛇 Naja sagittifera 萨马眼镜蛇 Naja samarensis 泰国眼镜蛇 Naja siamensis 南洋眼镜蛇 Naja sputatrix 苏门答腊眼镜蛇 Naja sumatrana ★眼镜王蛇 Ophiophagus hannah	科利马珊瑚蛇 Micrurus diastema （洪都拉斯） 黑纹珊瑚蛇 Micrurus nigrocinctus （洪都拉斯） 罗阿坦珊瑚蛇 Micrurus ruatanus（洪都拉斯）
美洲闪鳞蛇科 Loxocemidae		
	美洲闪鳞蛇科所有种 Loxocemidae spp.	
蟒科 Pythonidae		
蟒蛇指名亚种 Python molurus molurus	★蟒科所有种 Pythonidae spp.（除被列入附录 I 的亚种）	
林蚺科 Tropidophiidae		
	林蚺科所有种 Tropidophiidae spp.	
蝰科 Viperidae		
草原蝰 Vipera ursinii（仅欧洲种群；前苏联地区的种群不包括在内，且未被列入附录）	肯尼亚树蝰 Atheris desaixi 肯尼亚咝蝰 Bitis worthingtoni 蛛尾拟角蝰 Pseudocerastes urarachnoides ★莽山原矛头蝮 Trimeresurus mangshanensis 魏氏蝰 Vipera wagneri	南美响尾蛇 Crotalus durissus（洪都拉斯） ★圆斑蝰 Daboia russelii（印度）
龟鳖目 Testudines		
两爪鳖科 Carettochelyidae		
	两爪鳖 Carettochelys insculpta	
蛇颈龟科 Chelidae		

（续）

附录 I	附录 II	附录 III
短颈龟 *Pseudemydura umbrina*	麦氏长颈龟 *Chelodina mccordi*（野外来源标本出口零限额）	
海龟科 Cheloniidae		
★海龟科所有种 Cheloniidae spp.		
鳄龟科 Chelydridae		
		拟鳄龟 *Chelydra serpentina*（美国） 大鳄龟 *Macrochelys temminckii*（美国）
泥龟科 Dermatemydidae		
	泥龟 *Dermatemys mawii*	
棱皮龟科 Dermochelyidae		
★棱皮龟 *Dermochelys coriacea*		
龟科 Emydidae		
牟氏水龟 *Glyptemys muhlenbergii* 科阿韦拉箱龟 *Terrapene coahuila*	斑点水龟 *Clemmys guttata* 布氏拟龟 *Emydoidea blandingii* 木雕水龟 *Glyptemys insculpta* 钻纹龟 *Malaclemys terrapin* 箱龟属所有种 *Terrapene* spp.（除被列入附录 I 的物种）	图龟属所有种 *Graptemys* spp.（美国）
地龟科 Geoemydidae		
马来潮龟 *Batagur affinis* 潮龟 *Batagur baska* 布氏闭壳龟 *Cuora bourreti* 图纹闭壳龟 *Cuora picturata* 黑池龟 *Geoclemys hamiltonii* 安南龟 *Mauremys annamensis* 三脊棱龟 *Melanochelys tricarinata* 眼斑沼龟 *Morenia ocellata* 印度泛棱背龟 *Pangshura tecta*	咸水龟 *Batagur borneoensis*（野生标本商业目的零限额） 三棱潮龟 *Batagur dhongoka* 红冠潮龟 *Batagur kachuga* 缅甸潮龟 *Batagur trivittata*（野生标本商业目的零限额） ★闭壳龟属所有种 *Cuora* spp.（除被列入附录 I 的物种；金头闭壳龟 *Cuora aurocapitata*、黄缘闭壳龟 *C. flavomarginata*、黄额闭壳龟 *C. galbinifrons*、百色闭壳龟 *C. mccordi*、锯缘闭壳龟 *C. mouhotii*、潘氏闭壳龟 *C. pani*、三线闭壳龟 *C. trifasciata*、云南闭壳龟 *C. yunnanensis* 和周氏闭壳龟 *C. zhoui* 的野生标本商业目的零限额）	★艾氏拟水龟 *Mauremys iversoni*（中国） ★大头乌龟 *Mauremys megalocephala*（中国） ★腊戍拟水龟 *Mauremys pritchardi*（中国） ★乌龟 *Mauremys reevesii*（中国） ★花龟 *Mauremys sinensis*（中国） ★缺颌花龟 *Ocadia glyphistoma*（中国） ★费氏花龟 *Ocadia philippeni*（中国） ★拟眼斑水龟 *Sacalia pseudocellata*（中国）

（续）

附录 I	附录 II	附录 III
	★摄龟属所有种 *Cyclemys* spp. 日本地龟 *Geoemyda japonica* ★地龟 *Geoemyda spengleri* 冠背草龟 *Hardella thurjii* 庙龟 *Heosemys annandalii*（野生标本商业目的零限额） 扁东方龟 *Heosemys depressa*（野生标本商业目的零限额） 大东方龟 *Heosemys grandis* 锯缘东方龟 *Heosemys spinosa* 苏拉威西地龟 *Leucocephalon yuwonoi* 大头马来龟 *Malayemys macrocephala* 马来龟 *Malayemys subtrijuga* 日本拟水龟 *Mauremys japonica* ★黄喉拟水龟 *Mauremys mutica* ★黑颈乌龟 *Mauremys nigricans* 黑山龟 *Melanochelys trijuga* 印度沼龟 *Morenia petersi* 果龟 *Notochelys platynota* 巨龟 *Orlitia borneensis*（野生标本商业目的零限额） 泛棱背龟属所有种 *Pangshura* spp.（除被列入附录 I 的物种） ★眼斑水龟 *Sacalia bealei* ★四眼斑水龟 *Sacalia quadriocellata* 粗颈龟 *Siebenrockiella crassicollis* 雷岛粗颈龟 *Siebenrockiella leytensis* 蔗林龟 *Vijayachelys silvatica*	
平胸龟科 Platysternidae		
★平胸龟科所有种 *Platysternidae* spp.		
侧颈龟科 Podocnemididae		
	马达加斯加大头侧颈龟 *Erymnochelys madagascariensis* 亚马孙大头侧颈龟 *Peltocephalus dumerilianus* 南美侧颈龟属所有种 *Podocnemis* spp.	
陆龟科 Testudinidae		

（续）

附录Ⅰ	附录Ⅱ	附录Ⅲ
辐纹陆龟 *Astrochelys radiata* 马达加斯加陆龟 *Astrochelys yniphora* 象龟 *Chelonoidis niger* 印度星龟 *Geochelone elegans* 缅甸星龟 *Geochelone platynota* 黄缘沙龟 *Gopherus flavomarginatus* 饼干龟 *Malacochersus tornieri* 几何沙龟 *Psammobates geometricus* 马达加斯加蛛网龟 *Pyxis arachnoides* 扁尾蛛网龟 *Pyxis planicauda* 埃及陆龟 *Testudo kleinmanni*	★陆龟科所有种 Testudinidae spp.（除被列入附录Ⅰ的物种。苏卡达陆龟 *Centrochelys sulcata* 野外获得标本且以商业为主要目的贸易年度出口零限额）	
鳖科 Trionychidae		
刺鳖深色亚种 *Apalone spinifera atra* 小头鳖 *Chitra chitra* 缅甸小头鳖 *Chitra vandijki* 恒河鳖 *Nilssonia gangetica* 宏鳖 *Nilssonia hurum* 黑鳖 *Nilssonia nigricans*	亚洲鳖 *Amyda cartilaginea* 小头鳖属所有种 *Chitra* spp.（除被列入附录Ⅰ的物种） 努比亚盘鳖 *Cyclanorbis elegans* 塞内加尔盘鳖 *Cyclanorbis senegalensis* 欧氏圆鳖 *Cycloderma aubryi* 赞比亚圆鳖 *Cycloderma frenatum* 马来鳖 *Dogania subplana* 斯里兰卡缘板鳖 *Lissemys ceylonensis* 缘板鳖 *Lissemys punctata* 缅甸缘板鳖 *Lissemys scutata* 孔雀鳖 *Nilssonia formosa* 莱氏鳖 *Nilssonia leithii* ★山瑞鳖 *Palea steindachneri* ★鼋属所有种 *Pelochelys* spp. ★砂鳖 *Pelodiscus axenaria* ★东北鳖 *Pelodiscus maackii* ★小鳖 *Pelodiscus parviformis* 大食斑鳖 *Rafetus euphraticus* ★斑鳖 *Rafetus swinhoei* 非洲鳖 *Trionyx triunguis*	珍珠鳖 *Apalone ferox*（美国） 滑鳖 *Apalone mutica*（美国） 刺鳖 *Apalone spinifera*（除列入附录Ⅰ的亚种）（美国）
两栖纲 Amphibia		
无尾目 Anura		
香蛙科 Aromobatidae		

（续）

附录 I	附录 II	附录 III
	霓股异香蛙 *Allobates femoralis* 侯氏异香蛙 *Allobates hodli* 梅氏异香蛙 *Allobates myersi* 萨氏异香蛙 *Allobates zaparo* 锈色异香蛙 *Anomaloglossus rufulus*	
蟾蜍科 Bufonidae		
查氏蟾蜍 *Amietophrynus channingi* 睫眉蟾蜍 *Amietophrynus superciliaris* 巴尔胎生蟾蜍属所有种 *Altiphrynoides* spp. 泽氏斑蟾 *Atelopus zeteki* 金蟾蜍 *Incilius periglenes* 胎生蟾属所有种 *Nectophrynoides* spp. 利比里亚胎生蟾蜍属所有种 *Nimbaphrynoides* spp.		
智利蟾科 Calyptocephalellidae		
		盖氏智利蟾 *Calyptocephalella gayi* （智利）
箭毒蛙科 Dendrobatidae		
	亮彩毒蛙属所有种 *Adelphobates* spp. 疣背毒蛙属所有种 *Ameerega* spp. 安第斯毒蛙属所有种 *Andinobates* spp. 箭毒蛙属所有种 *Dendrobates* spp. 地毒蛙属所有种 *Epipedobates* spp. 圆斑毒蛙属所有种 *Excidobates* spp. 天蓝微蹼毒蛙 *Hyloxalus azureiventris* 侏毒蛙属所有种 *Minyobates* spp. 食卵毒蛙属所有种 *Oophaga* spp. 叶毒蛙属所有种 *Phyllobates* spp. 网纹毒蛙属所有种 *Ranitomeya* spp.	
叉舌蛙科 Dicroglossidae		
	六趾蛙 *Euphlyctis hexadactylus* 印度牛蛙 *Hoplobatrachus tigerinus*	
雨蛙科 Hylidae		
	红眼蛙属所有种 *Agalychnis* spp.	

（续）

附录Ⅰ	附录Ⅱ	附录Ⅲ
曼蛙科 Mantellidae		
	曼蛙属所有种 *Mantella* spp.	
姬蛙科 Microhylidae		
	安通吉尔暴蛙 *Dyscophus antongilii* 古氏暴蛙 *Dyscophus guineti* 岛暴蛙 *Dyscophus insularis* 波波拨土蛙 *Scaphiophryne boribory* 戈氏拨土蛙 *Scaphiophryne gottlebei* 石纹拨土蛙 *Scaphiophryne marmorata* 棘拨土蛙 *Scaphiophryne spinosa*	
龟蟾科 Myobatrachidae		
	龟蟾属所有种 *Rheobatrachus* spp. （除未被列入附录的南龟蟾 *Rheobatrachus silus* 和北龟蟾 *Rheobatrachus vitellinus*）	
水蛙科 Telmatobiidae		
的的喀喀水蛙 *Telmatobius culeus*		
有尾目 Caudata		
钝口螈科 Ambystomatidae		
	钝口螈 *Ambystoma dumerilii* 墨西哥钝口螈 *Ambystoma mexicanum*	
隐鳃鲵科 Cryptobranchidae		
★大鲵属所有种 *Andrias* spp.		美洲大鲵 *Cryptobranchus alleganiensis* （美国）
小鲵科 Hynobiidae		
		★安吉小鲵 *Hynobius amjiensis*（中国）
蝾螈科 Salamandridae		
桔斑螈 *Neurergus kaiseri*	★镇海棘螈 *Echinotriton chinhaiensis* ★高山棘螈 *Echinotriton maxiquadratus* ★瘰螈属所有种 *Paramesotriton* spp. ★疣螈属所有种 *Tylototriton* spp.	北非真螈 *Salamandra algira*（阿尔及利亚）

（续）

附录 I	附录 II	附录 III
板鳃亚纲 Elasmobranchii		
真鲨目 Carcharhiniformes		
真鲨科 Carcharhindae		
	★镰状真鲨 *Carcharhinus falciformis* ★长鳍真鲨 *Carcharhinus longimanus*	
双髻鲨科 Sphyrnidae		
	★路氏双髻鲨 *Sphyrna lewini* ★无沟双髻鲨 *Sphyrna mokarran* ★锤头双髻鲨 *Sphyrna zygaena*	
鼠鲨目 Lamniformes		
长尾鲨科 Alopiidae		
	★长尾鲨属所有种 *Alopias* spp.	
姥鲨科 Cetorhinidae		
	★姥鲨 *Cetorhinus maximus*	
鼠鲨科 Lamnidae		
	★噬人鲨 *Carcharodon carcharias* ★尖吻鲭鲨 *Isurus oxyrinchus* ★长鳍鲭鲨 *Isurus paucus* 鼠鲨 *Lamna nasus*	
鲼目 Myliobatiformes		
鲼科 Myliobatidae		
	★前口蝠鲼属所有种 *Manta* spp. ★蝠鲼属所有种 *Mobula* spp.	
江　科 Potamotrygonidae		
		巴西副江　*Paratrygon aiereba*（哥伦比亚） 江　属所有种 *Potamotrygon* spp.（巴西种群）（巴西） 密星江　*Potamotrygon constellata*（哥伦比亚） 马氏江　*Potamotrygon magdalenae*（哥伦比亚）

（续）

附录Ⅰ	附录Ⅱ	附录Ⅲ
		南美江　*Potamotrygon motoro*（哥伦比亚） 奥氏江　*Potamotrygon orbignyi*（哥伦比亚） 施罗德氏江　*Potamotrygon schroederi*（哥伦比亚） 锉棘江　*Potamotrygon scobina*（哥伦比亚） 耶氏江　*Potamotrygon yepezi*（哥伦比亚）
须鲨目 Orectolobiformes		
鲸鲨科 Rhincodontidae		
	★鲸鲨 *Rhincodon typus*	
锯鳐目 Pristiformes		
锯鳐科 Pristidae		
★锯鳐科所有种 Pristidae spp.		
犁头鳐目 Rhinopristiformes		
蓝吻犁头鳐科 Glaucostegidae		
	★蓝吻犁头鳐属所有种 *Glaucostegus* spp.	
圆犁头鳐科 Rhinidae		
	★圆犁头鳐科所有种 Rhinidae spp.	
辐鳍亚纲 Actinopterygii		
鲟形目 Acipensriformes		
	★鲟形目所有种 *Acipenseriformes* spp.（除被列入附录Ⅰ的物种）	
鲟科 Acipenseridae		
短吻鲟 *Acipenser brevirostrum* 鲟 *Acipenser sturio*		
鳗鲡目 Anguilliformes		

（续）

附录 I	附录 II	附录 III
鳗鲡科 Anguillidae		
	欧洲鳗鲡 *Anguilla anguilla*	
鲤形目 Cypriniformes		
胭脂鱼科 Catostomidae		
丘裂鳍亚口鱼 *Chasmistes cujus*		
鲤科 Cyprinidae		
湄公河原鲃 *Probarbus jullieni*	刚果盲鲃 *Caecobarbus geertsii*	
骨舌鱼目 Osteoglossiformes		
巨骨舌鱼科 Anguillidae		
	巨巴西骨舌鱼 *Arapaima gigas*	
骨舌鱼科 Osteoglossidae		
美丽硬骨舌鱼 *Scleropages formosus* 丽纹硬骨舌鱼 *Scleropages inscriptus*		
鲈形目 Perciformes		
隆头鱼科 Labridae		
	★波纹唇鱼（苏眉）*Cheilinus undulatus*	
盖刺鱼科 Pomacanthidae		
	克拉里昂刺蝶鱼 *Holacanthus clarionensis*	
石首鱼科 Sciaenidae		
加利福尼亚湾石首鱼 *Totoaba macdonaldi*		
鲇形目 Siluriformes		
骨鲇科 Loricariidae		
		斑马下钩鲇 *Hypancistrus zebra*（巴西）

（续）

附录Ⅰ	附录Ⅱ	附录Ⅲ
科 Pangasiidae		
★巨无齿 *Pangasianodon gigas*		
海龙鱼目 Syngnathiformes		
海龙鱼科 Syngnathidae		
	★海马属所有种 *Hippocampus* spp.	
肺鱼亚纲 Dipneusti		
角齿肺鱼目 Ceratodontiformes		
角齿肺鱼科 Neoceratodontidae		
	澳洲新角齿肺鱼 *Neoceratodus forsteri*	
腔棘亚纲 Coelacanthi		
腔棘鱼目 Coelacanthiformes		
矛尾鱼科 Latimeriidae		
矛尾鱼属所有种 *Latimeria* spp.		
棘皮动物门 Phylum echinodermata 海参纲 Holothuroidea		
楯手目 Aspidochirotida		
刺参科 Stichopodidae		
		暗色刺参 *Isostichopus fuscus*（厄瓜多尔）
海参目 Holothuriida		
海参科 Holothuriidae		
	★黄乳海参 *Holothuria fuscogilva*（延期 12 个月即 2020 年 8 月 28 日起生效）印度洋黑乳海参 *Holothuria nobilis*（延期 12 个月即 2020 年 8 月 28 日起生效） ★黑乳海参 *Holothuria whitmaei*（延期 12 个月即 2020 年 8 月 28 日起生效）	

（续）

附录 I	附录 II	附录 III
节肢动物门 Arthropoda 蛛形纲 Arachnida		
蛛形目 Araneae		
捕鸟蛛科 Theraphosidae		
	墨西哥白头捕鸟蛛 *Aphonopelma albiceps* 墨西哥灰捕鸟蛛 *Aphonopelma pallidum* 短尾蛛属所有种 *Brachypelma* spp. 饰纹捕鸟蛛属所有种 *Poecilotheria* spp.	
蝎形目 Scorpiones		
蝎科 Scorpionidae		
	喀麦隆巨蝎 *Pandinus camerounensis* 独裁巨蝎 *Pandinus dictator* 冈比亚巨蝎 *Pandinus gambiensis* 将军巨蝎 *Pandinus imperator* 柔氏巨蝎 *Pandinus roeseli*	
昆虫纲 Insecta		
鞘翅目 Coleoptera		
锹甲科 Lucanidae		
		考锹甲属所有种 *Colophon* spp.（南非）
金龟科 Scarabaeidae		
	撒旦犀金龟 *Dynastes satanas*	
鳞翅目 Lepidoptera		
蛱蝶科 Nymphalidae		
		回纹彩袄蛱蝶玻利维亚亚种 *Agrias amydon boliviensis*（玻利维亚）晶闪蝶拉邵梅亚种 *Morpho godartii lachaumei*（玻利维亚）赤靴蛱蝶巴克利亚种 *Prepona praeneste buckleyana*（玻利维亚）

（续）

附录Ⅰ	附录Ⅱ	附录Ⅲ
凤蝶科 Papilionidae		
吕宋凤蝶指名亚种 *Achillides chikae chikae* 吕宋凤蝶民都洛亚种 *Achillides chikae hermeli* 亚力山大鸟翼凤蝶 *Ornithoptera alexandrae* 荷马凤蝶 *Papilio homerus* 伯切尔番凤蝶 *Parides burchellanus*	斯里兰卡曙凤蝶 *Atrophaneura jophon* 印度曙凤蝶 *Atrophaneura pandiyana* ★褐凤蝶属所有种 *Bhutanitis* spp. 鸟翼凤蝶属所有种 *Ornithoptera* spp. （除被列入附录Ⅰ的物种） 科西嘉凤蝶 *Papilio hospiton* ★阿波罗绢蝶 *Parnassius apollo* ★喙凤蝶属所有种 *Teinopalpus* spp. 红颈凤蝶属所有种 *Trogonoptera* spp. ★裳凤蝶属所有种 *Troides* spp.	
环节动物门 Annelda 蛭纲 Hirudinoidea		
无吻蛭目 Arhynchobdellida		
医蛭科 Hirudinidae		
	欧洲医蛭 *Hirudo medicinalis* 侧纹医蛭 *Hirudo verbana*	
软体动物门 Mollusca 双壳纲 Bivalvia		
贻贝目 Mytiloida		
贻贝科 Mytilidae		
	普通石蛭 *Lithophaga lithophaga*	
珠蚌目 Unionida		
蚌科 Unionidae		
雕刻射蚌 *Conradilla caelata* 走蚌 *Dromus dromas* 冠前崎蚌 *Epioblasma curtisi* 闪光前崎蚌 *Epioblasma florentina* 沙氏前崎蚌 *Epioblasma sampsonii* 全斜沟前崎蚌 *Epioblasma sulcata perobliqua* 舵瘤前崎蚌 *Epioblasma torulosa gubernaculum* 瘤前崎蚌 *Epioblasma torulosa torulosa* 膨大前崎蚌 *Epioblasma turgidula* 瓦氏前崎蚌 *Epioblasma walkeri*	阿氏强膨蚌 *Cyprogenia aberti* 行瘤前崎蚌 *Epioblasma torulosa rangiana* 棒形侧底蚌 *Pleurobema clava*	

（续）

附录 I	附录 II	附录Ⅲ
楔状水蚌 *Fusconaia cuneolus* 水蚌 *Fusconaia edgariana* 希氏美丽蚌 *Lampsilis higginsii* 球美丽蚌 *Lampsilis orbiculata orbiculata* 多彩美丽蚌 *Lampsilis satur* 绿美丽蚌 *Lampsilis virescens* 皱疤丰底蚌 *Plethobasus cicatricosus* 古柏丰底蚌 *Plethobasus cooperianus* 满侧底蚌 *Pleurobema plenum* 大河蚌 *Potamilus capax* 中间方蚌 *Quadrula intermedia* 稀少方蚌 *Quadrula sparsa* 柱状扁弓蚌 *Toxolasma cylindrella* V 线珠蚌 *Unio nickliniana* 德科马坦比哥珠蚌 *Unio tampicoensis tecomatensis* 横条多毛蚌 *Villosa trabalis*		
帘蛤目 Venerida		
砗磲科 Tridacnidae		
	★砗磲科所有种 *Tridacnidae* spp.	
头足纲 Cephalopoda		
鹦鹉螺目 Nautilida		
鹦鹉螺科 Nautilidae		
	★鹦鹉螺科所有种 *Nautilidae* spp.	
腹足纲 Gastropoda		
中腹足目 Mesogastropoda		
凤螺科 Strombidae		
	大凤螺 *Strombus gigas*	
柄眼目 Stylommatophora		
小玛瑙螺科 Achatinellidae		

（续）

附录Ⅰ	附录Ⅱ	附录Ⅲ
小玛瑙螺属所有种 *Achatinella* spp.		
坚齿螺科 Camaenidae		
	美丽尖柱螺 *Papustyla pulcherrima*	
扁雕蜗牛科 Cepolidae		
彩条蜗牛属所有种 *Polymita* spp.		
刺胞亚门 Cnidaria 珊瑚虫纲 Anthozoa		
黑珊瑚目 Antipatharia		
	★黑珊瑚目所有种 Antipatharia spp.	
柳珊瑚目 Gorgonaceae		
红珊瑚科 Corallidae		
		★瘦长红珊瑚 *Corallium elatius*（中国） ★日本红珊瑚 *Corallium japonicum*（中国） ★皮滑红珊瑚 *Corallium konjoi*（中国） ★巧红珊瑚 *Corallium secundum*（中国）
苍珊瑚目 Helioporacea		
苍珊瑚科 Helioporidae		
	★苍珊瑚科所有种 Helioporidae spp. （仅包括苍珊瑚 *Heliopora coerulea*。化石不受公约条款管制）	
石珊瑚目 Scleractinia		
	★石珊瑚目所有种 Scleractinia spp. （化石不受公约条款管制）	
多茎目 Stolonifera		
笙珊瑚科 Tubiporidae		
	★笙珊瑚科所有种 Tubiporidae spp. （化石不受公约条款管制）	

（续）

附录 I	附录 II	附录 III
水螅纲 Hydrozoa		
多孔螅目 Milleporina		
多孔螅科 Milleporidae		
	★多孔螅科所有种 Milleporidae spp.（化石不受公约条款管制）	
柱星螅目 Stylasterina		
柱星螅科 Stylasteridae		
	★柱星螅科所有种 Stylasteridae spp.（化石不受公约条款管制）	
植物 Flora		
龙舌兰科 Agavaceae		
小花龙舌兰（姬乱雪）*Agave parviflora*	皇后龙舌兰 *Agave victoriaereginae* [#4] 间型酒瓶兰 *Nolina interrata* 克雷塔罗丝兰 *Yucca queretaroensis*	
石蒜科 Amaryllidaceae		
	雪花莲属所有种 *Galanthus* spp. [#4] 黄花石蒜属所有种 *Sternbergia* spp. [#4]	
漆树科 Anacardiaceae		
	德氏漆 *Operculicarya decaryi* 织冠漆 *Operculicarya hyphaenoides* 象腿漆 *Operculicarya pachypus*	
夹竹桃科 Apocynaceae		
安博棒锤树 *Pachypodium ambongense* 巴氏棒锤树 *Pachypodium baronii* 德氏棒锤树 *Pachypodium decaryi*	火地亚属所有种 *Hoodia* spp. [#9] 棒锤树属所有种 *Pachypodium* spp. [#4]（除被列入附录 I 的物种） ★蛇根木（印度萝芙木）*Rauvolfia serpentina* [#2]	
五加科 Araliaceae		

（续）

附录 Ⅰ	附录 Ⅱ	附录 Ⅲ
	★人参 *Panax ginseng* [#3]（仅俄罗斯联邦种群；其他种群都未被列入附录。） 西洋参 *Panax quinquefolius* [#3]	
南洋杉科 Araucariaceae		
智利南洋杉 *Araucaria araucana*		
天门冬科 Asparagaceae		
	酒瓶兰属所有种 *Beaucarnea* spp.	
小檗科 Berberidaceae		
	★桃儿七 *Podophyllum hexandrum* [#2]	
凤梨科 Bromeliaceae		
	哈氏老人须 *Tillandsia harrisii* [#4] 卡氏老人须 *Tillandsia kammii* [#4] 旱生老人须 *Tillandsia xerographica* [#4]	
仙人掌科 Cactaceae		
岩牡丹属所有种 *Ariocarpus* spp. 星冠 *Astrophytum asterias* 花笼 *Aztekium ritteri* 精美球 *Coryphantha werdermannii* 孔雀花属所有种 *Discocactus* spp. 林氏鹿角掌 *Echinocereus ferreirianus* ssp. *lindsayorum* 珠毛柱 *Echinocereus schmollii* 小极光球 *Escobaria minima* 须弥山 *Escobaria sneedii* 白斜子 *Mammillaria pectinifera*（包括亚种 *solisioides*） 圆锥花座球 *Melocactus conoideus* 晚刺花座球 *Melocactus deinacanthus* 苍白花座球 *Melocactus glaucescens* 疏刺花座球 *Melocactus paucispinus* 帝冠 *Obregonia denegrii* 金毛翁 *Pachycereus militaris* 布氏月华玉 *Pediocactus bradyi*	仙人掌科所有种 *Cactaceae* spp. [9# 4]（除被列入附录 Ⅰ 的物种和木麒麟属所有种 *Pereskia* spp. 麒麟掌属所有种 *Pereskiopsis* spp. 和顶花掌属所有种 *Quiabentia* spp. ）	

（续）

附录 I	附录 II	附录 III
银河玉 *Pediocactus knowltonii* 雏鹭球 *Pediocactus paradinei* 斑鸠球 *Pediocactus peeblesianus* 天狼 *Pediocactus sileri* 斧突球属所有种 *Pelecyphora* spp. 布氏白虹山 *Sclerocactus blainei* 突氏玄武玉 *Sclerocactus brevihamatus* ssp. *tobuschii* 短刺白虹山 *Sclerocactus brevispinus* 新墨西哥 玉 *Sclerocactus cloverae* 白琅玉 *Sclerocactus erectocentrus* 苍白玉 *Sclerocactus glaucus* 藤荣球 *Sclerocactus mariposensis* 月想曲 *Sclerocactus mesae-verdae* 尼氏 玉 *Sclerocactus nyensis* 月童 *Sclerocactus papyracanthus* 毛刺球 *Sclerocactus pubispinus* 塞氏 玉 *Sclerocactus sileri* 犹他球 *Sclerocactus wetlandicus* 怀氏虹山 *Sclerocactus wrightiae* 鳞茎玉属所有种 *Strombocactus* spp. 姣丽球属所有种 *Turbinicarpus* spp. 尤伯球属所有种 *Uebelmannia* spp.		
多柱树科 Caryocaraceae		
	多柱树 *Caryocar costaricense* #4	
菊科 Compositae（Asteraceae）		
云木香 *Saussurea costus*		
葫芦科 Cucurbitaceae		
	柔毛沙葫芦 *Zygosicyos pubescens* 沙葫芦 *Zygosicyos tripartitus*	
柏科 Cupressaceae		
智利肖柏 *Fitzroya cupressoides* 皮尔格柏 *Pilgerodendron uviferum*	姆兰杰南非柏 *Widdringtonia whytei*	
桫椤科 Cyatheaceae		
	★桫椤属所有种 *Cyathea* spp. #4	

（续）

附录 I	附录 II	附录 III
苏铁科 Cycadaceae		
印度苏铁 *Cycas beddomei*	★苏铁科所有种 Cycadaceae spp. #4 （除被列入附录 I 的物种）	
蚌壳蕨科 Dicksoniaceae		
	★金毛狗脊 *Cibotium barometz* #4 蚌壳蕨属所有种 *Dicksonia* spp. #4 （仅包括美洲种群。其他种群未被列入附录）	
龙树科 Didiereaceae		
	龙树科所有种 *Didiereaceae* spp. #4	
薯蓣科 Dioscoreaceae		
	★三角叶薯蓣 *Dioscorea deltoidea* #4	
茅膏菜科 Droseraceae		
	捕蝇草 *Dionaea muscipula* #4	
柿树科 Ebenaceae		
	柿属所有种 *Diospyros* spp. #5 （马达加斯加种群）	
大戟科 Euphorbiaceae		
安波沃本大戟（安波麒麟） *Euphorbia ambovombensis* 开塞恩坦马里大戟 *Euphorbia capsaintemariensis* 克氏大戟 *Euphorbia cremersii*（包括型 *viridifolia* 和变种 *rakotozafyi*） 筒叶大戟（筒叶麒麟）*Euphorbia cylindrifolia*（包括亚种 *tuberifera*） 德氏大戟（皱叶麒麟）*Euphorbia decaryi*（包括变种 *ampanihyensis*、*robinsonii* 和 *spirosticha*） 费氏大戟（潘郎麒麟） *Euphorbia francoisii* 莫氏大戟 *Euphorbia moratii*（包括变种 *antsingiensis*、*bemarahensis* 和 *multiflora*）	大戟属所有种 *Euphorbia* spp. #4 ［除崖大戟 *Euphorbia misera* 和被列入附录 I 的物种，仅包括肉质种类。彩云阁 *Euphorbia trigona* 栽培品种的人工培植标本，嫁接在麒麟角 *Euphorbia neriifolia* 人工培植的根砧木上的冠状、扇形或颜色变异的龟纹箭 *Euphorbia lactea*，以及不少于 100 株且易于识别为人工培植标本的虎刺梅（花麒麟）*Euphorbia* "Milii" 栽培种的人工培植标本不受本公约条款管制］	

（续）

附录Ⅰ	附录Ⅱ	附录Ⅲ
小序大戟 *Euphorbia parvicyathophora* 扁枝大戟 *Euphorbia quartziticola* 图拉大戟 *Euphorbia tulearensis*		
壳斗科 Fagaceae		
		★蒙古栎 *Quercus mongolica* [#5]（俄罗斯）
福桂花科 Fouquieriaceae		
簇生福桂花 *Fouquieria fasciculata* 普氏福桂花 *Fouquieria purpusii*	柱状福桂花（观峰玉）*Fouquieria columnaris* [#4]	
买麻藤科 Gnetaceae		
		★买麻藤 *Gnetum montanum* [#1]（尼泊尔）
胡桃科 Juglandaceae		
	枫桃 *Oreomunnea pterocarpa* [#4]	
樟科 Lauraceae		
	玫瑰安妮樟 *Aniba rosaeodora* [#12]	
豆科 Leguminosae（Fabaceae）		
巴西黑黄檀 *Dalbergia nigra*	★黄檀属所有种 *Dalbergia* spp.（除被列入附录Ⅰ的物种）[#15] 德米古夷苏木 *Guibourtia demeusei* [#15] 佩莱古夷苏木 *Guibourtia pellegriniana* [#15] 特氏古夷苏木 *Guibourtia tessmannii* [#15] 巴西苏木 *Paubrasiliaechinata* [#10] 大美木豆 *Pericopsis elata* [#17] 多穗阔变豆 *Platymiscium parviflorum* [#4] 刺猬紫檀 *Pterocarpus erinaceus* 檀香紫檀 *Pterocarpus santalinus* [#7] 染料紫檀 *Pterocarpus tinctorius* [#6] 南方决明 *Senna meridionalis*	巴拿马天蓬树 *Dipteryx panamensis*（哥斯达黎加、尼加拉瓜）
百合科 LIliaceae		

（续）

附录Ⅰ	附录Ⅱ	附录Ⅲ
微白芦荟 *Aloe albida* 白花芦荟（雪女王）*Aloe albiflora* 阿氏芦荟 *Aloe alfredii* 贝氏芦荟（斑蛇龙）*Aloe bakeri* 美丽芦荟 *Aloe bellatula* 喜钙芦荟 *Aloe calcairophila* 扁芦荟 *Aloe compressa*（包括变种 vars. *paucituberculata*, *rugosquamosa* 和 *schistophila*） 德尔斐芦荟 *Aloe delphinensis* 德氏芦荟 *Aloe descoingsii* 脆芦荟 *Aloe fragilis* 十二卷状芦荟（琉璃姬孔雀）*Aloe haworthioides*（包括变种 var. *aurantiaca*） 海伦芦荟 *Aloe helenae* 艳芦荟 *Aloe laeta*（包括变种 var. *maniaensis*） 平列叶芦荟 *Aloe parallelifolia* 小芦荟 *Aloe parvula* 皮氏芦荟（女王锦）*Aloe pillansii* 多叶芦荟 *Aloe polyphylla* 劳氏芦荟 *Aloe rauhii* 索赞芦荟 *Aloe suzannae* 变色芦荟 *Aloe versicolor* 沃氏芦荟 *Aloe vossii*	芦荟属所有种 *Aloe* spp.[#4]（除被列入附录Ⅰ的物种；不包括未被列入附录的翠叶芦荟 *Aloe vera*，亦即 *Aloe barbadensis*）	
木兰科 MAgnoliaceae		
		★盖裂木 *Magnolia liliifera* var. *obovata*[#1]（尼泊尔）
锦葵科 Malvaceae		
	格氏猴面包树 *Adansonia grandidieri*[#16]	
楝科 Meliaceae		
	洋椿属所有种 *Cedrela* spp.[#6]（新热带种群）（延期 12 个月即 2020 年 8 月 28 日起生效） 矮桃花心木 *Swietenia humilis*[#4] 大叶桃花心木 *Swietenia macrophylla*[#6]（新热带种群） 桃花心木 *Swietenia mahagoni*[#5]	劈裂洋椿 *Cedrela fissilis*[#5]（玻利维亚、巴西）（2020 年 8 月 28 日删除） 阿根廷洋椿 *Cedrela lilloi*[#5]（玻利维亚、巴西）（2020 年 8 月 28 日删除）香洋椿 *Cedrela odorata*[#5]（巴西和玻利维亚、以及哥伦比亚、危地马拉和秘鲁国家种群）（2020 年 8 月 28 日删除）

（续）

附录Ⅰ	附录Ⅱ	附录Ⅲ
猪笼草科 Nepenthaceae		
卡西猪笼草 *Nepenthes khasiana* 拉贾猪笼草 *Nepenthes rajah*	★猪笼草属所有种 *Nepenthes* spp. [#4] （除被列入附录Ⅰ的物种）	
木樨科 Oleaceae		
		★水曲柳 *Fraxinus mandshurica* [#5]（俄罗斯）
兰科 Orchidaceae		
（对于以下所有被列入附录Ⅰ的物种，离体培养的、置于固体或液体介质中、以无菌容器运输的幼苗或组织培养物，仅当标本符合缔约方大会同意的"人工培植"定义时，不受公约条款管制） 马达加斯加船形兰 *Aerangis ellisii* 大花蕾立兰 *Cattleya jongheana* 浅裂蕾立兰 *Cattleya lobata* 血色石斛 *Dendrobium cruentum* 墨西哥兜兰 *Mexipedium xerophyticum* ★兜兰属所有种 *Paphiopedilum* spp. 鸽兰 *Peristeria elata* 美洲兜兰属所有种 *Phragmipedium* spp. ★云南火焰兰 *Renanthera imschootiana*	★兰科所有种 *Orchidaceae* spp. [10][#4] （除被列入附录Ⅰ的物种）	
列当科 Orobanchaceae		
	★肉苁蓉 *Cistanche deserticola* [#4]	
棕榈科 Palmae（Arecaceae）		
拟散尾葵 *Dypsis decipiens*	马岛葵 *Beccariophoenix madagascariensis* [#4] 三角槟榔（三角椰）*Dypsis decaryi* [#4] 狐猴葵 *Lemurophoenix halleuxii* 达氏仙茅棕（玛瑙椰子）*Marojejya darianii* 繁序雷文葵 *Ravenea louvelii* 河岸雷文葵（国王椰子）*Ravenea rivularis* 林扇葵 *Satranala decussilvae* 长苞椰 *Voanioala gerardii*	巨籽棕 *Lodoicea maldivica* [#13]（塞舌尔）

（续）

附录Ⅰ	附录Ⅱ	附录Ⅲ
罂粟科 Papaveraceae		
		尼泊尔绿绒蒿 *Meconopsis regia.* [1]（尼泊尔）
西番莲科 Passifloraceae		
	紫红叶蒴莲 *Adenia firingalavensis* 鳄鱼蔓 *Adenia olaboensis* 小叶蒴莲 *Adenia subsessilifolia*	
胡麻科 Pedaliaceae		
	黄花艳桐 *Uncarina grandidieri* 粉花艳桐 *Uncarina stellulifera*	
松科 Pinaceae		
危地马拉冷杉 *Abies guatemalensis*		★红松 *Pinus koraiensis* [5]（俄罗斯）
罗汉松科 Podocarpaceae		
弯叶罗汉松 *Podocarpus parlatorei*		★百日青 *Podocarpus neriifolius* [1]（尼泊尔）
马齿苋科 Portulacaceae		
	回欢草属所有种 *Anacampseros* spp[4] 阿旺尼亚草属所有种 *Avonia* spp. [4] 锯齿离子苋 *Lewisia serrata* [4]	
报春花科 Primulaceae		
	仙客来属所有种 *Cyclamen* spp. [11][4]	
毛茛科 Ranunculaceae		
	春福寿草 *Adonis vernalis* [2] 白毛茛 *Hydrastis canadensis* [8]	
蔷薇科 Rosaceae		
	非洲李 *Prunus africana* [4]	
茜草科 Rubiaceae		
巴尔米木 *Balmea stormiae*		

（续）

附录 I	附录 II	附录 III
檀香科 Santalaceae		
	非洲沙针 *Osyris lanceolata* [#2]（布隆迪、埃塞俄比亚、肯尼亚、卢旺达、乌干达和坦桑尼亚联合共和国种群）	
瓶子草科 Sarraceniaceae		
山地瓶子草 *Sarracenia oreophila* 阿拉巴马瓶子草 *Sarracenia rubra* ssp. *alabamensis* 琼斯瓶子草 *Sarracenia rubra* ssp. *jonesii*	瓶子草属所有种 *Sarracenia* spp. [#4]（除被列入附录 I 的物种）	
玄参科 Scrophulariaceae		
	库洛胡黄连 *Picrorhiza kurrooa* [#2]（不包括胡黄连 *Picrorhiza scrophulariiflora*）	
蕨苏铁科 Stangeriaceae		
蕨苏铁 *Stangeria eriopus*	波温铁属所有种 *Bowenia* spp. [#4]	
紫杉科 Taxaceae		
	★红豆杉 *Taxus chinensis* 和本种的种下分类单元[#2] ★东北红豆杉 *Taxus cuspidata* 和本种的种下分类单元[12][#2] ★密叶红豆杉 *Taxus fuana* 和本种的种下分类单元[#2] 苏门答腊红豆杉 *Taxus sumatrana* 和本种的种下分类单元[#2] ★喜马拉雅红豆杉 *Taxus wallichiana* [#2]	
瑞香科 Thymelaeaceae (Aquilariaceae)		
	★沉香属所有种 *Aquilaria* spp. [#14] 棱柱木属所有种 *Gonystylus* spp. [#4] 拟沉香属所有种 *Gyrinops* spp. [#14]	
水青树科 Trochodendraceae (Tetracentraceae)		
		★水青树 *Tetracentron sinense* [#1]（尼泊尔）

（续）

附录Ⅰ	附录Ⅱ	附录Ⅲ
败酱科 Valerianaceae		
	★甘松 *Nardostachys grandiflora* #2	
葡萄科 Vitaceae		
	象足葡萄瓮 *Cyphostemma elephantopus* 拉扎葡萄瓮 *Cyphostemma laza* 蒙氏葡萄瓮 *Cyphostemma montagnacii*	
百岁叶科 Welwitschiaceae		
	百岁叶 *Welwitschia mirabilis* #4	
泽米科 Zamiaceae		
角状泽米属所有种 *Ceratozamia* spp. 非州苏铁属所有种 *Encephalartos* spp. 小苏铁 *Microcycas calocoma* 哥伦比亚苏铁 *Zamia restrepoi*	泽米科所有种 *Zamiaceae* spp. #4 （除被列入附录Ⅰ的物种）	
姜科 Zingiberaceae		
	菲律宾姜花 *Hedychium philippinense* #4 埃塞俄比亚野姜 *Siphonochilus aethiopicus*（莫桑比克、南非、斯威士兰和津巴布韦种群）	
蒺藜科 Zygophyllaceae		
	萨米维腊木 *Bulnesia sarmientoi* #11 愈疮木属所有种 *Guaiacum* spp. #2	

1. 仅允许剪自小羊驼（*Vicugna vicugna*）活体的羊毛、衍生产品的国际贸易。羊毛产品的贸易必须符合下述规定：

a）使用小羊驼羊毛加工制造衣料和服装的任何个人与企业必须获得原产国相关主管机构的批准（原产国：有该物种分布的国家，即阿根廷、玻利维亚、智利、厄瓜多尔和秘鲁），并带有由签署《小羊驼保护管理公约》的分布国批准使用的"vicu. a country of origin"的字样、标识和标示。

b）用于销售的衣料和服装必须按下述规定予以标志或确认：

i）无论在该物种分布国内还是国外生产，用于国际贸易的以剪自活体小羊驼羊毛制造的衣料必须带有上述标志，以指明原产国。VICUNA［COUNTRY OF ORIGIN］标志的详细格式如下：

此字样、标识和标示必须出现于衣料的反面。另外，料边必须带有 VICUÑA［COUNTRY OF ORIGIN］字样。

ⅱ）无论在该物种分布国内还是国外生产，用于国际贸易的以剪自活体小羊驼羊毛制造的服装必须带有 b）ⅰ）节所规定的字样、标识或标示，且必须以服装本身标签的形式出现。如果服装是在原产国之外生产的，除 b）ⅰ）节规定的字样、标识或标示外，还必须标明生产国名。

c）分布国生产的为国际贸易的用剪自活体小羊驼羊毛制造的手工艺品，必须使用 "VICUÑA［COUNTRY OF ORIGIN］-ARTESANiA" 的字样、标识或标示，详细格式如下：

d）如布料和服装是由来自多个原产国的剪自活体小羊驼的羊毛制造的，则必须以 b）ⅰ）和 ⅱ）节规定的格式标明每个原产国的字样、标识或标示。

e）其他所有标本均应被视为附录Ⅰ物种的标本，其贸易应受到相应管制。

[2]博茨瓦纳、纳米比亚、南非和津巴布韦种群（列在附录Ⅱ）：

仅允许下列目的的贸易：

a）非商业目的的狩猎纪念物贸易；

b）依据 Conf. 11. 20（Rev. CoP18）号决议的定义，为津巴布韦和博茨瓦纳种群及纳米比亚和南非的就地保护项目，向合适和可接受目的地开展活体动物贸易；

c）皮张贸易；

d）毛发贸易；

e）皮革制品贸易：博茨瓦纳、纳米比亚和南非的可用于商业或非商业目的，津巴布韦的用于非商业目的；

f）纳米比亚的经逐件标记的且带有证明的被镶入首饰制成品中的象牙块的非商业性贸易，及津巴布韦用于非商业目的的象牙雕刻；

g）已注册的生象牙（指博茨瓦纳、纳米比亚、南非和津巴布韦的整根象牙和象牙片段）贸易须遵守下列规定：

i）象牙标本只能是原产于上述国家，已注册的政府所有的库存（不包括罚没所获的和来源不明的象牙）；

ii）仅允许销往经秘书处同常委会协商后核实的贸易伙伴国，这些国家必须具有完善的国家立法和国内贸易控制措施，以确保进口的象牙不会再出口，并能依照关于象牙国内生产和贸易的 Conf. 10. 10 号（Rev. CoP18）决议的全部要求进行管理；

iii）在秘书处对预期进口国及已注册的政府所有的象牙库存进行核实之前，不得进行贸易；

iv）生象牙依照第12届缔约方大会批准的、政府所有的已注册象牙库存进行有条件销售，限额分别为20,000千克（博茨瓦纳）、10,000千克（纳米比亚）和30,000千克（南非）；

v）除第12届缔约方大会批准的数量外，在2007年1月31日之前注册并经秘书处核实的博茨瓦纳、纳米比亚、南非和津巴布韦政府所有的象牙可以与以上 g）iv）项所述象牙一起贸易或调派，在秘书处的严格监督下对每一目的地进行一次性销售；

vi）贸易的收益只能用于大象保护工作和大象分布区内或周边的社区保护与发展项目；及

vii）以上 g）v）项确定的额外数量的贸易，只有在常委会认可上述条件得到满足之后进行；及

h）自第14届缔约方大会至根据 g）i）、g）ii）、g）iii）、g）vi）和 g）vii）项条件开展一次性象牙出售之日起九年，不得向缔约方大会提交新的关于允许已列入附录Ⅱ的象牙种群贸易的提案。此外，这类新的提案应按照第16.55和14.78

号（Rev. CoP16）决定处理。

一旦出现出口国或进口国不遵约的情况，或是证明该贸易对其他象种群有负面影响，根据秘书处的提议，常委会可决定部分或完全终止此类贸易。

所有其他标本均应被视为列入附录Ⅰ的物种标本，其贸易应被相应管制。

#4 所有部分和衍生物，但下列者除外：

a）种子（包括兰科植物的种荚），孢子和花粉（包括花粉块）。这项豁免不适用于从墨西哥出口的仙人掌科所有种 Cactaceae spp. 的种子，以及从马达加斯加出口的马岛葵 Beccariophoenix madagascariensis 和三角槟榔（三角椰）Dypsys decaryi 的种子。

b）离体培养的、置于固体或液体介质中、以无菌容器运输的幼苗或组织培养物；

c）人工培植植物的切花；

d）移植的或人工培植的香荚兰属 Vanilla（兰科 Orchidaceae）和仙人掌科 Cactaceae 植物的果实、部分及衍生物；

e）移植的或人工培植的仙人掌属 Opuntia 仙人掌亚属 Opuntia 和大轮柱属 Selenicereus（仙人掌科 Cactaceae）植物的茎、花及部分和衍生物。

f）好望角芦荟 Aloe ferox 和蜡大戟 Euphorbia antisyphilitica 包装好备零售的制成品。

#9 所有部分和衍生物，但附有 "Produced from Hoodia spp. material obtained through controlled harvesting andproduction under the terms of an agreement with the relevant CITES Management Authority of Botswana underagreement No. BW/××××××，Namibia under agreement No. NA/××××××，South Africa under agreement No.

ZA/××××××" 字样标签的除外。（编者注：标签译文为："采用受监管的采集和生产所获的火地亚属所有种 Hoodia spp. 原料制造，遵从与相关 CITES 管理机构的协议条款，博茨瓦纳 No. BW/××××××号协议，纳米比亚 No. NA/××××××号协议，南非 No. ZA/××××××号协议。"）

#2 所有部分和衍生物，但下列者除外：

a）种子和花粉；及

b）包装好备零售的制成品。

#3 根的整体、切片和部分，不包括粉末、片剂、提取物、滋补品、茶饮、糕点等制成品或衍生物。

#2 所有部分和衍生物，但下列者除外：

a）种子和花粉；及

b）包装好备零售的制成品。

#4 所有部分和衍生物，但下列者除外：

a）种子（包括兰科植物的种荚），孢子和花粉（包括花粉块）。这项豁免不适用于从墨西哥出口的仙人掌科所有种 Cactaceae spp. 的种子，以及从马达加斯加出口的马岛葵 Beccariophoenix madagascariensis 和三角槟榔（三角椰）Dypsys decaryi 的种子。

b）离体培养的、置于固体或液体介质中、以无菌容器运输的幼苗或组织培养物；

c）人工培植植物的切花；

d）移植的或人工培植的香荚兰属 Vanilla（兰科 Orchidaceae）和仙人掌科 Cactaceae 植物的果实、部分及衍生物；

e）移植的或人工培植的仙人掌属 Opuntia 仙人掌亚属 Opuntia 和大轮柱属 Selenicereus（仙人掌科 Cactaceae）植物的茎、花及部分和衍生物。

f）好望角芦荟 Aloe ferox 和蜡大戟 Euphorbia antisyphilitica 包装好备零售的制成品。

9 下列杂交种和/或栽培种的人工培植标本不受公约条款管制：

星孔雀（Hatiora×graeseri）

圆齿蟹爪（杂交种）（Schlumbergera×buckleyi）

辐花蟹爪（Schlumbergera russelliana×Schlumbergera truncata）

奥氏蟹爪（Schlumbergera orssichiana×Schlumbergera truncata）

掌状蟹爪（Schlumbergera opuntioides×Schlumbergera truncata）

蟹爪（Schlumbergera truncata）（栽培种）

仙人掌科所有种 Cactaceae spp. 的颜色突变体，并嫁接在下列砧木上：袖浦（Harrisia'Jusbertii'）、三棱量天尺（Hylocereus trigonus）或量天尺（Hylocereus undatus）黄毛掌（Opuntia microdasys）（栽培种）

#4所有部分和衍生物，但下列者除外：

a) 种子（包括兰科植物的种荚），孢子和花粉（包括花粉块）。这项豁免不适用于从墨西哥出口的仙人掌科所有种 Cactaceae spp. 的种子，以及从马达加斯加出口的马岛葵 *Beccariophoenix madagascariensis* 和三角槟榔（三角椰）*Neodypsis decaryi* 的种子。

b) 离体培养的、置于固体或液体介质中、以无菌容器运输的幼苗或组织培养物；

c) 人工培植植物的切花；

d) 移植的或人工培植的香果兰属 *Vanilla*（兰科 Orchidaceae）和仙人掌科 Cactaceae 植物的果实、部分及衍生物；

e) 移植的或人工培植的仙人掌属 *Opuntia* 仙人掌亚属 *Opuntia* 和大轮柱属 *Selenicereus*（仙人掌科 Cactaceae）植物的茎、花及部分和衍生物。

f) 好望角芦荟 *Aloe ferox* 和蜡大戟 *Euphorbia antisyphilitica* 包装好备零售的制成品。

#5原木、锯材和饰面用单板。

#1　所有部分和衍生物，但下列者除外：

a) 种子、孢子和花粉（包括花粉块）；

b) 离体培养的、置于固体或液体介质中、以无菌容器运输的幼苗或组织培养物；

c) 人工培植植物的切花；及

d) 人工培植的香荚兰属 Vanilla 植物的果实、部分及其衍生物。

#4所有部分和衍生物，但下列者除外：

a) 种子（包括兰科植物的种荚），孢子和花粉（包括花粉块）。这项豁免不适用于从墨西哥出口的仙人掌科所有种 Cactaceae spp. 的种子，以及从马达加斯加出口的马岛葵 *Beccariophoenix madagascariensis* 和三角槟榔（三角椰）*Dypsys decaryi* 的种子。

b) 离体培养的、置于固体或液体介质中、以无菌容器运输的幼苗或组织培养物；

c) 人工培植植物的切花；

d) 移植的或人工培植的香荚兰属 *Vanilla*（兰科 Orchidaceae）和仙人掌科 Cactaceae 植物的果实、部分及衍生物；

e) 移植的或人工培植的仙人掌属 *Opuntia* 仙人掌亚属 *Opuntia* 和大轮柱属 Selenicereus（仙人掌科 Cactaceae）植物的茎、花及部分和衍生物。

f) 好望角芦荟 *Aloe ferox* 和蜡大戟 *Euphorbia antisyphilitica* 包装好备零售的制成品。

#12　原木、锯材、饰面用单板、胶合板和提取物。成分中含有其提取物的制成品（包括香剂）不受本注释约束。

#15　所有部分和衍生物，但下列者除外：

a) 叶、花、花粉、果实和种子；

b) 含所列物种木材每次装运量最多 10 千克的制成品；

c) 乐器成品、乐器零件成品和乐器附件成品；

d) 交趾黄檀 *Dalbergia cochinchinensis* 的部分和衍生物受注释♯4 约束；

e) 源于并出口自墨西哥的黄檀属所有种 *Dalbergia* spp. 的部分和衍生物受注释♯6 约束。

#6　原木、锯材、饰面用单板和胶合板。

#7　原木、木片、粉末和提取物。

#10　原木、锯材和饰面用单板，包括未完工的用于制作弦乐器乐弓的木料。

#17　原木、锯材、饰面用单板、胶合板和成型木。

#4　所有部分和衍生物，但下列者除外：

a) 种子（包括兰科植物的种荚），孢子和花粉（包括花粉块）。这项豁免不适用于从墨西哥出口的仙人掌科所有种 *Cactaceae* spp. 的种子，以及从马达加斯加出口的马岛葵 *Beccariophoenix madagascariensis* 和三角槟榔（三角椰）*Dypsys decaryi* 的种子。

b) 离体培养的、置于固体或液体介质中、以无菌容器运输的幼苗或组织培养物；

c) 人工培植植物的切花；

d) 移植的或人工培植的香荚兰属 *Vanilla*（兰科 Orchidaceae）和仙人掌科 Cactaceae 植物的果实、部分及衍生物；

e) 移植的或人工培植的仙人掌属 *Opuntia* 仙人掌亚属 *Opuntia* 和大轮柱属 *Selenicereus*（仙人掌科 Cactaceae）植物的茎、花及部分和衍生物。

f）好望角芦荟 *Aloe ferox* 和蜡大戟 *Euphorbia antisyphilitica* 包装好备零售的制成品。

#1所有部分和衍生物，但下列者除外：

a）种子、孢子和花粉（包括花粉块）；

b）离体培养的、置于固体或液体介质中、以无菌容器运输的幼苗或组织培养物；

c）人工培植植物的切花；及

d）人工培植的香荚兰属 Vanilla 植物的果实、部分及其衍生物。

#16　种子、果实和油。

#4　所有部分和衍生物，但下列者除外：

a）种子（包括兰科植物的种荚），孢子和花粉（包括花粉块）。这项豁免不适用于从墨西哥出口的仙人掌科所有种 *Cactaceae* spp. 的种子，以及从马达加斯加出口的马岛葵 *Beccariophoenix madagascariensis* 和三角槟榔（三角椰）*Dypsys decaryi* 的种子。

b）离体培养的、置于固体或液体介质中、以无菌容器运输的幼苗或组织培养物；

c）人工培植植物的切花；

d）移植的或人工培植的香荚兰属 *Vanilla*（兰科 Orchidaceae）和仙人掌科 *Cactaceae* 植物的果实、部分及衍生物；

e）移植的或人工培植的仙人掌属 *Opuntia* 仙人掌亚属 *Opuntia* 和大轮柱属 *Selenicereus*（仙人掌科 Cactaceae）植物的茎、花及部分和衍生物。

f）好望角芦荟 *Aloe ferox* 和蜡大戟 *Euphorbia antisyphilitica* 包装好备零售的制成品。

#6原木、锯材、饰面用单板和胶合板。

#5原木、锯材和饰面用单板。

10　当满足 a）与 b）款所述条件时，以下各属的人工培植的杂交种不受公约条款管制：兰属 *Cymbidium*、石斛属 *Dendrobium*、蝴蝶兰属 *Phalaenopsis* 和万带兰属 *Vanda*：

a）标本易于被识别为人工培植的，且没有表现出任何采集自野外的迹象，如：由于采集引起的机械损伤或严重脱水，同一分类单元的同一批货物出现不规则生长或形状和大小不均匀，藻类或其他附生植物的组织附着在叶片上，被昆虫或其他有害生物损害；及

b）i）如在非开花状态运输，标本必须以单独容器（如纸板箱、盒子、板条箱或集装箱内的货架）组成的货物进行贸易，每个容器包含 20 株或更多同一杂交种的植株；每个容器内的植物必须表现出高度一致的形态和健康状况；且货物必须附有能清楚地表明每一杂交种植株数量的文件，如发票；或

ii）如在开花状态运输，每株标本至少带有一枚完全开放的花，不要求每批货物的最低标本数量，但标本必须经过以商业零售为目的的专业包装处理，例如用印制好的标签进行标记，或用印制的包装材料进行包装，标明杂交种的名称和最终加工国。该标签或包装必须清晰可见且易于查证。

不能清楚地符合上述豁免条件的植株必须具备适当的公约文件。

#4所有部分和衍生物，但下列者除外：

a）种子（包括兰科植物的种荚），孢子和花粉（包括花粉块）。这项豁免不适用于从墨西哥出口的仙人掌科所有种 Cactaceae spp. 的种子，以及从马达加斯加出口的马岛葵 *Beccariophoenix madagascariensis* 和三角槟榔（三角椰）*Dypsys decaryi* 的种子。

b）离体培养的、置于固体或液体介质中、以无菌容器运输的幼苗或组织培养物；

c）人工培植植物的切花；

d）移植的或人工培植的香荚兰属 *Vanilla*（兰科 Orchidaceae）和仙人掌科 *Cactaceae* 植物的果实、部分及衍生物；

e）移植的或人工培植的仙人掌属 *Opuntia* 仙人掌亚属 *Opuntia* 和大轮柱属 *Selenicereus*（仙人掌科 Cactaceae）植物的茎、花及部分和衍生物。

f）好望角芦荟 *Aloe ferox* 和蜡大戟 *Euphorbia antisyphilitica* 包装好备零售的制成品。

#13果核（kernel，其他英文名称还有 "endosperm"、"pulp"、"copra"）及其所有衍生物。

#1所有部分和衍生物，但下列者除外：

a）种子、孢子和花粉（包括花粉块）；

b）离体培养的、置于固体或液体介质中、以无菌容器运输的幼苗或组织培养物；

c）人工培植植物的切花；及

d）人工培植的香荚兰属 Vanilla 植物的果实、部分及其衍生物。

#5 原木、锯材和饰面用单板。

#4 所有部分和衍生物，但下列者除外：

a）种子（包括兰科植物的种荚），孢子和花粉（包括花粉块）。这项豁免不适用于从墨西哥出口的仙人掌科所有种 Cactaceae spp. 的种子，以及从马达加斯加出口的马岛葵 Beccariophoenix madagascariensis 和三角槟榔（三角椰）Dypsys decaryi 的种子。

b）离体培养的、置于固体或液体介质中、以无菌容器运输的幼苗或组织培养物；

c）人工培植植物的切花；

d）移植的或人工培植的香荚兰属 Vanilla（兰科 Orchidaceae）和仙人掌科 Cactaceae 植物的果实、部分及衍生物；

e）移植的或人工培植的仙人掌属 Opuntia 仙人掌亚属 Opuntia 和大轮柱属 Selenicereus（仙人掌科 Cactaceae）植物的茎、花及部分和衍生物。

f）好望角芦荟 Aloe ferox 和蜡大戟 Euphorbia antisyphilitica 包装好备零售的制成品。

11 伊朗仙客来 Cyclamen persicum 栽培种的人工培植标本不受公约条款管制，但此例外不适于休眠块茎标本的贸易。

#2 所有部分和衍生物，但下列者除外：

a）种子和花粉；及

b）包装好备零售的制成品。

#8 地下部分（即根、根状茎）：整体、部分和粉末。

#2 所有部分和衍生物，但下列者除外：

a）种子和花粉；及

b）包装好备零售的制成品。

#4 所有部分和衍生物，但下列者除外：

a）种子（包括兰科植物的种荚），孢子和花粉（包括花粉块）。这项豁免不适用于从墨西哥出口的仙人掌科所有种 Cactaceae spp. 的种子，以及从马达加斯加出口的马岛葵 Beccariophoenix madagascariensis 和三角槟榔（三角椰）Dypsys decaryi 的种子。

b）离体培养的、置于固体或液体介质中、以无菌容器运输的幼苗或组织培养物；

c）人工培植植物的切花；

d）移植的或人工培植的香荚兰属 Vanilla（兰科 Orchidaceae）和仙人掌科 Cactaceae 植物的果实、部分及衍生物；

e）移植的或人工培植的仙人掌属 Opuntia 仙人掌亚属 Opuntia 和大轮柱属 Selenicereus（仙人掌科 Cactaceae）植物的茎、花及部分和衍生物。

f）好望角芦荟 Aloe ferox 和蜡大戟 Euphorbia antisyphilitica 包装好备零售的制成品。

12 人工培植的东北红豆杉 Taxus cuspidata 杂交种或栽培种，活体，如果被放置于罐子或其他小型容器中，且每一货件都附有一份标签或文件，注明分类单元的名称及 "artificially propagated" 字样，则不受公约条款管制。

#14 所有部分和衍生物，但下列者除外：

a）种子和花粉；

b）离体培养的、置于固体或液体介质中、以无菌容器运输的幼苗或组织培养物；

c）果实；

d）叶；

e）经提取后的沉香粉末，包括以这些粉末压制成的各种形状的产品；

f）包装好备零售的制成品，但木片、珠、珠串和雕刻品仍受公约管制。

#1 所有部分和衍生物，但下列者除外：

a）种子、孢子和花粉（包括花粉块）；

b）离体培养的、置于固体或液体介质中、以无菌容器运输的幼苗或组织培养物；

c）人工培植植物的切花；及

d）人工培植的香荚兰属 Vanilla 植物的果实、部分及其衍生物。

#2 所有部分和衍生物，但下列者除外：

a）种子和花粉；及

b）包装好备零售的制成品。

#4　所有部分和衍生物，但下列者除外：

a）种子（包括兰科植物的种荚），孢子和花粉（包括花粉块）。这项豁免不适用于从墨西哥出口的仙人掌科所有种 Cactaceae spp. 的种子，以及从马达加斯加出口的马岛葵 *Beccariophoenix madagascariensis* 和三角槟榔（三角椰）*Dypsys decaryi* 的种子。

b）离体培养的、置于固体或液体介质中、以无菌容器运输的幼苗或组织培养物；

c）人工培植植物的切花；

d）移植的或人工培植的香荚兰属 *Vanilla*（兰科 Orchidaceae）和仙人掌科 Cactaceae 植物的果实、部分及衍生物；

e）移植的或人工培植的仙人掌属 *Opuntia* 仙人掌亚属 *Opuntia* 和大轮柱属 *Selenicereus*（仙人掌科 Cactaceae）植物的茎、花及部分和衍生物。

f）好望角芦荟 *Aloe ferox* 和蜡大戟 *Euphorbia antisyphilitica* 包装好备零售的制成品。

#11　原木、锯材、饰面用单板、胶合板、粉末和提取物。成分中含有其提取物的制成品（包括香剂）不受本注释约束。

#2　所有部分和衍生物，但下列者除外：

a）种子和花粉；及

b）包装好备零售的制成品。

国家重点保护经济水生动植物资源名录

（农业部渔业局公告第948号 2007年12月12日）

根据《渔业法》和《中国水生生物资源养护行动纲要》有关规定和要求，我部制定了《国家重点保护经济水生动植物资源名录（第一批）》（见附件），现予以颁布。

特此公告。

附件：

国家重点保护经济水生动植物资源名录（第一批）

序号	中文名	拉丁名
1	鲱	*Clupea harengus*
2	金色沙丁鱼	*Sardinella lemuru*
3	远东拟沙丁鱼（斑点莎瑙鱼）	*Sardinops melanosticta*
4	鳓	*Ilisha elongata*
5	鳀	*Engraulis japonicus*
6	黄鲫	*Setipinna taty*
7	大头狗母鱼	*Trachinocephalus myops*
8	海鳗	*Muraenesox cinereus*
9	大头鳕	*Gadus macrocephalus*
10	鲛	*Liza haematocheila*
11	鲻	*Mugil cephalus*
12	尖吻鲈	*Lates calcarifer*
13	花鲈	*Lateolabrax japonicus*
14	赤点石斑鱼	*Epinephelus akaara*
15	青石斑鱼	*Epinephelus awoara*
16	宽额鲈	*Promicrops lanceolatus*
17	蓝圆鲹	*Decapterus maruadsi*
18	竹䇲鱼	*Trachurus japonicus*
19	高体鰤	*Seriola dumerili*
20	军曹鱼	*Rachycentron canadus*
21	白姑鱼	*Argyrosomus argentatus*

（续）

序号	中文名	拉丁名
22	黄姑鱼	*Nibea albiflora*
23	棘头梅童鱼	*Collichthys lucidus*
24	黑鳃梅童鱼	*Collichthys niveatus*
25		*Miichthys miiuy*
26	大黄鱼	*Pseudosciaena crocea*
27	小黄鱼	*Pseudosciaena polyactis*
28	红笛鲷	*Lutjanus sanguineus*
29	真　鲷	*Pagrosomus major*
30	二长棘鲷	*Parargyrops edita*
31	黑　鲷	*Sparus macrocephalus*
32	金线鱼	*Nemipterus virgatus*
33	玉筋鱼	*Ammodytes personatus*
34	带　鱼	*Trichiurus lepturus*
35	鲐	*Scomber japonicus*
36	蓝点马鲛（鲅鱼）	*Scomberomorus niphonius*
37	银　鲳	*Pampus argenteus*
38	灰　鲳	*Pampus cinereus*
39	鲬	*Platycephalus indicus*
40	褐牙鲆	*Paralichthys olivaceus*
41	高眼鲽	*Cleisthenes herzensteini*
42	钝吻黄盖鲽	*Pseudopleuronectes yokohamae*
43	半滑舌鳎	*Cynoglossus semilaevis*
44	绿鳍马面鲀	*Navodon septentrionalis*
45	黄鳍马面鲀	*Navodon xanthopterus*
46	黄	*Lophius litulon*
47	刀　鲚	*Coilia ectenes*
48	凤　鲚	*Coilia mystus*
49	红鳍东方鲀	*Takifugu rubripes*
50	假睛东方鲀	*Takifugu pseudommus*
51	暗纹东方鲀	*Takifugu obscurus*
52	鳗　鲡	*Anguilla japonica*
53	大马哈鱼	*Oncorhynchus keta*
54	花羔红点鲑	*Salvelinus malma*
55	乌苏里白鲑	*Coregonus ussuriensis*
56	太湖新银鱼	*Neosalanx taihuensis*

（续）

序号	中文名	拉丁名
57	大银鱼	*Protosalanx chinensis*
58	黑斑狗鱼	*Esox reicherti*
59	白斑狗鱼	*Esox lucius*
60	青鱼	*Mylopharyngodon piceus*
61	草鱼	*Ctenopharyngodon idellus*
62	赤眼鳟	*Squaliobarbus curriculus*
63	翘嘴鲌	*Culter alburnus*
64	鳡	*Elopichthys bambusa*
65	三角鲂	*Megalobrama terminalis*
66	团头鲂（武昌鱼）	*Megalobrama amblycephala*
67	广东鲂	*Megalobrama hoffmanni*
68	鳊	*Parabramis pekinensis*
69	红鳍原鲌	*Cultrichthys erythropterus*
70	蒙古鲌	*Culter mongolicus*
71	鲢	*Hypophthalmichthys molitrix*
72	鳙	*Aristichthys nobilis*
73	细鳞斜颌鲴	*Xenocypris microlepis*
74	银鲴	*Xenocypris argentea*
75	倒刺鲃	*Spninibarbus denticulatus denticulatus*
76	光倒刺鲃	*Spiniobarbus hollandi*
77	中华倒刺鲃	*Spinibarbus sinensis*
78	白甲鱼	*Varicorhinus simus*
79	圆口铜鱼	*Coreius guichenoti*
80	铜鱼	*Coreius heterodon*
81	鲮	*Cirrhinus molitorella*
82	青海湖裸鲤	*Gymnocypris przewalskii*
83	重口裂腹鱼	*Schizothorax waltoni*
84	拉萨裸裂尻鱼	*Schizopygopsis younghus bandi younghusbandi*
85	鲤	*Cyprinus carpio*
86	鲫	*Carassius auratus*
87	岩原鲤	*Procypris rabaudi*
88	长薄鳅	*Leptobotia elongata*
89	大口鲇	*Silurus meridionalis*
90	兰州鲶	*Silurus lanzhouensis*
91	黄颡鱼	*Pelteobagrus fulvidraco*

（续）

序号	中文名	拉丁名
92	长吻	*Leiocassis longirostris*
93	斑鳠	*Mystus guttatus*
94	黑斑原	*Glyptosternum maculatum*
95	黄鳝	*Monopterus albus*
96	鳜	*Siniperca chuatsi*
97	大眼鳜	*Siniperca kneri*
98	乌鳢	*Channa argus*
99	斑鳢	*Channa maculata*
100	大管鞭虾	*Solenocera melantho*
101	中华管鞭虾	*Solenocera crassicornis*
102	中国对虾	*Penaeus chinensis*
103	长毛对虾	*Penaeus penicillatus*
104	竹节虾	*Penaeus japonicus*
105	斑节对虾	*Penaeus monodon*
106	鹰爪虾	*Trachypenaeus curvirostris*
107	脊尾白虾	*Exopalaemon carinicauda*
108	中国毛虾	*Acetes chinensis*
109	秀丽白虾	*Exopalaemon modestus*
110	青虾	*Macrobrachium nipponense*
111	口虾蛄	*Oratosquilla oratoria*
112	中国龙虾	*Panulirus stimpsoni*
113	三疣梭子蟹	*Portunus trituberculatus*
114	海	*Charybdis japonica*
115	锯缘青蟹	*Scylla serrata*
116	中华绒螯蟹	*Eriocheir sinensis*
117	太平洋褶柔鱼	*Todarodes pacificus*
118	中国枪乌贼	*Loligo chinensis*
119	日本枪乌贼	*Loligo japonica*
120	剑尖枪乌贼	*Loligo edulis*
121	曼氏无针乌贼	*Sepiella maindroni*
122	金乌贼	*Sepia esculenta*
123	章鱼	*Octopodidae*
124	皱纹盘鲍	*Haliotis discus hannai*
125	杂色鲍	*Haliotis diversicolor*
126	脉红螺	*Rapana venosa*

（续）

序号	中文名	拉丁名
127	魁 蚶	*Scapharca broughtonii*
128	毛 蚶	*Scapharca subcrenata*
129	泥 蚶	*Tegillarca granosa*
130	厚壳贻贝	*Mytilus coruscus*
131	紫贻贝	*Mytilus galloprovincialis*
132	翡翠贻贝	*Perna viridis*
133	栉江珧	*Atrina pectinata*
134	合浦珠母贝	*Pinctada martensi*
135	栉孔扇贝	*Chlamys farreri*
136	太平洋牡蛎（长牡蛎）	*Crassostrea gigas*
137	西施舌	*Coelomactra antiquata*
138	缢 蛏	*Sinonovacula constricta*
139	文 蛤	*Meretrix meretrix*
140	菲律宾蛤仔	*Ruditapes philippinarum*
141	三角帆蚌	*Hyriopsis cumingii*
142	褶纹冠蚌	*Cristaria plicata*
143	河 蚬	*Corbicula fluminea*
144	梅花参	*Thelenota ananas*
145	刺 参	*Apostichopus japonicus*
146	马粪海胆	*Hemicentrotus pulcherrimus*
147	紫海胆	*Anthocidaris crassispina*
148	海 蜇	*Rhopilema esculentum*
149	鳖	*Trionyx sinensis*
150	乌 龟	*Chinemys reevesii*
151	坛紫菜	*Porphyra haitanensis*
152	条斑紫菜	*Porphyra yezoensis*
153	石花菜	*Gelidium amansii*
154	细基江蓠	*Gracilaria tenuistipitata*
155	珍珠麒麟菜	*Eucheuma okamurai*
156	海 带	*Laminaria japonica*
157	裙带菜	*Undaria pinnatifida*
158	菱	*Trapa japonica*
159	芦 苇	*Phragmites communis*
160	茭 白	*Zizania caduciflora*
161	水 芹	*Oenanthe japonica*

（续）

序号	中文名	拉丁名
162	荸荠	*Eleocharis tuberosa*
163	慈菇	*Sagittaria trifolia*
164	蒲草	*Typha*
165	芡实	*Euryale ferox*
166	莲	*Nelumbo nucifera*

人工繁育国家重点保护水生野生动物名录（第一批）

（农业部公告第 2608 号　2017 年 11 月 13 日）

　　根据《中华人民共和国野生动物保护法》有关规定，经科学论证，现发布《人工繁育国家重点保护水生野生动物名录（第一批)》（见附件），自公告发布之日起生效。

　　特此公告。

附件：

人工繁育国家重点保护水生野生动物名录（第一批）

序号	中文名	拉丁名
1	三线闭壳龟	*Cuora trifasciata*
2	大鲵	*Andrias davidianus*
3	胭脂鱼	*Myxocyprinus asiaticus*
4	山瑞鳖	*Trionyx steindachneri*
5	松江鲈	*Trachidermus fasciatus*
6	金线鲃	*Sinocyclocheilus grahami grahami*

《濒危野生动植物种国际贸易公约》
附录水生动物物种核准为
国家重点保护野生动物名录

（农业农村部公告第 69 号　2018 年 10 月 9 日）

　　《濒危野生动植物种国际贸易公约》附录物种名录已经国家濒危野生动植物种进出口管理办公室制定公布。根据《中华人民共和国野生动物保护法》有关规定，我部组织制定了《〈濒危野生动植物种国际贸易公约〉附录水生动物物种核准为国家重点保护野生动物名录》。

　　自公告发布之日起，《濒危野生动植物种国际贸易公约》附录水生物种按照被核准的国家重点保护动物级别进行国内管理，进出口环节需同时遵守国际公约有关规定。已列入国家重点保护名录的物种不进行核准，按对应国家重点保护动物级别进行国内管理。

　　特此公告。

　　附件：《濒危野生动植物种国际贸易公约》附录水生动物物种核准为国家重点保护野生动物名录

　　附件：

《濒危野生动植物种国际贸易公约》附录水生动物物种核准为国家重点保护野生动物目录

中文名	学名	公约附录级别	国家重点保护级别	
			现行名录保护级别	经核准后保护级别
脊索动物门 Chordata 哺乳纲 Mammalia				
食肉目 Carnivora				
鼬科 Mustelidae				
水獭亚科 Lutrinae				
小爪水獭	*Aonyx cinerea*	II	二	
水獭	*Lutra lutra*	I	二	
扎伊尔小爪水獭（仅包括喀麦隆和尼日利亚种群）	*Aonyx capensis microdon*	I		二

（续）

中文名	学名	公约附录级别	国家重点保护级别	
			现行名录 保护级别	经核准后 保护级别
海獭南方亚种	*Enhydra lutris nereis*	I		二
秘鲁水獭	*Lontra felina*	I		二
长尾水獭	*Lontra longicaudis*	I		二
智利水獭	*Lontra pro vocax*	I		二
日本水獭	*Lutra nippon*	I		二
大水獭	*Pteronura brasiliensis*	I		二
水獭亚科其他种	Lutrinae spp.	II		二
海象科 Odobenidae				
海象（加拿大）	*Odobenus rosmarus*	III		二
海狗科 Otariidae				
北美毛皮海狮	*Arctocephalus townsendi*	I		二
毛皮海狮属所有种 （除被列入附录 I 的物种）	*Arctocephalus* spp.	II		二
海豹科 Phocidae				
僧海豹属所有种	*Monachus* spp.	I		二
南象海豹	*Mirounga leonina*	II		二
鲸目 Cetacea				
鲸目所有种 （除被列入附录 I 的物种）	Cetacea spp.	II	二	
露脊鲸科 Balaenidae				
北极露脊鲸	*Balaena mysticetus*	I		二
露脊鲸属所有种	*Eubalaena* spp.	I	二	
须鲸科 Balaenopteridae				
小鳁鲸（除被列入附录 II 的西格陵兰种群）	*Balaenoptera acutorostrata*	I	二	
南极须鲸	*Balaenoptera bonaerensis*	I		二
鳁鲸	*Balaenoptera borealis*	I	二	
鳀鲸	*Balaenoptera edeni*	I	二	
蓝鲸	*Balaenoptera musculus*	I	二	
大村鲸	*Balaenoptera omurai*	I	二	

（续）

中文名	学名	公约附录级别	国家重点保护级别	
			现行名录 保护级别	经核准后 保护级别
长须鲸	*Balaenpotera physalus*	I	二	
座头鲸	*Megaptera novaeangliae*	I	二	
海豚科 Delphinidae				
伊洛瓦底江豚	*Orcaella brevirostris*	I	二	
矮鳍海豚	*Orcaella heinsohni*	I		二
驼海豚属所有种	*Sotalia* spp.	I		二
中华白海豚	*Sousachinensis*	I	一	
白海豚属所有种（除中华白海豚）	*Sousa* spp.	I		二
灰鲸科 Eschrichtiidae				
灰鲸	*Eschrichtius robustus*	I	二	
亚马孙河豚科 Iniidae				
白鳍豚	*Lipotes vexillifer*	I	一	
侏露脊鲸科 Neobalaenidae				
侏露脊鲸	*Caperea marginata*	I		二
鼠海豚科 Phocoenidae				
窄脊江豚（长江种群）	*Neophocaena asiaeorientalis*	I	一	
窄脊江豚（非长江种群）	*Neophocaena asiaeorientalis*	I	二	
印太江豚	*Neophocaena phocaenoides*	I	二	
海湾鼠海豚	*Phocoena phocoena*	I		一
抹香鲸科 Physeteridae				
抹香鲸	*Physeter macrocephalus*	I	二	
淡水豚科 Platanistidae				
恒河喙豚属所有种	*Platanista* spp.	I		二
喙鲸科 Ziphiidae				
拜氏鲸属所有种	*Berardius* spp.	I		二
巨齿鲸属所有种	*Hyperoodon* spp.	I		二
海牛目 Sirenia				
儒艮科 Dugongidae				

（续）

中文名	学名	公约附录级别	国家重点保护级别	
			现行名录保护级别	经核准后保护级别
儒艮	*Dugong dugon*	I	一	
海牛科 Trichechidae				
亚马孙海牛	*Trichech usinunguis*	I		一
美洲海牛	*Trichech usmanatus*	I		一
非洲海牛	*Trichech ussenegalensis*	I		一
爬行纲 Reptilia				
鳄目 Crocodylia				
鳄目所有种 （除鼍及被列入附录 I 的物种）	Crocodylia spp.	II		二 （仅野外种群）
鼍科 Alligatoridae				
中美短吻鼍	*Caiman crocodilus apaporlensls*	I		一 （仅野外种群）
南美短吻鼍 （除被列入附录 II 的种群）	*Caiman latirostris*	I		一 （仅野外种群）
亚马孙鼍（除被列入附录 II 的种群）	*Melanosuchus niger*	I		一 （仅野外种群）
鳄科 Crocodylidae				
窄吻鳄 （除被列入附录 II 的种群）	*Crocodylus acutus*	I		一 （仅野外种群）
尖吻鳄	*Crocodylus cataphractus*	I		一 （仅野外种群）
中介鳄	*Crocodylus intermedius*	I		一 （仅野外种群）
菲律宾鳄	*Crocodylus mindorensis*	I		一 （仅野外种群）
佩滕鳄 （除被列入附录 II 的种群）	*Crocodylus moreletii*	I		一 （仅野外种群）
尼罗鳄 （除被列入附录 II 的种群）	*Crocodylus niloticus*	I		一 （仅野外种群）
恒河鳄	*Crocodylus palustris*	I		一 （仅野外种群）

（续）

中文名	学名	公约附录级别	国家重点保护级别	
			现行名录 保护级别	经核准后 保护级别
湾鳄（除被列入附录Ⅱ的种群）	*Crocodylus porosus*	Ⅰ		一 （仅野外种群）
菱斑鳄	*Crocodylus rhombifer*	Ⅰ		一 （仅野外种群）
暹罗鳄	*Crocodylus siamensis*	Ⅰ		一 （仅野外种群）
短吻鳄	*Osteolaemus tetraspis*	Ⅰ		一 （仅野外种群）
马来鳄	*Tomistoma schlegelii*	Ⅰ		一 （仅野外种群）
食鱼鳄科 Gavialidae				
食鱼鳄	*Gavialis gangeticus*	Ⅰ		一 （仅野外种群）
蛇目 Serpentes				
游蛇科 Colubridae				
拟蚋蛇	*Cleliaclelia*	Ⅱ		二 （仅野外种群）
南美水蛇	*Cyclagras gigas*	Ⅱ		二 （仅野外种群）
印度食卵蛇	*Elachistodon westermanni*	Ⅱ		二 （仅野外种群）
绿滇西蛇（印度）	*Atretium schistosum*	Ⅲ		暂缓核准
波加丹蛇（印度）	*Cerberus rynchops*	Ⅲ		暂缓核准
渔异色蛇（印度）	*Xenochrophis piseatorV*	Ⅲ		暂缓核准
施氏异色蛇（印度）	*Xenochrophis scnurrenbergeri*	Ⅲ		暂缓核准
提氏异色蛇（印度）	*Xenochrophis tytleri*	Ⅲ		暂缓核准
龟鳖目 Testudines				
两爪鳖科 Carettochelyidae				
两爪鳖	*Carettochelys insculpta*	Ⅱ		二 （仅野外种群）

（续）

中文名	学名	公约附录级别	国家重点保护级别	
			现行名录 保护级别	经核准后 保护级别
蛇颈龟科 Chelidae				
短颈龟	*Pseudemydura umbrina*	I		一 （仅野外种群）
麦氏长颈龟	*Chelodina Mccordi*	II		二 （仅野外种群）
海龟科 Chelonidae				
海龟科所有种	*Cheloniidae* spp.	I		
鳄龟科 Chelydridae				
拟鳄龟（美国）	*Chelydra serpentina*	III		暂缓核准
大鳄龟（美国）	*Macroclemys temminckii*	III		暂缓核准
泥龟科 Derrnaternydidae				
泥龟	*Dermatemys mawii*	I		一 （仅野外种群）
棱皮龟科 Dermochelyidae				
棱皮龟	*Dermochelys coriacea*	I		
龟科 Emydidae				
牟氏水龟	*Glyptemys muhlenbergii*	I		一 （仅野外种群）
箱龟	*Terrapene coahuila*	I		一 （仅野外种群）
斑点水龟	*Clemmys guttata*	II		二 （仅野外种群）
布氏拟龟	*Emydoidea blandingii*	II		二 （仅野外种群）
木雕水龟	*Glyptemys insculpta*	II		二 （仅野外种群）
钻纹龟	*Malaclemys terrapin*	II		二 （仅野外种群）
箱龟属所有种 （除被列入附录 I 的物种）	*Terrapene* spp.	II		二 （仅野外种群）

（续）

中文名	学名	公约附录级别	国家重点保护级别	
			现行名录保护级别	经核准后保护级别
图龟属所有种（美国）	*Graptemys* spp.	Ⅲ		二（仅野外种群）
地龟科 Geoemydidae				
马来潮龟	*Batagur affinis*	Ⅰ		一（仅野外种群）
潮龟	*Batagur baska*	Ⅰ		一（仅野外种群）
黑池龟	*Geoclemys hamiltonii*	Ⅰ		一（仅野外种群）
三脊棱龟	*Melanochelys tricarinata*	Ⅰ		一（仅野外种群）
眼斑沼龟	*Morenia ocellata*	Ⅰ		一（仅野外种群）
印度泛棱背龟	*Pangshura tecta*	Ⅰ		一（仅野外种群）
咸水龟	*Batagur borneoensis*	Ⅱ		二（仅野外种群）
三棱潮龟	*Batagur dhongoka*	Ⅱ		二（仅野外种群）
红冠潮龟	*Batagur kachuga*	Ⅱ		二（仅野外种群）
缅甸潮龟	*Batagur trivittata*	Ⅱ		二（仅野外种群）
闭壳龟属所有种（除三线闭壳龟和云南闭壳龟）	*Cuora* spp.	Ⅱ		二（仅野外种群）
三线闭壳龟	*Cuora trifasciata*	Ⅱ	二	
云南闭壳龟	*Cuora yunnanensis*	Ⅱ	二	
日本地龟	*Geoemyda japonica*	Ⅱ		二（仅野外种群）
地龟	*Geoemyda spengleri*	Ⅱ	二	
冠背草龟	*Hardella thurjii*	Ⅱ		二（仅野外种群）

（续）

中文名	学名	公约附录级别	国家重点保护级别	
			现行名录 保护级别	经核准后 保护级别
庙龟	*Heosemys annandaljj*	Ⅱ		二 （仅野外种群）
扁东方龟	*Heosemys depressa*	Ⅱ		二 （仅野外种群）
大东方龟	*Heosemys grandis*	Ⅱ		二 （仅野外种群）
锯缘东方龟	*Heosemys spinosa*	Ⅱ		二 （仅野外种群）
苏拉威西地龟	*Leucocephal on yuwonoi*	Ⅱ		二 （仅野外种群）
大头马来龟	*Malayems macrocephala*	Ⅱ		二 （仅野外种群）
马来龟	*Malayems subtrijuga*	Ⅱ		二 （仅野外种群）
安南龟	*Mauremys annamensis*	Ⅱ		二 （仅野外种群）
日本拟水龟	*Mauremys japonica*	Ⅱ		二 （仅野外种群）
黄喉拟水龟	*Mauremys mutica*	Ⅱ		二 （仅野外种群）
黑颈乌龟	*Mauremys nigricans*	Ⅱ		二 （仅野外种群）
黑山龟	*Melanochelys trijuga*	Ⅱ		二 （仅野外种群）
印度沼龟	*Morenia petersi*	Ⅱ		二 （仅野外种群）
果龟	*Notochelys platynota*	Ⅱ		二 （仅野外种群）
巨龟	*Orlitia borneensis*	Ⅱ		二 （仅野外种群）
泛棱背龟属所有种（除附录Ⅰ物种）	*Pangshura* spp.	Ⅱ		二 （仅野外种群）

（续）

中文名	学名	公约附录级别	国家重点保护级别	
			现行名录保护级别	经核准后保护级别
眼斑水龟	*Sacalia bealei*	Ⅱ		二（仅野外种群）
四眼斑水龟	*Sacalia quadriocellata*	Ⅱ		二（仅野外种群）
粗颈龟	*Siebenrockiella crassicollis*	Ⅱ		二（仅野外种群）
雷岛粗颈龟	*Siebenrockiella leytensis*	Ⅱ		二（仅野外种群）
蔗林龟	*Vijayachelys silvatica*	Ⅱ		二（仅野外种群）
艾氏拟水龟（中国）	*Mauremys iversoni*	Ⅲ		二（仅野外种群）
大头乌龟（中国）	*Mauremys megalocephala*	Ⅲ		二（仅野外种群）
腊戍拟水龟（中国）	*Mauremys pritchardi*	Ⅲ		二（仅野外种群）
乌龟（中国）	*Mauremys reevesii*	Ⅲ		二（仅野外种群）
花龟（中国）	*Mauremys sinensis*	Ⅲ		二（仅野外种群）
缺颌花龟（中国）	*Ocadia glyphistoma*	Ⅲ		二（仅野外种群）
费氏花龟（中国）	*Ocadia philippeni*	Ⅲ		二（仅野外种群）
拟眼斑水龟（中国）	*Sacalia pesudocellata*	Ⅲ		二（仅野外种群）
平胸龟科 Platysternidae				
平胸龟科所有种	Platysternidae spp.	Ⅰ		一
侧颈龟科 Podocnemididae				
马达加斯加大头侧颈龟	*Erymnochelys madagascariensis*	Ⅱ		二（仅野外种群）

（续）

中文名	学名	公约附录级别	国家重点保护级别	
			现行名录 保护级别	经核准后 保护级别
亚马孙大头侧颈龟	*Peltocephalus dumerilianus*	Ⅱ		二 （仅野外种群）
南美侧颈龟属所有种	*Podocnemis* spp.	Ⅱ		二 （仅野外种群）
鳖科 Trionychidae				
刺鳖深色亚种	*Apalonespiniferaatra*	Ⅰ		一 （仅野外种群）
小头鳖	*Chitra chitra*	Ⅰ		一 （仅野外种群）
缅甸小头鳖	*Chitra vandijki*	Ⅰ		一 （仅野外种群）
恒河鳖	*Nilssonia gangeticus*	Ⅰ		一 （仅野外种群）
宏鳖	*Nilssonia hurum*	Ⅰ		一 （仅野外种群）
黑鳖	*Nilssonia nigricans*	Ⅰ		一 （仅野外种群）
亚洲鳖	*Amyda cartilaginea*	Ⅱ		二 （仅野外种群）
小头鳖属所有种 （除被列入附录Ⅰ的种类）	*Chitra* spp.	Ⅱ		二 （仅野外种群）
努比亚盘鳖	*Cyclanorbis elegans*	Ⅱ		二 （仅野外种群）
塞内加尔盘鳖	*Cyclanorbis senegalensis*	Ⅱ		二 （仅野外种群）
欧氏圆鳖	*Cycloderma aubryi*	Ⅱ		二 （仅野外种群）
赞比亚圆鳖	*Cycloderma frenatum*	Ⅱ		二 （仅野外种群）
马来鳖	*Dogania subplana*	Ⅱ		二 （仅野外种群）
斯里兰卡缘板鳖	*Lissemys ceylonensis*	Ⅱ		二 （仅野外种群）

（续）

中文名	学名	公约附录级别	国家重点保护级别	
			现行名录 保护级别	经核准后 保护级别
缘板鳖	*Lissemys punctata*	Ⅱ		二 （仅野外种群）
缅甸缘板鳖	*Lissemys scutata*	Ⅱ		二 （仅野外种群）
孔雀鳖	*Nilssonia formosa*	Ⅱ		二 （仅野外种群）
莱氏鳖	*Nilssonia leithii*	Ⅱ		二 （仅野外种群）
山瑞鳖	*Palea steindachneri*	Ⅱ	二	
鼋	*Pelochelys bibroni*	Ⅱ	一	
鼋属所有种（除鼋）	*Pelochelys* spp.	Ⅱ		二 （仅野外种群）
砂鳖	*Pelodiscus axenaria*	Ⅱ		二 （仅野外种群）
东北鳖	*Pelodiscus maackii*	Ⅱ		二 （仅野外种群）
小鳖	*Pelodiscus parviformis*	Ⅱ		二 （仅野外种群）
大食斑鳖	*Rafetus euphraticus*	Ⅱ		二 （仅野外种群）
斑鳖	*Rafetus swinhoei*	Ⅱ		一
非洲鳖	*Trionyx triunguis*	Ⅱ		二 （仅野外种群）
珍珠鳖（美国）	*Apalone ferox*	Ⅲ		暂缓核准
滑鳖（美国）	*Apalone mutica*	Ⅲ		暂缓核准
刺鳖（美国） （除列入附录Ⅰ的亚种）	*Apalone spinifera*	Ⅲ		暂缓核准
两栖纲 Amphibia				
有尾目 Caudata				

（续）

中文名	学名	公约附录级别	国家重点保护级别	
			现行名录保护级别	经核准后保护级别
钝口螈科 Ambystornatidae				
钝口螈	*Ambystoma dumerilii*	II		二（仅野外种群）
墨西哥钝口螈	*Ambystoma mexicanum*	II		二（仅野外种群）
隐鳃鲵科 Cryptobranchidae				
大鲵属所有种（除大鲵）	*Andrias* spp.	I		二（仅野外种群）
大鲵	*Andrias davidianus*	I		
美洲大鲵（美国）	*Cryp tobranchus alleganiensis*	III		暂缓核准
蝾螈科 Salamandridae				
桔斑螈	*Neurergus kaiseri*	I		暂缓核准
香港瘰螈	*Paramensotriton hongkongensis*	II		二级
北非真螈（阿尔及利亚）	*Salamandra algira*	III		暂缓核准
板鳃亚纲 Elasmobranchii				
真鲨目 Carcharhiniformes				
真鲨科 Carcharhinidae				
镰状真鲨	*Carcharhinus falci formis*	II		暂缓核准
长鳍真鲨	*Carcharhinus longimanus*	II		暂缓核准
双髻鲨科 Sphyrnidae				
路氏双髻鲨	*Sphyrna lewini*	II		暂缓核准
无沟双髻鲨	*Sphyrna mokarran*	II		暂缓核准
锤头双髻鲨	*Sphyrna zygaena*	II		暂缓核准
鼠鲨目 Lamniformes				
长尾鲨科 Alopiidae				
长尾鲨属所有种	*Alopiidae* spp.	II		暂缓核准

（续）

中文名	学名	公约附录级别	国家重点保护级别	
			现行名录保护级别	经核准后保护级别
姥鲨科 Cetorhinidae				
姥鲨	*Cetorhinus maximus*	Ⅱ		二
鼠鲨科 Lmanidae				
噬人鲨	*Carcharodon carcharias*	Ⅱ		二
鼠鲨	*Lamna nasus*	Ⅱ		暂缓核准
鲼目 Myliobatiformes				
鲼科 Myliobatidae				
前口蝠鲼属所有种	*Manta* spp.	Ⅱ		暂缓核准
蝠鲼属所有种	*Mobula* spp.	Ⅱ		暂缓核准
江　科 Potamotrygonidae				
巴西副江 （哥伦比亚）	*Paratrygon aiereba*	Ⅲ		暂缓核准
江　属所有种（巴西种群）	*Potamotrygon* spp.	Ⅲ		暂缓核准
密星江 （哥伦比亚）	*Patamotrygon constellate*	Ⅲ		暂缓核准
马氏江 （哥伦比亚）	*Potamotrygon magdal enae*	Ⅲ		暂缓核准
南美江旬 （哥伦比亚）	*Potamotrygon motoro*	Ⅲ		暂缓核准
奥氏江 （哥伦比亚）	*Potamotrygon orbignyi*	Ⅲ		暂缓核准
施罗德江 （哥伦比亚）	*Potamotrygon schroederi*	Ⅲ		暂缓核准
锉棘江 （哥伦比亚）	*Potamotrygon scobina*	Ⅲ		暂缓核准
耶氏江 （哥伦比亚）	*Potamotrygon yepezi*	Ⅲ		暂缓核准
须鲨目 Orectolbiformes				
鲸鲨科 Rhincodontidae				
鲸鲨	*Rhincodont ypus*	Ⅱ		二
锯鳐目 Pristiformes				

（续）

中文名	学名	公约附录级别	国家重点保护级别	
			现行名录 保护级别	经核准后 保护级别
锯鳐科 Pristidae				
锯鳐科所有种	*Pristidae* spp.	Ⅰ		暂缓核准
辐鳍亚纲 Actinopteri				
鲟形目 Acipebseriformes				
鲟形目所有种 （除被列入附录Ⅰ的物种）	*Acipenseriformes* spp.	Ⅱ		二 （仅野外种群）
鲟科 Acipenseridae				
短吻鲟	*Acipenser brevirostrum*	Ⅰ		一 （仅野外种群）
鲟	*Acipenser sturio*	Ⅰ		一 （仅野外种群）
中华鲟	*Acipenser sinensis*	Ⅱ	一	
达氏鲟	*Acipenser dabryanus*	Ⅱ	一	
匙吻鲟科 Polyodontidae				
白鲟	*Psephurus gladius*	Ⅱ	一	
鳗鲡目 Anguilliformes				
鳗鲡科 Anguillidae				
欧洲鳗鲡	*Anguilla anguilla*	Ⅱ		暂缓核准
鲤形目 Cypriniformes				
胭脂鱼科 Catostomidae				
丘裂鳍亚口鱼	*Chasmsites cujus*	Ⅰ		一
鲤科 Cyprinidae				
湄公河原鲃	*Probarbus jullieni*	Ⅰ		一
刚果盲鲃	*Caecobarbus geertsii*	Ⅱ		二
骨舌鱼目 Osteoglossifomres				

（续）

中文名	学名	公约附录级别	国家重点保护级别	
			现行名录 保护级别	经核准后 保护级别
巨骨舌鱼科 Arapami idae				
巨巴西骨舌鱼	*Arapaimagigas*	Ⅱ		
骨舌鱼科 Osteoglos sidae				
美丽硬仆骨舌鱼（包括丽纹硬骨舌鱼）	*Scleropages formosus*	Ⅰ		一（仅野外种群）
鲈形目 Perciformes				
隆头鱼科 Labridae				
波纹唇鱼（苏眉）	*Cheilinus undulatus*	Ⅱ		二
盖刺鱼科 Pomacanthidae				
克拉里昂刺蝶鱼	*Holacan thusclarionensis*	Ⅱ		二
石首鱼科 Sciaenidae				
加利福尼亚湾石首鱼	*Totoabamacdonaldi*	Ⅰ		一
鲇形目 Siluriforrnes				
科 Pangasiidae				
巨无齿	Pangasianodon gigas	Ⅰ		暂缓核准
骨鲶科 Loricariidae				
斑马下钩鲶（巴西）	*Hypancis truszebra*	Ⅲ		暂缓核准
海龙鱼目 Syngna thiformes				
海龙鱼科 Syngna thidae				
海马属所有种（除克氏海马）	*Hippocampus* spp.	Ⅱ		二
克氏海马	*Hippocampus kelloggi*	Ⅱ	二	
肺鱼亚纲 Dipneusti				
角齿肺鱼目 Ceratodontiformes				

（续）

中文名	学名	公约附录级别	国家重点保护级别	
			现行名录保护级别	经核准后保护级别
角齿肺鱼科 Ceratodontidae				
澳大利亚肺鱼	*Neoceratodus forsteri*	Ⅱ		二
腔棘亚纲 Coelacanthi				
腔棘鱼目 Coelacanthi formes				
矛尾鱼科 Latmieriidae				
矛尾鱼属所有种	*Latimeria* spp.	Ⅰ		一
棘皮动物门 Echinodermata				
海参纲 Holothuroidea				
楯手目 Aspidochi rotida				
刺参科 Stichopodidae				
暗色刺参（厄瓜多尔）	*Isostichopus fuscus*	Ⅲ		暂缓核准
环节动物门 Annelida				
蛭纲 Hirudi noidea				
无吻蛭目 Arhynchobdellae				
医蛭科 Hirudinidae				
欧洲医蛭	*Hirudo medicinalis*	Ⅱ		暂缓核准
侧纹医蛭	*Hirudo verbana*	Ⅱ		暂缓核准
软体动物门 Mollusca				
双壳纲 Bivalvia				
贻贝目 Mytilotda				
贻贝科 Mytilidae				
普通石蛭	*Lithophagali thophaga*	Ⅱ		暂缓核准

（续）

中文名	学名	公约附录级别	国家重点保护级别	
			现行名录保护级别	经核准后保护级别
珠蚌目 Unionoida				
蚌科 Unionidae				
雕刻射蚌	*Conradilla caelata*	I		暂缓核准
走蚌	*Dromus dramas*	I		暂缓核准
冠前嵴蚌	*Epioblasma curtisi*	I		暂缓核准
闪光前嵴蚌	*Epioblasma florentina*	I		暂缓核准
沙氏前嵴蚌	*Epioblasma sampsonii*	I		暂缓核准
全斜沟前嵴蚌	*Epioblasma sulcateoerobliaua*	I		暂缓核准
舵瘤前嵴蚌	*Epioblasma torulosa gubernaculum*	I		暂缓核准
瘤前嵴蚌	*Epioblasma torulosatorulosa*	I		暂缓核准
膨大前嵴蚌	*Epioblasma turgidula*	I		暂缓核准
瓦氏前嵴蚌	*Epioblasma walkeri*	I		暂缓核准
楔状水蚌	*Fusconaia cuneolus*	I		暂缓核准
水蚌	*Fusconaia edgariana*	I		暂缓核准
希氏美丽蚌	*Lampsilis higginsii*	I		暂缓核准
球美丽蚌	*Lampsilis orbiculata*	I		暂缓核准
多彩美丽蚌	*Lampsilis satur*	I		暂缓核准
绿美丽蚌	*Lampsilis virescens*	I		暂缓核准
皱疤丰底蚌	*Pl ethobasus cicatricosus*	I		暂缓核准
古柏丰底蚌	*Plethobasus coooerianus*	I		暂缓核准
满侧底蚌	*Pleurobema plenum*	I		暂缓核准
大河蚌	*Potamilus capax*	I		暂缓核准

（续）

中文名	学名	公约附录级别	国家重点保护级别	
			现行名录 保护级别	经核准后 保护级别
中间方蚌	*Quadrula intermedia*	I		暂缓核准
稀少方蚌	*Quadrula sparsa*	I		暂缓核准
柱状扁弓蚌	*Toxolasma cylindrella*	I		暂缓核准
V 线珠蚌	*Unio nickliniana*	I		暂缓核准
德科马坦比哥珠蚌	*Unio tampicoensis tecomatensis*	I		暂缓核准
横条多毛蚌	*Villosa trabalis*	I		暂缓核准
阿氏强膨蚌	*Cyprogenia aberti*	II		暂缓核准
行瘤前嵴蚌	*Epioblasmatorulosa ranglana*	II		暂缓核准
棒形侧底蚌	*Pleurobema clava*	II		暂缓核准
帘蛤目 Veneroidae				
砗磲科 Tridacnidae				
库氏砗磲	*Tridacna cookiana*	II	一	
砗磲科所有种	Tridacnidae spp.	II		二
头足纲 Cephalopoda				
鹦鹉螺目 Nautilida				
鹦鹉螺科 Nautilidae				
鹦鹉螺科所有种	Nautilidae spp.	II	一	
腹足纲 Gastropoda				
中腹足目 Mesogastropoda				
凤螺科 Strombidae				
大凤螺	*Strombus gigas*	II		二
柄眼目 Stylomrnatophora				

（续）

中文名	学名	公约附录级别	国家重点保护级别	
			现行名录 保护级别	经核准后 保护级别
小玛瑙螺科 Achatinell idae				
小玛瑙螺属所有种	*Achatinella* spp.	Ⅰ		暂缓核准
坚齿螺科 Camaenidae				
美丽尖柱螺	*Papustyla pulcherrima*	Ⅱ		暂缓核准
刺胞亚门 Cnidaria				
珊瑚虫纲 Anthozoa				
角珊瑚目 Antipatharia				
角珊瑚目所有种	Antipatharia spp.	Ⅱ		二
柳珊瑚目 Gorginaceae				
红珊瑚科 Coralliidae				
瘦长红珊瑚（中国）	*Corallium elatius*	Ⅲ	一	
日本红珊瑚（中国）	*Corallium japonicum*	Ⅲ	一	
皮滑红珊瑚（中国）	*Corallium konijoi*	Ⅲ	一	
巧红珊瑚（中国）	*Corallium secundum*	Ⅲ	一	
苍珊瑚目 Helioporacea				
苍珊瑚科 Helioporiae				
苍珊瑚科所有种（仅包括苍珊瑚 *Heliopora coerulea*，不含化石）	Helioporidae spp.	Ⅱ		二
石珊瑚目 Scleractinia				
石珊瑚目所有种（不含化石）	Scleractinia spp.	Ⅱ		二
多茎目 Stolonifera				
笙珊瑚科 Tubiporidae				
笙珊瑚科所有种（不含化石）	Tubiporidae spp.	Ⅱ		二

（续）

中文名	学名	公约附录级别	国家重点保护级别	
			现行名录保护级别	经核准后保护级别
水螅纲 Hydrozoa				
多孔螅目 Milleporina				
多孔螅科 Milleporidae				
多孔螅科所有种（不含化石）	Milleporidae spp.	Ⅱ		二
柱星螅目 Stylasterina				
柱星螅科 Stylasteridae				
柱星螅科所有种（不含化石）	Stylasteridae spp.	Ⅱ		二

人工繁育国家重点保护水生野生动物名录（第二批）

（农业农村部公告第 200 号　2019 年 7 月 29 日）

根据《中华人民共和国野生动物保护法》有关规定，经科学论证，现发布《人工繁育国家重点保护水生野生动物名录（第二批)》，自公告发布之日起生效。

特此公告。

附件：

人工繁育国家重点保护水生野生动物名录（第二批）

序号	中文名	拉丁名
1	黄喉拟水龟	*Mauremys mutica*
2	花龟	*Mauremys sinensis*
3	黑颈乌龟	*Mauremys nigricans*
4	安南龟	*Mauremys annamensis*
5	黄缘闭壳龟	*Cuora flavomarginata*
6	黑池龟	*Geoclemys hamiltonii*
7	暹罗鳄	*Crocodylus siamensis*
8	尼罗鳄	*Crocodylus niloticus*
9	湾鳄	*Crocodylus porosus*
10	施氏鲟	*Acipenser schrenckii*
11	西伯利亚鲟	*Acipenser baerii*
12	俄罗斯鲟	*Acipenser gueldenstaedtii*
13	小体鲟	*Acipenser ruthenus*
14	鳇	*Huso dauricus*
15	匙吻鲟	*Polyodon spathula*
16	唐鱼	*Tanichthys albonubes*
17	大头鲤	*Cyprinus pellegrini*
18	大珠母贝	*Pinctada maxima*

国家畜禽遗传资源目录

（农业农村部公告第 303 号　2020 年 5 月 27 日）

本次公布的畜禽遗传资源目录，所列种为家养畜禽并包括其杂交后代。

一、传统畜禽

（一）猪

地方品种，培育品种（含家猪与野猪杂交后代）及配套系，引入品种及配套系。

（二）普通牛、瘤牛、水牛、牦牛、大额牛

地方品种，培育品种及配套系，引入品种及配套系。

（三）绵羊、山羊

地方品种，培育品种及配套系，引入品种及配套系。

（四）马

地方品种，培育品种，引入品种。

（五）驴

地方品种，培育品种，引入品种。

（六）骆驼

地方品种，培育品种，引入品种。

（七）兔

地方品种，培育品种及配套系，引入品种及配套系。

（八）鸡

地方品种，培育品种及配套系，引入品种及配套系。

（九）鸭

地方品种，培育品种及配套系，引入品种及配套系。

（十）鹅

地方品种，培育品种及配套系，引入品种及配套系。

（十一）鸽

地方品种，培育品种及配套系，引入品种及配套系。

（十二）鹌鹑

培育品种及配套系，引入品种及配套系。

二、特种畜禽

（一）梅花鹿

地方品种，培育品种，引入品种。

（二）马鹿

地方品种，培育品种，引入品种。

（三）驯鹿

地方品种，培育品种，引入品种。

（四）羊驼

培育品种，引入品种。

（五）火鸡

培育品种，引入品种。

（六）珍珠鸡

培育品种，引入品种。

（七）雉鸡

地方品种，培育品种，引入品种。

（八）鹧鸪

培育品种，引入品种。

（九）番鸭

地方品种，培育品种，引入品种。

（十）绿头鸭

培育品种，引入品种。

（十一）鸵鸟

培育品种，引入品种。

（十二）鸸鹋

培育品种，引入品种。

（十三）水貂（非食用）

培育品种，引入品种。

（十四）银狐（非食用）

培育品种，引入品种。

（十五）北极狐（非食用）

培育品种，引入品种。

（十六）貉（非食用）

地方品种，培育品种，引入品种。

中国陆生野生动物保护管理法律法规文件汇编（2020年版）

六 地方性法规、规章

北京市野生动物保护管理条例

（2020 年 4 月 24 日北京市第十五届人民代表大会常务委员会第二十一次会议通过）

第一章　总　则

第一条　为了加强野生动物保护管理，维护生物多样性和生态平衡，保障人民群众身体健康和公共卫生安全，推进首都生态文明建设，促进人与自然和谐共生，根据《中华人民共和国野生动物保护法》《全国人民代表大会常务委员会关于全面禁止非法野生动物交易、革除滥食野生动物陋习、切实保障人民群众生命健康安全的决定》等法律、行政法规，结合本市实际，制定本条例。

第二条　本市行政区域内野生动物及其栖息地保护、野生动物危害预防，及其监督管理等相关活动，适用本条例。

本条例规定的野生动物及其制品，是指野生动物的整体（含卵、蛋）、部分及其衍生物。

渔业、畜牧、传染病防治、动物防疫、实验动物管理、进出境动植物检疫等有关法律法规另有规定的，从其规定。

第三条　本市野生动物保护管理坚持依法保护、禁止滥食、保障安全、全面监管的原则，鼓励依法开展野生动物科学研究，培育全社会保护野生动物的意识，促进人与自然和谐共生。

第四条　市、区人民政府应当加强对野生动物保护管理工作的领导，建立健全机制，明确责任，将工作纳入生态文明建设考核体系，并将经费纳入财政预算。

乡镇人民政府、街道办事处协助做好本行政区域内野生动物保护管理的相关工作。

第五条　市、区园林绿化和农业农村部门（以下统称为野生动物主管部门）分别负责陆生野生动物和水生野生动物的保护管理工作。

市场监督管理、卫生健康、公安、交通、邮政管理等有关政府部门按照各自职责，做好野生动物保护管理的相关工作。

第六条　单位和个人应当树立尊重自然、顺应自然、保护自然的理念，履行保护野生动物及其栖息地的义务，不得违法从事猎捕、交易、运输、食用野生动物等法律法规规定的禁止性行为，不得违法破坏野生动物栖息地。

鼓励单位和个人依法通过捐赠、资助、志愿服务、提出意见建议等方式参与野生动物保护管理活动。野生动物主管部门及其他有关部门应当依法公开信息，制定和实施公众参与的措施。

支持社会公益组织依法对破坏野生动物资源及其栖息地，造成生态环境损害的行为提起公益诉讼。

第七条　市、区人民政府及其有关部门、新闻媒体、学校应当积极组织开展野生动物保护和公共卫生安全宣传、教育，引导全社会增强生态保护和公共卫生安全意识，移风易俗，革除滥食野生动物陋习，养成文明健康、绿色环保的生活方式。

每年的4月为本市野生动物保护宣传月，4月的第3周为爱鸟周。

第八条 市野生动物主管部门应当加强与毗邻省市的协作，联合开展野生动物及其栖息地调查、名录制定、收容救护、疫源疫病监测、监督执法等野生动物保护管理工作。

第二章 野生动物及其栖息地保护

第九条 本市依法对野生动物实行分级分类保护。

本市严格按照国家一级、二级重点保护野生动物名录和有重要生态、科学、社会价值的陆生野生动物名录，对珍贵、濒危的野生动物和有重要生态、科学、社会价值的陆生野生动物实施重点保护和有针对性保护。

市野生动物主管部门对在本市行政区域内生息繁衍的国家重点保护野生动物名录以外的野生动物，制定《北京市重点保护野生动物名录》，报市人民政府批准后公布，并实施重点保护。

本条第二款、第三款规定保护的野生动物统称为列入名录的野生动物。

第十条 市野生动物主管部门应当会同规划自然资源、生态环境、水务等有关部门，对野生动物的物种、数量、分布、生存环境、主要威胁因素、人工繁育等情况进行日常动态监测，建立健全野生动物及其栖息地档案和数据库，每五年组织一次野生动物及其栖息地状况普查；根据监测和普查结果，开展野生动物及其栖息地保护评估，适时提出《北京市重点保护野生动物名录》调整方案。

第十一条 市野生动物主管部门应当会同发展改革、生态环境、水务等有关部门编制全市野生动物及其栖息地保护规划，经市规划自然资源部门审查后，报市人民政府批准后向社会公布。保护规划应当与生态环境保护相关规划相协调，并符合北京城市总体规划。区野生动物主管部门应当落实保护规划的相关内容。

野生动物及其栖息地保护规划应当包括保护对象、栖息地修复、种群恢复、迁徙洄游通道和生态廊道建设等内容。

第十二条 市野生动物主管部门根据全市野生动物及其栖息地保护规划，编制并公布本市野生动物重要栖息地名录，明确野生动物重要栖息地保护范围，确定并公布管理机构或者责任单位。

对本市野生动物重要栖息地名录以外的区域且有列入名录的野生动物生息繁衍的，由区野生动物主管部门确定并公布管理机构或者责任单位。

第十三条 野生动物栖息地管理机构或者责任单位，应当采取下列措施保护野生动物：

（一）制定并实施野生动物保护管理工作制度；

（二）设置野生动物保护标识牌，明确保护范围、物种和级别；

（三）采取种植食源植物，建立生态岛或者保育区，配置巢箱、鸟食台、饮水槽等多种方式，营造适宜野生动物生息繁衍的环境；

（四）避免开展影响野生动物生息繁衍环境的芦苇收割、植被修剪、农药喷洒等活动；

（五）制止追逐、惊扰、随意投食、引诱拍摄、制造高分贝噪声、闪烁射灯等干扰野生动物生息繁衍的行为；

（六）野生动物主管部门确定的其他保护措施。

第十四条 野生动物主管部门设立的野生动物收容救护机构或者委托的相关机构，负责野生动物收容救护工作。

市野生动物主管部门负责组织制定本市野生动物收容救护技术规范，并公布本市野生动物收容救护机构或者受托机构信息。

第十五条　野生动物收容救护机构或者受托机构开展野生动物收容救护工作，应当遵守下列规定：

（一）建立收容救护档案，记录种类、数量、措施和状况等信息；

（二）执行国家和本市收容救护技术规范；

（三）提供适合生息繁衍的必要空间和卫生健康条件；

（四）不得虐待收容救护的野生动物；

（五）不得以收容救护为名从事买卖野生动物及其制品等法律法规规定的禁止行为；

（六）按照国家和本市有关规定处置收容救护的野生动物；

（七）定期向野生动物主管部门报告收容救护情况。

第十六条　野生动物主管部门可以会同有关社会团体根据野生动物保护等需要，组织单位和个人进行野生动物放归、增殖放流活动。

禁止擅自实施放生活动。

第三章　野生动物危害预防管理

第十七条　市、区人民政府及其园林绿化、农业农村、生态环境、卫生健康等有关部门应当采取措施，预防、控制野生动物可能造成的危害，保障人畜安全和农业、林业生产。

第十八条　野生动物主管部门应当根据实际需要，在野生动物集中分布区域、迁徙洄游通道、人工繁育场所、收容救护场所，以及其他野生动物疫病传播风险较大的场所，设立野生动物疫源疫病监测站点，组织开展野生动物疫源疫病监测、预测和预报等工作。

第十九条　野生动物主管部门和卫生健康部门应当及时互相通报人畜共患传染病疫情风险以及相关信息。

第二十条　发现野生动物疫情可能感染人群的，卫生健康部门应当对区域内易感人群进行监测，并采取相应的预防和控制措施；属于突发公共卫生事件的，依照有关法律法规和应急预案的规定，由市、区人民政府及有关部门采取应急控制措施。

第二十一条　单位和个人应当采取适当的防控措施，防止野生动物造成人身伤亡和财产损失。因采取防控措施误捕、误伤野生动物的，应当及时放归或者采取收容救护措施。因保护列入名录的野生动物造成人身伤亡、农作物或者其他财产损失的，由区人民政府给予补偿。具体补偿办法由市人民政府制定。

本市鼓励保险机构开展野生动物致害赔偿保险业务。

第二十二条　禁止猎捕、猎杀列入名录的野生动物，禁止以食用为目的猎捕、猎杀其他陆生野生动物，但因科学研究、种群调控、疫源疫病监测等法律法规另有规定的特殊情况除外，具体管理办法由市野生动物主管部门制定。

第二十三条　人工繁育列入名录的野生动物仅限于科学研究、物种保护、药用、展示等特殊情况。

因前款规定的特殊情况从事人工繁育野生动物活动的单位，应当向市野生动物主管部门申请人工繁育许可证，按照许可证载明的地点和物种从事人工繁育野生动物活动。

禁止在本市中心城区、城市副中心、生活饮用水水源保护区设立陆生野生动物人工繁育场所。

市野生动物主管部门应当及时公开获准从事人工繁育野生动物活动的单位的有关信息。

第二十四条　从事人工繁育野生动物活动的单位，应当遵守下列规定：

（一）建立人工繁育野生动物档案，记载人工繁育的物种名称、数量、来源、繁殖、免疫和检疫等情况；

（二）建立溯源机制，记录物种系谱；

（三）有利于物种保护及其科学研究，使用人工繁育子代种源，不得破坏野外种群资源，因物种保护、科学研究等特殊情况确需使用野外种源的，应当提供合法来源证明；

（四）根据野生动物习性确保其具有必要的活动空间、卫生健康和生息繁衍条件；

（五）提供与繁育目的、种类、发展规模相适应的场所、设施、技术；

（六）按照有关动物防疫法律法规的规定，做好动物疫病的预防、控制、疫情报告和病死动物无害化处理等工作；

（七）执行相关野生动物人工繁育技术规范；

（八）不得虐待野生动物；

（九）定期向野生动物主管部门报告人工繁育情况，按月公示人工繁育野生动物的流向信息，并接受监督检查。

第二十五条　对列入名录的野生动物，人工繁育技术成熟稳定，依法列入畜禽遗传资源目录的，属于家禽家畜，依照有关畜牧法律法规的规定执行。

第二十六条　禁止下列行为：

（一）食用陆生野生动物及其制品、列入名录的水生野生动物及其制品；

（二）食用以陆生野生动物及其制品、列入名录的水生野生动物及其制品为原材料制作的食品；

（三）以食用为目的生产、经营、运输、寄递列入名录的野生动物及其制品和其他陆生野生动物及其制品，以及以前述野生动物及其制品为原材料制作的食品。

第二十七条　酒楼、饭店、餐厅、民宿、会所、食堂等餐饮服务提供者，对禁止食用的野生动物及其制品不得购买、储存、加工、出售或者提供来料加工服务。

第二十八条　禁止商场、超市、农贸市场等商品交易场所、网络交易平台，为违法买卖陆生野生动物及其制品、列入名录的水生野生动物及其制品，以及以陆生野生动物及其制品、列入名录的水生野生动物及其制品为原材料制作的食品，提供交易服务。

第二十九条　对列入名录的野生动物进行非食用性利用仅限于科学研究、药用、展示、文物保护等特殊情况，需要出售、利用列入名录的野生动物及其制品的，应当经市野生动物主管部门批准，并按照规定取得和使用专用标识、检疫证明，保证全程可追溯。

第三十条　以非食用性目的运输、携带、寄递列入名录的野生动物及其制品的，应当持有或者附有特许猎捕证、狩猎证、人工繁育许可证等相关许可证、批准文件或者专用标识、检疫证明、进出口证明等合法来源证明。

第三十一条　禁止为违反野生动物保护管理法律法规的行为制作、发布广告。

第四章　监督执法

第三十二条　野生动物主管部门负责依法对破坏野生动物资源及其栖息地的违法行为进

行监督管理。

卫生健康部门会同野生动物主管部门按照职责分工依法开展与人畜共患传染病相关的动物传染病的防治管理。

农业农村部门负责依法对野生动物及其制品进行检疫监管。

市场监督管理部门负责依法对商品交易市场、网络交易平台为野生动物及其制品经营提供交易服务以及餐饮服务场所经营野生动物及其制品的行为进行监督管理。

公安机关负责依法受理有关部门移送的野生动物案件及举报线索，依法查处涉及野生动物及其制品的违法犯罪行为。

科技、经济信息化、城市管理、交通、邮政管理、城市管理综合执法、海关、网信、电信管理等部门和机构应当按照职责分工依法对野生动物及其制品出售、购买、利用、运输、寄递等活动进行监督管理。

铁路、航空等单位应当依法协助做好野生动物管理相关工作。

第三十三条 野生动物主管部门会同有关部门建立健全执法协调机制，实现执法信息共享、执法协同、信用联合惩戒，及时解决管辖争议，依法查处违法行为。

市野生动物主管部门应当会同财政部门制定罚没野生动物及其制品处置办法。

第三十四条 野生动物主管部门和其他有关政府部门应当设立举报电话、电子信箱等，及时受理举报并依法查处。行业内部人员举报涉嫌严重违反野生动物保护管理法律法规行为，经查实的，有关政府部门应当提高奖励额度。

第五章　法律责任

第三十五条 违反本条例的行为，法律、行政法规已经规定法律责任的，依照其规定追究相关单位、个人的法律责任。

第三十六条 市、区人民政府及有关部门不依法履行职责的，依法依规追究责任。

第三十七条 违反本条例第十五条第五项规定，以收容救护为名从事买卖野生动物及其制品的，没收野生动物及其制品、没收违法所得，并处野生动物及其制品价值五倍以上二十倍以下罚款；有买卖以外的其他禁止行为的，依照本条例的规定处理。

违反本条例第十五条其他规定之一，未按照规定开展野生动物收容救护工作的，处一万元以上五万元以下罚款。

第三十八条 违反本条例第十六条第二款规定，擅自实施放生活动的，处二千元以上一万元以下罚款。

第三十九条 违反本条例第二十二条规定，猎捕、猎杀野生动物的，没收猎获物，并处罚款。属于国家重点保护野生动物的，并处猎获物价值五倍以上二十倍以下罚款；属于其他重点保护野生动物，或者以食用为目的猎捕其他陆生野生动物的，并处猎获物价值二倍以上十倍以下罚款。没有猎获物的，处五千元以上二万元以下罚款。

第四十条 违反本条例第二十三条第二款、第三款规定，未取得人工繁育许可证或者未按照许可证载明的地点和物种从事人工繁育野生动物活动的，没收野生动物及其制品，并处野生动物及其制品价值一倍以上五倍以下罚款。

第四十一条 违反本条例第二十四条规定，未按照规定从事人工繁育野生动物活动的，处二万元以上十万元以下罚款。

第四十二条　违反本条例第二十六条第一项、第二项规定，食用国家重点保护野生动物的，处野生动物及其制品价值五倍以上二十倍以下罚款；食用其他重点保护野生动物或者其他陆生野生动物的，处野生动物及其制品价值二倍以上十倍以下罚款。

违反本条例第二十六条第三项、第二十七条规定，以食用为目的生产、经营、运输、寄递的，没收野生动物及其制品或者食品、违法所得，并处罚款。属于国家重点保护野生动物的，并处野生动物及其制品价值五倍以上二十倍以下罚款；属于其他重点保护野生动物或者其他陆生野生动物的，并处野生动物及其制品价值二倍以上十倍以下罚款。餐饮服务提供者违法经营的，从重处罚。

第四十三条　违反本条例第二十八条规定，为违法买卖陆生野生动物及其制品、列入名录水生野生动物及其制品提供交易服务，或者为违法买卖以陆生野生动物及其制品、列入名录水生野生动物及其制品为原材料制作的食品提供交易服务的，没收违法所得，并处违法所得二倍以上五倍以下罚款；没有违法所得的，处一万元以上五万元以下罚款。

第四十四条　违反本条例第二十九条规定，未经批准对列入名录的野生动物及其制品进行出售、利用，或者未按照规定取得和使用专用标识的，没收野生动物及其制品、没收违法所得，并处罚款。属于国家重点保护野生动物的，并处野生动物及其制品价值五倍以上二十倍以下罚款；属于其他重点保护野生动物的，并处野生动物及其制品价值二倍以上十倍以下罚款。情节严重的，撤销批准文件、收回专用标识。

第四十五条　违反本条例第三十条规定，以非食用性目的运输、携带、寄递列入名录的野生动物及其制品，未持有、未附有合法来源证明的，没收野生动物及其制品、违法所得，并处罚款。属于国家重点野生动物的，并处野生动物及其制品价值二倍以上十倍以下罚款，属于其他重点保护野生动物的，并处野生动物及其制品价值一倍以上五倍以下罚款。

第四十六条　违反本条例第三十一条规定，为违反野生动物保护管理法律法规的行为制作、发布广告的，依照《中华人民共和国广告法》的规定处罚。

第四十七条　违反本条例规定的行为，构成犯罪的，依法追究刑事责任。

有关政府部门实施行政检查或者案件调查发现违法行为涉嫌构成犯罪，依法需要追究刑事责任的，应当依照本市有关规定向公安机关移送。

第四十八条　野生动物主管部门和市场监督管理等部门应当将单位或者个人受到行政处罚的信息，共享到本市公共信用信息平台。有关政府部门可以根据本市公共信用信息管理规定，对单位或者个人采取惩戒措施。

第六章　附　　则

第四十九条　本条例自 2020 年 6 月 1 日起施行。1989 年 4 月 2 日北京市第九届人民代表大会常务委员会第十次会议通过，根据 1997 年 4 月 15 日北京市第十届人民代表大会常务委员会第三十六次会议《关于修改〈北京市实施中华人民共和国野生动物保护法办法〉的决定》修正，根据 2018 年 3 月 30 日北京市第十五届人民代表大会常务委员会第三次会议通过的《关于修改〈北京市大气污染防治条例〉等七部地方性法规的决定》修正的《北京市实施〈中华人民共和国野生动物保护法〉办法》同时废止。

河北省陆生野生动物保护条例

（1993 年 12 月 22 日河北省第八届人民代表大会常务委员会第五次会议通过　2005 年 11 月 25 日河北省第十届人民代表大会常务委员会第十八次会议修订　2015 年 7 月 24 日河北省第十二届人民代表大会常务委员会第十六次会议修正　2016 年 9 月 22 日河北省第十二届人民代表大会常务委员会第二十三次会议第二次修正）

第一章　总　　则

第一条　根据《中华人民共和国野生动物保护法》和《中华人民共和国陆生野生动物保护实施条例》，结合本省实际，制定本条例。

第二条　在本省行政区域内从事陆生野生动物的保护、管理、人工繁育、开发利用和科学研究等活动，必须遵守本条例。

第三条　本条例规定保护的陆生野生动物包括：

（一）国务院批准公布的国家重点保护陆生野生动物；

（二）省人民政府制定公布的省重点保护陆生野生动物；

（三）国家和省人民政府陆生野生动物行政主管部门公布的有重要生态、科学、社会价值的陆生野生动物。

第四条　野生动物保护应当坚持人与自然和谐发展，维护物种多样性和自然生态平衡，注重生态环境保护。对野生动物实行加强资源保护、积极人工繁育、合理开发利用的方针，鼓励开展野生动物科学研究。

第五条　野生动物资源属国家所有。禁止猎捕、杀害国家和省重点保护陆生野生动物。任何单位和公民都有保护野生动物资源的义务，对侵占或者破坏野生动物资源的行为有权检举和控告。

第六条　县级以上人民政府林业行政主管部门是同级人民政府的陆生野生动物行政主管部门，负责本行政区域内陆生野生动物保护管理工作；其他有关部门按照各自的职责，共同做好陆生野生动物的保护管理工作。

第七条　县级以上人民政府应当在财政预算中安排一定经费，专项用于陆生野生动物保护管理工作。

第八条　各级人民政府应当加强野生动物保护的宣传教育工作，提高公民保护野生动物意识，形成爱护野生动物的社会风尚。新闻媒体应当把保护野生动物的宣传教育当作一项应尽的社会责任，做好宣传服务工作。

第二章　陆生野生动物保护

第九条　省人民政府陆生野生动物行政主管部门负责组织省陆生野生动物资源调查，建立省陆生野生动物资源档案和资源监测机制，制定全省保护、发展和合理开发利用陆生野生动物资源规划及措施，报省人民政府批准后施行。

第十条　在陆生野生动物资源集中的地区，县级人民政府应当制定本地区保护、发展和合理利用陆生野生动物资源的中、长期规划和实施措施。

第十一条　省重点保护陆生野生动物名录及其调整，由省人民政府陆生野生动物行政主管部门提出，省人民政府批准并公布，报国务院备案。省保护的有重要生态、科学、社会价值的陆生野生动物名录及其调整，由省人民政府陆生野生动物行政主管部门制定并公布，报省人民政府备案

第十二条　在国家和省重点保护陆生野生动物的主要生息繁衍地区，应当建立自然保护区，并设置保护区标志。任何单位和个人不得随意改变自然保护区的范围和界线。

第十三条　在自然保护区的核心区和缓冲区内，不得建设任何生产项目。在自然保护区的实验区内，不得建设污染环境、破坏陆生野生动物资源的生产项目；建设其他项目，其污染排放不得超过国家和本省规定的标准。在自然保护区的外围保护地带建设的项目，不得损害自然保护区内的环境质量；已造成损害的，应当限期治理。禁止在自然保护区进行砍伐、放牧、狩猎、捕捞、采药、开垦、烧荒、采矿、采石、挖沙等妨碍陆生野生动物生息繁衍的活动。

第十四条　在陆生野生动物生息繁衍地进行开发、利用自然资源或者修建工程设施，不得破坏其原有生态功能。在陆生野生动物生息繁衍地进行工程项目建设或者开发利用，对陆生野生动物的生存环境产生不利影响的，建设单位和有关当事人应当提交环境影响评价报告书；环境保护部门在审批时，应当征求同级人民政府陆生野生动物行政主管部门的意见。已经建成的建设项目或者土地利用和其他开发行为，如对国家和省重点保护的陆生野生动物的生存环境产生不利影响的，县级以上人民政府陆生野生动物行政主管部门应当责令当事人限期治理。

第十五条　在陆生野生动物资源集中的地区，根据需要设置陆生野生动物救护中心，负责陆生野生动物的救护和放生等工作。

第十六条　每年四月的第一周为本省"爱鸟周"；每年十一月为本省"保护野生动物宣传月"。城区、郊区，县城镇，公园、风景游览区、名胜古迹区，自然保护区，国有林场、陆生野生动物生息繁衍地和县级以上人民政府陆生野生动物行政主管部门划定的其他禁猎地区禁止狩猎。

第十七条　禁止猎捕、买卖国家和省保护的野生鸟类。公园、林场、风景游览区应当悬挂巢箱，设置鸟食台、水浴场等，对野生鸟类进行人工招引和保护。禁止捕杀、买卖青蛙。

第十八条　有关单位和个人对国家和省重点保护陆生野生动物可能造成的危害，应当采取防范措施。因保护国家和省重点保护陆生野生动物受到被保护野生动物侵害，致人死亡或者伤害的，受害人应当获得补偿；家畜、家禽在居民区内、田间或者近村林地被国家和省重点保护陆生野生动物伤害的，其所有人或者管理人应当获得补偿；农民耕地上的农作物遭国家和省重点保护陆生野生动物损毁的，受损失的农民应当获得合理补偿。当事人可以向所在

地人民政府陆生野生动物行政主管部门提出补偿要求。补偿办法由省人民政府制定。

第三章　陆生野生动物猎捕管理

第十九条　有下列情形之一，需要猎捕省重点保护陆生野生动物的，必须申请特许猎捕证：

（一）为进行陆生野生动物科学考察、资源调查，必须猎捕的；

（二）为人工繁育省重点保护陆生野生动物，必须从野外获取种源的；

（三）为承担省级以上科学研究项目或者国家医药生产任务，必须从野外获取省重点保护陆生野生动物的；

（四）为宣传、普及陆生野生动物知识或者教学、展览的需要，必须从野外获取省重点保护陆生野生动物的；

（五）为调控省重点保护陆生野生动物种群数量和结构，经科学论证必须猎捕的；

（六）因其他特殊情况，必须捕捉、猎捕省重点保护陆生野生动物的。

第二十条　申请特许猎捕证应当附具申请人所在地的县级人民政府陆生野生动物行政主管部门签署的意见，向省人民政府陆生野生动物行政主管部门申请特许猎捕证。负责核发特许猎捕证的部门接到申请后，应当在三个月内作出批准或者不批准的决定。本条例涉及其他行政许可事项的审批期限，法律、法规没有规定的，按照《中华人民共和国行政许可法》规定办理。

第二十一条　猎捕非国家和非省重点保护陆生野生动物的单位和个人，必须取得狩猎证，并依照狩猎证规定的种类、数量、地点、期限、工具和方法进行猎捕。狩猎证由省人民政府陆生野生动物行政主管部门统一印制，县级人民政府陆生野生动物行政主管部门核发。申请狩猎证的单位和个人，应当持所在单位或者村（居）民委员会出具的证明，向当地县级人民政府陆生野生动物行政主管部门提出书面申请，填写审批表。

第二十二条　猎枪的生产、销售、购买和使用依照国家有关规定执行。持猎枪猎捕陆生野生动物的单位和个人必须同时持有持枪证和狩猎证。

第二十三条　跨县狩猎的单位和个人，应当持狩猎证向狩猎地县级人民政府陆生野生动物行政主管部门提出申请，经批准后方可狩猎。外省到本省狩猎的单位和个人，必须持狩猎证和其所在地县级以上人民政府陆生野生动物行政主管部门出具的证明，向省人民政府陆生野生动物行政主管部门提出书面申请，经批准后方可狩猎。

第二十四条　在适合狩猎的区域建立固定狩猎场所的，由建设单位向县级人民政府陆生野生动物行政主管部门提出书面申请，经设区的市人民政府陆生野生动物行政主管部门审核同意后，报省人民政府陆生野生动物行政主管部门批准。

第四章　陆生野生动物的驯养和利用管理

第二十五条　人工繁育国家重点保护陆生野生动物的，依照有关法律、法规的规定执行。人工繁育省重点保护陆生野生动物的，应当向县级人民政府陆生野生动物行政主管部门提出书面申请，经设区的市人民政府陆生野生动物行政主管部门审核，报省人民政府陆生野生动物行政主管部门或者其授权的部门批准，领取人工繁育许可证。

第二十六条　禁止出售、收购国家和省重点保护陆生野生动物或者其产品。人工繁育国家和省重点保护陆生野生动物的单位和个人，可以持人工繁育许可证，向经批准的收购单位出售人工繁育的陆生野生动物或者其产品。

第二十七条 任何单位和个人不得利用国家和省重点保护陆生野生动物的产品制作发布广告，不得利用国家和省重点保护陆生野生动物及其产品进行妨碍陆生野生动物资源保护的宣传。宾馆、饭店、酒楼、招待所和个体饮食摊点等，不得用陆生野生动物及其产品名称或者别称作菜谱招徕顾客。

第二十八条 因科学研究、人工繁育、展览或者其他特殊情况，需要出售、收购、利用国家和省重点保护陆生野生动物或者其产品的，应当向县级人民政府陆生野生动物行政主管部门提出书面申请，经设区的市人民政府陆生野生动物行政主管部门审核，报省人民政府陆生野生动物行政主管部门批准。

第二十九条 对进入集贸市场的陆生野生动物或者其产品，由当地陆生野生动物行政主管部门配合工商行政管理部门监督管理；在集贸市场外收购、销售陆生野生动物或者其产品，由当地陆生野生动物行政主管部门、工商行政管理部门或者其授权的单位监督管理。

第三十条 运输、邮寄、携带省保护陆生野生动物或者其产品出省境的，应当经省人民政府陆生野生动物行政主管部门批准。

第三十一条 从省外向本省输入陆生野生动物或者其产品的，必须持有输出地的省、自治区、直辖市人民政府陆生野生动物行政主管部门出具的批准证明。

第三十二条 禁止伪造、倒卖、转让狩猎证、人工繁育许可证、特许猎捕证和允许进出口证明书。

第三十三条 外国人在本省对国家和省重点保护的陆生野生动物进行野外考察、采集标本或者在野外拍摄电影、录像，必须向省人民政府陆生野生动物行政主管部门提出书面申请，由省人民政府陆生野生动物行政主管部门批准。

第五章　奖励和处罚

第三十四条 有下列事迹之一的单位和个人，由县级以上人民政府或者其陆生野生动物行政主管部门给予表彰或奖励：

（一）执行陆生野生动物保护法律、法规，保护陆生野生动物资源成绩突出的；
（二）在陆生野生动物资源调查、科学研究和开发利用方面有突出贡献的；
（三）检举、揭发非法捕杀、出售、收购、经营、加工、运输陆生野生动物有功的；
（四）救护伤病、受困的重点保护的陆生野生动物，事迹突出的；
（五）破获非法猎捕陆生野生动物重大、特大案件有功的；
（六）在陆生野生动物保护管理工作中有其他特殊业绩的。

第三十五条 非法捕杀省重点保护陆生野生动物的，由县级以上人民政府陆生野生动物行政主管部门没收猎获物、猎捕工具和违法所得，吊销特许猎捕证，并按照下列规定处以罚款：有猎获物的，处以相当于猎获物价值十倍以下的罚款；没有猎获物的，处以一万元以下的罚款。

第三十六条 在禁猎区、禁猎期或者使用禁用的工具、方法猎捕非国家或者非省重点保护陆生野生动物的，由县级以上人民政府陆生野生动物行政主管部门没收猎获物、猎捕工具和违法所得，并按照下列规定处以罚款：有猎获物的，处以相当于猎获物价值八倍以下的罚

款；没有猎获物的，处以二千元以下的罚款。情节严重，构成犯罪的，由司法机关依法追究
刑事责任。

　　第三十七条　未取得狩猎证或者未按照狩猎证的规定猎捕非国家或者非省重点保护陆生
野生动物的，由县级以上人民政府陆生野生动物行政主管部门没收猎获物、猎捕工具和违法
所得，吊销狩猎证，并按照下列规定处以罚款：有猎获物的，处以相当于猎获物价值五倍以
下的罚款；没有猎获物的，处以一千元以下的罚款。

　　第三十八条　破坏陆生野生动物生息繁衍场所的，由县级以上人民政府陆生野生动物行
政主管部门责令停止破坏行为，限期恢复原状，并按照下列规定处以罚款：破坏国家或者省
重点保护陆生野生动物生息繁衍场所的，处以相当于恢复原状所需费用三倍以下的罚款；破
坏非国家或者非省重点保护陆生野生动物生息繁衍场所的，处以相当于恢复原状所需费用二
倍以下的罚款。被责令限期恢复原状而不恢复原状的，由县级以上人民政府陆生野生动物行
政主管部门收取恢复原状所需的费用，代为恢复原状。

　　第三十九条　对猎捕、买卖国家和省保护的野生鸟类，以及捕杀、买卖青蛙的，由县级
以上人民政府陆生野生动物行政主管部门给予警告，责令停止违法行为，没收猎获物及其猎
捕工具。

　　第四十条　未取得人工繁育许可证或者超越人工繁育许可证规定的范围人工繁育国家或
者省重点保护陆生野生动物的，由县级以上人民政府陆生野生动物行政主管部门没收违法所
得，处以三千元以下的罚款，可以并处没收陆生野生动物、吊销人工繁育许可证。

　　第四十一条　非法出售、收购、运输、携带国家或者省重点保护陆生野生动物或者其产
品的，由县级以上人民政府工商行政管理部门或者其授权的陆生野生动物行政主管部门没收
实物和违法所得，并处以相当于实物价值十倍以下的罚款。其中出售、收购国家重点保护陆
生野生动物或者其产品，情节严重，构成犯罪的，由司法机关依法追究刑事责任。

　　第四十二条　伪造、倒卖、转让狩猎证、人工繁育许可证、特许猎捕证和允许进出口证
明书的，由县级以上人民政府陆生野生动物行政主管部门或者工商行政管理部门吊销证件，
没收违法所得，并按照下列规定处以罚款：

　　（一）伪造、倒卖、转让狩猎证的，处以五百元至二千元的罚款；

　　（二）伪造、倒卖、转让人工繁育许可证的，处以三千元至五千元的罚款；

　　（三）伪造、倒卖、转让特许猎捕证或者允许进出口证明书的，处以一万元至五万元的
罚款。伪造、倒卖特许猎捕证或者允许进出口证明书，情节严重，构成犯罪的，由司法机关
依法追究刑事责任。

　　第四十三条　外国人未经批准在本省行政区域内对国家或者省重点保护陆生野生动物进
行野外考察、采集标本或者在野外拍摄电影、录像的，由县级以上人民政府陆生野生动物行
政主管部门没收考察、拍摄的资料和采集的标本，并处以五万元以下的罚款。

　　第四十四条　陆生野生动物行政主管部门及其工作人员，在陆生野生动物保护监督管理
工作中有下列行为之一的，由上级主管机关或者监察机关责令改正；情节严重的，对直接负
责的主管人员和其他直接责任人员依法给予行政处分：

　　（一）违反规定发放特许猎捕证、狩猎证、人工繁育许可证的；

　　（二）违法批准出售、收购、利用省重点保护陆生野生动物或者其产品的；

　　（三）违反规定收取陆生野生动物资源保护费的；

（四）违法批准运输、携带省重点保护陆生野生动物或者其产品出省境的；

（五）对群众举报的侵占或者破坏陆生野生动物资源的行为不及时制止、不查处的。

第六章　附　　则

第四十五条　本条例所称陆生野生动物产品，是指陆生野生动物的尸体、骨、角、牙、血液、精液、皮、毛、卵或器官的全部、部分或者其加工品。本条例所称陆生野生动物资源，是指陆生野生动物及其生存环境。本条例所称陆生野生动物生息繁衍地，是指陆生野生动物的重要栖息地、停歇地和繁殖地。

第四十六条　本条例自 2006 年 1 月 1 日起施行。

黑龙江省野生动物保护条例

（2019 年 10 月 18 日黑龙江省第十三届人民代表大会常务委员会第十四次会议通过）

第一条 为了保护野生动物，维护生物多样性和生态平衡，推进生态文明建设，根据《中华人民共和国野生动物保护法》等有关法律、行政法规，结合本省实际，制定本条例。

第二条 在本省行政区域内从事野生动物保护以及相关活动，适用本条例。

本条例规定保护的野生动物，是指国家重点保护的珍贵、濒危的陆生、水生野生动物，省重点保护的陆生野生动物和其他有重要生态、科学、社会价值的陆生野生动物。

本条例规定的野生动物及其制品，是指野生动物的整体（含卵、蛋）、部分及其衍生物。

珍贵、濒危的水生野生动物以外其他水生野生动物的保护，适用渔业法律、法规的规定。

第三条 对野生动物实行保护优先、规范利用、严格监管的原则，鼓励开展野生动物科学研究，培育公民保护野生动物的意识，促进人与自然和谐发展。

第四条 县级以上人民政府应当加强野生动物及其栖息地保护和管理，制定野生动物及其栖息地相关保护规划和措施，协调解决本行政区域内野生动物保护和管理工作中的重大问题，并按照事权划分，将野生动物保护经费纳入财政预算。

鼓励公民、法人和其他组织依法通过捐赠、资助、志愿服务等方式参与野生动物保护活动，支持野生动物保护公益事业，依法开展野生动物保护国际信息交流和国际合作。

东北虎豹国家公园等国家管理的国家公园，当地人民政府应当配合国家公园管理机构，做好野生动物保护相关工作。

第五条 县级以上人民政府林业草原、渔业主管部门（以下统称野生动物保护主管部门）分别主管本行政区域内陆生、水生野生动物保护工作。

县级以上人民政府其他有关部门，应当按照各自职责，共同做好野生动物保护工作。

第六条 县级以上野生动物保护主管部门应当组织开展经常性的野生动物保护宣传活动。

每年五月第二周为黑龙江省爱鸟周，十月为黑龙江省保护野生动物宣传月。

第七条 有下列情形之一的组织和个人，由县级以上人民政府按照国家有关规定给予表彰奖励：

（一）从事野生动物收容救护活动成绩显著的；

（二）制止或者举报违反野生动物保护法律、法规行为，有重要贡献的；

（三）在野生动物宣传教育和科学知识普及工作中成绩显著的；

（四）其他在野生动物保护和科学研究方面成绩显著的。

第八条 省重点保护野生动物名录由省野生动物保护主管部门提出，省人民政府组织科学评估后制定、调整并公布。省林业草原主管部门应当在有关网站向社会公示相关信息。

第九条 县级以上野生动物保护主管部门应当采取生物技术、工程技术、监视监测等措施，保护野生动物栖息地生态环境。

野生动物栖息地生态环境遭受破坏的，所在地县级以上人民政府应当组织制定生态修复方案，逐步恢复、改善野生动物栖息地生态环境。

单位和个人在野生动物保护区域内开展植树造林活动，应当遵守造林技术规程。除造林技术规程规定的特殊情况外，禁止采用全面整地、炼山等破坏已有植被和野生动物栖息地的整地方式。

第十条 省林业草原主管部门应当根据国土空间规划和调查、监测、评估结果，经科学论证，编制陆生野生动物生态廊道建设规划，落实栖息地保护措施，保护陆生野生动物栖息和迁徙活动。陆生野生动物生态廊道建设规划由省人民政府批准并公布。

市、县级相关主管部门应当采取措施，畅通水生野生动物洄游通道，为国家重点保护水生野生动物的繁殖、索饵和越冬提供方便条件。

第十一条 县级以上野生动物保护主管部门、兽医主管部门应当按照职责分工对野生动物疫源疫病进行监测，在野生动物集中分布区域以及候鸟主要迁徙通道、迁徙停歇地、繁殖地、越冬地，合理设置野生动物疫源疫病监测站点，组织开展野生动物疫源疫病预测、预报工作。

发生重大动物疫情时，县级以上野生动物保护主管部门和其他有关部门按照职责分工和应急预案，共同做好重大动物疫情的应急管理工作。

县级以上野生动物保护主管部门、兽医主管部门、卫生健康主管部门，应当按照职责分工负责与人畜共患传染病有关的动物传染病的防治管理工作。

边境市、县级人民政府应当组织开展野生动物疫源疫病监测、处理等防控工作，防止野生动物疫情传入和传出。

第十二条 县级以上人民政府应当加强野生动物收容救护机构建设。

市、县级野生动物保护主管部门开展收容救护工作，需要跨行政区域的，双方野生动物保护主管部门应当协商和配合。必要时，其共同的上一级野生动物保护主管部门可以协调，或者直接组织开展收容救护工作。

野生动物收容救护机构应当按照同级野生动物保护主管部门的要求和收容救护实际需要，建立收容救助场所，配备相应的专业技术人员、救护工具、设备和药品等。

政府投资的公益性动物园应当开展野生动物收容救护工作。

任何单位和个人发现受伤、病弱、饥饿、受困、迷途等需要救护的野生动物时，应当及时报告当地野生动物保护主管部门或者野生动物收容救护机构。野生动物保护主管部门对救助或者将野生动物送交救助的单位和个人，应当给予适当补助，补助费由当地财政部门核准拨付。

县级以上野生动物保护主管部门应当公布野生动物救助电话，以及野生动物收容救护机构名称、地址、联系方式等相关信息。

第十三条 在野生动物可能造成危害的区域，县级人民政府应当采取设置警示牌、修建必要防护设施、发放宣传手册、组织防护技术培训等措施，预防、控制野生动物可能造成的危害，保障人畜安全和农业、林业生产。

因保护本条例规定的野生动物，造成人员伤亡、农作物或者其他财产损失的，由当地人民政府给予补偿。具体办法由省人民政府制定。

鼓励保险机构开展野生动物致害赔偿保险业务。

第十四条 以野生动物为主要内容的旅游、观赏、摄影、摄像等活动，应当依法进行。组织者和参与者不得有制造高分贝噪声、高震动、闪烁射灯、驱赶、随意投食等干扰野生动物生息繁衍的行为，不得破坏野生动物栖息地。

第十五条 因科学研究、调查监测、疫源疫病监测防控、种群调控、人工繁育等情形，需要猎捕非国家重点保护野生动物的，应当取得县级野生动物保护主管部门核发的狩猎证，并且服从猎捕量限额管理。

猎捕非国家重点保护野生动物的种类和年度猎捕量限额，由县级野生动物保护主管部门根据本行政区域内野生动物分布、种群数量和结构等情况提出，经省野生动物保护主管部门批准，报国务院野生动物保护主管部门备案。

第十六条 单位和个人申请办理狩猎证，应当向县级野生动物保护主管部门提供下列材料：

（一）野生动物保护管理行政许可事项申请表；

（二）实施猎捕方案，包括猎捕目的、种类、数量、地点、工具、方法、期限以及安全防范措施；

（三）法律、行政法规规定的其他材料。

第十七条 具有下列情形之一，不予发放狩猎证：

（一）申请猎捕者有条件以合法的非猎捕方式获得野生动物的种源、产品或者达到其目的的；

（二）猎捕申请不符合国家有关规定或者申请使用的猎捕工具、方法以及猎捕时间、地点不当的；

（三）根据野生动物资源现状，不宜猎捕的。

第十八条 非国家重点保护的野生动物因数量增长超过生态容量并对生产、生活造成严重危害的，有关市、县级野生动物保护主管部门应当合理确定猎捕数量和区域，经省野生动物保护主管部门批准后组织专业人员进行猎捕。

第十九条 除国家禁止使用的猎捕工具和猎捕方法外，还禁止使用地弓、捉脚、粘网、绝户网、密眼箔等猎捕工具。因科学研究确需网捕、电子诱捕的按照国家规定执行。

县级以上人民政府可以结合本地实际，规定并公布其他禁止使用的猎捕工具和方法。

第二十条 县级以上人民政府及其有关主管部门应当采取政策和资金扶持、科研立项等多种形式，支持有关科学研究机构因物种保护目的人工繁育省重点保护野生动物。

人工繁育前款规定以外的非国家重点保护野生动物实行目录管理，可以进行人工繁育的非国家重点保护野生动物目录，由省野生动物保护主管部门制定、调整并公布，由县级野生动物保护主管部门核发人工繁育许可证。

单位和个人开展人工繁育非国家重点保护野生动物活动，应当按照相关物种人工繁育管理规定进行。对人工繁育的野生动物，应当加强管理，防止其出逃或者因病形成疫情。

第二十一条 采用半人工繁育方式饲养林蛙等物种的，应当办理人工繁育许可证，具备必要的设施和条件，符合繁育区域、卵（蛋）收集、孵化、变态、越冬等繁育环节的要求。具体办法由省人民政府制定。

第二十二条　单位和个人申请办理人工繁育非国家重点保护野生动物许可证，应当向县级野生动物保护主管部门提交下列材料：

（一）野生动物保护管理行政许可事项申请表；

（二）野生动物种源合法来源证明；

（三）与野生动物人工繁育目的、种类、发展规模相适应的场所、设施说明；

（四）人工繁育野生动物的安全、防逃逸、防疫病方案；

（五）法律、行政法规规定的其他材料。

第二十三条　除国务院对批准机关另有规定的情形外，因科学研究、人工繁育、公众展示展演、文物保护或者其他特殊情况，申请出售、购买、利用国家重点保护野生动物及其制品的，应当向省野生动物保护主管部门提交下列材料：

（一）野生动物保护管理行政许可事项申请表；

（二）野生动物及其制品的合法来源证明；

（三）目的和实施方案；

（四）动物疫病管理或者其他国家有关规定要求检疫的，需提供检疫证明；

（五）法律、行政法规规定的其他材料。

经批准出售、购买、利用国家重点保护野生动物及其制品的，应当按照规定取得和使用专用标识，并建立档案。

第二十四条　出售、利用非国家重点保护野生动物的，应当提供人工繁育、狩猎、进出口等合法来源证明。出售非国家重点保护野生动物的，还应当依法附有检疫证明。

运输非国家重点保护野生动物出县境的，应当持有人工繁育、狩猎、进出口等合法来源证明，以及检疫证明。

第二十五条　县级以上野生动物保护主管部门和其他有关部门，应当按照职责分工对野生动物及其制品出售、购买、利用、运输、寄递等活动进行监督检查。

县级以上野生动物保护主管部门、市场监督管理部门、公安机关、城市管理综合执法部门应当对野生动物经营场所进行联合执法检查，并加强放归期、放流期、禁猎期、禁渔期的监督检查。

经省人民政府批准设立的检查站，发现非法运输野生动物及其制品的，应当制止并及时报告县级野生动物保护主管部门。

第二十六条　县级以上野生动物保护主管部门应当对执法部门依法收缴的野生动物、收容救护机构收容救护的野生动物组织检疫和鉴定，对具备野外生存能力且无疫病的本地物种应当及时放归。

任何组织和个人放生野生动物，不得干扰当地居民的正常生活、生产，不得对生态系统造成危害。无法辨别适合放生物种或者无法确定适宜野外放生地的，应当在县级以上野生动物保护主管部门指导下进行。举办大型水生野生动物放生活动，组织者应当做好安全预案，并按照有关规定，向当地公安、渔业主管部门备案。

禁止放生本省无天然分布，来自境外、省外的野生动物物种。

第二十七条　禁止伪造、变造、买卖、转让、租借特许猎捕证、狩猎证、人工繁育许可

证以及专用标识，出售、购买、利用国家重点保护野生动物及其制品的批准文件，或者允许
进出口证明书、进出口等批准文件。

前款规定的有关许可证书、专用标识、批准文件的发放情况，应当依法公开。

第二十八条 县级以上人民政府及其野生动物保护主管部门，或者其他有关部门未按照
本条例规定履行职责的，由有权机关对直接负责的主管人员和直接责任人员依法给予处分。

县级以上野生动物保护主管部门或者其他有关部门工作人员在野生动物保护工作中徇私
舞弊、滥用职权、玩忽职守的，由有权机关依法给予处分。

第二十九条 违反本条例规定，未取得人工繁育非国家重点保护野生动物许可证从事相
关行为的，由县级野生动物保护主管部门没收野生动物及其制品，并按照下列规定予以
处罚：

（一）属于省重点保护野生动物的，处以野生动物及其制品价值一倍以上五倍以下罚款；

（二）属于非省重点保护野生动物的，处以野生动物及其制品价值一倍以上三倍以下
罚款。

第三十条 违反本条例规定，以野生动物为主要内容的旅游、观赏、摄影、摄像等活动
中的组织者、参与者干扰野生动物生息繁衍或者破坏野生动物栖息地的，由县级以上野生动
物保护主管部门或者自然保护区管理机构责令停止违法行为，限期恢复原状或者采取其他补
救措施，并处以二千元以上一万元以下罚款。

第三十一条 违反本条例规定，未持有合法来源证明出售、利用、运输非国家重点保护
野生动物，由县级以上野生动物保护主管部门或者市场监督管理部门按照职责分工没收野生
动物和违法所得，并处以野生动物价值一倍以上五倍以下罚款。

第三十二条 法律、行政法规对野生动物保护已有规定的，从其规定。

本条例规定的猎获物价值、野生动物及其制品价值的评估方法，按照国家规定执行。

第三十三条 本条例自 2020 年 1 月 1 日起施行。1996 年 8 月 31 日黑龙江省第八届人民
代表大会常务委员会第二十三次会议通过的《黑龙江省野生动物保护条例》同时废止。

江苏省野生动物保护条例

（2012年9月26日江苏省第十一届人民代表大会常务委员会第三十
次会议通过　根据2017年6月3日江苏省第十二届人民代表大会常务委
员会第三十次会议《关于修改〈江苏省固体废物污染环境防治条例〉等
二十六件地方性法规的决定》第一次修正　根据2018年11月23日江苏
省第十三届人民代表大会常务委员会第六次会议《关于修改〈江苏省湖
泊保护条例〉等十八件地方性法规的决定》第二次修正）

第一章　总　　则

第一条　为了保护、拯救珍贵、濒危野生动物，保护、发展和合理利用野生动物资源，保护野生动物栖息地，维护生态平衡，根据《中华人民共和国野生动物保护法》、《中华人民共和国陆生野生动物保护实施条例》、《中华人民共和国水生野生动物保护实施条例》等有关法律、行政法规，结合本省实际，制定本条例。

第二条　在本省行政区域和管辖海域内从事野生动物的保护、猎捕、教学、科学研究、人工繁育、经营利用等活动，应当遵守本条例。

第三条　野生动物保护坚持人与自然和谐发展、保持生物多样性和维护自然生态平衡的原则，实行加强资源保护、积极人工繁育、鼓励科学研究和合理开发利用的方针。

第四条　本条例规定保护的野生动物，包括：

（一）国务院公布的国家重点保护野生动物；

（二）省人民政府公布的省重点保护野生动物；

（三）国务院野生动物保护行政主管部门公布的有重要生态、科学、社会价值的陆生野生动物（以下简称三有保护野生动物）。

第五条　野生动物资源属于国家所有。

国家保护依法从事科学研究、人工繁育和经营利用野生动物资源的单位及个人的合法权益。

第六条　县级以上地方人民政府林业、渔业行政主管部门分别主管本行政区域内陆生、水生野生动物保护管理工作。

县级以上地方人民政府有关部门按照职责分工，共同做好野生动物保护管理工作。

乡镇人民政府、街道办事处协助做好本行政区域内野生动物保护管理工作。

第七条　县级以上地方人民政府应当加强对野生动物及其栖息地的保护管理，制定保护、发展和合理利用野生动物资源的规划，并纳入本地区国民经济和社会发展规划。

县级以上地方人民政府应当将野生动物保护管理经费列入同级财政预算。

第八条　任何单位和个人都有保护野生动物及其栖息地的义务，有权制止和检举控告虐待、伤害、非法利用野生动物以及侵占、破坏野生动物资源等违法行为。

对在野生动物保护、救助、宣传教育、科学研究、人工繁育等方面有突出贡献以及检举控告有功的单位和个人，由县级以上地方人民政府予以表彰、奖励。

第九条　县级以上地方人民政府及其有关部门应当加强野生动物保护有关法律、法规的宣传教育工作，普及野生动物保护知识，增强公民自觉保护野生动物的意识。

野生动物保护行政主管部门应当加强对野生动物保护组织的指导，鼓励、支持其发挥野生动物保护、宣传、教育和对外交流等方面的作用。

新闻媒体应当把保护野生动物的宣传教育当作一项应尽的社会责任，做好宣传服务工作。

每年 4 月 20 日至 26 日为全省"爱鸟周"，每年 6 月为全省"水生动物放流宣传月"，每年 10 月为全省"野生动物保护宣传月"。

第二章　野生动物及其栖息地保护

第十条　野生动物保护行政主管部门应当定期组织野生动物资源调查，建立、健全野生动物资源与栖息地档案和监测机制。

省野生动物保护行政主管部门应当每十年组织一次野生动物资源普查。

第十一条　省人民政府应当建立和完善省重点保护野生动物名录管理制度。

对种群数量少、面临威胁严重等急需采取有效措施加以保护的物种，应当纳入省重点保护野生动物名录，并根据种群数量实际变化等情况及时对名录作出调整。

省重点保护野生动物名录及其调整，由省野生动物保护行政主管部门提出，经省人民政府批准后向社会公布，并报国务院备案。

第十二条　从国外引进的除珍贵、濒危野生动物外的其他野生动物，以及从省外引进的非原产于我省的野生动物，经省野生动物保护行政主管部门核准，可以视为省重点保护野生动物。

从国外、省外引进野生动物，省野生动物保护行政主管部门应当组织有关专家进行风险评估。禁止引进对生态安全有危害的野生动物。

第十三条　县级以上地方人民政府野生动物保护行政主管部门应当组织社会力量，采取生物技术措施和工程技术措施，维护、改善野生动物的主要生息繁衍场所和觅食条件，保护野生动物资源。

野生动物保护行政主管部门及相关部门应当加强对野生动物栖息地的环境监视、监测。

第十四条　在国家和省重点保护野生动物的主要生息繁衍地区、候鸟的主要越冬地，应当依法建立自然保护区和水产种质资源保护区，并设置区域标志。任何单位和个人不得随意改变区域的范围与界线。

对分布在本省境内的麋鹿、丹顶鹤、江豚、中华虎凤蝶等国家重点保护野生动物，应当采取特殊措施，实行重点保护。

对野生动物种群密度较大、栖息地分布零散的区域，县级人民政府可以将其划为自然保护小区，对野生动物予以保护。

第十五条　在国家和省重点保护野生动物集中分布区域进行项目建设，建设单位应当向生态环境行政主管部门提交包含野生动物生存环境影响评价的文件。

生态环境行政主管部门在审批前应当征求同级野生动物保护行政主管部门意见。对可能会造成野生动物生存环境严重破坏的项目，生态环境行政主管部门不得批准。

国家和省重点保护野生动物集中分布区域由省野生动物保护行政主管部门组织有关部门认定后公布。

第十六条　县级以上地方人民政府野生动物保护行政主管部门或者其委托的野生动物救护机构，负责受伤、受困、收缴的野生动物的收容救护工作。

单位和个人发现伤病、受困、搁浅、迷途的野生动物，应当及时报告当地野生动物保护行政主管部门或者野生动物救护机构，由其采取救护措施；也可以送附近具备救护条件的单位和个人进行救护，并报告野生动物保护行政主管部门。

鼓励和支持具备救护条件的单位和个人对野生动物实施救护。

第十七条　国家和省重点保护野生动物对人身和财产安全可能造成危害的，有关单位和个人应当采取防范措施。因保护国家和省重点保护野生动物受到人身伤害和财产损失的，可以向所在地县级人民政府野生动物保护行政主管部门提出补偿要求。经调查属实并确实需要补偿的，所在地县级人民政府应当给予补偿。

第十八条　县级以上地方人民政府应当设立野生动物保护发展专项资金，用于本行政区域的野生动物保护事业。资金来源包括财政专项补助、国内外捐赠资金等。

第十九条　野生动物保护行政主管部门应当加强对野生动物疫源疫病的监测。任何单位和个人发现患有疫病、疑似疫病或者非正常死亡的野生动物，应当立即向当地动物卫生监督机构或者野生动物保护行政主管部门报告。

第二十条　对依法收缴、截获、没收的野生动物及其产品，有关部门和单位应当妥善保管并及时移交野生动物保护行政主管部门。野生动物保护行政主管部门应当按照国家有关规定及时处理。

第二十一条　开展观看野生动物的旅游活动或者进行野生动物的摄影、摄像等，应当遵循警示要求，不得破坏栖息地的生态环境，不得惊扰野生动物正常栖息。

第三章　野生动物猎捕管理

第二十二条　禁止非法猎捕、杀害野生动物。

因科学研究、人工繁育、展览或者其他特殊情况，需要猎捕国家重点保护野生动物的，应当依法申领特许猎捕证、特许捕捉证。

有下列情形之一，确需猎捕省重点和三有保护野生动物的，应当向设区的市、县（市、区）野生动物保护行政主管部门申领狩猎证：

（一）承担科学研究或者野生动物资源调查任务的；

（二）人工繁育单位必须从野外取得种源的；

（三）承担科学试验、医药和其他生产任务必须从野外补充或者更换种源的；

（四）自然保护区、自然博物馆、大专院校、动物园等为宣传、普及野生动物知识或者教学、展览的需要，必须补充、更换野生动物或者标本的；

（五）因外事工作需要必须从野外取得野生动物或者标本的；

（六）因其他特殊情况必须猎捕的。

省野生动物保护行政主管部门应当根据本省野生动物的资源状况，确定猎捕种类、数量和年度猎捕限额，并向社会公布。

第二十三条 持有特许猎捕证、特许捕捉证、狩猎证的单位和个人，应当按照特许猎捕证、特许捕捉证、狩猎证核定的种类、数量、地点、期限、工具和方法进行。

持枪猎捕的，应当依法取得公安机关核发的持枪证。

第二十四条 在禁猎（渔）区和禁猎（渔）期内，禁止猎捕、捕捉或者从事妨碍野生动物生息繁衍的活动。禁猎（渔）区、禁猎（渔）期、禁止使用的猎捕、捕捉工具和方法，由省野生动物保护行政主管部门规定。

第二十五条 禁止采集野生鸟卵、捣毁野生鸟巢。公园、市民广场、林场、风景游览区等鸟类生息繁衍集中区域，可以设置鸟食台、水浴场等，对野生鸟类进行人工招引和保护。

在野生蛙类、蛇类和珍稀蝶类等集中分布区域应当设立警示标牌，保护野外生存的野生动物不受人为干扰，防止意外伤害事件的发生。

第二十六条 外国人在本省从事野外考察、标本采集或者在野外拍摄影视、录像等活动，涉及省重点和三有保护野生动物的，应当向县级人民政府野生动物保护行政主管部门提出申请，报省野生动物保护行政主管部门批准。

第四章　野生动物人工繁育和经营利用管理

第二十七条 鼓励开展野生动物人工繁育。人工繁育野生动物的单位和个人，应当申领人工繁育许可证。

人工繁育国家重点保护野生动物，按照国家有关规定执行。

人工繁育省重点和三有保护野生动物的，由设区的市人民政府野生动物保护行政主管部门审核批准，报省野生动物保护行政主管部门备案。

申领省重点和三有保护野生动物人工繁育许可证的单位和个人，应当根据野生动物习性确保其具有必要的活动空间和生息繁衍、卫生健康条件，具备与其繁育目的、种类、发展规模相适应的场所、设施、技术，符合有关技术标准和防疫要求，不得虐待野生动物。

省重点和三有保护野生动物人工繁育许可证管理办法，由省野生动物保护行政主管部门制定。

第二十八条 出售、购买、利用国家重点保护野生动物的，按照国家有关规定执行。

出售、购买、利用省重点保护野生动物或者其产品的，由设区的市人民政府野生动物保护行政主管部门审核批准，报省野生动物保护行政主管部门备案。

经批准从事出售、购买、利用省重点保护野生动物或者其产品的单位和个人，应当在野生动物保护行政主管部门批准的限额指标内从事经营利用活动。

出售、购买、利用三有保护野生动物或者其产品的，应当具有有效的野生动物合法来源证明，并向县级人民政府野生动物保护行政主管部门备案。野生动物合法来源证明包括人工繁育许可证、狩猎证、捕捞证等。

出售、购买、利用省重点保护野生动物的管理办法，由省野生动物保护行政主管部门制定。

第二十九条 县级以上地方人民政府野生动物保护行政主管部门和市场监督管理部门，应当建立野生动物经营利用监督检查制度，加强对经营利用野生动物或者其产品的单位和个人的监督管理。

在集贸市场内经营野生动物或者其产品的，由市场监督管理部门进行监督管理，对违法行为依法进行查处，同级野生动物保护行政主管部门予以配合；在集贸市场以外经营野生动物或者其产品的，由野生动物保护行政主管部门、市场监督管理部门进行监督管理，按照谁先立案谁查处的原则对违法行为依法进行处理。

第三十条 运输、邮寄、携带省重点和三有保护野生动物或者其产品出县境的，应当持有狩猎、人工繁育、进出口等合法来源证明或者出售、购买、利用批准文件以及检疫证明。

第三十一条 禁止为非法猎捕、杀害、出售、购买、利用、加工、运输、储存、携带国家和省重点保护野生动物或者其产品提供工具或者场所。

第三十二条 禁止伪造、变造、买卖、转让、租借狩猎证、人工繁育许可证及专用标识，出售、购买、利用省重点保护野生动物及其制品的批准文件。

第五章 法律责任

第三十三条 违反本条例第十五条第一款规定，未进行野生动物生存环境影响评价，擅自开工建设的，由有权审批该项目环境影响评价文件的生态环境行政主管部门责令停止建设，限期补办手续；逾期不补办手续的，可以处五万元以上二十万元以下的罚款。

第三十四条 违反本条例第二十二条、第二十三条规定，非法猎捕、杀害省重点和三有保护野生动物的，由县级以上地方人民政府野生动物保护主管部门或者有关保护区域管理机构按照职责分工没收猎获物、猎捕工具和违法所得，吊销狩猎证，并处猎获物价值三倍以上五倍以下的罚款；没有猎获物的，并处二千元以上一万元以下的罚款。

违反本条例第二十五条第一款规定，非法采集野生鸟卵、捣毁野生鸟巢的，由县级以上地方人民政府野生动物保护行政主管部门责令改正，可以并处一百元以上一千元以下罚款。

第三十五条 违反本条例第二十六条规定，外国人未经批准对省重点和三有保护野生动物从事野外考察、标本采集或者在野外拍摄影视、录像等活动的，由县级以上地方人民政府野生动物保护行政主管部门没收考察、拍摄的资料以及所获标本，可以并处一万元以上五万元以下罚款。

第三十六条 违反本条例第二十七条规定，未取得人工繁育许可证或者超越人工繁育许可证规定范围人工繁育省重点和三有保护野生动物的，由县级以上地方人民政府野生动物保护行政主管部门没收违法所得，处三千元以下罚款，可以并处没收野生动物、吊销人工繁育许可证。

第三十七条 违反本条例第二十八条第二款规定，未经批准从事出售、购买、利用省重点保护野生动物或者其产品的，由县级以上地方人民政府市场监督管理部门、野生动物保护行政主管部门没收实物和违法所得，并处相当于实物价值二倍以上五倍以下罚款。

违反本条例第二十八条第三款规定，超过批准的限额指标经营利用省重点保护野生动物或者其产品的，由县级以上地方人民政府野生动物保护行政主管部门没收实物和违法所得，并处一万元以上五万元以下罚款。

违反本条例第二十八条第四款规定，提供不出有效的野生动物合法来源证明而出售、购买、利用三有保护野生动物或者其产品的，由县级以上地方人民政府市场监督管理部门、野生动物保护行政主管部门没收实物和违法所得，并处一千元以上五千元以下罚款。

第三十八条 违反本条例第三十条规定，非法运输、邮寄、携带省重点和三有保护野生动物或者其产品的，由县级以上地方人民政府市场监督管理部门、野生动物保护行政主管部门没收实物和违法所得，并处相当于实物价值二倍以上五倍以下罚款。

第三十九条 违反本条例第三十一条规定，为非法猎捕、杀害、出售、购买、利用、加工、运输、储存、携带国家和省重点保护野生动物或者其产品提供工具或者场所的，由县级以上地方人民政府野生动物保护行政主管部门、市场监督管理部门没收违法所得，并处二千元以上二万元以下罚款。

第四十条 野生动物保护行政主管部门以及有关部门的工作人员，玩忽职守，滥用职权，徇私舞弊，情节轻微的，由其所在单位给予处分；情节严重构成犯罪的，依法追究刑事责任。

第四十一条 违反本条例第三十二条规定，伪造、变造、买卖、转让、租借有关证件、专用标识或者有关批准文件的，由县级以上人民政府野生动物保护主管部门没收违法证件、专用标识、有关批准文件和违法所得，并处五万元以上二十五万元以下的罚款；构成违反治安管理行为的，由公安机关依法给予治安管理处罚；构成犯罪的，依法追究刑事责任。

第六章　附　　则

第四十二条 本条例自 2013 年 1 月 1 日起施行。

湖南省野生动植物资源保护条例

（1988年6月27日湖南省第七届人民代表大会常务委员会第三次会议通过　根据1995年12月26日湖南省第八届人民代表大会常务委员会第十九次会议《关于修改〈湖南省野生动植物资源保护条例〉的决定》第一次修正　根据1997年8月2日湖南省第八届人民代表大会常务委员会第二十九次会议《关于修改〈湖南省野生动植物资源保护条例〉的决定》第二次修正　根据2004年7月30日湖南省第十届人民代表大会常务委员会第十次会议《关于修改〈湖南省野生动植物资源保护条例〉的决定》第三次修正　根据2010年7月29日湖南省第十一届人民代表大会常务委员会第十七次会议《关于修改部分地方性法规的决定》第四次修正　根据2018年7月19日湖南省第十三届人民代表大会常务委员会第五次会议《关于修改〈湖南省实施中华人民共和国水土保持法办法〉等十一件地方性法规的决定》第五次修正　根据2020年3月31日湖南省第十三届人民代表大会常务委员会第十六次会议《关于修改〈湖南省野生动植物资源保护条例〉的决定》第六次修正）

第一条　为了保护和合理利用野生动植物资源，拯救濒临灭绝的物种，保持自然生态平衡，维护生物安全和生态安全，切实保障人民群众生命健康安全，根据宪法和法律的有关规定，结合我省实际情况，制定本条例。

第二条　在本省境内从事野生动植物的猎采、经营、人工繁育和其他与野生动植物资源保护管理有关的活动，均须遵守本条例。水生野生动植物资源的保护适用渔业法、湖南省渔业条例等法律、法规。

第三条　本条例所称野生动植物包括：

（一）国家重点保护的野生动植物（一级保护野生动植物和二级保护野生动植物）；

（二）省重点保护的野生动植物；

（三）国家、省保护的有益的或者有重要经济、科学研究价值的野生动植物。

本条例所称野生动植物产品，是指野生动植物的任何部分及其衍生物。

第四条　各级人民政府应当加强对野生动植物保护工作的领导，制定保护、发展和合理利用野生动植物资源的规划和措施。县级以上人民政府的林业行政主管部门主管本行政区域内野生动植物资源的保护工作，其他有关部门协同林业行政主管部门做好野生动植物资源的保护工作。

第五条　国家保护的野生动植物名录按照国家公布的执行。省重点保护的野生动植物名录，由省人民政府制定公布，报国务院备案；省保护的有益的或者有重要经济、科学研究价值的野生动植物名录，由省林业行政主管部门制定公布。

第六条 设立湖南省野生动植物资源保护基金，基金的征集、管理和使用办法由省人民政府另行制定。

第七条 （一）各级人民政府和人民团体、社会组织、学校、新闻媒体等社会各方面，应当积极开展生态环境保护和公共卫生安全的宣传教育和引导，全社会成员要自觉增强生态保护和公共卫生安全意识，移风易俗，革除滥食野生动物陋习，养成科学健康文明的生活方式。

（二）单位和个人都有保护野生动植物资源的义务，对破坏野生动植物行为有权检举和控告。中小学校应当重视对学生进行保护野生动植物的知识教育。

第八条 县级以上人民政府的林业行政主管部门，应当掌握列入保护对象名录的野生动植物资源消长情况，为保护和利用野生动植物资源提供科学依据。

第九条 在珍稀或者有特殊保护价值的动植物种的主要生存繁殖地区，按照国家规定建立自然保护区。在野生动植物资源遭受严重破坏或者资源贫乏的地区，由县级以上人民政府规定限期性的禁猎采区、禁猎采期。分布零散的珍稀野生动植物由所在地的县级人民政府明令保护。有关主管部门应当在自然保护区、禁猎采区采取生物措施和工程技术措施，改善野生动物的栖息环境、食物条件和野生植物的生长条件。

第十条 县级以上人民政府的林业行政主管部门应当监视、监测环境对重点保护的野生植物生长的影响，并采取措施维护和改善其生长条件。由于环境影响对重点保护的野生植物的生长造成危害时，林业行政主管部门应当会同有关部门进行调查处理。禁止任何单位和个人破坏重点保护的野生植物的生长环境。

第十一条 进行森林采伐和造林抚育等生产活动，应当注意保护重点保护的野生植物资源。禁止采用灭绝性的采集方法采集重点保护的野生植物。

第十二条 对国家、省保护的有益的或者有重要经济、科学研究价值的野生动植物实行限量猎采，年度猎采指标由省林业行政主管部门下达。猎采有益的或者有重要经济、科学研究价值的野生动植物的，必须向猎采地的县级人民政府的林业行政主管部门申请领取狩猎证或者采集证。

第十三条 禁止非法猎采重点保护的野生动植物。因科学研究、人工繁育或者人工培植、展览等特殊情况，需要猎采省重点保护的野生动植物的，应当经猎采地的县级人民政府的林业行政主管部门同意后，报设区的市、自治州人民政府的林业行政主管部门审核，向省林业行政主管部门申请领取特许猎捕证或者特许采集证；需要猎采国家重点保护的野生动植物的，按照国家有关规定办理。

第十四条 禁止使用军用武器、汽枪、爆炸物、毒药、地弓、猎套、猎夹、地枪、排铳、陷坑、电击或者电子诱捕装置以及非人为直接操作并危害人畜安全的狩猎装置等工具猎捕野生动物，禁止使用夜间照明行猎、歼灭性围猎、捣毁巢穴、火攻、烟熏、网捕等方法进行猎捕，但因科学研究确需网捕、电子诱捕的除外。

前款规定以外的禁止使用的猎捕工具和方法，由县级以上人民政府或者其野生动物行政主管部门规定并公布。

第十五条 有关科学研究机构因物种保护目的人工繁育、人工培植野生动植物的，有关部门应当在种源、技术等方面给予支持。

第十六条 人工繁育重点保护的野生动物，实行许可证制度。人工繁育国家一级保护的野生动物的单位或者个人，应当按照国家有关规定向省林业行政主管部门申请，由省林业行政主管部门报林业部审批；人工繁育国家二级保护的野生动物或者省重点保护的野生动物的，应当报省林业行政主管部门审批。人工繁育许可证由省林业行政主管部门核发。

第十七条 禁止非法出售、收购重点保护的野生动植物及其产品。因科学研究、人工繁育或者人工培植、展览等特殊情况，需要出售、收购国家一级保护的野生动植物及其产品的，应当按照国家有关规定办理，需要出售、收购国家二级保护或者省重点保护的野生动植物及其产品的，应当经省林业行政主管部门或者其授权单位批准。宾馆、饭店、招待所和个体饮食摊担等，不得收购、宰杀、加工、出售重点保护的野生动物及其产品。

第十八条 《中华人民共和国野生动物保护法》和其他有关法律禁止猎捕、交易、运输、食用野生动物的，必须严格禁止。

第十九条 禁止食用国家保护的有重要生态、科学、社会价值的陆生野生动物以及其他陆生野生动物，包括人工繁育、人工饲养的陆生野生动物。

禁止以食用为目的的猎捕、交易、运输在野外环境自然生长繁殖的陆生野生动物。

第二十条 各级人民政府应当支持、指导、帮助以食用为目的和非因科研、药用、展示等特殊情况养殖野生动物的经营主体调整、转变生产经营活动；省人民政府应当根据实际情况研究制定给予一定补偿的办法。

第二十一条 因科研、药用、展示等特殊情况，需要对野生动物进行非食用性利用的，应当按照国家有关规定实行严格审批和检疫检验。

第二十二条 运输、邮寄、携带重点保护的野生动物及其产品出县境的，应当凭有关证件，向所在地的县级人民政府的林业行政主管部门提出申请，报省林业行政主管部门或者其授权的单位核发运输证明。在省内运输有益的或者有重要经济、科学研究价值的野生动物及其产品的，由起运地的县级以上人民政府的林业行政主管部门核发运输证明；运输出省的，由省林业行政主管部门或者其授权的单位核发运输证明。外省过境运输野生动物及其产品的，凭起运省的运输证明和进入我省的过境签证通行。

第二十三条 外国人在本省境内对国家重点保护的野生动植物进行野外考察、拍摄电影录像、标本采集的，应当按照国家有关规定办理；对省重点保护的野生动植物进行野外考察、拍摄电影录像、标本采集的，应当经省林业行政主管部门批准。

第二十四条 进出口野生动植物及其产品，须按国家规定办理报批手续。人工繁育或者培植从国外引进的野生动植物，应当报省林业行政主管部门批准。

第二十五条 县级以上人民政府林业行政主管部门以及其他有关部门，应当按照职责分工对野生动物的猎捕、繁育、出售、收购、利用、运输、寄递等活动进行监督检查，依法查处破坏野生动物资源违法行为。

对进入商品交易市场、网络交易平台的野生动物及其制品，由市场监督管理部门监督管理，林业行政主管部门给予协助；在商品交易市场、网络交易平台以外经营野生动物及其制品，由林业行政主管部门、市场监督管理部门或者其授权的单位监督管理。

县级以上人民政府林业行政主管部门和市场监督管理部门履行野生动物保护监督检查职责，有权采取下列措施：

（一）进入人工繁育、生产经营场所进行现场检查；

（二）查阅、复制有关文件、资料，查封可能被转移、销毁、隐匿或者篡改的文件、资料；

（三）查封、扣押有证据证明来源非法的野生动物及其制品以及从事破坏野生动物资源活动的工具、设备或者财物；

（四）查封与破坏野生动物资源活动有关的场所。

第二十六条　司法机关和行政机关缴获的野生动植物，应当交县级以上人民政府的林业行政主管部门按照国家规定处理。

第二十七条　有下列事迹之一的单位或者个人，由人民政府或者林业行政主管部门给予表彰、奖励：

（一）在野生动植物资源调查、宣传教育、科学研究、开发利用等方面做出突出贡献的；

（二）拯救、保护、人工繁育或者人工培植重点保护的野生动植物有显著成绩的；

（三）对违法猎采、运输、购销野生动植物及其产品的行为，及时制止、检举有功的；

（四）热爱野生动植物保护事业，长期从事野生动植物保护工作，取得显著成绩的。

第二十八条　违反《中华人民共和国野生动物保护法》和其他有关法律规定，猎捕、交易、运输、食用国家重点保护野生动物的，在现行法律规定基础上采取罚款幅度下限不变、上限提高一倍的方式加重处罚。

违反有关法律和本条例规定，猎捕、交易、运输、食用非国家重点保护野生动物的，按照法律关于国家重点保护野生动物的相关法律责任处罚。

第二十九条　违反本条例，有下列行为之一尚未构成犯罪的，给予行政处罚：

（一）在自然保护区、禁猎区破坏重点保护野生动物主要生息繁衍场所的，责令停止破坏活动，限期恢复原状，处恢复原状所需费用三倍以下的罚款。在自然保护区、禁猎区破坏省保护的有益的或者有重要经济、科学研究价值的野生动物主要生息繁衍场所的，限期恢复原状，处恢复原状所需费用二倍以下的罚款；

（二）在禁猎区、禁猎期猎捕野生动物，或者使用禁用工具和方法猎捕野生动物的，没收猎捕工具和违法所得；有猎获物的，没收猎获物，处相当于猎获物价值八倍以下的罚款；没有猎获物的，处二千元以下的罚款；

（三）未取得特许猎捕证或者未按证件规定猎捕重点保护的野生动物的，没收猎捕工具、猎获物和违法所得，吊销特许猎捕证，并处相当于猎获物价值十倍以下的罚款；没有猎获物的，处一万元以下的罚款。未取得狩猎证或者未按证件规定猎捕野生动物的，没收猎捕工具和违法所得，吊销狩猎证；有猎获物的，没收猎获物，处相当于猎获物价值五倍以下的罚款；没有猎获物的，处一千元以下的罚款；

（四）未取得采集证或者未按证件的规定采集国家重点保护的野生植物的，没收所采集的野生植物和违法所得，并处违法所得十倍以下的罚款；有采集证的，吊销采集证；

（五）未取得人工繁育许可证或者超出人工繁育许可证规定范围人工繁育国家重点保护的野生动物的，按照国家有关规定处理；

（六）未取得运输证明或者超出运输证明的范围，运输、邮寄、携带重点保护的野生动物及其产品的，没收实物和违法所得，处相当于实物价值十倍以下的罚款；未取得运输证明或者超出运输证明范围，运输、邮寄、携带省保护的有益的或者有重要经济、科学研究价值的野生动物及其产品的，没收实物和违法所得，处相当于实物价值二倍以下的罚款；

（七）非法收购、出售重点保护的野生动物及其产品的，没收实物和违法所得，并处相当于实物价值十倍以下的罚款；非法收购、出售国家重点保护的野生植物的，没收野生植物和违法所得，并处违法所得十倍以下的罚款；

前款规定的第（一）项、第（二）项、第（三）项、第（四）项、第（五）项行政处罚，由县级以上人民政府林业行政主管部门决定；第（六）项、第（七）项行政处罚，由县级以上人民政府林业行政主管部门或者市场监督管理部门决定。但对同一违法行为，不得重复罚款。

第三十条　违反本条例规定，以食用为目的猎捕、交易、运输野生动物的，由县级以上人民政府林业行政主管部门或者市场监督管理部门按照职责分工没收野生动物，并处野生动物价值一倍以上五倍以下的罚款；猎捕野生动物没有猎获物的，并处二千元以上一万元以下的罚款。

第三十一条　林业、市场监督管理部门及其他有关部门的工作人员滥用职权、以权谋私、参与非法经营，将没收的野生动植物及其产品据为己有的，按照本条例第二十九条规定从重处罚，并给予政务处分。

第三十二条　违反本条例触犯刑律，构成犯罪的，依法追究刑事责任。

第三十三条　当事人对行政处罚决定不服的，可以依照行政复议法和行政诉讼法申请复议或者提起行政诉讼。当事人逾期不申请复议、不向人民法院起诉，又不履行处罚决定的，由作出处罚决定的机关申请人民法院强制执行。

第三十四条　本条例自1988年10月1日起实施。我省过去有关野生动植物资源保护的规定，凡与本条例相抵触的，以本条例为准。

重庆市野生动物保护规定

（2019年9月26日重庆市第五届人民代表大会常务委员会第十二次会议通过）

第一条　为了保护野生动物，维护生物多样性和生态平衡，促进生态文明建设，根据《中华人民共和国野生动物保护法》及有关法律、行政法规，结合本市实际，制定本规定。

第二条　在本市行政区域内从事野生动物保护、管理及相关活动，适用本规定。

第三条　本规定保护的野生动物，是指国家和市重点保护的陆生、水生野生动物；国家保护的有重要生态、科学、社会价值的陆生野生动物。

第四条　市、区县（自治县）人民政府应当制定野生动物及其栖息地相关保护规划和措施，并将野生动物保护经费纳入同级财政预算。

乡（镇）人民政府、街道办事处应当依据各自职责，做好本行政区域内的野生动物保护工作。

第五条　市、区县（自治县）林业主管部门依据各自职责，负责本行政区域内陆生野生动物保护工作。

市、区县（自治县）渔业主管部门依据各自职责，负责本行政区域内水生野生动物保护工作。

发展改革、财政、规划自然资源、市场监管、生态环境、海关、交通、城市管理、住房城乡建设、水利、文化旅游、卫生健康、海事等部门依据各自职责，做好野生动物保护相关工作。

第六条　每年四月的第一周为重庆市爱鸟周。每年十一月为重庆市野生动物保护宣传月。

第七条　国家重点保护的野生动物保护名录和国家保护的有重要生态、科学、社会价值的陆生野生动物名录按照国家公布的执行。

市重点保护的野生动物名录，由市人民政府组织科学评估后制定，每五年根据评估情况进行调整。

制定、调整后的市重点保护的野生动物名录应当及时向社会公布。

第八条　任何单位和个人对伤病、饥饿、受困、搁浅、迷途的国家和市重点保护野生动物，应当尽力救护，并及时报告市、区县（自治县）野生动物保护主管部门。

第九条　市、区县（自治县）野生动物保护主管部门，应当采取生物和工程技术等措施，改善野生动物栖息地环境。

第十条　各级人民政府应当健全国家和市重点保护野生动物的重要栖息地管理制度，建立保护管理责任制。

第十一条　在国家和市重点保护野生动物的重要栖息地，市、区县（自治县）人民政府应当设立界标。

在野生动物可能造成危害地区，市、区县（自治县）人民政府应当采取设置警示牌、修建防护设施、发放宣传资料、组织防护培训等措施，预防、控制野生动物可能造成的危害，保障人畜安全和农业、林业生产。

第十二条 因保护本规定所保护的野生动物，造成人员伤亡、农作物或者其他财产损失的，区县（自治县）人民政府应当给予补偿。补偿所需经费由市、区县（自治县）人民政府承担。

具体补偿办法由市人民政府制定。

第十三条 误捕国家和市重点保护的野生动物，国家保护的有重要生态、科学、社会价值的陆生野生动物，应当立即无条件地放回原栖息地；误伤的应当及时救护，并报告当地野生动物保护主管部门；死亡的由野生动物保护主管部门按照有关规定处理。

第十四条 支持有关科学研究机构因物种保护目的人工繁育野生动物。

前款规定以外的人工繁育野生动物，按照下列规定申请领取人工繁育许可证：

（一）人工繁育国家重点保护野生动物，由市野生动物保护主管部门批准，但国务院对批准机关另有规定的除外；

（二）人工繁育市重点保护野生动物以及属国家保护的有重要生态、科学、社会价值的陆生野生动物，由区县（自治县）野生动物保护主管部门批准。

从事野生动物人工繁育的单位和个人不得购买无证猎捕、无合法来源的野生动物。

终止人工繁育野生动物活动的，应当提前两个月向批准机关办理终止手续，并按照规定妥善处理人工繁育的野生动物。

第十五条 市、区县（自治县）兽医主管部门负责本行政区域内的野生动物检验检疫工作。

出售《中华人民共和国野生动物保护法》规定的野生动物，应当依法附有检疫证明。检疫证明由区县（自治县）兽医主管部门出具。

第十六条 野生动物及其制品的种类、名称等需要作出鉴定的，由市野生动物保护主管部门指定专门机构进行。

第十七条 禁止污染野生动物栖息地；禁止破坏野生动物巢、穴、洞、产卵场、索饵场、越冬场和迁徙洄游通道等场所；禁止在国家和市重点保护野生动物重要栖息地使用有毒有害药物。

污染野生动物栖息地的，由生态环境主管部门按照有关规定处罚。

破坏野生动物巢、穴、洞、产卵场、索饵场、越冬场和迁徙洄游通道等野生动物重要栖息地的，或者在国家和市重点保护野生动物重要栖息地使用有毒有害药物的，由野生动物保护主管部门责令停止违法行为，处以相当于恢复原状所需费用一倍以上三倍以下的罚款。

第十八条 禁止任何单位和个人损毁、涂改或者擅自移动重要栖息地界标和在野生动物可能造成危害地区设置的警示牌。损毁、涂改或者擅自移动的，由野生动物保护主管部门责令限期恢复原状，对个人处以二百元以上一千元以下罚款，对单位处以二千元以上一万元以下罚款。

第十九条 对野生动物保护，本规定未作规定的，依照《中华人民共和国野生动物保护法》和其他法律、法规执行。

第二十条 本规定自 2019 年 12 月 1 日起施行。1998 年 3 月 28 日重庆市第一届人民代表大会常务委员会第八次会议通过的《重庆市实施〈中华人民共和国野生动物保护法〉办法》同时废止。

广东省野生动物保护管理条例

（2001年5月31日广东省第九届人民代表大会常务委员会第二十六次
会议通过　根据2004年7月29日广东省第十届人民代表大会常务委员会
第十二次会议《广东省人民代表大会常务委员会关于修改〈广东省对外加
工装配业务条例〉等十项法规中有关行政许可条款的决定》第一次修正
根据2012年1月9日广东省第十一届人民代表大会常务委员会第三十一次
会议《广东省人民代表大会常务委员会关于修改〈广东省固体废物污染环
境防治条例〉等七项法规中有关行政强制条款的决定》第二次修正　根据
2012年7月26日广东省第十一届人民代表大会常务委员会第三十五次会
议《广东省人民代表大会常务委员会关于修改〈广东省民营科技企业管
理条例〉等二十三项法规的决定》第三次修正　2020年3月31日广东省
第十三届人民代表大会常务委员会第十九次会议修订）

第一章　总　　则

第一条　为了加强野生动物保护管理，维护生物多样性和生态平衡，防范重大公共卫生
风险，保障人民群众生命健康安全，推进生态文明建设，根据《中华人民共和国野生动物保
护法》等法律法规，结合本省实际，制定本条例。

第二条　本条例适用于本省行政区域内野生动物及其栖息地保护和管理活动。

本条例规定保护的野生动物，是指国家重点保护野生动物，省重点保护野生动物，有重
要生态、科学、社会价值的陆生野生动物（以下简称三有保护野生动物）。

前款规定保护的野生动物以外的其他陆生野生动物，按照本条例规定管理。

珍贵、濒危的水生野生动物以外的其他水生野生动物的保护，按照《中华人民共和国渔
业法》等有关法律的规定执行。

列入畜禽遗传资源目录的动物，属于家畜家禽，按照《中华人民共和国畜牧法》的规定
执行。

第三条　野生动物保护管理应当坚持普遍保护、限制利用、严格监管，全面禁止非法野
生动物交易，全面禁止食用陆生野生动物，全面禁止以食用为目的的猎捕、交易、运输在野外
环境自然生长繁殖的陆生野生动物，培育公民公共卫生安全和生态保护意识，从源头上防控
重大公共卫生风险，促进人与自然和谐共生。

第四条　县级以上地方人民政府对本行政区域内野生动物保护管理工作负总责。

县级以上地方人民政府应当加强野生动物及其栖息地保护，制定保护规划，健全保护管
理体系和目标责任制，纳入生态文明建设考核体系，将保护经费纳入同级财政预算。

县级以上林业、农业农村主管部门分别主管本行政区域内陆生、水生野生动物保护

工作。

乡镇人民政府、街道办事处协助做好本区域内野生动物保护管理相关工作。

第五条　地方各级人民政府和有关主管部门应当积极开展野生动物及其栖息地保护、公共卫生安全的宣传教育和科学知识普及，加强野生动物保护科学技术研究。

教育主管部门、学校应当对学生进行野生动物及其栖息地保护知识教育。

鼓励和支持基层群众性自治组织、社会组织、企事业单位、志愿者开展野生动物保护、动物防疫等法律法规和保护知识的宣传教育活动。

新闻媒体应当开展野生动物保护法律法规和保护知识的公益宣传，对违法行为进行舆论监督。

每年 11 月为广东省保护野生动物宣传月。每年 3 月 20 日至 26 日为广东省爱鸟周。

第六条　任何组织和个人都有保护野生动物及其栖息地的义务，有权举报或者控告违反本条例的行为。

在野生动物保护、科学研究、举报等方面成绩显著的组织和个人，由县级以上地方人民政府给予奖励。

第二章　野生动物及其栖息地保护

第七条　野生动物实行分类分级保护。

国家重点保护野生动物、三有保护野生动物名录按照国家规定执行。

省重点保护野生动物名录，由省人民政府组织科学评估后制定、调整并公布。

第八条　省人民政府依法划定相关自然保护区域，保护野生动物及其重要栖息地，保护、恢复和改善野生动物生存环境。对不具备划定自然保护区域条件的，县级以上地方人民政府可以根据国家野生动物重要栖息地名录和本地区野生动物及其栖息地情况，采取划定禁猎（渔）区、规定禁猎（渔）期等形式予以保护。

国家野生动物重要栖息地、自然保护地、饮用水水源保护区、郊野公园、植物园、城市公园以及其他野生动物重要栖息地或者生态廊道，列为禁猎区。自然保护地包括国家公园、自然保护区以及森林公园、地质公园、海洋公园、湿地公园、风景名胜区等各类自然公园。

第九条　合法捕获、人工繁育的野生动物及其制品推行专用标识管理。专用标识应当记载野生动物及其制品种类名称、来源、用途等信息，保证可追溯。

专用标识的使用范围和管理办法由省野生动物保护主管部门制定，国家另有规定的从其规定。

第十条　县级以上地方人民政府应当加强对野生动物疫源疫病监测和防疫工作的统一领导，建立健全监测和防疫体系。

县级以上野生动物保护、兽医等主管部门应当按照职责分工对野生动物集中分布区、停歇地、越冬地、迁徙洄游通道、人工繁育场所及其制品集散地等区域疫源疫病进行监测，组织开展预测、预报等工作，并按照规定制定野生动物疫情应急预案。

县级以上野生动物保护、兽医、卫生健康等主管部门，应当按照职责分工加强与人畜共患传染病有关的动物传染病的防治管理。

第十一条　地方各级人民政府应当采取措施，预防、控制野生动物可能造成的危害，保障人畜安全和农业、林业生产；因保护法律法规规定保护的野生动物，造成人员伤亡、农作物或者其他财产损失的，由当地人民政府依法给予补偿。推动将野生动物致害补偿纳入政策性保险。

第十二条　县级以上野生动物保护主管部门应当按照规定组织开展保护野生动物的收容救护工作，明确承担收容救护工作的机构，并向社会公布。收容救护机构应当建立收容救护档案，做好相关工作。

有关部门依法扣押、没收的保护野生动物，应当及时移送收容救护机构收容救护。

第十三条　任何组织和个人将野生动物放生至野外环境，应当遵守野生动物保护主管部门的指引，选择适合放生地野外生存的当地物种，不得随意放生野生动物，避免造成他人人身、财产损害或者生态系统危害。

第三章　人工繁育管理

第十四条　人工繁育保护野生动物应当有利于物种保护及其科学研究，不得破坏野外种群资源。支持有关科学研究机构因物种保护目的人工繁育国家重点保护野生动物。

人工繁育国家重点保护野生动物的，向所在地县级野生动物保护主管部门提出申请，由省野生动物保护主管部门或者其委托的地级以上市野生动物保护主管部门组织评估后批准，国家另有规定的从其规定。

人工繁育非国家重点保护野生动物的，应当持有证明野生动物种源的猎捕、进出口、人工繁育或者专用标识等合法来源证明。

非国家重点保护野生动物，包括省重点保护野生动物和三有保护野生动物。

第十五条　人工繁育保护野生动物应当使用人工繁育子代种源，具备与其繁育目的、种类、发展规模相适应的固定场所、必需设施、技术、人员，符合有关技术标准和防疫要求。

第十六条　人工繁育保护野生动物应当建立繁育档案，公开繁育地址、种类等相关信息，加强疫病防控，履行饲养、管护、救治义务，根据物种生物学特性分类分区饲养，不得混养，不得虐待野生动物。

第十七条　对人工繁育技术成熟稳定的非国家重点保护野生动物，经省野生动物保护主管部门组织评估、广泛征求意见后，纳入人工繁育非国家重点保护野生动物名录，实行与野外种群不同的管理措施。人工繁育非国家重点保护野生动物名录由省野生动物保护主管部门制定、调整，报省人民政府批准公布。

出售和非食用性利用列入前款规定名录的野生动物的，应当提供合法来源证明。

纳入人工繁育国家重点保护野生动物名录的，按照国家规定执行。

第十八条　野外环境自然生长繁殖的陆生脊椎野生动物，或者其他存在危害公共卫生安全、生态安全、公共秩序风险的野生动物，不得作为宠物饲养。

第四章　禁止非法猎捕

第十九条　禁止猎捕、杀害本条例第二条第二款规定保护的野生动物，以及法律法规和国家、省规定禁止猎捕的其他野生动物。

第二十条　因科学研究、种群调控、疫源疫病监测、疫情防控或者其他特殊情况，需要猎捕野生动物进行非食用性利用的，应当符合以下规定：

（一）国家一级保护野生动物按照国家规定申请领取特许猎捕证，国家二级保护野生动物向省野生动物保护主管部门或者其委托的地级以上市野生动物保护主管部门申请领取特许猎捕证；

（二）非国家重点保护野生动物向县级野生动物保护主管部门申请领取狩猎证。

猎捕前款第二项和省规定禁止猎捕的野生动物应当服从猎捕量限额管理。

第二十一条　县级野生动物保护主管部门应当根据野生动物及其栖息地状况的调查、监测和评估结果，提出狩猎动物种类和年度猎捕量限额，报省野生动物保护主管部门或者其委托的地级以上市野生动物保护主管部门批准。

第二十二条　禁止使用毒药、爆炸物、电击、电子诱捕装置以及猎套、猎夹、气枪、地枪、排铳、粘网、地弓、吊杠、钢丝套等工具猎捕野生动物。

任何单位和个人不得擅自制造、出售前款规定的猎捕工具。

第五章　禁止非法交易

第二十三条　禁止出售、购买、利用本条例第二条第二款规定保护的野生动物，以及法律法规和国家、省规定禁止交易的其他野生动物。

禁止出售、购买、利用国家重点保护野生动物制品。

第二十四条　禁止商品交易市场、电子商务平台等交易场所以及运输、仓储、快递等经营者，为违法出售、购买、利用、运输、储存野生动物及其制品或者禁止使用的猎捕工具提供交易服务。

互联网信息服务提供者不得制作、复制、发布、传播非法野生动物交易信息；发现非法交易信息的，应当停止传输，保存记录，报告有关部门。

第二十五条　商品交易市场开办者、市场服务管理机构、电子商务平台经营者应当依法审查、核验入场经营者的经营资格，进行实名登记，加强监督检查；发现有非法野生动物交易行为的，应当立即制止，报告市场监督管理部门。

电子商务平台经营者收到有关部门通知，应当删除、屏蔽、断开链接非法野生动物交易信息，停止提供交易服务。

第二十六条　因科研、药用、展示等特殊情况，需要对野生动物进行非食用性利用的，应当按照国家有关规定实行严格审批和检疫检验。

野生动物及其制品作为药品经营和利用的，还应当遵守有关药品管理的法律法规。

第二十七条　运输、携带、寄递野生动物及其制品的，应当按照规定持有或者附有猎捕、人工繁育、进出口等许可证、批准文件或者专用标识等合法来源证明，以及检疫证明，保证可追溯。

承运人、寄递业务经营者应当查验前款规定的证明；没有相关证明的，不得运输、寄递，并向野生动物保护主管部门或者动物卫生监督机构报告。

第二十八条　突发公共卫生事件发生后，为阻断可能来自于野生动物的传染源和传播途径，县级以上地方人民政府可以依法采取全面禁止野生动物交易的应急处置措施，向社会公告。

禁止出售、购买、利用、运输、携带、寄递病死或者死因不明的野生动物及其制品。发现野生动物异常死亡的，应当立即向野生动物保护主管部门或者动物疫病预防控制机构报告。

第六章　禁止非法食用

第二十九条　禁止食用国家重点保护野生动物和其他陆生野生动物，包括人工繁育、人工饲养的陆生野生动物，以及有关法律禁止食用的其他野生动物。

禁止生产、经营使用国家重点保护野生动物及其制品制作的食品。

第三十条　禁止以家畜家禽名义食用野生动物。列入畜禽遗传资源目录的动物，按照国家规定应当加施畜禽标识而没有加施的，不得屠宰、加工、出售。

第三十一条　酒楼、饭店、餐厅、农庄、会所、食堂等餐饮服务提供者应当诚信自律，承担社会责任，对禁止食用的野生动物及其制品不得购买、储存、加工、出售或者提供来料加工服务，不得用其名称、别称、图案制作招牌或者菜谱。

餐饮服务提供者应当加强食品原料控制，建立进货查验记录制度，并保存相关凭证。

第三十二条　电子商务平台经营者不得为使用禁止食用的野生动物及其制品制作的食品提供推介、点餐、配送或者其他服务。

第三十三条　食品、餐饮、烹饪等行业协会应当加强行业自律，引导和督促会员遵守禁止食用野生动物的规定，承诺不购买、不加工、不出售野生动物及其制品，对违反的成员实施行业惩戒，并报告市场监督管理等主管部门。

第三十四条　县级以上市场监督管理部门应当建立餐饮服务提供者信用档案，依法公示违法经营销售野生动物及其制品的行政处罚信息。

第三十五条　全社会成员应当自觉遵守禁止食用野生动物的规定，移风易俗，养成科学健康文明的生活方式。

第七章　执法监管

第三十六条　县级以上地方人民政府应当加强跨区域、跨部门野生动物保护协作，健全野生动物保护执法管理体制，加强执法队伍建设，明确执法责任主体，落实执法管理责任，强化信息技术支撑，实现信息共享，加强协调配合，组织联合执法，开展防范、打击走私和非法贸易行动，加强监督检查和责任追究，严格查处违法行为。

第三十七条　县级以上林业主管部门负责陆生野生动物保护监督管理工作，依法可以委托自然保护地管理机构查处破坏自然保护地自然资源、野生动物栖息地的行为。

县级以上农业农村主管部门负责水生野生动物保护监督管理工作，依法对人工繁育、合法捕获的野生动物及其制品进行检疫。

县级以上市场监督管理部门依法对商品交易市场、电子商务平台、餐饮等交易、消费场所经营利用野生动物及其制品的行为进行监督管理；对违法经营场所和违法经营者，依法予以取缔或者查封、关闭。

公安机关按照国家和省的规定负责野生动物保护管理相关行政执法。

海关依法对野生动物实施进出境检疫，凭进口批准文件或者允许进出口证明书以及检疫证明按照规定办理通关手续。

交通运输、卫生健康、科技、城市管理、邮政管理、网信、电信管理等部门和机构应当按照职责分工对野生动物及其制品出售、购买、利用、运输、寄递等活动进行监督检查。

铁路、道路、水路、航空以及车站、机场、港口等单位应当协助做好相关工作。

第三十八条　省野生动物保护主管部门对野生动物及其栖息地保护管理工作不力、问题
突出、公众反映强烈的地区，可以约谈所在地地级以上市、县级人民政府及其有关主管部门
主要负责人，要求其采取措施限期整改。约谈整改情况应当向社会公开。

第三十九条　破坏野生动物及其栖息地造成生态环境损害的，县级以上野生动物保护主
管部门可以依法向人民法院提起诉讼，对侵权人提出损害赔偿要求。

野生动物及其制品种类、名称鉴定由执法部门委托专业技术人员、第三方专业机构或者
具有相应司法鉴定资质的鉴定机构承担，国家另有规定的从其规定。

第八章　法律责任

第四十条　野生动物保护主管部门或者其他有关部门、机关不依法作出行政许可决定、
发现违法行为或者接到对违法行为的举报不予查处或者不依法查处，或者有滥用职权等其他
不依法履行职责的行为的，由本级人民政府或者上级人民政府有关部门、机关责令改正，对
负有责任的主管人员和其他直接责任人员依法给予处分；构成犯罪的，依法追究刑事责任。

第四十一条　违反本条例第十四条第三款规定，人工繁育非国家重点保护野生动物未持
有种源合法来源证明的，由县级以上野生动物保护主管部门没收野生动物及其制品，可以并
处野生动物及其制品价值一倍以上三倍以下的罚款。

第四十二条　违反本条例第十九条、第二十条、第二十二条规定，猎捕、杀害野生动物
的，由县级以上野生动物保护主管部门或者有关自然保护地管理机构按照职责分工没收猎获
物、猎捕工具和违法所得，吊销猎捕许可，并按照以下规定处以罚款；构成犯罪的，依法追
究刑事责任：

（一）属于国家重点保护野生动物的，并处猎获物价值二倍以上二十倍以下的罚款；没
有猎获物的，并处一万元以上十万元以下的罚款；

（二）属于非国家重点保护野生动物的，并处猎获物价值二倍以上十倍以下的罚款；没
有猎获物的，并处一万元以上五万元以下的罚款；

（三）以食用为目的猎捕、杀害其他陆生野生动物的，并处猎获物价值一倍以上五倍以
下的罚款；没有猎获物的，并处二千元以上一万元以下的罚款。

第四十三条　违反本条例第二十三条、第二十六条第一款、第二十七条规定，未经批
准、未取得或者未按照规定使用专用标识，或者未持有、未附有其他合法来源证明出售、购
买、利用、运输、携带、寄递野生动物及其制品的，由县级以上野生动物保护、市场监督管
理、邮政管理部门按照职责分工没收野生动物及其制品和违法所得，并按照以下规定处以罚
款；情节严重的，吊销相关许可、撤销批准文件、收回专用标识；构成犯罪的，依法追究刑
事责任：

（一）属于国家重点保护野生动物的，并处野生动物及其制品价值二倍以上二十倍以下
的罚款；

（二）属于非国家重点保护野生动物的，并处野生动物价值二倍以上十倍以下的罚款；

（三）以食用为目的出售、购买、运输、携带、寄递其他陆生野生动物和省禁止交易的
其他野生动物的，并处野生动物价值一倍以上五倍以下的罚款。

第四十四条　违反本条例第二十四条第一款、第三十二条规定，提供交易服务的，由县
级以上市场监督管理部门责令停止违法行为，限期改正，没收违法所得，并处违法所得二倍

以上五倍以下的罚款；没有违法所得的，处一万元以上五万元以下的罚款；明知行为人以食用或者生产、经营食品为目的的，从重处罚；构成犯罪的，依法追究刑事责任。

第四十五条　违反本条例第二十九条第一款、第三十条规定，食用野生动物的，由县级以上林业、农业农村、市场监督管理等部门按照职责分工责令停止违法行为，按以下规定对食用者进行处罚；对组织食用的，从重处罚：

（一）属于国家重点保护野生动物及其制品的，处野生动物及其制品价值二倍以上二十倍以下的罚款；

（二）属于非国家重点保护野生动物或者其他陆生野生动物的，处野生动物价值一倍以上五倍以下的罚款。

第四十六条　违反本条例第二十九条第二款、第三十一条规定，生产、经营、购买、储存、加工、出售禁止食用的野生动物及其制品、食品的，由县级以上林业、农业农村、市场监督管理等部门按照职责分工责令停止违法行为，没收违法所得和野生动物及其制品、食品；野生动物及其制品、食品价值或者货值金额不足一万元的，并处十万元以上十五万元以下的罚款；价值或者货值金额一万元以上的，并处价值或者货值金额十五倍以上三十倍以下的罚款；情节严重的，依法吊销许可证。

违反本条例第三十一条规定，用禁止食用的野生动物及其制品名称、别称、图案制作招牌或者菜谱的，由县级市场监督管理、城市管理综合执法等部门按照职责分工责令限期改正；逾期不改正的，依法强制拆除，并处一万元以上三万元以下的罚款。

第四十七条　违反本条例其他规定的，依照相关法律法规从重处罚。

第九章　附　　则

第四十八条　本条例自 2020 年 5 月 1 日起施行。

图书在版编目（CIP）数据

中国陆生野生动物保护管理法律法规文件汇编：
2020 年版／中国野生动物保护协会编. —北京：中国
农业出版社，2020.6（2021.12 重印）
　　ISBN 978-7-109-26896-8

　　Ⅰ.①中…　Ⅱ.①中…　Ⅲ.①野生动物—自然资源保
护法—汇编—中国　Ⅳ.①D922.681.9

中国版本图书馆 CIP 数据核字（2020）第 093850 号

ZHONGGUO LUSHENG YESHENG DONGWU BAOHU GUANLI
FALÜ FAGUI WENJIAN HUIBIAN 2020 NIAN BAN

中国农业出版社出版
地址：北京市朝阳区麦子店街 18 号楼
邮编：100125
责任编辑：李昕昱　　文字编辑：赵冬博
版式设计：李向向　　责任校对：吴丽婷
印刷：北京通州皇家印刷厂
版次：2020 年 6 月第 1 版
印次：2021 年 12 月北京第 2 次印刷
发行：新华书店北京发行所
开本：787mm×1092mm　1/16
印张：34.5
字数：850 千字
定价：138.00 元